重庆市教育科学"十三五"规划课题"高校学风评价指标体系构建的实证研究—学习性投入理论视角"（2018-GX-287）资助

重庆市社会科学规划项目"高校学风内涵和评价体系建构研究"（2018YBJY115）资助

重庆邮电大学出版基金资助

[美] 弗吉尼娅·N. 戈登
Virginia N. Gordon

[美] 韦斯利·R. 哈伯利
Wesley R. Habley

[美] 托马斯·J. 格里茨　主编
Thomas J. Grites

杨德山　等译
Yang Deshan　et al.

学业指导大全
ACADEMIC ADVISING

A Comprehensive Handbook

（第2版）

Second Edition

中国社会科学出版社

图字：01-2017-8795 号

图书在版编目(CIP)数据

学业指导大全：第 2 版／(美)弗吉尼娅·N. 戈登，(美)韦斯利·R. 哈伯利，(美)托马斯·J. 格里茨主编；杨德山等译. —北京：中国社会科学出版社，2022.9

书名原文：Academic Advising：A Comprehensive Handbook (Second Edition)

ISBN 978-7-5203-8815-3

Ⅰ.①学… Ⅱ.①弗…②韦…③托…④杨… Ⅲ.①教学辅导 Ⅳ.①G424.6

中国版本图书馆 CIP 数据核字(2021)第 255196 号

出 版 人	赵剑英
责任编辑	慈明亮
责任校对	杨　林
责任印制	戴　宽

出　　版	中国社会科学出版社
社　　址	北京鼓楼西大街甲 158 号
邮　　编	100720
网　　址	http：//www.csspw.cn
发 行 部	010-84083685
门 市 部	010-84029450
经　　销	新华书店及其他书店
印　　刷	北京君升印刷有限公司
装　　订	廊坊市广阳区广增装订厂
版　　次	2022 年 9 月第 1 版
印　　次	2022 年 9 月第 1 次印刷
开　　本	710×1000　1/16
印　　张	39.75
插　　页	2
字　　数	710 千字
定　　价	199.00 元

凡购买中国社会科学出版社图书，如有质量问题请与本社营销中心联系调换
电话：010-84083683
版权所有　侵权必究

Title: Academic Advising: A Comprehensive Handbook, 2nd Edition by Virginia N. Gordon, Wesley R. Habley, Thomas J. Grites, and Associates

ISBN: 9780470371701/0470371706

Copyright © 2008 John Wiley & Sons, Inc.

All Rights Reserved. This translation published underlicense. Authorized translation from the English language edition, Published by John Wiley & Sons. No part of this book may be reproduced in any form without the written permission of the original copyrights holder

Copies of this book sold without a Wiley sticker on the cover are unauthorized and illegal

推荐序

《学业指导大全》是一本值得你购买、放之于书架的经典之作。这本书可以为你打开一扇窗，欣赏学业指导的世界前沿理论和实践经验；也可以丰富你的理论知识和工具箱；让你更游刃有余地指导形形色色的大学生，助力他们实现大学学业成功；你更可以在与诸多国际同行的思想交流中，获得对学业指导这一事业的归属感和价值认同。美国学业指导协会：全球性学业指导团体（NACADA：The Global Community for Academic Advising（NACADA））[①]目前拥有来自世界各国的会员 14000 多名。美国学业指导协会自从 1979 年成立以来，总共在学业指导领域出版了 60 个种类的众多书籍、主题手册和电子课件。而《学业指导大全》是这些出版物中内容最全面、最基础的、影响力最大的著作，没有之一。这本书也是我成为该协会会员后购买的第一本书。与书架上其它蒙尘的书籍不一样，它是我翻阅最为频繁的专业书籍。

译者五年专注，专业精文字亦精。 主译杨德山，目前正在攻读教育博士，本科接受了扎实的英语专业语言能力训练，硕士和博士期间均从事教育学理论研究。除了具备英文和教育学理论功底外，他还具有 21 年的大学生

[①] NACADA 是 National Academic Advising Association 的缩写，译为"美国学业指导协会"。NACADA 在本书英文原版 2008 年出版之后，更名为 NACADA：The Global Community for Academic Advising. 译者通过邮件咨询了 NACADA 负责出版发行的总编辑 Ashley A. Thomas 关于协会名称的使用及翻译建议。Ashley A. Thomas 指出现在协会的法定全称为 NACADA：The Global Community for Academic Advising；在英文出版物的封面、题目页等地方使用法定全称；在正文中第一次提到协会时按以下形式呈现协会名称：NACADA：The Global Community for Academic Advising（NACADA），后续再出现时使用简称 NACADA。因此，译者将 NACADA：The Global Community for Academic Advising 翻译为"美国学业指导协会：全球性学业指导团体"。协会名称在汉译本中第一次出现时使用译名全称"美国学业指导协会：全球性学业指导团体"，再次出现时使用简称"美国学业指导协会"。

学习发展指导实践经验，对大学生学习发展的现实问题有足够多的切身体会。翻译团队的席仲恩博士和靳雪莲博士，长期研究、翻译传播国外经典学术专著。除了在教育专业上的精通，三位译者对译稿字斟句酌的精神着实令人敬佩。全书 70 多万字，译者与中国社会科学出版社的编辑慈明亮博士多次沟通，先后修改了四稿，还邀请诸多专家学者，针对概念翻译的精准性提出多轮修改意见。"文字频改，工夫自出。"我阅读了全书译稿之后，也深深被译著文字的信、达、雅所折服。我发自内心感激有如此优秀的同行完成了这部极为重要的译著，为全国从事大学生学习发展指导的同仁们拓展思路，提升专业水平提供了宝贵的资源。

它山之玉助力解决世界难题，同侪共进向国际高等教育贡献中国经验。随着世界格局的变化，中国高等教育进入了高质量发展的阶段。在这特殊的历史发展阶段，中国大学学业指导同行们遇到诸多新挑战。例如，如何理解新时代青年大学生多元的学习观和学习行为？如何界定新时期大学生个体高质量发展的内涵？如何激励大学任课教师们参与学业指导，合力营造更有助于青年学生发展的课堂氛围和学习社区？如何与家长合作支持大学生走向成熟？如何更有效地指导学生面对发展的不确定性、日趋激烈的同辈学业竞争……阅读此书后，你会发现这些不仅仅是中国大学学业指导工作者要面对的问题，也是国际同行们遇到的难题。相信随着中国高等教育改革的不断深化，不同的高校同行将会形成中国大学独特的解决方案。在此，我也以美国学业指导协会研究分委员会中国委员的身份，呼吁中国的同行们积极总结这些中国经验，向更多的国际同行传播中国大学的智慧和文化价值观。

詹逸思 博士
清华大学学生学习与发展指导中心副主任、副教授
美国学业指导协会研究分委员会委员、期刊编委会委员

原书序言

现在美国高校录取的学生，大部分是自美国诞生后，第一批大学生进入殖民地学院起的第十三代美国人的最后一拨（出生于1977年至1997年）。耶鲁大学、布朗大学和其他早期的大学很早就已经意识到了学生的学业发展和个人成长问题的重要性，学业指导也因为这些大学的先见之明而成为满足学生这些需求的自然过程。从那以后，学业指导一直在学生的生活中扮演着重要角色。实际上，学业指导经历了多轮被反复强调和不断优化更新的过程。尽管学业指导本身以多种形式被不断定义和重新定义，但它从来没有像今天这样作为高等教育的一个重要组成部分被人们广泛地接受。

随着大学多年来为了满足持续增加的入学人数而不断扩大的规模和课程设置的日趋复杂化，学业指导便承担了新的，有时甚至是扩展了的职责。社区大学在学业指导的最近一次复兴中发挥了主导作用。因为，它们对许多"新"学生敞开大门，如成人学生、少数民族学生、非全日制学生和家庭经济困难学生。

在20世纪60年代末和70年代，学生们开始越来越强调个人学业计划要满足自己的个性化要求。因而，此时克鲁克斯顿（Crookston，1972）和欧班宁（O'Banion，1972）建立为学生提供更人性化的发展路径的学业指导模型的行为便不是一个巧合。后来，许多高等教育机构开始意识到学业指导对提高学生在册率（retention）的重要性，尤其是对降低学生首次注册到第二次注册之间的流失率。这在一些大学引发了对学业指导开展情况的大评估，并促使很多高等院校对学业指导机构进行优化重组。于是，很多学校便把学业指导中心介绍给了学生，用更为可见易得的集中化的学业指导替代或补充原有常规的教师学业指导。

科技的发展对学业指导教师与学生的互动和学业指导项目作用的发挥产生了深远的影响。许多学业指导教师相信，科技发展将引领学业指导、教学和学习进行革命性的变革。人们期望科技发展能促进学业指导教师与学生之间更多有意义的、频繁的接触，而不是切断他们的联系。

在这个新兴的、激动人心的大背景下，对学业指导再次进行更新优化和详细记载则正逢其时。从学业指导的历史中吸取经验和策划它的未来的需要从未像今天这样强烈。《学业指导大全》（第 2 版）正是为响应这样的需求而完成了更新。正如第 1 版，本书旨在为那些成天与学生们打交道的学业指导专业人士提供便捷的参考。那些学生有着各样的学术、职业和个人发展需求，以及各不相同的困惑。学业指导教师可以在书中找到很多关于学生、资源和指导技术的有用信息。行政管理人员可以参考书中提到的众多的指导方法，或许也能借此找到办法使他们的学业指导系统更好地响应学生的需求。本书描述的学业指导过程中的许多要素也可以为所有参与学业指导事业的同仁开启新的视野。

显然，学业指导并不是一个孤立的功能，而是高等教育使命的内在组成部分。本书将在每一个层面上为那些直接或者间接参与学业指导的人士提供帮助，使得他们不仅理解优质的学业指导在学生生活中的重要性，也将帮助他们了解学业指导在达成高等教育的目标方面是如何做出贡献的。这本书的前五个部分陈述了学业指导的五个重要方面，每一部分的每一个章节都由学业指导领域的专家撰写，他们都擅长于分享他们的专业技能。第六部分描述了众多的学业指导实践项目。这些项目具体地验证了学业指导的理念和概念。

作者们对玛莎·米勒［美国学业指导协会（NACADA）资源与服务部副主任、出版联络员］在协调收集书稿的各个阶段的出色工作表示衷心的感谢。我们也要感谢担任本书各章节审稿人的美国学业指导协会的成员们，你们的建议大大提高了本书的质量。

弗吉尼娅·N. 戈登　俄亥俄州立大学

韦斯利·R. 哈伯利　美国大学入学测试公司（ACT, Inc.）

托马斯·J. 格里茨　理查德·斯托克顿大学，新泽西州

2008 年 8 月

前　　言

请允许我，作为美国学业指导协会（NACADA）的常务理事，第一个恭喜你做出了阅读本书的明智决定。简言之，本书将改变你的生活。实事求是地说，它有能力改变你在学业指导领域的专业实践，并且将极大地改变你所在学校的学生的学习生活。本书的编辑和作者们为高等教育中的学业指导和学生成功提供了重要资源。

当你读完本次再版的《学业指导大全》，你会发现本书关于学业指导的理论与研究的基础都源自你和学生的日常学业指导实践。你从这本书中学到的策略和实践将有助于你为学生的成功施加更加积极的影响。

美国学业指导协会（NACADA）很荣幸与乔西-巴斯出版社（Jossey-Bass）合作出版本书。正如美国学业指导协会将学业指导的概念定义为"履行高等教育教学与学习职责的内在组成部分"那样，美国学业指导协会已成为美国高等教育实现为学生提供最高质量的学业指导和学生成功方案这一目标的不可缺少的组成部分。美国学业指导协会是全球教育界学业指导领域的领导者，拥有来自世界各国的会员近11000名。协会致力于学业指导的理论、运行、应用和改进的研究，以促进学生的学习和发展。30多年来，美国学业指导协会因提供高质量的项目、出版物和交流协作网络而声名远扬。协会构建的交流协作网络为那些创造了促进学生学习与发展的学业指导实践经验的专职学业指导教师、任课教师、管理人员和相关专业研究生的学业指导专业技能的发展提供了极大的帮助。

如果你用以下问题来指导你对本书的阅读的话，那么你将会受益匪浅：

- 能使我成为一名更好的学业指导教师的关键概念是什么？
- 能增强和改善我的学生对学业指导的体验的关键概念是什么？
- 如何使用我所学到的策略去影响学校的学业指导项目？

●我所学到哪些知识可供我和我的学业指导同事及学校管理人员用于改善学校的学业指导项目？

●我从中学到的哪些知识触发了我对该领域进行研究和学术发表的思考？

对这些问题的回答将确保本书的编辑和作者们的写作意图在你身上得以实现。在今后的许多年里，本书将成为你用于进一步改变你的学业指导职业生涯和学生的学习生活而反复用到的资源！

查理·L. 纳特
美国学业指导协会常务理事

目 录

第一部分 学业指导的基础 ……………………… 托马斯·J. 格里茨（1）

第一章 学业指导的历史基础……………………… 特里·L. 库恩（4）
第二章 学业指导的理论基础……………… 彼得·L. 哈根 佩吉·乔丹（21）
第三章 学业指导的伦理基础……………………… 马克·洛温斯坦（42）
第四章 学业指导的法律基础……………………… 玛丽·M. 理查德（57）
第五章 为了学生成功提供学业指导………………… 乔治·D. 库（77）
第六章 学业指导：寓教于学、寓学于教…………… 德鲁·阿普尔比（96）
第七章 职业生涯与人生规划的指导
　　　　………………………………… 保罗·A. 戈尔　A. J. 梅斯（115）

第二部分 学生的多样性及学生的需求………… 弗吉尼娅·N. 戈登（131）

第八章 正在变化的大学生
　　　………… 克丽丝滕·肯尼迪　詹妮弗·克里斯曼·伊斯勒（135）
第九章 进入大学……………… 玛丽·斯图尔特·亨特　利娅·肯德尔（158）
第十章 经历大学……… 乔治·E. 斯蒂尔　梅林达·L. 麦克唐纳（176）
第十一章 离校前行…………………………………… 詹妮弗·布卢姆（202）
第十二章 有特殊学业指导需求的学生……………… 布莱恩·哈丁（214）
第十三章 指导有色人种学生和国际学生
　　　………………… 埃维特·卡斯蒂略·克拉克　简·克莱因兹（232）

目录

第三部分　学业指导项目的组织架构和操作运行
··韦斯利·R. 哈伯利（259）

第十四章　学业指导项目的愿景、使命、目标及具体目的
··苏珊·M. 坎贝尔（261）
第十五章　学业指导项目组织机构············玛格丽特·C. 金（275）
第十六章　学业指导的实施：教师学业指导
··玛莎·K. 赫姆瓦尔（287）
第十七章　学业指导的实施：专职学业指导师、心理咨询师及其他员工··凯西·塞尔夫（304）
第十八章　学业指导的实施：团体学业指导策略······南希·S. 金（316）
第十九章　学业指导的实施：应用新科技······迈克尔·J. 莱纳德（331）

第四部分　培训、评估、认同和奖励············韦斯利·R. 哈伯利（347）

第二十章　学业指导教师培训和发展的关键概念
··托马斯·布朗（350）
第二十一章　学业指导教师的工具和资源········帕特·福尔瑟姆（366）
第二十二章　提供一对一的学业指导：技巧和能力
··罗斯特·福克斯（388）
第二十三章　评估学生的学习················约翰·舒赫（404）
第二十四章　评估学业指导教师的有效性········乔·库塞奥（418）
第二十五章　评估学业指导项目的有效性
··温迪·G. 特罗克塞尔（436）
第二十六章　对学业指导的理论与实践的认可和奖励
··杰恩·K. 德雷克（446）

第五部分　不同视角下的学业指导············托马斯·J. 格里茨（463）

第二十七章　管理者视角下的学业指导
··········詹姆斯·布尔特曼　法耶·沃威尔　乔斯林·哈尼
　　　　　　小约翰·斯马勒利　苏珊·艾姆斯（466）

第二十八章　学业指导管理者视角下的学业指导
·················凯西·戴维斯　迪克·瓦尔兰丁汉姆
菲利普·克里斯特曼（490）

第二十九章　学业指导的未来
·················托马斯·J.格里茨　弗吉尼娅·N.戈登
韦斯利·R.哈伯利（509）

第六部分　学业指导实践中的范例·············弗吉尼娅·N.戈登（527）

附录··（577）

　　附录A　美国学业指导协会···（579）
　　附录B　学业指导的概念···（580）
　　附录C　关于学业指导核心价值观的声明···························（582）
　　附录D　美国高等教育标准促进委员会学业指导指导方针···········（590）

作者简介··（603）

译后记··（621）

第一部分
学业指导的基础

托马斯·J. 格里茨

引言

《学业指导大全》(第2版)的开头部分在内容上和第1版大体相同,但是新的作者们提出并描述了一些自第1版发行之后才出现的学业指导的新方法、新信息、新情景及新主题。这些主题丰富了一直在发展着的思考、研究和实践,为高等院校的学业指导奠定了基础。

在第一章中,特里·库恩回顾了美国高等教育学业指导三个时期的演变过程,以及产生变化的原因,也正是由于这些原因催生了各种类型的学业指导机构。库恩也介绍了在学业指导的演变过程中使学业指导工作外部环境得到改善的相关人员,并且建议任课教师和学业指导教师应加强合作,推动学业指导理论和研究的发展。

在第二章中,彼得·哈根和佩吉·乔丹扩展了我们的学业指导的理论基础。通过分析多年来指导这一领域的诸多理论,他们巩固了学业指导的发展基础;反思了促进学业指导思考和实践的多种新的理论与方法;并且为了发展学业指导的理论基础而挑战了现有的指导理论。

在第三章中,马克·洛温斯坦在分析学业指导的伦理基础时,列举了一些学业指导教师已经碰到的道德困境的实例。他提出的理论和原则为学业指导教师在解决道德困境时更好地理解这些两难困境提供了指导。他还总结出了对NACADA核心价值观的一系列补充说明。

然而,玛丽·理查德却在第四章中告诫学业指导教师不要在没有专业指导意见的情况下,试图将法律运用于个案。她全面审查了法律体系中可能直接或间接影响学业指导人员履职的多方面因素,为学业指导教师很好地了解自己在履行职责时需要注意的事项打下了坚实的基础。

第五至第七章为学业指导要实现的目标提供了基础,即通过教与学的过程让学生取得成功,最终促进学生的职场发展和生活幸福。乔治·库在第五章中,基于全国大学生学习性投入调查(National Survey of Student Engagement)的结果说明了高质量的学业指导的重要性。他对几个学业指导项目案例的具体描述为人们在自己的学校审视和运用案例中所涉及的学业指导的要素提供了范例。他关于有效学业指导的五项原则的总结为如何取得学业指导项目的成功提供了范式。

在第六章中,德鲁·阿普尔比奠定了"学业指导即教学"的准则,这一准则被当代大部分学业指导教师所践行。他将传统课堂教学的教学大纲比作学业指导大纲,使得学业指导工具和策略有现实意义、合理性和实用性。

在第七章中,保罗·戈尔和 A. J. 梅斯审视了当下关于职业发展的理论和研究,因为这些理论与研究同学业指导密切相关。他们的研究提供的学业指导示例表有助于学业指导教师对学生开展学业指导。

通过阅读本书的第一部分,学业指导教师将会建立起对学业指导的完整概念,并奠定较为全面的理论基础。由此,学业指导教师和被指导者能够分享他们所能创造和发展的最有益的和最高效的学业指导经验。

第一章

学业指导的历史基础

特里·L. 库恩

就本章而言,学业指导是指高等教育机构的代表帮助大学生认识学术、社会和个人事务,并在这三个方面给予他们指导。这种指导的实质可能会是提供信息、建议、咨询、训导、教练、辅导,甚至是教授。这些行为在大学学业指导的发展过程中都曾出现过。本章将简要地总结学业指导的历史发展,归纳学业指导在不同类型的高等教育机构中所形成的不同特点,并讨论如何使学业指导经得起理论、实践和研究的共同检验。

我们强烈建议读者仔细阅读苏珊·H. 弗罗斯特在《学业指导大全》(第1版)(Frost, 2000)中关于"学业指导的历史和哲学基础"的一章。本章旨在对弗罗斯特那一章进行完善。

学业指导的发展阶段

第一个时期

学业指导教师,作为一个单独任命的岗位,并非在美国高等教育发端伊始就成为其不可或缺的组成部分。1636年,哈佛大学的创建者们在这片后来成为美利坚合众国的土地上建立了文理学院的办学模式。他们建立了四年制的寄宿制学院,开设清教徒经典课程,为正在形成的新社会培养受过良好教育的牧师、律师和医生。学院致力于创造"一个学术团体,在这个团体中学生和老师住在同一栋公寓大楼,遵守共同的规则,他们不仅在课堂上密切联系,而且在用餐、就寝、做礼拜和娱乐时都保持着密切的联系"(Morison, 1946, p. 12)。约翰·邓肯(John Duncan, 1823)在回忆他1818年在美国和加拿大的旅行时写道:"在普林斯顿大学,一个校长、两位教授和两

名辅导员便构成了整个大学。"（p. 169）

1636年到1870年左右这段时期被弗罗斯特（Frost，2000）界定为"学业指导尚未被定义的高等教育时代"，所有学生上同样的课程，没有选修课可供选择。

在这个时代，大学的理想就是"成为一个大家庭，所有人在同一个屋檐下一起进餐、就寝、学习和礼拜"（Rudolph，1962，p. 88）。大脑被视为需要被磨砺的工具，诸如拉丁语、希腊语和数学这样的学科则被当作最佳的"磨刀石"。宗教也被纳入课程中，以确保学生得到适当的道德培养。在这一阶段，"一个校长、两位教授和一两名辅导员便扮演了教学和管理的全部角色"（Brown，1862，p. 10）。这些小型学院没有学生事务专业人士、行政管理人员、秘书和保管人员。校长和全体教员代替了父母的职责，他们不但教授学生知识和学术，也负责他们的道德培养和课外活动。为学生的一切负责便成为他们的职责所在，解决学生的一切问题便构成了他们的种种职责。

辅导员（Tutor）辅助这些小型学院教学事务的开展。"辅导员的典型形象是：二十岁出头，刚从这所聘用他的学院毕业的年轻小伙子……他的主要职责是听学生们背诵课文，训导、监管他负责的学生。"教授们往往是在从事一些非学术的职业（通常是牧师）后，才会受到母校的聘请得到这一职位。"这种情况阻碍了教授的专业化，一个人既教地理、数学和自然哲学，又教拉丁语、古希腊文学、历史、伦理学和道德哲学的情况并不罕见。"（Lucas，2006，p. 124）

到19世纪70年代，社会总体环境变得非常正统和严格，学生被由一系列规定、制度和惩罚所构成的僵化死板的体系约束得循规蹈矩。"教师站在私人的立场上同学生交谈已经变得不再合适了，学生接近教师也不再是适当的了。"（Bush，1969，p. 599）学生认为教师是"必需的恶魔"，而教师则视学生为"无法回避的麻烦"（Veysey，1965，p. 295）。多年来，教室、教堂、公共场所和宿舍都存在不守规则的行为。这些行为从向教授扔纸团、饮酒、就餐时乱扔食物和餐具、破坏门闩和咒骂，到甚至威胁要烧掉校长的房子（Morison，1946）。这些抗议行为常常针对的是"食堂糟糕的饭菜、对学生活动和学生自治的限制条款。校长，在辅导员的协助下，永远是严格纪律的奉行者"（Thelin，2004，p. 21）。这种严格的控制扩大了那道正在逐渐加深的将学生与辅导员、教师相互分裂的鸿沟。这样的情况一直持续到选修制度的实施：（1）给学生提供更多的选择，（2）更好的师生互动，这缓和了师生关系，（3）增加研讨会和实验室的利用（"研讨会和实验室赋予了教师和学生比单纯由教师主讲本质上更民主的关系"）（Bush，1969，p. 605）。

19世纪70年代，选修课的引入促进了对学业指导教师（adviser）的需求，需要他们来指导学生在自己选择的道路上取得成功。同时，课程领域的扩大要求教师的专业化，并终结了全能型的教师。随着大学规模的扩大和复杂程度的增强，对教师在研究和服务方面的要求也变得更多，传统的教师职责逐渐分散，随之催生了很多新的角色和职位，学业指导教师便是其中之一。第一个意识到学业指导教师的必要性的是凯尼恩学院（Kenyon College）的校长戴维·贝茨·道格拉斯（David Bates Douglass）。道格拉斯校长的举措曾被美国第19届总统拉瑟福德·伯查德·海斯（Rutherford B. Hayes）在1841年6月给母亲的信中描述过，当时他还是凯尼恩学院的一名大三学生。在信中他写道：

> 一种新的规则被建立起来了，每个学生需要从教师中选择一个人来作为他的指导教师和朋友，而且会在所有事务中得到指导教师提供的帮助。指导教师将成为学生和任课教师之间交流的媒介。我非常喜欢这一体制。我的指导教师是文法系的一位辅导员，他是在我进校时刚毕业的。（Hayes，1841，p. 54）

海斯的热情被激发或许是因为他能自己选择自己的指导教师。

第二个时期

弗罗斯特（Frost，2000）将1870年到1970年这一时期称作"学业指导被定义但未被检验的时代"。从19世纪70年代开始，美国高等教育机构开始增加更多的实用课程，作为希腊语、拉丁语和其他的传统课程的替代选择。由于更多的课程在选修制度中被提供，学生就有了更多的选择机会。但实施选修制度对那些想要保持传统课程的人来说是充满争议的。发展学业指导是对那些害怕选修制度被学生错用因而导致教育目标偏离的批评者的一个最好的回应。比如，艾略特（Eliot）校长在1872年创立了哈佛大学选修制度（Thelin，2004），选修制度随后便得到了哈佛大学新成立的新生学业指导教师委员会的捍卫，这些学业指导教师们会帮助新生通过选修制度选择适合自己的科目（Rudolph，1962）。1877年，约翰·霍普金斯大学创建了学生可选择七组课程之一的选修体系，每一组课程的设置与今天的按专业设计课程的方式非常类似。霍普金斯大学设置了专门的教师学业指导师

(Hawkins，1960)，是因为意识到"随着学校规模的扩大和选修制度的确立，需要更加密切地关注对本科生的指导。而这种需求已经超出了由专业化导向不断增强的教师队伍来满足的可能性"(Rudolph，1962，p. 460)。

约翰·霍普金斯大学的校长丹尼尔·科伊特·吉尔曼（Daniel Coit Gilman）不仅使用"指导教师"（adviser）一词来指代为学生的学术、生活和个人事务提供指导的人，而且陈述了这一角色所要求的职责；他的这些贡献开创了学业指导的第二个时期。吉尔曼（Gilman，1886）在1886年表述了他对学业指导的重要见解，他指出：

> 指导教师和学生的关系就像律师和委托人，或医师和病人的关系，后者找寻前者为其提供专业咨询。他的角色不是督察员、不是学监，也不是借口的接收者，更不是教师权威高冷的化身。指导教师应该认真听取学生的困难，在需要与任课教师合作时担当学生的代言人，弄清学生是否对课程学习的每个部分都同样重视。(p. 565)

吉尔曼对指导教师和被指导者的关系持乐观态度。但实际上，学业指导却退化变异为一项"敷衍塞责的琐事，仅仅是简短的、毫无人情味儿的谈话"（Veysey，1965，p. 297）。例如，莫里森（Morison，1946，p. 403）提到"哈佛大学的新生学业指导教师委员会做的事情极少：除了面向全班演说、审批学习记录卡、带着被指导者到殖民地俱乐部吃一顿死气沉沉的午餐"。学业指导体系建立的部分目的是帮助学生选课，同时也是填补学生和教师之间持续扩大的鸿沟（Veysey，1965）。尽管诸如哈佛大学和约翰·霍普斯金大学等院校给予了"指导教师"特定的期望，但他们很少关注不同指导方式所取得的成就的差异。尽管学业指导的概念开始被定义下来，但学业指导依然是一项未被检验的活动。

到20世纪20年代，"很多学院和大学都在忙着完善新生咨询、新生周、教师学业指导等各种制度。不久之后，校园心理医生和学校牧师加入这些机构，有组织地完成某个教育目标，而这些目标此前几乎是由那些有奉献精神的老师们单独完成的。"（Rudolph，1962，p. 460）。鲁道夫（Rudolph）列举了一些大学实施学业指导制度的例子，如卫斯理大学、明尼苏达大学、俄勒冈大学、爱荷华州立大学、哥伦比亚大学、埃默里大学、丹尼森大学、迈阿密大学、斯坦福大学、俄亥俄州立大学及玛瑞埃塔大学。

随着20世纪三四十年代学生支持体系的扩张，以学生为中心的哲学思想在高等教育领域形成了。这一哲学思想最初是美国教育委员会于1949年在《学生人事工作宣言》（Student Personnel Point of View，SPPOV）中正式提出的。

> 学生人事部门将所有学生看作一个完整的人。教育的观念被扩大到学生的全方面发展，不仅是智力的发展，也包括身体、社会、情绪和精神方面的发展。学生被认为是一个对自己的发展负责的参与者，并不是经济、政治、宗教教义或职业技能的被动接受者。（American Council on Education, 1949, pp. 17-18）

《学生人事工作宣言》还界定了学生人事工作项目的关键要素，具体包括："经过培训的、充满爱心的指导者的服务要能协助学生思考他关于自身教育、职业和个人事务的调整适应问题，并寻求到自己的答案。"尤为重要的是《学生人事工作宣言》确立了学业指导在高等教育中与心理咨询、职业咨询和就业指导同等的合法性。学业指导的合法性直到20世纪70年代依然被认可（Morrison and Ferrance, 1973），并延续至今。

第三个时期

弗罗斯特（Frost, 2000）将20世纪70年代至今这段时期称为第三个时期，即"学业指导成为既被定义又被检验的活动的时代"。在第二个时期，学业指导基本只是帮助学生规划课程和注册；与其形成鲜明对比的是，在第三个时期学业指导已成为一项被检验了的活动。当从事学业指导的人开始比较自己与其他院校的学业指导教师的指导方法、过程时，学业指导就变成了一项被检验的活动。1977年10月，300多人参加了在佛蒙特州的伯灵顿举行的全国学业指导学术大会，这是第一次正式地进行学业指导方法及效果的比较。在接下来的两年中，美国全国学业指导协会（National Academic Advising Association，NACADA）、一本学术期刊、一个专职人员以及全国或区域性的会议都被正式确立下来（Beatty, 1991）。对"学业指导作为一种已被检验的活动"的发展产生了重大影响的事件包括，克鲁克斯顿（Crookston, 1972）和欧班宁（O'Banion, 1972）著作的出版，以及其他人关于学业指导的观点的概念化的学术论文的发表，如诊疗型学业指导（Prescriptive）和发展型（Dlevelopmental）学业指导概念的提出。

诊疗型和发展型都是指的学业指导自身的行为，而哈伯利（Habley,

1983）则研究了许多采取不同管理模式的学业指导行政管理机构的组织结构。尽管学业指导具体实践的细微差别不能被精确地分类，但是由哈伯利首次提出的学业指导模式分类为学业指导项目的描述和分析提供了有用的指导。他将这些模式阐述如下（Habley，2004）：

教师指导模式（Faculty-Only Model）。所有学生由一个任课教师进行辅导。没有专门的学业指导办公室。

补充指导模式（Supplemenlany Model）。所有学生由一个任课教师进行辅导。同时，有一个专门的学业指导办公室，为学生提供常识性的学术信息和参考资源，但所有的学业指导必须经过学生的这位任课教师学业指导师[①]同意后方可开展。

分流指导模式（Split Model）。一些特别的学生（未定专业方向的、未准备好的等）在学业指导办公室被指导。其他的学生被分配给学院或者院系任课教师进行辅导。

双导师指导模式（Dual Model）。每个学生有两个学业指导教师。教师学业指导师指导学生专业方面的事务。学业指导办公室的专职学业指导教师在总体学业要求、程序和政策方面对学生进行指导。

全覆盖指导模式（Total Intake Model）。管理部门的专职人员在某一特定的时期负责指导所有同学或为某些特定目标对全体同学开展学业指导。在特定时间段结束或特定目标达成后，学生则被分配到二级学术部门或者教学院系进行学业指导。

卫星指导模式（Satellite Model）。大学的学院、院系或者部门都成立了自己的学业指导机构。

独立指导模式（Self-Contained Model）。从学生入学到离校，所有的学业指导都集中由一个部门的职员独立完成。

这些学业指导模式将会在下面一个部分用来说明学业指导是如何在不同的院校差异化地开展的。

[①] 任课教师学业指导师，下文简称"教师学业指导师"，关于其与专职学业指导师的区别，可参见本书第十七章。

高等院校类别的发展

2005年，美国高等教育机构已经多达4387所，这些高等教育机构的机构类型和资金来源不同，各自奉行的办学宗旨不同，教授的专业不同，服务的学生群体不同（2005 Carnegie Classification, 2006）。这些不同类别的院校中，有规模小的与规模大的，有两年制的与四年制的，有从事本科教育的与从事研究生教育的，有公立的与私立的，有宗教的与世俗的，有营利的与非营利的。这些学校本身在以上性质上各有不同，而且他们的学生组成在性别、年龄和种族方面也呈现出显著的多样性。大部分院校提供了广泛的专业选择，但也有一些学校只有一个单一的课程重点。就专业设置而言，在高等教育机构中存在着一种二元论，即试图在博雅教育与实用教育二者间找到一个恰当的平衡点。本章将按相对的历史先后顺序继续介绍当前主要类型的高等教育机构及其各自独特的学业指导理念和方式。

文理学院

文理学院有着突出的以本科生为中心的特点，小型的私立学院深受欢迎和这类学校数量的增加充分印证了这一理念的成功。早期的文理学院"为贵族传统所规定，并服务于殖民地社会的贵族制度"。事实上，只有上流社会的白人男性才能入学。第一批学院的创建者们有着"建立大学以促进学习并传承给子孙后代"的理想化的愿望（New England's First Fruits, 1640, ¶1）。尽管当时社会哲学思想的基本要素还是强调学习与教育的重要性，但贵族化的社会秩序已经开始向社会阶层流动让步。正是如此，才会出现"本杰明·富兰克林（Benjamin Franklin）尽管只上过几年小学，却成为在社会和经济领域自我成功的典范"（Rudolph, 1962, pp. 18-19）。

受人尊敬的文理学院是教师学业指导模式的坚强堡垒。这些学校由于拥有悠久的历史、典型的小规模和亲密的人际关系，而保持了由任课教师负责学业指导的学业指导原型。教师学业指导模式曾经、现在，并且将继续是最能将大学生的专业教育、通识教育、职业教育和课余活动完美融合的学业指导模式（Habley, 2004）。

师范院校

"第一所由政府资助的师范学校创建于马萨诸塞州……只面向八年级后

的学生提供两年制教育，以培养小学老师"（The Normal School，n.d.，¶1）。师范院校成立的目的在于培养未来的老师，为他们提供实验室学习，运用模拟教室来练习他们的新技能（Cheek，n.d.，¶3，8）。从这个角度来说，"师范"的含义就是"为其他学校建立一个优秀的典范或者模式"（Hilton，n.d.，¶3）。

很多师范学校逐步演变成四年制的教师学院，然后再发展成为文理学院，最后变成大学。在后面的几个演进阶段中，教师训练仅仅是众多课程任务中的一个方面。从密歇根州立师范学校（1852）到密歇根州立师范学院（1899），再到东部密歇根学院（1956），到最后的东部密歇根大学（1959），这一过程很好地阐释了这种变化（Eastern Michigan University，n.d.）。

师范院校实施的是正式的学业指导形式，由校长和教师负责。看起来，这类院校学业指导的唯一目的便是帮助学生选课和注册，采取的是教师学业指导模式。

密苏里州克斯维尔市的《1912年师范学校公告》是关于这一点的最好例证。《公告》要求："全体教师九月十日上午八点到十二点、下午两点到五点务必到校长办公室指导学生，帮助他们做学业规划"（1912 Normal School Bulletin，1912，p.10 ¶4）。

传统非裔学院和大学

贵格派在1837年创立了作为师资培养学院的费城有色人种青年学院。该学院是传统非裔学院和大学（HBCU）中的第一所（Historical Black Colleges，n.d.，¶1）。这一学院的建立非常重要。因为在美国内战以前教育黑人是被南方诸州法律禁止的，自然，也不存在针对黑人的高等教育机构（Thelin，2004）。

"随着内战的爆发，1862年的《莫里尔赠地法案》将联邦的土地分给各州，用于开设学院和大学来教授美国人应用科学、农业和工程，这些都偏离了早期学院的传统课程"（HBCU，n.d.，¶12）。然而，经过国内各方28年的不懈努力，1890年，莫里尔议员再次提出了《莫里尔赠地法案Ⅱ》，这一法案明确规定"……要么将学校既对白人开放也对黑人开放，要么专门为被隔离的黑人学院拨款，使其作为白人学校的替代选择"（Rudolph，1962，pp. 253-254）。那一年，由《莫里尔赠地法案Ⅱ》所划拨的资金极大地推动了十六所黑人专门院校的建立（HBCU，n.d.，¶1）。

《莫里尔赠地法案Ⅱ》如此表述是因为"隔离但平等"原则。这一原则被最高法院写入法律是因为在1896年,一个30岁的非裔克里奥尔人——荷马·普莱西,由于他浅色的皮肤,使得他能够上车并挑战《路易斯安那州车厢隔离法案》,他认为要求黑人乘坐单独的有轨电车违反了宪法第十三和第十四修正案。1896年的美国最高法院支持《路易斯安那州车厢隔离法案》主张的黑人和白人须乘坐分开的有轨电车,使得"隔离但平等"的原则为其他种族隔离法律,包括"隔离但平等的教育",提供了合法的先例(Brown, 1896, ¶1-2)。

根据哈伯利的分类标准,传统非裔学院和大学的学业指导行政架构,不仅在同一院校内部而且在不同学校间均具有极大的差异性。这恰好能够反映出各类高等院校学业指导的情况。例如,霍华德大学的副教务长J.P.里迪(J.P. Reidy)说道,霍华德大学并没有校级学业指导中心,但是文理学院的教育咨询中心基本能够满足这一功能。中心专职指导人员(而非教师)为所有大一、大二学生提供学业指导。与此不同,霍华德大学的工程学院、建筑学院和计算机科学学院各有一个副院长(专职非教师)在来自各系部的教师的协助下,开展与通识教育有关的学业指导工作。里迪进一步表明,传统非裔学院和大学的学业指导会基于项目的不同,学院和项目的规模以及本地习俗等因素,而不断调整方法以满足不断变化的学生群体(J.P. Reidy, Personal Communication, December 28, 2007)。

社区学院

自1901年朱莉埃特社区学院(Joliet Community College)建立,到2006年社区学院已经快速增长到1821个。大约39%的接受高等教育的学生在社区学院就读(Chronicle Almanac, 2006)。根据办学目标和资金来源,社区学院被分为两年制专科学校、职业教育学院、高等业余补习学校和城市学院(Community College, n.d., ¶1)。

在定义社区学院时,鲍格(Bogue, 1950)扩充了1922年的定义,为美国初级学院协会(American Association of Junior Colleges)提供了新的社区学院的定义,将社区学院的定义从"只提供两年大学程度的教学"发展为"融合通识教育和职业训练,使个人能力得到最全面和最稳定的进步"(p.22)。于是,社区学院提供的两年制大专文凭,无论作为人文科学(副学士)领域继续攻读四年制学士学位的先导性学习证明,还是用于职场技能证明或直接就业(理科副学士、应用科学副学士、技术研究副学士)都会被非常看重。现在，通过与学院和大学的合作，社区学院也能提供攻读学士学位的机会。

社区学院的三种最常见的学业指导组织架构分别是独立指导模式、分流指导模式和教师指导模式。在两年制公办高校，教师指导模式逐渐式微的显著趋势已经被注意到（Habley，2004）。这一发现得到了金（King）的进一步证实，他声称：

> 对社区学院来说，比较独特的模式是独立指导模式。因为在很多社区学院创建伊始，这一模式便从在公办学校非常普遍的指导办公室的概念中萌生了。在这一模式中，所有的辅导发生在一个集中管理的部门，通常是学业指导中心或心理咨询中心。学业指导工作一般是向处长或者分管学生事务的副校长汇报。（King, n.d., ¶1）

研究型大学

研究型大学规模大，机构复杂，通常包含多个不同的校区、学院、系部、中心、项目以及附属企业。尽管研究型大学大部分学生是本科生，但它们在学校使命和具体项目中明显地将研究生作为重点。在研究型大学中，教师晋升和终身教职的考核，很大程度上取决于教师申请到的科研经费的金额和学术产出的情况，如学术论文的发表和学术著作的出版，而很少看教学、学生服务和辅导本科生的情况。

受益于德国大学的影响，对当今高校"教学—研究—服务"整体使命中的科研的加强已为人们认可。事实上，对宾夕法尼亚大学的建立做出卓越贡献的本杰明·富兰克林，曾于1766年访问哥根廷，并且极力主张"美国学生到德国而不是英格兰和苏格兰"去学习（Thwing，1928，p.12）。在19世纪到20世纪早期，成千上万的美国学生涌入了德国大学，而在美国，成百上千的德国老师被聘用（Thwing，1928）。德国大学办学思想的主要元素之一在美国大学校长们对教授的期望中被反映出来。正如约翰·霍普金斯大学1876—1901年的校长丹尼尔·科伊特·吉尔曼（Daniel Coit Gilman）所声称"已经表现出卓越研究能力的教授，他们作为老师的教学任务不应该和（科学）研究任务一样繁重以至于影响他们的研究；他们的学生应该足够优秀以便于促进他们做出最好的研究；他们的劳动成果，对科学和学习进步的影响应该以公开出版的成果来鉴定"（Franklin，1910，p.196）。以上这些话是现代研究型大学对教师的期望的样板。

1862 年的《莫里尔赠地法案》突出了农业和工程学在高等教育中的重要地位。在 19 世纪末，为了使社会得到发展和保护，对粮食增产、机器制造、工厂创建和找出事物运行方式以保护和完善社会等方面的研究有巨大的需求。随着时间的推移，这一研究议程给绝大多数高等院校的使命打上了烙印，特别是那些研究型大学（Veysey，1965，pp. 174-179）。

对于公立的四年制学院，分流指导模式是最受欢迎的。对于私立的四年制学院，教师指导模式是主要的模式。在大型综合性研究型大学，学业指导机构可能会存在于某一专业、系、学院和校区中，也可能是面向全校的学业指导中心。因为这些下级机构中有的规模可能会相当大，多种学业指导模式都可能共存：一个只有一个专业的系可能采取教师指导模式，一个学院可能采用分流指导模式，而另一个学院可能会是卫星指导模式（Habley，2004）。

营利性院校

我们处在一个经济高度依赖知识的时代，寻求中学后教育的人逐年增加，电脑和互联网提供了前所未有的接触信息和教育的机会，于是营利性院校找到了生存发展的土壤。在 2004 年秋天，有 115794 人注册入学营利性的菲尼克斯大学（Campuses，2006）。这一数字是注册入学迈阿密达德学院和俄亥俄州立大学主校区学生的两倍。鲁赫（Ruch，2001）对比了非营利和营利性院校，他认为非营利院校就是免税的、有捐赠人和出资者，采取共同管理的方式，在学术领域内创造知识。他认为营利院校就是缴纳税款、有投资者和持股者，采取传统的自上而下的管理模式，并将所学知识运用到解决市场问题中。营利性院校强调的是学生的学习而不是教师的学术研究，提供反映市场需求的学位课程，并且在学生方便的地点和时间授课。

尽管网络教学已经融入了各类高等院校的教与学中，但主要是营利性院校在使用网络教学。因为它们已经通过互联网完成了教学辅助设施建设和形象打造，而不是用砖头和水泥。更重要的是，互联网学习正在改变高等教育。因为它将高等院校的责任从学校对投入负责转化为要对学生的学习产出负责，改变了高校对教师聘任和课程资料所有制的预期，将学时从"学生在课堂上所花费的时间"转变为"他们所掌握的知识和技能"，改变了学生上课的性质，使得"服务的地理区域"这一概念变得毫无意义。

出于对学生的关心和对八个区域性认证协会关于远程学习者应该被提供适当的支持服务的指导方针的回应，远程教育机构正在仔细思考如何像提供其他支持服务一样提供学业指导（Best Practices，nd）。例如，俄亥俄州网络学习（OLN）机构在全州范围内将俄亥俄州的 81 个高等学府提供的在线课程整合起来，设置专职的区域性协调者，帮助俄亥俄州现有的或者潜在的学生获取在线学习的机会。OLN 也为远程学习者提供一种免费的网络教育适应性课程，并开设专题网页指导学生寻求远程学习支持服务，包括提供网络课程各参与院校学业指导教师的姓名、电子邮件、地址和电话号码（Ohio Learns，nd）。同样地，开佩拉大学（Kapella University）也面向远程学习者提供了学业指导、职业咨询、残疾人服务、注册咨询、经济援助和技术支持服务。除了通过邮件和电话提供的个人支持，开佩拉大学还有很多网络学习资源（Kapella University，nd）。OLN 的教育渠道主管称，尽管学业指导教师与远程学习者有很多其他的交流形式（如维基百科、播客和博客），但对远程学生的指导大部分还是通过电子邮件通信和电话交谈实现的（G. Steel，personal communication，July 27，2007）。因此，根据哈伯利的学业指导模式理论（Habley，2004），这些网络学业指导反映的是全面指导模式的特征。

展望未来

学业指导经历了从最初附属于学生事务部门的一项咨询服务，发展成为高等教育的一个独立领域的过程。在这一变化过程中，学业指导产生了一系列显著变化，包括：专职学业指导教师数量的增加、学业指导专业文献的发展、未选定专业和未注册学生服务中心的建立，以及学业指导多种运行模式的出现等。要提高学业指导在大学社区中的地位必须探究学业指导理论、实践和研究三者的有机融合。这一融合取决于学业指导专职团队和教师研究团队的合作。两支队伍通过一起工作形成学业指导的实践，用理论将相互分离、对立的实践与研究结合起来，三者形成一个有机连续的统一体，从而丰富了学术文献。

众多的项目和努力促进了学业指导成为一项已被检验的活动的进程。这些活动包括效果评估行动和责任行动，学业指导教师在学术会议中分析专业知识，学业指导研究成果被美国高等教育标准促进委员会采用，用美国大学入学测试公司（ACT）关于学业指导的调查来评估学业指导项目，设立奖项肯定和宣传优秀的学业指导教师和项目。另一佐证是 NACADA 学术期刊〔Journal issue 25 (2)〕的发行，该期刊专注于各种新颖而见解独特的学业指导理论。

哈伯利、克鲁克斯顿、欧班宁和其他很多人的学术成果为学业指导词汇的扩大做出了贡献。这些词已经被广泛用来讨论学业指导是什么和怎么实施，例如，"指导（advising）、诊疗型（prescriptive）、发展型（developmental）、介入式（intrusive）和教师学业指导（faculty-only）"。当这些想法形成后，人们便称之为观念。观念就是我们在某一领域的研究对象。学业指导作为一项经过检验的活动，其未来的发展取决于学业指导理论、实践和研究如何定义和研究学业指导的观念。

理论就是对事物运作原理的阐释。理论使人们能够描述事物的运行过程，并能预测事物在给定条件下的运行趋势。著名的科学理论包括进化论（生物学）、宇宙大爆炸（天文学）、全球气候变化（气候学）、板块构造论（地质学）、概率论（数学）以及相对论（物理学）。学业指导理论被定义为友好的、基于个人优势的、苏格拉底式的自我反省、矛盾冲突的解决、教学、教育、诊疗型和发展型。

学业指导实践是高等教育机构代表和学生之间的互动，目的在于给学生在学术、社会和个人事务方面提供洞悉和指导。

研究就是运用定性的、定量的或者历史的方法进行探究，在理论的指导下解决具体问题。

观念就是不能直接被观察的思想，例如智力、勇敢和诊疗型学业指导。相反，一些事物是可以被直接观察和测量的，如椅子、车和树等。

假设就是在基于某一理论的研究中提出的没有得到验证但已被接受的观点。在理论的范畴内，假设没有对错，因为缺乏证明它对或错的方法。例如，作为发展相对论的原点，爱因斯坦假设光速是一个常量。

如果要举例的话，那对专业未定的、处于探索中的荣誉学院[①]学生的专业选择行为的研究即是最好的佐证。支持这一研究的理论来自对威廉·佩里的《知识和道德发展图式》（William Perry，1970）的概括。佩里关于知识与道德发展的九种状态被认为可以概况为四个阶段，即二元阶段（dualism）、多元阶段（multiplicity）、相对主义阶段（relativity）和信守阶段（commitment）。关于这个假设的研究计划是验证以上四种状态是否在其

---

① 荣誉学院（Honors College）：20世纪初，美国高校认识到培养高素质人才的重要性，一些顶级高校借鉴英国教育体系中传统的导师制，开始尝试在校内设置荣誉班（honor programs），后来发展成为专门的荣誉学院（Honors College），来培养具有高素质的创新型人才。这些学生需经过两年的通识教育后，再进行专业选择，接受专门的辅导和有针对性的课程训练。参见张雯闻、李婉宜《美国大学荣誉学院的历史、现状、效果及启示》，《现代教育论丛》2016年第6期。

研究样本中明显地存在,该样本由 30 名正在进行专业选择的学生构成。这些学生由学校学业指导中心的专职学业指导教师辅导。学生们需要在 45—64 学期学时内,选择一个授予本科学位的专业。**实践**包括学业指导教师们所有日常辅助学生进行专业选择的工作。研究采取访谈、分析学生的平均学分绩点(GPA)、课程选择等事实,以及指导教师的笔记和工作文档等质性研究方法,以验证佩里的四种状态在学生样本中是否显著发生。研究假设包括:(1)学生的专业选择受多种因素的影响,如家庭成员、指导教师、朋友、专业兴趣、身体状况和智力能力;(2)智力水平高的学生更容易做出专业选择;(3)与佩里的四种状态相应的状态在学生的专业选择过程中能被识别到。虽然这是一个简要的例证,但它表明学业指导领域的探究需要涉及理论、实践、研究方法和研究假设。本例提及的理论只是一个正式公开发表的理论,而在研究中任何对事物运行原理所作的解释都可以解决研究的理论基础问题。

学业指导专职团队和教师研究团队的合作有可能提高学业指导的有效性(Padak et al., 2004)。通过合作,学业指导教师可以识别需要研究的问题,而教师研究团队则可以提供研究方法方面的专业知识。这种合作将对学业指导作更深入的探索。通过合作,专职学业指导教师和研究人员可以用相当数量的已广为接受的研究方法来研究这一领域的重大问题。必须检验学业指导对学生的有效性。学业指导的未来将取决于其建立和使用理论的能力,在实践中应用其研究结果的能力和通过研究评估其有效性的能力。

References

1912 Normal School Bulletin Kirksville, Missouri. Retrieved July 16, 2007, from http://www.rootsweb.com/~moadair/NormalSchool/2-Normal_School.htm.

2005 Carnegie Classification of Institutions of Higher Education. (2006, August 25).

The Chronicle of Higher Education, LIII (1).

American Council on Education. (1949). The student personnel point of view (rev. ed.). American Council on Education Studies, series 6, no. 13. Washington, DC: American Council on Education.

Beatty, J. D. (1991, Spring). The National Academic Advising Association: A brief narrative history. NACADA Journal, 11 (1), 5–25.

Best Practices For Electronically Offered Degree and Certificate Programs. (n. d.). Chicago: The Higher Learning Commission. Retrieved July 27, 2007, from http://www.ncahlc.org/index.php? option = com_ content&task = view& id = 37&Itemid = 116.

Bogue, J. P. (1950). The community college. New York: McGraw-Hill.

Brown, H. B. (1896). Landmark Supreme Court cases, Plessy v Ferguson (1896). Retrieved May 28, 2007, http://www.landmarkcases.org/plessy/background3.html.

Brown, S. G. (1862). The works of Rufus Choate with a memoir of his life. Boston: Little, Brown.

Bush, N. B. (1969). The student and his professor: Colonial times to twentieth century.

Journal of Higher Education, 40 (8), 593-609.

Campuses with the largest enrollments, fall 2004. (2006, August 25). The Chronicle Almanac, 2004-5: The Chronicle of Higher Education, LIII (1).

Capella University Distance Learning Resources. (n. d.). Retrieved July 26, 2007, from http://www.capella.edu/online_ learning/support_ services.aspx.

Cheek, K. (n. d.). The Normal School. Retrieved May 25, 2007, from http://www.nd.edu/~rbarger/www7/normal.html.

The Chronicle Almanac, 2006 - 7: 2005 Carnegie Classification of Institutions of Higher Education. (2006). The Chronicle of Higher Education, LIII (1), 35.

Community College. (n. d.). Wikipedia. Retrieved May 24, 2007, from http://en.wikipedia.org/wiki/Community_ college.

Crookston, B. B. (1972). A developmental view of academic advising as teaching. Journal of College Student Personnel, 13, 12-17.

Duncan, J. M. (1823). Travels through part of the United States and Canada in 1818 and 1819. Glasgow: Printed at the University Press, for Hurst, Robinson, & Company, London.

Eastern Michigan University. (n. d.). EMU style guide. Retrieved September 8, 2007, from http://www.emich.edu/styleguide/timeline.htm.

Franklin, F. (1910). The life of Daniel Coit Gilman. New York: Dodd, Mead.

Frost, S. H. (2000). Historical and philosophical foundations for academic advising. In V. N. Gordon, W. R. Habley, et al. (Eds.), Academic advising: A comprehensive handbook. San Francisco: Jossey-Bass.

Habley, W. R. (1983). Organizational structures in academic advising: Models and implications. Journal of College Student Personnel, 26 (4), 535-539.

Habley, W. R. (2004). The status of academic advising: Findings from the ACT Sixth National Survey. (NACADA Monograph Series, no. 10.) Manhattan, KS: National Academic Advising Association.

Hawkins, H. (1960). Pioneer: A history of the Johns Hopkins University, 1874-1889. Ithaca, NY: Cornell University Press.

Hayes, R. B. (1841). At Kenyon College, 1840-1841. In Diary and letters of Rutherford B. Hayes (Vol. I). Retrieved August 24, 2007, from http://www.ohiohistory.org/onlinedoc/hayes/volume01.html.

HBCU Historically Black Colleges & Universities. (n.d.). Indiana State University College View. Retrieved May 28, 2007, from http://www.collegeview.com/articles/CV/hbcu/hbcu_history.html.

Hilton, F. (n.d.). James Madison University: What's a Normal School? Retrieved May 25, 2007, from http://www.jmu.edu/centennialcelebration/normalschool.shtml.

King, M. C. (n.d.). Community college advising. Retrieved December 8, 2007, from http://www.nacada.ksu.edu/Clearinghouse/AdvisingIssues/com-college.htm.

Lucas, C. J. (2006). American higher education: A history. New York: Palgrave MacMillan.

Morison, S. E. (1946). Three centuries of Harvard: 1636—1936. Cambridge, MA: Harvard University Press.

Morrison, J. L., & Ferrante, R. (1973, February). The public two-year college and the culturally different. Presented at the annual meeting of the American Educational Research Association, New Orleans.

New England's First Fruits 1640: The history of the founding of Harvard College. From Collections of the Massachusetts Historical Society, 1792 (Vol. 1, pp. 242-248). Retrieved September 8, 2007, from http://www.constitution. org/primarysources/ firstfruits. html.

The Normal Schools (n. d.). Retrieved May 25, 2007, from http: //www. lib. virginia. edu/ fine-arts/guides/brown-normal. html.

O'Banion, T. (1972). An academic advising model. Junior College Journal, 42 (6), 62-69.

Ohio Learns! Student Services Get support. (n. d.). Retrieved July 26, 2007, from http: //www. ohiolearns. org/get_ support/displayinst. php.

Padak, G., Kuhn, T., Gordon, V., Steele, G., & Robbins, R. (2004). Voices from the field: Building a research agenda for academic advising. NACADA Journal, 25 (1).

Perry, W. G., Jr. (1970). Forms of intellectual and ethical development in the college years: A scheme. New York: Holt, Rinehart, & Winston.

Ruch, R. S. (2001). Higher Ed, Inc. : The rise of the for-profit university. Baltimore: Johns Hopkins University Press.

Rudolph, F. (1962). The American college and university: A history. New York: Knopf.

Thelin, J. R. (2004). A history of American higher education. Baltimore: Johns Hopkins University Press.

Thwing, C. F. (1928). The American and the German University: One-hundred years of history. New York: MacMillan.

Veysey, L. R. (1965). The emergence of the American university. Chicago: University of Chicago Press.

第二章

学业指导的理论基础

彼得·L. 哈根 佩吉·乔丹

> 放手：尽管每个观察者都能从自身所处的独特位置中获得洞察事物的某种优势，但任何一个观察者都无法看到真理的全貌，也无法洞悉善的全部……我们每个人都应忠于自己拥有的机会，并充分利用自己具备的优势，而不是想着去控制整个世界。做到这一点就足够了。
> ——威廉·詹姆斯《论人类认识之盲点》（1910）

从一开始，学业指导的学术文献就致力于提高学业指导的地位，使之能与其他学术领域平起平坐的压力一直存在。在《美国学业指导学会期刊》（NACADA Journal）的创刊号首页，约翰·H. 格瓦德（Borgard，1981，p.1）就预言道："要想使学业指导具有真正的教育功能而不是教学、研究和服务的附属，我们还有更多需要做的事情。"这个"需要做的事情"就是理论。提高学业指导合理性的热情至今依然存在。一些人已经在尝试从某一可以包罗万象的理论中找到合理性，以解释和指导学业指导的所有事宜。我们希望引用威廉·詹姆斯的训诫，从一开始就声明，不存在这样一个包罗万象的理论。与之相反，本章的两位作者则吸纳了多种理论，并尝试在文中呈现出最重要和最有用的理论。任何理论自身都可能存在局限，但大量理论的运用将能帮助理解相当复杂的学业指导现象，帮助摆正学业指导在教学、研究和服务中的位置。

近些年，美国学业指导学会（NACADA）专注于研究学业指导和其他学术活动的联系，特别是教学、学习和理论构建活动。美国学业指导学会的领导准确地预测到，学业指导与其他学术中心环节的纽带的逐渐加强将会改善学术决策者和其他实践与研究领域的人对学业指导的看法。这些领域包括教学、医学和法律等。《学业指导的概念》（NACADA，2006）展现了学业指导和教学的联系。但是学业指导教师不应该忘记学业指导与其他构成学术生活的活动的联系，即学习、教研、理论研究和发表。学业指导教师是并且应该是专业学者。无论是对专职学业指导教师还是对从事学业指导服务的教员来说都是如此。所有的学业指导教师都是"教授"，他们是值得别人前来咨询的专业学者。

理论在学业指导中的作用

理论构建为更清楚地观察学业指导提供了一个"透镜"。当人们在验光师的办公室，找到能使自己看得最清楚的透镜以前，总会尝试一些其他的镜片。理论和视力一样：一个透镜不能使用一生，因为观察者和被观察的事物都在随着时间而变化。一个透镜不会一直清晰地展现学业指导的全部内容。学生发展理论这一"透镜"，过去几十年来在学业指导领域成效显著，并仍将是学业指导的一个有力的理论支撑。但是越来越多的学业指导研究者和从业者感觉到学生发展理论不能解释学业指导的全部内容。同时，也不该只用一个透镜，而应该用很多透镜来仔细观察学业指导。

学业指导是一个独特的领域。担任学业指导的无论是任课教师还是专职指导人员，他们的学术背景差异都是巨大的。一般情况下，大学不要求学业指导教师具有专门的学位来从事指导工作。学业指导的研究和学术研究也不要求专门的学位，不具有特定的学位和背景的人也可以从事学业指导的学术研究。为了理解学业指导本身和避免成为别人的附属领域，学业指导已经运用现成的理论作为自己的理论支撑——学生发展理论和其他从职业发展、学生事务和心理咨询领域得来的理论。现在正是这样做的最佳时机：结合学业指导教师（任课教师和专职人员）丰富的学术背景，运用其他学科领域的理论（艺术、人文科学和社会科学），同时不丢失学生发展理论强大的解释力，努力建构学业指导理论新方向。学业指导研究人员和实践者都可以采取这种方法，因为他们有着广阔的学术背景，并且学业指导的复杂性也赋予他们探求更远大理论的职责。没有任何一个理论能够解释学业指导的全部，就像没有一个理论能够解释教学、医学和法律的全部一样。

学业指导很久之前就被认为是实践者的领域，当然，这本书的主要目的也是为学业指导的从业人士提供指导。近年来，学业指导被接纳成为学术研究的领域之一，并在学术研究的历史上获得了其应有的地位。学业指导的实践操作与学术研究这两方面其实并不是对立的。实践为学术研究提供富有成效的途径和方法，反过来，出版的学术研究成果又能改良实践。这两个方面都需要理论支撑，没有理论，就不能进行学业指导的实践和研究。

在《学业指导大全》（第1版）中，克里默（Creamer，2000，p.31）认为"学业指导目前没有理论"。但是事实上确实存在数以万计的学业指导理论：每一个从业的学业指导教师都有自己的理论依据。可能没有一个关于学业指导的大一统理论，就像在其他行业没有一个唯一的大师级的理论来指导所有的实践和研究一样。这样一个包罗万象的理论视角，既不可能出现，也不会令人满意。关于学业指导的多种理论可以同时存在，就像其他领域的学术研究和实践中的理论那样。实践者可能需要有一个囊括多种理论的"调色板"，以便能够在同一天内满足各种学生的不同需要。

运用元理论的术语来理解现有的学业指导理论不失为一种有效的方法（Hagen，2005）。类比理论（Analogic theories）基本是隐喻性的，即用一种事物（隐喻的载体）来映射另一样事物（学业指导，隐喻的主角）。也就是说，将从其他学科领域中得到的理论和观点应用于学业指导。规范理论（Normative theories）告诫学业指导教师要用某种特定的方式来开展学业指导。规范理论强调为学业指导的开展提供一个需要遵守的理想模式。本章接下来将按照类比理论和规范理论，采取一分为二的方法对后续内容进行组织以及对众多的学业指导理论进行分类。

学业指导传统的规范理论

克鲁克斯顿（Crookston，1972/1994）是早期发展型学业指导（developmental advising）的倡导者。他说道"发展型学业指导不仅与特定的个人和职业抉择有关，并且能促进学生的理性过程、加强学生与外部环境和他人的交流、增强学生行为意识、解决问题的能力、决策力和评价的技能"（Crookston，p.5）。出于对学生成长和发展的全面考虑，金（King，2005）将发展型学业指导描述为一个过程和定向。欧班宁（O'Bnion，1972/1994）描述了学业指导的五个维度："（1）探索人生目标；（2）探索职业目标；（3）选择专业；（4）选择课程；（5）安排课程"（O'Bnion，p.10）。齐克林（Chickering，2006）对学业指导的整体功能表示赞同，他发现视学生的成功为己任的教师会关注学生个人的总体发展，包括学术、个人、智力和社会化等方面的发展。克鲁克斯顿（Crookston，1994，p.9）认为学生和学业指导教师之间的关系是学生成长的关键因素。学业指导的目标是"走向开放、接纳、信任、数据共享和协作解决问题、决策和评估"。

发展型学业指导不要求学业指导教师讨论超越自身知识面或引起不适的问题。事实上，克鲁克斯顿强烈建议学业指导教师应把与学生共同建立辅导中的边界和确定辅导的中心任务作为与学生建立起指导关系的重要内容。甚至诊疗型学业指导（prescriptive advising）在发展型学业指导中也占有一席之地。因为有些时候，一个简单的答案是对某个问题的唯一合理的答案。发展型学业指导在选择学业指导互动关系发生的方式中实现对学生需求的真正关注。从克鲁克斯顿的角度来看，学生的个人发展和学术发展是密不可分的，因为教育不仅可以改变一个人的智商，还可以改变一个人的性格。

学生发展理论可以分为三类：社会心理学自我同一性形成理论（psychosocial-identity formation）、认知发展结构理论（cognitive-developmental structures）和个人偏好或类型理论（personal preference or types）（Strange, 2004；King, 2000）。

社会心理学自我同一性形成理论

自我同一性形成理论着眼于人们生活的不同时期和阶段，以及在这些阶段人们所面临的问题。主要研究的内容是发展任务、转变和自我身份认同（同一性）的形成。

埃里克森（Erikson, 1963）描述了人类生命发展的八个阶段（或危机）。他认为面对危机，每一个阶段都可能存在积极的或消极的两种解决方法。积极解决危机会让危机的积极结果促进人的未来发展。消极解决导致个人发展的间断或中断，影响到后续阶段。从童年的危机中所产生的消极解决的负面影响会持续到人的成年时期。但是，人们可以在以后的发展阶段，通过用更积极的解决方法来修复这些间断。例如，一个从不相信权威人物的人，可以通过由老师、导师、学业指导教师或者朋友建立一种信任的关系，来学习信任。

表2.1是对埃里克森八个阶段的总结，并且描述了在每个阶段由于先前的消极应对，学生可能会出现的潜在行为。这一表格的目的不是诊断：当一种行为呈现出来，我们不能得出学生必然会有消极解决的结论。它只是一种工具，用来显示一个阶段的消极解决的可能表现，而不能衡量发展差异。

齐克林和瑞斯的研究（Chickering and Reisser, 1993）以埃里克森的自我同一性形成理论为基础，展现了大学生的社会心理在各阶段的变化情况，这些阶段被称为"向量"。学生在不同向量上的发展具有不平衡性，不同向量上的发展也会相互影响。齐克林和瑞斯认为按正常年龄入学的大学生应该在低年级的时候探索前三个向量上的发展，在高年级的时候完成第四、第五个，或许还有第六个向量上的发展。在整个生命历程中，人们也许会完成最后三个阶段。表2.2展示了可能与这七个向量有联系的大学经历。齐克林和瑞斯（Chickering and Reisser，1993）提倡学生与教员的频繁接触，将从事学生发展事务的专业人员定义为教育工作者，与任课教师一道合作应用学生发展理论。

表 2.1　　埃里克森八个阶段的消极解决行为的描述

阶段	发展危机	可能表现出的消极解决
1	信任与不信任	学生不相信学业指导老师的话——希望什么都能白纸黑字地写下来或有书面依据 学生与任课教师发生冲突——抱怨打分不公平、考试不公平等
2	自律与羞愧和怀疑	学生很难做决定——想别人把什么事情都能给自己讲清楚或想让他人代劳
3	主动与愧疚	学生不对注册入学负责、不想完成课程作业等，但是会因学业进展缓慢而感到焦虑或愧疚
4	勤劳与懒惰	学生即使成功了也不满足——似乎无法相信成功是依靠自己的努力或能力取得的
5	自我身份认同与角色混乱	学生完完全全模仿别人（父母、朋友等），或者对自己是谁没有认识
6	亲密与疏离	学生被孤立，似乎没有朋友，或者极端自恋
7	创造与停滞	中年以前，学生可能会遭遇职业或人际关系上的挫折，感到挫败或萎靡不振
8	自我统整与绝望	前来上大学的成年人的求学目的是尝试弥补失去的时间、机会，获得本应得到的东西

塞里格曼和克里曾米哈里（Seligman and Csikszentmihalyi，2000）是积极心理学运动的领导者。积极心理学着眼于在通常条件下正常人是如何发展的。积极心理学与他们所称的"疾病框架"的心理学大相径庭（p.7），"疾病框架"的心理学专注于研究在与人打交道时什么行为是错的或病态的。塞里格曼和克里曾米哈里（Seligman and Csikszentmihalyi，2000）的著作是为了教育孩子的，但也适用于大学生。"教育孩子不仅仅是改正孩子的错误，还要发掘和培养孩子的优势品质，先天的和最擅长的品质，并帮助孩子找到能够最好地发挥这些优势的职业"（p.6）。克利夫顿和安德森（Clifton and

Anderson，2004）也赞同将重点放在学生的优势上，而非学生的短板上。克利夫顿和安德森已经开发出一种方法称作"以优势为基础的学业指导"，允许学生做他们自己，挖掘他们的优势来完成各种任务。这与许多学业指导教师专注于学生缺点的做法不同，特别是对于学业准备不足的学生。克利夫顿和安德森（Clifton and Anderson，2004）建议学业指导教师与准备不足的学生讨论学生自己的优势、取得目前成就的因素、喜好以及他们认为自己能做好的事情。通过运用自身的优势，准备不足的学生也许能够在其他领域开发他们的能力。施赖纳和安德森（Schreiner and Anderson，2005）提供了这种方法在学业指导中的进一步应用方案："基于优势的学业指导是以学生的天赋为基础的。通过激励学生获得在完成大学学业所必需的基础知识和必要技能建立他们的自信心"（Schreiner and Anderson，p. 22）。虽然以优势为基础的学业指导就像发展型学业指导一样是一种整体性的方法，但它与发展型学业指导的不同之处在于，前者基于学生的学习动机，而不是对学生需求的评估；专注于学生发展的可能性，而不是问题；侧重于学生的天赋和技能，以及这些优势对学生的成功所起到的作用。

表 2.2　　　　　　　　　　　齐克林七向量理论

向量	向量描述	大学经历	学业指导教师的反馈
发展能力	智力能力、体力和协作能力、人际交往	预科学习、数学课、参加社团——所有增加自我成就感的活动	提供准确的安排信息和课程选择的先后顺序
管理情绪	脉搏跳动延迟、管理情绪表情——最高级别是对自身真实情绪的深度认知与接受	要有效和妥当地表达和处理强烈情感（生气、抑郁或对他人的浪漫情感）	为学生提供资源，推荐应对焦虑、抑郁、感情问题等的处理方法
自治	自给自足和互相依靠	与家庭成员保持积极的关系，同时要独立，相互保持一定距离	老师应鼓励学生加强独立决策能力
建立成熟的人际关系	接受和理解不同人群（不同民族、文化、种族和性取向），尊重个人癖好	与他人建立亲密关系，尊重和欣赏个体与文化的差异	老师做出榜样，接纳和欣赏个人与文化差异
建立同一性	需要掌握前面四个向量，需要发展积极的自我认知、自信、对未来的乐观、积极的身体形象、清晰的性别认知	正面形象和自我认知	通过提问帮助学生加强自我认知，正面看待学生特点，如性别、社会和文化传统以及性取向

续表

向量	向量描述	大学经历	学业指导教师的反馈
确立目标	关注职业和生活目标，考虑个人兴趣和家人的选择	与充实有益的生活方式相关的职业规划和个人兴趣	通过访谈和测评帮助学生进行职业探索
实现整合	包括人性化的价值观，如信念和其他影响终身的信仰体系	人性化和个性化的价值观；使信仰与行为保持一致	用心倾听学生的价值观冲突、信仰危机，提出清晰的问题帮助学生取得一致

通过基于学生优势的学业指导，学生感到在更深层次上得到了理解，表现出更强的动机，更多的自信，并对学业指导有更高的满意度。注重学生的短处就是"关注没有在眼前的学生"（p. 22）。

维果茨基提出了社会文化发展理论，强调认知发展的社会环境（Berk, 2007）。维果茨基认为认知发展是"社会调解的过程"（Berk, 2007, p. 23），在个人尝试新任务的时候，需要得到成年人和更有经验的同龄人的支持。维果茨基的这个理论的基石之一是"最近发展区域（zone of proximal development）"理论，他将其定义为"现有的独立解决问题的水平与通过成人指导或与更有能力的同龄人协作解决问题而能达到的潜在发展水平之间的差距"（Vygotsky, 1978, p. 86）。例如，一年级的学生可能因为缺乏批判性思维能力，而不能升到高年级。教授可以通过讲解、模拟、演示和讨论观点的机会，帮助学生从自己的当前实际发展水平达到潜在发展水平。根据哈兰德（Harland, 2003）的观点，维果茨基认为，学习和发展不同，而且学习不仅促进发展，而且创造最近发展区域。与维果茨基的理论相关的一个概念是"脚手架教学法"（scaffolding）。哈兰德将脚手架教学法定义为"当学生进入了最近发展区域，为其提供更高水平的初始支持，并在学生逐渐实现独立（即潜在发展水平）时逐步拆除支持结构的过程"（Harland, 2003, p. 268）。根据维果茨基的观点，"今天的最近发展区域将是明天的实际发展水平"（Vygotsky, 1978, p. 87）。应用维果茨基的理论架构，学业指导教师可以结合对学生当前发展水平的评估，为其提供学习必要的知识的支持，并且允许学生独立学习发展，从而实现对全体学生发展潜力的关注。在了解学生的发展水平的前提下，学业指导教师可以为他们提供略超出其理解范围，但又可以通过努力理解的信息。

认知发展理论

认知发展理论侧重于个人如何对自己的生活经历进行认识和解读。表2.3是科尔伯格的道德发展阶段理论（Kohlberg，1969），专注于人对道德困境的认知心理历程，而不是口头反馈内容。前两个阶段描述了小学生的典型特点。阶段3描述青春期早期，阶段4描述从青春期的中期到晚期。几乎没有人的道德发展水平高于第四个阶段（Berk，2007）。

表2.3　　　　　　　　　　科尔伯格的道德发展阶段

阶段水平	次阶段	描述
	前习俗水平	道德受外部控制。人们遵守权威制定的规则。受到奖励的行为被视作良好行为，受到惩罚的行为被视作恶劣行为
1		惩罚和服从的取向阶段	重点在于畏惧权威，防止在决定某事的道德时受到惩罚
2		相对功利主义取向阶段	对问题做具体认识。重点在于个人利益和互相帮助
	习俗水平	遵守社会规则十分重要，但是在这一阶段，遵守规则是为了维护社会秩序和积极关系
3		"好孩子"取向阶段	遵守规则是为了得到其他重要人物的喜爱与认可
4		"维护法律与秩序"取向阶段	考虑角度更宏大。执行社会法律以维持秩序和人际合作
	后习俗水平		道德的定义抽象化，能够支持适用于所有社会的准则和价值观
5		社会契约取向阶段	规则和法律具有灵活性，既保障个人权利，又维护大多数人的利益
6		普遍的伦理原则的取向阶段	行为决定基于道德准则。道德准则应利于所有人，不管法律是怎么样的

但是，道森（Dawson，2002）认为，上大学将会增加人们超越科尔伯格道德发展理论第4阶段的可能性。这是由于学生能更广泛地接触到切身环境之外的社会和文化问题，并且当学生接触到不同意见的开放性讨论时道德会得到加强。

威廉·佩里（Perry，1970）关于大学生如何理解并阐释自己的大学经历的研究，形成了他关于智力和道德发展模式的基础。与科尔伯格的道德发展阶段理论不同的是他提出了道德发展的九个阶段。因为他认为这九个阶段是个人的世界观和立场，而且道德发展并非线性的。佩里的九个阶段分别是：(1) 基本二元化阶段；(2) 多样性的前合理性阶段；(3) 多样性的合理化阶段，但多样化观点处于从属地位；(4a) 多样性观点协调一致阶段；(4b) 相对主义处于从属地位的阶段；(5) 相对主义阶段；(6) 承诺预见阶段；(7-9) 不断发展的承诺。

二元论是一种对世界的看法，用非对即错、非好即坏的二分法来认识世界。它以权威为导向，包括个人按权威的吩咐做事、给出正确答案。多样性阶段始于认知分歧。当所拥有的知识与新知识发生冲突时，人通常就会感受到不适。在这一阶段，个人承认某些问题可能是没有正确答案的，而且接受不同的意见也是同样有效的。在这个过程中，分析思维能力得到提高。赞同多样性的思想家认为不同的观点都同样可能是正确的，这一逻辑促进了相对主义的发展。认为有用的观点是需要论据支持和逻辑解释的，而没有支持的观点被认为是站不住脚的。承诺"是指一种人们投入了精力、关心和认同的，把一个人作为自己的代理人和抉择者同自己生活的某个方面密切联系起来的行为或正在进行的活动"(Perry, 1970, p. 135)。这些承诺可能是关于人际关系、专业、职业、宗教或其他方面的决定。

当前学生发展理论可能不足以准确地描述所有学生群体。科达马、麦克尤恩、梁和李 (Kodama, McEwen, Liang and Lee, 2002, p. 56) 专注于研究亚裔美国学生，他们认为继续使用传统的学生发展理论来解释不同人群的发展是不恰当的。"了解并考虑到学生的家庭和文化背景，并帮助学生利用自身的优势和价值，而不是根据主流社会的规范从而认为这些学生存在缺陷，这将帮助亚裔美国学生获得更多、更有意义的社会心理发展。"

克罗斯 (Cross, 1995) 提出了黑人自我认同的模式。随着黑人认同的发展，经历五个阶段：(1) 遭遇前阶段，欧洲中心论的身份认同观念并试图融入主流的白人文化；(2) 遭遇阶段，一些经验触发对以前观念的重新认识；(3) 浸没与再现阶段，分为两个阶段：首先，完全沉浸在黑人种族，从其他群体，尤其是从白人群体中退出，而第二阶段涉及新身份的内化；(4) 内化阶段，这发生在人们接受自己是黑人并充满自信时；(5) 内化承诺阶段，有参与改善黑人社会的积极计划。

卡斯 (Cass, 1979) 提出了融合心理和社会发展的同性恋身份发展理论，包括自我评价，以及对他人评价的感受。道吉力 (D'Augelli, 1994) 提出了女同性恋、男同性恋和双性恋身份发展的生命周期模型。他确定了六个相互作用的过程，而非发展阶段。他认为自己的模型中，除了人对环境的反应，个人也塑造他们所处的环境。道吉力提出的六个过程包括：(1) 退出异性恋身份；（2）发展女同性恋/男同性恋/双性恋身份；（3）发展女同性恋/男同性恋/双性恋的社会身份；（4）成为女同性恋/男同性恋/双性恋者的后代；（5）产生女同性恋/男同性恋/双性恋的亲切感；（6）加入一个女同性恋/男同性恋/双性恋团体。

个人偏好或类型理论

个人偏好或类型理论专注于个性化差异，如性格上的差异，以及学生进入学习环境以及整个世界的差异。在学生的发展过程中，这些因素都比较稳定，并且影响其他方面的发展。人格类型是非评判性因素。人格类型提供了有关个体倾向于对环境刺激做出何种反应，以及他们倾向于使用什么类型的支持的信息。迈尔斯—布里格斯人格类型（Myers & McCauley，1985）和科尔布的学习风格理论（Kolb，1984）是人格类型理论的杰出代表。

迈尔斯—布里格斯类型指标是以卡尔·荣格（Jung，1960）的人格类型说为基础的。强调人们如何收集信息，以及如何使用这些信息来做出决策。参数选择被设置在四个二元维度：外向—内向、感觉—直觉、思考—情感和判断—知觉（Evan，Forney，& Guido-DiBrito，1998）。外倾型的人更喜欢团队协作，而内倾型的人更倾向于选择独立的工作。感觉型的人喜欢客观的数据和程序，而直觉型的人所获得的信息是基于想象、联系和观感的，并可能会对惯例感到压抑。在决策过程中，思考型的人倾向于事实和逻辑的逻辑分析。那些情感占主导地位的人根据喜欢、不喜欢和主观价值做决定。判断—知觉显示个人对外部世界的取向。判断型的人快速收集信息并做出决策，来实现有序的生活。知觉型的人似乎需要花费更多的时间观察和收集信息。他们比较喜欢顺其自然的生活（King，2000）。克罗克特和克劳福德（Crockett and Crawford，1989）发现，注重于学生与学业指导教师紧密的合作关系并主要处理学生的目标和经历的发展型学业指导模式，更受情感型和直觉型学生的青睐。感觉型学生似乎更喜欢专注于课程注册和学术规划的具体细节的学业指导。

科尔布（Kolb，1984）确定了四种学习风格——个人喜欢的感知和加工信息的方法。这四种风格是聚敛型、发散型、同化型和顺应型。聚敛型的人往往善于解决问题和决策，善于将信息应用于实际情景中，并在必须对一个问题确定一个正确的答案时表现最佳。发散型的人富于想象力，并能认识到事物的意义和价值。他们能从多视角来审视问题，善于想出替代方法。他们都以情感为导向，对人感兴趣。同化型的人善于归纳推理，能够通过整合看似不同的思路创建理论。因为他们倾向于思考事物的逻辑性而非实用价值，所以他们重视想法。顺应型的人善于实施计划，是实干家。他们能够执行任务，愿意吸取新经验，甘愿冒险，能适应不断变化的环境，喜欢通过反复试验而不是研究分析来解决问题。顺应型的人与人相处时，也是感觉很舒适的（Evans et al., 1998）。

学习风格理论在学业指导中的应用表现为具有某些学习风格的人对某一学科会感觉更自如。有可能聚敛型的人更倾向于学习物理科学与工程，发散型的人喜欢学习人文科学和文科，同化型的人愿意学习基础科学和数学，而顺应型的人乐于学习实用领域如商科（Evans et al., 1998）。科尔布（Kolb, 1984）发现存在一种趋势，即不同学科下的学生群体往往具有各自特定的主要的学习风格。虽然这不应该用来刻板地看待学生，但在同一学科下具有不同于主要学习风格的学生学习上可能会遇到更多的困难。学习风格理论在学业指导教师如何就学业、就业和个人信息与学生进行交流方面的指导意义也很重要。表2.4提供了可能对每一种学习风格的学生都十分有用的不同专业适用的学业指导方法示例。

表 2.4　　　　　　　　　　　　科尔布学习风格

学习风格	典型专业	指导方法
聚敛型	工程、技术、特殊职业	可能倾向于从计算机上获取信息，从指导老师处获得特定问题的答案
发散型	英语、艺术、娱乐、服务	可能倾向于先阅读纸质文本进行反思，然后私下联系指导老师
同化型	数学、信息、科学	可能倾向于直接联系愿意给学生提供口头答案、在学生遇到问题时愿意提供提问机会的老师
顺应型	教育、商业、组织	这类学生可能喜欢与老师私下接触获取特定信息

范式扩展：规范理论

1999年以来，寻求学生发展理论的替代理论的观点已经出现。这些新的规范性方法往往注重在学习过程中提供学业指导，并为"学业指导的概念"的发展（NACADA, 2006）铺平了道路。"学业指导即教学"的观点得到了广泛认可，并成为美国学业指导协会最常用的隐喻。

海姆威和崔切伯格（Hemwall and Trachte, 1999, p.5）力图使学业指导与学术事务的联系更加紧密。他们认为"应摒弃发展型学业指导的模式，而由其他理论取而代之"。因为，在他们看来，学生发展理论在努力实现人的全面发展的过程中没有做到对学习过程、精神生活和课程的应有的关切，而实际上那些都是高等教育的中心任务和主要目标。虽然没有人，包括海姆威和崔切伯格，会认为不同发展阶段的自我实现活动不是一个值得关注的目标，但是他们认为高等教育的课程对于实现这一目标并非是必需的。此外，海姆威和崔切伯格认为，发展型学业指导理论倾向于将任课教师排除在外，因为任课教师将教学视作自己的主要任务，而不关注学生的个人成长。海姆威和崔切伯格（Hemwall and Trachte, 1999, p.7）认为，当学习被置于以教师为中心的学业指导的核心时，则这样的学业指导将支持学术课程的"中心地位"。

海姆威和崔切伯格（Hemwall and Trachte, 2003）认为，以教学和学习为中心的学业指导常见于规模较小的院校，因为在这些院校，学业指导很可能是由任课教师完成的。"学业指导教师需要站在任课老师的角度考虑学业指导。如果学业指导教师希望接受学业指导的学生学到教育家们所设定的大学教育的主要价值观和目标，那么就必须认同课程教学目标，完善教育方法"（Hemwall and Trachte, 2003, p.9）。这并不是说教师是唯一或最好的学业指导者；相反，教师首先是"教师"。通常老师们都将自己作为学业指导教师的角色视作"教与学过程的一部分职责，而不是作为一种促进学生发展的手段"（p.9）。如果学业指导是教学的话，人们就可以认为学业指导应该有自己的课程和教学方法。

海姆威和崔切伯格（Hemwall and Trachte, 2005）从学习规范理论的视角充实了学业指导课程的**概念**（"通过学业指导学生应该学到什么"[p.75]）和学业指导的**教学法**（"这种学习通过何种方式实现"[p.75]）。学业指导的基本课程应该是促进学生的学习：（1）学习关于大学的使命，（2）学习低级和高级思维技能，（3）学习如何实现大学使命要求的目标（Hemwall and Trachte, 2005）。"学业指导即教学"理论中的"课程"就是课程本身；或者从广义来讲，"学业指导即教学"理论是根据产生那些课程的大学使命来"教学"的。"学业指导即教学"已经与高等教育的核心任务实现了保持一致。

对于"学业指导即教学"的教学方法，海姆威和崔切伯格（Hemwall and Trachte, 2005）提出了七项原则：

1. 学生必须积极构建他们对学校使命的学习和人文科学的学习

使命。

2. 学业指导教师应将关于不同学习风格类型的知识应用于自己的学业指导实践中。

3. 学业指导教师必须考虑学生的社会背景对其理解教育意义可能会产生的影响。

4. 学生已有的知识和观念将会影响其学习发展潜力。

5. 学业指导接受者必须被作为平等对话的一方对待,他们有自由和义务表达、解释并讨论自己的目标和想法。

6. 学业指导教师必须通过引导而非驱使,带领和吸引学习者对人文科学的学习目标获得更高层次的和更复杂的理解。

7. 学业指导教师应引导学生从异常、不平衡和明显的矛盾冲突中获得发展。(Adpted from Hemwall and Trachte,2005,pp. 77–81)

洛温斯坦(Lowenstein,1999)主张实施更多以学术为核心的学业指导,并认为"诊疗型学业指导"并非完全无益,这一观点也被发展型学业指导的一些支持者所赞同。他认为发展型学业指导与诊疗型学业指导并不是完全对立的,把二者相互对立的人在分类方法上犯了错误:发展型学业指导是从学业指导的理论的视角进行的定义,而诊疗型学业指导是就学业指导的风格而言。

洛温斯坦(Lowenstein,2000,2005)对现在众所周知的"以学习为中心的范式"的学业指导做出了最完整的描述。他对"学业指导即教学/学习"的暗喻所隐含的问题——"如果学业指导教师是教师,那么他们教什么?"给出了答案。对这个问题的回答对学业指导在将来作为一种职业和由任课教师开展的活动,产生了深远的影响。如果学业指导是教学,接受学业指导是学习,那么,专职学业指导师理应变得更像任课教师;而且,教师学业指导师显然理应用与课堂教学同样的方式进行学业指导。在洛温斯坦看来,该问题的答案是:学业指导教师教授课程本身、课程内部关系、课程与精神生活的关联以及课程为终身学习开辟道路的力量。简而言之,学业指导教师教的是课程的"逻辑":

> 当学生对自己的课程体系(curriculum)整体有所掌握时,也正如对自己的某一门课程(course)有所理解时,学习就自然地发生了。前者和后者对学习具有同等重要的意义。事实上,学生对每个单独课程的

学习都随着对课程体系的学习而得到增强,并且可能会在课程结束之后继续受到影响。最后,尽管教授们负责具体的课程,但是学业指导教师却通常负责整个课程体系,优秀的学业指导教师能在学生学习课程体系的过程中指导他们。(Lowenstein,2005,p.69)

这就是学业指导的演进和在学术事务中的明确定位。学业指导教师是学者,并且"学业指导教师无疑是学生的教育过程中最重要的人"(Lowenstein,2005,p.72)。洛温斯坦意识到这对聘用和培训学业指导教师,以及美国学业指导协会本身具有深远的影响和意义。如果学业指导本身是教学,其结果是学习,那么学业指导教师必须是一个好老师,就不应狭隘地接受训练,而应学习大学通识教育特别是文科教育,因为"他们已经练就从整体着眼综合地整合思想的能力"(Lowenstein,2005,p.72)。培训应将重点放在教育过程上,例如,以学习为中心的学业指导的学习成果的评估。

教育性指导这个词语,由博尔加德(Borgard,1981)最早提出,经梅兰德(Melander,2005)发扬壮大。教育性指导这个词总体上涵盖了海姆威和崔切伯格(Hemwall and Trachte,2000)的"学习中心论"、洛温斯坦的"以学术为主导的学业指导"(Lowenstein,2000)和"以学习为中心的学业指导"(Lowenstein,2005)的观点所表达的语义范围。"教育性指导"可以很容易地排除任何由短语"学业指导即教学"所引发的困惑,这一短语它并没有说明参与学业指导是一种学习。梅兰德(Melander,2005)强烈地呼吁推广教育性指导,那种与"为人们普遍接受的,建立在研究的基础上的学生学习原理"相一致的学业指导(Melander,2005,p.88)。

范式扩展:类比理论

"学业指导的概念"(NACADA,2006)本身就是"学业指导即教学"这个暗喻的具体化,但这不是用比喻或类比来阐述学业指导的唯一途径。其他关于学业指导的比喻或同根词,可以为学业指导这一概念的解释和阐明提供丰富的理论途径。它们能做到这一点而不与其他理论观点产生冲突。例如,戈夫曼(Goffman,1959)的一部颇具影响力的社会学研究专著——《日常生活中的自我呈现》,将人类的相互交流看作舞台上表演的戏剧,并从这一理论框架展开了有力的论述。但是,即使是戈夫曼也不会认为社会学只能采用舞台上表演的戏剧这个隐喻作为唯一中肯的角度来对人类的相互交流进行阐述。但是，通过戏剧这个视角思考这一问题，人际交往的社会学研究至少在某些情况下得到了提高。通过把一个不为人知的概念（如人际交往）和一个更好理解的概念（如戏剧）作类比，将会使得这个不为人知的概念也变得更容易为人们所理解了。

学业指导领域对来自其他任何领域的启发性的隐喻都是充分开放的。一个领域的理论可以转化到另一个领域。例如，假设学业指导实际上是一种叙事的话，那么则可以用叙事理论对学业指导进行卓有成效的研究。如果我们接受了这个隐喻，那么文学和人种学的广为人知的一切理论都可以用于研究学业指导。

20世纪80年代发展起来的叙事疗法，起源于家庭治疗领域，为学业指导领域提供了很多有用的理论（Hester，2004）。心理学叙事疗法认为个人需要构建自己的故事从而让生活更富有意义，是一种对现实进行建构的理论观点。基于人们自己和他人口中关于自己的故事，人们有选择性地进行故事回忆，从而引起了人们的身份认同或对自身的认知。能力不足、无力、抑郁和完美主义都是个人叙述中经常出现的问题（Daigneault，1999）。治疗师的作用是构建一个更积极的新故事，以带来更令人满意的和适合的结果。叙事疗法也可用在跨文化学业指导中制定战略扭转基于负面文化信息的消极身份认同（Semmler and Williams，2000）。叙事型学业指导已被描述为"隐喻在学业指导中的结构化应用，借此学业指导教师能够帮助学生从过去的经历中找到取得成功和持久性变化的解决方案"（Christman，2005）。克里斯特曼（Christman，2003）建议，在学业指导中使用叙事技巧，借用叙事疗法挑战学生的信仰，并帮助学生创造自己的新故事。学业指导教师可以帮助学生以教育为途径谱写自己发展的新篇章，哪怕并非一个全新的故事。学业指导教师也可以用叙事的方法与学生讨论阻碍学生达到自己职业目标、干扰职业选择或有助于自身成功的因素，讨论学生可以通过什么途径克服所面临的障碍和逆境。

叙事型学业指导不是学业指导通过类比的方法从其他领域得到的唯一理论方法。哈根（Hagen，1994）将学业指导视作苏格拉底雄辩术的一种形式，学业指导包括两个平等的参与者，即学业指导教师和接受学业指导的学生。这种方法是由库尔曼（Kuhtmnn，2005）发展壮大的，库尔曼仔细地审视了苏格拉底的方法和缺陷，认为该方法可能在大多数情况下是有用的，但并不适用于学业指导的所有情况。贝克（Beck，1999）着眼于混沌理论对辅导专业未定的学生的可能性。

《美国学业指导协会期刊》2005年秋季季刊发表的多篇研究其他理论用于学业指导理论的可能性的文章为如何创建学业指导理论提供了范例。杰克逊（Jackson，2005）着眼于哲学的学术研究成果如何在实践和理论上给予学业指导帮助。德梅特里奥（Demetriou，2005）借助社会规范理论（social norms theory）改良了发展型学业指导理论，并向大家展示了一个鲜为人知的理论（社会规范理论）如何直接应用于学业指导理论。麦克莱伦（McClellan，2005）说明了冲突理论如何为学业指导实践提供策略，甚至还从冲突的神经解剖学解释的角度进行了阐述。最后，罗林斯夫妇（Rawlins and Rawlins，2005）提供了一个最明显的用一个领域的理论对另一个领域进行阐释的例子。他们利用学者们结合传播学和社会学理论对友谊进行研究所取得的成果，向人们阐明了友谊的相关理论成果可以帮助学业指导教师更好地建立起与学生的"指导—被指导"的学业指导关系。和友谊一样，"学业指导关系"不是静态的，它受到众多突发事件、辩论中的紧张情绪，以及参与者的时间和精力的实际限制所影响（Rawlins and Rawlins，p.18）。所以，关于友谊的研究可以提高人们对学业指导的认识。

学业指导理论未来的发展方向

推测学业指导理论的未来发展方向是一种愚蠢的行为。那些对学业指导理论未来发展方向的预测，最后往往会令做出这些预测的人们尴尬不已。尽管如此，我们仍有理由认为，目前"学业指导即教学"的理论建设的热潮尚未达到顶峰。我们有理由期望未来会出现基于海姆威、崔切伯格、洛温斯坦和其他人的重要的学业指导的理论著作。同时，我们有理由相信，在未来的很长一段时间，学生发展理论将继续参与并指导学业指导的实践与研究。

与其进行预测，研究者们更希望能为学业指导未来的理论建构提供一些可能的途径。未来学业指导理论建构的方向是什么呢？那就是通过类比法进行理论建构，并真正扩大学业指导已有知识成果的影响。没有人能提供一个最终的完整建议清单，但下面列出的这些理论可能会对未来的理论家提供一些启示和帮助：叙事理论、系统理论、阐释学、后现代理论、方法演绎、博弈论和立体主义。或许本书未来的版本中关于学业指导理论的章节将出现借鉴艺术、人文、社会科学、教育、科学、商业和其他行业的已有理论进行学业指导理论建设，构建新的方向。

学业指导教师可以借鉴各种各样的理论观点，因为他们在从事学业指导之前，来自许多不同的领域而不是同一个领域；他们有义务拒绝单一的理论视角，因为学业指导本身是非常复杂的。

References

Beck, A. (1999). Advising undecided students: Lessons from chaos theory. NACADA Journal, 19 (1), 45-49.

Berk, L. E. (2007). Development through the lifespan (4th ed.). New York: Pearson Education.

Borgard, J. H. (1981). Toward a pragmatic philosophy of academic advising. NACADA Journal, 1 (1), 1-6.

Cass, V. C. (1979). Homosexual identity formation: A theoretical model. Journal of Homosexuality, 4, 219-235.

Chickering, A. W. (2006). Every student can learn - If...About Campus, 11 (2), 9-15.

Chickering, A. W., & Reisser, L. (1993). Education and identity. San Francisco: Jossey-Bass.

Christman, P. (2003). Narrative advising: Guiding students to better academic decisions. In M. K. Hemwall and K. Trachte (Eds.), Advising and learning: Academic advising from the perspective of small colleges and universities (pp. 37 - 42), (NACADA Mono - graph Series, No. 8.) Manhattan, KS: National Academic Advising Association.

Christman, P. (2005). Narrative advising: A hands on approach to effective change. Presented at the national conference of the National Academic Advising Associa-tion, Las Vegas, NV.

Clifton, D. O., & Anderson, E. (2004). StrengthsQuest: Discover and develop your strengths in academics, career and beyond. Washington, DC: The Gallup Organization.

Creamer, D. G. (2000). Use of theory in academic advising. In V. N. Gordon, W. R. Habley, and Associates (Eds.), Academic advising: A comprehensive handbook (pp. 18-34). San Francisco: Jossey-Bass.

Creamer, D. G., & Creamer, E. G. (1994). Practicing developmental advising: Theoretical contents and functional application. NACADA Journal, 14 (2), 17-24.

Crockett, J. B., & Crawford, R. L. (1989). The relationship between Myers-Briggs Type Indicator (MBTI) scale scores and advising style preferences of college freshmen. Journal of College Student Development, 30, 154-161.

Crookston, B. B. (1972). A developmental view of academic advising as teaching. Journal of College Student Personnel, 13, 12-17.

Cross, W. E., Jr. (1995). The psychology of nigrescence: Revising the cross model.

In J. G. Ponterotto, J. M. Casas, L. A. Suzuki, & C. M. Alexander (Eds.), Handbook of multicultural counseling. Thousand Oaks, CA: Sage.

Daigneault, S. D. (1999). Narrative means to Adlerian ends: An illustrated comparison of narrative therapy and Adlerian play therapy. Journal of Individual Psychology, 55 (3), 298-315.

D'Augelli, A. R. (1994). Identity development and sexual orientation: Toward a model of lesbian, gay, and bisexual development. In E. J. Trickett, R. J. Watts, and

D. Birman (Eds.), Human diversity: Perspectives on people in context. San Francisco: Jossey-Bass.

Dawson, T. L. (2002). New tools, new insights: Kohlberg's moral judgment stages revisited. International Journal of Behavioral Development, 26 (1), 154-166.

Demetriou, C. (2005). Potential applications of social norms theory to academic advising. NACADA Journal, 25 (2), 49-57.

Erikson, E. H. (1963). Childhood and society (2nd ed.). New York: Norton.

Evans, N. J., Forney, D. S., & Guido-DiBrito, F. (1998). Student development in college. San Francisco: Jossey-Bass.

Goffman, E. (1959). The presentation of self in everyday life. New York: Doubleday.

Hagen, P. L. (1994) Academic advising as dialectic. NACADA Journal, 14 (2), 85-88.

Hagen, P. L. (2005). Theory building in academic advising. NACADA Journal, 25 (2), 3-8.

Harland, T. (2003). Vygotsky's zone of proximal development and problem-based learning: Linking a theoretical concept with practice through action research. Teach-ing in Higher Education, 8 (2), 263-272.

Hemwall, M. K., & Trachte, K. (1999). Learning at the core: Toward a new understanding of academic advising. NACADA Journal, 19 (1), 5-11.

Hemwall, M. K., & Trachte, K. (2003). Learning at the core: Theory and practice of academic advising in small colleges and universities. In M. K. Hemwall and

K. Trachte (Eds.), Advising and learning: Academic advising from the perspective of small colleges and universities (pp. 5-11). (NACADA Monograph Series, No. 8.) Manhattan, KS: National Academic Advising Association.

Hemwall, M. K., & Trachte, K. (2005). Academic advising as learning: 10 organizing principles. NACADA Journal, 25 (2), 74-83.

Hester, R. L. (2004). Early memory and narrative therapy. Journal of Individual Psychology, 60 (4), 338-347.

Jackson, R. L. (2005). Academic advising and philosophy. NACADA Journal, 25 (2), 30-36.

Jung, C. G. (1960). The structure and dynamics of the psyche. New York: Bollingen Foundation.

King, M. C. (2005). Developmental academic advising. Retrieved July 30, 2007, from NACADA Clearinghouse of Academic Advising Resources Web site: http://www.nacada.ksu.edu/Clearinghouse/AdvisingIssues/dev_ adv.htm.

King, P. (2000). Using student development theory to inform institutional research. New Directions for Institutional Research, 108, 19-36.

Kodama, C. M., McEwen, M. K., Liang, C. T. H., & Lee, S. (2002). An Asian American perspective on psychosocial student development theory. New Directions for Student Services, 97, 45-60.

Kohlberg, L. (1969). Stage and sequence: The cognitive-developmental approach to socialization. In D. A. Goslin (Ed.), Handbook of socialization: Theory in research. Boston: Houghton-Mifflin.

Kolb, D. A. (1984). Experiential learning: Experience as the source of learning and development. Englewood Cliffs, NJ: Prentice Hall.

Kuhtmann, M. S. (2005) Socratic self-examination and its application to academic advising. NACADA Journal, 25 (2), 37-48.

Lowenstein, M. (1999). An alternative to the developmental theory of advising. The Mentor, November 22, 1999. Retrieved August 10, 2007, from http: //www. psu. edu/ dus/mentor.

Lowenstein, M. (2000). Academic advising and the "logic" of the curriculum. The Mentor, April 14, 2000. Retrieved August 10, 2007, from http: //www. psu. edu/dus/ mentor.

Lowenstein, M. (2005). If advising is teaching, what do advisors teach? NACADAJournal, 25 (2), 65-73.

McClellan, J. (2005). Increasing advisor effectiveness by understanding conflict and conflict resolution. NACADA Journal, 25 (2), 57-64.

Melander, E. R. (2005). Advising as educating: A framework for organizing advising. NACADA Journal, 25 (2), 84-91.

Myers, I. B., & McCaulley, M. H. (1985). Manual: A guide to the development and use of the Myers-Briggs Type Indicator. Palo Alto, CA: Consulting Psychologists Press.

National Academic Advising Association. (2006). NACADA concept of academic advising.Retrieved August 7, 2007 from http: //www. nacada. ksu. edu/Clearinghouse/ AdvisingIssues/Concept-Advising. htm.

O'Banion, T. (1972). An academic advising model. Junior College Journal, 42 (6), 62-69. Reprinted (1994). NACADA Journal, 14 (2), 10-16.

Perry, W. (1970). Forms of intellectual and ethical development in the college years.

New York: Holt, Rinehart & Winston.

Rawlins, W. K., & Rawlins, S. P. (2005). Academic advising as friendship. NACADA Journal, 25 (2), 10-19.

Schreiner, L. A., & Anderson, E. (2005). Strengths-based advising. NACADA Journal, 25 (2), 20-29.

Seligman, M., & Csikszentmihalyi, M. (2000). Positive psychology: An introduction. American Psychologist, 55 (1), 5-14.

Semmler, P. L., & Williams, C. B. (2000). Narrative therapy: A storied context for mul-ticultural counseling. Journal of Multicultural Counseling & Development, 28 (1), 51-60.

Strange, C. (2004). Constructions of student development across the generations. New Directions for Student Services, 106, 47-57.

Vygotsky, L. S. (1978). Mind in society: The development of higher psychological pro-cesses. M. Cole, V. John-Steiner, S. Scribner, & E. Souberman (Eds.). Cambridge, MA: MIT Press.

第三章

学业指导的伦理基础

马克·洛温斯坦

艾米·特鲁哈特，一名即将毕业的大四学生，找到她的学业指导老师索菲亚·怀斯。

"你好，我已经有一阵儿没看到你了。最近如何？"

"还不错，我觉得我已经相当熟悉那些要求了，所以我自己选了课程，但现在我有一个问题。"

"这就是体现出我工作的意义的时候了。什么问题呢？"

"我已经准备好毕业了。事实上，我也找到了一份只要取得学位证就能入职的工作。但是，目前我的学分不够，少修了一门数学课。"

"但是你不是认为你已经知道这些要求了吗？"

"是的，我以为我在之前上过的学校中的一所学校里已经修够了数学课程的学分。"

"呃，之前上过的学校中的一所？你的档案里显示你只在一所别的学校就读过。"

"我想可能是我只给现在这所学校发送了一所我就读过的学校的成绩单的缘故。因为我在另一所学校的成绩不好，所以我没有把成绩单都提供给现在的学校。那时，我知道我不可能获得学分，因为我的成绩不够好。"

"你知道的，当你申请学校时你签署了一份声明，承诺你已经提交了所有相关信息。要是招生处早知道你在其他学校的不良学业表现，他们就不会录取你了。"

"或许，很认真地说，我并不是想撒谎。我只是认为既然我没有取得任何学分，那就没有必要花五美元去打印一份正式的成绩单来寄送给现在这所学校的招生办。你不会告诉招生办的，对吧？"

关于艾米的毕业要求的问题稍后再做解答。首要的焦点应该是她对索菲亚说的最后一句话：索菲亚应该对这一新的信息作何反应？她应该将艾米在申请材料上作假的事情告诉招生办公室吗？这一问题属于伦理道德的范畴。

何为伦理？

简单来说，伦理就是尝试辩证地思考人类行为中，什么是对什么是错，什么是好什么是坏。换一种说法，人们应该怎么做？伦理学专业的学生通常对这些问题是如何在生活中普遍应用的感兴趣，但研究伦理道德怎么应用于生活和工作的具体情况也很重要。例如，医学伦理需要处理众所周知的安乐死问题。伦理规范的应用对于学业指导从业者而言仍然非常重要，尽管在某些方面并不是那么明显。学业指导教师的行为有可能对学生和学校有益，但是也可能有害。所以，学业指导教师想知道如何最大化益处，同时最小化损害。

伦理学研究的问题不仅是"什么行为是正确的"？也涉及"人们怎么知道什么行为是正确的"？每个人都能列出一长串的规则和准则，并且宣称这些规则对每个人都有约束力，但是人们怎么知道这些是正确的规则？本章将介绍学业指导教师可以用来规范道德行为的一些准则，或者至少将为人们理解这些准则如何构成了一系列学业指导教师可以遵守的准则提供了基础。本章将会解释即使有一套比较完备的准则，为什么学业指导教师在实践中还是会遇到两难困境，也会提供一些解决这些困境的办法。最后，本章将会探讨制定一套伦理道德规范对学业指导教师来说的益处和害处，并将反思美国学业指导协会的核心价值观（NACADA，2004）。

使得伦理学很难的一个原因就是它没有对某一具体的个体或者群体认为什么是正确的、什么是错误的进行研究。这是一个相当有趣的问题，但学业指导教师不仅想知道个体认为什么是正确的，还对究竟什么是正确比较感兴趣。两者的区别类似于"童子军认为撒谎是错误的"，这是一个关于童子军的描述性陈述，但这个陈述并没有表明撒谎本身是否是真的不对。后面一个问题与任何文化的道德观念都无关，包括我们自己的文化在内。一个简明的说明这两者区别的方法就是：道德的标准是"规定性的"而不是"描述性的"陈述。

伦理学和相关研究

人类活动的两个领域——宗教和法律——有时和伦理道德紧密相关，而认识到两者的区别和联系是非常重要的。

道德和宗教

道德和宗教，这两个人类活动的领域有时候和伦理道德紧密相连。对于许多人来说，宗教不仅提供了要遵循的道德原则，而且还提供了遵从这些原则的原因或基础——因为这是上帝命令的，可能通过神圣的文字昭示的。通常情况下，人们普遍认为道德与宗教密不可分。但也有许多人的伦理道德原则并不是基于宗教的。此外，不同的宗教传统，有时采用有些不同的伦理道德原则，所以一个人伦理道德的宗教基础对另一个人来说可能完全不具有说服力。如果"我们怎么知道什么是正确的"？这一问题的答案是"上帝这样规定的"，那么怀疑论者的下一个问题可能将是"我们怎么知道上帝规定了什么呢"？为了避免纠缠于这类问题，本章中提出的想法不会明确地基于任何一个宗教思想。

道德和法律

法律和道德很相似，都是规定性的。正因为法律和道德都对什么该做，什么不该做做出了规定。此外，什么是道德的，什么是合法的，两者经常是一致的。但这种情况并不是百分之百的。有一些地方比其他地方更容易出现不平等的法律。什么是合法的是由特定的人的行为决定的，如立法委员、政府官员和法官，然而这些人随时都可能会改变自己的想法。但是，什么是对与错却并不受这种一时兴起的想法所影响。最后，学业指导教师需要解决的伦理道德问题往往完全与法律无关；在决定如何最好地辅导一个特定的学生时，在大多数情况下人们主流的选择都是合法的，所以法律不会帮助人们做出选择。

这并不是说法律问题对学业指导来说是不重要的。恰恰相反，它们是非常重要的，这会在下一章中进行讨论。

重要的道德观念

本节将研究判断行为对错的五个道德观念或者基本陈述，它们可以应用于生活的方方面面。本节中的相关概念已在洛温斯坦和格里茨（Lowenstein and Grites, 1993）的著作中被详细地讨论过了。下一节我们将展示这些观念是如何具体地应用于学业指导的。

伦理学理论简述

如果我们的目标不仅是制定正确的规则，而且还要找出这些规则为何是正确的理由，那么就需要伦理学理论了。这需要对什么是对的、什么是错的进行完整、准确和简洁的说明。几百年来，哲学家们一直在试图找到一个关于正确和错误的概括性的通用解释，并对众多理论的利弊展开了辩论。但是本书不打算对这个抽象的问题进行深入研讨。相反，本章将借用一些经过时间检验的来自不同文献的观点，大多数哲学家都同意这些观点，至少部分同意。雷切尔夫妇（Rachels and Rechels, 2006）提供了对于伦理学相关概念的系统综述，并为本文所述的哲学思想的历史来源提供了一些指引。这对希望进一步探索伦理道德问题的学业指导教师非常有帮助。从哲学家的传统思想中得出的概念对审视具体的道德问题而言至关重要。一些伦理思想注重行动的后果，而另外一些却不在意。例如，如果学业指导教师没有花时间去查阅学生的档案，而给了学生错误的信息，并导致学生延迟毕业。这一消极的后果说明学业指导教师的行为是错误的。另外，假设学业指导教师在学生面临选择时，因为她自己认为学生很可能会做出这样的选择而进行了误导，这也是一个严重错误。在这个例子里，也许事实上避免了危害，但是学业指导教师的决定是不诚实的，至少在诚实方面是犯了错的。

伦理学理论关于对错的判断有两种倾向。一是关注后果，认为应主要根据行为引起的后果的好坏来判断行为的对错；二是不关注后果，认为有些东西（如不诚实）其本身就决定了是对还是错的。下一节中列举出的道德原则将根据注重后果还是不注重后果进行分类。

基本的道德观念

以下是作为学业指导伦理基础的主要观念。这些观念不是原创的，而是从各种传统的道德理论中借鉴引用来的。读者可以很容易地发现其中的一些观念能够应用于学业指导。下一节将得出一些基于这些观念的更具体的道德原则。

行善（Beneficence）。始终把尽可能多的幸福带给所有受你影响的人，无论直接或间接、长期或短期。

止恶（Non-Maleficence）。始终避免或减少因您的行为给所有受你影响的人带来伤害，不管直接或间接、短期或长期。

行善和止恶都注重后果。遵循这些原则要求人们非常仔细地考虑究竟他们的行动会带来什么后果。要考虑清楚行为的后果并不容易。学业指导教师都能想起自己或某个自己认识的人无法正确地估计某一个决策的后果的情况。但是，这两个原则最坚定的支持者，通常被称为"功利主义者"，认为如果一个人想成为有道德的人就必须做到行善和止恶。

公正（Justice）。即公平地对待所有个人，不给予任何人他人没有的特殊权利或优待。"公平"并不意味着"相同"；公平意味着差异不能造成不平等，差异应有合理的理由。

尊重他人（Respect for Persons）。要把他人当作他们自己的终极目的本身，而不是将别人视为达成自己目的的手段。把他人当作理性的、自主主体，而不是可以被操纵的事物。前文假设的那位没有去了解学生相关信息的学业指导教师便没有遵守这一原则。

忠诚（Fidelity）。信守你做出的所有承诺，无论是明确表达的还是暗含的。公开做出的许诺就是明确的承诺，例如，婚礼誓言。但是什么是暗含的承诺呢？暗含的承诺是一种存在于一个人的身份角色中的承诺，即使该角色没有意识到它依然存在。例如，不是每个成为父母的人都已经考虑了该角色带来的所有承诺。

不同于行善和止恶，后三个原则都不侧重于行动的后果；后三个原则都认为，有些事无论是否造成不良的后果都是错的。例如，信守承诺的行为与守信用的结果无关。类似地，很多人会认为，至少通常情况下撒谎是错误的，即使是为了达到一个理想的结果。在医学上，目前人们普遍认为，即使是为了免除病人知道病情所造成的严重痛苦，对病人隐瞒病情也是错误的。

如前所述，这些观念的来源非常之广。之所以会选择他们作为重要的道德观念，是因为他们已经被大量的研究者们用来有效地阐释伦理道德，而且他们还被证明了能指导人们合乎道德的行为。

道德行为不是简单地遵守这些道德观念，很快理性思考也需要登场。可能有时会出现下面这些情况：撒谎似乎是带来理想结果的最好办法，或者只有当一个人忽视了可能会导致的危害时才会选择信守承诺。换句话说，道德观念可能会互相冲突。发生这种情况时，决定采取什么样的做法就需要选择遵循一种理念而违背其他理念。这种情况被称为道德两难困境。

道德困境的产生是因为道德理念的一个非常重要而却常常被人们忽视的特点，这一特点在接下来将要提到的学业指导的道德原则中同样存在。即道德理念只是人们行动决策的表层原因，而并非绝对的、必须遵守的"刻在石头上"的一成不变的金科玉律。它们是人们采取某种行为模式的原因，而在适当的条件下，人们却会因更好的理由而采取别的行为模式。道德的两难困境将会在下面的章节中进一步讨论。首先，我们非常有必要进一步明确道德观念和学业指导之间的联系。

学业指导的道德准则

无论在工作中、家里还是在高速路上驾驶时，道德观念指导着道德行为。但是人们需要更多地思考道德观念如何应用到学业指导中。为了使这些道德观念的关系更加清晰，下面将从直接应用道德观念形成的准则和从道德观念中衍生出来的准则两个类型来介绍一系列的学业指导的道德准则。

1. 寻找一切增强学生学习的机会。 这一准则是行善和止恶的道德观念在学业指导中的具体体现。如果说这些价值观规定学业指导教师应最大化学生的福祉和最小化可能的伤害，学业指导教师的特定职责是学生的教育，或者更具体地说是学习；那么言下之意也就是说，学业指导教师的道德责任是最大限度地提高学生的学习能力。学业指导教师建议以特定的顺序学习两门课程，或帮助学生理解接受某一通识教育课程要求的合理性，这些行为都遵从了行善和止恶原则。对于本章开始给出的案例，根据这一原则，学业指导教师索菲亚可能会倾向于建议艾米补修数学课程。

2. 公正地对待学生。 这一原则将道德观念中的公正应用到了学业指导中，要求学业指导教师不能厚此薄彼地对待学生，不能对他们喜欢的学生投入更多的关注，也不能偏袒与自己价值观相同的学生。所有的学生都有权平等地享有学业指导服务。当然,公平地对待学生,并不意味着以一种相同的方式对待所有学生。学生都是不同的,因此他们自身的需求也不同。例如,一个学生可能比另一个需要更多的时间。运用公平原则难度较大。因为很难决定究竟应该根据学生哪方面的差异而对他们进行差异化的辅导。平均学分绩点较高的学生应该得到更多的帮助吗?很可能不是。当学业指导教师事情太多、时间太少的情况下,习惯性爽约的学生在预约下一次学业指导时应该被靠后处理吗?也许会的。如果将公正的理念应用于艾米的案例,那么给予她其他同学得不到的特殊照顾则是不公平的。

3. 提高学生自主决策的能力。 这一原则源自尊重他人的理念。因为该理念强调培养个人的自主性,将学生看作独立的主体,视学生本人为所有行为的最终目的。如果你为学生做决定或迫使学生做你认为他或她应该做的事,你就违反了这一原则。请注意,你做这些事的原因可能是为了遵循第一个原则——增强学生的学习。换句话说,这两个原则之间有可能发生冲突。索菲亚可能对怎么做是有利于艾米的学习有她自己的看法,但根据准则 3 她应该支持艾米自己做出决定。

4. 为学生争取利益。 尽管学业指导教师应该培养学生的自主性,事实上,在很多院校,在没有得到帮助的情况下,学生不可能获得他们所需要的所有的服务或福利。在没有任何激励的情况下,一个工作负担沉重的办公室行政人员并不可能总是竭尽全力地为学生着想。可能会有这样一名教师,总是告诉学生他不会将任何人添加到一个已经注册满员的课程中。但实际上要是其他老师给了他一个很好的理由时,该老师就会违背自己的诺言。在院长们不愿意为一项政策或要求开绿灯时,学业指导教师给出的理由比学生的更加有说服力的话,院长也可能会因此破例。在这样的情况下,学业指导教师维护学生的权利是践行忠诚这一道德观念的表现。这也是你对学生的承诺的一部分。在你能够却不全力维护学生的权利时,你就不能为学生做出最大努力。相反,在这方面的额外努力则可能是学业指导的模范行为。

基于这一准则,如果艾米承认她以前欺骗了招生办公室,索菲亚可能会支持她争取学校的宽大处理。

5. 告诉事实真相。 说实话是对人尊重的最重要表现,因为人在自主决策时需要真相。如下所述,告诉事实真相包括两个部分。

告诉接受学业指导的学生真相。 你不能把学生视为一个成长中的决策者,并因此对其决策所需的信息有所保留。这似乎是显而易见的道理，但其中一些隐含的意思就没有那么好理解了。例如，对于你应该给出的某些信息，学生不知道要比知道好得多。也许学生有两个选择，学业指导教师认为对于学生的教育而言其中一个选择远远优于另一个；然而不告诉学生全部可能的选择是不诚实的。但这样一来，讲真话就可能会和最大化学生教育利益的原则相冲突。

告诉其他人真相。 教师、工作人员和管理人员可能会做出影响接受学业指导的学生的决定，并且他们可能会向学业指导教师询问相关信息。他们和接受学业指导的学生一样，有权在获得准确信息的情况下做出决定。这种情况下，提供信息可能会影响学业指导教师维护学生利益的能力。也许这也可能对最大化学生的教育利益产生影响，例如，使得学生不能享受某项政策的例外处理或者不能加入某个班级。

这一原则的两个部分都适用于索菲亚对艾米的问题的处理。索菲亚有义务告知艾米自己所知道的学校免除数学课要求的可能性；她也有义务告知招生办艾米在申请入学时的欺骗行为。

6. 对与学生的交流内容保密。 学业指导教师不是治疗师、神职人员或者医师，在法律上他们没有相同的传统以保证他们与学生的交流内容得到保密。然而，"忠诚"意味着你必须对与学生的交流内容保密，至少让学生有理由相信你会这样做。如果学生告诉了学业指导教师一些秘密，老师就应该保密。一提到保密义务，你就会发现它可能与对学校和个人说实话的准则发生冲突。这样的冲突会产生道德困境。在某些情况下，在最初就不承诺会保密，这种困境就可以避免。但是这可能导致学业指导参与率降低。对这一原则的两个方面的讨论明显都适用于索菲亚知道艾米申请时隐瞒情况的案例，正如艾米问索菲亚是否打算泄露秘密。

7. 支持学校的教育理念和政策。 这是"忠诚"的另一种含义。接受一所学校的聘任，就意味着你做出了要（通常是隐性的）遵守并尊重其规则的承诺。例如，告诉学生自己不同意毕业要求或者不相信荣誉准则都是错误的。

这是否与学术自由矛盾呢？通过解释下面的区别，这个问题将得到澄清。在讨论会上，对学校的政策提出自己的观点是完全恰当的，例如，在课程委员会、在教师代表会议、在学业指导专业人员会议上。但是，如果你的观点没有在这些会议上获得认可，你就需要承认并在和学生相处时支持学校的立场。认真思考教育问题的学业指导教师可能会发现这个准则有点难以接受，但它确实"理应如此。"这一准则是索菲亚不愿意鼓励艾米设法绕过学校对数学的要求的原因之一。

8. 维护学业指导项目的信誉。 和前面的原则一样，这是关于"忠诚"的另一个实例。成为学业指导项目的一员就应该维护项目的声誉。造福他人和不伤害他人的道德观念在这里也会起到一定的作用。因为损害学业指导项目信誉的行为都有损害学生教育的危险。如果学生不尊重学业指导教师的建议，就可能做出错误的决定，甚至可能不再接受学业指导教师的咨询辅导。如果学生在学校的总体成就受这种情况的影响的话，那这对学校的影响也会是巨大的。索菲亚需要考虑这个准则。如果她想为艾米主张利益，申请学校对她的毕业不做数学课程的要求，那么可能会给人造成她所在的学业指导办公室不在乎学校课程培养体系的完整性的不良印象。

9. 给予同事相应的职业礼貌和尊重。 这不只是对讲礼貌的劝告，也是告诫你不要向学生表现出你对本校的教师或工作人员的负面看法。从不伤害他人的角度来看，比如伤感情，如果这种行为变得众所周知，就会引起麻烦。学生往往渴望得到对特定课程选哪个老师的建议，或确认他们听到的某个老师的八卦是否属实。学业指导教师也可能对被谈论的人有自己的看法，但他们不应该促成暗伤和中伤他人的氛围，从长远来看这只会损害该大学的利益。

这种推理可能会与其他的至少两个道德原则相矛盾。如果你知道学生不选修一个特定的老师的课则能更成功的原因，但却不告知学生，这难道没有违背说实话的原则（原则5）？如果你没有建议学生不要参加那些不是特别强制要求的教育活动，你难道没有违反原则1？许多学业指导教师已经找到了在不撒谎的情况下，处理这些问题的方法。如通过强调某一位老师的积极品质来引导学生选修其教授的一门课程，这至少是一种解决方案。因为这个方法既符合教育的有益性这一目标，同时也没有涉及其他教员。这样做肯定意味着你没有说出全部真相，但这似乎是这种情况下弊端最小的方法。

道德准则和道德困境

那些学业指导的伦理原则所依据的伦理观念本身只是初步的指导方针，它们在某些情况下甚至可能会相互冲突。所以，那些试图做出道德抉择的人，可能需要在不同的道德观念之间进行选择。同理，道德准则对学业指导教师来说同样如此。例如，在艾米的案例中学业指导教师是应该告诉学生可以向学校申请毕业不要求数学课的真相，还是给予招生办公室的同事应有的尊重；或者如前面所提到的，学业指导教师应该增强学生的教育质量，还是应该鼓励学生自己决定选修谁的课程。此外，还有别的唾手可得的例子。

例如，作为学业指导教师你应该为学生争取和维护利益。但是，如果这种维护和争取使其获得了不应得的好处而比其他同学更具优势，这似乎又违反了公正地对待所有学生的原则？既然你有义务维护学校的教育政策，包括对数学的要求，同时也有义务最大限度地提高学生的学习质量，那么当学生问你是否值得去尝试让院长破例不把数学作为其毕业要求，而你知道院长很可能会破例时，你应该告诉学生真相吗？

如果学业指导的道德准则是用来帮助学业指导教师做出道德决策的，那么当学业指导教师应用它们做道德决策时道德困境就会出现。许多问题都会涌进学业指导教师的脑海：这些真的是正确的准则吗？更好的准则难道不是要帮助学业指导者避免道德困境而非制造道德困境吗？这些准则值得遵从吗？比起没有这些道德准则，有这些准则会对学业指导教师更有利吗？那些正在努力寻求道德决策方面的实际帮助的学业指导教师们有权获得这些问题的答案。

回答这些问题的关键是要理解道德的模糊性（ethical ambiguity）是无可争辩的事实。没有简单明了的、可以放之四海皆准的解答人们遇到的所有道德问题的标准答案。即使每个人都不希望这是真的，可事实就是如此。如果学业指导教师想寻求一个简单的方法来避免道德的模糊性，寻求正确的答案，他们一定会失望的。事实上，也正是因为学业指导教师的工作与学生的生活息息相关和无比重要，他们才会面临令人痛苦的道德困境。不能防止道德困境的出现并不是道德准则本身的缺陷。

"比起没有这些道德准则，有这些准则会对学业指导教师更有利吗？"对于这个问题我们可以明确地回答，在有道德原则时学业指导教师的境遇会变得更好。首先，并不是学业指导教师做出的每个决定都会涉及道德困境。大部分情况下，道德准则确实为学业指导教师提供了良好的指导，正如下文中对艾米案例的分析说明所展示的那样。其次，学业指导教师利用工具来协助自己解决道德困境的做法是可行的。再次审视艾米·特鲁哈特案例中的道德困境难题，将有助于介绍这些工具。这次案例分析的重点不是诚信问题，而是艾米没达到数学课学分要求的问题。

艾米主修的是艺术史专业。虽然数学是全校所有学生的必修课，但关于学生具体的毕业要求院长有酌情处理权。在此案例中，学业指导教师索菲亚知道负责艾米毕业资格审核的院长碰巧觉得学习数学这一要求对文科学生来说太高了。而索菲亚是不同意院长这一看法的。如果艾米向院长申请，她很可能会被允许破例毕业。所以索菲亚面临另一个困境，是否要告知艾米可以向院长提出申请。

告诉艾米这一信息似乎遵循了讲真话的原则，而隐瞒这一信息似乎是不诚实的（原则5）。而且，隐瞒也将意味着让艾米错过了一个提高决策能力的机会（原则3）。但是，另一方面，学业指导教师认为不修读数学课将对提高艾米的教育质量有害，所以任何帮助她"逃避"数学课的行为看起来都违反了准则1。同时，这样也存在违背公平地对待所有学生的准则的风险（准则2），因为其他同学一直都在遵守要求。最后，这样做似乎违反了准则7——维护学校政策。至于揭发案例中所暴露出来的艾米的不诚信的问题，学业指导教师似乎也有足够充足的理由让事态向相反的方向发展，这就形成了道德两难困境。

这里有一套可以供学业指导教师遵循以最好地处理这个问题的方法。这套方法阐明了一种学业指导教师在面临道德困境时通常都可以使用的策略。学业指导教师应该向艾米提到申请的可能性，但目的只能是让艾米自己好好考虑这件事的利弊。例如，该学业指导教师可以帮助艾米想到，她无法预测的未来或她可能需要什么样的技能。这尽到了讲实话和提高学生决策能力的职责，也至少让艾米有机会用长远的眼光来考虑她的教育。可以说，这一策略也符合学业指导教师支持学校政策的义务，或许这也符合公平的原则，因为学业指导教师可以用它来为每个人提供建议。

因此，如果使用这个策略，那么学业指导教师至少能很好地履行以上道德准则所规定的义务。可以肯定的是，这个解决方案并不完美，并且最后艾米很可能会选择提出申请，这将使学业指导教师看到不愿看到的结果。但学业指导教师永远不能完全控制学生的选择。这种策略已经是可能找到的最好的策略了。简言之，这一策略也可以这样说："当面对互相矛盾的原则时，尽可能努力遵从所有的原则。"

是时候回到索菲亚面临的另一个道德困境了，是否告发艾米入学申请造假的行为。把重点放在艾米入学申请材料遗漏重要信息的理由陈述上将会对解决这个问题有很大的帮助。艾米申辩她隐瞒另外一所学校成绩的原因是她没想过转学时自己在那所学校修读的学分也会被认可。假设索菲亚认为艾米说的是实话。这可能与道德有关。如果不是实话，也就是说，如果索菲亚认为艾米存在有意欺骗行为，就会觉得公平、讲真话和维护学校政策的严肃性的必要性远大于保密和维护学生的利益。但如果不考虑艾米撒谎这一假设的情况,对事情的处理就可能会向另一个方向发展。索菲亚可能会提醒艾米她的问题的严重性,并与她一起想出一个应对招生处的办法,即承认艾米的错误,但请求招生处原谅。由此,让艾米完成学业会成为对双方都更好的选择。这种方法是否行得通很难说。但当下的重点是解决学业指导教师面临的道德困境。解决学业指导教师道德困境的核心在于找到道德上至关重要的关键要素。这个案例中的关键要素是艾米没有故意欺骗的意图。关键要素的识别要通过想象一个只有这一关键要素发生了变化的类似场景来实现。于是,解决困境的第二个策略可以这样阐述:"将这种情况与类似的、真实的或假想的情况做比较,看看其中有哪些要素对评估问题是非常重要的。"

第三个策略会在对下面的案例进行分析时形成。

道格拉斯·赖特,一个预备役军官训练队学员,他向学业指导教师抱怨说,教自己国际事务必修课的教师所进行的美国军事和外交政策的批判研究让他非常不舒服。该学业指导教师解释说,这种必修课的部分目的是确保学生参与到有争议问题的结构化讨论中去。但道格拉斯说,他来自一个有强烈爱国主义传统的军人世家,所以他不能忍受他正遭受的左派反军事的偏见。

道格拉斯的学业指导教师认为自己必须鼓励他坚持修完这一课程,并认为接受挑战性的观点对道格拉斯是有帮助的。该老师知道,也有其他能同样满足学习要求的课程。虽然这几门课的侧重点稍微不同,但都能使道格拉斯回避他正面临的问题。她应该告诉他吗?该老师认为,如果告诉他这些替代选择会降低道格拉斯从该课程获得的教育效益,也会妨碍自己履行支持学校教育理念的义务。然而,不告诉道格拉斯就是隐瞒真相,没有做到支持学生决策自主权的原则。于是,她便陷入了道德两难困境。

问题的关键是即使道格拉斯仍继续学习国际事务这门课程,但他声称他已下决心拒绝接受自己不赞同的观点。如果是这样的话,学业指导教师也许应该告知他其他的选择,从而不违反说真话和培养自主性的准则。不过该教师仍会有违反其他准则的危险。这名学业指导教师的判断可能是在任何情况下她都没有希望有效地践行这些准则。因此,她选择了似乎是弊端最小的行动方针。

在这种情况下,学业指导教师的道德策略可能会是这样的:"在考虑两种都会违反道德准则的解决方案时,试着找出违规更少的选择。"

谁也不能保证,上述三种策略对所有道德困境都能提供令人满意的解决方案。但在大多数情况下，这些策略都能为学业指导教师提供指导，促使学业指导的道德准则有效地发挥作用。

道德守则和核心价值观

各行各业都有从业者必须遵守的道德守则。通常情况下，一些职业会有一个行业组织。该组织有权制定行业的道德守则并要求从业者必须遵守。尽管许多学业指导教师都是美国学业指导协会（NACADA）的成员，但仍有很多老师没有加入，也没有人提议要求学业指导教师入会以取得学业指导"许可"。美国学业指导协会不像其他行业协会，不愿意，也不能对违反了这种守则的人进行制裁。因此，如果美国学业指导协会提出道德守则就会显得太自以为是了。

此外，道德守则是否会令人满意也还并不清楚。道德守则似乎提供了一定的确定性，但这里列出的道德准则似乎并没有具备那样的确定性。正如前面所讨论的那样，处理道德困境问题与其说是一门科学不如说是一种艺术。没有人敢声称，只要遵守学业指导的伦理原则就能保证学业指导中的道德实践是正确的。

美国学业指导协会（NACADA，2004）不是制定了学业指导的道德守则，而是创造了一个学业指导的"核心价值观声明"。通过对比这一声明与前面提到的道德准则体系，就能对学业指导的伦理道德基础进行检验并得出结论。考虑到美国学业指导协会成员的多样性，该声明避免了对学业指导教师应该做和不应该做的事情做出具体规定。这些价值观没有以准则的形式规定学业指导教师应该怎么做，但以"责任"声明的形式，列举出了学业指导教师该"对什么人负责"和"对什么事负责"。例如"核心价值1：学业指导教师对接受学业指导的人负责"。

乍一看，这些声明与道德准则看起来完全不同，但只要一经仔细考量就会发现两者很多内容都是相同的。例如，关于核心价值观1的阐述说明的部分内容规定学业指导教师要帮助学生"成为有责任心的人"。这反映了准则3培养学生自主决策的能力。关于核心价值观1的阐述说明还包括学业指导教师应"遵守保密原则"。这和准则6类似。"核心价值观3：学业指导教师应对学校负责"，包括"学业指导教师应遵守学校具体的政策、程序，以及部门和学校的价值观"的声明（准则7），"当学生对其他教师或工作人员发表评论或提出意见时，他们应保持中立"（准则9）。

我们还可以找到大量的其他类似的例子。发现这些案例对读者非常有用。然而，限于篇幅有限，这里不再赘述。有趣的是，准则2，公正地对待所有学生，似乎与核心价值观没有明确的联系。虽然人们已经公认了学生的差异性，但这与公正地对待所有学生并不完全是一回事。

　　核心价值观声明还包含了其他方面的内容。其中一些可能不是仅仅关于道德本身的，而是介绍学业指导教师可以用来达成道德目的的方法。例如，"学业指导教师必须与对学生的成功至关重要的人建立良好的关系……"这肯定是对学业指导教师有用的建议，但不是用来区分道德和不道德行为的标准。其他的表述可能更多的是关于法律而非道德，如《家庭教育权利和隐私权法案》（FERPA）的引用。很多内容更关注有效的学业指导实践而非职业道德。比如，"学业指导教师了解转学的复杂性，并能给学生提供适当的参考以帮助学生实现自己的目标"。

　　可见，美国学业指导协会（NACADA）的核心价值观声明中包含了很多强化本章所提及的道德准则的内容。但是，这种强化很多时候都是以完成其他一些优先事项为前提的。对愿意了解学业指导的优先事项的新手学业指导教师而言，核心价值观声明是一个不错的资源。虽然声明中所包含的内容并不是按照服务于解决道德问题的方式来组织的，这些内容也不会尝试去解决道德问题。因此，本章的讨论是对核心价值观声明有益的补充。

　　那么，学业指导的伦理基础至少包含以下内容：

- 区分道德与其他思想领域的区别。
- 接受一套适用于大多数人的人际关系，包括学业指导的基本的道德观念。
- 从道德观念中推导出学业指导的道德准则，并知道如何将它们运用于具体的学业指导情境中。
- 要明白道德困境出现的原因，即使我们的道德准则是有效的，并且知道处理这些道德困境的策略。

　　这些伦理基础最好被当作一套完整的工具用以解决学业指导教师遇到的道德难题。学业指导教师有着各种各样的其他工具，如学业指导的理论和模型、科技技能、网络协作技能和学生发展理论。本章的重点是专门论述帮助学业指导教师进行道德决策的工具。

　　比这些伦理基础更重要的是能够在这些道德问题出现时准确地识别出它

们，判断哪些工具能适用于这些问题，并在运用这些工具寻求解决这些道德问题，包括道德两难困境的过程中磨砺自己的能力。本章对这些工具进行了描述和解释，但是最终唯有通过在实践中反复运用这些工具解决实际问题，才能不断增进对它们的了解。

References

Lowenstein, M., & Grites, T. J. (1993). Ethics in academic advising. NACADA Journal, 13 (1), 53-61.

NACADA. (2004). NACADA statement of core values of academic advising. Retrieved October 14, 2007, from the NACADA Clearinghouse of Academic Advising Resources.

Web site：http：//www. nacada. ksu. edu/Clearinghouse/AdvisingIssues/Core-Values. htm.

Rachels, J., & Rachels, S. (2006). The elements of moral philosophy (5th ed.). New York：McGraw-Hill.

第四章

学业指导的法律基础[1]

玛丽·M. 理查德

罗宾逊（Robinson，2004）、戈登（Gordon）和哈伯利（Habley，2004）已经发现学业指导教师对当前高校法律问题的意识在学业指导技能要求中的重要性。美国学业指导协会关于学业指导的核心价值观声明（NACADA，2004）以及美国高等教育标准促进委员会（CAS）提出的学业指导标准和学业指导的指导方针（2005）也表达了同样的观点。比克尔和雷克（Bickel and Lake，1999）指出，法院适用的规定学生和高等院校关系的法律条款持续发生着改变的部分原因，是为了应对高等院校政策和规章制度的不断变化。鉴于高等教育相关的法律条款并非一成不变的，以下各节将对当前那些界定并描述了学生、学业指导教师以及高等院校之间关系的各种法律和法律理论进行广泛的讨论。

适用的法律和法院判决

某一特定法律或法院判决是否会直接影响某一特定大学所聘用的学业指导教师的工作，与该法律或法院判决是否对学业指导教师所在州和联邦司法管辖权范围内的法律冲突或法院判决具有法律效力相关。以下信息旨在提供有关法律层级结构的概述。

至上条款（The Supremacy Clause，美国宪法第六条第 2 款）规定：宪

---

[1] 本章旨在告知读者学业指导中的相关法律问题，但并非对这些问题提供法律建议。任何人都不应将本章的内容解释为针对特定情况的法律建议。同样，任何人不能试图在没有律师的协助下解释或将法律或法院意见运用到实际问题上。律师有权在有关法律领域执业，并在法律将被解释或适用的州获得授权许可。——原注

法、联邦法令和美国条约是美国国家最高法律（Marbury v. Madison, 1803, p. 180）。宪法作为美国法律的最高形式，任何时候下级联邦法院和所有州法院都必须维护其权威。当美国最高法院①没有对一项法律的合宪性作出裁决时，对该项法律的解释权则由联邦上诉管辖区内对其作出了相应裁决的最高联邦法院负责。这里所提到的管辖区既指实际的地理区域，也指各州的地方法院在其各自州内拥有的权力范围和联邦法院在其管辖的各个州内拥有的权力范围。联邦法院可以参考其他巡回区法院的意见，尽管不需要遵从这些意见；州法院也可以考虑其他州法院的裁决，但不受其裁决结果的约束。因此，法律、法律标准和法律解释可能因州而异，因联邦巡回法院而异。

国会在宪法赋予的专门立法权的领域进行联邦立法时，其制定的联邦法律和实施条例在法律效力上优先于与之相冲突的州法律。然而，学业指导教师应该意识到，当国会在宪法没有授予其专门立法权的领域中颁布法律时，除非各州同意遵守这些法律，否则这些法律就不能生效，尽管这通常是各州接受联邦政府相关资金的一个前提条件。这些法律包括许多高等院校可以以之为依据获得美国教育部资助的联邦法律。

法律原理和理论

法院因裁决学生向高等教育机构索赔案件所援用的特定法律体系的不同，而运用大量不同的法律条款。这些法律条款则是在那些特定法律体系的原则和理论基础之上产生的。通常涉及的法律体系简述如下：

1. 代理法是委托代理关系的法律。代理人的声明或行为可能会促使委托人以某种方式行事或避免以某种方式行事。
2. 信托法适用于受托人对另一个人负有某些责任的关系，包括诚信、信任、信心和坦诚。
3. 宪法是指由联邦和州宪法中规定的法律，其中规定了政府的权力和对政府权力的限制，以及对人民权利的保障。
4. 侵权法适用于是否发生民事过失的司法认定，其中一方可能会被追究法律责任。

---

① 美国的联邦法院分为三类，依宪法规定设置的普通法院，根据法律规定设置的特别法院，由参议院充任的弹劾法院。普通法院包括地区法院、上诉法院和最高法院。

5. 合同法涉及解释协议，规定双方的权利和义务，并对违反合同义务的行为提供补救措施。

代理法

学业指导教师是聘用他们的高等教育机构的"代理人"。美国学业指导协会的核心价值声明（2004）、美国高等教育标准促进委员会提出的标准和学业指导的指导方针（2005），都认同这一点。作为代理人，他们的表述和行为可以被理解为该高等教育机构必须以某种方式采取行动或不采取行动的承诺。如果已被认同的承诺被打破，学生声称他或她受到了伤害，学校则需要承担要履行承诺的责任。巴克、摩尔、施瓦兹和苏彭（Buck, Moore, Schwartz, and Supon, 2001）曾建议，当学业指导教师谈及聘用他们的高等教育机构的任何方面时，他们的讲话必须准确地反映学校的目标、服务、设施、项目和政策。

信托关系法

虽然代理法侧重于学业指导教师与学校的关系，而信托法的重点则是学业指导教师与学生的关系。受托人是处于优势地位，受到另一个人的信任和尊敬的人。布莱克法律词典（Garner, 2004）将"受托人"定义为"对另一个人负有诚信、信任、信心和坦诚的义务"。这些职责与美国学业指导协会的核心价值（2004）中被明确或隐含地提出的价值观一样都被希望在学业指导教师与学生的日常交往中得以践行。

虽然很多人将信托义务与受托人和董事会成员的法定责任联系起来，但很多其他的情况中也会出现信托关系。即一个人对另外一个人委以特别的信任，而此人必然有义务本着诚意行事，并适当考虑到委托人的利益。从历史上看，教育者和学生之间的关系被认为是一种信托关系（Seavy, 1957）。最近，威克斯和哈格隆德（Weeks and Haglund, 2002）指出，无论在学业服务还是其他非学业问题上，学校都对学生有信托义务。在施奈德诉普利茅斯州立大学案例中（1999），新罕布什尔州最高法院裁定，对于教师对学生的性骚扰问题，高等院校与学生之间的关系是信托关系（p. 462）。在美国诉弗罗斯特的案例中（1997），美国最高法院认为，教职员工有保护其雇佣机构财产的信托义务，不仅是在资金使用方面，而且是在他们自己向该机构提供"诚实服务"的义务方面（p. 364）。

正当程序[①]

第一款，所有在合众国出生或归化合众国并受其管辖的人，都是合众国的和他们居住州的公民。任何州都不得制定或实施限制合众国公民的特权或豁免权的法律；不经正当法律程序，不得剥夺任何人的生命、自由或财产；在州管辖范围内，也不得拒绝给予任何人以平等的法律保护。

——美国宪法第十四修正案第 1 款

第十四修正案保护公民在未经正当法律程序的情况下免受被剥夺生命、自由或财产的国家行为。实质性正当法律程序保护学生免受公立大学剥夺其自由权益的行为。程序性正当法律程序保护学生在没有享有公平程序时免受公立大学剥夺他们的财产权。

只有当学生的生命、自由或财产真正受到威胁时，学生才能声称高等院校没有提供正当程序。正如第七巡回上诉法院所解释的，"正当法律程序索赔需要考量两个主要的方面：第一，原告是否被剥夺了受保护的财产或自由权益；第二，原告在被剥夺利益时是否有足够的程序性保护"（Galdikas v. Fgan，2003，p. 691）。如果法院发现院校提供了公平的决策过程，那么法院通常会认为，已经提供了正当程序（Gauder v. Leckrone，2005，p. 789）。

当一个公立大学的学业指导教师参与任何与学生的惩罚或开除等有关的决定或过程时，他或她应假定学生的自由和财产利益正被损害（参见例子，Hillman v. Elliott，1977，p. 817）。国家公立高等院校雇用的学业指导教师必须遵守宪法关于实质性正当程序和程序性正当程序的规定，因为作为国家雇员，他们是"国家行为的代表"，他们的行为是"国家行为"。

[①] 正当法律程序（due process of law），也简称"正当程序"，更为准确地说应为"正当法律过程"，是美国宪法修正案所确立的一项极为重要的法律制度。正当法律程序条款实质上对政府的活动施加了两方面的限制，即"程序的正当过程"（procedural due process）和"实体的正当过程"（substantive due process）。实体的正当过程指当政府剥夺公民的生命、自由或财产时，必须提供充分的理由以证明其行为的必要性。程序性正当过程是指包括行政机关在内的国家机关在作出决定以剥夺公民的生命、自由或财产时，必须遵循正当的法律程序。参见王锡锌《正当法律程序与"最低限度的公正"——基于行政程序角度之考察》，《法学评论》2002 年第 2 期。

自由权益。公民的自由权益由宪法规定，除非有令人信服的理由，无论多么公平或多少正当程序，政府都不能侵犯公民的自由权益。学业指导教师应该意识到学校实施的一些政策或规定有可能和学生的自由权益有冲突。这些权益包括《权利法案》中提到的权利：宗教地位（Everson v. Board of Education, 1947），宗教活动自由（Cantwell v. Connecticut, 1940），言论自由（Gillow v. New York, 1925），出版自由（Near v. Minnesota, 1931），集会自由（DeJonge v. Oregon, 1937），结社自由（NAACP v. Alabama ex rel. Patterson, 1958），以及不受无理搜查和扣押的自由（Wolf v. Colorado, 1949）。此外，最高法院还采用实体性正当程序来保护宪法未命名的所谓的"基本权益"的权利。在华盛顿诉格鲁兹保案中（1997），这些利益被描述为"深深植根于本民族的历史和传统中"（p.702）。其中包括跨州旅行（Mitchell v. United States, 1941），婚姻（Loving v. Virginia, 1967），避孕（Griswold v. Connecticut, 1965），生育（Eisenstadt v. Baird, 1972），堕胎（Roe v. Wade, 1973），家庭关系（Moore v. East Cleveland, 1977），以及育儿（Pierce v. Society of Sisters, 1925）。虽然法院不认为男性同性恋者的性关系是受宪法保护的根本利益，在劳伦斯诉得克萨斯州案（2003）中，它指出，在格里斯沃尔德案后，承认就性行为作出某些决定的权利超出了婚姻关系（p.565），并且，法院从未认为，"根据平等保护条款，道德上的不赞同能为歧视某些群体的法律提供足够的辩解理由"（p.582）。

财产权益。美国最高法院发现，财产权益最先并不是由宪法提出的。在评议委员会诉罗斯案中（Board of Regents v. Roth, 1972），法院解释说，财产利益的概念是由对现有规则或其他来源的规则的理解创造的，如州立法（p.577）。在洛根诉齐默尔曼·布拉什一案中（Logan v. Zimmerman Bush Co., 1982），法院进一步解释说，财产权益包括国家的授权，除非有正当理由，否则不得拒绝（p.430）。

对于那些因获得奖学金或经济资助，或被特殊项目录取而获得财产权的学生，学业指导教师在工作中尤其可能涉及学生的财产权益问题。任何时候，当一个公共机构采取任何可能导致剥夺这种权益的行为，都需要适当的程序（Morrissey v. Brewer, 1972, p.480）。一般来说，学生可能受到损害的权益越严重，就越需要更加严格的法律审核来保障程序正当。在马修斯诉埃尔德里奇案（Mathew v. Eldridge, 1976）中，美国最高法院解释说，国家一旦采取行动剥夺一个人的财产利益，就必须为他提供"在有意义的时间，以有意义的方式，听取他证词的机会"（p.333）。法院进一步解释说，为了确定特定情况下确保正当程序所需的程序，政府机构必须考虑三个因素：（1）可能受到官方行动影响的私人财产权益的性质；（2）因程序错误剥夺公民财产权益的风险，以及其他额外的或不同的法律程序可能发挥的保护公民财产权益的价值（如果有的话）；（3）政府的权益，包括所涉及的政府应履行的职能、额外或替代程序所导致的财政和行政负担（p. 335）。

正当程序与勒令退学。在密苏里大学董事会诉霍洛维茨案中（Board of Curators of University of Missouri v. Horowitz, 1978），美国最高法院裁定，高等院校并不需要对已经被勒令退学的学生提供听证会（p. 86）。在舒勒诉美国明尼苏达大学案中（Schuler v. University of Minnesota, 1986），第八巡回上诉法院遵从了霍洛维茨案的判例，表示在勒令退学前，该学生已收到适当的通知，并且她已经意识到了教师对她的表现不满意（p. 514）。

正当程序与非学术惩罚及开除。法律明确规定，与因学术原因开除相比，正当程序要求公立院校对非学术惩罚和开除提供更正式的程序。在迪克逊诉亚拉巴马州教育委员会案中（Dixon v. Alabama State Board of Education 1961），美国最高法院裁定，学生因为非学术原因被开除前，按正当程序要求应该通知学生以及为学生提供听证的机会（p. 150）。后来，在戈斯诉洛佩斯案中（Goss v. Lopez, 1975），因为学校的纪律处分或停学处分对学生的升学与就业会产生不利影响，当然也影响学生的隶属于自由权的名誉权，所以法院指出因纪律原因被开除的学生必须收到口头或书面的纪律处分通知；如果学生否认违纪事实，学校当局应该提供证据并给学生陈述自己对这件事的观点的机会。要知道"如果在教育机构里纪律执行者没有和学生交流，没有通知学生本人他的违纪事实并让他陈述自己对事件的看法以避免作出不公正的裁决，那将是一种奇怪的院校纪律制度体系"（pp. 583–584）。

关于侵权与合同的法律

虽然对学业指导教师来说，卷入学生提出的侵权行为或合同诉讼的风险相对较低，但他们可能会意识到，学生声称差的学业指导应为他们失去奖学金或体育特招生的资格负责。如伯德诉拉马尔案（Byrd v. Lamar, 2002）和亨德里克斯诉克莱姆森大学案（Hendricks v. Clemson University, 2003）包含了州法律所声明的合同和侵权索赔的例子。在伯德案中（2002），法院允许一个接受高等教育的学生向他的学业指导教师和学术事务的副校长索赔。这名学生根据学校目录中所介绍的音乐媒体课程，选择入学。他得到了学业指导教师、教师和管理人员的保证,将会提供这方面的课程。他最后在大四时得知该专业从未存在过,于是他控告学校存在欺诈行为。在亨德里克斯案中(2003),当体育特招生亨德里克斯在资格考核期的最后一年以棒球运动员学生的身份转入第一阶段(Division Ⅰ)的学院学习时,他才得知他的学业指导教师并没有提前告知他未完成保持体育特招生资格所要求的课程学习,于是他提出侵权诉讼和合同索赔。

侵权诉讼。侵权可以定义为由于另一个人或实体的疏忽、故意作为或不作为引起的民事不法行为,它并不违反合约内容。为此,法院可以对其施加责任并给予受害方救济。学生针对由于学业指导教师的过失给自己造成的伤害而提起诉讼,通常需要提供以下四个条件之一的证明:(1)该教育机构对学生负有明确的学业指导责任,或出现了可以预见的会对学生产生伤害的失误行为;(2)该机构未能履行义务;(3)该机构的疏忽是该学生受到伤害的原因;(4)该学生遭受了实质性的损害。

政府豁免权。有时,法院拒绝让高等院校对侵权行为承担责任,即使学生已经提出了可靠的证据来支持每一项侵权索赔内容。在亨德里克斯案(2003)等案件中,法院裁定州立大学受"主权"或政府豁免权的保护。主权豁免学说起源于中世纪的概念:国王有神授的权威,他不可能做错事(McMahon v. United States,1951)。直到1946年,国会通过了《联邦侵权索赔法》(FTCA),政府豁免权一直禁止个人因为雇员的过失行为对联邦政府提起民事诉讼。国会通过FTCA法案后,50个州或多或少地按照联邦模式颁布了各自的侵权索赔法案。继联邦侵权索赔法之后,法律允许个人因为国家雇员的侵权行为或疏忽引起的财产损失、人身伤害或死亡而起诉国家。但侵权行为必须发生在员工在其办公室或雇佣范围内工作时,而同等情况下的私人雇主或雇员也对侵权行为负有责任。州立大学如果出现了下列行为则一般都得不到豁免权的免责保护,比如该教育机构或其雇员被发现有故意、恶意、欺诈、不诚信、超出权限范围或对法律的错误解释,或他们侵犯了联邦民权法规定的学生权利。然而,州立大学往往仍然受到政府豁免权的保护,如果被指控的有害行为属于"自由裁量权"的例外,即如果被质疑的行为、不作为或决定涉及政策的自由裁量权的诚实执行,而不是政策的实施,州立大学将免于赔偿责任。

一些法院提出疑问:各州还会继续赦免州立大学,当他们的有害行为是严重的疏忽,而不是"故意的、恶意的或欺诈性的"。在斯科特诉储户财产和伤亡保险公司案中(Scott v. Savers Property & Casualty Insurance Company,

2003），一名学生称，由于错误的学业指导使他失去了奖学金。虽然法院认定，该院校免于赔偿责任，但一名复审法官写道，该结果是不公平的，他表示：

> 在这里，斯科特并没有做错什么。事实上，他做的每件事都是对的。斯科特寻找合适的人来帮助他选择课程，以满足美国大学生体育协会的奖学金要求。斯科特听从了高中学业指导教师的建议，后者是了解他所要求的信息的学校职工；遗憾的是学业指导教师提供的错误信息对他造成了极大的损害。(p. 63)

法院一般遵循罗斯诉克赖顿大学案（Ross v. Creighton University，1992）裁决，拒绝受理需要法院调查教育理论和方法，或监督日常的学校运作和政策制定的教育渎职索赔。在罗斯案中，法院指出法院不赞同教育渎职的理由，因为：（1）法院没有一个评估教育工作者行为的标准；（2）法院很难确定造成学生损害的实际原因和学生的损害程度；（3）允许法院审理教育渎职诉讼将开启控诉学校的洪流；（4）教育诉讼纠纷案件可能会使法院卷入监督学校的日常运作。然而，对于第一点，在塞恩诉锡达拉皮兹社区学区案中（Sain v. Cedar Rapids Community School District，2001），爱荷华州最高法院认为，在未来的案件里，它可能会决定将具有法律约束力的关心责任运用于学业指导。塞恩先生是一个学生，他获得了一所大学篮球体育特招生全额奖学金录取资格，但在大学入学前才发现他要成为大学校际比赛注册体育运动员所需要的英语学分不够。虽然法院最终拒绝了他的要求，但法院同时认为：

> 过失、虚假陈述侵权行为的范围很广，当学业指导老师有对特定需要的信息的知识，以及在指导者与学生的关系中提供信息给学生时，高中学业指导老师有责任在给学生提供具体信息时给予应有的关心。同时在学业指导教师知道或者应当知道学生依赖其提供的信息的情况下，学生有理由依赖其提供的信息。(p. 129)

与法院不愿判决教育渎职侵权索赔相反的是，他们往往愿意裁决涉及虚假陈述和欺诈指控的学生索赔。在佩尔诉哥伦比亚大学的受托人案中（1998），法院解释说，当学生和高等院校之间有合同时，法律意味着院校必须在与该学生的交往中表现出诚信（p.63）。在奥赛德兹诉布朗学院有限公司一案中（1999），法院解释说，对误导和欺诈进行裁决是比较容易的，因为它可以客观地评定一个机构是否有诚意履行其承诺。因此，它通过了学生可以因违反合同、欺诈或其他原因对教育机构提起诉讼的规定，如果学生声称该机构未能履行对其做出的具体承诺的话（p.473）。

合同诉讼。评论家喜欢引用苏姆布兰诉美国南加州大学一案（1972），其中法院指出，学生和院校之间的基本关系是"契约性质的"（p.10）。合同法与侵权法的区别在于它是基于"交易规定的义务，并允许当事人通过谈判来保护自己"（Mackenzie v. Miller Brewing Company，2001）。

事实上，合同是具有法律约束力的书面或口头协议，其中双方都同意执行或限制某些行为。当机构对学生发出录取邀请，学生接受邀请，并同意支付学费和登记注册该院校时，学生和高等院校便形成了**契约关系**。在克劳德诉波士顿大学的受托人案中（1983），第一巡回上诉法院发现，学生与学校之间合同的一部分条款包含在学校分发给学生的指导方针、规则、政策、程序以及其他材料中。巡回法院会按照学生的理解赋予这些条款意义。换句话说，如果一个条款声明，每学期都会"频繁地"提供特定的服务，如果只提供了一次，法院不太可能同意这是"频繁的"。

如果学生因学校违反他们之间的合同条款而受到损害，学生可以对学校提起违约诉讼。然而，学生不能简单地通过抱怨他没有获得高质量的教育，而草率地断言说该院校违反了合同。相反地，他或她必须提供证据来支持违约索赔的每一个要素，这些要素通常包括：（1）学生与学校之间存在一个有效的、有约束力的合同；（2）合同条款；（3）该学生遵守了合同的条款；（4）该校违反了合同规定的特定义务或承诺；（5）违约给学生带来了实际的损失。至于第（4）项，学生必须确定他或她所声称的该机构未能履行的具体的合同承诺。通过提交由该机构印发的材料，学生也许能够出具前两个要素的证明。

在伯德案（2002）中，学生根据机构未能提供其课程目录中列出的课程进行索赔。在苏姆布兰案中（1972），在她的学业指导教师未能兑现学校的课程目录中列出的讲座数量后，这名学生声称学校违反了合同。在奥尔赛兹案（1999）中，法院认定，学校没有向学生提供其印发材料中承诺的学业指导和计算机设备。

学生和学校之间的合同中隐含了一些受法律规定的条款。在伊科皮左诉内布拉斯加州大学案（1985）中，第八上诉巡回法庭发现，该机构公布的上诉程序暗示将不会随意给学生分级的条款。在布拉努姆诉克拉克案（1991）中，第二巡回法院认为，学生和学校之间的合同包含默认条款，要求学校在处理学生问题时要有诚意（p.705）。在卡尔诉圣约翰大学案（1962）中，法院认为，当一名学生被允许参加一项学位课程，就会出现一个隐含的合同，即如果学生符合遵从该机构的条约，学生将获得学位（p.633）。

对于学生与高等院校之间的每个合同的条款，法律意味着诚信和公平对待。这种保护对就读于私立高等院校的学生尤为重要，因为它们不受宪法正当程序的要求。在审理各种学生索赔时，法院使用了诚信和公平对待的原则。例如，在西尔维斯特诉得克萨斯州大学案（1997）中，法院发现，诚实信用和公平对待的要求为学生免受学校的专制和不公平对待提供了保护。在科尔公司诉托尔曼案中（1994），法院认为，学校没有提供其在目录中承诺的设备和合格的师资时，学生有理由起诉。在雷杰诉州案中（1990），法院发现，当高等院校虚假陈述其呼吸治疗法得到认证时，它应该对损害负责。

与惩戒和开除学籍相关的索赔。法院通常尊重高等院校对取消学籍的决定。在霍洛维茨案中（1978），美国最高法院解释说，法院根本没有能力来评价一个学生的学业表现。然而，法院很可能会调查学生所声称的武断的、无理由的或者恶意的勒令退学案件。然而，这种情况下，学生必须先承担这种指控需要的沉重的举证责任。在密歇根大学的董事会诉尤因案（1985）中，最高法院解释说，法院可能不会撤销学术决定，除非该机构的行为已偏离公认的学术规范，这表明该机构未能做出专业判断（p.225）。

对于学生声称的学校因为非学术原因做出的纪律处分或勒令退学，法院不太遵从学术机构的决定。例如，在奥卡福尔诉耶鲁大学案中（2004），法院认为，学生和学校之间的合同包含学生不能随意被该学校开除的隐含条款（p.15）。

至于学生的非学术性的合同义务，学生必须遵守合理的规章制度，其中，如果违反这些规则和条例，可能会使其受到纪律处分或开除。如果一个学生在公立院校违反这样的规则，那么宪法要求该机构提供程序性的正当程序。然而，私立院校提供公正的程序的责任则只受合同义务规定。如果不能提供适当的程序，法院可能会认为，纪律处分或开除是任意的，因而是不合适的（Schaer v. Brandeis University, 1999）。

《家庭教育权利和隐私权法案》

1974 年，美国国会再次授权颁布了《中小学教育法修正案》（1965），并在此期间颁布了《家庭教育权利和隐私权法案》（FERPA）。《家庭教育权利和隐私权法案》适用于接受联邦资助的所有学校，其条款规定，遵守 FERPA 是接受这些资金的一个条件。美国教育部门强制执行 FERPA 法案，宣称受到侵害的学生可向其家庭政策合规办公室投诉。

> 《家庭教育权利和隐私权法案》防止泄露每个学生的个人身份信息，这包括该大学或其代表机构持有的教育记录。包括任何格式保存的记录，包括但不限于课程表和名册、成绩单、学术进展报告、成绩通知单、大学入学测试成绩、照片、学业指导记录、处分记录。

虽然学生不能控告高等院校违反《家庭教育权利和隐私权法案》，该法令也给他们提供了一些权利，这些权利有：（1）查看高等院校持有的学生自己的教育记录；（2）在学校公开个人身份信息之前需要学生提供书面许可。法案规定的例外情况不需要学生的同意学校就可以公开学生的信息；（3）在收到学生获取自己教育记录的书面申请的 45 天内，学校应审核学生的教育记录；（4）请求修订学生认为不准确的、误导性的，或违反《家庭教育权利和隐私权法案》中的隐私权的教育记录；（5）向教育部呈交诉状，声称学校侵犯了他们在《家庭教育权利和隐私权法案》中的权利；（6）如果学生正在寻求的记录不是由收到学生申请的校方负责人持有，学生有权知道持有记录的负责人是谁。此外，除了一些例外情况，学校必须记录所有的请求访问或者被允许访问学生记录的第三方的名字，而且在没有学生的书面同意的情况下，被允许查看学生记录的第三方不能进一步公开该信息。虽然《家庭教育权利和隐私权法案》是遵守法规和规章的院校接受联邦教育经费的前提条件，目前，我还没有发现有学校因为违反了《家庭教育权利和隐私权法案》而被取消资助的任何记录。

《家庭教育权利和隐私权法案》与校园安全

2007 年 4 月，在弗吉尼亚一所学校里，一个学生枪杀 32 人后开枪自杀。这一事件使媒体的关注点集中到家庭教育权和隐私权上。在对这一悲剧的讨论中，一些评论家认为，《家庭教育权利和隐私权法案》导致了大学校园的风险和危害。随后，2007年6月，教育部家庭政策合规办公室的部门主任关于已注册大学的学生信息对家长公开的问题发表了意向声明。该声明明确指出，《家庭教育权利和隐私权法案》中没有任何内容禁止高等教育教师、员工和管理人员，对他们亲自观察到的学生可疑的活动或行为，通知学生父母或执法机关。此外，《家庭教育权利和隐私权法案》中也没有禁止高等教育教师、员工和管理人员鼓励学生联系他或她的父母的内容。

《家庭教育权利和隐私权法案》例外

在一般情况下，《家庭教育权利和隐私权法案》限制大学公开学生记录中的信息，除非学生同意公开，或者需要公开的记录属于法定例外，其中包括依照国际服务法规要求的教育审计所需的公开信息，遵照法院传票、与出现安全问题的违纪事项有关和公开校园犯罪统计相关的信息。如果学生未满21岁而使用或持有酒精或管制物品，高等院校可以通知他或她的父母。

《家庭教育权利和隐私权法案》还允许学校在以下情况下向学生的父母公开信息，如果学生是报税时的被抚养人，则无须征得学生同意。此外，为了保护学生或其他人的健康或安全，必要时可将学生信息提供给相关方。这种健康和安全例外允许，但不要求信息公开。各司法管辖区的法院并未就高等教育机构在这种紧急情况下是否有义务联系家长的问题做出一致裁决。例如，在著那教徒诉爱荷华州案中（2000），法院认为，该高等教育机构没有责任阻止学生自杀，因为没有法律定义这种特殊关系。然而，在席兹勒诉费罗姆学院案中（2002），法院认为，学生和高等院校之间存在着一种特殊的关系，这使得在存在可预见的伤害时，学校有保护学生的责任。

关于《家庭教育权利和隐私权法案》的健康和安全例外，鲁克（Rooker，2005）为一所私立大学的校长提供了以下指导：

> 对于"健康和安全的紧急情况"的例外情况，只有当它已经确定，根据具体情况分析在某种特定的情况下，学生或社区其他成员遭受迫在眉睫的危险或威胁，或需要实时信息以避免或扩散对学生或其他人的安全或健康的严重威胁时，学校或其代理人可能会公开教育记录中关于个人身份的非通讯录类信息。任何发布都必须考虑到紧急情况的紧迫性和严重性，并且只能针对能够应对紧急情况的各方。该例外暂时限于紧急情况期间使用，一般不允许根据学生的教育记录全面公布个人信息，以

符合州法律的一般要求。

这些陈述表明需要院校首先对公开学生信息是否对保护学生或其他人的健康或安全是必要的作出判断。它们审慎地将其应用于学生或社区其他成员即将面临的特定情况，要求立即提供信息以避免或缓解对学生或其他人的安全或健康的严重威胁。

《家庭教育权利和隐私权法案》和《爱国者法案》

每当学业指导教师以书面形式在学生的记录中记录一些内容时，他们应考虑如果这些东西被负责反恐调查的政府官员审核时，是否容易引起误解。经 2001 年《爱国者法案》第 508 条修订，《家庭教育权利和隐私权法案》允许在未经学生同意的情况下向美国司法部长披露教育记录中的个人身份信息，以便调查和起诉某些恐怖主义罪行。在 2002 年致教育机构的一封信中，鲁克解释说，当法院在没有通知学生的情况下发布命令强制进行此类信息公开时，学校不需要在学生档案中记录此事。

言论自由和就业自由

美国《宪法第一修正案》提出了不受联邦政府干涉的言论自由，并通过《宪法第十四修正案》在各州推行实施。它禁止政府，而不是私人干涉言论和表达。基于这些政治观点，美国最高法院在裁定皮克林诉教育委员会案（1968）中和兰金诉麦克弗森案（1987）中，其立场都是支持员工应受保护免遭歧视、骚扰和解雇。然而，从法律和实践上讲，公共和私营机构雇员的言论自由的权利都是有限的。

言论自由与公立高等院校

学业指导教师应该记住，虽然公立高等院校无法阻止他们给报社写信，但学校可能会根据信件内容对他们进行纪律处分或解雇，除非法院认定学业指导教师表达的内容是公众关注的问题。即使表达内容涉及公众关注的问题，法院也可能权衡雇员的评论权利与雇主促进公共服务的效率两者间的利害关系（Siebert v. University of Oklahoma Health Sciences Center, 1989; Pickering v. Board of Education, 1968; Connick v. Myers, 1983）。最后，如果员工表达的内容是虚假的或出于发泄个人情绪的目的，法院则不太可能为其提供第一修正案的保护。

言论自由及私立高等院校

第一修正案并没有限制私立高等院校规范员工言论。然而，其他联邦法律，如1964年民权法第七章中禁止性骚扰的言论，州法案通常完全禁止私人雇主审查雇员言论。然而，没有任何州或联邦法律能完全保护私立院校雇员不因为他们的言论或表达而被解雇。

如果学业指导教师没有雇佣协议，也就是说，在大多数州他或她都只是一个临时工。由于公共政策的限制，不管有没有正当理由，一个临时工都可以被解雇。公共政策的理由不包括员工言论自由的权利。因此，私立高等院校可以因为学业指导教师在午餐、电子邮件、博客或社交网站上的言论而在法律上惩罚或解雇他或她。虽然临时工可能被无故解雇，或者由于任意的或不合理的原因，但私营雇主无权以非法理由强制解雇员工，例如雇员拒绝实施犯罪行为，或者拒绝违反公共政策，员工拒绝行使或放弃宪法权利，或本着诚信指控用人单位违反了重大的法律。

民权法

联邦反歧视法

1964年的民权法案第6条禁止在联邦政府资助的计划和活动中出现基于种族、肤色和国籍的歧视。美国教育部对从该机构获得资助的高等院校的遵守情况负责。此外，州法案通常对涉及基于种族、肤色或民族血统的差别对待的州政府的行为进行限制。

1972年的《教育修正案》第9条规定，没有人可以被联邦资助的教育计划或活动排除在外、被剥夺利益或加以性别歧视。虽然第9条通常以其在体育竞技中促进性别平等的影响闻名，但它也涵盖了学术生活各个领域的教育活动。

1973年的《复健法案》第504条禁止由联邦资助的高等院校歧视残疾学生入学。它被用作1990年《美国残疾人法案》第二章（ADA）的范本，该法案扩展了第504条禁止基于残疾的歧视的规定。尽管在最近的案件中，法院拒绝判决与违反第二章的规定相关的经济赔偿诉求，《美国残疾人法案》和《复健法案》第504条依然是良好的法律。

《复健法案》第 504 条和《美国残疾人法案》禁止高等院校制定筛选出或试图筛选出残疾人的认定标准，除非这些标准符合专业培养目标的需要。他们还禁止学校对残疾人提供单独或不同的福利待遇、服务或方案，除非是确保学生所获得的福利和服务同等有效所必需的情况。《复健法案》第 504 条和《美国残疾人法案》中确立的条款规定高等院校应该：（1）用最适合残疾学生所需要的综合设备，为其提供服务和方案；（2）对他们的政策、实践和程序做出合理的修改，以避免歧视残疾人，除非那会对他们的计划或活动造成根本性的改变；（3）确保残疾学生无障碍地进入建筑物；（4）在不增加学生支出的情况下，免费向残疾学生提供辅助工具，在必要时确保与听觉、视觉，或言语障碍的人有效沟通。

1973 年，《复健法案》第 508 条适用于 50 个州中的每个州，作为它们获得 2004 年《辅助技术法案》规定的联邦资金的条件之一。该法案要求州实体在购买新的供雇员或学生使用的计算机硬件、软件或其他电子设备时，必须确保这些新的购买的设备能与现有的辅助技术适配，如屏幕阅读软件和盲文显示装置。第 508 条还规定，从一个州实体获取信息或服务的残疾学生和公民，必须能获得或使用提供给非残疾的市民所获得的信息和数据，除非这会对联邦机构造成过度的负担。

上述联邦法律禁止的院校歧视行为包括以下院校作为或不作为的情况：（1）拒绝提供项目应提供的服务、经济援助，或其他福利；（2）提供不同的服务、经济援助，或其他福利给个人，或者以区别于他人的方式提供；（3）在给个人提供服务、经济资助或其他福利时，令其处于被隔离或区别对待的境况；（4）以任何方式限制个人享有本计划下他人同等享有的服务、财政援助或其他福利；（5）任何对于个人必须满足项目提供的服务、经济援助或其他福利的条件，如在确定他或她是否满足任何录取、登记注册、名额、资格、会员资格或其他要求或条件时，存在区别对待的行为；（6）剥夺个人参与项目的机会，如通过服务范围的限定或者给予他或她不同于提供给其他人的额外机会；（7）剥夺个人成为项目不可分割的规划或咨询机构的一员的机会。

学业指导教师显然需要了解这些法律和简单的法律使用常识，以避免在与学生的日常交往中出现潜在的或无意的违规行为。

招生和在册率提升项目中的公民权利问题

很多学业指导教师在高等教育机构的招生和学生在册率提升项目中发挥

了重要作用，这些工作都需要在确定工作对象资格要求时考虑民族和种族因素。如果没有必要的条件，这类项目有可能违反 1964 年《民权法案》第 6 条的规定。然而，在某些情况下，第 6 条允许，但不要求大学考虑民族和种族因素。

关于如何在招生、在册率提升项目中应用《民权法案》第 6 条的指导意见，可以从最高法院对与高等教育招生中涉及种族问题的判例中推断出来。在加州大学董事会诉巴基案中（Regents of University of California v. Bakke, 1978），美国最高法院发现，院校可以使用种族和族裔背景来推动实现学生群体多样化的特定目的。最近，在格鲁特尔诉布林格案（Grutter v. Bollinger, 2003）中，最高法院再次表明了其观点，即实现学生群体多样化是一种重要的国家利益，这使在大学招生中使用种族标准合法化。法院发现，高等院校只是将种族视为考核申请者的附加条件，并作为为学生量身定制的选拔方法的一部分：（1）对每一个申请人提供个性化关怀；（2）真诚地考虑种族中立的替代方案；（3）没有对非少数民族申请人增添负担；（4）提供定期审查，以评估种族多样性是否已经实现，以便在某个时候停止这种做法。虽然最高法院这类案件的判例并没有涉及私立学校在招生中的种族和族裔的问题，但在格鲁特尔案中（Grutter, 2003），法院表示，在审查第 6 条的其他要求时将使用这些标准。鉴于此，私立学校也应该在此背景下审查自己的招生政策。

在巴基案中（1978），法院认为种族只是高等院校考虑实现学生群体多元化的要素之一。其他因素可能包括经济劣势，从农村或市中心平民区的学校毕业，从历史上学生群体利益没有得到足够重视的学校毕业，智力、运动和艺术技能的差异，有在不同的环境中或在历来缺医少药的人群或弱势群体中生活和工作过的经历，从传统黑人院校毕业，家族中的第一代大学生或研究生，以及克服了巨大的教育或经济困难才成功进入大学的学生。

本章小结

本章简要介绍了美国庞大的法律体系和法律理论的冰山一角。这些理论被广泛地应用于学生、学业指导教师和院校相互之间的关系中。世界和国家的行为将继续带来变化，如《家庭教育权利和隐私权法案》的修订通常会影响学生、学业指导教师和高等院校。这些变化将继续给学业指导教师的工作带来挑战，要求他们强化学生个人的学习和发展。同时也对他们如何增强美国学业指导协会于 2004 年提出的 "在学术环境中每个人的重要性、尊严、潜力和独特性"发起了挑战。

References

Alsides v. Brown Institute, Ltd., 592 N. W. 2d 468, 473 (Minn. Ct. App. 1999).

Americans with Disabilities Act of 1990, 42 USCS §§ 12101 et seq.

Assistive Technology Act of 2004, 29 USCS §§ 3001 et seq.

Bickel, R. D., & Lake, P. F. (1999). The rights and responsibilities of the modern univer sity: Who assumes the risks of college life? Durham, NC: Carolina Academic Press.

Board of Curators of University of Missouri v. Horowitz, 435 U. S. 78, 86 (U. S. 1978).

Board of Regents v. Roth, 408 U. S. 564, 577 (U. S. 1972).

Branum v. Clark, 927 F. 2d 698, 705 (2d Cir. 1991).

Buck, J., Moore, J., Schwartz, M., & Supon, S. (2001). What is ethical behavior for an academic adviser? Retrieved August 1, 2007, from http://www.psu.edu/dus/mentor

Byrd v. Lamar, 846 S. 2d 334 (Ala. 2002).

Cantwell v. Connecticut, 310 U. S. 296 (1940).

Carr v. St. John's University, 17 A. D. 2d 632, 633 (N. Y. App. Div. 1962).

CenCor, Inc. v. Tolman, 868 P. 2d 396, 399 (Colo. 1994).

Civil Rights Act of 1964, 42 U. S. C. § 2000d etseq.

Cloud v. Trustees of Boston University, 720 F. 2d 721, 724 (1st Cir. 1983).

Connick v. Myers, 461 U. S. 138, 146 (1983).

Council for the Advancement of Standards (CAS). (2005). CAS Standards and Guidelines for Academic Advising. Retrieved August 22, 2007, from http://www.nacada.ksu.edu/Clearinghouse/Research_ Related/CASStandardsForAdvising.pdf

DeJonge v. Oregon, 299 U. S. 353 (1937).

Dixon v. Alabama State Board of Education, 294 F. 2d 150 (5th Cir. 1961).

Education Amendments of 1972, 20 U. S. C. §§ 1681–1688.

Eisenstadt v. Baird, 405 U. S. 438 (1972). Everson v. Board of Education, 330 U. S. 1 (1947).

Family Educational Rights and Privacy Act of 1974, 20 USCS § 1232g. Federal Tort Claims Act of 1946, 28 USCS § § 2671 etseq.

Galdikas v. Fagan, 342 F. 3d 684, 691 (7th Cir. 2003).

Garner, B. A. (Ed.). (2004). Black's law dictionary. (8th ed.) Eagan, MN: Thomson West. Gauder v. Leckrone, 366 F. Supp. 2d 780, 789 (D. Wis. 2005).

Gitlow v. New York, 268 U. S. 652 (1925).

Gordon, V. N. & Habley, W. R. (2000). Academic advising: A comprehensive handbook. San Francisco: Jossey-Bass.

Goss v. Lopez, 419 U. S. 565, 575 (1975).

Griswold v. Connecticut, 381 U. S. 479; 85 S. Ct. 1678 (U. S. 1965). Grutter v. Bollinger, 539 U. S. 306, 325 (U. S. 2003).

Hendricks v. Clemson Univ., 578 S. E. 2d 711 (S. C. 2003).

Hillman v. Elliott, 436 F. Supp. 812, 817 (D. Va. 1977).

Ikpeazu v. University of Nebraska, 775 F. 2d 250 (8th Cir. 1985).

Jain v. Iowa, 617 N. W. 2d 293, 299-300 (2000). Lawrence v. Texas, 539 U. S. 558, 565 (2003).

Lesure v. State, 1990 Tenn. App. LEXIS 355 (Tenn. Ct. App. 1990).

Logan v. Zimmerman Brush Co., 455 U. S. 422, 430 (U. S. 1982). Loving v. Virginia, 388 U. S. 1 (1967).

Mackenzie v. Miller Brewing Co., 2001 WI 23 (Wis. 2001).

Marbury v. Madison, 5 U. S. 137, 180 (U. S. 1803). Mathews v. Eldridge, 424 U. S. 319, 333 (1976).

McMahon v. United States, 342 U. S. 25, 27 (1951). Mitchell v. United States, 313 U. S. 80 (1941). Moore v. East Cleveland, 431 U. S. 494 (1977).

Morrissey v. Brewer, 408 U. S. 471, 480 (1972).

NAACP v. Alabama ex rel. Patterson, 357 U. S. 449 (1958).

NACADA. (2004). NACADA statement of core values of academic advising. NACADA Clearinghouse of Academic Advising Resources Web site. Retrieved August 22, 2007, from http://www.nacada.ksu.edu/Clearinghouse/AdvisingIssues/Core-Values.htm

Near v. Minnesota, 283 U. S. 697 (1931).

Okafor v. Yale University, 2004 Conn. Super. LEXIS 1657 (Conn. Super. Ct.

2004).Pell v.Trustees of Columbia Univ., 1998 U.S.Dist. LEXIS 407 (D. N. Y. 1998).

Pickering v. Board of Education, 391 U. S. 563 (1968). Pierce v. Society of Sisters, 268 U. S. 510 (1925). Rankin v. McPherson, 483 U. S. 378 (1987).

Regents of University of California v. Bakke 438 U. S. 265 (1978).

Regents of University of Michigan v. Ewing, 474 U. S. 214, 225 (U. S. 1985).

Rehabilitation Act of 1973, 29 USCS § § 701 et seq.

Robinson, S. (2004). Legal issues for advisors: A primer. NACADA Clearinghouse of Academic Advising Resources Web site. Retrieved July 24, 2007, from http: //www. nacada. ksu. edu/Clearinghouse/AdvisingIssues/legal. htm.

Roe v. Wade, 410 U. S. 959 (1973).

Rooker, L. (2002). Letter from Director of the Family Compliance Office Statement of LeRoy Rooker, Director, Family Policy Compliance Office, U. S. Department of Education. (April 12, 2002). Letter to the President of Strayer University. Retrieved on July 19, 2007, from http: //www. ed. gov/policy/gen/guid/fpco/pdf/htterrorism. pdf.

Rooker, L. (2005). Letter from Director of the Family Compliance Office Statement of LeRoy Rooker, Director, Family Policy Compliance Office, U. S. Department of Education. (March 11, 2005). Letter to the President of Strayer University. Retrieved on July 19, 2007, from http: //www. ed. gov/policy/gen/guid/fpco/ferpa/library/ strayer031105. html.

Ross v. Creighton University, 957 F. 2d 410, 412, 417 (7th Cir. 1992).

Sain v. Cedar Rapids Community School District, 626 N. W. 2d 115, 129 (Iowa 2001).

Schaer v. Brandeis University, 48 Mass. App. Ct. 23, 716 N. E. 2d 1055 (Mass. App. 1999).

Schieszler v. Ferrum College, 236 F. Supp. 2d 602, 609 (W. D. Va. 2002).

Schneider v. Plymouth State College, 144 N. H. 458, 462 (N. H. 1999).

Schuler v. University of Minnesota, 788 F. 2d 510, 514 (8th Cir. 1986).

Scott v. Savers Property & Casualty Insurance Co. , 262 Wis. 2d 127, 159–160 (Wis. 2003).

Seavy, W. (1957). Dismissal of students: Due process. 70 Harv. L. Rev. 1406, 1407 n. 3.

Siebert v. University of Oklahoma Health Sciences Center, 867 F. 2d 591 (10th Cir. 1989).

Sylvester v. Texas S. University, 957 F. Supp. 944, 947 (D. Tex. 1997).

U. S. Constitution, Amendments I through X (The Bill of Rights).

U. S. Constitution, Amendment XIV, § 1.

U. S. Constitution, Art. VI, cl. 2.

United States v. Frost, 125 F. 3d 346, 367 (6th Cir. 1997).

Washington v. Glucksberg, 521 U. S. 702 (1997).

Weeks, K. & Haglund, R. (2002). Fiduciary duties of college and university faculty and administrators, 29 J. C. & U. L. 153, 154-55, 156, 173.

Wolf v. Colorado, 338 U. S. 25 (1949).

Zumbrun v. University of Southern California, 25 Cal. App. 3d 1, 10 (Cal. Ct. App. 1972).

第五章

为了学生成功提供学业指导

乔治·D. 库

对于高校领导者和政策决策者来说，帮助更多的学生为进入大学和顺利毕业做好准备，无论从教育的哪一个层面考量，都是需要优先考虑的事项。从广义上讲，学生的成功意味着他们取得学业成就，参与有教育意义的活动，感到满意，获得渴求的知识、技能和能力，坚持不懈地追求并实现自己的教育目标（Kuh, Kinzie, Buckley, Bridges, & Hayek, 2007）。

学校提供的某些条件与学生的成功存在着联系，例如乐于助人的朋辈群体、对学生表现寄予厚望的教师和工作人员，以及吸引学生参与并促进学术和社会融合的学术项目和体验（Kuh, Kinzie, Schuh, & Whitt, 2005b）。后者包括精心设计并实施的预科及新生适应课、新生研讨会以及其他新生学业指导和学习小组体验（Muraskin & Wilner, 2004; Reason, Terenzini, & Domingo, 2006; Upcraft, Gardner, & Barefoot, 2005; Upcraft, Mullendore, Barefoot, &Fidler, 1993）。事实上，在册率和毕业率从某种程度上可以看作关于学生获得学位所需平均时间的函数。这表明，低毕业率可能与某些妨碍学生学术进步的学校条件有关，例如课程实用性、日程安排以及学业指导本身的不足（Blose, 1999）。在第一学年以及接下来的学习阶段中，如果缺乏有效的学业指导，那我们基本上可以断定这些教育项目和实践肯定不会取得最佳效果。

全美大学生满意度调查研究表明，学业指导是学生对学校最不满意的一个方面（Low, 2000）。尽管如此，学业指导教师在促进学生成功的过程中扮演了不可或缺的角色。学业指导可以通过鼓励学生适当参与课内外活动的方式来帮助学生成长。学业指导教师尤其重要，因为他们是新生遇到的第一批人，也是新生在第一年中接触最频繁的人。

本章节总结了文献中关于学业指导和学生成功的维度（如坚持、成就、个人发展和学生学习性投入）的一些重要发现。并在借鉴学业指导现有措施和优秀实践的基础上提出了五条实现有效学业指导的原则。

关于学生在大学里的成功，学业指导教师需要了解的内容

为了实现有效的学业指导，学业指导教师必须熟知与学生和学生成功相关的调查研究。下面列举了八个妨碍学生坚持求学和顺利毕业的危险因素（Berkner, Cuccaro - Alanmin, & McCormick, 1996; Carroll, 1989; Horn & Premo, 1995; McCormick & Horn, 1996）。具备两种及两种以上特点的学生比同龄人更容易辍学（Choy, 2001; Muraskin & Lee, with Wilner & Swail, 2004; State Higher Education Executive Officers, 2005; Swail with Redd & Perna, 2003）。

危险因素：

- 学业准备不足，无法适应大学；
- 高中毕业后没有直接进入大学；
- 大学半工半读；
- 是一个单亲家长；
- 在经济上独立（即学生依靠自己收入或积蓄上学，父母不支付其学费）；
- 在家照顾小孩；
- 每周工作超过 30 小时；
- 身为第一代大学生。

导致大学生辍学的因素在一定程度上解释了某些学生群体（包括社区大学生和许多少数民族学生）毕业率低的原因（Adelman, 2006）。例如，社区大学里几乎 50%（在某些情况下甚至更多）的初次就读学生被认为没有达到大学入学学业准备的要求。这也是造成将近一半的社区大学生第二年不再返校学习的另一个重要原因（Community College Survey of Student Engagement, 2005）。超过一半的拉丁裔学生利用业余时间接受高等教育（52%），而白人学生只有 37% 这样做。尽管白人学生选择继续读完大学的只有将近三分之二（64%），但是拉丁裔学生更少，只有五分之二的人会一直坚持完成学业（Swail, Cabrera, Lee, & Williams, 2005）。拉丁裔学生更倾向于推迟上大学的时间，在高中毕业后 7 个月内进入高等院校的拉丁裔学

生要比白人学生大约少5%（分别为77%和82%）。此外，社区大学非洲裔和拉丁裔学生更不容易获得学士学位，因为在那些授予学位的专业里面他们的人数太多了（Bailey, Jenkins & Leinbach, 2005）。上部落大学似乎对鼓励社区大学美国原住民毕业生攻读学士学位有积极影响（Ameircan Indian Higher Education Consortium, Institute for Higher Education Policy, Sallie Mae Education Institue, 2000）。当学业指导教师对来自不同社会背景的学生进行辅导时，应该了解各类学生群体的大学在册率和毕业率统计数据。

结构化的学业指导可以帮助学生顺利完成学业（Cohen & Brawer, 1996; Kramer & Associates, 2003）。当学业指导被纳入学业支持服务中，并且能够及时地意识到和满足不同学生的发展需要时，它被认为是促进学生成长、学习和成功的最有效的方式（Kramer & Associates, 2003）。学业指导教师在帮助学生制订适合其教育和职业目标的计划，以及思考有关教育发展的连续性等问题方面都显得特别重要。随着越来越多的学生进入众多不同的院校去攻读学士学位，这些都成了必须考虑的问题（McCormick, 2003）。

学业指导可以采用多种形式，这也使得我们很难厘清学生的成功究竟是专职学业指导师还是教师学业指导师的作用。就学业指导质量而言，没有考虑和控制学生特点的调查研究通常会产生混乱的结果（Aitken, 1982; Brigman, Kuh, & Stager, 1982; Kowalski, 1977）。一些对学生学术能力等因素进行控制的研究表明，提供最广泛的新生定向适应和学业指导课程的院校拥有更高的毕业率（Dunphy, Miller, Woodruff & Nelson, 1987; Forrest, 1985; Fidler & Hunter, 1989）。2004年，汀托（Tinto）的研究发现，当学业指导教师关注专业未定的学生和第一代学生（他们可能不知道如何成功开启高等教育之旅）的需求时，学业指导会对在册率和毕业率产生积极影响。与新生定向适应项目一样，当考虑到高中成绩、性别和年龄等因素时，学业指导的质量也可能对教育的连续性产生间接影响（Metzner, 1989）。

学生们对学业指导的看法

绝大多数学生（88%）承认在大学第一年，他们有时候的确需要学业指导教师的帮助（National Survey of Student Engagement [NSSE], 2005）。大约将近一半的大一和大四学生说，他们主要的学业指导来源就是他们的学业指导教师。然而，超过四分之一（27%）的大一新生会把家人或者朋友作为主要的学业指导来源（见图5.1）。

如果学业指导教师不和学生接触，就不可能促进学生的成功。据全国大学

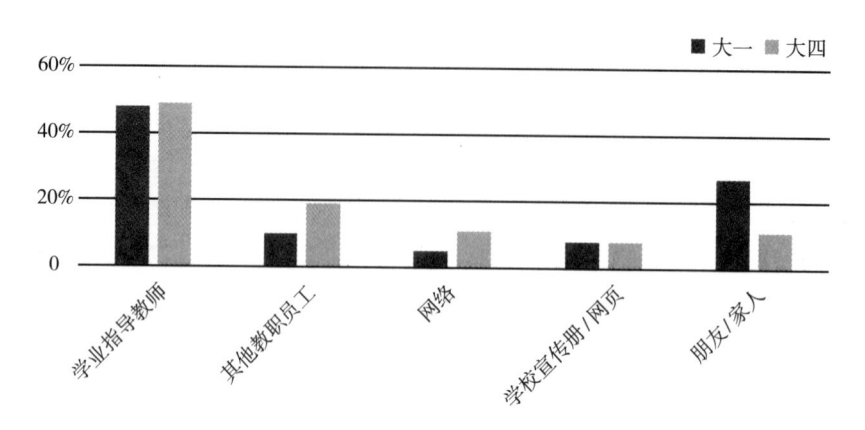

图 5.1 主要的学业指导资源

生学习性投入调查（NSSE）显示大学里大约十分之一的学生（大一学生约 7%，大四学生约 11%），在本学年中从未见过自己的学业指导教师；而与全日制学生，男性学生和有色人种的学生相比，非全日制学生、女性学生和白人学生与他们学业指导教师见面的可能性更小（NSSE，2007）。与指导教师见面频率越高的学生普遍对学业指导越满意，对自己的学校也越满意。全国大学生学习性投入调查（NSSE）的研究结果表明，五分之四的大一和大四学生都同意"从学业指导教师那里得到了准确的信息"（图 5.2）（NSSE，2005）。

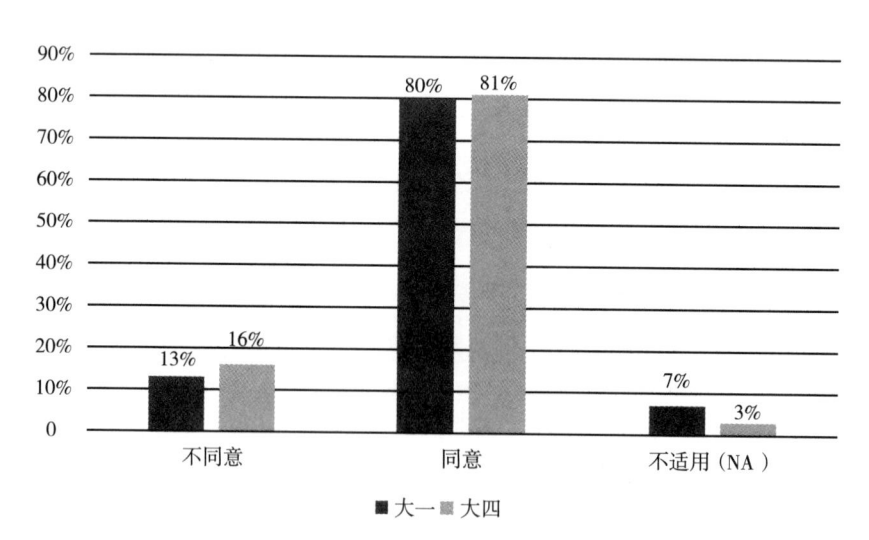

图 5.2 从学业指导教师处得到准确及时的信息

学生与学业指导教师见面是十分重要的。因为，2007 年全国大学生学习性投入调查（NSSE）结果证明，在调查学年中与学业指导教师至少见了两次面的学生比其他学生更高频率地参与了 NSSE 五大可比指标所涵盖的一系列教育活动（NSSE，2007）。除此之外，学生与学业指导教师更高频率的交流与学生自我报告的多方面的更高的教育收获密切相关，比如在学生的个人与社会能力发展、实践技能、通识教育和更频繁地使用深度学习技能等方面（NSSE，2007）。

令人欣慰的是，大多数的学生还是理性地对学业指导的质量感到满意。只有 6% 的大一新生觉得"差"。而高年级学生则不太满意，11% 的大四学生认为学业指导的质量很差。男女生之间（图 5.3）以及不同种族学生之间（图 5.4）对学业指导质量的满意度没有明显差异。虽然大约五分之四的全日制大学生认为他们的学业指导的质量较好或者非常好，但是只有三分之二的非全日制大一新生认为他们的学业指导质量较好或者非常好（NSSE，2005）。事实上，几乎是全日制学生两倍的比例的非全日制大学生认为学业指导质量很差（非全日制大学生 11%，全日制大学生 6%）。这可能是由于非全日制学生的时间限制导致他们与学业指导教师见面的时间较少。

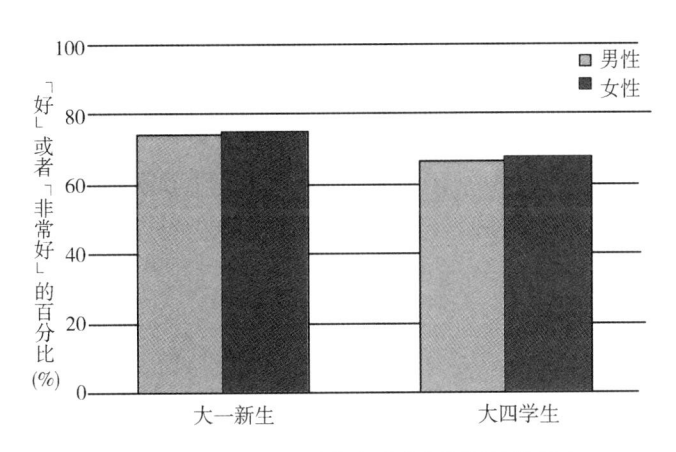

图 5.3 不同年级和性别学生对学业指导的满意度

非全日制学生在专业方面犹豫不决的可能性也是前者的两倍。这可能需要对他们使用不同类型的指导技能，例如减少职业信息的提供，而取而代之以更多的职业探索活动。学生运动员（无论是知名度高的运动还是其他体育项目）与他们的非运动员同学相比，对学业指导质量的满意度更高；这

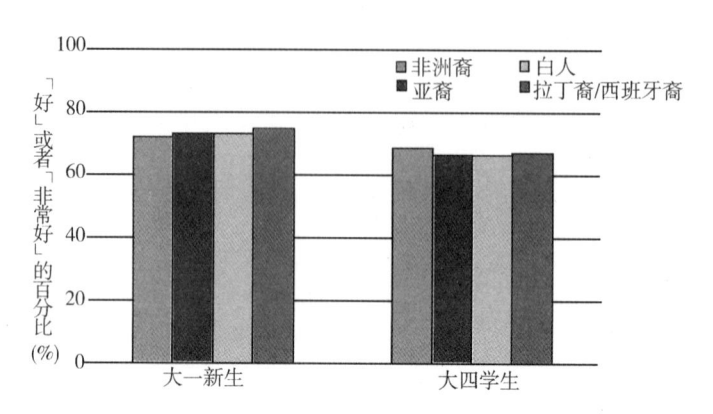

图 5.4 不同年级、种族或民族学生对学业指导的满意度

很可能反映出在体育系设立专门的学业指导项目为学生运动员提供的更广泛的帮助是促进学生成功的一个有效途径（Broughton & Neyer，2001）。

学生对学业指导的满意度非常重要。全国大学生学习性投入调查研究数据发现，那些认为自己接受的学业指导的质量为良好或者优秀的学生与其他学生相比具备以下特征：

- 更倾向于通过多种途径与教职工交流；
- 对院校环境支持度、认可度更高；
- 对整体大学就读经历更加满意；
- 在大学的绝大多数领域中取得更大的教育收获。

事实上，学业指导的质量是四年制学校学生对校园环境满意度唯一的最有力的预测因素（NSSE，2005）。

学业指导服务有待提高，这是因为五分之二的学生（37%的大一学生，44%的大四学生）认为他们的学业指导教师并没有告知自己学校的学业支持服务项目，如辅导等（NSSE，2007）。五分之二的学生（35%的大一学生，42%的大四学生）认为学业指导教师没有提供关于多种教育机会的信息，例如出国留学、国内和国际交流项目等。在职业支持和教育支持服务信息方面，大四学生对学业指导教师的评价明显低于大一学生（NSSE，2007）。

总而言之，可以公正地说，大部分学生对他们接受的学业指导的质量感到满意，并且相信他们获得的信息都是准确的。然而，学业指导不仅仅提供信息。学业指导教师和学生之间关系的性质、院校如何组织和提供学业指导，以及学业指导教师为营造以学生为中心的教育文化而做出的贡献，这些都是非常重要的。通过观察学业指导在一些执行力强的学院和大学的进展情况，我们可以更好地理解这些贡献。

效果显著院校的学业指导教师的经验

在《学生在大学的成功：创造有利的条件》（Kuh, Kinzie, Schuh & Whitt, 2005b）这本书中，作者描述了20所截然不同的四年制学院和大学共同具备的有利于学生成功的因素和条件。在考虑了这些学校的学生和院校特点，例如学校规模、地理位置和入学难度等因素的情况下，这些院校的学生的毕业率和成绩在全国大学生学习性投入调查（NSSE）中的调查结果都比预测的高。在本章的后续部分，这些学院和大学会被称为DEEP学校，DEEP是研究项目"记录有效的教育实践"（Documenting Effective Educational Practices）的首字母缩写词（DEEP）。

列入DEEP的院校有：

阿尔维诺学院（Alverno College）

加利福尼亚州立大学蒙特利湾分校（California State University, Monterey Bay）

常青州立大学（The Evergreen State College）

费耶特维尔州立大学（Fayetteville State University）

乔治梅森大学（George Mason University）

龚萨格大学（Gonzaga University）

朗沃德大学（Longwood University）

玛卡莱斯特学院（Macalester College）

迈阿密大学俄亥俄州分校（Miami University［Ohio］）

西沃恩南方大学（Sewanee：The University of the South）

斯威特布莱尔学院（Sweet Briar College）

堪萨斯大学（University of Kansas）

缅因大学法明顿分校（University of Maine, Farmington）

密歇根大学（University of Michigan）

得克萨斯大学阿尔帕索分校（University of Texas at El Paso）

伍尔辛纳斯学院（Ursinus College）

瓦贝希学院（Wabash College）

惠顿学院马萨诸塞州分校（Wheaton College［Massachusetts］）
温斯顿塞伦州立大学（Winston-Salem State University）
沃福德学院（Wofford College）

DEEP学校应用多种学业指导模式和方法。例如，在堪萨斯大学和迈阿密大学，由全职的专职学业指导师担任大一新生的学业指导工作；一旦学生进入专业学习阶段，任课教师就会担任起学业指导教师这个角色。例如，在阿尔维诺学院，一个女子院校，专职学业指导师在学生朋辈学业指导者的协助下开展工作，这些朋辈学业指导者会在整个新生适应教育期间为新生提供帮助。通常情况下，学业指导教师将会与接受学业指导的学生共同度过大学的前两年，在这个时期课程是严格安排好了的。当学生一旦进入专业学习阶段，那么就会有一名该专业的教师学业指导师接手对他的学业指导。专职学业指导教师与教师学业指导师的合作将贯穿学生在阿尔维诺学院的整个大学时光，向学生以身作则地践行合作学习的准则，那是在大学取得成功的关键。同样，在乔治梅森大学，学业指导中心的工作人员与院系里的教员、职业中心、就业指导中心和其他办公室密切合作，以确保学生获得必要的信息，从而做出正确的决定。期中成绩报告就是其中的主要手段之一。教师学业指导师会收到他们正在指导的进行专业学习的学生的成绩报告，而学业指导办公室会收到尚未进入专业学习的学生的成绩。如果学生的成绩很低，就会收到通知，要求他们拜访各自的学业指导教师。

在可能的情况下，大多数的DEEP学校都会试图尽早让学生与他们专业所在系部的教师取得联系，并且努力为师生建立富于创意的学业指导机制，以促进任课教师—学生直接的互动。朗沃德大学为每一名学生指派了一名教师学业指导师，负责指导学生在整个本科阶段的学习。而其他学校则将学业指导的功能嵌入了第一学年的学习和生活中。如麦卡莱斯特学院、沃佛德学院和西沃恩南方大学，通过第一学年的新生研讨会课程将学生和任课教师联系起来；在此期间，由新生研讨课任课教师担任学生的学业指导教师，直到学生选择了专业并被分派给一名教师学业指导师。惠顿学院创建了一支由教职工、朋辈导师、图书管理员以及行政人员组成的学业指导教师团队指导新生研讨会课程。

尽管DEEP学校的学业指导方法不尽相同，但是仍然有一条主线贯穿了他们形式多样的工作。这条主线就是一个由能力卓越、经验丰富且在支持学生的准则下为学生提供优质、及时的信息的人组成的协作网络。通常学业指导教师相互之间以及学业指导教师与接受指导的学生之间都保持着良好的关系。导师、朋辈导师和指导项目等通常由学生事务部门为此类服务提供场地和基础设施，任课教师负责选聘和督导朋辈导师。

有效的学业指导的原则

一般 DEEP 学校遵循五项原则（De Sousa, 2005）。

1. 学业指导以促进能力发展为基础。任课教师和学业指导教师有责任指导和帮助分派给他们的学生，而不是选择自己想要的学生。这种情感一直是费耶特维尔州立大学等学校的流行口号，也是促进能力发展的教育理念的精神支柱。也就是说，学业指导教师、任课教师和其他员工等都认为，只要创造了适当的条件，包括最佳的学业挑战和学业支持的设计，学生就可以学会学校教的任何东西。学业指导教师通过与学生在学习上、生活上以及心理上的交流来践行这个理念。从这些教师和学业指导教师的身上可以感受到他们对学生学习有着共同的崇高热情。他们对自己从事的工作表现出坚定不移的热情，心中的创新之火正在熊熊燃烧。

此外，任职于高水平院校的学业指导教师对学生的情况了如指掌。他们了解学生的个人信息、喜欢的学习方式、个人才能，并且知道他们何时何地需要帮助。他们也会为学生设定较高的但是能够达到的目标，让学生清楚地知道他们需要知道什么，怎样做才能成功。学业指导教师们会通过各种方式（挑战、劝导、说服、支持）来帮助学生，使学生们能够超越他们通常的努力水平极限。他们通过大量的及时反馈帮助学生养成思维习惯，帮助学生打牢追求卓越的基础。

在得克萨斯大学阿尔帕索分校，任课教师和朋辈学长通过在秋季学期与每个学生的两次一对一会面，加深了对参加新生研讨课（UNIV 1301: Seminar in Critical Inquiry）的学生的天赋和能力的认识。新生研讨课有意识地关注学生在第一学期的学习进度，并注意将学生与该院校的多种支持服务联结起来。即使在研讨课结束后，学校依然也鼓励新生研讨课教师随时了解学生的进步。

所有玛卡莱斯特学院的大一新生都要在第一学期参加以学科为基础的第一学年研讨课（FYS）。每个老师的研讨课仅限 16 名学生参加，研讨课教师将担任该研讨课学生前两年的学业指导教师，或直到学生选择了专业为止。一名朋辈"写作导师"主要负责指导学生的写作。整个学年都有一系列的工作坊帮助教师们做好应对当前大一学生群体学业求助需求的准备。由于新生研讨课教师扮演着研讨课负责人和学业指导教师的双重角色，因此他们获取了大量有关接受学业指导学生的学习兴趣、相对优势和相对劣势的第一手资料。此外，他们每周都会在班上见到自己指导的学生几次，这使得他们可以经常有机会和学生课下讨论各种事情，监督学生的学习和生活调整变化。因此，当第一学期结束的时候，对玛卡莱斯特学院的大一学生而言，学校至少有一名教师对他们的情况非常了解。该教师知道学生是否处于学习困境之中，如果是，他们会给予适当的指导和建议。

在西沃恩南方大学，担任新生第一学年研讨课程项目（FYP）的教师同时也是学生主要的学业指导教师。和其他学校类似，这里的老师也在学习和生活方面了解学生。一些 FYP 的教师会在学生入学之前发送信件帮助学生与西沃恩南方大学建立联系。正如一名大一新生所言："由于我能在课堂上见到我的学业指导教师，所以我更加了解他。"

2. 学业指导是一项团队活动。考虑到学生在从高中到大学的过渡期间必须处理的一系列学术和社会问题，仅凭千篇一律的方式向来自日益多样化背景的学生提供学业指导是行不通的。高水平学院和大学的教职工采用"标签团队"（tag team）的方式为学生提供学业指导，在学业指导过程中融入更广泛的人员和专业知识以及多种意见。

惠顿学院负责第一年研讨会课程（FYS）的团队成员包括一名教师、一名行政人员导师、图书管理员和两名由大三或者大四学生担任的朋辈导师。他们都是 FYS 学生的学业指导教师。其中教师会担任学生第一学年或者选专业之前的学业指导教师。这些学业指导教师都会接受专业的培训，包括在整个学年中举办的一系列专题工作坊，以便更好地满足大一新生的需要。两名学生导师会以朋辈导师的身份协助老师开展工作。在整个新生适应性教育过程中，新生每天都会单独或集体与朋辈导师见面。在新生适应性教育之后的第一学年里，朋辈导师会协助学业指导教师和行政人员导师一同帮助学生获得他们大学学习和生活所需要的技能。此外，其中一名朋辈导师会住在学生公寓，以便和学生保持联系。学校培训朋辈导师成为掌握学习技能的学业指导者，组织他们面向新生开展一系列围绕考试、学习策略、时间管理和做笔记等专题的研讨会。FYS 团队成员定期开会讨论班级和个别学生的进展情况。一些学生称这个精心设计的支持网络为"新生家庭"。

几乎所有就读于费耶特维尔州立大学的大一新生都加入了大学学院，这是一个负责协调促进所有学生向大学过渡的行政部门。由于每个学生都被分配给了一名担任了他新生研讨课的学业指导教师，所以学生们每周都会与他们的学业指导教师见上几次面。这种定期联络为学生创造了许多他们可以与学业指导教师讨论可能会影响自己学术发展的学习、工作和个人问题的机会。另外，因为这些学业指导教师同时也是研讨课的老师，所以他们掌握了关于学生课堂学习情况的第一手资料。

在伍尔辛纳斯学院，宿舍生活管理人员通过向教师学业指导师和专职学业指导师提供反馈意见的方式为学业指导做出了贡献。如果学生遇到学业问题，宿舍生活管理人员将会收到关于该生的"学业预警单"。专职学业指导师将从生活管理人员那里得到的反馈信息，并与学生的学业情况进行对比分析，从而来甄别学生所遇到的问题，包括学生的课外表现及其他可能影响学生学习的个人因素。沟通也会围绕别的方面展开：如果学生因课外不检点行为而受到重大纪律处分，该生的学业指导教师将会接到通知。这些沟通的目的是为处于危险边缘的学生提供有效的"安全屏障"。

由学生处和少数民族事务部（OMA）管理的西沃恩大学少数民族学生导师项目成立于1989年。该项目是为了完善学校现有的学业指导体系。数十名学业指导教师会在本学年中与学生见面。这样的见面可能是社交性质的，如导师和学生可以使用由OMA机构提供的资金一起去附近的城市听音乐会或者聚餐。最重要的是学业指导教师能够为学生提供生活指导，帮助刚步入大学的学生解决所遇到的一系列考验和磨难。

这些团队指导方法确保学生不会在挫折中一蹶不振。学生得到了他们需要的信息，有利于他们充分利用学校为学生学业成功和社交需要所提供的机会和资源。

3. 促使学生找到自己的成功之路。获取大学成功的过程充满了挑战、惊喜和失望。DEEP学校的学业指导教师、教师和工作人员深知这一点。为此他们甚至努力确保大一新生或转学生在被录取之前就了解他们在大学即将面临的情况。为了让学生走上正轨，学业指导教师需要定期向学生传达实现成功所需要的信息。学业指导的核心任务就是帮助学生探索出属于他们自己的一条学业成功之路。例如，学业指导研讨会可以向新生传递校园文化：学校的传统、礼节和惯例。这些解释了一所学校的各种事务是如何开展的以及为何要如此开展（Kuh & Whitt, 1988）。

一些学校，如费耶特维尔州立大学、得克萨斯大学阿尔帕索分校、缅因大学、法明顿以及温斯顿塞伦州立大学，吸引了一大批第一代大学生报考。由于学业准备不足，缺乏大学知识，所以他们需要明确的学业指导，以便更好地利用学校的资源和支持服务。为了确保学生能够获取和利用资源，这些大学要求学生参加暑期辅导、新生适应性教育、秋季迎新周等活动，并且提供学业指导机会来监测学生在第一学年的学习进度。

乔治梅森大学通过监测学生在学期间的学业表现来防止学生误入歧途。除了之前提到的期中成绩报告之外，该校的"100新生适应性课程"把一系列的测评作为评估学生学业表现的指标。在研究这些信息之后，学校会与成绩差的学生取得联系。乔治梅森大学也提供了在线指导与学业指导服务，通过虚拟空间解决大一新生的顾虑。没有选择专业的学生可以向学业指导教师发送邮件来了解专业的发展目标和要求、课程量以及潜在的职业选择。为了激励导师对学业指导投入时间和支持，学校将学业指导教师们的新生研讨课认定为一学分课程的工作量。另外，学术援助和学业指导中心设立了一个名为"咨询你的学业指导教师"的网站来帮助专业未定的学生、医学预科生或者正在考虑调换专业的学生。

在伍尔辛纳斯学院，许多教授大学第一学年学术经验常识必修课程的教师，也被指定为学生的学业指导教师。通过定期持续的联系，学业指导教师帮助接受学业指导的学生建立起良好的学习表现和总体上适应大学生活的心态。

迈阿密大学为了突出学业指导的重要性，要求大一新生与入住公寓的学业指导教师一同住在学生公寓。第一学年的学业指导教师既是学业指导教师，又是公寓管理员。学生宿舍住宿人数从75人到360人不等。对一些艺术学、工程和应用科学、教师教育等专业的学生，学校还会再分配一名学业指导教师来管理大一新生。学校要求大一期间，学生要和他们的学业指导教师要有至少30分钟的交流，大约90%的新生也是这样做的。

堪萨斯大学成立了大一、大二学生学业指导中心，以应对学生对学业指导的满意度低于预期的问题。堪萨斯大学在新生适应性教育时向学生分发名为《四年顺利毕业》的学业指导手册，为学生提供信息以便学生知道如何充分利用他们的本科时光，如何做才能在规定时间内获得学位证书。在学业指导手册前面的欢迎信里，学校鼓励学生"计划参加诸如社团组织和实习等课外活动来锻炼自己的技能，增长阅历，拓展自我，为就业、毕业或者就读专业学校创造机会"。接下来的一部分是贯穿大学四年的"任务清单"，学生可以用它来检验自己做出的选择是否正确。事实上，这本手册也可以帮助学生监督自己是否在朝着完成学业的目标而努力。

4. 每一次学业指导都是一次宝贵而有意义的交流机会。 DEEP学校的另一个突出特点就是学生与他们的学业指导教师、任课教师和朋辈指导者的频繁而高质量地交流。这些关系对于帮助学生适应大学生活而言十分重要。学生们也从俱乐部或者社团中提供学业指导的教师那里收益很多。最后，尽早与学生取得联系对于建立良好的学业指导教师与学生的关系十分重要。DEEP 学校的学业指导教师与教职工、系主任、学生事务管理人员等主要通过第一学年的新生适应性教育项目指导学生。

有时，学校也需要采取介入式学业指导，直截了当地让学生明白他们如何做才能实现自己的教育目标。例如，大多数的学生（87%）表示刚进入大学时他们至少偶尔会使用诸如写作技能中心等校园学业支持服务。然而，到第一学年末，几乎一半（46%）的学生已经不这样做了（NSSE，2005）。这种情况十分令人担忧。因为经常使用这些服务的学生在大学要比其他学生表现得更好一些。例如，在印第安纳大学伯明顿分校，利用数学和写作技能中心的学生要比不利用的学生更有可能坚持到第二学年并取得更高的成绩，尽管他们的大部分背景特征、学术能力也没有大的差别（Hossler, Kuh & Olsen, 2001）。学业指导教师通过不间断地提醒和鼓励学生运用这些服务，甚至参与同学生的约定或其他安排设计，而发挥着重要的作用。

及时干预非常重要。等到期中测试后再去告诉学生他们的学业表现如何往往已经太迟了。关注学生课堂出勤行为模式、退课和增修课情况、学生期中前成绩以及预注册信息等都是学业指导教师的重要工作的一部分。杨伯翰大学、纽约国立大学、南康涅狄格州立大学和国立安门大学等大学采用个性化的学业指导信息。这些信息来源于大学生期望问卷调查（CSEQ）和大学新生学习性投入调查（BCSSE）。学业指导教师利用这些信息与接受学业指导的学生共同探讨他们参加学习、与任课教师讨论各种问题和课程活动等课内外教育活动的情况。

最后，学业指导教师可以通过鼓励学生参加教育活动而为学生和学校提供卓越的服务。尽管一些学生通过参加这些活动的收获要比其他同学多（Kuh, Cruce, Shoup, Kinzie & Gonyea, in press），但教师和工作人员有责任为所有学生创造机会，使学生参与经 NSSE 等研究证明为有效的教育活动（Association of American Colleges and Universities, 2007; NSSE, 2007）。这些活动包括参与学习共同体、参与教师科研、服务学习、实习、出国留学、Capstone Seminar 研讨会或者其他高难度活动。这些教育活动对于学生的投入和学习具有更大的影响。因为它们要求学生对日常需要决策和实施的活动承担责任；结果，学生对教育活动更加感兴趣，更加全身心地投入学校生活和学习中去。学业指导教师可以利用一些时间向学生解释参与教育活动的好处，鼓励他们与同学们一起参与学校的教育活动和社团，并将精力投入有助于提高学习和发展的教育活动（Braxton & McCleandon, 2001-2002; Kuh, Kinzie, Schuh & Whitt, 2005b; Kun, Kinzie, Buckley, Bridges & Hayek, 2007）。假如任课教师能够在学校中更频繁地使用这些有效的教育措施，学业指导教师能够经常鼓励学生或多或少地利用这些机会，那么高等院校就能够更加有效地解决学生在学业准备上的不足，并营造一个更有利于学生成功的文化氛围（Allen, 1992; Fleming, 1984）。

另外，仅仅只是向学生提供前景美好的实践项目并不能保证学生的成功；学校所有的教育项目和实践必须是高质量的，切合学生实际需要的，并要扎根于以学生成功为导向的校园文化中（Kuh et al., 2005a）。因此，高等院校必须确保紧密联系的学习支持网、早期预警系统和安全屏障都准备就绪并能正常运作。正如 DEEP 学校所证明的那样，采用多方面的途径帮助学生取得成功至关重要。

5. 认识到学业指导是一项文化性并基于文化的活动。促进学生成功的努力常常会踟蹰不前。这是因为很少有人会花费精力去了解学校文化的性质。而学校的文化会强化现状，延续固化我们的日常行为，也就是"我们在学校做事的方式"（Kuh & Whitt, 1988）。和学校行为的其他方面那样，营造一种支持学生成功的校园文化归根结底就是让正确的人做正确的事。本章提及的 DEEP 学校成功地促进学生成才，凭借的是以进步为导向的精神。这是一种根植于对终身学习模式的力量的信念，时刻关注他们在哪里、在做什么以及他们想去哪里。

基于此，以下问题将帮助学业指导教师和大学管理者判断他们的校园文化和学业指导策略在多大程度上促进了学生处的成功。

> 贵校的学校文化，在多大程度上有助于提升和支持关于教育、学习和学业指导中的促进学生能力发展的理念？
> 贵校的学业指导体系是如何工作的？你又是从何而知的？
> 学业指导资源能够最大限度地挖掘学生的潜力吗？
> 学校的学业指导体系和学业指导教师的个人努力，在多大程度上可以补充学校其他促进学生成功的措施？
> 学业指导教师在多大程度上能激励学生超越自己的极限？
> 学业指导教师以何种方式和学生联系？这样的接触交流有意义吗？
> 学业指导教师在多大程度上帮助大一新生融入学校生活，达到学校对他们的期望？

学业指导教师在多大程度上,鼓励学生参与课内和课外多种多样的活动以提高学生学习的质量?

哪些是你应该为你的学业指导项目做但却没有做的事情?

《评估增强教育质量的条件:学生学习性投入和成功概述》(Kuh et al., 2005a)为学校提供了一个找出学业指导以及学校其他职能中有待完善提高之处以促进学生成功的模板。

结论

学业指导教师对于促进学生的发展和成功至关重要。学生需要有能力的学业指导教师来满足他们的学习需要和就业兴趣。他们也可以帮助学生成为独立的思考者和问题的解决者,引导学生在校园文化中行走自如、游刃有余。

当然,如何设计和实施有效的学业指导,提供有助于促进在不同环境中的不同类型的学习者取得成功的服务,我们还有很多需要学习的地方。诸如此类的调查结果有助于建立可执行的政策框架,供决策者、资助机构以及学校领导改进校园,从而达到增强学校责任感和提高教育质量的目的。同时,我们也可以借鉴一些有价值的经验,向在学业指导方面表现不俗的高校寻求思路以学习借鉴或迎头赶上。

References

Adelman, C. (2006, February). The toolbox revisited: Paths to degree completion from high school through college. Washington, DC: Office of Vocational and Adult Education.

Aitken, N. D. (1982). College student performance, satisfaction, and retention: Specification and estimation of structural equation model. Journal of Higher Education, 53, 32–50.

Allen, W. R. (1992). The color of success: African-American college student outcomes at predominantly white and historically black public colleges and universities. Harvard Educational Review, 62 (1), 26–44.

American Indian Higher Education Consortium (AIHEC), The Institute for Higher Education Policy (IHEP), & Sallie Mae Education Institute. (2000,

May). Creating role models for change: A survey of tribal college graduates. Alexandria, VA: Author.

Association of American Colleges and Universities. (2007). College learning for the new global century. Washington, DC: Author.

Bailey, T., Jenkins, D., & Leinbach, T. (2005). Graduation rates, student goals, and measuring community college effectiveness (CCRC Brief Number 28). New York: Columbia University Community College Research Center.

Berkner, L., Cuccaro-Alamin, S., & McCormick, A. (1996). Descriptive summary of 1989–90 beginning postsecondary students: Five years later (NCES 96-155). Washington, DC: National Center for Education Statistics.

Blose, G. (1999). Modeled retention and graduation rates: Calculating expected retention and graduation rates for multicampus university systems. New Directions for Higher Education, 27 (4), 69–86.

Braxton, J. M., & McClendon, S. A. (2001-2002). The fostering of social integration and retention through institutional practice. Journal of College Student Retention: Research, Theory & Practice, 3 (1), 57–71.

Brigman, S., Kuh, G. D., & Stager, S. (1982). Those who choose to leave: Why students voluntarily withdraw from college. Journal of the National Association of Women Deans, Administrators, and Counselors, 45 (3), 3–8.

Broughton, E. & Neyer, M. (2001). Advising and counseling student athletes. New Directions for Student Services, 93, 47–53.

Carroll, D. (1989). College persistence and degree attainment for the 1980 high school graduates: Hazards for transfers, stopouts, and part-timers (NCES 89-302). Washington, DC: National Center for Education Statistics.

Choy, S. P. (2001). Students whose parents did not go to college: Postsecondary access, persistence, and attainment. (NCES 2001-126). Washington, DC: National Center for Education Statistics.

Cohen, A. M., & Brawer, F. B. (1996). Policies and programs that affect transfer. Washington, DC: American Council on Education.

Community College Survey of Student Engagement (CCSSE). (2005). Engaging students, challenging the odds: 2005 findings. Austin, TX: Author.

De Sousa, D. J. (2005). Promoting student success: What advisors can do (Occasional Paper No. 11). Bloomington: Indiana University Center for Postsecondary Research.

Dunphy, L., Miller, T., Woodruff, T., & Nelson, J. (1987). Exemplary retention strategies for the freshman year. New Directions in Higher Education, 15 (4), 39-60.

Fidler, P., & Hunter, M. (1989). How seminars enhance student success. In M. Upcraft, J. Gardner, & Associates (Eds.), The freshman year experience: Helping students survive and succeed in colle (pp. 216-237). San Francisco: Jossey-Bass.

Fleming, J. (1984). Blacks in college. San Francisco: Jossey-Bass.

Forrest, A. (1985). Creating conditions for student and institutional success. In L. Noel, R. S. Levitz, D. Saluri, & Associates (Eds.), Increasing student retention: Effective programs and practices for reducing dropout rate. San Francisco: Jossey-Bass.

Horn, L. J., & Premo, M. (1995). Profile of undergraduates in U. S. postsecondary institutions: 1992-93 (NCES 96-237). Washington, DC: National Center for Education Statistics.

Hossler, D., Kuh, G. D., & Olsen, D. (2001). Finding fruit on the vines: Using higher educational research and institutional research to guide institutional policies and strategies. Part II. Research in Higher Education, 42 (2), 223-235.

Kowalski, C. (1977). The impact of college on persisting andnonpersisting students. New York: Philosophical Library.

Kramer G. L., & Associates (2003). Student academic services: An integrated approach. San Francisco: Jossey-Bass.

Kuh, G. D., Cruce, T., Shoup, R., Kinzie, J., & Gonyea, R. M. (in press). Unmasking the effects of student engagement on college grades and persistence. Journal of Higher Education.

Kuh, G. D., Kinzie, J., Buckley, J., Bridges, B., & Hayek, J. C. (2007). Piecing together the student success puzzle: Research, propositions, and recommendations. ASHE Higher Education Report, 32 (5).

Kuh, G. D., Kinzie, J., Schuh, J. H., & Whitt, E. J. (2005a). Assessing conditions to enhance educational effectiveness: The Inventory for Student Engagement and Success. San Francisco: Jossey-Bass.

Kuh, G. D., Kinzie, J., Schuh, J. H., & Whitt, E. J. (2005b). Student success in college: Creating conditions that matter. San Francisco: Jossey-Bass.

Kuh, G. D., & Whitt, E. J. (1988). The invisible tapestry: Culture in American colleges and universities. (ASHE - ERIC Higher Education Report no. 1). Washington, DC: The George Washington University School of Education and Human Development.

Low, L. (2000). Are college students satisfied? A national analysis of changing expectations. Indianapolis: USA Group (now Lumina Foundation)

McCormick, A. C. (2003). Swirling and double-dipping: New patterns of student attendance and their implications for higher education. New Directions for Higher Education, 121, 13–24.

McCormick, A. C., & Horn, L. J. (1996). A descriptive summary of 1992-93 bachelor'sdegree recipients: 1 year later (NCES 96-158). Washington, DC: National Center for Education Statistics.

Metzner, B. (1989). Perceived quality of academic advising: The effect on freshman attrition. American Educational Research Journal, 26, 422–442.

Muraskin, L., & Lee, J. (with Wilner, A., & Swail, W. S.). (2004, December). Raising the graduation rates of low-income college students. Washington, DC: The Pell Institute for the Study of Opportunity in Higher Education.

Muraskin, L., & Wilner, A. (2004). What we know about institutional influences on retention. Washington, DC: JBL Associates.

National Survey of Student Engagement (NSSE). (2005). Student engagement: Exploring different dimensions of student engagement. Bloomington: Indiana University Center for Postsecondary Research.

National Survey of Student Engagement. (2007). Experiences that matter: Enhancing student learning and success. Bloomington: Indiana University Center for Postsecondary Research.

Reason, R. D., Terenzini, P. T., & Domingo, R. J. (2006). First things first: Developing academic competence in the first year of college. Research in Higher Education, 47, 149–175.

State Higher Education Executive Officers. (2005). Accountability for better results—a national imperative for higher education. Network News, 24, 1–4.

Swail, W. S. (with Redd, K. E., & Perna, L. W.). (2003). Retaining minority students in higher education: A framework for success. (ASHE-ERIC Higher Education Report no. 2). Washington, DC: The George Washington University School of Education and Human Development.

Swail, W. S., Cabrera, A. F., Lee, C., & Williams, A. (2005). Latino students and the educational pipelines: A three-part series. Part III: Pathways to the bachelor's degree for Latino students. Stafford, VA: Education Policy Institute.

Tinto, V. (2004). Student retention and graduation: Facing the truth, living with the consequences. (Occasional Paper1). Washington, DC: The Pell Institution for the Study of Opportunity in Higher Education.

Upcraft, M. L., Gardner, J. N., & Barefoot, B. O. (2005). Challenging and supporting the first-year student: A handbook for improving the first year of college. San Francisco: Jossey-Bass.

Upcraft, M. L., Mullendore, R. H., Barefoot, B. O., & Fidler, D. S. (1993). Designing successful transitions: A guide for orienting students to college (Monograph No. 13). Columbia: University of South Carolina, National Resource Center for the Freshman Year Experience, National Orientation Directors Association.

第六章

学业指导：寓教于学、寓学于教

德鲁·阿普尔比

"学业指导即教学"是美国学业指导协会的指导原则。这个至理名言源于克鲁克斯顿（Crookston）的一篇开创性的文章《关于学业指导即教学的发展性观点》（1972年首次发表，1994年重印）。正如第二章中哈根和乔丹（Hagen and Jordan）所描述的那样，自这篇文章发表以后，众多学业指导的理论和方法得以形成和发展。

克鲁克斯顿的方法（1972）为研究"学业指导即教学"这一原则奠定了基础。他通过与"诊疗型学业指导"（prescriptive advising）做比较，从而引入了"发展型学业指导"（developmental advising）这一术语，并进行了下面的类比。当病患（接受指导的学生）意识到自己有医学（学业）问题时，他们会向医生（学业指导教师）寻求建议，而医生（学业指导教师）作为权威人士，为患者制订治疗方案（学业发展方案）。据克鲁克斯顿（Crookston, 1994）所述，诊疗型学业指导教师认为"一旦给出建议，就已完成大部分责任；此后靠学生自己履行职责，完成指定任务"（p.6）。

诊疗型学业指导并非一无是处。研究表明，当学生所处的社会文化强调"等级森严的互动模式"时，他们则更偏好这类指令式的学业指导风格（Brown & Rivas, 1994, p.109）。费耶尔斯坦（Fielstein, 1994, p.78）提醒我们，由于学生有权要求学业指导教师为其提供"与课程选择、专业要求和毕业标准相关的准确信息"，因此诊疗型学业指导能为学业指导行为奠定良好的基础。但诊疗型学业指导不能保证学生在学习中的积极性，也不能帮助他们培养对学业的责任感。这种学术责任感的缺乏与马修、比因斯、本杰明、尤因、霍尔、亨德森、麦克阿当以及斯密斯（Mathie, Beins, Benjamin, Ewing, Hall, Henderson, McAdam, & Smith, 1993）等人所主张的主动式学习的原则截然相反。主动式学习的原则之一便是通过帮助学生明白他们能够在大学里做出自己的选择，并且懂得这些选择将对他们大学毕业后的发展产生深远的影响，从而提高学生的能力。

许多学生并不习惯这种自由的方式，因为他们过去的教育经历已由父母及学校的学业咨询师选定。发展型学业指导教师处于一个完美的位置。在这位置上，他们可以用循序渐进的方式将学生引入这种全新的自由之中，激励学生激情四射地完成自己的教育选择。阿普尔比（Appleby，2001a）从克鲁克斯顿1994年发表的一篇文章中提出的10个维度，加上他自己在教学和学业指导生涯中发现的另外19个维度，对诊疗型学业指导和发展型学业指导进行了比较。阿普尔比整合了两种类型的学业指导的差异后的重要发现是，发展型学业指导教师通过帮助学生提高解决问题的能力和决策能力，对学生提出挑战，促使其形成高阶思维方法，并使学生更加清晰地了解自己的人生目标和高等教育的目标，从而逐渐让学生承担起自己在学业指导中应有的责任。

克鲁克斯顿（Crookston，1994）明确将学业指导与教学等同起来。他指出发展型学业指导"不仅对具体的个人事务决策或职业决策有影响，而且对学生解决问题的能力、决策力和评估能力也有影响。根据以上假设，这些功能不但是学业指导的功能，而且实质上也是教学的功能"时就已经明确地将学业指导与教学等同起来了（p.5）。"基于学生和教师双方协商一致的结果，最终共同为学生确立了不同难度的学习目标"（p.9）。哈伯利（Habley，1981，p.6）认为，当学业指导作为一种教学功能执行时，就能够"让学生明晰自己的学习目标，并且将这些目标与学校的学术课程联系起来"。克雷默（Kramer，1983）则认为，当学业指导教师质疑或挑战某名学生的教育选择时，学业指导行为就是一种具体的教学行为。埃布尔（Eble，1988）表示，任课教师应把学业指导看作其课堂教学职责的延伸，通过学业指导，课堂外的教师对学生而言会显得更加平易近人与和蔼可亲，同时展现出教师对学生发自内心的关爱。

为教学和学业指导之间的联系提供了有力证据的是《罗格同义词词典》（*Roget's Thesaurus*）。该词典列出了"教师"（teacher）和"学业指导教师"（advisor）两词相互之间大量的联系。罗格将"导师"（mentor）、"向导"（guide）、"知己"（confidant）、"顾问"（consultant）以及"学业指导教师"（advisor）列为"教师"（teacher）的同义词，又将"导师"（mentor）、"向导"（guide）、"知己"（confidant）、"顾问"（consultant）以及"教师"（teacher）列为"学业指导教师"（advisor）的同义词。由此看来，至少在词汇语境下"教师"（teacher）和"学业指导教师"（advisor）是两个极具有相似意义的词。但这种相似在高等教育中仍然如此吗？格里茨（Grites，1994）回顾了他在数百次学业指导工作坊中的经历，指出他曾要求数千名任课教师"写出学业指导（academic advising）的同义词……但令他非常失望的是一次都没有看到类似'教学'（teaching）这样的答案"（p. 82）。

莱恩（Ryan，1992）在她担任美国学业指导协会主席时发表的主题为"学业指导即教学"的就职演讲中，探讨了教学与学业指导之间的相似之处，并鼓励教师将学业指导看作教学任务中的必要部分。为了找出高效能教师和高效能学业指导教师的共同特点，莱恩对教育资源情报中心（Educational Resources Information Center，ERIC）的数据进行了全面研究，并公布了研究结果（表6.1）。

表 6.1　　　　　　　　高效能教师和学业指导教师的比较

高效能教师的知识、技能和特点	高效能学业指导教师的知识、技能和特点
掌握他们所教学的主题	准确掌握所属部门和机构的政策、程序、资源和项目
计划、组织和准备课堂授课材料	为学业指导做好充分准备
让学生积极参与学习过程	向被指导者提出新的、更高要求的学习任务，包括不同的想法或选择，并鼓励他们提出问题，阐明这些想法并且探索这些选择，促使被指导者能够积极参与到指导过程中
定期对学生进行反馈、强化和鼓励	及时提供反馈，巩固已经完成的学习内容，称赞学生取得的成功
创造一个有利于学习的环境	在指导过程中营造良好的学习氛围
通过激情洋溢地授课激发学生的学习兴趣	对自己在学业指导领域的学术专长和负责的学业指导项目充满热情
帮助学生培养独立学习的能力	鼓励被指导者成为自主的学习者
教学生如何评估信息	帮助被指导者评估，并重新评估他们在实现个人、教育和职业目标方面的进展
教学生如何清晰地表达自我思想	使用提问技巧，鼓励内向的被指导者表达自己
在学习过程中充当共同学习者	为教师自己和被指导者设定成绩目标
作为学生的资源	向被指导者提供资料，并在适当的情况下把学生转介给他人
将课程内容与学生的经历联系起来	通过帮助学生将他们的经历、兴趣、技能和价值观与职业道路、高等教育的本质和目的相结合，协助他们考虑自己的人生目标
为学生提供解决问题的任务	在下一次辅导前，提供待完成的任务，需要被指导者使用信息收集、决策和解决问题的技能

续表

高效能教师的知识、技能和特点	高效能学业指导教师的知识、技能和特点
个性化的学习过程	帮助学生获得自我认知和自我悦纳
清楚明白地传递信息	与被指导者进行清晰明确的沟通
表现出良好的提问技巧	通过提问和讨论来起到催化剂的作用
表现出良好的倾听技巧	仔细倾听,并且对于被指导者提供的信息给出建设性的意见
对学生表现出积极的关注、关心和尊重	对学生本人、他们的目标和学习能力表现出积极的态度以体现关怀并且维持个人关系
在课外是平易近人的,有空的	提供稳定、负责任的学业指导
以开放真诚的态度向学生介绍自己	营造一种充满信任的氛围,在这种氛围中,被指导者可以自由提问、表达观点、修改想法、做出决定,并分享个人经验和知识
为学生树立榜样,帮助他们理解学校的使命、价值观和期望	以身作则地践行大学宗旨,展现出对高等教育的目标和宗旨的热情和知识
"促进有利于多样化的有效学习环境"(Puente,1993,p.82)	通过表现出对文化和性别差异的意识,尊重不同的观点
使用结果评估"提出基于数据的改进教学的建议"(Halpern,1993,p.44)	通过评估指导过程,改变或增加学业指导的知识和技能
"激发学生的高阶学习"(Mathie et al.,1993,p.185)	帮助学生摆脱死记硬背或记忆(Grites,1994),帮助被指导者测试他们的想法的有效性(Hagen,1994)和"对学生提出挑战,使学生直面自己的态度、信念和假设"(Laff,1994,p.47)
投入"他们向学生宣扬的终身学习"(Fretz,1993,p.95)	"参加培训,了解影响学业指导和学生的教育问题"(Frost,1991,p.74)
帮助学生"选择"最适合自己能力和兴趣的职业(Brewer,1993,p.95)	帮助学生探索职业目标,并且选择支持这些目标的项目、课程和课外活动
利用专业网络来分享想法、解决问题、提供支持和发展合作(Weiten,1993)	"互相学习,分享工作热情,讨论共同的问题"(Frost,1991,p.65)
利用促进主动学习的交互式计算机软件(Mathie et al.,1993)	使用院校技术力量(例如:学位资格审查报告)增强学业指导,向学生推荐交互式软件(SIGI PLUS)帮助被指导者明确自身目标和职业选择(Rooney,1994),并通过电子邮件与被指导者沟通

注:本表所有资料除非特别注明均引自莱恩(Ryan,1992)的报告。

阿普尔比(Appleby,2001b)从最新的关于教学和学业指导的文献中搜集整理了另外 7 个两者之间的相似点。

教学与学业指导之间的这些相似之处准确地反映了美国高等教育的发展趋势，即从巴尔和塔格（Barr and Tagg，1995）所称的教学范式转向他们所称的学习范式。戴蒙德（Diamond，1997，p. viii）在描述学习范式时写道："这种新的视角要求教师的角色从知识传播者转变为学习的促进者。这一转变要求我们改变对所教课程的思考方式，改变我们设计学生学习体验的方式以及我们表达学生和我们自己的期望的方式。"一直等到 1995 年，在巴尔和塔格的提醒下，教学界才意识到克鲁克斯顿早在 25 年前就在学业指导领域分享了上述观点。

教学范式和诊疗型学业指导之间、学习范式和发展型学业指导之间的相似点是显而易见的。教学范式的教师提供专业的课程，诊疗型学业指导教师给予专业的学业指导。学习范式的教师通过与学生不断互动，为学生创造自主发现、评估以及整合知识的机会；发展型学业指导教师将"学业指导"看作"一种教学职能，这种教学功能以学生和教师的协商为基础，经由双方调整，最终就学习难度达成一致"（Crookston，1972/1994，p. 9）。

学业指导教师可以了解被指导者的"优势、劣势、学术和职业目标以及个人信息（包括家庭责任、工作时间表等）"（Kelly，2006，p. 1）。学业指导教师还能从学生身上发现"在课堂真正起作用的是什么"（Miller & Alberts，1994，p. 44）。因此，他们能指导学生进入那些能为他们提供成功的学习体验的课堂。从本质上讲，无论学习范式的教学，还是发展型学业指导都遵循了一则中国古代谚语——"授人以鱼，不如授人以渔"。

今天，美国学业指导协会（NACADA）的指导原则"学业指导即教学"的含义应该非常清晰了。然而，无论学业指导教师对此原则的意义有多么了然于胸，任何假设学生明白这项原则的意义及其在学业指导过程中的应用的行为都是非常不明智的。"很多时候，关系中的双方都以为对方有着与自己相同的关于对方在关系中的角色的认识。这样的情况同样存在于学业指导教师与接受指导的学生这对关系中。这样导致的结果即便不是彻底的失败，往往也会是适得其反的。花时间对人际关系、工作关联及情况进行讨论并达成共识，有助于避免因未经验证的不同假设所引起的必然的冲突"（Crookston，1972/1994，p. 7）。在克鲁克斯顿关于上述观点的文章发表了 34 年之后，洛温斯坦（Lowenstein，2006，p. 1）在他声明中表明他领悟了克鲁克斯顿文章的精髓："一个优秀的学业指导教师为学生的教育所做的一切，就像一个优秀的老师为一门课程所做的一切：帮助他们整理知识的碎片，将之组合成知识片段，最终形成一个连贯的知识整体。因此，学生体验到的课程不是一个由离散的、孤立的部分组成的清单，而是由多个相互联系和关联的部分组成的一个整体。"

学业指导大纲是实现这些远大目标的策略之一（Trabant，2006；Mckamey，2007）。任课教师可以利用课程大纲：（a）规划和阐明课程；（b）向学生介绍自己；（c）确定课堂基本方向；（d）为学生选择其课程提供一个基本的理论依据；（e）描述学生在顺利完成课程后将会发生的变化；（f）确定课程的各方面内容；（g）将课程的性质和内容传递给其他教师和管理人员；（h）提供其教学生涯的书面记录。高效能的学业指导教师也投入了这些工作。学业指导教师可以利用学业指导大纲：（a）计划和明确学业指导过程；（b）向接受学业指导者介绍自己；（c）确定学业指导的积极方向；（d）为学生应寻求其指导提供一个合理的理论依据；（e）帮助学生了解开始学业指导后他们将如何改变；（f）确定学业指导过程中的各个环节；（g）向教师和管理人员传播学业指导的性质和内容；（h）创建学业指导工作的文档记录。学业指导教师创建并使用学业指导大纲在达成以上目标的同时，也在告诉学生学业指导不仅仅是简单地安排满足毕业要求的课程，并向教师和管理人员表明他们把学业指导当作一个教学过程认真对待。

学业指导大纲

教师通过课程教学大纲让学生清楚地了解他们的课程。学业指导大纲也能产生同样的效果。它帮助学生了解学业指导过程的性质、目的和时间顺序，理解学业指导教师和学生之间的关系，并意识到在学业指导过程中自己可能经历的积极变化。学业指导大纲是一个使人们认识到学业指导是一个合法的教育过程，可以支持院校的使命的重要步骤。大多数学业指导教师从未被要求编写学业指导大纲。因此，将教学大纲和学业指导大纲二者的用途和组成进行清晰的类比，并把这些类比提供给学业指导教师是很有必要的。

教学大纲的用途

鲁宾（Rubin，1985）明确了课程大纲的基本目的：它不仅为学生提供服务，也为教他们的教师服务。在将学业指导视为一个教学过程的语境下，这些目的也能清晰地在学生和学业指导教师身上得到实现。

帮助教师规划和编排课程。编写一个结构完善的教学大纲需要教师厘清、组织并交流自己如何授课的想法。噶博奈斯（Gabbenesch，1992）将这种经过精心思考的结果称为"增强的教学大纲"（enriched syllabus），因为这类教学大纲要求教师必须公开展示他们关于教学的个人设想。通过为学业指导教师提供厘清和组织关于自我、学生和学业指导过程的设想的机会，教学大纲的这一功能同样可以适用于学业指导教师。学业指导教师对自己与学生之间的关系仔细斟酌后得到的答案有助于他们制定出优秀的学业指导大纲。这些关系包括"谁拥有主动权，谁对学业指导负责任，谁来教授知识和技能以及如何获得和应用知识与技能"（Crookston，1994，p.6）。这样制定出来的大纲能让学生明白在学业指导过程中他们能期望获得什么。学业指导大纲中的陈述，如"我的首要目标是为你提供准确的学业指导，让你以最及时、最有效的方式毕业"或者"我的首要目标是提供一个良好的协作氛围，在此氛围下，我们共同协作，为你的本科教育制订计划，为你完成职业和人生目标做好准备"，这些陈述都能清楚地说明学生接受学业指导的目的。

教师向学生介绍自己，并确定课程的基本方向。教学大纲为教师提供了机会同学生分享他们的教学理念、课程结构，并为其课程设定最初的情感基调。丹托尼奥（D'Antonio，2007）描述了她从一项任务中学到的东西，这项任务要求她审查由大西洋中部大学的教职工所写的数百份教学大纲。"当我审阅这些教学大纲时，我开始理解一些图案和符号。突然，我意识到我拥有了一扇独一无二的通往学术界的窗户。这项任务使得我能够在没有同他们见面，也没有上他们的课的情况下认识大学里的这些教授。我毫不费力地就能知道他们是哪一种类型的教师，因为他们的教学大纲说明了一切"（para.3）。

一些大纲中缺失了大学所要求的基本内容，比如教师姓名、联系方式、办公时间、等级划分和出勤政策、课程目标、任务安排以及所需文本和材料等。有一个教学大纲只是在一页纸上，将每学期的每一周与教科书中的每一章配对，而且每学期的15周全都是这样，"没有考试日期，没有联系方式，什么都没有"（para.9）。学生可以从这样一份内容寥寥无几的教学大纲推断出很多事情——比如，显然，这位教师觉得没有必要遵守校规；他不想被人联系；他对那些需要根据明确的作业和考试安排来计划生活的忙碌的学生缺乏尊重；他认为"他有权力在教学大纲中添加任何他选择的内容，因为它从来不是书面的"（para.16）。

恰当的包含清晰、完整和考虑周到的信息，会令学生相信他们的教师会是一个很好沟通的人、一个称职的教师和一个富有爱心的人。"教授,本身作为具有批判思维的人,应当意识到他们的教学大纲是鲜活的、有象征意义的、有声的。大纲真的可以说话,它能讲述的内容远比我们认为的多得多"(para. 35)。只需要用"学业指导教师"替换前面那段话中的"教授"一词,我们就能很清楚地知道,如果在第一次辅导课程前,学生就得到了一份学业指导大纲,那么他们就会对学业指导教师的形象有所判断。以关心和支持的语气,清晰、仔细地编写学业指导大纲,可以为建立成功且高效的学业指导关系奠定坚实的基础。

向学生解释为何应该学习某一门课程,以及顺利完成课程会令他们发生何种改变。学生在阅读课程教学大纲后,他们至少应该从两个层面来了解为何要上这一门课。克鲁克斯顿(Crookston,1994)认为在一个纯粹的规定性水平上,他们应该意识到以下问题的答案:这门课程是学位的特定要求吗?如果不是,会计入我的学位学分吗?这些问题的答案为学生提供了外部的理由。学习一门课程最重要的理由是把它用作实现自己教育收获的发展机会。教育收获,即知识、技能以及价值观念,使学生能够按照自己所希望的大学教育对自己的改变来塑造自己,如成功申请攻读研究生,或成功获得自己选择的工作岗位,或在不断进步的社区中成为一名见多识广的市民(Crookston,1994)。学业指导教师可以通过学业指导大纲将关于指导过程的内容相同的信息传递给每一个接受学业指导的学生。许多学生起初并不很关注课程学习任务要求的特点,而且往往不愿意报名参加那些不在必修课程清单上的课程。

随着学生的成长,学业指导教师会让他们清楚,要想顺利进入他们所期望的工作岗位,需要的不仅仅是毕业证明,更要关注和知晓在课堂中能学到的知识成果。然后,学业指导教师就可开始让学生明白不能因为课程简单、上课时间方便或者授课教授有趣而选择选修课程。如果选修课程能提高学生将来的工作和生活所要求他们必须拥有和使用的技能,那么学生就应该选择这些选修课程。

最后,学业指导教师也可利用学业指导大纲,让学生了解在学业指导过程中能学习到什么内容。正如马丁(Martin,2007,p.1)所声称的,学生在学业指导过程中的学习成果正是对以下问题的回答:"学业指导过程中学生应学习什么?尤其是应该学会做什么?他们应能够讲明白什么知识,展示什么技能?"

说明课程各个方面的内容。课程教学大纲应明确说明教学任务、评估方法和规定出勤率标准。论文将根据内容或风格进行评分,还是两者皆有?课程最终是卷面考试还是写论文?学生被动听课还是必须参与需要提前准备的充满挑战的讨论?如果一门课程要求学生运用特殊的技能(如使用 SPSS 统计工具按照 APA 规范格式写作论文),那么他们是将会在课程中学习这些技能呢,还是假设他们已经在先修课程中已经掌握了这些技能?罗宾(Rubin,1985,p.56)的研究发现:"我们似乎认为,我们的同事和学生凭直觉就能从教学大纲给他们的几个框架中重建出那些我们在自己脑海中看到的事物。"

学生没有读心术,接受学业指导者也没有。如果教师不能清楚地描述他们课程的基本方面,就不能期待学生在教学过程中会顺利配合。更糟的是,他们或许会发现一些学生感觉自己受到了不公平的对待,甚至可能感觉受到了欺骗。因为他们对获得好成绩所需要付出的努力的设想与老师的评分标准不符。据格鲁纳特(Grunert,1997,p.19)的观点,教学大纲作为关于学习的契约,它规定了"教师与学生之间相互的义务"。这些义务以师生间关于成绩评定、出勤率和学术诚信等问题的相互责任的形式体现。例如,教师应在其教学大纲中说明期末成绩的构成,明确告知学生期末成绩最终是如何评定的。明确无误地传达这些期望不仅有助于学生理解课程学习的要求,而且当学生对分数质疑时,教师能够据理维持他们的评分判定。

虽然学业指导教师不会评定学生的成绩,但学业指导过程中有许多方面必须澄清。其中最重要的两个方面是学业指导的具体要求和任务。学生应如何为学业指导做准备?克鲁克斯顿(Crookston,1994)所描述的纯粹的诊疗型学业指导教师对前来接受学业指导的学生的期望可能仅仅是如约参加辅导,说明自己需要的帮助,倾听导师的意见建议,然后执行建议。发展型学业指导教师的期待则可能是,首先学生在接受学业指导之前应探寻解决所面临问题的系列备选方案;然后与学业指导教师讨论这些方案各自的利弊;并从学业指导教师处领取任务以探索获取更深层次的决策信息;最终学生自己独立地做出决定。在学业指导大纲中专门设置一个部分来说明对学生参加学业指导前准备工作需要达到的程度、学业指导教师布置的任务的性质和目的,能够将学业指导教师和学生双方关于学业指导的预期更加相互契合。

向其他教师和管理人员沟通课程的性质和内容,并提供教师职业生涯的文档记录。教学大纲是教师的教学传承物。一份优秀的教学大纲能为以后教这门课的老师提供关于这门课程的历史记录。教学大纲年鉴是教师教学理念、对教学的承诺和教学法创新的演进史。"教学大纲在求职时也是应聘教职的申请材料中必不可少的材料。教学大纲是教师评定委员评定教师薪资级别、职位升迁和终身教职时所必需的文件"（Appleby，1999，p. 21）。教学大纲还能促进院系和学校的发展规划，并协助外部机构提高专业评估和认证到学校现场考察期间的针对性和有效性。教学指导大纲同样为寻求新职位、申请晋升、培养接班人或参加专业评估的教师提供帮助。

教学大纲的基本组成

学业指导大纲所体现的各种功能同时也表明了学业指导大纲必备的组成要件。阿特曼（Altman，1989）和格鲁纳特（Grunert，1997）描述了课程教学大纲的基本组成部分，特拉本特（Trabant，2006）、姆卡梅伊（McKamey，2007）、埃里克森和斯托默尔（Erickson and Strommer，1991）对学业指导大纲的组成部分提出了相似的说法。特拉本特关于学业指导大纲的组成要件的建议至关重要，按照他的建议学业指导大纲应被视为合法的教学文件："学业指导大纲的编写应与大学教师采用的课程教学大纲的要求保持一致。让学业指导大纲这一工具以易于识别的持续一致的形式呈现在学生和其他利益相关者的面前是非常重要的。"（p. 1）下面通过与课程教学大纲进行类比来介绍学业指导大纲的组成要件。

扉页：包含基本的识别信息。课程教学大纲应从告知读者学校名称（爱达荷州立大学，Idaho State University）、大纲有效日期（秋季学期，2008年）、课程名称和课程编号（W131 初级写作）开始。学业指导大纲应包含此类信息的前两部分，并清楚标明这是学业指导大纲。格鲁纳特（Grunert，1997）提出，这类标识性信息应在学业指导大纲的扉页正式呈现，因此读者能够清楚地辨认出它是作者所在单位的正式教学文件。参照类似的方法就能制定出合理的学业指导大纲。

目录。据格鲁纳特（Grunert，1997）所言，教学大纲应包含一个目录，以帮助学生了解大纲的组织结构和大纲内容。同样，目录对学业指导大纲而言也大有裨益，特别是对第一次接触学业指导大纲的新生而言。简要地列出教学大纲各章节的标题和它们所对应的页码也是非常必要的。

学业指导教师的姓名和联系方式。课程教学大纲内包含有教师的姓名和职务，以及学生能够联系到教师本人的相关信息：包括办公地点和时间、电话号码以及邮箱地址。学业指导大纲也应有相同的基本的联系信息，但如果是团体学业指导而不是个人学业指导的话，则应提供团体指导场所的名称和地址。

致学生的信。格鲁纳特（Grunert，1997，p.28）提出："包含了致学生的一封信的教学大纲使课程显得更加人性化，有助于缓解学生的不适感，为课堂奠定相互对话的基础。"虽然在任何描述学业指导大纲的出版物里都没有提及这个部分，但这样做效果会更好。写信欢迎学生前来接受咨询指导，帮助他们了解学业指导过程和学业指导的好处，最重要的是为他们提供了一份学业指导教师将把他们当作独一无二和有价值的个人来关心的书面承诺。难道还有比这更好的令师生关系亲密无间的方法吗？

学业指导的定义。课程描述是课程教学大纲中至关重要的部分，包括：课程包含的重要主题，课程学习所需的知识、技能和态度，还有课程学习将提供的一些特殊机会。正如瑟蒙德和纳特（Thurmond and Nutt，2006，p.12）所说："和清晰说明课程内容（课程描述）的教学大纲一样，学业指导大纲也必须清楚地说明学业指导的内容。"这是学业指导大纲中特别重要的部分。因为对学业指导的描述要求学业指导教师必须认真反思自己对将要提供给学生的学业指导的潜在假设，这样他们可以明确地表达学生将会接受何种类型的学业指导。罗宾（Rubin，1985，p.56）说道："我们一直遗忘了一个我们知道的事实，那就是我们的学科、目标和教学还没有被所有的人了解和赞同。"虽然这里罗宾引证的对象是课程教学大纲，但很明显，他的相关论断与美国学业指导协会（NACADA，2006）所认为的学业指导即教学的概念非常契合。学业指导即教学的概念包括课程（学业指导教师教授的内容）、教学法（学业指导教师如何进行教授）和学生学习成果（学业指导教师教授的内容和方式令学生发生怎样的变化）。洛温斯坦（Lowenstein，1999）在其学术著作中表达了对这一问题的深刻见解。他从风格和内容的角度来对比四种不同的学业指导方法（诊疗型、发展型、协作型和学术中心型 [prescriptive, developmental, collaborative, and academically centered]）之间的异同。这一著作应作为所有计划制定个性化学业指导大纲的学业指导教师的必读书籍。学业指导教师应学习洛温斯坦的著作以确定：（1）学业指导课程内容（毕业要求、课程安排顺序、注册手续和选择有利于学士以后学术追求的课程和课程活动的策略）；（2）学业指导教学法（学业指导教师积极地将信息传递给被动接受学业指导的学生；或者学生积极与学业指导教师进行有问有答的讨论）；（3）学生的学业指导学习成果（按时毕业且富有成效，促进学生的成长和进步，或逐步提高学生学习利用课程和课程活动来确定和完成更高教育目标的能力）。

一旦学业指导教师已经对学业指导的课程、教学法和学生的学习成果进行了深思熟虑和清晰说明，并确保它们与学校的使命和目标一致，那么他们将完成对学业指导的定义，而这个定义也应该被列入学业指导大纲之中。

学业指导参考资源。 本节在教学大纲中的作用是将学生指引到除了教师之外的教学资源，这些资源可以是印刷资料（教材）、电子资源（网站）、人力资源（助教）和场所资源（图书馆）。学业指导教师同样也要利用除了自身以外的资源来指导学生。大学指南或学业指导手册对于学业指导教师的辅助作用，正如教材对于教师所起的作用那样。学业指导教师还向学生提供电子资源（大学网站）、人力资源（就业中心咨询教师）和场地资源（电脑室）等教学资源。为学生提供获取这些资源——如校园办公场所的地址和重要网站地址——的途径也很重要。

教师和学生的预期与责任。 优秀的课程教学大纲应该有一个专门的章节用于说明教师对学生课程学习的预期或要求，比如学生应参加考试、写论文和做演讲陈述。有些教学大纲甚至还设置了专门的章节用于说明学生可以对教师提出所期望的内容，如保持定期的见面。这一部分在学业指导大纲中至关重要，因为学业指导教师和学生对彼此的期望的匹配程度对顺利完成学业指导尤为关键。例如，强势的诊疗型学业指导教师期望学生来参加学业指导时，除了带着接受指导的需要、认真倾听的意愿和完成建议的动机之外，不再有任何别的想法（Crookston，1994）。与之相反，协作型学业指导教师认为在学业指导过程中师生之间是平等的伙伴关系，他们更喜欢用提问与回答的形式，对学生提出的解决他们自己的问题的备选策略进行探讨（Lowenstein，1999）。

学业指导教师和学生对学业指导实施前、学业指导过程中和学业指导结束后分别应该实现什么的预期不一致时，可能会让双方都感到沮丧。正因如此，对于学业指导教师来说，在学业指导大纲中增加一个章节来清晰地说明他们对学生的要求及学生对他们可以有的预期是非常重要的。哈伯利（Habley，1981）提出学业指导"在调解学生预期和教育环境现状的矛盾时提供了帮助"（p.46）的观点时，证明了上述策略的必要性。由于学业指导是学术环境中一个不可或缺的组成部分，所以学业指导教师应以身作则地在他们的辅导大纲中阐明对学业指导教师和学生双方明白无误的期望。如果学业指导教师希望学生在接受学业指导前准备好一份问题清单，那么就应将这一要求清楚地写进学业指导大纲。部分学业指导教师甚至可以给学生布置一些学业指导会谈结束后收集信息的任务（McKamey，2007）。这项任务包括将信息收集结果向学业指导教师汇报。由此，学业指导教师的知识得到丰富，而学生则真正理解了师生之间的合作关系在这种关系中，有价值的信息能双向流动。

学业指导中学生的学习成果。教学大纲中关于学生学习成果（learning outcomes）的章节有着尤为特殊的重要性。由于当前国家对问责制的强调，随之而来引发了对高等教育中学生学习的评估。评估运动要求课程教学大纲从对教师要教些什么内容的描述转变为对学生顺利完成课程学习后能学到什么的说明。一系列明确的教学目标为教学方法的选择提供指导，为如何进行考试提供指南，将教学意图清晰地传递给学生，并为评估学生的学习奠定了坚实的基础。既然将学业指导视作教学过程，那学业指导教师就必须清楚地说明学生在学业指导过程中将学到什么。

学生的学习成果可以是认知方面的：学生所学知识，如大学和课程毕业所要求的；也可以是行为方面的：学生所学技能，如使用大学网站进行学籍注册的能力；或是情感方面的：学生形成的价值观和审美观，如为了获得知识和技能而注册课程学习，而不是仅仅为了获得毕业所需要的学分。不同学校和不同学业指导教师所达到的学业指导效果是不同的。因此，马丁（Martin，2007，p.2）的建议就显得特别重要，他认为："学习目标需要根据学生发挥效能的大学、学院或系部环境的需要而进行调整。学习目标还必须根据正在使用的学业指导模式来进行调整。当然，还需要针对接受学业指导的学生，为他们量身定制学习目标。"

由于学习成果是评估中的一个重要部分，所以创造这些成果的学业指导教师必须能够有效地对它们进行测量。由此，这些学习成果的效力能得到评估，必要时得到进一步的完善。"对学习成果和学生学习的持续的周期性评估应该用来把学业指导同学校对学生的学习期望可视化地联结起来。这样，学业指导就牢牢地与学校主要的教学和学习过程结合在了一起，进一步证明了学业指导是教学的一种形式"（Cunningham，2006，p.23）

在结束对学业指导大纲的这一重要部分的讨论之前，需要强调一下采取有效方式测评学生学习成果的必要性。阿普尔比（Appleby，2007）对50份在线学业指导大纲进行研究后发现，其中27份大纲包含了对学生的学习成果的说明。但这些学习成果在可测量性上存在显著差异。只有一些学习成果是以具体的、可测量的方式陈述的。这些陈述将使学业指导教师能够收集并提供其工作有效性的确凿证据。这些学习成果包括：确定职业目标、制订学习计划以顺利达成既定目标以及做与专业相关的实习工作等。其他那些被尤厄尔（Ewell，1991）称之为难以言表的概念的学习成果，则侧重于帮助学生获得宽泛而抽象的概念。尽管这些概念是非常值得追求的，却很难衡量，比如理解高等教育的性质和目的。解决它们的测量难题的方法之一就是使用在许多学业指导大纲中都被提到过的工具：学业指导文件夹（advising portfolio）。学业指导文件夹收集了学生完成学业指导任务的成果——例如，学生阐释自己对高等教育的目的和性质的认识的论文，学业指导教师可以对这些成果进行定性分析，评估学生的学习成果。

这一颇具挑战的形势的底线问题是责任。现在，学业指导教师被要求陈述其学业指导活动的预期成果，并提供证据证明这些成果取得圆满成功。他们完成这两项任务的能力将对他们个人的学业指导职业生涯和高等教育界接受学业指导作为合法的教学活动的意愿产生深远影响。格朗兰德（Gronlund，2004）提供了如何编写学习成果的详细说明。

学业指导日历。课程教学大纲都有一个日程表，其中包括"为每次课所计划的主题和活动、任务截止日期和特殊事件或活动"（Grunert，1997，p. 45）。为向学生提供最大化的益处，学业指导大纲也应该包含一份学业指导日程表。学业指导日历不仅要包括当前学期中与学业指导相关的重要事件的日期，比如退课、补选课和注册的日期，还应包括学生在大学生涯中将遇到的一系列与学业指导的结果密切相关的事件的先后顺序或截止日期。这些事件包括校园招聘会、专业申报以及提交毕业申请。学业指导大纲这一部分的作用是使学生在时间上与学校的要求保持一致。

如何准备学业指导会谈。格鲁纳特（Grunert，1997）认为，课程教学大纲应该包含一个提供学习策略的部分；提供已经修读这门课并取得成功的学生使用过的优秀学习策略，比如如何准备课程研讨课、如何记笔记、如何阅读教材、如何撰写论文、如何与同学开展协作学习以及如何准备考试等。尽管学业指导教师不要求学生撰写论文或参加考试，但他们要求学生在参加学业指导前通过熟悉相关的纸质或在线材料做好准备，并要求学生在学业指导过程中记笔记，这样他们才能记住和利用学业指导教师提出的建议。当学生只是按约定出现，期望学业指导教师能直接告诉他们该做什么，并且认为自己听过之后就能够轻松记住给他们的建议时，学业指导教师会感到很失望。姆卡梅伊（McKamey，2007，p. 2）从学生的角度出发分析，认为："很多学生对学业指导不满，可能是由于不了解对学业指导的合理期望是什么，或应该怎么去准备学业指导会谈。大多数学生与学业指导教师的初次接触都是基于在他们的高中学习经历，而在高中他们可能并不需要承担任何实际责任。"

事先声明：教学大纲是教师和学生之间的书面合同，因此每一份教学大纲在结束时都应有一份事先声明，当教学进行过程中发生不可预知的变化时用来保护这份大纲的作者及其学校。阿特曼（Altman，1989，p.2）建议所有的教学大纲在结束时都应写上下面这句话："本大纲所述的时间表和程序在某些情况下，可能会发生改变。"虽然学业指导教师不用担心学生会质疑期末成绩的合法性，但他们必须关注那些可能指责他们提供不准确的信息因而导致自己时间或金钱的损失的学生。

虽然阿普尔比（Appleby，2007）研究的50份在线的教学大纲中没有一份包含防止此类诉讼的声明，但一些学业指导网站上明确列出了事先声明。这些声明可以用作学业指导大纲合适的最后声明。学业指导教师可将下列一些声明写入他们的大纲：

> 敬请悉知，在学业指导期间，本人不会为你做任何决定。本人将尽最大可能为你提供最准确的信息。我们将共同努力制订一个切实可行的计划来实现你的教育和职业目标。但是，所有的教育选择完全是你本人的抉择，你有责任了解并完成获取学位的相关要求。

在学业指导大纲中做出这样的声明不仅是保护学业指导教师，同时还能帮助学生意识到在学业指导过程中的教与学这一合作伙伴关系中他们自己所要承担的责任。

学业指导大纲示例

关于学业指导大纲的范文可以从美国学业指导协会网站下载。网址：http：//www.Nacada.ksu.edu/Clearinghouse/Links/syllabi.htm。

本章小结

本书的出版可以看作是对克鲁克斯顿（Crookston，1972）"学业指导是教学的一种形式"的学术观点发表36周年的一种纪念。作为学业指导教师的学者们花费了大量的时间来确定、研究和讨论了许多由教学和学业指导的融合所引起的重要问题。最终，学者们达成共识，一致认为高效能的学业指导教师同时也是高效率的教师。洛温斯坦（Lowenstein，2006，p.1）抓住了这一共识的本质，他说："一名优秀的学业指导教师为学生整体的教育服务,正如同优秀的教师为课程服务那样。"拉莫斯(Ramos,1994,pp.90-91)早在洛温斯坦发表这一观点的12年前就提出了他最令人信服的观点,学业指导教师应"将学业指导看作一门课程提供给学生。你是教师或促进者;学生是学习者;你的办公室是教室;促进学生多个方面的发展则是课程"。如果可以在拉莫斯的话中加几句,我会写上:"学业指导大纲是一种教学工具,使学生能够充分理解、重视并成功参与学业指导。"即使学业指导教师没有选择使用本章所描述的教学大纲的所有组成部分,这种对各部分内容进行思考的过程,也可以对他们的思维方式产生深刻的变革性的影响。

References

Altman, H. (1989). Syllabus shares what the teacher wants. The Teaching Professor, 3 (5), 1-2.

Appleby, D. C. (1999). How to improve your teaching with the course syllabus. InB. Perlman, L. I. McCann, & S. H. McFadden (Eds.), Lessons learned: Practical advice for the teaching of psychology (pp. 19-24). Washington, DC: American Psychological Society.

Appleby, D. C. (200Ia. February 26), The teaching-advising connection: Part II, The Mentor: An Academic Advising Journal. Retrieved August 17. 2007, from http://www.psu.edu/dus/mentor/appleby2.htm.

Appleby, D. C. (2001b, March 19). The teaching-advising connection: Part III. The Mentor: An Academic Advising Journal. Retrieved August 17, 2007, from http://www.psu.edu/dus/mentor/appleby3.htm.

Appleby, D. C. (2007). [The contents of online advising syllabi]. Unpublished raw data.

Barr, R. B., & Tagg, J. (1995, November/December). From teaching to learning-A new paradigm for undergraduate education. Change, 13-25.

Brewer, C. L. (1993). Curriculum. ln T. V. McGovern (Ed.), Handbook for enhancing undergraduate education in psychology (pp. 161-182). Washington, DC: American Psychological Association.

Brown, T., & Rivas, M. (1994). The prescriptive relationship in academic advising as an appropriate developmental intervention with multicultural populations. National Academic Advising Association Journal, 14 (2), 108-111.

Crookston, B. B. (1972). "A developmental view of academic advising as teaching", Journal of College Student Personnel, 13, 12-17.

Crookston, B. B. (1994). A developmental view of academic advising as teaching. National Academic Advising Association Journal, 14 (2), 5-9. (Reprinted from Journal of College Student Personnel. 13. 12-17, 1972.)

Cunningham, L. (2006). What is academic advising? Manhattan. KS: National Academic Advising Association.

D'Antonio, M. (2007, July). If your syllabus could talk. [Electronic version]. The Chronicle of Higher Education: Chronicle Careers. Retrieved August 14, 2007, from http: /www. chronicle. com/jobs/news/2007/07/2007071901c/printable. html.

Diamond, R. (1997). Foreword. ln J. Grunert. The course syllabus: A learning-centered approach. Bolton, MA: Anker.

Eble, K. E. (1988). The craft of teaching: A guide to mastering the professor's art. San Francisco, CA: Jossey-Bass.

Erickson, B.L., & Strommer, D.W. (1991). Teaching college freshmen. San Francisco, CA: Jossey-Bass.

Ewell, P. T. (1991). To capture the ineffable: New forms of assessment in higher education. In G. Grant (Ed.), Review of research in education, 17 (pp. 75-125). Washington, DC: American Educational Research Association.

Fielstein, L. L. (1994). Developmental versus prescriptive advising: Must it be one orthe other? National Academic Advising Association Journal, 14 (2), 76-79.

Fretz, B. R. (1993). The corn pleat scholar: Faculty development for those who teach psychology. In T. V. McGovern (Ed.), Handbook for enhancing undergraduate education in psychology (pp. 93-122). Washington. DC: American Psychological Association.

Frost, S. H. (1991). Fostering the critical thinking of college women through academic advising and faculty contract. Journal of College Student Development, 32, 356-359.

Gabennesch, H. (1992). The enriched syllabus: To convey a larger vision. The National Teaching and Learning Forum, I (4), 4-5.

Grites, T. J. (1994). From principle to practice: Pain or gain? National Academic Advising Association Journal, 14 (2), 80-84.

Gronlund, N. E. (2004). Writing instructional objectives for teaching and assessment (7th ed.). Upper Saddle River, NJ: Pearson.

Grunert, J. (1997). The course syllabus: A learning-center approach, Bolton, MA: Anker.

Habley, W. R. (1981). Academic advisement: The critical link in student retention. National Association of Student Personnel Administrators (NASPA) Journal, 18 (4), 45-50.

Hagen, P. L. (1994). Academic advising as dialectic. National Academic Advising Association Journal, 14 (2), 85-88.

Halpern, D. F. (1993). Targeting outcomes: Covering your assessment concerns and needs. In T. V. McGovern (Ed.), Handbook for enhancing undergraduate education in psychology (pp. 23-46). Washington, DC: American Psychological Association.

Kelly, S. (2006). Advisors teach studentsto become mobile. The Mentor: An Academic Advising Journal, 8 (2). Retrieved September 1, 2007, from http://www.psu.edu/dus/mentor/060613sk.hun.

Kramer, H. C. (1983). Advising: Implications for faculty development. National Academic Advising Association Journal, 3 (2), 25-31.

Laff, N. S. (1994). Reconsidering the developmental view of advising: Have we come a long way? National Academic Advising Association Journal, 14 (2), 46-49.

Lowenstein, M. (1999). An alternativeto the developmental theory of advising. The Mentor: An Academic Advising Journal, I (3). Retrieved July 29, 2007, from http://www.psu.edu/dus/mentor/991122ml.htm.

Lowenstein, M. (2006). A learning-centered view of teaching as advising. The Mentor: An Academic Advising Journal, 8 (2). Retrieved September 5, 2007, from http://www.psu.edu/dus/mentor/proc01ml.htm.

Martin, H. (2007). Constructing learning objectives for academic advising. Retrieved July 26, 2007, from the NACADA Clearinghouse of Academic Advising Resources. http://www.nacada.ksu.edu/Clearinghouse/AdvisingIssues/Learning-outcomes.htm.

Mathie, V. A., Beins, B., Benjamin, L. T., Ewing, M. M., Hall, C. C. I., Henderson, B., McAdam, D. W., & Smith, R. A. (1993). Promoting active learning in psych ology classes. In T. V. McGovern (Ed.), Handbook for enhancing undergraduate education in psychology (pp. 183-214). Washington, DC: American Psychological Association.

McKamey, J. N. (2007). An advising syllabus: A tool to increase advising effectiveness. The Mentor: An Academic Advising Journal, 9 (1). Retrieved July 29, 2007, from http://www.psu.edu/dus/mentor/070321jm.htm.

Miller, M. A., & Alberts, B. (1994). Developmental advising: Where teaching and learning intersect. National Academic Advising Association Journal, 14 (2), 43-45.

National Academic Advising Association. (2006). NACADA concept of academic advising. Retrieved August 6, 2007, from http://www.nacada.ksu.edu/Clearinghouse/Advising Issues/Concept-Advising.htm.

Puente, A. E. (1993). Toward a psychology of variance: Increasing the presence and understanding of ethnic minorities in psychology. In T. V. McGovern (Ed.), Handbook for enhancing undergraduate education in psychology (pp. 71-92). Washington, DC: American Psychological Association.

Ramos, B. (1994). O'Banion revisited: Now more than ever. National Academic Advising Association Journal, 14 (2), 89-91.

Rooney, M. (1994). Back to the future: Crookston and O´Banion revisited. National Academic Advising Association Journal, 14 (2), 35-38.

Rubin, S. (1985, August 7). Professors, students, and the syllabus. The Chronicle of Higher Education, 56.

Ryan, C. C. (1992). Advising as teaching. National Academic Advising Association Journal, 12, 4-8.

Thurmond, K., & Nutt, C. (2007). Academic advising syllabus: Advising as teaching inaction. Manhattan, KS: National Academic Advising Association.

Trabant, T. M. (2006). Advising syllabus 101. NACADA Clearinghouse of Academic Advising Resources. Retrieved July 30, 2007, from http://www.nacada.ksu.edu/Clearinghouse/Advisingissues/syllabus101.htm.

Weiten, W. (1993). From isolation 10 community: Increasing communication and collegiality among psychology teachers. In T. V. McGovern (Ed.), Handbook for enhancing undergraduate education in psychology (pp. 123-159). Washington, DC: American Psychological Association.

第七章

职业生涯与人生规划的指导

保罗·A. 戈尔　A. J. 梅斯

　　如今的大学生都有着极高的学术理想与职业抱负，对于教育也有着十分现实的期望。越来越多的学生去上大学是为了获得更高的薪水和更加有声望的工作（Astin，2007）。不幸的是，学生们往往缺乏现实的学业、职业和生活目标与计划。缺乏明确计划的学生可能在学校待的时间往往超过了必要的时间，也不能利用课程和课外活动为他们的就业做准备，或者可能彻底辍学。随着学生们离开大学，他们将面对的雇主对他们同样有着很高和很现实的期望。

　　学业指导教师在帮助学生建立教育和职业目标方面处于独特的地位。学业指导教师可以帮助学生理解大学教育经历会怎样为他们的未来做好准备，让他们在工作中更具有竞争力，以及更好地完成他们的生活目标。如果学业指导教师很熟悉职业规划理论、职业指导的模式、学术和生活规划的资源，以及职业和学业指导的最新发展情况，那么他们便做好了有效地指导学生的准备。本章的目标是：

　　（a）帮助学业指导教师理解目前职业发展的理论，以及这些理论是如何指导实践的；

　　（b）简要描述一个职业指导的模式，并且审视可用于支持运用该模式的资源；

　　（c）探讨关于如何理解及指导已选专业、未选专业和犹豫不决的学生的最新研究进展；

　　（d）介绍关于有效的学业指导干预措施和促进学生学术和职业成功的影响因素的最新研究成果。

　　然而，本章既不会对这些主题提供全面的回顾，也不会充当职业咨询的启蒙读本。相反，本章将强调职业指导的理论和实践的关键要素，并为指导教师提供该领域最新进展的快照。

职业指导与职业咨询

戈登（Gordon，2006）对职业指导教师（career advisor）和职业咨询师（counselor）之间的异同展开了充分的讨论，并从更广的范围描述了就业服务与职业规划。职业指导可以由专职学业指导师、教师学业指导师、学生事务工作人员或者朋辈学长提供。职业指导不同于职业咨询，它不需要使用与心理学密切相关的职业倾向测评量表。只有当学生们在学术或职业选择上有着强烈的情绪问题时，或者当他们在职业决策过程中似乎有牢不可破的困难时，职业咨询才会被推荐。职业指导是为了帮助学生理解学术经验和职业领域之间经常存在的复杂关系。职业指导促进学生进行自我探索、获取学术和职业信息以及职业决策。

就本章而言，"学业指导教师"一词，是指目前受雇于高等院校的教师学业指导师与专职学业指导师。尽管不同院校教师学业指导师、专职学业指导师和学生事务工作人员的角色与责任差异很大，但是本章中描述的学业指导教师的概念适用于所有致力于促进学生学业和职业规划的个人。对于一些学业指导教师，本章中的信息足以提醒他们注意一些学生面临的问题。对于其他学业指导教师来说，为了给学生们提供综合性的职业指导服务，他们可能需要本书知识范围以外的培训和信息。最后，我们鼓励学业指导教师与同事协同合作，努力协调校园中的职业服务资源，确保所有学生受益。

职业发展理论与实践

职业发展理论为整合学业指导与职业指导提供了一个框架。具体来说，职业发展理论强调了与职业选择和实施相关的重要特性，并提出了一些和学生合作时可能用到的策略（Gordon，2006）。如今，有许多职业发展理论正在被人们所使用。本章主要介绍三个目前主流的适用于大学生学术与职业转换的理论。相关研究也证明了这三个理论的假设是正确的。如果读者想要对职业理论获得一个更全面的认识，可以阅读布朗（Gordon，2002）、斯旺森和戈尔（Swans and Core，2000）的著作。

约翰·霍兰德（John Holland，1997）关于职业选择的理论是目前应用最广泛的职业理论。霍兰德指出，由于学习经历与机会的影响，个人随着时间的推移而形成自己的学术兴趣和职业兴趣。他认为个人兴趣与学术、工作环境一样都可以从六个维度来描述：现实型（和动物或户外事物有关），研究型（和思想、科学有关），艺术型（创造性/有表现力的工作），社会型（帮助、培训、指导），企业型（领导、说服、管理他人），传统型（有序和结构化的工作，通常是数据和文件）。当学生们进入大学的时候，他们的兴趣便已经开始稳定（Low, Yoon, Roberts, & Rounds, 2005），他们可能会在其中的一两个维度上有更明确的兴趣。

虽然大多数的学业指导教师和职业指导教师并不会参与对学生兴趣的正式评估，但是他们会充分利用霍兰德职业倾向分类方法，帮助学生去认识自己的兴趣，并找到可能与这些兴趣相符的学术和职业道路。而那些追求与他们兴趣并不相符的专业方向的学生，可能会表现出缺乏成就感，或者感到沮丧，又或者他们想要改换他们的大学专业。他们缺乏动力去追求学术成功，这样便会导致并不理想的学业表现。现有研究证明了学生专业选择与自身兴趣的一致性对学习效果的重要影响，研究强调了二者之间的重要关系（Tracey & Robbins, 2006; Leuwerke, Robbins, Sawyer, & Hovland, 2004）。

有许多资源可供学业指导教师用以促进学生了解自己的兴趣，以及这些兴趣如何与大学专业、职业，甚至业余爱好相适应。学业指导教师可以通过运用"自我指导"、在线自我兴趣探索工具和其他支持资源及综合性的计算机辅助系统，与学生一起共同探索他们的兴趣倾向。这些资源、工具和计算机综合辅助系统包括：自我指导搜索引擎（Self Directed Search）和相关辅助材料，如大学专业发现者（College Majors Finder）和工作发现者（Occupations Finder）（Reardon and Lenz, 1998），O*NET Online（2007）及相关的职业兴趣量表，或者是综合性的职业兴趣探索计算机综合辅助系统，比如DISCOVER（ACT, 2007a）或Choices（Bridge, 2007）。庞普和米诺尔（Pope and Minor, 2000）为学业指导教师提供了与学生在小组中或课堂上合作探索职业兴趣的优秀资源。

社会认知职业理论的倡导者（Lent, 2005）强调了自我效能和结果期望等变量在促进职业兴趣发展、最终的职业和学术选择与表现方面的重要性。根据这一理论，学生的学业和职业兴趣可能会受到先前失败经历或缺乏现实期望的负面影响。例如，一个在数学方面表现不佳的学生比一个在数学方面表现平平或有很强表现的学生更不可能表现出对数学的兴趣。学生的兴趣可能会受到他们对未来职业选择的非常不现实的期望的影响（比如，学生选择犯罪学专业是基于他所看到的电视节目"犯罪现场调查"）。另一方面，学生的兴趣和职业选择，是在他们发展强烈的积极的自我效能信念的过程中得到支撑与强化的。积极正向的自我效能感的形成是由个人的成就以及个人关于预期结果的准确而令人满意的期待产生的。

社会认知职业理论强调帮助学生确立现实合理的学习与职业期望的重要性。实现这一目标的一种方法是确保学生能够获得可靠和最新的信息。大量的描述工作与职业的信息可以被人们轻易获得。关于职业的信息可以通过美国劳工部职业展望手册（2007）和在线职业信息网（O∗NET，2007）免费获得。大多数大学的学术部门及职业指导教师、职业咨询师或者就业中心也会提供与大学专业相关的最新信息。

社会认知职业理论也强调了自我参照思想在学术或职业选择的形成和实施中的重要性。仅仅知道一个学生的作业是得了 A 或 F 是远远不够的；职业指导教师应该考虑如何解释这种表现，以及学生所做的归因（比如，"我学习不够努力"和"我只是不擅长科学"），以及这些归因是怎样影响其后续选择的。学业指导教师可以帮助学生探究关于各门课程学习和全部学业投入方面的自我效能感。此外，学业指导教师还可以讨论学生做出职业决策的效能。

最后，舒伯（Super，1990）描述了与大学生学业和职业选择相关的生涯发展的生命阶段模型。舒伯认为，人们的职业选择是他们对于自我职业概念的表达。一份职业的自我概念是在成长、探索、建立、维护和脱离这些阶段中形成的。许多大学生发现自己正处于职业发展的探索和早期确立阶段。正是在这些阶段中，学生的自我概念开始巩固（比如，他们对自己的兴趣、价值观及技巧有了更好的理解），而且他们也开始表达初步的职业目标。随着学生进入职业自我概念的建立阶段，他们与所选择的学习领域便建立了紧密的联系，并开始了社会化进程，这标志着他们正在向职业领域过渡。

学业指导教师完全有能力促进这一进程。他们可以通过以下方式鼓励学生探索他们初步的学术或职业选择：与教师或教职工交流；促进学生参与学术或职业相关的专业组织、荣誉协会或服务组织；或告知学生相关的实习、实习机会，或服务学习（Service Learning）经验。

舒伯也认识到职业自我概念只是个人完整自我概念的一部分。他引进了生活角色的概念来强调个人在生活过程中所扮演的多重角色的重要性（比如孩子、学生、公民、工作者和看护者），也描述了这些角色如何能够互补、共存或相互冲突。比如，斯内卡尔、朱莉安和瓜伊（Senecal，Julien and Guay，2003）发现学业拖延在一定程度上是学生学习动机和社会人际活动动机冲突的结果。在当前,这种角色冲突实际上是不可避免的,因为如今大多数大学生的生活都是非常复杂的,而非像过去仅仅就拥有学生这一个身份。学业指导教师在面对学生时,要对学生可能的角色冲突保持警惕,并帮助学生识别其他可能同时存在的角色。这些角色可能会补充完善学生这一角色,并促进学生在学习和职业方面的成功。

帮助学生做出教育及职业决定

为了努力帮助学业指导教师促进学生做学术及职业的决定的能力,戈登(Gordon,2006)提出了职业指导的3-I模式(询问/Inquire、信息收集/Inform、整合/Integrate)。在询问阶段,学业指导教师帮助学生来表达他们的学术和职业需求或关注点,并且提供回复,努力使学生向职业指导的信息收集的阶段前进。在询问阶段,学业指导教师也许会得出一些初步结论:哪些职业指导方法最适合哪个学生。学业指导教师面对的学生可能是不同的,有的学生有决策困难但拥有足够职业信息,有的则是有做决定的信心但缺乏职业信息。在这个模式的信息收集阶段,学生被鼓励去收集关于自己(比如,兴趣、价值观及技能)、教育及职业机会的信息。最后,戈登认为在整合阶段学生和学业指导教师面临的巨大挑战,即组织信息,并从信息中获得关于学生需求和计划的意义。应用这个模式的学业指导教师应该对以下内容非常熟悉:自我评价策略,教育及职业信息资源,以及职业咨询整合阶段可能出现的决策困难。

自我评估。职业规划的第一个阶段就是自我探索和发现。进入大学的学生有着不同的自我认知水平。一些学生能够清晰地表达他们的兴趣、技能、价值观和个性;另一些人则会对"向我介绍你自己"这句话感到茫然。对自我的准确理解不仅对于做出好的职业决定很重要,对进入就业市场也是很重要的。雇主希望雇佣那些技能、兴趣和价值观与职业和组织特征相一致并且具有敬业精神的人。与此同时,人们评估一份工作机会或一份录用通知的价值时,往往是基于自己哪些价值观会被强化,哪些价值观必须被牺牲掉。有必要向学生解释,自我探索和发现的过程可能需要时间和努力,但最终还是值得的。

根据学生的需要,学生的自我信息可以用正式或非正式的方式获得。大多数大学提供正式的策略来评估学生的学术和职业兴趣、价值观、技能和个性特征。比如,有一些标准化的职业评估工具,如斯特朗兴趣量表(Strong Interest Inventory)、明尼苏达的重要性问卷(Minnesota Importance Questionnaire）和迈尔斯—布里格斯人格类型量表（Myers-Briggs Type Indicator）。其他的职业评估中有着大量的量表或者基于计算机辅助的职业规划系统。正式的职业评估可以单独实施和解释，也可以在课堂或研讨会环境中进行。在许多大学中，正式的职业评估是职业咨询的职权范畴。对职业评估和解读不熟悉的学业指导教师应该去寻求额外的训练或者寻求适当的帮助。

学业指导教师可以使用非正式的职业评估程序来帮助学生收集自我信息。在课堂或研讨会环境中一些活动可以被运用，例如霍兰德派对练习（Holland's Party Exercise）（Metz，2005）、苏菲的选择（Sophie's Choice）（Niles，2000）及技能扫描卡片分类（SkillScan Cardsort，2007）。这些活动是探索兴趣、价值观和技能并讨论其在大学专业和职业中的应用的有趣和创造性的方式。或者，可以通过学生在辅导课程期间的自我探索或使用书面作业来对学生进行指导。学业指导教师也可以使用提问来引发学生的兴趣，例如你最喜欢及最不喜欢的学校科目、兴趣、目前的工作、志愿者经历、早期和现在的工作期待和职业梦想等。学生通常会积极回应实践性的自我探究活动。读者若想获得关于正式与非正式的职业评估手段的信息和用于提升大学生的自我探究活动的方案，可以阅读梅斯的著作（Metz，2005）。

职业探索。在做出职业决定之前，学生必须掌握关于世界的准确信息。教育和职业信息的获取途径众多，且信息量巨大，往往令人头昏眼花、无从下手。学业指导教师应对自己推荐给学生的所有信息资源提前进行批判性评估（Hitch & Gore，2005）。美国劳工部有两个独立的网站，提供有关职业和劳动力的全面而详细的信息。职位分析系统（O＊NET，2007）允许学生使用关键词、岗位名称、工作属类及快速增长的行业的名称去搜索职业。职位分析系统既会提供一些关于具体工作的信息，包括工作活动、工作环境、工作收入、工作的未来发展前景，也会提供一些关于员工的信息，比如常识、基础技巧、教育、训练、能力、工作类型、兴趣和价值观。《职业展望手册》（U.S. Department of Labor，2007）也提供了精确而又详细的信息，如关于工作性质、工作条件、员工数量及分布、培训及教育的要求、平均收入和职业规划等。若要想获得更多关于职业信息资源及职业分类系统的信息，读者们可以阅读西驰与戈尔的著作（Hitch and Gore，2005）。

职业生涯人物访谈是帮助学生获得职业或行业信息的最佳来源之一。与目前在感兴趣的领域里工作的人交谈，可以获得有价值的最新职业信息。这一策略还可以帮助学生明确职业目标，发现可能的实习和就业机会，扩大他们的专业网络，建立求职面试的信心，并确定专业优势和劣势。关于职业生涯人物访谈中将要用到的提问，学业指导教师可以阅读得克萨斯—奥斯汀大学（University of Texas—Austin，2008）的相关网页。

工作实习或者现场观摩可以为学生提供更多的关于职业的信息。一些大学会向学生提供正式的工作实习机会。尽管职业信息的收集非常耗时，但这些职业信息资源可以帮助学生确定自己的职业选择。

做决定。选择专业和职业对学生来说可能是一个令人焦虑的过程。让学生知道绝大部分大学生在做与职业选择相关的抉择时都会犹豫不决，有利于帮助他们认识到在这一过程中出现焦虑是非常正常的。甚至，有些已经完成了专业选择的学生也会承认自己仍然会有一些不确定与犹豫。

彼得森、山姆森、里尔登及伦茨（Peterson，Sampson，Roardon，and Lenz，1996）提供了一个理解人们在做决定时的差异的理论框架。他们将个体分成"已决定的""未决定的"或者"犹豫不决的"。"已决定的"个体已经对职业或专业做出了某种承诺。但是，彼得森等坚持认为专业"已决定的"学生也许仍然需要职业指导。比如，学生可能需要确认一个初步的决定，或者通过与其他可能性的比较来澄清他们选择的恰当性。另一种情况则是一个专业"已决定的"学生可能需要帮助实现职业选择。例如，这个学生可能想成为一名律师，但可能不知道哪个专业适合这个职业道路。最后，一个专业"已决定的"学生可能会过早地走上就业岗位，以减轻压力或避免与重要的人（尤其是亲人）发生冲突。彼得森等人（Peterson et al.，1996）指出，这些学生和那些犹豫不决的学生一样需要学业指导。

因为缺乏具体知识而没做职业决定的学生，被划入"未决定的"学生群体。彼得森等人（Peterson et al.，1996）对这个群体做了进一步的细分："因拖延而未决定的""因需进一步提高而未决定的"和"因有多种潜在选择而未决定的"。一些学生可能是"因拖延而未决定的"。比如，参加了通识教育课程及职业兴趣探索课程的大一学生。而"需进一步提高而未决定的"学生，由于缺乏自我信息、职业信息或职业决策技能，发展不确定的学生无法从事职业或专业选择。这些学生需要在进一步弄清自己的兴趣、价值观、才能及性格等方面得到帮助，或者可能需要额外的职业或教育信息。由戈登（Gordon，2006）描述的这些活动会在职业指导的整合阶段出现。本章在附录中收录了盐湖城社区大学的学业和职业指导教师为了帮助处于这一过程的学生而开发的《职业抉择表》（Career Decision-Making Worksheet）。最后，"因有多种潜在选择而未决定的"学生指那些因自己大量广泛的兴趣爱好、多种能力特长和潜在机会而不知如何抉择的学生。除了帮助这些学生缩小他们可能的职业选择范围、将可能的职业选择与他们的兴趣、价值观、能力及性格进行对照比较之外,帮助他们去厘清究竟是什么因素使抉择过程变得如此复杂也是同样重要的。这些因素可能是来自家庭的压力、较低的自我效能感、资源的缺乏、多重角色冲突、能力缺陷以及其他妨碍学生做出关于职业或专业选择的障碍。

职业决定的最后一个类别是"犹豫不决的"学生。这类学生与"未决定的"学生有点相似,但他们对问题的解决有着不正常的焦虑和不适应(Peterson et al., 1996; Chartrand, Martin, Robbins, McAuliffe, Pickering, & Calliotte, 1994)。学业指导教师可以通过给这类学生提供支持与信心,协助他们识别自己身边有助于自己做决定的资源来帮助他们。通常,这些学生适合参加更正式的职业发展计划,如职业发展课程、一年级经验研讨会或个别职业咨询。

职业指导干预措施的关键因素

当和学生共同探讨如何做职业选择时,学业指导教师会使用许多方法与策略。学业指导教师也许会询问学生的喜好,或者问他们觉得哪门通识课程最吸引人,或者更正式地评估学生的兴趣。研究表明,无论一个学生是想选择一个专业还是正在讨论可能的职业选择,帮助学生做出重要选择的一些策略会比其他策略更成功。

布朗及其同事重新分析了职业选择活动有效性研究的数据(Brown and Krane, 2000; Brown, Krane, Brecheisen, Castelino, Budisin, Miller, & Edens, 2003)。他们从职业指导教师和就业指导教师使用的众多策略中确认了五种通常会有助于学生做出选择的策略,并将之称为"关键策略"。这些"关键策略"包括:使用书面练习、个性化的一对一研讨、使用有关工作领域的信息、角色示范以及努力帮助学生发展支持网络。

学业指导教师也可能会考虑如何将这些"关键策略"融入个别对话与小组讨论、研讨会、学分课程与就业网站。例如,学业指导教师可以考虑在附录《职业抉择表》所包含的因素的基础上,促进学生完成书面的学术规划或职业规划。他们会鼓励学生寻找其他资源,比如其他学业指导教师、就业指导老师、朋辈、家人或者专业机构等一切资源,帮助他们做出初步的学术或职业选择。已经做出初步选择的学生应该被鼓励去记录短期及长期目标,以及完成目标所需要的具体的行动步骤和时间表。许多学业指导教师已经开始鼓励学生去写书面的学术规划,它包括学业指导的时间轴、专业选择、具体的课程修读顺序和其他因素。实际上，现在一些学校已将这个过程加入了第六章所描述的学业指导大纲中。其他类似的例子可以在美国学业指导协会网站（NACADA，2008）上找到。

布朗和他的同事（Brown，2000，2003）注意到，如果学生有机会获得个性化的一对一学业指导，那么无论主要的指导方式是怎么样的，职业指导都将更加有效。这并不是贬低以小组或班级形式开展的职业指导的有效性，而是为了强调学业指导应该有建立学生在某个特定的时间点与学业指导教师单独见面、探讨他们的学术与职业规划的机制。

除了书面练习及个别关注外，学业指导教师应向学生提供可靠和最新的学术和职业信息来源。如上所述，越来越多的公共和私人职业资源可通过互联网获得。根据2003年的研究结果，布朗认为向学生介绍可靠的、最新的教育及职业信息是五个关键策略中最重要的部分。他鼓励学业指导教师花时间在学业指导研讨会中向学生介绍如何使用复杂的信息资源系统，以确保学生有足够的信心使用这套系统。

"关键策略"中的"角色示范"指的是让学生接触能够分享经验的个人，以促进学生职业发展的过程。契可森米哈与施耐德（Csikszentmihalyi and Schneider，2000）认为，青少年和年轻人相对被隔离于意义丰富的成年人角色之外，或者他们仅仅了解部分成年人角色，如运动员、娱乐明星或是名人。在学业指导中经常会使用角色示范策略。许多学业指导办公室已经发展了朋辈学业指导项目来发挥同龄人的优势，帮助学生认识教育与职业方向。朋辈指导者通过分享自己做决定的过程中的经验，就能很好地担当起如何做出职业决定的榜样。通过鼓励学生投身于服务学习的机会、校内外实习、学术俱乐部及协会，学业指导教师很有可能会帮助学生接触到更多的同教育与职业抉择相关的成年人榜样。

最后，协助学生建立他们的支持网络将在很大程度上帮助他们为成功过渡到专业和工作领域做好准备。一个社会支持网络可能包括以下资源：就业信息系统、校友会、朋友、家人、学业指导教师和教授。有些学生可能天生就有识别和加强其支持网络的天赋，而另一些学生则在发展自己的支持网络时需要一些指导和支持。鼓励学生参加课程学习与课程辅助活动、寻求校园勤工俭学岗位或者其他兼职工作机会，以及充分利用学校就业服务，如现场面试、招聘宣讲或者实习，都是加强学生社会支持网络的极好的方法。学业指导教师可以尽力促成这种可能性，即如果社会支持网络这个话题在学业指导第一阶段就得到了充分讨论，那么学生便会在发展和使用社会支持网络的能力上感到自信。

大学成功的要素

令人震惊的高等教育中的学生流失率（ACT，2007b）及这个现象对个人及社会所产生的深刻的影响（Pascarella & Terenzini，2005；Baum & Payea，2004），继续推动着教育学领域和心理学领域的学者们在认识和预测学生大学成功和学生的在册率等方面的持续不断的研究（Astin，1999；Daugherty & Lane，1999；Pascarella & Terenzini，2005）。这些研究发现学生学习态度、性格特征和学习行为与积极的学术成果高度相关。

罗宾森、劳维、勒、戴维斯、兰利和卡尔斯（Robbins, Lauver, Le, Davis, Langley, and Carlstrorn，2004）描述了九个通常可以预测学生的学术表现及流失的因素：学习动机、学习目标、学校认同感、感知到的社会支持、社会参与、自我学习效能感、自我概念、学习能力以及环境影响。为了帮助学校识别有可能辍学的学生，帮助学术及学生事务部门基于对新生的认识而及时调整教育服务的内容和方法，这些研究者们开发了关于这九个因素的评估量表（Student Readiness Inventory [SRI], Le, Casillas, & Langley, 2005）。

科尔、索顿斯托尔和戈尔（Cole, Saltonstall, and Gore, in press）描述了学业指导教师应该如何使用SRI量表去识别学生的具体优势和需求，甚至是在学生正式进入大学校园之前。通过这种方式，学业指导教师能够为有风险的学生做好早期干预的准备，或者能够使学业指导项目与服务更好地适应新生的需求及能力。研究表明，这些早期的学业指导项目和支持服务项目对提高学生的学术表现和在册率有很好的作用。罗宾森、艾伦、卡西利亚斯、阿卡米博、索顿斯托尔、科尔、马奥尼、戈尔（Robbins, Allen, Casillas, Akarnigbo, Saltonstall, Cole, Mahoney, and Gore [submitted]）的研究结果表明，基于SRI量表评价情况而开展的学业指导与职业指导对学生的学术表现与在册率产生了极大的正面影响。

戈尔和凯勒（Gore & Keller, 2007）描述了学生的学术成功的要素与雇主想在雇员身上所寻求的个人特质在概念上的重叠部分（参见表格7.1）。本质上，通过促进学生大学成功要素的发展，学业指导教师同时也为学生未来的职业成功做了较好的准备。许多指导学生如何在大学取得成功的书籍，如《从优秀学生变为优秀员工》（Ellis, in press）和《你的大学经历：成功的策略》（Gardner, Jewler, & Barefoot, 2006）明确指出了学术成功和工作成功因素之间的关系。

无论有没有学生 SRI 量表测评分数，学业指导教师都可以为学生提供有价值的指导，比如"帮助学生构建对大学的承诺"。这是一个非常重要的任务，它贯穿在学业指导的绝大部分环节中。经常问自己"为什么我在这里"的学生很可能需要职业指导或咨询服务。学业指导教师通过帮助学生明确自己的生活或职业目标，并厘清这些目标与大学学业成功之间的关系，可以帮助学生产生更强烈的对学校的归属感和使命感，也会帮助学生树立完成大学学业的信心。那些热衷于参与社会活动与建立社会关系的学生则会被鼓励去参与学生自治组织，或者担任学生组织、学术俱乐部或学生社团的学生领袖。这些学生也可能被学生事务管理部门招聘来担任朋辈领导者。通过参与这些活动，学生在对学校做出贡献的同时，也为自己进入工作世界做好了准备。

表 7.1　　　　　　　　学业成功因素与职场成功因素比较

学业成功因素	职场成功因素
学业自律	职业道德
目标驱动	动机/主动性
对大学的承诺	对组织的承诺
社会活动	人际交往技巧
社会联系	适应能力
学业自我效能感	自信
果敢	正直/可靠
学习技能	职业相关技能
沟通交流技能	沟通交流技能
情绪控制能力	举止得体的/有礼貌的

资料来源：NACE Job Outlook（2006）。

本章小结

如今，大学生对自己的未来有很高的期待。不幸的是，他们并非总是有明确的规划来实现自己的目标。使这种情形变得复杂的是，当前社会经济与劳动力市场的发展需要大学毕业生成为他们自己职业生涯的积极管理者。学业指导教师通过帮助学生建立教育和职业规划，认清大学专业与职业的关系和学会有效利用课程与辅助课程学习机会，在促进学生大学成功中发挥了十分关键的作用。通过提供基于理论的、无论从发展的角度还是具体情景来说都是合适的职业指导干预，利用经过实践证明的技巧，促使学生掌握、培养与学术和职场成功密切相关的能力、态度和行为等措施，学业指导教师正在促进学生学术与职业上的长远成功。

References

ACT. (2007a). Discover. Rerrieved December 1, 2007, from http：//www. act. org/discover.

ACT. (2007b). 2007 Retention/Completion Summary Tables. Retrieved November 18, 2007, from http：//www. act. org/path/policy/pdf/retain_ trends. pdf.

Astin, A. W. (1999). Student involvement：A developmental theory for higher education. Journal of College Student Development, 40, 518-529.

Astin, A. W. (2007). The American freshman：National norms for Fall 2006. Los Angeles：Higher Education Research Institute.

Baum, S. , & Payea, K. (2004). Education pays 2004：The benefits of higher education for individuals and society. Washington, DC：The College Board.

Bridges. (2007). Choices. Retrieved December 15, 2007, from https：//access. bridges. com.

Brown, D. (2002). Career choice and development (4th ed). San Francisco：Jossey-Bass.

Brown, S. D, . & Krane, N. E. R. (2002). Four (or five) sessions and a cloud of dust：Old assumptions and new observations about career counseling. In S. D. Brown & R. W. Lent (Eds.), Handbook of counselling psychology (3rd ed. , pp. 740-766). New York：Wiley.

Brown, S., Krane, N.R., Brecheisen, J., Castelino, P. , Budisin, I. , Miller, M. , & Edens, L. (2003). Critical ingredients of career choice interventions：More analyses and new hypotheses. Journal of Vocational Behavior, 62, 411-428.

Chartrand, J. M. , Martin, W. F. , Robbins, S. B. , McAuliffe, G. J. , Pickering, J. W. , & Calliotte, A. A. (1994). Testing a level versus an interactional view of career indecision. Journal of Career Assessment, 2, 55-69.

Cole, R. P. , Saltonstall, M. , & Gore, P. A. , Jr. (in press). Assessing student readiness to promote student success：A campus collaboration. Exploring the Evidence：Institutional Initiatives to Promote Student Success (Monograph No. 47).

Columbia: University of South Carolina, National Resource Center for the First-Year Experience and Students in Transition.

Csikszentmihalyi, M., & Schneider, B. (2000). Becoming adult: How teenagers prepare for the world of work. New York: Basic Books.

Daugherty, T. K., & Lane, E. J. (1999). A longitudinal study of academic andsocial predictors of college attrition. Social Behavior & Personality, 27, 355-362.

Ellis, D. (in press). From master student to master employee (2nd ed,). New York: Houghton Mifflin.

Gardner, J. N., Jewler, A. J., & Barefoot, B. (2006). Your college experience: Strategies for success (7th ed.). Belmont CA: Wadsworth.

Gordon, V. N. (2006). Career advising: An academic advisor's guide. San Francisco: Jossey-Bass.

Gore, P. A., Jr., & Keller, B. (2007, July). Promoting academic and career success: Critical concepts and strategies. Professional Development Institute presented at the annual meeting of the National Career Development Association, Seattle, WA.

Hitch, J, L., & Gore, P. A., Jr. (2005). Living in an information age: Occupational classification systems and sources of occupational information. In P. A. Gore, Jr. (Ed.), Facilitating the career development of students in transition (Monograph No. 43, pp. 61-86). Columbia: University of South Carolina, National Resource Center for the First-Year Experience and Students in Transition.

Holland, J. L. (1997). Making vocational choices: A theory of vocational personalities and work environments (3rd ed.). Odessa, FL: Psychological Assessment Resources.

Le, H, Casillas, A., Robbins, S. B., & Langley, R. (2005). Motivational and skills, social, and self-management predictors of college outcomes: Constructing the Student Readiness Inventory. Educational and Psychological Measurement, 65, 482-508.

Lent, R. W. (2005). A social cognitive view of career development and counselling. In S. D. Brown & R. W. Lent (Eds.), Career development and Counseling: Putting theory and research to work (pp. 101-130). New York: John

Wiley and Sons.

Leuwerke, W., Robbins, S., Sawyer, R., & Hovland, M. (2004). Predicting engineering major Status from mathematics achievement and interest congruence. Journal of Career Assessment, 12, 135-149.

Low, K. S. D., Yoon, M., Robert, R. W., & Rounds, J. (2005). Stability of vocational interest from early adolescence to adulthood: A quantitative review of longitudinal studies. Psychological Bulletin, 131, 713-737.

Metz, A. J. (2005). Selecting instruments and exercises to facilitate the career development of students in transition. In P. A. Gore, Jr. (Ed.), Facilitating the career development of students in transition (Monograph No. 43, pp. 27-43). Columbia, SC: University of South Carolina, National Resource Center for The First-Year Experience and Students in Transition.

NACE. (2006). Jobs outlook report. Retrieved February 2, 2007, from https://store.naceweb.org.

National Academic Advising Association. (2008). Advising issues and resources. Retrieved January 12, 2008, from http://www.nacada.ksu.edu/Clearinghouse/AdvisingIssues/index.htm.

Niles, S. (2000). Sophie's Choice: A values sorting activity. In M. Pope &C. W. Minor (Eds.). Experiential activities for teaching career counseling classes and for facilitating career groups. Columbus, OH: National Career Development Association.

O*NET Online. (2007). Retrieved December 1, 2007, from http://online.onetcenter.org.

Pascarella, E. T., & Terenzini, P. T. (2005). How college affects students: A third decade of research. San Francisco: Jossey-Bass.

Peterson, G., Sampson, J., Reardon, R., & Lenz, J. (1996). A cognitive information processing approach to career problem solving and decision making. In D. Brown, L. Brooks, & Associates (Eds.), Career choice and development (2nd ed.). San Francisco: Jossey-Bass.

Pope, M, & Minor, C. W. (2000). Experiential activities for teaching career counseling classes and for facilitating career groups. Columbus, OH: National Career Development Association.

Reardon, R. C., & Lenz, J. G. (1998). The Self-Directed Search and related Holland materials: A practitioner'sguide. Odessa, FL: Psychological Assessment Resources.

Robbins, S., AlIen, J., Casillas, A., Akamigbo, A., Saltonstall, M., Cole, R., Mahoney, E., & Gore, P. A., Jr. (submitted). Associations of resource and service utilization, risk level, and college outcomes.

Robbins, S. B., Lauver, K., Le, H., Davis, D., Langley, R., & Carlstrom, A. (2004). Do psychosocial and study skills factors predict college outcomes? A meta-analysis Psychological Bulletin, 130, 261-288.

Senecal, C., Julien, E., & Guay, F. (2003). Role conflict and academic procrastination: A self-determination perspective. European Journal of Social Psychology, 33, 135-145.

SkillScan Cardsort. (2007). Retrieved December 23, 2007, from http://www.skillscan.net.

Super, D. E. (1990). A life-span, life-space approach to career development. InD. Brown, L. Brooks, & Associates (Eds.), Career choice and development (2nd ed.). San Francisco: Jossey-Bass.

Swanson, J. L., & Gore, P. A. (2000). Advances in vocational psychology the oryand research. In S. D. Brown & R. W. Lent (Eds.). Handbook of counseling psychology (3rd ed., pp. 233-269). New York: Wiley.

Tracey, T. J. G., & Robbins, S. (2006). The interest-major congruence and college success relation: A longitudinal study. Journal of Vocational behavior, 69, 64-89.

U.S.Department of Labor. (2007).Occupational outlook handbook. Retrieved September 8, 2007, from http://www.bls.gov/oco.

University of Texas-Austin. (2008). Career exploration center: Services for students. Retrieved January12, 2008, from http://www.utexas.edu/student/careercenter/services.

附录：职业决策表

说明：在下面的职业决策表中写下你一直在考虑的三个职业的名字。使用职业信息网络在线（http://online.onetcenter.org）或职业展望手册阅读每一种职业（http://www.bls.gov/oco）。如果选定的职业与个人的重要特征相匹配，请在相应的框中输入"X"。如果您不确定，请输入"?"。

重要特征	示例：Zookeeper	职业#1	职业#2	职业#3
喜欢工作或任务的性质	X			
喜欢工作内容或环境	X			
已经具备必要的技能				
渴望发展必要的技能	X			
适合我的性格	X			
行业前景较好	?			
可接受的教育年限	X			
有晋升机会	?			
令人满意的潜在收入	X			
匹配我最重要的五个职业价值观 *（下面列出职业价值观）				
1				
2				
3				
4				
5				

完成工作价值列表：http：//www.du.edu/career/handouts/Values.pdf.

对表格的说明：

1. 看看表格中的问号，你还需要什么信息？

2. 看看表格中的X，列表中是否有一个职业比另一个更能满足你的需求？你认为每个职业的优缺点是什么？

3. 有没有列表之外的其他让你感兴趣的职业？如果有，您可能需要填写其他职业来完成另一个表。

4. 为了帮助你缩小职业选择范围，可以考虑做以下一项或多项工作：

a) 与家人、朋友和/或你的指导教师分享你的列表。

b) 与职业咨询顾问预约（特别是对选择职业道路或专业感到焦虑的时候）。

c) 为每个感兴趣的职业创建一个优缺点列表。

d) 参加某个（些）感兴趣学科的入门课程。

e) 与教某个（些）感兴趣学科的教职工交流。

f) 与某个（些）感兴趣职业的从业人士进行面谈

g) 观察某个（些）感兴趣职业的从业人士的工作。

h) 参加与探索专业或职业相关的研讨会。

第二部分
学生的多样性及学生的需求

弗吉尼娅·N. 戈登

本书的第一章概述了那些对高等教育和学业指导的地位产生了深远影响的历史性变革。在过去的这些年中，接受过学业指导的学生数量及学生特点已经发生了较大的变化。本书第二部分强调学业指导的核心和焦点是学生个体。关于这一点值得称赞的是，在美国大学的学业指导发展的大部分时期中，人们已经将学生作为了学业指导的中心。虽然学生的特点正在改变，但是学业指导促进学生学业和个人发展的根本目的却从未改变过。第二部分的内容将关注当今多样化的学生群体以及学业指导工作因此而面临的独特挑战。

克丽丝滕·肯尼迪（Kristen Kennedy）和詹妮弗·克里斯曼·伊斯勒（Jennifer Crissman Ishler）在第八章中将当前就读于我们学院和大学的学生的情况进行了描述。他们列举了一些对学生的学业指导需求产生了重要影响的因素。这些因素包括：学生的年龄、不同的录取方式、居住地、性别、性取向、种族或少数族裔身份、残疾以及网络在线学习方式。同时，他们还讨论了学生在被录取前的教育经历，包括对于大学课程学习在学术上进行准备的情况。这一章对当代大学生正在改变的态度和价值观进行了综述，并以此作为本章的结论。其中包括了政治社会事务、家庭事务、身心状况以及获取高等教育的途径、高等教育费用的支付以及技术发展等因素对学生所产生的影响。

第九、第十和第十一章描述了学生在进入大学前、大学期间和大学毕业后三个时期中所经历的转化。第九章聚焦于第一次进入大学的学生的需求，以及正转出或转入高等学校学生的状况。玛丽·斯图尔特·亨特（Mary Stuart Hunter）和利娅·肯德尔（Leah Kendall）阐述了学生进入大学会遇到的各种问题，包括录取前需要克服的种种困难以及他们第一次面对全新的自由、规则和学业挑战时的困惑。为了跟上当前大学生人口统计特征的变化，作者还对不同类型的学生进行了描述，包括千禧一代、重返校园的成人学生、国际学生和转学生，以及有着残疾或者相关心理问题的学生。学生家长的期盼影响了许多学生对于大学的看法。正如作者所论述的那样，从事学业指导的老师必须明白"招收一个学生，时常意味着招收整个家庭"。对于来自不同背景、有着不同能力和兴趣的学生来说，学习高等教育的文化及其制度是一种挑战。在这三章中，很多建议都被提供给了学业指导教师以帮助他们指导学生成功地融入新的环境和文化。

在第十章中，乔治·斯蒂尔（George Steel）和梅林达·麦克唐纳（Melinda McDonald）讨论了特殊群体学生在大学期间的转变。这些群体包括在学业和职业选择、专业选择、进入发展性学习或补偿性学习诸问题上完成了从迟疑不决到能做出决定的学生。学生还面临着基本政策规定方面的衔接问题（比如，允许学生在进入大学时暂不定专业、一个专业是有条件的录取或者是特殊招生、补偿性课程的选修要求等）。针对正在大学阶段经历那些极具挑战的衔接转换问题的学生，作者运用"学业指导—心理咨询责任连续体"框架为学业指导教师提供了帮助学生的方法。

在第十一章中，通过对学业指导教师在学生从大学生活顺利过渡到毕业后的职场生活的过程中所扮演的重要角色的剖析，阐述了学生的大学经历中最后的一个阶段。詹妮弗·布卢姆（Jennifer Bloom）不仅描述了关于学生进入工作的角色转换，还描述了进入长远教育经历（如研究生或专业学校）和进入公共服务机构（如和平队，一个"为美国而执教"的非营利性机构）的转换问题。她建议学业指导教师使用赏识性学业指导的四个步骤（即发现、梦想、设计和实现）来帮助学生规划他们的未来。她列举了"自主发展七步走"模型来说明学业指导教师们如何帮助学生处以大学为出发点的"发展"转化。

布莱恩·哈丁（Blane Harding）讨论了其他有着特殊需求的学生群体的情况。在第十二章，他把焦点放在能力很强的学生、学生运动员、有着相关残疾情况的学生、第一代大学生、返回学校学习的成人学生，以及男同性恋、女同性恋、双性恋或变性人学生等群体。因为一些学生在上述群体中有时可能会出现身份重叠，所以要简单地把他们归入某一组别当中是不可能的。即便如此，这一章还是描述了这些学生的特殊需求，并建议使用特殊的指导技巧，包括工作联盟的建立、文化胜任力的习得以及指导关系的构建等。作者强调，从事学业指导的老师们必须了解学生希望自己被当作普通个体来对待，而不是被贴上有着"特殊需求"或"特殊群体"的标签。

在第十三章中，埃维特·卡斯蒂略·克拉克（Evette Castillo Clark）和简·克莱因兹（Jane Kalionzes）将焦点放在学生的肤色差异上，包括美国的非洲裔学生、亚太岛民美国人学生、拉美裔学生、印第安人学生以及多民族和混血人种学生。虽然国际学生和美国学生一样，也面临着许多同样的问题，但是，他们所面临的额外的挑战对学业指导教师提出了要求，需要学业指导教师以特殊的学术和学科知识参与到辅导中来。越来越多的大学生来自不同的民族，有着不同的文化背景，他们所表现出的一些值得重视的问题需要得到特殊的关注。这一章描述了这些学生理解和认知指导过程的不同方式，并提供了特定的指导策略。

第二部分的这些章节提供给了我们关于当今大学生的综合画像以及他们在背景、需求和关注焦点等方面惊人的不同。作者列出了一些非常有用的建议以帮助学业指导教师们对自己所指导的学生能够有更深层次的了解，同时还帮助他们根据学生独特的学术、个人以及社交需求进行因材施教。这些独特的需求对学业指导的实际操作持续地发起挑战。

第八章

正在变化的大学生

克丽丝滕·肯尼迪　詹妮弗·克里斯曼·伊斯勒

为了更有效地完成学业指导，学业指导教师应该对正在改变的学生人口统计学特征、学生的个性或特点以及他们的经历非常熟悉。当今高校学生的人口统计学数据状况与三十年前大不一样。现在的他们并不一定局限于传统的大学生形象：18 岁、来自中产阶级、白种人、异性恋、刚从高中毕业，同时还计划着完成全日制的大学学习以及在四年内毕业。本章列举了现代社会中大学生在许多方面发生了的变化及数据资料，分析了这些变化对学业指导的影响。

变化中的人口统计学特征

这一部分对大学生在年龄、报到注册情况、居住地、性别、性取向、种族或少数民族族裔、是否是国际学生以及是否残疾等方面发生的改变进行了综述。

年龄结构

2005 年，27% 的大学生年龄在 24 岁以下。从当年高校录取数据来看（包括研究生和专科学生），37% 的学生在 25 岁左右或者更年长一些（Almanac，2007）。已成年的学生很可能有以下特点：（1）在高中毕业后的第一年甚至更晚一些进入高等学校学习；（2）非全日制学习；（3）经济上独立，不依赖父母；（4）全职工作；（5）除了配偶外还有其他亲属；（6）是单亲家长；（7）有同等学力以代替高中文凭（国家教育统计中心［NCES］，2002）。在过去的十年中，高校录取的本科生年龄维持在一个比较稳定的水平，同时，2005—2010 年，在美国教育部对高等教育入学学生数量的年增长计划中，25 岁以上进入高等教育的学生的数量的年增长率比 18—21 岁入学的传统年龄的学生的增长率更低［NCES，2004］。

这些成人学生与传统年龄的学生相比，大学毕业率也更低。贝尔克、霍恩以及卡罗尔（Berker, Horn & Carroll, 2003）发现，在开始高等教育学习起的六年里，62%的成人学生没能得到相关学位或文凭，并且再也没有返校就读。从某种程度上说，这可以被归因于这些成人学生在试着完成学业时所面临的障碍和困难。席尔瓦、卡拉汉以及拉西瑞诺-帕奎特（Silva, Calahan & Lacireno-Paquet, 1998）发现，这些非传统型的学生有四个共有的障碍：缺乏学习时间、家庭责任、课程时间和地点的安排、所学课程的费用。

与传统年龄学生相比，成人学生还可能会有更多的学业问题。他们的学习安排与计划很容易受到他们学习之外所承担的事务的影响。比如，这些有了家庭和孩子的学生在平衡他们的学习与生活时需要帮助。比起面对面的互动，他们或许需要更多地依赖电子邮件这样的交流方式，并更多地使用在线学习。学业指导教师们需要考虑提供下午 5 点之后和周末的时间段向他们提供帮助。在这个时间段，这些学生才有更多的空闲时间。成人学生或许会感到无法融入以传统学生为主的教室学习当中，并且，如果他们因为某种原因在一段时间内无法学习，他们将需要补偿性的学业帮扶。

注册状态

与从前学生进入一个四年制学校并完成四年全日制大学学习的状况大不同的是，学生的注册类型已经发生了彻底的变化。现在的学生有着更多的选择，他们可以选择全日制学习或非全日制学习；可以选择公立学校或私立学校，考虑到经济因素，还可以选择在线学校；可以参加两年或是四年的学习；在不同大学之间转学；甚至是同时参加几个学校的学习，这种现象被称为"转陀螺"（swirling）。

比如，在 1995 年，57%的学生参加一个学年或学年中一部分时间的全日制学习（Almanac, 1995），而在 2004 年，这一数据降至 41%（Almanac, 2007）。非全日制学生中的大部分人年龄都在 22 岁至 39 岁，并且选择参加两年制的学习（Almanac, 2007）。在 1993 年，21%的学生选择就读于公立四年制学校，而 19%的学生选择私立学校（Almanac, 1995）。相较而言，在 2004 年，30%的学生选择公立四年制学校，仅有 13%的学生选择了私立学校。选择就读公立两年制学校的学生比例从 1993 年的 37%（Almanac, 1995）增长到 2004 年的 40%（Almanac, 2007）。选择就读私立两年制学校的学生，从 1993 年的 2%（Almanac，1995）增长到 2004 年的 7%（Almanac，2007）。8% 的学生选择营利性的私人高等教育机构学习（Almanac，2007）。

在 2005 年的秋季学期，接近 320 万学生接受了至少一门课程的在线学习，相比较于前一年所报道的 230 万有了一个较大的增长（Allen & Seaman，2006，p.1）。学习在线课程的学生中，超过 80% 的学生学习的是本科水平课程，只有 14% 的学生学习的是研究生水平的在线课程（Allen & Seaman）。根据全美大学生学习性投入调查（NSSE）的数据，在线和远程学习的学生较普通的本科生而言年龄稍长。作为新生的远程学生的年龄中位值是 25 岁；三年级时年龄中位值是 32 岁。就传统年龄的大学生来说，进入大学的第一年应该是 18 岁，第三年应该是 22 岁（NSSE，2006）。

转学生组成了入学学生的重要部分，特别是那些来自社区大学的学生。在 2001 年，社区大学里以得到学分为目的的学生群体中 22 岁以下的学生占 42%，24 岁以下学生占到首次就读社区大学学生的四分之三。NSSE（2006）发现，55% 的转学生在职业技术学校、社区大学或专业学院完成了大部分课程的学习。

处在复杂的"转陀螺"中的本科生人数日渐增长。这是指那些在好几个社区大学、公立大学和私立大学之间不停转学的学生，或许他们在同一个学期内还在不同的学校学习（Rab，2007）。"转陀螺"学生必须像玩杂耍一样在大学之间奔袭，还需要把控好复杂的财务状况，以及明了哪一堂课需要转换到哪个学校进行学习（Smith Bailey，2003）。另一个值得思考的事情是"这些把不同学校接受的教育拼凑在一起的学生，最终能否得到一幅关于自己教育的完整画面呢？"（Smith Barley，2003，p.38）作为学业指导教师，要能够识别这些"旋转的陀螺"学生，并了解他们正在学习的课程状况，同时帮助他们知道如何选择那些可以得到学分的课程。对于这些学生最终能够在哪所学校被授予学位的讨论非常重要，而与其他学校就学生转学达成一致，则有助于此过程。

根据不同学生的入学方式和类型，他们需要不同的辅导。那些非全日制学习的学生在安排课程方面相比全日制学习的学生而言更难，他们也许无法得到一些有针对性的服务和帮助。那些在转学中学习的学生，需要获得帮助以评估"下一个"学校。不同的学业指导机制都需要利用网络信息技术来帮助这些在线学习的学生完成方向确定、注册入学和获取辅导。

住宿情况

殖民地时期的高等教育中,哈佛大学和耶鲁大学的学生都住宿在这些寄宿制学校中。那时的大学校长认为,良好的住宿条件对于促进学生的学术成功来说至关重要,并且,保障良好的住宿条件和良好的教室设备条件同等重要(Brubacher & Rudy,1999)。现在有充足的证据表明,只是因为居住在校园里,现在的学生就不仅在学术上,而且在社交上都能受益匪浅(Pascarella & Terenzini,2005)。这些益处的影响在学生进入基于宿舍的学习共同体时会被放大。这些学习共同体也被定义为"一个宿舍教育单元……这个单元的组建以学术主题或方法为基础,并且试图将学习和宿舍生活整合起来"(The Residential Learning Communities International Clearinghouse,2006,p.1)。学生所能得到的这些利益包括师生互动的增强、学生认知发展加强、学术成就和选课率的提高、学生学习性投入的提高以及学生同辈之间的交流得到增加(Pascarella & Terenzini,2005)。

但是,今天的高校中仅有15%的学生居住在校园内,25%的学生和他们的家人居住在一起,60%的学生在校外住宿(Almanac,2007)。以上提到的学生从宿舍区学习共同体中得到好处的情况并不适用于大多数的学生。他们必须寻求其他的方式以获取这些益处。比如,成为校内某个学习共同体的校外联络人员,参加校园活动和加强与学校及相关人员之间的交流互动。

性别构成

在殖民地时期的美国,进入和完成大学学习的权利只属于白种人的盎格鲁—撒克逊男性。直到1833年,奥博林(Oberlin)开放成为第一个男女同校的学校时,女性才有机会接受高等教育。在1865年,作为女校的瓦萨学院成立(Geiger,1992)。自从那时起,女性接受高校教育的数量开始增长。在1979年,女性进入高校的数量第一次与男性一样多(Woodard,Love&Komives,2000)。当前,女性占接受高等教育人口数量的55%。现有研究中"变性人"大学生的性别认同问题的研究很少涉及(Carter,2000;Connolly,2000;Rankin & Beemyn,2008;Wilson,1996)。(请在第十二章中查阅关于这些学生的更多信息)

学业指导教师必须了解的是,即使女性已经在高等教育中占多数,但她们仍然在课堂内外受到教职员工、管理人员和其他学生的性别歧视和性骚扰,还会遭受基于性别的陈旧观念的影响以及受到其他的不公平待遇。比如，女性学生在传统上由男性掌控的领域中，需要得到如何解读其课堂学习经历和朋辈相处经历等方面的帮助。老师必须对于女性学生的独特需求保持敏感，并且需要使用校园的相关资源帮助她们解决问题。

性取向

性取向，指一个人经历的同性吸引和浪漫关系的程度，在从完全的异性恋到完全的同性恋这一连续变化过程中处于哪个位置（Balsam & Mohr, 2007）。认为自己是女同性恋、男同性恋、双性恋或者变性者的比率很难评估，因为他们中的很多人都不愿意将他们的性别取向告知于人。但即便如此，评估结果LGBT在人群中仍然高达7%。（Eyermann & Sanlo, 2002）

女同性恋、男同性恋、双性恋、变性者、酷儿和性取向不明的学生（LGBTQQ）在高校校园中属于性取向少数群体。兰金（Rankin, 2003）在对国内1700个自我认定为女同性恋、男同性恋、双性恋、变性者的教员、学生和职员进行研究发现，对LGBTQQ人士而言高校并不是一个包容和鼓励其存在的环境。同时，他们也是遭受非议和排挤的受害者。

从某种意义上来说，一个学生的性别取向和学业指导教师的工作范畴并不相关。从另一方面来看，以上提到的这些学生会因为他们的性别取向而迷惑，也可能会遇到学业上的困难。这就应该是一个属于学业指导教师的工作范围且值得考虑的问题。值得注意的是，老师们应该针对学生的性别取向相关的问题有相应的知识和意识，并且了解哪些校园服务能够帮助这些学生和给他们提供建议。学业指导教师可以参加安全空间培训（safe space training）①，并且在学生容易看到的地方张贴安全空间的logo，以此表达对LGBTQQ学生的接纳。

种族和族群

少数族裔大学生入学的数量有所增长（Almanac, 2007）。少数族裔大学生入学的总数从1995年的23.4%增长到2005年的30.1%。现在少数族裔学生在高等教育中的入学比例和美国人口比例分布相一致；正如2000年人口普查数据显示的那样，少数族裔人口已经占到了29.9%（U. S. lensus Bureau, 2001）。根据2000年的人口普查数据，0.9%的美国人口是美国原住

---

① safe space training：安全空间培训。在美国，针对LGBTQQ人士，对于那些愿意了解他们、与他们交流和帮助他们的人开展的培训，旨在帮助人们与LGBTQQ人士友好相处。

民。亚裔人口的入学人数增加了42.3%并占2005年高校入学人数的6.5%。在2000年，亚裔人口占美国人口总数的3.6%。黑人（非拉丁裔）入学人数增加了50.3%，并在2005的入学人数中占12.7%。这一百分比与整个美国的人口组成情况基本一致，黑人占了全部人口的12.3%。拉丁裔入学人数与2000年的6%相比增加了72.1%，2005年拉丁裔占据了全美人口的10.8%。白人以及非拉丁裔学生的入学数量增加了11.5%，但是白人学生的数量却在总入学人数中从1995年的72.3%下降至2005年的65.7%。在2000年，白人占总人口的69.1%。以下各州在2005年有着很高的少数族裔人口百分比：夏威夷（66%），新墨西哥州（54.8%），加利福尼亚州（53.8%），华盛顿特区（45.8%），得克萨斯州（44.1%），密西西比州（41.1%）。两年制高校的学生中少数族裔所占比例最高（在两年制的私立学校达到47.3%，在两年制的公立学校占36.4%），而在四年制高校，少数族裔学生占据学生总数的刚超过四分之一（在四年制私立学校占27.2%，在四年制的公立学校占27.5%）。

少数族裔间的差异或许和他们个体间的差异一样突出（Crissman Ishler，2005）。比如，在拉丁裔、亚裔、美国原住人群以及非洲裔美国人中，就有着不同的历史、传统和文化。这意味着，基于种族和民族的粗略分类而得出的关于具体的学生的结论，其负面影响将大于正面影响。学生中多个人种通婚的后代人数不断增加，这使得对学生的分类更加复杂化。

学业指导教师需要平等地对待所有学生。不管学生的人种或民族是什么，他们都应该拥有尊严并被尊重。但是，老师们也应该知道，少数族群学生在高校中很可能比那些主流人种的学生经历更多的困难。他们的特殊问题需要得到解决。老师们需要了解这些问题，并且直面这些问题或者帮助学生利用适合他们的校园资源。

国际学生

国际学生在接受本科、专业教育和研究生教育中的人数均有增加，已经从1995年3.2%增加到2005年的3.3%，国际学生数量在所有他国来美人口中呈现出28.7%的总体增长（Almanac，2007）。但是，从2002年到2005年来看，整个国际学生的入学人数下降了1.0%，这可能要归因于"9·11"事件后政府加强了入境学习的管理。从印度、中国、韩国以及日本来的国际学生，占到了美国国际学生总人数的45%。

合法和非法移民的学生同样需要关注。据估计，今天的美国有5万名未在相关文件中记录其情况的高校国际学生。"未在相关文件中记录情况的国际学生"指的是"一个外国人（1）进入美国但没有经过检查审批或凭借欺诈性的文件；或者（2）以非移民签证合法进入，但是接下来没有遵守他或她应该遵守的条例，并且在没有授权的情况下继续留在美国"（Badger & Yale-Loehr, p.5）。高等教育牵涉的问题很多。比如，立法讨论聚焦在是否允许非法移民的孩子进入公立高校学习（Field, 2006a, 2006b; Hebel, 2006, 2007; Keller, 2007）。移民的涌入，尤其是那些第一语言是西班牙语的人们，会更需要在高校接受英语作为第二语言的培训课程，为他们以后的英语教学课程做准备。

学业指导教师必须对于这些未在相关文件中记录情况的学生所面临的特殊困难，包括语言和文化的不同，以及缺乏社会的支持等情况非常明了（Field, 2006）。当这些学生的家人仍然留在原来的国家，且这些学生无法回家探望时，他们也要面对被排挤和孤独的感觉。其他的非法移民则担心自己怎么付清学费，以及在拿到学位之后能找到什么样的工作。被驱逐出境的可能性随时存在。且不论参议院在2007年关于移民的议案的争议性，一些教育领域的领导者已经在呼吁非法移民的学生应获得合法的地位和州立大学学费的减免（Dervaric, 2007）。但是，其他人并不像他们那样愿意为非法移民们呼吁和提供帮助。亚利桑那州"投票以阻止那些在美国的非法居民获得州内学费减免或者学生资助"（Almanac, 2007, p.3）。康涅狄格州的官员"否决了给予那些从州内某高中毕业的非法移民学费减免的议案"（Almanac, 2007, p.3）。

学业指导教师们必须帮助移民学生做好准备，不管他们的身份是合法或非法。因为，他们会寻求各个方面的帮助，从经济帮助、签证问题到就业咨询，再到情感支持。针对这些问题，老师们必须非常了解和精通，同时明确地知道什么样的校园和社会资源能够让这些学生得到帮助。

残疾学生

韦氏词典（Merriam-Webster）将残疾（disability）定义为"1 a. 残疾，有身体缺陷的情况；b. 因为生理或心理的缺陷而导致没有能力去胜任工作；以及一个用以资助受残疾（在受伤后成为残疾）影响人士的项目。2：缺乏合法的资格去做某事。3：被取消资格，受到限制或劣势突出"（Merriam-Webster, 2007）。事实上，残疾学生有着视觉、听觉、表达或骨科类问题、特殊学习障碍、注意力缺失症、心理疾病、健康损伤或者是其他方面的情况。

关于残疾学生的相关数据一直以来比较散乱并且不完整，但是总的来说，有着残疾情况的学生数量正在增加。在1995年的秋季，6%的入学本科生被发现有残疾（NCES，1999）。在这些学生中，6%的学生有残疾，20%的学生有学习障碍，23%的学生有骨骼类残疾，16%的学生有听力障碍，16%的学生有视觉障碍，3%的学生有语言障碍，21%的学生有其他类型的残疾。在2003—2004年，11.3%的入学学生被认定有残疾（Almanac，2007）。在1973年的康复法案和1991年的美国残疾人法案中对残疾有定义和概述。美国残疾人法案授权相关教育机构在学生提供能够证明他们残疾情况的文件时提供"合理住宿安排"。

传统观念中，残疾往往被假设为生理上的，容易被辨识，但是一些残疾是隐藏的，比如注意力缺失症、注意力不集中症以及其他的学习障碍。高校中有着隐性残疾的学生百分比从1978年的3%增加到1998年的9%（Foster，2001）。根据《精神疾患与统计手册》（第4版），这或许是因为人们对诊断疾病有了更好的认识和更多详细的标准。从事学业指导的老师们或许并没有意识到有的学生有隐性疾病，除非是学生自己愿意将这一信息透露出来。因为《残疾人法案》中的保密原则，为残疾学生服务的教职员工不能将学生的残疾信息透露给从事学业指导的老师们。合理的住宿安排大多会被学校残疾学生服务部门提出并将此要求直接传达给相应的教职员工。

有研究显示，有残疾的学生更不容易坚持完成学业（NCES，1999）。有残疾的学生"更容易有一些特质，而这些特质与容易懈怠和更低的学位获得率相关"（NCES，1999，p. vi）。这些特质中的一部分，包括通过GED测试以取得进入高校的资格、年龄更大、有着除了配偶外的亲属。残疾学生毕业后，趋向于像自己的非残疾同伴那样有相似的机会得到一个工作或被批准进入研究生学习。

学业指导教师首先需要意识到，合理的住宿安排对于残疾学生来说不仅能满足个人需求，从法律上来说更是必需的。学业指导教师必须知道和理解什么是合理的住宿安排，并帮助这些学生解决在教室内外出现的安置问题。同时，也需要对用以帮助残疾学生的校园服务非常熟悉，老师们还应该意识到一些残疾学生并不希望自己的情况被人们所了解，他们的隐私需要被尊重。

正在发生改变的学生特点

高校学生的改变并不仅限于人口统计学特征,他们的态度和价值观、家庭事务、心理和生理健康状况、学业的准备状况、学术不端行为以及财务状况也都不同。

态度和价值观

学生们在政治观点上变得越来越极端;保持中立观点的人数正在减少,更多的学生要么给自己打上支持自由党,要么支持保守党的标签。比如,乌尔塔多和普赖尔 2006 年的调查显示,28.4%的学生支持自由党,另有 23.9%的学生支持保守党(Hurtado & Pryor,2006)。2006 年是自 1975 年以来有明确政治态度的学生的比例最高的年份,即使与 2005 年相比也增加了 1.3%(两个党派的数据同时增加)。认为自己处于两种政治倾向中间的学生占总数的 43.4%,这一数据是自 1970 年以来最低的,并且从 2005 年到 2006 年这一数据下降了 1.7%。

学生对于社会问题有着深刻的看法。根据 Almanac 在 2007 年的研究,74%的学生想要联邦政府加强枪支控制;78%的学生相信联邦政府可以在控制环境污染这个问题上做更多的工作;73%的学生认为国家健康保健计划应该要囊括每个人的医疗费用;61%的学生认为同性伴侣应该有权享受合法的婚姻。当问及他们的人生中需要优先完成的事务时,76%的学生将养育家庭列为第一位;将生活富裕列为第二位,这占到了 74%;帮助他人成为他们选择的第三位,占总数的 67%,这在过去十年中达到了最高的位置。

这些态度和价值观的改变对于学业指导教师来说可能没有直观的含义,但是它们却实实在在地构成了建立指导关系的背景。

家庭事务

美国家庭的定义经历了巨大的改变。每个家庭都必须要有父亲、母亲及一个或两个孩子的观念已经一去不复返。取而代之的是更加宽泛的现代家庭概念,现代家庭概念包括单亲家庭、继父母、异母同胞或异父同胞、祖父母,以及有两个母亲或两个父亲的家庭。

"直升机父母",这个词语是在 20 世纪 90 年代早期创造出来的(Zeman,1991),但是最近才得到国内媒体的关注(Lipka,2005;White,

2005)。"直升机父母"指的是那些"盘旋在他们已经达到读大学年龄的孩子上空,并且挑战政府决定"的父母(Lipka,2005,p. A22)。当学校行政人员认为"直升机父母"对学生迈向独立的成长起着负面作用时,这些家长却认为他们的角色能够保证学生的成功和幸福。根据大学理事会的记录,"直升机父母"已经干涉了学生的室友矛盾、干预了注册选课、旁听职业咨询辅导并且质疑教授给学生的评分等(《如何避免成为直升机式父母》)。《家庭教育权利和隐私权法案》已经更全面地诠释了教育机构和父母之间的关系,该法通过在没有学生同意的情况下,学生的教育记录不能告知包括父母在内的任何人的方式来保护学生。在该法中,有相关条款允许,但是并不要求教育机构将学生的成绩等教育记录告知家长。

家长可能想要参加对学生选课的咨询辅导,以影响学生的课程选择。因为处在传统年龄的学生,其家长更多地资助了孩子的教育,所以,他们感觉他们有权利参加这些讨论。在大学适应性教育中提前设置父母与学校关系的合理期望,有利于预防类似的矛盾。当传统年龄的大学生在处理他们的"直升机父母"带来的相关问题时,非传统的、年龄更大的学生可能正忙于安顿好他们正在老去的父母、离异的或单亲父母。平衡好学业负担和家庭责任,如照顾年迈的父母、配偶或者子女,是非常具有挑战性的。财务问题,找到一个可靠的、质量较高的托儿所,这些是另外一些影响着学业的重要问题(Lipka,2005)。

在 20 世纪 70 年代,学生权益得到扩大以及立法保护学生隐私之后,许多学业指导教师认为,与家庭和父母的合作是不合适并且违法的。真实的情况是,家庭和父母对学生来说有着重要的影响,忽略这层关系,就是忽略他们可能给予的帮助。但是,这必须在学生的最大利益得到保障和得到他们同意的情况下才能完成。同时,也有"直升机父母"过度干预的情况;老师们应该清楚地了解如何在大学的制度和法律范围内处理这样的问题。

心理健康

学生心理和身体的健康情况对于他们是否能集中精力学习有影响(Pascarella & Terenzini,2005)。罗伯特·加拉格尔(Robert Gallagher)每年都完成《全国心理咨询中心主任调查报告》(2006),报告称有 92% 的心理中心主任"认为有着越来越严重心理问题的学生人数的增加已成为他们中心高度关注的问题,77% 的心理中心主任认为,这也是学校行政部门逐渐关注的问题,67% 的认为教职员工在关注这个问题,并且 81.5% 的人认为这已成为学生住宿管理人员高度关注的问题"（p.5.）。根据调查数据，心理咨询中心主任声称平均来说他们的员工为9%的注册学生提供了相关服务。而这些接受过服务的学生中有四分之一仅仅只前来接受过一次咨询服务（Gallagher, 2006, p. 4）。

加拉格尔在2006年的研究认为，咨询师们花了80%的时间解决学生的个人问题，6%的时间是关于职业规划问题，8%关于学业问题。高校学生会感到负担过重，美国大学健康学会（ACHA）的报道称75%的高校学生有这样的感觉，并且35.5%的学生因为情绪太低落而导致有时无法正常生活学习（ACHA, 2007）。加州大学洛杉矶分校（UCLA）发现，从1985年起，大学新生的情绪健康发展已经低于平均水平（2002）。其他相关数据包括：

15.9%的高校女性和8.5%的男性在一段时间里被诊断出有抑郁问题（Ross, 2004）。

据报道，在此前一年内，11%的高校学生曾经考虑过自杀（Ross, 2004）；并且，在过去的一年当中，77%的大三学生时常或有时感到沮丧，而61%的学生在他们初进大学时就有这样的感觉（Higher Education Research Institute, 2004）。

应对机制没能得到充分发展的学生，或那些没能得到心理健康专家帮助的学生，会通过酗酒、吸食毒品、滥用处方类药物、自残或者过度饮食等一些方式来释放自己的压力。酒精和毒品的滥用（包括非法和处方类药物）对于学生来说有负面影响，包括宿醉和暂时的丧失意识、在身体状况不好的情况下驾驶、高风险的性行为、攻击和死亡（Wood, Sher, & Rutledge, 2007）。一些学生通过自残来寻求暂时的解脱，在这样的情况下，人会试图通过不会引起死亡的身体残害来伤害自己（Robert-Dobie & Donatelle, 2007）。大约有1%的成年人和12%的青少年陷入了自残的行为中（Robert-Dobie & Donatelle, 2007），而这样的行为是处理强烈情感、紧张的压力或其他让人烦恼的关系的一种方法。一些学生，尤其是女性，可能会用易饿症和神经性厌食症来对抗心理的烦恼。易饿症，是由于周期性的进食放纵，并且接着被强制性的通便造成，这一病症影响了约占总人口1%到2%的人们（Wilson, Grilo, & Vitousek, 2007）。神经性厌食症是"指那些追求通过饮食节制或其他方式而成功得到苗条身材的行为"（Wilson, Grilo, &Vitousek, 2007, p. 199）。这两种症状都根源于心理健康问题，它们都有严重的医学上的后果。有心理问题的学生应该向心理健康专家求助。

有证据可以证明经历心理问题的学生更易于遭受学业困难或放弃学业

（Wilson，Mason，&Ewing 1997），也有证据表明，被问题困扰的学生会向学业指导教师寻求帮助（Winston，1996）。因此，学业指导教师或其他教职工都应该对有困难的学生及其情况保持警觉，并且给出恰当的参考意见。

生理健康

传统入学年龄的学生可能有过用酒精或毒品作为解决情感及心理健康问题的经历。在1999年、2000年和2001年，酒精和药物滥用调查项目组（the Core Alcohol and Drug Survey）在438所高等教育机构中针对一年级新生进行了调查（Meilman&Persley，2005）。结果令人震惊：大一新生事实上过度消费酒精，虽然他们并无权合法购买酒精。受调查者中的女生平均每周喝酒3.9杯，男生则平均每周喝酒8.6杯。根据迈尔曼（Meilman）和普雷斯利（Presley）的调查，每四名一年级新生中就有一名"平均每周饮酒达十杯甚至更多"（p.450）。过度饮酒的后果包括宿醉、醉驾、呕吐以及失忆。参与调查的学生称，他们饮酒是为了能够增进社交活动，打破人际坚冰，让自己能够参与到大家的活动中去，以及为了能够得到更多的欢乐。

在传统年龄入学的大学生也可能会陷入危险的性行为中，并且可能会因此成为性病的感染者。而受到此类感染的学生比率在传统年龄的大学生中是最高的（Afifi & Weiner，2006）。每年大约有一千九百万的新感染者被诊断出，他们中接近一半的人年龄在十六岁到二十四岁（CDC，2006）。根据阿菲菲（Afifi）和韦纳（Weiner）的调查，感染者因此而患有性病并可能引发癌症、神经系统症状、盆骨炎症疾病、不孕症、异位妊娠和早产。那些陷入了危险性行为的学生也可能会接触到艾滋病病毒并感染艾滋病。根据CDC的数据，每年大约新增4万名艾滋病患者和艾滋病感染者。

所有这些生理健康的因素都会引起学生在情感、心理以及经济方面的忧虑。有健康服务中心的学校可以提供咨询服务以满足那些需要医疗援助或咨询服务的学生的需求。在没有这类服务的学校里，学业指导教师们必须清楚地知道可以解决学生生理健康问题的社会医疗措施和设备。

学业准备

"确切的真相是，学生在大学里取得的所有成功都和其进入大学前的学业准备和成就有着紧密的联系"（Kuh，2007，p.4）。大部分高中生声称，他们想要继续接受高等教育，但是他们中的许多人却没能投入到能够帮助他们做好大学学习准备的学习活动中去（McCarthy & Kuh，2006）。根据2004

年的社区大学学生学习性投入调查（CCSSE），大概有接近一半（47%）的受访者每周仅学习三个小时或者更少的时间，这一时长大大少于四年制大学里的一年级学生的学习时间，他们的平均学习时间为十三至十四个小时。该调查还发现，每周仅学习三小时或更短时间的高中生中，有三分之二的学生居然大部分课程都还能够得到 A 和 B 的考试成绩。

重新改版的 SAT 考试在 2005 年 3 月第一次实行。与之前的版本相比，新版本不仅包括以前的口试和数学等测试，还包括了写作测试。SAT 的平均分在过去的十年间有了缓慢的增长，但是随着新版本的问世，平均分又有了略微下降。大学理事会负责研究的副主席韦恩·卡马拉（Wayne Camara）称，"大学理事会已经完成了一系列实质性的研究，其结果显示，没有任何证据表明 SAT 考试的改革导致了今年和去年的学生考试成绩平均分之间细微的差别"。

在 1986 年到 1987 年，参加 SAT 的学生的平均分为：口试 507 分，数学 501 分（NCES，2005）。在旧版本还在使用的最近十年间，口试平均成绩是 508 分，数学平均成绩是 520 分。在新版 SAT 投入使用后，在 2006 年，批判性阅读平均分数下降了 5 分；数学平均分下降了 2 分，至 518 分。在 2005 年至 2006 年，所有科目的总分数保持不变。

一些学生在入学前没有能够完成在大学所需要的课堂学习。那些没能为大学学习的严格要求做好充分准备的学生需要接受发展性的课程。这些课程时常由国家规定，并且，有一些州会提供分班测试，从而为学生安排恰当的大学课程分班学习（Jenkings & Boswell，2002）。在社区大学中，需要接受补偿性课程的入学学生比例，不同的州情况各不相同。各州的比例从亚拉巴马州的 10.4% 到田纳西州的 70.9% 而变化（Jenkings & Boswell，2002）。在四年制的大学里，需要接受补偿性课程的入学学生比例从康涅狄格州的 5.5% 至印第安纳州的 50%。当一些学生无法为大学的变化做好准备时，另一些学生则在学业上需要一些额外的挑战。当一些学校无法提高他们在新生录取方面的门槛时，荣誉课程（honors programs）则被用来吸引那些能够达到更高水平的学生（Seifert, Pascarella, Colangelo, & Assouline，2007）。

大多数专职学业指导教师都擅长处理这些没有做好充分学业准备的学生的问题，为他们提供切实有效的帮助。但是，仍然有一些担任学业指导的任课教师可能在处理这类情况方面还没有做好全面的准备，并且在决定如何帮助学生时需要得到协助。幸运的是，大多数高校都提供了发展性课程和相关咨询，从而为那些没有做好准备的学生提供一个公平的机会。

学术不端行为

学生在学术上的不端行为，如作弊和抄袭，在最近的几十年中有所增加（McCabe, Trevino, & Butterfield, 2001）。麦克凯和特雷维诺在1997年对所选择的31所的大学和学院中6000名学生的调查发现，70%的学生在考试中曾作弊，84%的学生承认在完成课程作业过程中曾抄袭，近一半的学生承认在完成作业中和其他学生有不恰当合作情况。作弊的情况同样出现在不同的种族和社会阶层中（Chchoran, Chamlin, Wood, & Sellers, 1999; Tang & Zuo, 1997）。性别和学术不诚信之间似乎存在着某种关系（Crown & Spiller, 1998; McCabe & Trevino, 1997; Whitley, 1998），男性学生在这一方面较女性学生而言更容易发生作弊或欺骗行为（Storch & Storch, 2002; Tang & Zuo 1997; Tibbetts, 1999）。

对于学业指导教师来说，学术上的不诚信并不容易解决。事实上所有的学校都有针对学术不端的相关规定。但是，在做相关解释时往往不够清晰，在运用方面也参差不齐。学业指导教师可能会发现，他们尴尬地站在问责的教职员工和被指责的学生中间，特别是在学生否认相关的指控时。对于学业指导教师来说，了解学校在学术不端上的相关条例义不容辞。学业指导教师应寻求这些条例在运用和诠释方面的帮助，再平等地应用在教职工和学生两个群体中。如果学业指导教师在处理矛盾和寻求解决方法方面能够很有技巧，那么，这对于处理学术不端问题也是很有帮助的。

获取教育机会、支付教育开销和争取大学教育资助

读大学所需的花销正在不断增长。根据《美国高等教育年鉴》（Almanac）的统计，从1995年到2004年，公立四年制教育机构的学费增长了98.1%，两年制公立大学增长了65.8%，私立四年制教育机构增长了71.3%。在同一时间段里，国家在全国范围内的拨款增加了55.6%，但是通货膨胀仅增长了24%（Bevreau of Labor Statistics, 2007）。同时，基于实际需要的经济资助增加了120.7%，一半的全日制学生将贷款作为他们的"经济资助包"的一部分，与此同时，25%的非全日制学生有学费贷款（Almanac, 1995, 2004）。与公立四年制大学里的全日制和非全日制的学生贷款在他们的资助包所占的比例相比（分别是35%和51%），私立四年制大学里的全日制和非全日制学生的"经济资助包"里贷款所占的比重都是更大的（分别是 43%和 66%)。

日益增长的学费和学生的贷款负债决定着谁最终能够接受高等教育，并且影响着学生对专业的选择。在 1999 年到 2000 年，四年制高校的学生平均负债金额为 16928 美元，而 1992 年到 1993 年，这一数据仅为 9188 美元（U.S. PIRG, 2006）。根据这一报告，由于贷款负债过重，有的高校毕业生学生出现了贷款还款违约，损害了他们的信用。有的高校毕业生发现，由于负债过重使得他们无法进行大宗物品的购买，比如买车或买房。最后，报告称，学生会根据他们的教育投资回报情况来选择专业，这样就把诸如文学和人文科学等学科置于了衰败的境地。对于一些有潜力的学生来说，对于债务的恐惧会让其六神无主，并阻止了他们申请进入大学学习（U.S. PIRG, 2006）。大多数学业指导教师对于学生助学金方面的专业知识不足，所以在解决这一问题方面，指引学生利用校园恰当资源或许是最好的选择。

科技和今日的学生

毋庸置疑，在过去的二十年间，在改变学生和校园生活方面，没有任何趋势能与技术的力量相提并论。比如，在 1985 年，23.8%的在校学生使用电脑，而在 2005 年，这一数据已经达到了 85.8%（Hurtado & Pryor, 2006）。学生通过电脑实现个人书面通信（电子邮件、文本信息和即时通信）、社交网络协作（Facebook, Myspace, and YouTube）、获取信息（Google 和 Wikipedia）、攻读在线学位和课程（美国凤凰城大学和其他机构）、个人数字化助手（Blackberry, Bluetooth and Treo）、语音通信（移动电话）和其他的相关技术（O'Hanlon, 2007）。学生可以在不和其他人面对面接触的情况下，完成入学申请、获得大学录取、获取助学金资格、付学费、获取学业指导信息、注册课程、学习在线课程或学位以及追踪了解学位学习相关进展。技术被用到——有时是被需要——课堂以及与教职员工的交流中来。最近，学校已经在开发利用科技在告知学生和家长校园危机方面的功能。这一技术首先应用在弗吉尼亚理工大学枪击事件中。学生每周使用科技辅助学习的时间高达二十小时（Morgan & Cotton, 2003）。

问题在于学生使用这些科技产物是否是一件好事。宗可和马斯特罗迪卡萨（Junco & Mastrodicasa, 2007）就此完成了现有文献研究的综述并得出结论。总的来说，科技对于学生的学术经历（师生互动交流、学生之间的协作、主动学习、自我报告的学习收获)、社会交往(社交技能、心理健康、自尊心)以及与父母之间交流的改善都有着积极的影响。科技在心理发展方面的影响是综合性的。

另一方面,科技也导致了校园里"数字鸿沟"的出现。比如,2007年,宗可和马斯特罗迪卡萨发现大学生在关于科学技术的可得性和使用技能方面的区别是与一些因素直接相关的。这些因素分别是学生的种族、性别、阶层、学术背景。其中,女性、少数族裔群体、来自较低社会经济水平家庭的学生以及学业准备不足的学生处于较大劣势。在教职员工和学生之间也存在着科学技术使用技能上的数字鸿沟(Junco,2005)。

这一变化对于学业指导教师来说蕴含的信息相当多。第一点,也是首要的一点,就是各种各样的数字鸿沟。学校正朝着更加依赖科技来支持学业指导的方向发展。他们必须很确定,那些较少利用以及不太擅长利用科学技术的学生也能在得到有效建议和学业信息方面有着均等的机会。同时,学业指导教师也要在帮助学生变得更精通计算机使用方面扮演更强有力的角色,特别是当学生所接受的学业指导非常依赖计算机技术时。老师们还应该考虑如何使得学业指导能够通过技术的使用得到加强。虽然学生可以通过电子化途径来接收学业信息,他们也需要直接的、面对面的帮助,以便更好地理解和解读这些信息。在学生的生活中,计算机技术扮演了一个至关重要的角色。学业指导教师自身也应该在理解和使用这一技术方面和学生保持一致。(更多关于辅导中的科技的信息参见第九章)。

给学业指导教师们的提示

除了前面已经回顾的学生的这些变化所带来的影响之外,对于学业指导教师来说,这些变化还带来了其他重要的影响。第一,不是所有全国性的变化趋势都会直接影响到每一个校园里。与全国性发展趋势保持一致很重要,但是学业指导教师们必须充分认识自己学校学生特有的人口统计学特征信息,并将之运用到学校政策制定和教育实践中去。

第二,学生群体内部的差异可能与群体之间的差异一样的显著。比如,不是所有的女性都在教室里经历过性别歧视,不是所有的成人学生都缺乏学术技能,不是所有的学生都不擅长使用电脑。根据总体分类和刻板印象来得出关于学生的结论往往是弊大于利。

第三,本地已有的学生人口统计学资料在帮助重新考虑学业指导政策和实践方面大有裨益，可以使得学业指导的政策和实践能更好地响应学生的需求。同时，这些资料在学业指导教师的任职培训和能力提升培训中也是非常有用的。学生人口统计学信息应该和大学的学生服务机构一起分享，以加强学业指导支撑资源的建设。

最后，因为当今学生的特点总在不断改变，所以学业指导教师面临着新的、更严峻的挑战。成功地应对这些挑战可以增强学生的能力，以帮助他们达到教育目标，并提高我们面向多元化学生群体的高等教育质量。

References

Adelman, C. (2005). Moving into town-and moving on: The community college in the lives of traditional-age students. Washington, DC: Department of Education.

Afifi, W. A., & Weiner, J. L. (2006). Seeking information about sexual health: Applying the theory of motivated information management. Human Communication Research, 32 (1), 35-57.

Allen, I. E., & Seaman. (2006). Making the grade. Online education in the United States, 2006. Needham, MA: Sloan Center.

Almanac. (1995). Chronicle of Higher Education, 42 (1).

Almanac. (2004). Chronicle of Higher Education, 51 (1).

Almanac. (2007). Chronicle of Higher Education, 54 (1).

American College Health Association. (2007). American College Health Association - National College Health Assessment: Reference Group Executive Summary Fall 2006. Baltimore: Author.

Badger, E., & Yale-Loehr, S. (2006). They can't go home again: Undocumented aliens and access to U. S. Higher Education. Bender's Immigration Bulletin, 15, 5.

Balsam, K. F. & Mohr, J. J. (2007). Adaptation to sexual orientation stigma: A comparison of bisexual and lesbian/gay students. Journal of Counseling Psychology, 54 (3), 306-319.

Berker, A., Horn, L., & Carroll, C. (2003). Work first, study second: Adult undergraduates who combine employment and postsecondary enrollment. Washington, DC: Department of Education, National Center for Education Statistics.

Brubacher, J. S., & Rudy, W. (1999). Higher education in transition: A history of American colleges and universities (4th ed.). New Brunswick, NJ: Transaction.

Bureau of Labor Statistics. (2007). Inflation calculator. Retrieved September 2, 2007, from http://www.bls.gov.

Camara, W. J (2006, September 7). Letter from College Board's Vice President of Research. Retrieved September 14, 2007, from http://www.collegeboard.com/satscores/letter.html.

Carter. K. A. (2000). Transgenderism and college students: Issues of gender identity and its role on our campuses. In V. A. Wall & N. J. Evans (Eds.) Toward acceptance: Sexual orientation issues on campus (pp. 261–282). Lanham, MD: University Press of America.

Centers for Disease Control and Prevention. (2006). Sexually transmitted disease surveillance, 2005. Atlanta: Department of Health and Human Services.

Cochoran, J., Chamlin, M., Wood, P., & Sellers, C. (1999). Shame, embarrassment and formal sanction threats: Extending the deterrence-rational choice model to academic dishonesty. Sociological Inquiry, 69 (1), 91–105.

Community College Survey of Student Engagement (CCSSE). (2004). Engagement by design. Austin: University of Texas Community College Leadership Program.

Connolly, M. (2000). Issues for lesbian, gay, and bisexual students in traditional college classrooms. In V. A. Wall & N. J. Evans (Eds.), Toward acceptance: Sexual orientation issues on campus (pp. 109–130). Lanham, MD: American College Personnel Association.

Crissman Ishler, J. (2005). Today's first year students. In M. L. Up craft, J. N. Gardner, & B. O. Barefoot (Eds.), Challenging and supporting the first-year student: A handbook of improving the first year of college (pp. 13–26). San. Francisco: Jossey-Bass.

Crown, D., & Spiller, S. (1998). Learning from the literature on collegiate cheating. Journal of Business Ethics, 17, 687–700.

Dervarics, C. (2007, July 5). Immigration bill dead, but not DREAM Act. Diverse Issues in Higher Education. Retrieved September 14, 2007, from http://www.diverseeducation.com/artman/publish/article_8017.shtml.

Diagnostic and Statistical Manual of Mental Disorders, FourthEdition (DSM-IV). (1994). Arlington, VA: American Psychiatric Association.

Eyermann, T., & Sanlo, R. (2002). Documenting their existence: Lesbian, gay, bisexual and transgender students on campus. In R. Sanlo, S. Rankin, & Schoenberg (Eds.), Our place on campus: Lesbian, gay, bisexual, and transgender services and programs in higher education. Westport, CT: Greenwood.

Fay, R. E., Turner., Klassen, A. D., & Gagnon. (1989). Prevalence and patterns of same gender sexual contact among men. Science, 243, 338-348.

Field, K. (2006a, June 2). Resident hopes: Illegal immigrants at American colleges carry big dreams into an uncertain future. Chronicle of Higher Education, 52 (39), A30.

Field, K. (2006b, June 23). Measure reinforces immigrant-tuition law. Chronicle of Higher Education, 52 (42), A26.

Foster, A. L. (2001, January 26). Colleges focus on making web sites work for people with disabilities. Chronicle of Higher Education, 47 (21), A30.

Gallagher, R. P. (2006). National Survey of Counseling Center Directors. (Monograph Series no. 8P.) Pittsburgh: International Association of Counseling Services.

Geiger, R. (1992). The historical matrix of American higher education. History of Higher Education Annual, 12, 7-28.

Gonsierek, J. (1993). Foreword. In G. M. Herek & B. Greene (Eds.), Lesbian and gay psychology: Theory, research and clinical applications. Psychological perspectives on lesbian and gay issues, Volume 1 (vii - ix). Thousand Oaks, CA: Sage.

Hebel, S. (2006, January 6). California law suit opposes immigrant-tuition law. Chronicle of Higher Education, 52 (18), A39.

Hebel, S. (2007, June 1). Senate plan offers help to illegal aliens. Chronicle of Higher Education, 53 (39), 20.

Higher Education Research Institute. (2004). The spiritual life of college students: A national study of college students' search for meaning and purpose. Los Angeles: Higher Education Research Institute at University of California, Los Angeles.

How not to be a helicopter parent. (n. d.). Retrieved September 14, 2007, from http://www.collegeboard.com/parents/plan/getting-ready/50129.html.

Hurtado, S., & Pryor, J. H. (2006, April). Looking at the past, shaping the future: Getting to know our students for the past 40 years. Presented at the annual meeting of the National Association of Student Personnel Administrators and the American College Personnel Association, Orlando, FL.

Jenkins, D., & Boswell, K. (2002). State policies on community college remedial education: Findings from a national survey. Denver: Center for Community College Policy.

Junco, R. (2005). Technology and today's first-year students. In M. L. Upcraft, J. N. Gardner, & B. O. Barefoot (Eds.), Challenging and supporting the first-year student: A handbook of improving the first year of college. (pp. 221-38). San Francisco: Jossey-Bass.

Junco, R., & Mastrodicasa, J. (2007). Connecting to the Net generation: What higher education professionals need to know about today's college students. Washington, DC: National Association of Student Personnel Administrators.

Keller, J. (2007, April 13). State legislatures debate tuition for illegal immigrants. Chronicle of Higher Education, 53 (32), A28.

Kuh, G. D. (2007, Winter). What student engagement data tell us about college readiness. Peer Review, 4-8.

Kuh, G. D. (2007, Winter). What student engagement data tell us about college readiness. Peer Review, 4-8.

Laumann, E. O., Gagnon, J. H., Michael, R. T., & Michaels, S. (1994). The social organization of sexuality: Sexual practice in the United States. Chicago: University of Chicago Press.

Lipka, S. (2005, December 16). State legislators as copilots: Some "helicopter parents" play politics to protect their children's interests on campus. Chronicle of Higher Education, 57 (17), A22.

McCabe, D., & Trevino, L. (1997). Individual and contextual influences on academic dishonesty: A multi-campus investigation. Research in Higher Education, 38, 379-396.

McCabe, D. L., Trevino, L. K., & Butterfield, K. D. (2001). Cheating in academic institutions: A decade of research. Ethics and Behavior, 11, 219-232.

McCarthy, M. M., & Kuh, G. D. (2006). Are students ready for college? What student engagement data say. Phi Delta Kappan, 87, 664–669.

Meilman, P. W., & Presley, C. A. (2005). The first-year experience and alcohol use. In M. L. Upcraft, G. N. Gardner, & B. O. Barefoot (Eds.), Challenging and supporting the first-year student: A handbook of improving the first year of college. (pp. 445–466). San Francisco: Jossey-Bass.

Merriam-Webster (2007). Retrieved September 14, 2007, from http://www.m-w.com/dictionary/Disability.

Morgan, C., & Cotton, S. R. (2003). The relationship between Internet activities and learning. Research in Higher Education, 42 (1), 87–102.

National Center for Education Statistics. (1999). Students with disabilities in postsecondary education: A profile of preparation, participation, and outcomes. Washington, DC: Department ofEducation.

National Center for Education Statistics. (2002). Nontraditional graduates: Digest of educational statistics. Washington, DC: Department of Education.

National Center for Education Statistics. (2004). Digest of educational statistics. Washington, DC: Department of Education.

National Center for Education Statistics. (2005). Digest of educational statistics: 2005. Washington, DC: Department of Education. Retrieved September 14, 2007, from http://nces.ed.gov/programs/digest/d05/tables/dt05_126.asp.

National Survey of Student Engagement (NSSE). (2006). Engaged learning: Fostering success for all students. Bloomington, IN: Indiana University Center for Postsecondary Research.

O'Hanlon, C. (2007). If you can't beat'em, join'em. Technical Horizons in Education, 42 (44), 39–40.

Pascarella, E. T., & Terenzini, P. T. (2005). How college affects students: Volume 2, a third decade of research. San Francisco: Jossey-Bass.

Rab, S. (2007). Understanding the "swirling" undergraduate attendance pattern: The role of student background characteristics and college behaviors. Presented at the annual meeting of the American Sociological Association, Atlanta, GA.

Rankin, S. (2003). Campus climate for sexual minorities: A national perspective. New York: National Gay and Lesbian Task Force Policy Institute.

Rankin, S., & Beemyn, B. (2008). The lives of transgender people. New York: Columbia Press.

Roberts-Dobie, S., & Donatelle, R. J. (2007). School counselors and self-injury. Journal of School Health, 77 (5), 257-264.

Ross, V. (2004). Depression, anxiety, and alcohol or other drug use among college students. Newton, MA: The Higher Education Center for Alcohol and Other Drug Prevention.

Seifert, T. A., Pascarella, E. T., Colangelo, N., & Assouline, S. (2007). The effect of honors program participation on experiences of good practices and learning outcomes. Journal of College Student Development, 48 (1), 57-74.

Silva, T., Calahan, M., & Lacireno-Paquet, N. (1998). Adult education participation decisions and barriers. Review of conceptual frameworks and empirical studies. Washington, DC: Department of Education.

Smith Bailey, D. (2003). "Swirling" changes to the traditional path. Monitor on Psychology, 34, 36-38.

Storch, E., & Storch, J. (2002). Fraternities, sororities and academic dishonesty. College Student Journal, 36, 247-253.

Tang, S., & Zuo, Z. (1997). Profile of college examination cheaters. College Student Journal, 31, 340-347.

The Residential Learning Communities International Clearinghouse. (2006). Retrieved November 4, 2007, from http://pcc.bgsu.edu/rlcch/index.php.

Tibbetts, S. (1999). Differences between men and women regarding decisions to commit test cheating. Research in Higher Education, 40, 323-341.

U. S. Census Bureau. (2001). Overview of race and Hispanic origin 2000: Census 2000 Brief. Retrieved October 27, 2007, from http://www.censusgov/prod/2001pubs/c2kbr01-1.pdf.

U. S. PIRG. (2006). Paying back, not giving back: Student debt's negative impact on public service career opportunities. Retrieved October 27, 2007, from http://www.pirg.org/highered/payingback.pdf.

UCLA. (2002). Mental health association facts. Retrieved November 11, 2007, from http://www.mentalhealthconnection.org/facts_stats.php.

White, W. (2005, December 16). Students, parents, colleges: Drawing the lines. Chronicle of Higher Education, 52 (17), B16.

Whitley, B. (1998). Factors associated with cheating among college students. Research in Higher Education, 39, 235–274.

Wilson, A. (1996). How we find ourselves: Identity development and two-spirit people. Harvard Educational Review, 66 (2), 303–317.

Wilson, G. T., Grilo, C. M., & Vitousek, K. M. (2007). Psychological treatment of eating disorders. American Psychologist, 62 (3), 199–216.

Wilson, S. B., Mason, T. W., & Ewing, M. J. M. (1997). Evaluating the impact of receiving university-based counseling services on student retention. Journal of Counseling Psychology, 44 (3), 315–320.

Winston, Jr., R. B. (1996). Counseling and advising. In S. R. Komives, D. B. Woodard, Jr., & Associates (Eds.). Student services: A handbook for the profession (3rd ed., pp. 335–360). San Francisco: Jossey-Bass.

Wood, P. K., Sher, K. J., & Rutledge, P. C. (2007). College student alcohol consumption, day of the week, and class schedule. Alcoholism: Clinical and Experimental Research, 31 (7), 1195–1207.

Woodard, D. B., Love, P., & Komives, S. R. (2000). Leadership and management issues for a new century. San Francisco: Jossey-Bass.

第九章

进入大学

玛丽·斯图尔特·亨特　利娅·肯德尔

正如学生在近几十年来发生着变化一样,学业指导教师的角色也随之发生着变化。在 19 世纪初叶以前,有着不同的学术兴趣和动机的学生和教师长期并存于同一学术环境中。根据第一章中库(Kuhn)的研究,较早的一次学业指导尝试发生在 1889 年的约翰霍普金斯大学。这一旨在连接学生和教员的努力被一些人认为是学业指导的诞生。在经历以干预为主要特征的年代(intervening years)后,学业指导已经演化成为本科教育中发展良好并被高度重视的组成部分。随着学业指导职业的发展,专职学业指导教师被聘请来为学生提供咨询服务。在他们众多重要的职责中,有一个重要的职责就是为学生从获得高等教育机构的录取通知书到最终报到注册的这段时间提供咨询辅导。通常,一位学业指导教师可能会花费一个小时帮助一个学生完成课程计划并选择专业。没有任何规定要求学业指导教师成为学生学习的课堂外的驱动者。但值得庆幸的是,他们的角色已经发生了改变。

通过对相关文献的回顾,阿普尔比(Appleby, 2001)认为学业指导可以被定义为一个发展性的过程:"促进学生的学习是科任教师和学业指导教师共同的责任……所有这些职责都包括和学生一起合作来提高他们解决问题和做决定的技能。"(p.1)欧班宁(O'Banion)1972 年提出的关于学业指导整合方式的开创性建议成为引人注目的焦点。他宣称,学业指导教师的作用发挥是通过首先帮助学生确定所学专业,再帮助学生开启获取最大可能成功的学习之旅。作为这一过程的一部分,欧班宁(O'Banion, 1972)认为学业指导过程中有五个层级分明的步骤:(a)探索人生意义;(b)寻找职业目标;(c)选择专业;(d)选择课程;(e)安排学习进程。

认为发展型学业指导从根本上来说是一种教学方式的观点出现了。克雷默(Kramer, 1983)认为,一个学生接受的教育的质量同这个学生在他或她的学习经历中的参与度有着直接的关系。学业指导教师和学生之间要成功地建立关系，那么，他们之间的交流互动必须是以学生为中心的。老师们必须对学生的需求做出积极回应，并且愿意付出以帮助学生成长和发展。学业指导教师的一个重要作用就是鼓励学生实现自主发展（self-authorship）。马格尔达和金（Magolda & King，2004）将自主发展定义为"一种建立连续一致的信念系统和构建有利于与他人建立相互关系的自我身份认同的能力"（p.8）。学业指导教师应该陪伴在学生身边，帮助他们形成成熟的认知，构建完整的自我身份认同以及成熟的人际关系，从而成长为合格的公民（Magolda & King，2004）。在此过程中，应该鼓励学生积极参与到学业指导的过程中来。具体来讲，他们可以通过询问重要的、有深度的问题以厘清自己的思想，并通过学业指导实现自我身份认同。正如克雷默（Kramer，1983）所说，"学业指导中师生共同为辅导质量负责的行为可以促使学生坚持点滴的进步、强化大学学业成功的动机、提高校园事务参与度、增强与教师的互动、提升对学校的满意度、增强学业和职业的连接、取得个人发展和学业发展的成功以及认知的发展"（p.85）。现在，学业指导教师的职责还包括要为促进学业指导教师与学生之间就重要主题的讨论而努力。这些主题包括学生的思维方式、他们与环境和同辈之间的关系、自我意识、批判性思维和决策能力以及评估技巧（Darling and Woodside，2007）。

有效的学业指导在学生努力把自己塑造成为一名合格的大学生的过程中至关重要。学生在学业指导中的经历以及他们对于这些经历的反应都有着可预测的模型。理解学业指导的这些可预测的阶段，可以帮助老师们更好地为学生设计发展性的有效的干预、项目以及活动。为尽可能建立成功的指导关系，老师们必须了解当今社会多样化的大学生群体的特性以及他们发展的需求——千禧学生、重新返校的成人学生、国际学生、转学生、有残疾的学生以及有着心理健康问题的学生。这一章将会：（a）阐明学生进入高校时的特点和未来可预测的经历；（b）阐述不同群体独有的特性以及不同群体的需求；（c）为老师们的学业指导策略提供建议，以便他们能在与大一新生以及他们父母共同处理学生面临的问题时使用。

新生经历

入学前

学校官方的录取信件已经寄出。对于一些学生来说，行李已经准备好，旅行车正朝着学生宿舍楼出发，宿舍管理员们已经在那里做好了迎接他们到来的准备。对于另外的学生而言，清晨上学的路线已改变了方向，虽然附近的街道仍然是那么熟悉，但新的路线却带来了新的焦虑。还有其他的学生，已经买好了机票，家人正在倾诉他们最后的道别语。还有一些学生正在与孩子讨论着爸爸或妈妈即将返回学校学习，并要像他们一样做家庭作业。不管学生处于什么样的具体情境，每一个学生都会体验到强烈的情绪，其中可能会包括焦虑、紧张、期盼以及害怕。他们正站在迈进大学的门槛上。

在大学第一学期开学前和第一学期期间与学业指导教师建立关系，对于大一新生来讲比什么时候都更重要和更迫在眉睫。由于对未来大学生活的担忧，学生初到校园时会很脆弱、敏感而易受他人影响，急需得到指导。在意识到学生这一易受影响的关键时间节点后，学业指导教师可以将学生复杂的情感疏导到与学业指导教师建立积极的辅导及督导关系，并能将学生引向一个自我发现和自我发展的旅程。

学业指导教师在学生入学前这个时间段内有一个非常好的机会来积极地影响学生。在这一时间段内满足学生的需求至关重要。克雷默（Kramer, 2000）确立了学生服务内容的一个分类方法，并根据学生学业水平确定了主题。他认为，在入学注册前学生对大学充满了期望，并且为他们即将到来的大一生活花了大量时间来做准备；并且他们将精力主要集中在以下发展性任务上：（a）为进入专业学习做准备；（b）熟悉高校的要求、课程内容和课程术语；（c）完成最初的注册；（d）在学期开始前学着根据班级时间表完成自我调整；（e）学习关于助学金和奖学金的政策。这些教育任务对于学业指导教师来说有着丰富的含义，因为他们要为即将进入高校的学生设计相应的交流、干预、活动方案以及与这些学生进行互动。

对于学业指导教师来说，由于他们要准备与即将到来的学生一起建立起学业指导关系，所以，尽可能多地了解这些学生成了急迫的任务。研究者认为一个"学生在入学前表现出的特征，比如他们的文化背景、之前的学业经验、性别、社会经济地位，可能比校园环境和教育经历更能对学生在高校中取得的成功产生影响"（Black, 2007, p.87）

过渡转型和关系建立

在进入校园的初期，学生们会经历新的自由，建立新的行为方式和行为习惯，还会面临大学的学业挑战。当传统年龄的学生进入大学后，他们对校园的新奇感逐渐消失，开始平衡新发现的作为大学生的自由和人生责任间的关系（Hunter and Gahagan，2003）。对于非传统型的学生来说，新的道路会带来更多的焦虑，也会给他们原本已经繁忙的日程安排带来更多压力。学业指导教师有机会让学生加入一个积极的指导项目，并帮助他们了解如何开始一步步地获得学业上的成功。在这一阶段里，学业指导教师的角色不可或缺。学业指导教师在学生进入校园的最初几周中帮助学生解构他们的学习行为是至关重要的，因为这和学生的学业成功密切相关。在高中起作用的那些因素或许在大学里行不通。所以在最初的几周里，对于学业指导教师来说，鼓励学生重新审视他们的学习技能、时间管理和优化抉择以及其他决定学业成功的能力是非常重要的。

学生朋辈辅导在新生过渡转型和关系建立的阶段显得尤为有效。新生向高年级更有经验的学生寻求指导和榜样示范的行为构建了一个朋辈辅导的过程，这对于学业指导教师和新生来说都非常有用。这样的指导可以在许多场景中完成，包括学业指导办公室、大一新生研讨会、宿舍楼大厅以及现有的走读学生活动项目中。当面对面的朋辈教育无法实施时，高年级学生的获奖情况、个人经历和成长感悟、吸引学生的电子资源以及博客都可以考虑作为可行的干预方式。

在学业指导过程中，对以上这些过渡转型期的相关因素加以关注，而这样的关注又正发生在学生发展的恰当时期的话，那么就可以对学生的学习行为和学业成功带来极有意义的影响。如果错失了严格地评估学生习惯和能力的关键机会，等学生的行为模式已定型后，要再培养他们走向成功的习惯将会更加困难。

当今的学生

学生随着社会的改变而改变。"传统类型"的学生已经不复存在。美国高校今天最新的校园场景可能会是这样的画面：三个学生（两个女生，一个男生）在校园里一个有无线网络的咖啡厅里坐着。一个拉丁裔的学生正在用她的个人掌上电脑（PDA）上网通过在线百科全书、维基百科，在一个小时内为她的社会学论文获取关于同性恋婚姻的资料。一个亚裔美国男性学生，坐在她旁边，在他的 ipod 上用手指拖曳着下载下来的最新音乐，想要把身后正在给处于青春期的儿子打电话的那位妈妈学生的声音给淹没掉。

今天的学生有着独特的个性和需求，他们给学业指导教师和其他教育者带来特别的挑战和机遇。理解这些需求可以带来更好的学业指导实践。学业指导教师必须验证他们关于学生的各种假设。比如,学生们是否只在一个学校入学?与之前相比,今天有更多的学生处于"转陀螺"状态,并且这样的学习行为对于学业指导是有影响的。熟悉特殊群体的相关数据非常重要,但最终,对于学业指导教师来说,至关重要的是在学生刚进入大学的阶段努力了解清楚每一名学生的价值观、学习目标和他们认为应该优先达到的目标。

千禧学生

千禧学生指在 1977 年和 1997 年之间出生的一代,他们随时随地使用计算机、手机。千禧一代熟悉超链接和按需点播,他们的注意力持续时间较短,并且对于学业问题坚持要得到快速直接的答案(Rockler-Gladen,2006)。他们成长在追求即时性的文化中,期望在大学录取、奖助学金、转学学分评估以及学业指导安排等方面得到立竿见影的效果(Black,2007)。根据国家教育统计中心(NCES,2006)的数据,千禧学生占了有学位授予权的大学 2006 年秋季入学人数的 56%。

根据高等教育机构合作研究项目(Cooperative Institutional Research program)的数据(Institutional Assessment and Compliance,2007),今天即将进入大学的学生是 35 年来最富裕的一群人,他们的家庭收入中位数比全国家庭收入平均数高出 60%。当被问及他们希望优先实现的目标时,"生活富裕"只排到了第二,排名第一的是"养育家庭",而"帮助他人"排到了第三(U.S. Department of Education,2007)。学生的优先选项对学业指导教师蕴含深意,因为他们将和学生一起共同完成任务。学业指导教师也必须再次对自己关于今天的学生所做出的假设进行验证。持续关注关于学生的最新研究成果,并且能够意识到自己学校中学生的特殊数据,对于实现有效的学业指导是非常必要的,尤其是在第一学年。

最后,千禧年学生由于受到"9·11"悲惨事件的影响,对于政府和其他权威人物几乎没有信任(Rockler-Gladen,2006)。因此,相比起更早几代的学生而言,学业指导教师要成功地与千禧学生之间建立起指导关系就更具挑战性。但是,为了培养理想的指导关系,战胜这样的挑战是必需的。

重返校园的成人学生

与过去相比,越来越多的成年人开始追求高等教育学位。考虑到最近政府在伊拉克战争中的行动，许多大学开始将退伍兵看作大学中的一个新的少数群体。这些成人学生带来了诸多非传统性的特征——非全职学习、全日制工作、经济独立以及肩负着为人父母的责任——并带来了和传统学生不同的需求和优先考虑因素（Council for Adult and Experiential Learning，2000）。

美国教育统计年鉴文摘（National Digest of Education Statistics，2007）的相关数据显示，18.9%的高校学生年龄为24岁或更大，36.9%的大学本科生年龄大于24岁。这一群体里的学生大部分都出生于1965年和1980年之间，并且基本都被称作"X一代"[①]。与他们的千禧年同学相比，他们有着不同的需求和期待。很多时候，这些成人学生都正处于人生的爬坡阶段：正在改变的职业，寻求工作安全，面临着诸如离婚、失去亲爱的人或家有空巢老人等人生挑战（Skorupa，2002；Black，2007）。处于这一阶段的学生，有的渴望能够与老师交流经验并已经做好了接受指导的准备；而有的学生则将入学前的辅导视为麻烦事儿，他们总觉得自己还有更急迫的事情需要处理。

吸引成人学生参与学业指导项目时，非常重要的是要记住许多学生是将教育作为他们购买的服务这一事实。他们带来了极有意义的工作经验，同时也需要及时、可靠的服务（Lindsey，2003）。由于这些学生一般都对时间有多重的需求，他们希望适应性教育和学业指导能够尽可能有效地被完成。

大多数学生都是走读生，花在校园内的时间非常有限，这使得他们与学业指导教师进行面对面的接触变得困难（Kuh，2007）。建立起信任和相互尊重，并提供一个不那么正式的环境，这些都是能够让老师们与成人学生建立积极关系的方式。从这里可以看出，学业指导教师必须找到开创性的方式，抓住成人学生在校园中的有限时间，吸引他们参与到学业指导项目中。

成人和体验学习委员会（The Council for Adult and Experiential Learning，2000）在关于"为正在工作的成年人制定的教育原则"的报告中建议，学业指导教师应该帮助成年学习者：（a）克服时间、地点和惯例的障碍；（b）创造终身学习的途径；（c）确定他们的事业和人生目标；（d）评估通

---

① Generation X，译作"X一代"，"X一代"由美国的《时代》杂志创造出来的。1990年7月16日《时代》封面文章中，把出生于20世纪60年代中期到70年代末的年轻人称作"X一代"。经过加拿大作家道格拉斯·库普朗1991年出版的名为《X一代》一书的推广，更加流行。

过课程和经验所获得的能力；(e) 增强他们成为自我管理型学习者的能力；(f) 获取信息技术以加强学习（辅导）经验；(g) 融入与雇主和其他机构之间的战略型关系和合作中去。

大部分的成年学生都在同一种学习环境中被培养起来，在这个环境里"权威人物几乎为过程中的每一方面负责，完成什么，怎么完成，以及如何评估"（Taylor, Marienau & Fiddler, 2000, p.1）。虽然这个环境是他们最为熟悉的，大部分成年学生还是希望在一个合作型和互动型的环境中得到学习的自由（Skorupa, 2002）。

国际学生

在过去的十年中，进入美国高校和大学学习的国际学生数量大为增加。据估计，2005 年在美国的各所高校中共有 60 万国际学生（Kantrowitz, 2007）。对于新的学习机会，学生们非常兴奋并期盼着能够享有丰富的教育经历。不幸的是，许多学校对于国际学生的特殊需求并没有充分的准备。一般来说，他们会被认为与美国学生相似，而实际上，他们有特殊和额外的过渡适应需求，尤其是在适应一种新的学术文化时。

根据拉蒙特（Lamont, 2005）的观点，"国际学生被积极地招收——其实是被诱使——到美国来学习。但是，科研院所和高等学校有时却无法了解他们所付出的努力的长远意义"（p.1）。其结果是，学生发现他们自己踏进了这些研究所和大学的门槛，而这些机构却在处理那些常常会令国际学生感到脆弱和易受伤害的事情方面完全没有做好准备。

可以理解的是，发展多元文化能力技巧是当前对学业指导教师最紧迫的能力要求之一，特别是当他们与国际学生一起合作的时候。在我们欢迎国际学生来到美国学校就读前，我们必须首先为他们的到来做好准备。在一篇文献综述里，普利斯特和麦克菲（Priest & McPhee, 2000）提出，国际学生表现出了一系列的问题，包括：

- 国际学生所面临的本土文化和美国文化之间的冲击
- 感觉到思乡和被疏远
- 协商合同条款（比如，房屋租赁契约或汽车购买协议）时的法律和经济方面的问题
- 语言交流上的困难

学业指导教师必须与国际项目中的教学系统的同事一起协作，辨识和理解不同民族群体的特殊需求。一旦这些需求被辨识出来，学业指导教师就应该在国际学生登记注册之前便和他们联系，应该远在他们踏上赴美的航班之前便向他们寄送包含学业指导流程介绍的学业指导项目宣传材料。当他们到达校园时，老师们必须立即着手接触他们。学业指导教师们必须清晰地描述自己扮演的角色。因为"一些国际学生对于如何计划他们的学习课程不太习惯，并且也不太了解学业指导的实施情况"（Upcraft & Stephens，2000，p. 76）。通常来说，有人倾听他们或为他们指引、介绍其他校园资源才正是国际学生们想要找到自己定位时所想要的。

在他们校园生活最初的日子里，国际学生与他们的美国同学一样，有着同样的"第一天经历"——在自助餐厅吃饭，往返于教室，参加体育运动项目以及和朋友交往。这些都是他们以前曾有过的经历，但现在却是在一个完全不同的陌生环境中发生。在过渡适应期，学生寻求着哪怕是最微小的熟悉感或安慰。普利斯特和麦克菲（Priest & McPhee，2000）指出，"对于国际学生来说，去找学业指导教师仅仅是为了和老师'聊一聊'的情况是非常普遍的，因为学业指导教师是他们感觉最亲近的人"（p. 113）。

学业指导教师必须对他们带到学业指导关系中的倾向、态度和价值观有充分的认识。"学业指导教师的认知的一个关键点"，拉蒙特（Lamont，2005）建议，"是老师们能够理解学生的程度，而不是试图强迫他们进入到一个宽泛的指导范式里"（p. 112）。能够理解人类文化多样性的老师可以更好地服务那些来自多元文化的学生。（关于国际学生的问题请参见第十三章）

转学生

研究指出，转学生可能会在调整适应、学业表现和在册率等问题上处于风险之中（Brit & Hirt，1999；Glass & Harrington，2002；Hoyt，1999；McCormick，2003；Woosley，2005）。虽然许多转学生认为，他们早已经知道将会面临的情况，但其实他们可能会经历"转学冲击"（transfer shock）。希尔斯（Hills，1965）创造了"转学冲击"这个词，它指的是转学生在新的学校里的第一或第二学期平均学分绩点暂时下降的情况。老师们必须意识到这一打击并寻找更好的方式帮助转学生们顺利度过他们的过渡期。

开始帮助转学生的第一个重要步骤"包括花时间来评估一个学生之前的学业外经历"（Holaday，2005，p. 1）。当讨论到转学生的需求时，老师们时常忘记去关注那些学业以外的事务。虽然学业是转学经历的核心，学业指导教师必须要关注学生先前的学校和现在的新学校之间的差异。大多数时候，转学生在校园环境、学校政策和程序以及学业指导结构、专业术语、教师期望和学业期望等方面都会面临相当大的差别（Grites，2004）。

瑟蒙德（Thurmond，2003）指出，一些学生会因为各式各样的理由而做"计划外的转学"："由于就业的原因而被迫离开……在自己首选的学校里经历学业失败，失败的人际关系，或其他的情况，包括那些学生无法掌控的因素"（p.2）。这些因意外因素而转学的学生需要个别关注和指导，而通过学业指导他们能够最好地接受个别关注和指导。如果没有学业指导教师的干预，那些专为这个群体设计准备的项目可能会，也可能不会吸引他们参加，比如欢迎周活动、小组自我定向课程以及第一学年的研讨课等。

制定关键干预策略能够给转学生最好的机会减少转学冲击。其中一个策略就是后定位项目（post-orientation），比如为帮助转学生适应新环境而特别设计一个兴趣小组或学分课程。一些学校开始采取后定位项目来帮助大一新生建立和新校园之间的联系，但是却没有将同样的服务提供给转学生（Holaday，2005）。

另一个策略是加强学分衔接协议。根据格利茨（Grites，2004），"学分衔接协议的真正价值已经有些许减少，究其原因，可以归结为近期立法通过的全州范围内的通用课程编号系统的使用以及其他为转学生准备的善意的保障等原因"（p.1）。如果在学生的主要学术研究计划中没有明确说明，那么这些善意的努力大多是不会有多少价值的（Grites，2004）。最后，大学院系之间表达清晰的沟通交流和表述明确的学业要求可以更好地为转学生和学校双方服务。

随着转学生对信息技术逐渐变得越来越熟悉，甚至依赖，学业指导教师们必须充分利用好这一趋势。格利茨（Grites，2004）建议使用"在线入学申请、同类课程转换、电子文档的提交和反馈接收以及预先注册功能"（p.1）来为转学过程的改善做好准备。这些努力正在进行的同时，其他的相关努力还亟待加强。学业指导教师们应该最大化地利用学校独有的机会和独特的条件为转学生提供更有效的服务。

残疾学生

残疾学生对学校如何满足他们特别的需求以及这些需求会怎样影响他们的学习和成功有着更多的疑问。除了所有学生都面临的挑战外，残疾学生还面临着因为他们的残疾而造成的各种限制。"因为课程时间表、室友、性和社交自由而引发的常见冲突，会由于要不要或什么时候利用校园心理咨询服务、要不要接受药物治疗，以及是否向朋友或教授透露自己的疾病而变得非常复杂"（Clemetson，2006）。

根据对美国大专院校本科生情况的描述（Horn, Peter, Rooney, & Malizio，2002），9%的本科学生有残疾，这一数据与前些年相比增长了不少（Vallandingham，2007）。爱普斯坦（Epstein，2005）引用出自美国教育委员会的一个类似报告，声称有着学习障碍的全日制新生的数量——其中最常见的是阅读障碍和注意力缺陷多动症——在2000年之前的十年里翻了一番，达到了27000人。

这一增长是因为更多的确诊人数，还是残疾学生的数量有实际的增多，都不重要。更重要的是，对于学业指导教师们来说，学习关于不同类型残疾的相关知识显得尤为急迫。亨普希尔（Hemphill，2002）对此提出了一些关键的方法：（a）熟悉由某种特定残疾而给学生带来的困难；（b）确认大学是否在组织结构、教育或行政上对残疾学生设置了障碍；（c）了解不同老师上课的方式，并根据学生残疾的状况做好注册准备；（d）与学校里的教职员工、助学金和心理咨询服务等相应部门之间建立协作关系。

从事学业指导的老师们必须理解《美国残疾人法案》中针对高等教育的相关规定。他们也应该要了解所在学校的相关规定和程序，并且准备好在学生想要分享他们独特经历的时候给予倾听。亨普希尔建议学业指导教师们需要对以下信息保持完全的了解，如学生教育的、个人的和事业上的目标，他们的残疾状况（比如限制、副作用和治疗方法），学校无心造成的障碍和学校能够提供来帮助学生追求学术理想的资源。学业指导教师还需要与为残疾学生服务的同事建立良好的协作关系。

有心理问题的学生

由于带着严重心理问题入学的新生数量的增加，学生的大学过渡适应问题会变得更具挑战性。2007年4月，在弗吉尼亚理工大学发生的枪击案重新引起了人们关注学校在处理有心理疾病的学生方面应当承担的责任。枪击案凶手是一名叫赵承熙的学生，事后被鉴定为心理疾病患者，他在校园中枪杀了32个人后自杀。在鉴别和帮助那些表现出有心理上的问题或困扰的学生时，学业指导教师的作用显得尤为重要。

全国高校心理咨询中心的数据显示，学生的心理健康问题出现的频率在增高，其心理问题的严重程度也在不断加大。两项主要的研究记录了这些观察结果。在堪萨斯州立大学,心理咨询中心员工对过去十三年间心理指导教师遇到的学生心理问题进行了回顾分析。分析显示,心理疾病方面的19类、精神疾病中的14类,症状都有明显的增加,包括抑郁、想要自杀、性侵以及人格障碍(Benton, Robertson, Wen-Chih, Newton, & Benton, 2003)。奇兹罗(Kitzrow, 2003)进行的一项调查显示,85%的高校心理咨询中心的主任反映他们从1996年到2001年,接触到了学生越来越多的严重心理问题。此外,调查对象还描述了更多的学习障碍、自残事件、饮食失调症、滥用酒精和药品以及对第三方的威胁或跟踪等行为。

由于这些问题与学生在册率和学业表现有明确的相关性,所以巴克尔与惠勒(Backels & Wheeler, 2001)认为,心理因素对高校学生学业成功的影响比以往任何时候都要大。识别和转介心理问题学生成为学业指导教师越来越重要的职责。在这样一个心理问题不断快速增长的时期,对于学业指导教师来说,什么时候以及如何报告这些问题显得至关重要。哈珀和彼德森(Harper & Peterson, 2005)认为,学业指导教师应该首先意识到学生出了问题的信号:(a)过度拖延;(b)学习质量的下降;(c)太频繁地来访办公室(依赖性);(d)无精打采;(e)在课堂上睡觉;(f)个人卫生状况的明显改变;(g)语言障碍或思维混乱;(h)关于自身或他人的威胁;(i)行为的明显改变。

在老师们辨识出学生出了问题的信号时,他们不可以试图直接给学生提供帮助或治疗,除非他们有资质这样做。最好的处理方式是将学生转介到学校心理咨询中心。许多学校已经成立了学生异常行为干预团队(成员由来自法务部门、心理咨询中心以及学术部门的代表组成)以辅助学校领导应对学生心理异常事件。为保护学生隐私和遵守保密原则,学业指导教师应该就学生的心理问题与学生异常行为干预团队成员、教学人员或者宿管员进行正确而适当的沟通。比如,学业指导教师可以和宿舍管理员交流一名学生在情绪、情感或行为方面突然发生改变的现象,但一些特别的信息,如成绩,根据《家庭教育权利和隐私权法案》中的隐私条例(Harper&Peterson, 2005),却不能告诉其他人。即使对于动机最强烈的学生而言,要在一个由熬通宵恶补课程、垃圾食品和酗酒所充斥的环境中控制住精神障碍的发生是非常有挑战性的。另外,伴随学生进入大学而出现的正常分离对父母提出了要求,他们需要扮演新的角色以及和学生保持适当的界限,他们也是最了解学生的疾病史和总体病情的人(Clemetson, 2006)。

各高校在弗吉尼亚理工大学枪击惨案的警示下纷纷出台处理类似学生的

标准化流程。学业指导教师也必须投入学校对相关政策的制定和运用等校级层面的回应行动中。另外，学校学业指导的管理层应该将这些话题纳入学业指导教师的综合培训内容。

父母和家庭

传统年龄的千禧学生非常依赖源自父母和家庭的支持。实际上，对于这些父母来说，"直升机父母"一词已经变成了一个常用的描述。因为他们想要盘旋在孩子头顶，观察孩子在大学中走的每一步。"直升机父母"对于学业指导教师来说同样有值得研究关注的地方。

今天的传统年龄大学生已经不再独自进入高等教育院校的大门。相关调查证明，绝对不能忽略父母的存在所造成的影响。美国大学生家长协会对525对父母的调查显示：

- 88%的父母希望去校园中参观
- 85%的父母曾帮助或希望在孩子选择即将申请的学校时给予帮助
- 77%的父母希望能够较多地参与他们的孩子对大学的选择
- 69%的父母曾帮助或希望可以帮助他们的孩子设计入学申请
- 49%的父母曾安排或希望能给孩子提供 SAT 或 ACT 考试前的准备课程或辅导

这些数据为全国各地的学业指导教师提供了清晰明了的信息："录取一个学生其实意味着录取了一个家庭"（CPA，2006）。随着学生进入大学，学业指导教师必须和学校专门的机构协作，陪家长一道帮助学生建立独立自治的新感受。与负责招生录取、奖助学金和新生过渡适应的部门合作为父母持续提供有用信息，有助于学业指导教师在新生进校以前就可以早早地告诉父母关于大学学业指导的目的、对象和程序。

根据《家庭教育权利和隐私权法案》的相关规定，学业指导教师可以和家长一起创建合作关系，将他们纳入学生的个人发展、社交发展和学业发展的过程中来。通过这些合作关系，家长鼓励学生与老师一起探讨他们的经历并合理利用校园资源。斯塔克（Stack，2003）对于和家长的交流给出了下列建议：（a）当家长对学业指导服务感兴趣时，给他们一些可供参考的文字信息（可以面对面交流或者发邮件）；（b）可以表示同情但是不要处于内疚赔罪的状态中，因为学生必须为自己的行为负责；（c）清楚地列出学生可能的选择；(d) 不要牵扯进学生的家庭事务中去；(e) 记住学生家长总是会将他们孩子的最大利益放在心上。

作为对于家长承诺的一部分，如果有可能的话，学业指导教师应该与他们所在学校的家长事务办公室合作。这些为了创造家长、学生和学校之间的积极关系而存在的部门，能够提供给学业指导教师许多宝贵的建议。在欢迎周的活动中，负责家长事务的部门时常印刷一些手册、日程表以及校园时事通信并举办家长周末活动或其他活动。这些资源对于学业指导教师来说很有帮助，并且能够为他们提供和家长交流关于学业指导的期望、流程与政策等话题的机会。

结语

初入大学的阶段（从被录取到第一学年结束的这段时间）对于新生来说是一个意义重大的过渡期。无论对于哪一种文化背景、能力层次和兴趣爱好的学生来说，学习高等教育文化和一个学校特有的制度都是一种挑战。学业指导教师对于学生成功融入新的环境和文化发挥着至关重要的作用。但是要发挥好作用，他们必须首先了解当今学生的特点和他们在过渡适应期的经历，然后，在指导关系中和学生一起探寻学生可能的选择，帮助新生取得成功。

理解学生并不是一项简单的任务，不能通过获取证书或学位而在职业生涯中早早地完成。理解学生，是持续进行的过程，并且贯穿整个学业指导职业生涯的始终。随着社会的变革，学生也在改变。学业指导的发展鼓励着学校领导以及从事学业指导的老师提升他们的技能和知识获取能力，并拓宽学业指导服务以满足新学生的要求。这样做可以更好地为学生和学校服务。再也没有任何人比将要进入大学的新生更需要这些帮助的了。

References

Appleby, D. (2001). The teaching-advising connection. In The Mentor. Center for Excellence in Academic Advising. Retrieved September 7, 2007, from http://www.psu.edu/dus/mentor.

Backels, K., & Wheeler I. (2001). Faculty perceptions of mental health issues among college students. Journal of College Student Development, 42 (2), 173-176.

Benton, S. A., Robertson, J. M., Wen-Chih, T., Newton, F. B., &

Benton, S. L. (2003). Changes in counseling center client problems across 13 years. Professional Psychology: Research and Practice, 34 (1), 66-72.

Black, J. (2007). Advising first-year students before enrollment. In M. S. Hunter, B. McCalla - Wriggins, & E. R. White (Eds.), Academic advising: New insights for teaching and learning in the first year (Monograph No. 46 [National Resource Center]; Monograph 14 [National Academic Advising Association]; pp. 87-97). Columbia: University of South Carolina, National Resource Center for the First-Year Experience and Students in Transition.

Britt, L. W., & Hirt, J. B. (1999). Student experiences and institutional practices affecting spring semester transfer students. NASPA Journal, 36, 198-209.

Clemetson, L. (2006, December 6). Troubled children: Off to college alone, shadowed by mental illness. New York Times. Retrieved March 26, 2008, from http://www.nytimes.com/2006/12/08/health/08Kids.html? ex = 1323234000 & en = 0ed888f81e5aa10e & ei = 5088 & partner = rssnyt & emc = rss.

College Parents of America (CPA). (2006). National survey shows strong parent student connection in college preparation, search and selection activity. Retrieved September 7, 2007, from http://www.collegeparents.org/cpa/about-press.html? n = 1310.

Council for Adult and Experiential Learning. (2000). Serving adult learners in higher education: Principles of effectiveness. In K. Skorupa (Ed.) Adult learners as consumers. Chicago: Council for Adult and Experiential Learning. http://www.acel.org.

Darling, R., & Woodside, M. (2007). The academic advisor as teacher: First year transitions. In M. S. Hunter, B. McCalla - Wriggins, & E. R. While (Eds.), Academic advising: New insights for teaching and learning in the first year (Monograph No. 46) [National Resource Center]; Monograph No. 14 [National Academic Advising Association]; (pp. 5-17). Columbia: University of South Carolina, National Resource Center for The First - Year Experience and Students in Transition.

Epstein, D. (2005). Reaching students with learningdisabilties. Inside Higher Education News. Retrieved September 7, 2007, from http://insidehighered.com/news/2005/10/25/landmark.

Glass, J. C., & Harrington, A. R. (2002). Academic performance of community college transfer student and "native" students at a large state university. Journal of Research and Practice, 26, 415-430.

Grites, T. (2004) Advising transfer students: Issues and strategies from academic advising today. Quarterly Newsletter, 27 (3). NACADA Clearinghouse of Academic Advising Resources Web site. Retrieved September 6, 2007, from http://www.nacada.ksu.edu/AAT/NW27_ 3.htm#16.

Harper, R., & Peterson, M. (2005). Mental health issues and college students. NACADA Clearinghouse of Academic Advising Resources. Retrieved August 20, 2007, http://www.nacada.ksu.edu/Clearinghouse/AdvisingIssues/Mental-Health.htm.

Hemphill, L.L. (2002). Advising students with disabilities.The Academic Advising News, 25 (3). NACADA Clearinghouse of Academic Advising Resources Web site. Retrieved August 30, 2007, from http://www.nacada.ksu.edu/Clearinghouse/AdvisingIssues/disability.htm.

Hills, J. (1965) Transfer shock: The academic performance of the transfer student. The Journal of Experimental Education, 33 (3). (ERIC Document Reproduction Service No. ED 010 740.)

Holaday, T. (2005). Diversity in transfer. Advising Today — Quarterly Newsletter, 28 (1). NACADA Clearinghouse of Academic Advising Resources Web site. Retrieved September 5, 2007, from http://www.nacada.ksu.edu/AAT/NW28_ 1.htm#5.

Horn, L., Peter, K., Rooney, K., & Malizio, A. (2002). Profi le of undergraduates in U.S. postsecondary institutions: 1999 - 2000. (NCES2002 - 168.) Washington, DC: Government Printing Office.

Hoyt, J. E. (1999). Promoting student transfer success: Curriculum evaluation and student academic preparation. Journal of Applied Research in the Community College, 6 (2), 73-79.

Hunter, M.S., & Gahagan, J. (2003) It takes a year: The transition to college doesn't happen in just a few weeks. About Campus, 8 (4), 31-32.

Institutional Assessment and Compliance (2007). CIRP data. University of South Carolina. Retrieved September 12, 2007, http://www.ipr.sc.edu.

Kantrowitz, M. (2007). College admissions: Number of international students. FinAid Page. Retrieved September 6, 2007, from http: //www. edupass. org/admissions/numstud. phtml.

Kitzrow, M. A. (2003). The mental health needs of today's college students: Challenges and recommendations. NASPA Journal, 41 (1), 165-179.

Kramer, G. (2000). Advising students at different educational Levels. In V. N. Gordon, W. R. Habley, et al. (Eds.), Academic advising: A comprehensive handbook (pp. 84-104). San Francisco: Jossey-Bass.

Kramer, H. C. (1983). Advising: Implications for faculty development. National Academic Advising Association Journal, 3, 25-31.

Kuh, G. (2007). How to help students achieve. The Chronicle Review, 53 (41), B12. http: //chronicle. com. Retrieved September 5, 2007, from pallas2. tcl. sc. edu/weekly/v53/i41/41b01201. htm.

Lamont, B. J. (2005). East meets west — Bridging the academic advising divide. NACADA Clearinghouse of Academic Advising Resources Web site. Retrieved August 31, 2007, from http: //www. nacada. ksu. edu/Clearinghouse/AdvisingIssues/East-Meets-West. htm.

Lindsey, P. (2003). Needs and expectations of Gen – Xers. In J. Black (Ed.), Gen-Xers return to college: Enrollment strategies for a maturing population (pp. 53-67). Washington, DC: American Association of Collegiate Registrars and Admissions Officers.

Magolda, B. , & King, P. (2004). Learning partnerships: Theory and models of practice to educate for self-authorship. Sterling, VA: Stylus.

McCormick, A. C. (2003). Swirling and double-dipping: New patterns of student attendance and their implications for higher education. New Directions for Higher Education, 121, 13-24.

National Center for Education Statistics. (2006). Enrollment in postsecondary education, by student level, type of institution, age, and major field of study: 2003-2004.

Table 216. http: //nces. ed. gov/programs/digest/d06/tables/dt06_ 216. asp. Retrieved September 12, 2007.

National Digest of Education Statistics. (2007). Percentage of population 3 to 34 years old enrolled in school, by age group: Selected years, 1940 through 2006. National Center for Educational Statistics Web site. RetrievedMarch 26, 2008, from http: //nces. ed. gov/programs/digest/d07/tables. xls/tabn007. xls.

O'Banion, T. (1972). An academic advising model. Junior College Journal, 42 (6), 62-69.

Priest, R., & McPhee, S. A. (2000). Advising multicultural students: The reality of diversity. In V. N. Gordon, W. R. Habley, et al. (Eds.). Academic advising: A comprehensive handbook (pp. 105-115). San Francisco: Jossey-Bass.

Rockler-Gladen, N. (2006). Generation Y college students: Who are these young, cynical down-to-business college students who inhabit today's college campuses? Suite 101. Retrieved September 5, 2007, from http: //college university. suite101. com.

Skorupa, K. (2002, December). Adult learners as consumers. Academic Advising News, 25 (3). Retrieved March 17, 2008, from http: //www. nacada. ksu. edu/Clearinghouse/AdvisingIssues/adultlearners. htm.

Stack, C. (2003). Talking with the parents ofadvisees. The Mentor: An Academic Advising Journal. Retrieved February 28, 2005, from http: //www. psu. edu/dus/mentor/030714cs. htm.

Taylor, K., Marienau, C., & Fiddler, M. (2000). Developing adult learners. SanFrancisco: Jossey-Bass.

Thurmond, K. (2003). Transfer shock: Why is a term forty years old still relevant? NACADA Clearinghouse of Academic Advising Resources Web site. Retrieved September 7, 2007, from http: //www. nacada. ksu. edu/Clearinghouse/AdvisingIssues/Transfer-Shock. htm.

U. S. Department of Education. (2007). Six-year graduation rates of 1999-2000 freshmen at 4-year institutions. The Chronicle of Higher Education Online Almanac. Retrieved September 7, 2007, from http: //chronicle. com. pallas2. tcl. sc. edu/weekly/almanac/2007/nation/0101404. htm.

U. S. Department of Education, National Center for Education Statistics. (2006). Digest of education statistics, 2005 (NCES 2006-030), Table 205. Washington, DC : Department of Education.

Upcraft, M.L., & Stephens, P.S. (2000). Academic advising and today's changing students.In V.N.Gordon, W.R.Habley, et al. (Eds.), Academic advising: A comprehensive handbook (pp. 73-82). San Francisco: Jossey-Bass.

Vallandingham, D. (2007). Advising first-year students with disabilities. In M. S. Hunter, B. McCalla-Wriggins, & E. R. White (Eds.), Academic advising: New insights for teaching and learning in the fi rst year (Monograph No. 46 [National Resource Center]; Monograph 14 [National Academic Advising Association]; pp. 157-172). Columbia: University of South Carolina, National Resource Center for the First Year Experience and Students in Transition.

Woosley, S. (2005). Making a successful transfer: Transfer student expectations and experiences. the National Resource Center for the First Year Experience and Students in Transition Web Site. Retrieved September 5, 2007, from http://www.sc.edu/fye/resources/assessment/newessay/author/woosley.html.

第十章

经历大学

乔治·E. 斯蒂尔　梅林达·L. 麦克唐纳

对于进入高等教育院校就读的学生来说，大学时光意味着那些发生巨大改变的岁月。一些学生已经为从入学到毕业的整个过程制订了切实可行的计划，并且能够顺利且成功地完成大学学习。有的学生则一直不断遭遇困难，这些困难阻碍着他们学业和职业目标的顺利达成。一个学生不管是顺利地完成大学学业还是经历了一个艰难的大学生活，都必然会经历过渡转型阶段——一个给学生提供促进个人成长和学业发展机会的阶段。

拉南（Laanan，2006）称"理解处于过渡转型期的学生并不是一个简单的任务。它需要我们对学生带到大学中的那些东西加以理解；确切地说，就是他们先前所做的学业准备或培训、人生经历和文化经历"（p.2）。花时间来了解我们的学生，不仅要从他们的学业和职业兴趣方面，也要从他们的成长背景和人生经历方面进行了解。这样的了解对于学业指导教师在学生的大学期间与他们合作是非常关键的。但是，随着大学生群体在规模和多样性的持续增加，这一任务的挑战性也持续加大。现在，单单是在美国的两年制和四年制的学院和大学中，就有接近 1500 万的学生注册就读。截至 2015 年，这一数字估计将达到 1600 万（Chronicle of Higher Education，2007）。进入高等教育院校的学生有着不同的背景（民族、信仰、家庭社会经济背景、性别、性别认同、性取向、年龄、代际、有残疾情况的学生以及国际学生）以及情况（全日制或非全日制就读、工作情况、不同的学位目标、住读或走读、间断修读或转学生、在多个学校注册入学的学生、学校类型以及在线学习的学生）（El-Khawas，2003）。为刚进入大学学习并且面临着不同过渡转型情况的多样化学生群体做学业指导，需要对学生过渡适应过程有理解和认识。同时，需要建立关于学业指导教师如何帮助学生经历这些改变的概念化框架。

在这一章中我们将会探讨几类学生在大学里遇到的过渡适应问题，分别是专业未定、调换专业及准备不足（Schlossberg，1989）。另外，我们会使用库恩、戈登和韦伯（Kuhn, Gordon, and Weber, 2006）的学业指导—心理咨询责任连续体的概念，并以此作为学业指导教师为这些学生构建指导过程的一种方式。本章还提供了一个判定是应该为学生提供学业指导还是心理咨询的触发点事件清单。

过渡转型的类型

在施洛斯伯格关于理解过渡期个体的三分模型里的第一章中，她描述了三种过渡适应的类型：期待的过渡转型（anticipated transitions），非期待的过渡转型（unanticipated transitions），未能如愿的过渡转型（non-event transitions）（Schlossberg，1989）。期待的过渡转型是指经历期待的，可预测的人生事件，包括专业选择、顺利毕业以及毕业就能有就业保障。对于大部分学生来说，这些事件很常见并且发生在人生中相似的时间段，所以大部分学生在经历这些过渡转型的时候并不需要在应对压力上付出多少努力。非期待的过渡转型指经历那些无法预测的事件，并且它们也没有被固定在一个特定的时间段内。如一个亲密朋友的突然去世、父母离异或者赢得彩票。因为这些事件不可预知的本性，这种类型的事件能给人带来高度的压力，甚至会导致危机的发生。未能如愿的过渡转型是指学生在大学中所期望的目标最后没有实现。比如想要成为医生的梦想破灭，因为在医学院入学考试中的发挥较差；想成为兄弟联谊会或姐妹联谊会的一员却从来未实现，以及在大学中表现平庸的高中明星学生，所有这些经历都属于未能如愿的过渡转型。与非期待的过渡转型相似的是，未能如愿的过渡转型时常导致个体的焦虑，因为他们无法实现他们梦想的目标。另外，一些个体会在他们立志实现的某个目标没有达成时会有失落感。来自医生世家的学生可能因为在医学预备课程中表现欠佳以致无法继承家庭传统职业而感到失落。

帮助过渡转型期的学生个体时，必须考虑相对性、环境和影响的概念（Schlossberg，Waters，& Goodman，1995）。**相对性**指每个个体如何阐释或认知所面临的改变。因为个体的不同，同样的改变可能会被视为是积极的、消极的或中性的。对于一些学生来说，换专业的过程可能会带来安慰以及去学习他们喜爱且擅长的课程；但是其他学生可能会对这个改变感到不太确定并会觉得自己在退而求其次。学业指导教师需要小心地评估学生对于改变的理解和感受，并牢记对于不同的学生来说，同样的事件会产生不同的意义。

事件的**环境**指个体与事件或未发生的事件之间的关系。环境可以指个人的或人际的，它可以从个人或者与他人一起开始，或者它可以包括公共环境或社区。或许，最重要的是一些事件对于个体所产生的**影响**的类型。在某个家庭成员被确诊为癌症后，这个学生能继续上课以及继续参加她的日常活动吗？或者这个事件会产生更大的影响以至于导致她退学吗？

学业指导——心理咨询责任连续体

挑战并支持处于过渡转型期的学生以帮助他们追求学业成功是所有学业指导教师工作的本质。正如库恩、戈登以及韦伯（kuhn, Gordon, & Webber, 2006）所观察到的那样，"学业指导教师正战斗在一线，代表学校为学生提供支持"（p.26）。无论对专职学业指导师、任课教师以及管理者，还是对于学生和家长来说，都无法就应该给学生提供什么程度的支持达成一致。对于这个问题，研究者们从责任连续体的视角，通过对学业指导教师和心理咨询师两个群体的角色和责任的定义而进行了更为深入的研究。连续体视角提供了一个框架来定义学生过渡转型期所经历的重大事件的类型，以及学业指导教师和心理咨询师如何一起协作或独自工作的方式来帮助学生顺利度过他们的大学生生涯。

"指导教师（advisor）和咨询师（counselor）" "指导（advising）和咨询（counseling）"经常被混用。这会导致困惑。对于库恩、戈登以及韦伯来说，指导和指导教师指的是"学业指导和学业指导教师"，而咨询师和咨询指的是"那些至少接受过研究生水平的心理学专业训练并能提供个人咨询以及相关服务的人"。

他们陈述的关键点是学业指导教师并非是作为帮助解决学生心理问题的心理咨询师来培训的，心理咨询师也往往不像学业指导教师那样具备关于课程、学术资源和学术服务等方面的校园信息。但是学业指导和心理咨询师都"能够帮助学生确定目标从而使得学生们提高他们的效能，能够帮助学生识别那些会影响自我目标成功实现的障碍，能够帮助学生发展实现他们目标的策略，并且还能够评估这些策略是否有效。"（p.26）。

表 10.1　　　　　　　　学业指导—心理咨询责任连续体

	信息型指导	解释型指导	发展型指导	督导型指导	心理咨询
目的	传递信息	澄清事实	审视内心	促进成长	精确定位问题

续表

	信息型指导	解释型指导	发展型指导	督导型指导	心理咨询
内容	信息	程序	意见建议及价值观	价值观	寻找解决方案
焦点	信息	教育机构	学生	人	学生行为的调适
交流时长	5—15 分钟	15—30 分钟	30—60 分钟	视情况而定；需要多次接触	由问题的严重性决定

资料来源：Kuhn, T., Gordon, V. N., and Webber, J. (2006). The advising and counseling continuum: Triggers for referral. NACADA Journal, 26 (1): 25。

在表10.1中库恩、戈登以及韦伯发明的学业指导—心理咨询责任连续体划分了教师在支持学生发展上五种不同程度的介入：信息性、解释性、发展性、督导和心理咨询。每一种介入水平都从目的、内容、焦点和接触时长四个方面对不同程度的学业指导或心理咨询进行了描述。介入程度最低的学业指导是信息性学业指导，它锚定了这个连续体的一端，而介入程度最高的心理咨询则锚定了另一端。基于这个连续体的性质，问题的严重性以及学生处理问题的能力会成为决定这个问题由学业指导教师处理还是将这个学生转介给心理咨询师的关键因素（p. 26）。这并不意味着在表10.1中那对教师介入程度进行描述的列可以被解读为自成一体的"导弹发射仓"。除了明确角色和责任之外，连续体概念还提供了一种理解学业指导教师在辅导中为学生解决问题时的舒适度的方法。

根据学业指导—心理咨询责任连续体理论，库恩、戈登以及韦伯提出了对来访学生可能的求助需求加以分类的方式。根据学生不同求助需求类型所涉及责任者的不同，他们把解决学生求助需求的责任者界定为三个主要类型：(1) 学业指导教师；(2) 二者皆可（学业指导教师或心理咨询师）；(3) 心理咨询师。举例来讲，"学业指导教师责任"主要的内容包括指导课程选择、课程注册以及其过程等。学业指导教师和心理咨询师可以分享的问题包括学生家庭成员去世、时间管理以及决策选择方面等。而心理咨询师特有的责任则是处理包括学生药物滥用、身体虐待和精神虐待以及性骚扰等方面的问题（p. 27）。

根据学生需求类型将自己的角色定位为主要负责提供"信息型指导"和"解释型指导"的学业指导教师或许并不认为去处理那些可以同心理咨询师沟通的学生问题是他们的责任，并且处理这样的问题会让他们感到不舒服。然而，许多这类问题都是学生发展过程中在过渡转型方面的普遍性问题。被纳入"二者皆可"责任者类型的学业指导教师，认为自己的职责在于提供"发展型指导"或"督导型指导"，会感到自己在帮助学生处理这些学业指导教师与心理咨询师责任共担的过渡转型问题时被学生强烈地需要。这一类型问题主要聚焦在学生的个人发展或人际交往上。比如，一个学生在一门课程上表现较差并且无法进步，这样的情况则涉及学生培养方案的完成问题。而这则可能成为学业指导首要的焦点。或者，学业指导教师会调查或与学生讨论引起学习困难的原因。在倾听了学生的陈述并查阅了他的档案记录后，学业指导教师或许会判断出学生的学习困难与大学过渡适应相关，比如在全新的大学环境中无法较好地适应大学学习。或许学生没有做好进入大学学习的学业准备，或者没有考虑过他的学业目标或职业目标。如果学生没能预料到学业困难，他可能会经历"非期望的过渡转型"。

学业指导教师对于自己的角色、责任以及在处理学生过渡转型问题时的舒适度往往持不同的观点。这些观点很大程度上受到学校的期望、政策规定和校园文化的影响。库恩、戈登以及韦伯也称"问题的严重性以及学生处理问题的能力会成为决定这个问题由学业指导教师处理还是将这个学生转介给心理咨询师的关键因素"（p.26）。为帮助学业指导教师决定什么时候适合将学生转介到心理咨询师那里去完成咨询，库恩、戈登以及韦伯（kuhn, Gordon, & Webber, p.29）建议考虑可观测到的行为、感情或思维模式。他们把以上这三个因素统称为触发点。下面列举一些会让学业指导教师转介学生到心理咨询师那里的触发点：

- 对任何专业都没有热情的消沉的大三学生
- 由于父亲死亡而使得成绩下降的大一新生
- 无法与专横的父母交流的大一新生

当学业指导教师经历一个学生的触发点事件的发生时，首先必须确认和定义触发点事件。这需要和学生之间的交流互动并参考他们以往的档案记录。根据过渡转型问题的性质，学业指导教师可以采取直接帮助学生解决问题或将学生转介到其他校园服务机构或心理咨询中心去。

在与无法做出抉择、正要更换专业，或没有做好准备的学生打交道时，库恩、戈登以及韦伯对于学业指导教师的角色和责任的概念框架和他们的"触发点"概念是学业指导教师梳理学业指导问题的有效方式和途径。非常重要的是要认识到"学业指导—心理咨询责任连续体"中所隐含的学业指导应该追求的目标的类型和性质。如果学业指导教师在一个认为学业指导的职责主要是向学生提供信息类或解释性帮助的学校工作，那么，他们的辅导目标与那些在认为学业指导的职责是帮助学生发展、为其发展进行指导的学校工作的学业指导教师的目标就是大不一样的。当我们来考察这一章中所列举的那些处在过渡转型期的学生的学业指导需求时就会发现，很明显他们的问题不能仅仅通过信息性或解释性的观点和哲学而得到解决。为这些处于过渡转型期的学生服务，学业指导的目标应该以学生为中心，而不是以学校为中心。当然这并不是说信息性或解释性的学业指导就不必要。它们确实很重要，但是在解决学生的过渡转型问题方面仅靠它们还不够。虽然本书的其他章节已对学业指导的目标如何与"学业指导即教学"的理念密切相关做了更为深入的论述，但在这里指出这一点也是非常重要的。因为，如果没有这一点，任何想要调整学业指导目标以反映学生的不同水平或撰写学业指导大纲的努力都将会是不全面的。

指导方向未定的学生和决策困难的学生

背景

相关研究文献在使用词语"方向未定的"（undecided）和"决策困难的"（indecisive）描述高校学生时，二者之间有着显著的区别。这种区别在界定学业指导教师和心理咨询师的角色和责任时同样是需要考虑的重要因素。戈登（Gordon, 2007, p. x）将"方向未定的"学生定义为那些"不愿意、不能或者没有准备好做出教育或职业方向抉择"的学生。而一个在做任何决定时都感到困难的学生则被界定为"决策困难的"学生（Appel, Haak, & Witzke, 1970; Goodstein, 1965）。戈登（Gordon, 2007）将一个决策困难的学生描述为"具有特定性格特征的学生，而这些性格特征则源自其不良思维习惯对其生活各个方面造成的后果"（p. 11）。两个定义之间的区别的重要意义在于，无论是在库恩、戈登以及韦伯（Kuhn, Gordon & Webber, 2006）所定义的发展性或督导性的学业指导角色框架内工作的哪类学业指导教师，都应在帮助"方向未定的"学生的同时也要具有洞察"决策困难的"学生的特征的能力。这样学业指导教师才能将他们转介到心理咨询师那里去接受个人心理咨询。

"方向未定的"学生所经历的过渡转型期非常不同，并且反映出大多数学生在进入大学时必须解决的问题。在回顾了关于"方向未定的"学生的文献后，卢埃林（Lewallen，1993）认为，这些研究是"不一致，相互矛盾，以及混淆的"。有的研究者认为，"方向未定的"学生是一个几乎没有相似点的复杂异质群体（Baird，1967；Hagstrom，Skovholt，& Rivers，1997；Holland & Holland，1977）。或许理解这一研究现象的关键点在于：许多早期的研究都试图将"方向未定的"学生和"方向已定的"学生作比较。20世纪90年代，许多研究都聚焦在通过定义"方向未定的"学生和"方向已定的"学生两个群体中各自的子类型来研究"方向未定的"学生的特性上（Newman，Fuqua，& Minger，1990；Savicka & Jorgourna，1991）。这些学术研究为"方向未定的"学生和"方向已定的"学生提供了分类依据，于是基于学生的人格特征和决策能力为基础的干预措施便被创造出来。

戈登（Gordon，1998）在前人的基础上完成了对"方向未定的"学生和"方向已定的"学生的对比研究。她审读了15项研究并总结出了7种决策状态的学生子类型：（a）方向非常明确的学生；（b）方向一定程度上明确的学生；（c）方向变化不定的学生；（d）方向暂时未定的学生；（e）方向发展性未定的学生；（f）方向确定有严重困难的学生；（g）长期决策困难的学生。戈登明确了这些学生子类型之间的相似点和不同点，并提出了干预措施和指导策略。在她所提出的子类型里有一个关键的要素，那就是"方向已定"和"方向未定"两种状态是存在于一个连续体中的，而不是各自作为分离的个体而存在。这一观点对于所有指导教师来说都至关重要，它明确指出不仅是那些声称自己"方向已定"的大一学生可以通过学习和使用决策技能来帮助他们进行积极的教育和职业的决策或探索，其他学生同样可以。

过渡转型问题

"方向未定的"学生确实会经历一系列的过渡转型问题。正如戈登（Gordon，2007）所强调的，"发展性的方法并不将'方向未定的'学生视为在寻找学习或工作机会的人，而是把他们看作不断投入一系列任务中去的个体，而这些任务最终会帮助他们在一个多元的世界中去适应和改变"（p.56）。一些学生会经历预期的过渡转型事件，比如，能够接受在进校时以"方向未定的"状态去假设"对的"专业或职业会最终"出现"在他们面前。而一些学生在努力朝着一个大致的方向努力的时候，比如与健康相关的职业，或许无法预测到可能出现在他的目标职业中及帮助他实现目标职业的课程作业里的任何困难。一些学生会认为，一个特定的专业会导致只有一种职业选择，或者说，一个特定的职业只能通过对某一特定专业的学习才能实现。当学生发现他们必须进行新的或再度的探索时，完成期待的过渡转型事件时取得的成功和遭遇的失败都可能导致非期待的过渡转型事件的产生。这会在多种情形下发生，比如当学生需要重新考虑他们在一个学术领域的胜任能力的时候，或者他们发现学业准备情况和职业之间的关系是多维的时候。

那些"方向未定的"学生所经历的未能如愿的过渡转型都会涉及众多的个人或社会问题。无法得到预期的经济支持以进入自己选择的学校就读会影响学生的专业选择，把他们从"方向已定的"变为"方向未定的"。进入大学并与带着不同期待的同学组建朋辈群体也会影响学生关于目标的最初想法。学生在大学前和大学期间这两段经历的动态交互会带来众多潜在的预期的过渡转型和非预期的过渡转型。

学业指导—心理咨询连续体及触发点

一旦考虑到大学生在他们的大学第一年中会遇到的社交问题和个人发展问题的复杂性，便可知道帮助他们将焦点放在学业和职业的定位和决策上将会非常困难。但这却是非常必要的。有大量的决策模型可供学业指导教师用来帮助学生做出令人满意的决定。戈登（Gordon，1992）给出了一个整合型学业及职业规划模型。这个以学生为中心的模型整合了自我认知、职业认知、教育知识以及决策知识。沙因和拉弗（Schein & Laff，1997）提出了一种以学生为中心的方法。根据该方法学生对他们的个人喜恶、优势和弱点，以及对未来的期望等问题做出回答。这可以让学生投入到对学习领域的设计过程中，而不仅仅是选择一个现成的专业。贝克（Beck，1999）使用混沌理论作为隐喻表述了在辅导"方向未定的"学生时要遵循的几个关键准则。博特伦（Bertram，1996）提出了一个模型。与许多指导教师使用的理性决策模型相比，该模型提倡在辅导"方向未定的"学生时使用不那么理性的方式。斯蒂尔（Steele，2003）回顾和总结了四个模型的共性。

针对专业方向很确定，但对职业目标却比较模糊的学生，两位研究者提供了一些帮助学业指导教师把职业发展技巧和目标设定方法整合到学业指导中的模型和指南。戈登的3-I（Inquire，Inform，and Integrate）指导过程（Gordon，2006）描述了学业指导教师在学生决策形成过程中的职责。该过程共包括三个阶段：一是学生的需求和关注点被发掘的询问阶段，二是聚合对于完成决策必不可少的各类信息的阶段，三是决策过程被内化和开始实施行动的整合阶段。通过类似的方法，麦卡拉-里金斯（McCalla-Wriggins, 2000）在回顾职业规划的理论和职业规划决策因素的基础上提出了将它们与学业指导相整合的建议。

这些提议、模型以及理论在以不同方式处理戈登（Gordon, 2007）所描述的"方向未定的"学生（例如，信息匮乏、发展技能匮乏，以及存在个人发展和社交问题）的常见需求时具有一些共同的特征。所有这些模型都假设"方向未定的"学生在职业探索准备上会展现出不同的水平。正如戈登（Gordon, 2007）所指出的那样，"为'方向未定的'学生提供的项目和服务必须反映出学生多方面的能力水平差异，以区分和整合决策过程的各个方面"（p.58）。

既然探索过程是大多数高校学生必须经历的过渡转型环节，那么学业指导教师就要帮助他们培养设定学业目标和职业目标所必需的技能和习惯。这些技巧一旦被学生掌握，就可以帮助学生去处理未来将出现的期待的和非期待的过渡转型。

近几十年的高校毕业生面临的是职业转换已成为常态的就业环境。和一个雇主形成永久雇佣关系的现象几乎不会再成为常态。社会习俗的变化和全球经济的失调，比如离婚和业务外包，在个人层面会带来戏剧性的和无法预知的变化。当学生为学业和职业决策而努力的时候，只要学业指导教师能及时意识到并利用好"学业指导的有效时间节点"，就会对学生产生持续的影响。

由于学业指导的焦点是以学生或这个人为中心，当指导教师面对"方向未定的"和"方向已定"的学生的各种问题时，他们便毫无疑问地置身于库恩、戈登和韦伯（Kunhn, Gordon & Webber, 2006）的学业指导—心理咨询责任连续体中，开展解释性、发展性或督导性的学业指导。相关的问题以及解决它们的需要都集中在学生关注的问题上和厘清学生个人目标、社会期望、教育目的和职业定位等任务上。使用戈登等人所定义的"触发点"时，有一些可观测的行为、情感以及思维方式可以被用来判断学生是否应该被转介到心理咨询师那里去。对于"方向未定的"学生的研究给我们提供了辨识这些触发点的现实基础。通过一些触发点可以发现学生需要在做决策的那些方面得到帮助，如对于职业选择的焦虑（Appel, Haak, & Witzke, 1970; Fuqua, Seaworth, & Newman, 1987; Kimes & Troth, 1974; Mau, 1995）、对于承诺的恐惧（Serling & Betz, 1990; Zytowski, 1965）、较弱的自我效能感（Luzzo & Andrews, 1999; Srsis & Walsh, 2001; Taylor & Betz,

1983)、自我同一性发展状况（Gordon & Kline，1989）、身份和职业的不成熟（Holland & Holland，1977）、毅力和学业成功的缺乏（Foote，1980）、自我性别和性别角色的刻板印象（Gianakos & Subich，1986；Harren，Kass，Tinley，& Morelan，1978；Orlofsky，1978；Rose & Elton，1971）以及学习能力障碍和推理能力缺失（Layton & Lock，2003）。下面列举了这些因素如何能被转化为可观测的行为、情感或思维方式。

"方向未定的"或正在探索过程中的学生的一些触发点例子：
1. 学生在每一次辅导中声称想要选择的专业都不同。
2. 学生所注册的课程并没有与她所"声称"要选择的专业一致。
3. 学生选择了一个大众化的专业，但没有做出合理的解释。
4. 学生的学业能力及技巧和她所想要选择的专业之间严重地不匹配。
5. 学生告知学业指导教师，她对于专业的选择是源自父母或同辈的压力或期待。
6. 一个男性学生不管自己的兴趣和能力而决定放弃对护理专业的学习，原因是有观点认为这是一个属于女性的职业领域。
7. 一个有着很强数理能力的学生因担心工科课程会影响自己的平均学分绩点而害怕攻读工程学学位。
8. 一个学生因不想当老师而不攻读历史学学位。
9. 学生不能通过学业指导办公室了解到可用的课程及职业信息资源。
10. 一个学生承认他属于"方向未定的"学生群体，与探索确定自己的方向相比，他更愿讨论如何适应大学的社交环境。

"决策困难的"学生通常也会经历相似的发展和决策问题，但他们会感受到更为严重的伴随社交和心理问题的焦虑与紧张（Gaffner & Hazler，2002；Salamone，1982；Van Matre & Cooper，1984）。"决策困难的"学生通常难以采取特定的行动，因为他们对自己生活中的大部分领域都无法做出承诺。不过，几乎没有学生显示出具有这种极端的、必须被转介到心理咨询师那里做进一步的咨询辅导的性格特征（Heppner & Hendricks，1995）。斯蒂尔（Steele，2003）对于学业指导教师应该何时将决策困难的学生转介到心理咨询师那里做出了以下建议："（学业指导教师）应该将焦点放在一个学生是否有能力做出任何类型的决定。他们也需要注意关于其他社交或心理问题的表征。一旦发现这些问题，在将学生转介给心理咨询师时学业指导教师必须表现出同情心和慎重决策"。

指导转专业的学生

背景

转专业的学生被定义为"进入大学时表面上确定了专业，但是在随后的几年中又改变了主意的学生"（Gordon，2007，p. 86）。虽然这个数据比较难获取，但经过估算，在大学里经历了重新选择专业的学生的比例大概占到50%到75%（Foote，1980；Noel，1985；Steele，1994；Titley & Titley，1980）。

学生因为不同的原因而改变学业方向。信息的缺乏是最常见的学生用来解释自己改换专业的理由（Kramer，Higley，& Olsen，1994）。想要改换专业的学生普遍的倾向是很少去了解不同的专业、几乎没收集课程学习要求的相关信息或从未了解与专业相关的就业机会。绝大多数这类学生并不知道在学校里有众多的专业学习方向可选择，也没有意识到现实世界中可能的职业选择的数量和种类。一些学生在高中或许从未经历过一次正式的做出职业选择的过程（Lewallen，1993）。同样，这些学生也从未审视过他们的兴趣、能力和价值观，以及这些方面的信息与专业选择和职业选择之间的关系。其结果是，一旦这些学生获悉专业学习的要求、开始修读专业基础课程和专业课程、了解到可能的职业选择时，他们就会发现改变专业方向和审视自己顺利完成学业的可能性是非常必要的。其他的学生会发现，他们最初选择的专业太具有挑战性并且意识到他们应该寻找一个自己能顺利毕业的专业。一个常见的例子就是那些受到鼓励去学习工程或医学专业的学生们发现，这些专业的培养计划对数理能力的要求远超出他们自身的水平。

一些学生会感受到来自家庭或朋友的压力，就读于他人为他们所选的专业（Barrios-Allison，2005；Gordon & Polson，1985；Peearson & Dellmen-Jekins，1997）。其他学生会逃避或拖延对自身发展方向的探索，因为他们还没有做好准备或没有动力。还有一些学生则在此之前就被其他发展性问题所困扰。

指导转专业的学生中最有挑战性的是辅导因目标专业能力要求太高或选

修人数过多而被拒绝的那部分学生（比如，商科、护理）。这些学生中有的并未做好面对高校严苛的学业要求的准备，有的无法将足够的时间和精力投入到专业学习中。有的学生则固执地认为他们终究有能力进入自己心仪的专业学习，而对确凿的与其愿望相悖的证据视若无睹。这样的思维方式会让帮助这些学生的学业指导教师有挫败感。他们想通过研究具备学生初选专业特征的其他专业来帮助学生走出之前转专业被拒的挫折。一些学生甚至在知道他们将听到一些他们不想听到的内容后，就直接避免与学业指导教师见面。

戈登（Gordon, 2007）描述了六种不同类型的转换专业者。**流浪于专业之外者**（the Prifters），指那些在进入大学伊始便意识到自己最初的专业选择并不合适，但是却迟迟没有开始专业方向探索的学生。他们中有的人会面临需要在很多方面投入时间精力，但却没有把确定自己的专业作为努力的首选项。有的则直到大学教育体制要求他必须要做出选择时他才开始感到选择替代专业的压力。**壁橱里的转专业者**（the Closet Changres），指那些在没有告知其他人并且与他们的学业指导教师没有接触的情况下就改变专业的学生。这样的学生会关注如果他们换了专业，别人会如何看待他们，特别是在他们违背了父母的期望时。**外向型转专业者**（the Externals），指那些特别享受换专业的过程并且似乎更喜欢处在持续"改变模式"中的学生。这些学生喜欢考虑自己是否做了一个错误的选择或错过了一个专业选择机会，而它或许会比他们之前的选择"更好"。他们不愿意投入到系统的专业方向选择的探索中去，而喜欢从他们的社交圈中的人或任何持有一定观点的人那里收集关于专业方向选择的信息。**焦躁不安者**（the Up-tighters），指那些不能获得他们最初选择的专业而被迫改变专业的学生。这些学生被他们所选择的那些专业拒绝了，但可能还会对自己的技能和能力有着不实际的期待。他们中的一些学生不愿重新考虑其他替代专业，并且长期对自己无法达到最初选择的专业的能力要求感到焦虑和不安。**专家级转专业者**（the Experts），表现得好像自己已经经历过了完整的转专业的流程，而且所有的专业决策都基于充足的参考信息。他们看上去知识丰富，并且不会去寻求帮助。这些学生时常做出不现实的专业选择，尽管学习表现很糟却还要一意孤行地坚持下去。学业指导教师喜欢和**系统化的转专业者**（the Systematics）一起处理问题，因为这些学生能接受自己需要改变专业的事实并且以开放的心态去探索新的替代专业。他们寻求学业和职业方面的指导服务并且积极参与到决策过程中来。

过渡转型问题

那些进入大学时声称已经做好专业选择而后却改变了专业的学生被视为经历了非期望的过渡转型。尽管绝大多数非期望的过渡转型都会带来较大的压力,但是这一变化带来的影响却很大程度上取决于学生最初在专业选择上的投入度。一些学生或许在选择专业伊始就知道他们并不是真的对它有兴趣,而仅仅是想要做一个选择而已。对于这些学生来说,改变专业并不会成为一个问题,而实际上改变对他们而言是受到欢迎的、积极的。一些学生会担心改变专业会让其他人(比如父母)失望。例如,一名受到父母鼓励而改选商科以便于以后继承家族事业的学生会感到改换专业是一件很有压力的事。因此,她便会倾向于拖延这种改变或拒绝顺应这一改变的过程。一些学生会因为转换专业而经受一定程度的压力,因为转换专业的过程需要全身心地投入——包括调研专业和职业,进行自我探索,以及与一位指导教师对可选专业进行讨论交流。

由于录取限制而没能就读自己最初选择的专业的学生会经历一个未能如愿的过渡转型。对那些很早就决定想要学习商科专业却没能如愿以偿的学生,这样的结果给学生带来的不仅仅是恼怒,更有可能会是伤痛。有的学生,在他们对无法进入他们最初选择的专业学习感到失望之后,还可以继续前行并探索其他可替代的专业。而有的学生却很难接受这样的现实。因为对于这些学生来说,这一学业领域已经成了他们毕生的理想。施洛斯贝格尔和罗宾逊(Schlossberg & Robinson,1996)将"重塑梦想的过程"描述为一种帮助个体处理未能如愿的过渡转型的相关问题的方式。斯蒂尔和麦克唐纳(Steele & McDonald,2000)在《学业指导大全》(第1版)中讨论了如何将这一方式应用到学业指导的过程中。不管学生经历的是非期望的过渡转型或是未能如愿的过渡转型,学业指导教师都要对那些能甄别出转专业学生的触发点事件保持警惕。

> 关于转专业学生的触发点事件的例子如下:
> 1. 在当前的专业学习中没有取得学业进展的学生。
> 2. 对最初选择的专业不再感兴趣的学生。
> 3. 对于获取当前专业学习资格抱有不切实际期望的学生。
> 4. 家长或其他重要人士正在以违背其愿望的方式施压要求其继续留在当前专业学习的学生。

5. 时常改变专业的学生。
6. 一门专业本身入学条件就很严格且现在要求变得更高。
7. 学生并没有审视过与专业相关的兴趣、能力或价值观。
8. 学生对当前专业的就业机会并没有足够的了解。
9. 学生不顾其较差的学业表现，而继续注册专业前导课程。
10. 一名大二学生不顾自己没有完成任何专业前导课程的事实，仅因为他叔叔和他的一次谈话就告知学业指导教师他想要转专业。

学业指导—心理咨询责任连续体和触发点

辅导那些想要改变专业的学生时，学业指导教师会使用到学业指导—心理咨询责任连续体中前三个层面的介入——信息性、解释性和发展性指导。工作在连续体中的起始点取决于学生如何展示他们最初的问题。

一些学生会因为想获取关于一个或多个专业的相关信息而开始参加学业指导。学业指导职责的信息化层次的划分是对这类学生的一个不错的回应方式。一旦获得信息，学生对当前专业的思考程度将继续向着解释性或发展性的水平前进。一些想要改换专业的学生需要了解进入一个特定专业的具体学术要求以及对该专业人数限制的解释。而解释性的学业指导则被用来帮助这些学生理解进入专业学习的要求和他们是否能够满足这些要求而获得进入该专业学习的资格。学生在学业指导过程中与学业指导教师的讨论将帮助学生对专业选择的思考进入发展性阶段，从而审视自身与其他可选专业之间的匹配问题。一些想改换专业的学生或许不知道在他们对一个专业不再感兴趣（或不再胜任专业学习）时应该怎么办。指导教师可以从发展性的学业指导出发对他们辅导。这不仅包含了对于专业探索过程的解释，还要对学生的个人需求、兴趣爱好、能力特长和价值观给予关注。

那些不管接受哪种类型的学业指导都会拒绝真实地看待自我以及周围环境、只想要转专业的学生可能会是接受心理咨询的适合人选。没能得到进入某个特定专业的许可，对于一些学生来说是一种失败。一些学生会因为他们没有能够实现父母或其他重要人士的期待而感到羞愧。这些学生会感到焦虑或较大的压力，并且这些私人问题应该要在这个学生进入更有成效的探索之前得到解决。对于一些学生来说，改变专业只是其潜在的或者长久存在的某一问题的一个症状而已。这些学生应该被转介到专业的心理咨询师那里去，从而将焦点集中到个人问题上。

可以明确的是，转专业学生需要得到那些对与专业相关的学业要求和职业机会有着较好的全面了解的学业指导教师的帮助。这些学业指导教师需要了解专业学习与就业的门槛，懂得如何帮助学生构建一个可行的通往成功的能将学业和职业目标结合起来的计划。接受过学业指导与职业生涯辅导交叉培训的学业指导教师和职业生涯指导教师对于专业和相关的就业机会有着丰富的知识。他们在辅导这些学生的时候会很有优势。

学业指导教师在指导转专业学生时需要极大的耐心，并要对这些处于成长发展中的大学生给予充分的理解。学生在投入学业决策和职业决策的准备工作上有很大差异。强迫一个没有准备好的学生开始这一过程会带来负面的结果。同样，学业指导教师在学生表达情感时也需要表现得自然。最重要的是，指导教师需要在指导过程中展现出积极的态度和优秀的沟通技巧。学生需要听到的是改换专业是非常正常的事，并且知道在转换专业的过程中，他们会得到持续的支持（Gordon，2007）。

准备不足的学生

背景

上大学是绝大多数人强烈期待的人生转变。在一次调查中，83%的美国高中生称他们期待着进入大学［High School Survey on Student Engagement (NCES)，2005，p.3］。但是，在进入九年级的学生里只有70%的能从高中毕业，并且只有50%做好了进入中学后教育的学业准备（Green & Winters，2006）。除了传统年龄的学生，许多从未进入过高校或是没能完成高校学业的成人也同样有着进入高校学习的梦想。学生想要接受高等教育的动机各不相同，但是想在全球就业市场中保持竞争力，个人成长和个人满足感都一直是强烈的学习动机。据报道，成年人群体中没有大学学位的数量达到5400万，其中有3400万人没有大学学习经历（Lumina Foundation，2007）。不管这个过渡转型是发生在从高中进入大学、重返大学，还是在离开正规教育很久后再开始大学学习时，它对于大多数学习者来说通常都是困难的。许多这样的学生都需要在学业准备方面得到帮助和支持以取得大学的成功。对他们进行学业指导时，需要充分考虑社会的多样性、心理、经济和文化等方面的影响因素。

"准备不足"这个词带有强烈的负面含义。人们在使用"准备不足"这个词的时候常常忽略一点,即它的使用是有极强的背景限制的。恩德和威尔基(Ender & Wilkie,2000)称"准备不足""针对的是一个学生与进入同一学校的其他学生进行学业竞争的能力"(p. 133)。这并不是一个新的现象。为提升这些准备不足的学生的学习能力而设计的课程可以追溯到19世纪(Cross,1976;Brier,1984)。在20世纪最后25年,许多教育者意识到虽然补偿性课程很有价值,但是还不足以彻底解决问题(Maxwell,1985)。对这些教育者来说,"准备不足"与心理、社会、经济和文化等一系列的因素相关。如果准备不足的学生想要在高校里取得成功,那么这些联系紧密的问题必须得到整体性的解决(Enright,1994)。这些观点为发展性教育奠定了基础。如博伊兰(Boylan,1995)指出:

> 学生在大学无法取得成功的原因是多种多样的,学业准备不足只是其中一个。比写作能力或数学能力更能影响学生的成绩、在册率和毕业率的是学生的自主性、自信心、应对种族偏见的能力、学习行为和社交能力等因素。

如果学生在大学中仅仅是学业成绩不佳,那并不意味着他们的学术能力不够。许多进入大学的学生对于他们将遭遇的学业挑战一无所知。为所有学生服务的需要,既源自我们鼓励尽可能多的公民接受高等教育的历史传统,也源自我们社会制度的要求。提供接受高等教育的途径与机会是民主文化的一个核心价值观。这发端于林肯1861年的首次总统就职演说中将提供高等教育作为追随"人性中更为美好的天使"的例证之一的观点。相应地,这一动机也影响着我们的教育政策的组成元素并且造成了一些学习者在没能做好学业准备的情况下就进入了大学。如果不能给这些学生提供协助,学校将要么"失去大量的学生或者是降低对他们的学业要求以弥补学生能力的不足"(Boylan,1995,p. 4)。为学生提供的学业支持成本不菲。据估算,每年高校、学生、家庭、雇主以及纳税人为补习课程所付出的开销超过37亿美元(Alliance for Excellent Education,2006)。

与仅仅为学生提供接受高等教育的机会相比,促进他们顺利完成学业更有帮助。这样的认识会带来别的好处。如汀托(Tinto,2004)指出的那样,获得了高等教育学位的人们更爱参与公共事务、从事社区工作、消耗更少的公共服务、有着低水平的失业率,并且犯罪率更低。拥有本科学位的人"职业生涯要比仅有高中毕业证的人们多挣一百万美元"(Tinto,2004, p.7)。学业指导教师辅导学业准备不足的学生，帮助他们实现梦想并从大学教育中受益时，会遇到许多期待的或非期待的过渡转型问题。

过渡转型问题

准备不足的学生可能做好了，也可能没有做好准备，应对向大学过渡的过程中将会遇到的学业挑战。对高中和大学在学业进度、学业任务量以及学业要求这三方面差异的认识通常会导致绝大多数非期待的过渡转型。许多非期待的过渡转型的问题都会聚焦到这一点上。一名学生或许会认为她的学习方法、时间管理能力、组织技能以及她的学业准备是和她当下的任务相匹配的。这类学业指导问题的复杂性在于如何整体把握并且预判那些可能会出现的非期待的过渡转型问题。当进行学业准备时，可能需要重新考虑他的专业选择以及职业发展方向。也可能需要注册学习额外的课程。这对那些离开学校数年又重新返校学习的成人学生来说尤其必要。像对其他学生一样，对那些受到未能如愿型过渡转型影响的、准备不充分的学生，学业指导教师需要同时关注其个人及社交问题的交织影响。库恩、戈登和韦伯（Kuhn, Gordon & Webber, 2006）的责任连续体理论强调学业指导教师在许多辅导事务上可以和心理咨询师合作，并在指征明显时转介学生到心理咨询师处。

学业指导—心理咨询责任连续体及触发点

在进入大学前没有做好应对学业挑战准备的学生与那些不需要再进行学业弥补的学生相比更难顺利毕业（Wirt, Choy, Rooney, Provasnik, Sen and Tobins, 2004）。这些没有做好准备的学生有许多相似的特征。他们大多有低收入家庭的社会经济背景，是家中第一代大学生，更多的是少数族裔而非欧裔白人。那些可能会妨碍他们顺利毕业的因素包括：高中的学业准备不足，无法支持其成功毕业的社会或文化因素，以及需求不能得到满足，比如经济上的支持（Tinto, 2004）。

为这些学生做学业指导的关键在于帮助他们在大学里顺利完成期待的和非期待的过渡转型。恩德和威尔基（Ender & Wilkie, 2000）提出了一个发展性的指导关系。这一关系聚焦三个主题：学业竞争力、个人参与、发展和确认人生目标。这要求学业指导教师和被指导学生之间的关系应该是：（1）持续进行和有目的的；（2）向学生提出挑战且提供支持；（3）目标导向的；（4）有意识并且最大化地使用校园资源（p.119）。同样地，汀托（Tinto, 2004）认为有效的学业指导是所有学生在册率提升项目的关键组成部分（p.8）。他将一个成功的学业指导项目的组成要素定义为，需要为学生提供：（1）清晰的指导；（2）对学生的学业和职业选择决策提供支持；（3）提供关于大学学习的知识；（4）不断增强学生在需要时能获取帮助的途径；（5）确保支持项目与学生的日常学习需要相结合（p.8）。

普理查德和布劳师契尔德（Pritchard & Blouschild，1970）更多关注的是这些未做好准备的学生的心理特征。同时，他们界定并强调了学业指导教师需要特别警惕的学生身上的几种现象：在一个或多个领域里展现出较弱的学习能力、学业上较低的自我意识、不现实的毕业和职业期待、没有焦点的职业目标、源自外部的动机、受外部控制而非自主的、较低的自我效能感、学习技能不足而无法实现学业成功、认为学习就是记忆的观点以及被动学习的历史。这些所有的特征都可能通过学生的客观行为、感情或者思维展现出来。正如前文所强调的，学业指导教师在指导学生时需要对这些"触发点"保持警觉。

未做好学业准备的学生的触发点：
1. 学生的 ACT 或 SAT 成绩低于全校的平均水平。
2. 学生的分班考试成绩低于全校平均水平。
3. 学生认为学习很难，因为他需要完成校外的工作以支付他的学费。
4. 学生所申请学习专业的核心要求恰好是其没有做好准备的那部分。
5. 第一学期后，学生有一科或多科成绩不及格。
6. 学生成绩单上有一些科目得分偏低且这些科目有共性，比如与写作或深度阅读相关。
7. 学生的学业成绩差且承认自己在学习上花的时间不足，但是却花费大量的时间去要求科任老师重新打分并延迟交作业的时间。
8. 在一系列课程的期中考试后，学生认为学习难度大，并且从他的记录中可以看出他就读的高中在全州范围内入学考试分数较低。
9. 学生是重返校园的成人学生，且对修读有任何数学或写作要求的专业表示出担心。
10. 在 ACT 考试中取得高分，但是分班成绩低于平均水平且对于如何学习有疑惑的学生。

根据库恩、戈登和韦伯（Kuhn, Gordon & Webber, 2006）对于学业指导教师的角色和责任的定义，为这些未准备好的学生做学业指导时需要特别注意平衡好解释性、发展性和督导性的辅导角色，而不仅仅是帮助这些学生解读他们的入学考试成绩和让他们参加补偿性的课程学习。哈丁（Hardin, 1998）提出了一种对于需要发展性教育的学生的分类方法。这些学生包括**选择错误者**(the poor chooser)——由于错误的选择导致准备失误而非准备不充分；**成人学习者**(the adult learner)——离开学习环境有一段时间的学生；**被忽略的学生**(the ignored student)——有学业或身体问题但是在高中并未被发现的学生；**英语水平有限的学生**(the students with limited English proficlencg)——在海外接受高中教育的学生（现在也包括从那些没有将英语作为首要用语家庭的学生）；以及**有残障的学生**(the disabled student)——在身体或学习能力上有欠缺的学生。

哈丁认为有两种类型的学生不应属于高等教育的范畴：**利用者**——缺乏学业目标且将高等教育系统用于实现自己其他目标的学生，还有一种是**极端类型的学生**——在情感、学业以及心理上有极大问题的学生。很明显，这两类学生都需要接受心理咨询。

学业指导教师的职责范围同样可以通过他们需要获取的资源的广度得以体现。博伊兰（Boylan, 1995）强调"在发展性教育中，补课只是从偶尔辅导，到刷新被遗忘的知识，到完成深度的补习课程等一系列连续干预措施中的一种方式"（p. 2）。在发展性教育项目中，学业指导教师可用的有效资源包括学生支持小组、经常或应学生要求的辅导、督导项目、教师指导项目、辅助教学/朋辈学业指导项目、有效的学业水平评估和心理咨询服务。采用合作学习策略、学习共同体并与发展性课程相关联的课程能更好地满足学生的需求，适应学生的学习风格（Tinto, 2004）。

结语

在大学里为上述"方向未定的"、"转专业的"以及"准备不充分的"学生进行辅导时既会面临一系列常见的过渡转型问题，也会遭遇学生特殊的过渡转型问题。有一些过渡转型问题是无法预测的。有时候一些可预测的情况却没有发生。学业指导教师对这些情况保持警觉就显得非常重要，并且学业指导教师需要针对学生正在经历的变化给予支持。库恩、戈登和韦伯的学业指导—心理咨询责任连续体提供了一个可以确定干预范围和类型的概念模型。

最后，所有上述的学生群体都可以在大学里取得成功。这是学生、大学和社会的共同目标。有效的学业指导常常成为实现这一重要目标的关键因素。

References

Alliance for Excellent Education. (2006). Paying double: Inadequate high schools and community college remediation. Alliance for Excellent Education Web site. Retrieved August 8, 2007, from http://www.all4ed.org/publications/remediation.pdf.

Appel, v., Haak, R., & Witzke, D. (1970). Factors associated with indecision about collegiate major and career choice. Proceedings, American Psychological Association, 5, 667-668.

Baird, L. (1967). The undecided student — How different is he? ACT Research Report, No.2. Iowa City: American College Testing Program.

Beck, A. (1999). Advising undecided students: Lessons learned from chaos theory, NACADA Journal, 19 (1), 45-49.

Berrios-Allison, A. C. (2005). Family influences on college students' occupational identity. Journal of Career Assessment, 13 (2), 233-247.

Bertram, R. M. (1996). The irrational nature of choice: A new model for advising undecided students? NACADA Journal, 16 (2), 19-24.

Boylan, H. R. (1995). Making the case for developmental education. Research in Developmental Education, 12 (2), 1-4.

Brier, E. (1984). Bridging the academic preparation gap: A historical view. Journal of Developmental Education, 8 (1), 2-5.

Chronicle of Higher Education. (2007). Almanac issue 2006-08. Chronicle of Higher Education, 54 (1), 4, 16.

Cross, K. P. (1976). Accent on learning. San Francisco: Jossey-Bass. El-Khawas, E. (2003). The many dimensions of student diversity. In S. R. Komives. D. B. Woodard, Jr., & Associates (Eds.), Student services: A handbook for the profession (pp. 45-64). San Francisco: Jossey-Bass.

Ender, S. A., & Wilkie, C. J. (2000). Advising students with special needs. In V. N. Gordon, W. R. Habley, et al. (Eds.), Academic advising: A comprehensive handbook. San Francisco: Jossey-Bass.

Enright, G. (1994). College learning skills: Frontierland origins of the Learning Assistance Center. In M. Maxwell (Ed.), From access to success: A book of readings on college developmental education and learning assistance programs (pp. 1-20). Clearwater, FL: H & H Publishing.

Foote, B. (1980). Determined – and undetermined – major students: How different are they? Journal of College Student Personnel, 21 (1), 29-34.

Fuqua, D. R., Seaworth, T. B., & Newman, J. L. (1987). The relationship of career indecision and anxiety: A multivariate examination. Journal of Vocational Behavior, 30 (2), 175-186.

Gaffner, D. C., & Hazler, R. J. (2002). Factors related to indecisiveness and career indecision in undecided college students. Journal of College Student Development, 43 (3), 317-326.

Gianakos, I., & Subich, L. M. (1986). The relationship of gender and sex-role orientation to vocational undecidedness. Journal of Vocational Behavior, 29 (1), 42-50.

Goodstein L. (1965). Behavior theoretical views of counseling. In B. Steffre (Ed.), Theories of counseling (pp. 140-192). New York: McGraw-Hill.

Gordon, V. N. (1992). Handbook of academic advising. Westport, CT: Greenwood.

Gordon, V. N. (1998). Career decidedness types. The Career Development Quarterly, 46 (4), 386-403.

Gordon, V. N. (2006). Career advising: An academic advisor's guide. San Francisco: Jossey-Bass.

Gordon, V. N. (2007). The undecided college student: An academic and career advising challenge (3rd ed.). Springfield, IL: Charles C Thomas.

Gordon, V. N., & Kline, D. (1989). Ego-identity statuses of undecided and decided stu-dents and their perceived advising needs. NACADA Journal, 9 (1), 5-15.

Gordon, V. N., & Polson, C. (1985). Students needing academic alternative advising: A national survey. NACADA Journal, 5 (2), 77-84.

Green, J., & Winters, M. (2006). Leaving boys behind: Public high school graduation rates. New York: Manhattan Institute.

Hagstrom, S. J., Skovholt, T. M., & Rivers, D. A. (1997). The advanced undecided college student: A qualitative study, NACADA Journal, 17

(2), 23-30.

Hardin, C. J. (1998). Who belongs in college? In J. L. Higbee and P. L. Dwinell (Eds.), Developmental education: Preparing successful college students (pp. 15-24). Columbia: University of South Carolina, National Resource Center for the First-Year Experience and Students in Transition.

Harren, V. A., Kass, R. A., Tinley, H. E. A., & Moreland, J. R. (1978). Influence of sex role attitudes and cognitive styles on career decision-making. Journal of Counseling Psychology, 25 (5), 390-398.

Heppner, M. J., & Hendricks, F. (1995). A process and study examining career indecision and indecisiveness. Journal of Counseling and Development, 73 (4), 426-437.

High School Survey on Student Engagement [NCES]. (2005). HSSSE 2005 overview Indiana University, HSSSE Web site. Retrieved August 8, 2007, from http://ceep.indiana.edu/hssse/pdf/hssse_ 2005_ report.pdf.

Holland, J. L., & Holland, J. E. (1977). Vocational indecision: More evidence and spec-ulation. Journal of Counseling Psychology, 24, 404-414.

Kimes, H. G., & Troth, W. A. (1974). Relationship of trait anxiety to career decisive-ness. Journal of Counseling Psychology, 21 (4), 277-280.

Kramer, G. L. (2000). Advising students at different educational levels. In V. N. Gordon, W. R. Habley, et al. (Eds.), Academic advising: A comprehensive handbook. San Francisco: Jossey-Bass.

Kramer, G. L., Higley, B. H., & Olsen, D. (1994). Changes in academic major among undergraduate students. Colleges and University, 69, 88-98.

Kuhn, T., Gordon, V. N., & Webber, J. (2006). The advising and counseling continuum: Triggers for referral. NACADA Journal, 26 (1), 24-31.

Laanan, F. S. (2006, Summer). Editors note: Understanding students in transition: trends and issues. New Directions for Student Services, 114, 1-6.

Layton, C. A., & Lock, R. H. (2003) The impact of reasoning weakness on the ability of postsecondary students with learning disabilities to select a college major. NACADA Journal, 1 & 2, 20-29.

Lewallen, W. C. (1993). The impact of being "undecided" on college-student persis-tence. Journal of College Student Development, 34 (2), 103-112.

Lumina Foundation. (2007). Returning to learning: Adults success in college is key to America's future. New Agenda Series Web site. Retrieved August 8, 2007, from http://www.luminafoundation.org/publications/ReturntolearningApril2007.pdf.

Luzzo, D., & Andrews, M. (1999). Effects of Strong Interest Inventory feedback on career decision-making self-efficacy and social cognitive career beliefs. Journal of Career Assessment, 7 (1), 1-17.

Mau, W. (1995). Decision-making style as a predictor of career decision-making status and treatment gains. Journal of Career Assessment, 13 (1), 89-99.

Maxwell, M. (1985). Improving student learning skills. San Francisco: Jossey-Bass.

McCalla-Wriggins, B. (2000). Integrating academic advising and career life planning. In V. N. Gordon, and W. R. Habley, et al., Academic advising: A comprehensive handbook (pp. 162-176). San Francisco: Jossey-Bass.

Newman J. L., Fuqua, D. R., & Minger, C. (1990). Further evidence for the use of career sub-types in defining career status. Career Development Quarterly, 37 (2), 221-231.

Noel, L. (1985). Increasing student retention: New challenges and potential. In L. Noel, D. Levitz, et al., Increasing student retention (pp. 1-27). San Francisco: Jossey-Bass.

Orlofsky, J. L. (1978). Identity formation, achievement, and fear of success in college men and women. Journal of Youth and Adolescence, 7 (1), 49-62.

Pearson, C., & Dellman-Jenkins, M. (1997). Parental influence on a student's selection of a college major. College Student Journal, 37 (3), 301-313.

Pritchard, R. W., & Blouschild, B. (1970). Why college students fail. Mahwah, NJ: Funk & Wagnalls.

Rose, H. A., & Elton, C. F. (1971). Attrition and vocational undecided student. Journal of Vocational Behavior, 1 (1), 99-103.

Salamone, P. R. (1982). Difficult cases in career counseling: II—The indecisive client. Personnel and Guidance Journal, 60, 496-499.

Savickas, M. L., & Jorgourna, D. (1991). The career decision scale as a type of indicator, Journal of Counseling Psychology, 38 (1), 85-90.

Schein, H. K., & Laff, N. S., (1997). Working with undecided students: A hands-on strategy. NACADA Journal, 17 (1), 42-48.

Schlossberg, N. K. (1989). Overwhelmed: Coping with life's ups and downs. Lanham, MD: Lexington Books.

Schlossberg, N. K., & Robinson, S. P. (1996). Going to plan B: How you can cope, regroup, and start your life on a new path. New York: Simon & Schuster.

Schlossberg, N. K., Waters, E. B., & Goodman, J. (1995). Counseling adults in transition: Linking practice with theory (2nd ed.). New York: Springer.

Serling, D. A., & Betz, N. E. (1990). Development and evaluation of a measure of fear of commitment. Journal of Counseling Psychology, 37 (1), 91-97.

Srsis, C., & Walsh, W. B. (2001). Person-environment congruence and career self-efficacy. Journal of Career Assessment, 9 (2), 203-213.

Steele, G. E. (1994). Major changers: A special type of undecided student. In V. N. Gordon (Ed.), Issues in advising the undecided college student (pp. 85-92). Columbia: University of South Carolina, National Resource Center for the First-Year Experience and Students in Transition.

Steele, G. E. (2003). A research-based approach to working with undecided students: A case study illustration. NACADA Journal, 1 & 2, 10-19.

Steele, G. E., & McDonald, M. L. (2000). Advising students in transition. In V. N. Gordon, W. R. Habley, et al. (Eds.), Academic advising: A comprehensive handbook, (pp. 144-161). San Francisco: Jossey-Bass.

Taylor, K. M., & Betz, N. E. (1983). Application of self-efficacy theory to the under-standing and treatment of career indecision. Journal of Vocational Behavior, 22 (1), 63-81.

Tinto, V. (2004). Student retention and graduation. Pell Institute Web site. Retrieved August 8, 2007, from http://www.pellinstitute.org/tinto/Tinto-OccasionalPaperRete ntion.pdf.

Titley, R. M., & Titley, B. S. (1980). Initial choice of college major and attrition: The "decided" and "undecided" after 6 years. Journal of College

Student Personnel, 26, 465-466.

Trabant, T. D. (2006). Advising syllabus 101. NACADA Clearinghouse of Academic Advising Resources Web site. Retrieved August 8, 2007, from http://www.nacada.ksu.edu/Clearinghouse/AdvisingIssues/syllabus101.htm.

VanMatre, G., & Cooper, S. (1984). Concurrent evaluation of career indecision and indecisiveness. Personnel and Guidance Journal, 62 (10), 627-639.

Wirt, J., Choy, S., Rooney, P., Provasnik, S., Sen, A., & Tobin, R. (2004). The condition of education 2004 (NCES 2004-077). Washington, DC: Government Printing Office.

Zytowski, D. G. (1965). Avoidance behavior in vocational motivation. Personnel and Guidance Journal, 43, 746-750.

Gordon, V. N., & Polson, C. (1985). Students needing academic alternative advising: A national survey. NACADA Journal, 5 (2), 77-84.

Green, J., & Winters, M. (2006). Leaving boys behind: Public high school graduation rates. New York: Manhattan Institute.

Hagstrom, S. J., Skovholt, T. M., & Rivers, D. A. (1997). The advanced undecided college student: A qualitative study, NACADA Journal, 17 (2), 23-30.

Hardin, C. J. (1998). Who belongs in college? In J. L. Higbee and P. L. Dwinell (Eds.), Developmental education: Preparing successful college students (pp. 15-24). Columbia: University of South Carolina, National Resource Center for the First Year Experience and Students in Transition.

Harren, V. A., Kass, R. A., Tinley, H. E. A., & Moreland, J. R. (1978). Influence of sex role attitudes and cognitive styles on career decision-making. Journal of Counseling Psychology, 25 (5), 390-398.

Heppner, M. J., & Hendricks, F. (1995). A process and study examining career indecision and indecisiveness. Journal of Counseling and Development, 73 (4), 426-437.

High School Survey on Student Engagement [NCES]. (2005). HSSSE 2005 overview Indiana University, HSSSE Web site. Retrieved August 8, 2007, from http://ceep.indiana.edu/hssse/pdf/hssse_2005_report.pdf.

Holland, J. L., & Holland, J. E. (1977). Vocational indecision: More evidence and speculation. Journal of Counseling Psychology, 24, 404-414.

Kimes, H. G., & Troth, W. A. (1974). Relationship of trait anxiety to career decisiveness. Journal of Counseling Psychology, 21 (4), 277-280.

Kramer, G. L. (2000). Advising students at different educational levels. In V. N. Gordon, W. R. Habley, et al. (Eds.), Academic advising: A comprehensive handbook. San Francisco: Jossey-Bass.

Kramer, G. L., Higley, B. H., & Olsen, D. (1994). Changes in academic major among undergraduate students. Colleges and University, 69, 88-98.

第十一章

离校前行

詹妮弗·布卢姆

当学生毕业离校时，学业指导教师同样担负着指导学生们继续前进的重任，正如他们在学生进入大学阶段和整个大学期间所做的那样。齐克林（Chickering，1994）声称，学业指导教师帮助学生"成为他们自己终身学习和个人发展的推动者"（p.50）。从本质上讲，作为学业指导教师，我们在学生毕业离校阶段的任务是通过教育和帮助学生做好"增强对自己负责任的能力"而把我们解放出来（Chickering，1994，p.50）。在这一章中，我们会探讨一个由七个步骤组成的模型。这个模型有助于学生主动掌握大学毕业后的发展阶段。该模型包含了学生毕业离校阶段学业指导教师对他们开展辅导的一些特定方法。

作为学业指导教师，我们的工作是帮助学生发展他们的特长。正如我的同事约翰·赖特所说，"作为领导者，我们的工作是帮助人们变得比他们所认为的更好"（personal communication，December 7，2006）。这是一个很高的要求。因为，毕业离校阶段意味着只要学生一离校我们就不再是他们随时可以获取帮助的资源了，这一过渡阶段也意味着我们将开始逐步退出他们的生活。

毕业后的选择

每年五六月在全国各地的学院和大学的毕业典礼上，致辞嘉宾总是提醒毕业生，毕业典礼不仅意味着大学生涯的结束，更标志着一个新的人生阶段的开始。学生毕业后的计划是多种多样的，但是通常包括了寻找全职工作、攻读研究生或进入专业学院学习，或从事志愿者和公共服务。这些选择都不是排他的。比如，学生时常会在白天寻求全职工作而在晚上或周末寻找从事公共服务的机会。正如您在前两章中所看到的，学业指导教师在这些领域里都扮演着重要的角色。他们在学生的整个大学生涯中帮助学生为未来的成功做好准备。

自主发展七步走模型

巴克斯特·玛戈尔达（Baxter Magolda, 2001）发现，当学生在大学里做出他们最初的职业选择时，会极大地受到来自社会、家长和同辈压力的影响。提升玛戈尔达所称的"自主性"（self-authorship）会减轻学生在自我定义和自我目标设定上对他人的依赖。他论证了自主性对学生的自我定义和前进方向的确定的重要性。对"自我是一个人职业选择的中心"的强调，还可以通过"心理咨询/学业指导中给学生下达现实的任务"来加以强化。（p. 311）

为了实现学生"自给自足"（self-sufficiency）的目标，我提供了自主发展七步走的模型。该模型将学生放在大学毕业后人生过渡转型阶段的掌控者的位置上。这一模型很大程度上是基于约翰·科特（John Kotter, 1999）关于如何成功处理变化的研究。这个变化模型非常适用，因为过渡转型就是关于改变，而我们一生中经历的最重要的改变之一便是从大学毕业后获取第一个社会机会。另外，这个模型极大地依赖于赏识型学业指导模型（Appreciative Advising）来促进学生通过这些改变取得进步（Bloom & Martin, 2002；Hutson, 2006）。赏识型学业指导是学业指导教师与学生之间一种有目的的合作。它通过询问积极的、开放式的问题帮助学生优化他们的教育经历，并实现他们的梦想、目标和潜能。赏识型学业指导模型也部分地基于欣赏式探询的组织发展理论①（Cooperrider, et al., 2000），并使用欣赏式探询的四个步骤——发现、梦想、设计和实施——来帮助学生发现他们的力量，对未来的梦想，为实现他们的梦想而设计的计划，并且帮助他们处理那些他们无法避免的障碍。

第一步：自我评估

在学生能够说服雇主、研究生院校或专业学院相信他们已经准备好为一

---

① 对欣赏式探询感兴趣的读者，可以进一步阅读库珀里德、惠特尼《欣赏式探询》（人民大学出版社2007年版）等著作。

个组织的成功做出贡献之前，他们必须首先明白是什么让他们可以成功——他们的价值观、力量和技能。赏识型学业指导中的发现阶段聚焦在帮助学生认识他们的激情和力量。

价值观。一个建立在价值观基础上的事业发展方式，可以促进自主发展并且保证学生能够做出和他们最重要的价值观相符合的职业选择。识别和澄清个人价值观对于大学生来说是非常值得开展的练习。

表 11.1　　　　　　　　　　　　价值观、故事和问题列表

价值观	故事	问题

资料来源：Adapted from Martin & Bloom（2003），pp. 5-6。

其中一个练习，就是完成由马丁和布卢姆（Martin & Bloom，2003）发明的"价值观、故事和问题"（VSQ）表格。学业指导教师可以让学生完成这个表格并且提供下面的指导：在价值观一栏中写下对你来说最重要的价值观——什么样的东西失去后，你的人生会因此而不完整（比如独立、家庭、创造力等）。一旦你已经确定了你的价值观，在故事一栏中简要记下一件能证明你将这一价值观切实运用到生活中的事情。在对应问题栏中，写下至少两个你会问可能的雇主或学校的问题，以保证他们和他们所代表的公司或学校有和你一样的价值观。

这个表格对于学生来说非常宝贵。在求职的过程中它可以帮助学生写出引人注目的求职信，出色地完成面试以及通过洽谈达成就业协议。

力量。马库斯·白金汉（Marcus Buckingham，2006）引用了一个盖洛普民意调查的数据。这个调查向美国人发问，"你们中的多少人能够在大多数工作时间中发挥自身优势"。调查数据显示，少于两成的人能够在大部分工作时间中发挥自身优势。为什么这一点那么重要呢？白金汉（Buckingham，2006）将力量定义为"是什么让你强大"（碟片2）。你想要做什么？是什么让你在做这件事的时候充满能量？是什么让你在完成它之后情绪高昂？如果每个人都能在大部分工作时间中发挥自身优势，那么，人们会感到更幸福，也会带来更高的工作效率，旷工的情况会减少，并且人们对工作的满意度会提高。同样，帮助学生意识到他们的优势是什么非常关键。白金汉的六张碟片的系列作品《通缉长号演奏家》不仅有趣并且能帮助学生发现自己的长处。

技能。罗伯特·奎因（Robert Quinn，2004）主张让人们描述他们处于最佳状态的情形。为了有效地实现这一目的，他认为"你无法仅仅靠你自己去识别你的独特技能"。他让他指导的学生分别给大约 15 个熟人发了邮件，这些人来自学生生活中的各个方面（家庭、工作、志愿者团队、朋友等），请这些人帮忙指出学生独有的技能。一旦他们收到回复，奎因则指导学生根据主题将这些回复涉及的技能进行分类。最后，学生在他的指导下用一页纸的篇幅对处于最佳状态的自己进行描述。

第二步：设定愿景

特尔·欧班宁（Terr O'Banion，1994）的一篇关于学业指导的影响深远的文章，首次刊登在 1972 年的《初级学院》杂志，阐释了学业指导的关键因素：

- 探索人生目标
- 探寻职业目标
- 选择专业
- 选择课程
- 安排课程进程（p.11）

起点涉及探索学生的人生和事业目标，而不是在没有以上重要的基础信息的情况下为下学期选课。赏识型学业指导的梦想阶段被一些学业指导教师用来实现目标探索的目的。以下是哈布利和布卢姆提出在梦想阶段可用的问题实例：

- 这个世界如何因你而变得更美好？
- 从现在起的二十年后，你理想的生活会是什么样的？
- 你排名前三的人生目标分别是什么？
- 你排名前三的职业目标分别是什么？
- 关于你的研究生教育，你的前三个最重要的目标是什么？

第三步：制订计划

在赏识型学业指导中，这一个阶段被称为设计阶段。因为在这个阶段中，学业指导教师和学生一起设计为达成第二步中的目标而需要实施的一系列的步骤。学业指导教师可以通过头脑风暴的方法来帮助学生找到众多可能的选择。同时也应推荐他们使用校内外适合的资源。这些资源包括但不限于在校生、校友、全体教员、学校行政部门、社区领导、课程以及网络资源。正如德威特·琼斯（DeWitt Jones，1999），一名《国家地理》杂志的摄影师，在他的《日常创造力》这个视频中所指出的那样，"一个问题有多个正确答案"。他强调，任何人都可以想出一个正确答案；挑战在于通过继续进行头脑风暴找到其他的解决方法而不是在第一个正确答案出现时便停止努力。帮助学生认识有多种选择的重要性在关于学业希望（Academic-hope）的论著中被多次强调（Snyder，Haris，Anderson，Holleran，Irving，Sigmon，et al.，1991；Snyder，shorey，Cheavens，Pulvers，Adams，& Wiklund，2002；Snyder，Feldman，Shorey，& Rand，2002；Chang，1998；Chemers，Hu，& Garcia，2001）。学业希望由自我效能、设立可达到目标的能力以及为达到目标设计多种方法的能力组成。所以，明确地向学生强调设计实现目标的多种可选方案的重要性便显得尤为关健。在前两章里有大量的篇幅讨论了如何鼓励学生关注广泛的增强和发展技能的机会。因此，在这里只有两个重要的组成部分会被简要地谈及：教育和课程辅助活动。

教育。纵观学生的大学生涯，他们应该和他们的学业指导教师一起有策略地选择那些对他们个人发展和专业学习都有益处的课程。学生需要完成自己计划的专业学习所要求课程的家庭作业，获取在这个领域中被雇用所需要的相关文凭。附加的教育也是必需的，并且它应该被加入到学生的自主发展计划中来。

课程辅助活动。全国大学生学习性投入调查（NSSE）的结果（De Sousa，2005）清楚地显示了学生参与课程辅助活动的学习和取得学业成功之间的积极关系。比如，实习、实践经历对于学生来说都是有力的学习工具和认识潜在的未来雇主的绝佳机会。另外，课外活动，比如志愿者活动、校园学生俱乐部和学生组织里的领导者职务以及其他的活动（校内运动会、教会活动等）都很重要。通常来说，正是这些课外机会帮助学生了解自我，并认清自己的兴趣爱好。未来的雇主、研究生院校和专业学院一般都会将学生参与课外活动的程度和质量作为学生全面发展的一个指标给予特别关注。

第四步：创建"私人内阁"帮助监督整个过程

创建"私人董事会"（Bulter，2006；Leider，2000），这一概念对商业世界比对学术界来说更为熟悉。其要点是，就像一些组织会认真挑选一部分值得信任且有着不同能力和观点的人来担当董事会成员以引导整个公司那样，个人也应该有意地选择一些人担任自己的私人董事会成员。但是，这个比喻并不完美，因为首席执行官（CEO）需要向董事会成员报告并且由董事会负责做出首席执行官必须执行的决定。

要换成一个偏向于自主发展的比喻的话，我更倾向于建议学业指导教师鼓励学生形成他们自己的"内阁"。这一个比喻更加恰当一些。因为正如美国总统向内阁询问关于如何最好地处理系列问题的建议那样，这个学生就是他或者她自己内阁的总统，并且需要向内阁中值得信任的成员寻求建议。美国总统和"学生总统"，都只是听取来自内阁的建议，他们自己才是那个做出最终决定并为其后果负责的人。

这个比喻帮助学生认识到并没有一个超级英雄式的学业指导教师能够为他们提供所有的正确答案。没有人能够如魔法师般地满足他或她的学生所有的需求。学生可以把自己值得信任的家人、朋友、学校人士以及其他能够在问题出现时提供咨询的人员来担当"私人内阁成员"。

私人内阁成员是经常动态变化的。总统可以实施内阁成员轮值制度，并在必要时引入新的成员。这一概念的潜在力量在于，它提醒学生，他们最终做出的决定是他们自己的决定。他们可以利用内阁成员收集信息和建议，但是最后的决定得由他们自己来做。私人内阁这个比喻的这一重要特点对促进学生的自主发展至关重要。

作为学业指导教师，我们希望自己至少能够在学生的大学生涯，甚至更长远的发展中，在学生的私人内阁中赢得一席之地。学业指导教师需要尊重的事实是，每个学生的首席执行官都不是学业指导教师，而是这个学生本人。汉娜·惠特尔·史密斯（Hanna Whitall Smith）曾经说过"给予建议的真正秘密是在你诚实地给出建议之后，不管它是否被采纳都不要有丝毫的在意，并且绝对不要坚持努力让人们变得正确"（Booker, n. d.）。

下面是一个可以提供给学生来完成并和你一起讨论的工作表。

你的私人内阁

作为你人生的总统和首席执行官，你想要基于你可以获取的最佳信息而做出最好的决定。就像美国总统拥有一个内阁，其成员对那些与其专业特长相关的任何主题都能为总统提供建议那样，你需要确保你身边拥有值得信赖并在诸多领域中有着专业特长的人。作为总统,在任何时候你都可以任命或解散内阁成员。

谁在你的内阁中?谁是你的榜样?针对各类问题,你最相信谁的建议?内阁成员作为顾问和咨询师而存在,你应该从每个人那里寻求最宝贵的建议,并且自己做出最好的决定。永远记住正确答案并非是唯一的。作为总统,因为你将是承受这些决定产生的后果的人,所以你必须自己做决定。虽然在下面的图表中只有九个位置,但你的私人内阁可以有更多或更少的成员。

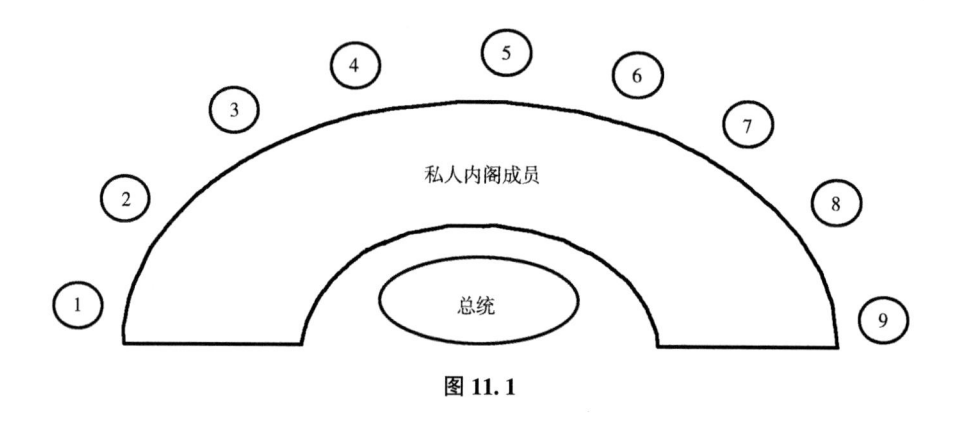

图 11.1

表 11.2　　　　　　　　　谁是你的内阁成员?

序号	内阁成员姓名	我在以下方面征求内阁成员的建议:
例子	Jane Smith	职业规划和道德两难问题
1		
2		
3		
4		
5		
6		
7		
8		
9		

第五步：理解改变和转型的本质

改变通常都比较困难。阿兰·道伊奇曼（Alan Deutschman，2005）的一篇非常有趣的名叫《改变或死亡》的文章中列举了一些例子。如有些心脏病或糖尿病患者无法在他们的饮食和健康习惯方面做出改变，即使他们知道不改变会极大地缩短他们的寿命。科特（Kotter，1999）称，人们不去改变的典型理由有四个："不想失去有价值的东西，对于改变和它暗含之意的误解，认为改变没有意义……对改变的容忍度较低。"（p. 31）

学业指导教师的职责是去帮助学生了解人类面对改变和转型时的反应的复杂本质。具备了这个知识，学生可以开始理解为什么他们关于毕业后的计划的实施会被拖延。

威廉·布里奇（William Bridges，2003）区分了改变和转型。他认为改变是情景性的，转型是心理上的。转型是一个三阶段的过程，在这一过程中"人们内化和接受改变所带来的新情况中的具体细节"（p. 3）。布里奇的转型模型包括了以下三个阶段：结束、中间地带以及新的开始。"结束阶段"常常充满强烈的低参与感、低认同度、痛苦失望和幻灭感（Tichy，2002）。所以，有时学生会认为他们的大学生涯会无法顺利完成，并且因此不再采取任何为毕业后的人生做准备的措施。学业指导教师可以用来制造紧迫感的最佳方式之一便是告诉学生他们所感受到的以上情绪是非常正常的，但同时也提出"突破困境的策略"来促使他们进入下一个阶段。蒂希（Tichy，2002）为突破困境提出了以下建议：认知并接受你对于结束阶段的感受、为将要面临的困惑做好准备、寻求稳定的状态和支持以帮助你顺利度过不确定的状态。这就是学生的私人内阁能发挥协助作用之处。

"中间地带"是一个学生并没有取得多少成绩却开始与过去相脱离，并且还没有对毕业后的生活有清晰理解和充分联系的阶段。人们时常觉得很迷惑，并处于极端快乐和极端沮丧交替出现的情绪状态。蒂希针对中间地带的突破策略包括花一些时间来反思、象征性地从旧的境况向着新的境况前进和使用你的支持系统。布里奇的模型中最后的一个阶段是"新的开始"。这一阶段的更多细节会在第六步中讨论。

第六步：执行前景蓝图

在第二步中，学生创造了一个关于自身前景的蓝图。在第三步中，学生制订了计划以实现这个蓝图。在第四步中，学生主动地建立了私人内阁。在第五步中学生学习了改变转型的本质和一些突破困境的策略。在第六步中，学生需要执行计划。在赏识型学业指导中，这一步被认为是实施阶段。在这一个阶段中，学业指导教师的工作是确保学生已经制定了具体的、渐进的步骤以完成学生制定的目标。支持学生首先通过追求最初的梦想来建立早期的动力，这会帮助学生建立自信心和效能感。要提醒学生不要忘记庆祝一路上哪怕是最微小的胜利，尤其不要等到他们已经被研究生学校录取或已经找到工作时才开始庆祝。

在这一过程中，学业指导教师需要发挥的另一个重要作用是让学生提前知道，在追逐梦想的过程中他们会面临不可预测的困难和挫折。德威特·琼斯（DeWitt Jones, 1999）鼓励我们"将问题变成机会"并且主动地将"赢或输"的格局转变成"赢或学习"的机会。帮助学生预知挫折是非常重要的，要让学生知道你很在意他们，并且希望他们在遇到不可避免的障碍时向你寻求帮助。

在这一步中学业指导教师可以采取的其他实质性措施包括写推荐信，帮助学生设计求职信和简历，以及如果可能的话实行模拟面试。最后两项，如果学业指导教师没有相关的专业知识来进行协助的话，转介学生到学校里就业服务中心进行咨询会更合适一些。

第七步：成功地迈向新的机会

在学生即将毕业并且开始着手准备他们人生的新阶段时，学业指导教师的工作并未结束，他们需要通过让学生了解应该对什么抱有期待以及提供用以突破困境的策略来继续他们的指导者角色。布里奇（Bridge, 2003）的转型模型中最后一个阶段是新的开始。在这一阶段里，学生以乐观的态度面对未来以获取对自己的新角色的信任和自信尤为重要。当然，这只会在完成了结束阶段、中间地带阶段后才会发生。蒂希（Tichy, 2002）指出，这一阶段的典型情绪是理解、接受、希望和喜爱。突破困境的策略包括大胆地采取新的行动，但同时也为失败做好准备；同时也要帮助那些在转型中遇到困难的学生。学业指导教师也可以鼓励学生组建一个帮助自己的转型小组和制订一个转型计划（Martin & Bloom, 2003）。转型小组由新工作环境中的关键人物组成，他们能够帮助毕业生熟悉新的环境，也能够帮助学生通过学习公司独有文化之细微之处来避免踏入公司文化的雷区。转型计划的开发应与转型小组成员共同协商一致。转型计划应该包括一系列的目标及完成时限以早日实现主要任务和制定满足公司工作要求的策略。毕业生因为已经设计过了大学计划并与你一起经历了这一类似的过程,所以他们在那时便会自然地想起自己过去便通过设计和遵循自主发展计划取得了巨大成功。

结语

基于巴克斯特·玛戈尔达的研究发现,学生需要制定一个自主式职业发展计划。本章分享了给予学生工具来创造这样的计划的一个模型。另外,还分享了一些特别有用的,学业指导教师可以用来陪伴和支持学生完成这个过程的工作机制。

维果茨基(Vygotsky,1978),19世纪的俄罗斯哲学家,针对教育问题使用了一个强有力的比喻,他将之称为"脚手架"。在学业指导环境中,"脚手架"意味着在关系建立的前期,学业指导教师需要更亲力亲为,仔细地核实学生是否沿着正确的方向发展(Bloom, Cuevas, Hall & Evans, 2007)。然而,随着学业指导教师持续地教授学生如何做出好的决定以及接受指导的学生能更好地理解高等教育的文化和系统后,学业指导教师小心而有策略地拆除掉"脚手架",将促进学生较好地呈现出他或她自己所选择的毕业生形象。使用上面提出的七步法将有助于学业指导教师有策略地拆除掉"脚手架"的最后部分。七步法的最后结果将是一个独特的、有着自主发展计划的个体的出现。

References

BaxterMagolda, M. B. (2001). Making their own way: Narratives for transforming higher education to promote self-development. Sterling, VA: Stylus.

Bloom, J. L., Cuevas, A. E. P., Hall, J. W., & Evans, C. V. (2007). Graduate students' perceptions of outstanding graduate advisor characteristics. NACADA Journal, 27 (2), 28-35.

Bloom, J. L., & Martin, N. A. (2002, August 29). Incorporating appreciative inquiry into academic advising. The Mentor, 4 (3). Retrieved September 9, 2007, from http://www.psu.edu/dus/mentor/020829jb.htm.

Booker, P. (n.d.). Wisdom and practical philosophy. Retrieved September 10, 2007, from http://www.wisdom-and-philosophy.com/wisdom_quotes.htm.

Bridges, W. (2003). Managing transitions: Making the most of change (2nd ed.). Cambridge, MA: De Capo.

Buckingham, M. (Director). (2006). Trombone player wanted [video]. Los Angeles: The Marcus Buckingham Company.

Butler, S. B. (2001). Become the CEO of you, Inc: A pioneering executive shares her secrets for career success. New Canaan, CT: Paribus.

Chang, E. C. (1998). Hope, problem – solving ability, and coping in a college stu-dent population: Some implications for theory and practice. ournal of Clinical Psychology, 54 (7), 953-962.

Chemers, M. M., Hu, L. -T., & Garcia, B. F. (2001). Academic self-efficacy and first-year college student performance and adjustment. Journal of Educational Psychology, 93 (1), 55-64.

Chickering, A. W. (1994, Fall). Empowering lifelong self-development . N-ACADA Journal, 14 (2), 50-53.

Cooperrider, D. L., Sorenson, P.F., Whitney, D., & Yaeger, T. F. (Eds.). (2000).

Appreciative inquiry: Rethinking human organization toward a positive theory of change. Champaign, IL: Stipes.

De Sousa, D. J. (2005). What advisors can do. National Survey of Student Engagement: Occasional Paper No. 11. Retrieved September 9, 2007, from http://nsse.iub.edu/institute/documents/briefs/DEEP%20Practice%20Brief%2011%20Wh at%20Advisors%20Can%20Do.pdf.

Deutschman, A. (2005, May). Change or die. Fast Company, 94, 53. Retrieved April 18, 2007, from astcompany.com/magazine/94/open_ change-or-die. html.

Habley, W. R., & Bloom, J. L. (2007). Giving advice that makes a difference. In G. L. Kramer (Ed.), Fostering student success in the campus community. Bolton, MA: Anker.

Hutson, B. L. (2006). Monitoring for success: Implementing a proactive probation program for diverse, at-risk college students. Unpublished doctoral dissertation, University of North Carolina at Greensboro.

Jones, D. (Director). (1999). Everyday creativity [video] . Zepher Cove, NV: Dewitt Jones Productions.

Kotter, J. P. (1999). John P. Kotter on what leaders really do. Boston: Harvard Business Review.

Leider, R. (2000, February). Create a personal board of directors. Fast Company. Retrieved March 12, 2007, from http://www.fastcompany.com.

Martin, N. A., & Bloom, J. L. (2003). Career aspirations and expeditions: Advancing your career in higher education administration. Champaign, IL: Stipes.

O'Banion, T. (1972). An academic advising model. Junior College Journal, 42 (6), 62, 64, 66-69.

Quinn, R. E. (2004). Building the bridge as you walk on it: A guide for leading change. San Francisco: Jossey-Bass.

Snyder, C. R., Feldman, D. B., Shorey, H. S., & Rand, K. L. (2002, June). Hopeful choices: A school counselor's guide to hope theory. Professional School Counseling, 5 (5), 298-307.

Snyder, C. R., Harris, C., Anderson, J. R., Holleran, S. A., Irving, L. M., Sigmon, S. T., et al. (1991). The will and the ways: Development and validation of an individual-differences measure of hope. Journal of Personality and Social Psychology, 60 (4), 570-585.

Snyder, C. R., Shorey, H. S., Cheavens, J., Pulvers, K. M., Adams, V. H., & Wiklund. C. (2002). Hope and academic success in college. Journal of Educational Psychology, 94 (4), 820-826.

Tichy, N. M. (2002). The leadership engine: How winning companies build leaders at every level. New York: Collins Business Essentials.

Vygotsky, L. S. (1978). Mind in society: The development of higher psychological processes. Cambridge, MA: Harvard University Press.

第十二章

有特殊学业指导需求的学生

布莱恩·哈丁

在过去的二十年里，进入大学的学生群体的组成和多样性都发生了极大的变化，这要求学业指导创新方式。所有学生，不管他们之前的准备情况如何以及背景是什么样的，都可以被归到某一具体的类别中去，并应该得到我们的学业指导系统能给予的最好的支持。但是，有许多的学生群体，他们有着额外的需求或者想要被给予特定的指导服务来满足他们的独特性。这些群体包括高能力的学生、学生运动员、残疾学生、家族里的第一代大学生、成年人学生，以及女同性恋、男同性恋、双性恋或变性者（LGBT）。因为这些群体的特性以及复杂性涉及的范围很广，学业指导教师必须接受关于这些学生群体的培训和教育，并且有能力和敏感性和不同的学生群体建立起指导关系。这将有助于增强学生为自己的教育做主的力量。本章的目的是识别不同学生群体的需求，并提出一些方法上的建议使学业指导技巧最优化，从而提升这些学生通向成功的潜能。

作为学业指导教师，我们的职责已经因为我们大学系统和结构的碎片化性质而变得更加成问题。这些学生群体可能会有额外的指导者（比如，大学运动员）、维权办公室（比如针对LGBT）、全校性服务项目或特殊服务项目（比如荣誉课程、成人学习中心），这就需要我们努力地协调这些资源以更好地满足学生的需求。学业指导教师面对的挑战，不仅是要和这些多样化群体中的学生个人建立关系，还要创造和构建能共同协作促进学生发展和成功的学业指导系统和架构。

学业指导教师在实现全校范围的综合协作方面发挥着关键作用。我们必须持续地在学校价值观的基础上维系合作关系，并让所有利益相关者参与问题的确认，从而形成针对性的学业指导方案。促进跨部门、不同资源体系之间的交流是非常必要的，比如维权办公室、Trio项目（学生资助项目）、体育部以及他们的学业指导教师、为残疾学生提供的资源、辅导中心或者学校特有的资源。学业指导教师需要了解学校里的资源，他们可以转介他们指导的学生进入那些特别的项目和部门里去。全校教职员工必须团结协作、优势互补。

将学生简单地归入到某一个群体中是不可能的，因为仅一个学生就可能展现出不同的类型特征（比如，第一代运动员大学生、LGBT高能力学生）。本章会描述每种学生群体的普遍特性和他们独特的学业指导需求，以及为学生的学业生涯提供指导的技巧。另外，本章还会分析这些学生群体会使用的学校各类服务系统和组织机构，并就如何在这些系统和机构间建立联盟以提高我们为学生服务的集体能力提出建议。

本章所呈现的信息并不仅具有复杂性，经常还具有压倒性的力量。学业指导教师被要求能为有着特别指导需求的多样化的学生群体提供服务，并要掌握针对不同群体的大量的方法和策略。对于学业指导教师来说，能够理解诸如学生同一性理论、各群体的在册率、优势和弱点、私人问题，以及各群体的特殊需求等问题都很重要。但最重要的策略是把个体放在其特定的文化背景中去处理和对待。学生不能简单地被作为某一类别、统计数据或文化实体来看待。比如，即使是为了给他们提供最好的服务，我们也不用了解LGBT学生相关的统计数据，如他们的大学在册率或者他们的自杀率。平等地对待学生意味着将学生作为独立的个体来看待。当我们使用各种不同的方法对上述学生进行学业指导时会发现，无论我们采取哪种方法都要面临三个共性的议题：（1）需要建立全校性的工作联盟和合作伙伴关系；（2）愿意理解我们自身的偏好和文化胜任力；（3）具备建立和学生个体之间的学业指导关系的能力。

联盟的建立

为了在满足学生特殊指导需求的过程中将学业指导的有效性最大化，那么首先必须要完成的是和不同的校园资源之间建立联盟和打通渠道。这些学生不仅面临独特的挑战，而且还从属于由学校众多部门和相关资源服务的多种学生群体。使用所有可利用的资源是必要的，而且学业指导教师可以成为学生与不同部门之间联系的纽带。联盟的建立需要一个系统的过程，其中包括了相关学术部门、任课教师，以及为帮助这些特殊学生处理个人、职业及学业目标的学业指导服务。学业指导教师必须对所有学生承诺尊重他们的多样性，并能觉察和欣赏不同学生群体的特性和个体差异。这包括承诺促进学生发展、成功和学习，提供优质服务以满足个体学生需求，以及提供给每个学生在学校里发展和成长的途径和机会。与其他服务部门之间的有效联盟和合作关系的建立必须满足以下目标：

- 相互认同的愿景和目标。
- 了解和欣赏对方的工作。
- 不同成员间持续地交流。
- 向合作伙伴学习的意愿和能力。
- 创建和实施分享包容的决策流程。
- 尊重、信赖以及相互理解。
- 共享资源。
- 彼此持续不断地支持。
- 对服务的学生的特性有共同的理解。

联盟的建立是一个持续的过程，需要合作伙伴们之间有定期的交流。随着时间的推移，这将为学业指导提供坚实的基础和连贯性。这又将随着有特殊指导需求的学生得到服务而融入学校的组织架构和指导方法中。

文化胜任力

高水平学生、学生运动员、残疾学生、第一代大学生、成人学生，以及女同性恋、男同性恋、双性恋或变性学生，他们中的每一个群体都拥有自己的文化和亚文化。对每一名学业指导教师来说，认识和理解一个学生所处的某一群体的文化或其所涉及的不同群体的文化都是一项艰巨的任务。有时，学业指导教师甚至没有意识到学生们头上戴着的不同的"帽子"、他们的处境或者他们特别强调一种亚文化的原因。

对于学业指导教师和学校其他员工来说，在识别和处理被指导者的关注点和问题时，能意识到自身的文化胜任力是非常重要的。作为工作在一线的学业指导教师，我们应该对自己诚实，并且认识到在跨文化意识方面我们所处的能力层次。下面是不同水平的跨文化意识的表现：

- **对文化差异无意识**，指的是学业指导教师对于文化的多样性没有或者只有有限的经验。这并不是说他们无法辨识到差异，而是指他们认为这些不同之处没有价值，并且处理时忽视学生个体的种族、民族、信仰、阶层、性取向以及其他要素。

● **对文化差异有意识**，表明你不仅能够辨识出差异，还能够意识到这对于被指导者及你与他们的关系来说都非常有价值。但是，由于你缺乏培训、专业知识和能力来使用已有的知识。

● **接受/承认文化差异**，指在这一个阶段你已经接受了文化上的不同并不等于不正常，而且你作为学业指导教师的责任就是变得更具有文化胜任力。

● **理解文化差异**，指你已经通过各类培训、工作坊、与其他人讨论以及自我学习等必要的方式，加强了在文化方面的知识储备，能更好地理解你所辅导的不同类型的学生，并和他们建立良好的关系。

● **文化适应**，指你现在有了使用已有的关于文化的知识的能力，而且能够根据不同学生的需求和交流方式来调整你的指导方法。

● **跨文化技能**，指的是你已经扩展了你的舒适空间，并且已经成为一个有着文化胜任能力的学业指导教师。现在，你有了工具、知识和技能来辅导各种不同文化类型的学生并且能够在完成这些工作的时候感到舒适。虽然已经拥有了这些技能，但它们需要得到巩固。这是一个持续进行的过程，其间，学业指导教师需要继续学习并拓展其知识面。

一旦你已经判断出你的跨文化意识的水平，你便可以开始将你关于文化的知识应用到对学生个体的辅导上。文化胜任力，既是内隐的也是外显的。通过对文化差异理解水平的自我识别，你可以从自己在这方面比较薄弱的领域着手提高，以更好地识别不同文化类型的学生、满足他们的需求。文化胜任力的自我评估是非常困难的。它需要你诚实地评估自己属于上述情况中的哪一种。

文化胜任的学业指导教师有着四种基本的能力要素：意识、知识、技能和尊重。学业指导教师在文化层面必须能够意识到他人和他们自己以及必须有能力根据不同学生个体的文化特征做出调整和适应。学业指导教师必须有关于文化差异、文化胜任、文化融合、种族认同以及关系构建方面的知识。他们必须拥有调整和使用他们学到的关于文化的知识和技能。"尊重"是至关重要的。因为没有了它，意识、知识和技能都只是工具而不是被内化和运用的理念。尊重学生的差异意味着将他们作为主体来对待，而不是我们培训和运用理论的对象（Eagleton，1998）。学生们的文化差异不仅可以通过他们在独特的亚文化群体中的同化程度和自我文化认同程度来识别，也可以通过他们的个体需求、愿望、动机和目标体现出来。一旦我们判定了我们的文化理解水平层次所在，我们便可以使用针对这些群体所开发的不同的文化识别模型（Walter & Smith, 1989；Cass, 1984）。下一步将是和学生建立起信任关系的持续过程。

关系的建立

虽然这些学生属于被认定的某一文化群体，而这些群体又被归到各种有特殊指导需求的学生类别之下，但是，首要的和最重要的问题是他们都是不同的个体。考虑到他们在校园里或指导过程中的角色，他们中的一些人或许缺乏自信、找不到方向或者感觉很紧张和困惑。他们被置于一个令人生畏的环境中。因此对他们来说，要主动寻求帮助往往是非常困难的。不管我们在为学生提供学业指导上投入了多少时间，评估学生在课堂之外的兴趣所在也很重要。指导教师可以：

- 设计一系列的问题以促使在最初的见面阶段建立指导关系。
- 询问学生想要在大学里进行的重要体验或活动。
- 利用学校学生组织清单更好地将学生引导至有意义的课外活动。
- 询问学生在哪里读完高中，对学生的社交和家庭环境有更好的了解。

一系列问题的设计能帮助学业指导教师在开始和学生建立关系时充分利用整个学校的资源（比如，学生维权办公室、残疾学生服务部门、荣誉课程）。

有着特殊需求的学生

残疾学生

残疾学生就好像是校园里"看不见的少数派"，并且学业指导教师有时也很难辨识出他们。残疾包括与健康相关的问题，如学习障碍、部分失明或完全失明、听力损伤、肢体障碍，或者言语障碍。1973 年通过的《康复法》（*Rehabilitation Act*, 1973）第 504 章和 1990 年通过的《美国残疾人法案》

(*Americans with Disabilities Act*, 1990)，确立了法律要求，明确要求学校消除建筑障碍以保证这类学生群体能有平等的学习机会。这些法律也被通过以解决与残疾学生教育相关的"尊严问题、享有入学途径和有意义的参与、关于包容和支持性校园环境的标准、学校招收和录取的义务、课外活动及参与的价值、职业生涯辅导和学业指导的策略以及财政资源对资助计划和服务的影响"等问题（Belch，2000，p.1）。

由于立法以及对残疾学生的需求的关注，在1980年和1998年之间进入高校的残疾生数量增加了三倍。赫尔（Hehir，1998）认为，虽然这个学生群体的数量在增加，但是由残疾所带来的耻辱感却仍然存在；并且，一些学生宁愿选择隐藏其残疾情况。根据一项针对学业指导教师的全国调查，"大约有91%的调查对象称，有着隐性残疾的学生并不会向学业指导教师告知自己特殊的残疾情况，除非他们遇到了极大的学业困难"（Preece, Robert, Beecher, Rash, Shwalb, & Martinelli, 2007, p.63）。学业指导教师应该鼓励学生说出他们的残疾状况以及他们在课堂内外所面临的挑战。学业指导教师也应该意识到不同的残疾类型、学校对于残疾学生的态度、学生可以利用的资源以及他们通向成功的障碍。但是，他们"不需要被培训成为心理治疗师或无障碍学习专家"（Preece et al., 2007, p.62）

根据贝尔契（Belch，2000，p.2）的观点，"公平的机会，也就是有意识地进行干预以减少歧视、偏见或不公平带来的影响"。为了能够减轻排斥或不公平对学生的影响，学业指导教师必须理解和认识到残疾学生所面临的挑战。这些挑战包括但不限于以下内容：

- 对残疾学生关注的问题和需要反映不足。
- 残疾学生的住宿及教室等的安置以及教职员工对待他们的态度。
- 进行职业规划的机会。
- 隐身（invisibility）和平等地参与校园活动。
- 生活质量问题。
- 学业计划和课程时间安排。

为了更好地满足残疾学生的这些要求，学业指导教师需要和不同的部门（比如，残疾人服务办公室、就业指导中心）建立起合作关系，并且能够识别自己在处理这一学生群体的事务时存在的偏见或感到不舒服的程度。

学业指导教师可以帮助残疾学生掌控他们自己的学业并且积极参与学校

活动。这些学生必须形成自我认同感和自信,并且愿意去发掘校园生活提供的所有选择。这包括了各种学生组织、校外社区锻炼机会、实习、学生自治机构、多元文化项目、招生办公室的招生大使以及其他所有学生都可以参与的活动。一旦面临的障碍被清除,赢得机会,而且得到合理的安置,残疾学生们则会认为他们在校园里找到了自己应有的位置,并将作为学生,而不是残疾学生为学校做出贡献。

成人学生

成人学习者群体的数量也在不断增长,根据《黑人高等教育》(Journal of Blacks in Higher Education,2006,p.59)中的一篇文章,45%的黑人毕业生和25%的白人毕业生超过了三十岁。"非传统年龄学生"和"成人学生"这两个概念曾被交替使用,但在这两个群体之间其实存在着一些差别。非传统年龄学生拥有以下特性中至少一个:"在高中毕业后他们推迟一年或更长的时间进入大学,非全日制学习,有全职工作,经济上不依赖父母,除了配偶外还有别的家属,单亲家长或者没有高中文凭"(Compton, Cox & Laanan, 2006, p.73)。成人学生有他们自己的特点、目标和动机。理查森和金(Richardson & King, 1998)宣称,"鉴于这一群体的多样性,在思考成人学生和他们的需求时需要考虑多重因素,而不能进行简单化的处理。"(p.68)。

康普顿(Compton et al., 2006, p.74)根据以下特征把成人学生划分为一个独特的群体:

- 成人学生更倾向于学习一个可以获得职业认证或职业学位的专业。
- 成人学生对他们的学业有着明确的目标,尤其是想要获取或增强工作技能。
- 成人学生认为自己的身份首先是职场人士而非学生。
- 成人学生更倾向于接受远程教育。
- 成人学生倾向于使用除英语外的某一语言。
- 成人学生更容易在未获得学位前就结束自己的高等教育。

成人学生肩负家庭和工作的责任。这些责任干扰着他们实现学习目标、达到毕业要求。学业指导的目标是帮助学生继续坚持学习,在学业上取得成功并且最终能够顺利毕业。成人学生"与传统学生相比,他们的动机、需求、期望和高等教育经历等方面的特征都更具多样性"（Richardson & King, 1998, p. 66）。根据理查森和金的相关著作，成人学生有时会被视为似乎缺少在高等教育中取得成功的相应技能。他们声称"认为成人学生学习技能缺失的想法没有任何意义。因为在高等教育中并不存在一套可以实现高效学习的万能的学习技能"（p. 81）。

成人学生在进入或重新进入高等教育时面临着许多挑战。这些挑战包括：

- 额外的经济负担。
- 对学校资源不熟悉。
- 家庭责任。
- 时间管理技能，或毕业时间的限制。
- 缺乏学习技能。
- 对学习能力缺乏自信。
- 融入校园生活不够。
- 缺乏对课堂内外学习生活经历的合理利用。
- 学校缺乏成人学生之间的学习支持系统。
- 缺乏以他们的其他职责为中心的课程时间安排。

"成人与体验学习委员会"（Council for Adult and Experiential Learning, 2005）制定了以下八个原则以指导针对成人学生的服务：

1. **延伸服务**。学校应针对成人学生实施它的延伸服务。通过克服在时间、地点和传统等方面的障碍创造终身可得的教育机会。

2. **人生和职业规划**。学校应在成人学生注册入学前或注册伊始，探询他们的人生和职业目标，评估和发挥其能力所长以帮助学生实现他们的目标。

3. **学费缴纳**。学校应通过提供一系列的支付方式来扩大学生的选择面，以增强教育的公平性和学费缴纳的灵活性。

4. **对于学习成果的评估**。学校应定义和评估成人学习者从课程、生活和工作经历中获得的知识、技能和能力，以严格地给予学分和授予学位。

5. **教与学的过程**。大学教师应针对成人学生采取多样化的教学方式（包括体验式的教学和基于问题的教学方式），将课程概念同实用知识与技能相结合。

6. **学生支持系统**。学校应协助学生学会利用复杂的学术支持及学生支持系统来提升自己的能力成为自我导向的终身学习者。

7. **信息技术**。学校应使用信息技术来提供相关的、适时的信息并增强学习经验。

8. **战略合作关系**。学校与用人单位及其他机构之间应建立战略合作关系和协作关系，从而为成人学生发展和提高提供更多的接受教育的机会。

在以上的每一类服务中，学业指导教师都是连接成人学生和学校各个部门及各种资源之间的桥梁。这些部门和资源包括学生资助办公室、学术相关部门和单位、成人学习中心、维权办公室、心理咨询中心以及就业指导中心。通过整个学校各部门间的协作，成人学生能够具备使用他们的技能、天赋和经验的能力。正如理查德和金（Richardson & King，1998）指出的那样"与年轻一些的学生相比，他们恰恰更有能力完成更有效和更精细的学习，确切的原因是他们更加擅长审视和利用他们以前的经验来探寻新信息和新情景带来的意义"（p.69）。

学生运动员

学生运动员在大学里一直处于一种特殊的位置。因为经常代表学校参与运动竞赛使得他们的大学经历和对大学的归属感更加复杂。他们和非运动员学生在智力发展、社交活动以及学习要求方面有着相似的要求，但是他们还有与体育竞赛相关的责任，如训练、与教练见面、因比赛而外出、学习战术以及参加比赛（Watt & Moore，2001，p.7）。为学生运动员进行学业指导的场景看起来很像在科罗拉多州立大学的这一个案例：http://www.casa.colostate.edu/advising/Faculty_Advising_Manual/Chapter2/student%20athletes.cfm。

给学生运动员做学业指导时，一定要牢记他们：

● 为了能够获得训练和参赛的资格，始终必须注册参加至少12个学分的课程学习。

● 需要在每个专业评估学年，即每年的8月至次年8月之间新修完

24个新学分专业相关课程。这24分当中的18分必须在常规学年（秋季或春季学期）之中完成，在夏季学期可以完成剩下的6个。
- 每个学期必须修完至少6个学分专业课程。
- 必须在他们全日制学习的第五个学期开始前作出专业选择。
- 必须在他们第三个学年开始时，完成他们规定的学位课程的40%，在第四学年开始时完成60%，在第五学年开始时完成80%。
- 必须按照"美国大学生体育协会"要求的平均学分绩点保持自己良好的学业状态［必须在两个和三个学期后有1.8的平均学分绩点（GPA），该数据在四个及五个学期后达到1.9，在所有学期完成后达到2.0］。个别学校还会设立更高的平均绩点要求作为就读门槛。
- 有不同的时间安排到课堂、家庭作业、学习场所、练习、比赛和参赛旅程中。
- 必须为随后的学期设定一个长期的时间安排计划；这可以让学校根据赛季的情况来设置课程的安排。
- 需要得到协助以认识他们在运动竞赛生涯中所展现出来的个人特质，以更好地将这些特质与他们的专业和职业选择相结合。
- 需要在秋季注册之前或注册时讨论参加学校明年的夏季课程的事宜。

如果指导的焦点只是简单地为了维持学生运动员参与校际体育竞赛的资格，那么，不如将这些学生命名为运动员学生而不是学生运动员。相反，学业指导的焦点应该是基于学业、个人以及职业的目标来对学生运动员进行指导。这一点对打比赛有收入的学生来说尤其如此。使用指导策略以帮助他们保持学习资格非常必要。但是，终身学习技能的培养问题以及他们作为校际体育竞赛运动员所面临的挑战也同样需要解决。他们所面临的挑战包括：

- 外出比赛或训练时，被运动员中的非学生群体所孤立。
- 课程安排不容改变且要求严格，这一矛盾在赛季中特别突出。
- 对大学学业要求准备不足的感觉导致学生运动员在除了体育活动之外的领域均缺乏自信。
- 学校员工和其他学生对于学生运动员的刻板印象。
- 在学生和运动员这两种角色之间可能存在的角色冲突。
- 在学术学习和运动竞赛两者中如何合理分配时间和精力的问题。

- 缺乏学习动机。

考虑到学生运动员所面临的独特挑战以及他们未必能成为专业运动员，所以学业指导教师必须潜移默化地培养学生运动员在大学里的归属感和参与感。这需要对他们想要取得学业成功的动机进行评估，并需要开发相应的策略来促进他们的学习技能及学业自信的形成。学业指导教师与学生运动员的教练或体育指导教师协作时，需要强调学业在学生运动员人生中的重要作用，学业应该优先于体育竞赛。在承担个人体育项目和团队的责任之外，学生运动员和非学生运动员没有任何区别，他们需要充分利用学校所有的资源以及学业指导教师所能给予的帮助和指导来取得学业成功。

第一代大学生

与本章中其他许多学生群体的概念相似，对于第一代大学生人们并没有一个简单的、统一的定义。他们在我们的学校中保持隐身状态，除非他们选择主动去识别自己。关于第一代大学生的概念各有不同，有学者将其定义为直系亲属中第一个上大学的人，有学者认为第一代大学生的双亲没有谁是从四年制的大学中毕业的，还有学者认为第一代大学生是家中第一个追求高于高中学历的人（Schauer, 2005）。即使不去考虑其定义，这些学生也面临着许多与他们的社会经济地位或家庭高等教育经验缺乏等直接相关的问题。以下问题和顾虑已经从许多第一代大学生身上反映出来。他们：

- 在第二学年开始前，他们倾向于辍学的比例是其他学生的两倍。
- 通常在年满十八岁之后第一次进大学。
- 来自低收入家庭。
- 已经结婚。
- 属于某个少数民族群体。
- 非全日制学习。
- 倾向于全职工作。
- 更倾向于进入两年制大学或社区学院。
- 学业准备不足并且自我评价较低。
- 较低的大学入学标准化测试分数。
- 可能来自英语不是第一语言的家庭。
- 缺乏来自父母或家庭的支持。

第一代大学生是家庭中追求高等教育的开路先锋，他们带着复杂的感情进入大学。他们中的一些人对于年幼的弟弟妹妹或下一代来说是优秀的榜样，并且可能会离开他们的家庭和社区前往学校求学。这些学生一进入大学就会感到孤立无援和犹豫不决，并且对自己是否适合大学学习以及是否有能力取得学业成功感到不确定。彼得斯（Peters，2007）提供了六个实用的建议供学业指导教师用以增加第一代大学生的成功率：

- 发展积极的友谊。学业指导教师应该鼓励第一代大学生去寻找与自己有着相似目标并能作为自己的支持系统的人。这包括了同龄的学生、教员、职员和专业机构。
- 列出与学业相关的重要时间点的清单。时间管理是通向大学成功的重要因素之一。
- 建立一个通讯录。第一代大学生时常会在应该寻求帮助时犹豫不决。通过建立一个包含各个部门成员的通讯录，学业指导教师可以成功地将第一代大学生转介到对他们的各种需求有着更加完整的理解的教职员工那里。
- 利用科技来帮助学生。学业指导教师应该把科技手段作为一个指导工具来保持和被指导者的联系，并使他们真正贯彻你所提出的建议。
- 充分利用学校所有的资源。这包括全国资助项目（Trio）、维权办公室、写作中心、辅导中心以及学术办公室。
- 帮助学生坚持完成学业。学业指导教师应作为第一代大学生的代言人，协助他们在高等教育的复杂性环境中前行。

除了以上这些实用的建议，这些学生需要通过系统的、结构化的辅导和指导来取得成功。希克斯（Hicks，2002）建议采取多种措施系统地开展辅导：加强型咨询支持团队、加强型大学适应过渡项目、让家长参与指导过程、为新生提供大学适应课程来介绍教师对于课程的要求和大学校园的话语体系、组织共同体建设活动，如新生兴趣小组、生活学习共同体，以及辅助教学项目等。学业指导教师在实施这些项目和为第一代大学生提供他们在学业生涯中需要的支持和指导方面的作用是非常重要的。学业指导教师与学校其他支持机构之间的联盟的建立和合作伙伴关系的构建是帮助第一代大学生取得成功的关键因素。

高能力学生

表面上看，高能力学生是最不需要接受指导的。因为他们能够自我定向，并且远不像没有被冠以这个名称的学生那样需要得到"高度关照"。要知道，这些学生带着很强的学习技能进入学院和大学，还有很高的职业期待，高度聚焦在目标上，尽心尽力地完成学业，并且有着获取成功的强烈动机。格里蒂、劳伦斯和赛德拉塞克（Gerrity, Lawrence & Sedlacek, 1993）的研究报告声称，与非高能力学生相比，高能力学生的家长接受过高等教育的比例更高，并且其中40%的家长拥有研究生学位。高能力学生比非高能力学生更倾向于在本科毕业后进入研究生培养单位深造。但是，这些年轻人，带着和其他学生一样的发展性需求进入我们的学校（Schwart, 2006）。多尔蒂（Dougherty, 2007）的研究报告声称，高能力学生可能缺乏良好的学习技巧，没有很好的时间管理实践能力，缺乏社会成熟度，对大学有不切实际的期盼，为了取得学业成功承受了巨大的压力，并感到精疲力尽。多尔蒂（Dougherty, 2007, p.64）认为，"这些学生通常在学业指导过程中被忽略，因为他们通常学业成绩表现优异，并且表现出倾向于以自力更生的方式去学习。于是，很多时候教育者们都会错误地假设得高分的学生不需要这么多的辅导，因为他们能够自主学习、自我激励，并且知道如何去达到他们的目标"。这些学生需要和其他学生一样多的发展型指导来厘清他们的学业、人生和职业目标。

迪格比（Digby, 2007）提供了如何为高能力学生做学业指导的指导纲领：

- **放开骏马的缰绳**。让学生探索自己可能的选择并做出自己的决定。
- **鼓励他们去探索**。允许学生扩展个人选择的范围并参加那些与他们的职业选择没有直接关联的活动。这些活动包括实习、出国留学和非已选领域的专业认知课程。允许他们有自由去打破太多人在高中就曾经经历过的体系和保护。
- **不要让他们参加太多的比赛**。学业指导教师应该与这些学生建立私人关系，并试着去消除他们因为被迫参加太多竞赛而产生的紧张感。
- **把他们引向水源而不要强迫他们喝水**。学业指导教师应该向学生提供指导服务，但要允许学生自己做出决定。

这种方式能让高能力学生收获除高平均学分绩点以外的更多东西。他们将真正地受益于大学教育所能提供的全部益处。

尽管高能力学生在学习上可能是明星，但是他们可能会在学业以外的领域与其他学生建立关系时会遇到许多困难。高能力学生也需要学校能提供的支持性资源，比如特殊的指导服务（医学预科或法学预科学习辅导）、一些课程的辅导、心理咨询中心或就业中心提供的服务。通过与高能力学生的一对一联系，学业指导教师能判断出其发展型学业指导应该更多地聚焦在哪些方面。

女同性恋、男同性恋、双性恋以及变性的学生

女同性恋、男同性恋、双性恋以及变性学生（LGBT）组成了一个特殊的群体。他们不仅有特殊的学业指导需求，更重要的是他们在全国范围内历经千辛万苦才在大学校园里为自己找到一席之地。"安全区"和"LGBT联盟"等一些词汇表明 LGBT 人群并不是在哪里都会受到欢迎。美国联邦政府及其三十五个州的法律中没有包括与性取向有关的相关条款（National Gay and Lesbian Task Force，2005）。马修·谢巴德①（Matthew Shepard）这类的 LGBT 学生们在全国范围内成为不法分子的攻击目标。穆尔黑德（Moorhead，2005）指出"我们职业的中心职责是创造能支持不同群体复杂的人生经历的校园环境"。学业指导教师可以通过充当 LGBT 学生的盟友、对其他教师、员工及学生进行教育，消除他们对 LGBT 学生的偏见和歧视，促进形成平等对待 LGBT 群体的校园文化。

相对于本章中讨论到的为其他学生群体提供的学业指导工作而言，学业指导教师更需要与学校其他部门建立合作关系以提高认可度和扩展人力资源关系网，从而促使大家意识到 LGBT 学生数量的不断增加并为他们提供支持。这样做的真实原因，不是因为 LGBT 这个群体应该得到或者要求得到的比其他的学生群体更多，而是因为过去我们确实很少为他们提供过什么服务来满足他们的需要。越来越多的学校开始逐渐意识到 LGBT 学生的需求，但是一些学校仍然没有为那些提供必需服务的部门给予资助。

学业指导教师需要帮助 LGBT 学生找到学校生活的意义。因为，无论在

---

① 马修·谢巴德（Matthew Shepard）为怀俄明大学学生且为同性恋，1998 年 10 月 7 日于拉勒米遭到反同性恋者的残酷虐待，送医后不治身亡。其遭遇在全美范围内引起了对 LGBT 群体权利保护的重视。

课堂内还是课堂外，他们都逐渐成为大学校园生活中不可或缺的重要组成部分。绝大多数学业指导教师对学生运动员、高能力学生、第一代大学生以及有残疾情况的学生的特点都有着总体的了解。但是，由于LGBT学生长久以来在校园里都保持着"沉默"并且一般不愿意公开他们的性取向和LGBT身份，所以学业指导教师对这个群体的了解通常是远远不够的。

穆尔黑德（Moorhead，2005）针对LGBT学生的特点向学业指导教师提出了以下指导策略：注意你的措辞，并且使用恰当的身份标签和表达；绝不要进行异性恋的假设，使用包容性的语言和话题；努力去了解LGBT人群面临的问题和顾虑来促进对他们的认知；提出问题而不是做出错误的假设，与他们建立起一个可以容忍你在当中提问和犯错的关系；不要仅仅提供解决问题的方式，而要让学生参与到对答案的追寻中去；促进和支持学生维护自己的权利，参与他们的维权行动并对他们的行动和决定提供真正的支持；充当LGBT学生在校园里的维权者和盟友；根据他们自己个人的需求、愿望和目标平等地对待他们；学业指导教师应该积极参与学生活动，因为学生常常期待在一些活动、聚会和特别的毕业典礼上看到自己的老师。

布兰迪（Brandy L. Smith，2006）建议通过以下方式增加我们对LGBT群体和他们所面临的问题的了解：

- 阅读正确描述LGBT群体的积极正向的书籍。
- 以尊重的态度与LGBT群体交流，以理解他们的经历和抗争。
- 参加以肯定的方式来讨论LGBT人们的经历或发表与他们相关的观点的讲座。
- 访问"人权运动"网站学习相关知识：www.hrc.org。
- 与LGBT的个体接触以了解他们如何将性取向方面的自我身份认同融入他们的人格特征的，而不是将其孤立于他们是谁这个问题。

一旦学业指导教师消除了对LGBT群体的刻板印象和错误假设，那么学业指导教师便会与接受指导的LGBT学生建立起有意义的关系，帮助他们实现学业、个人以及职业目标。和对其他学生群体一样，我们必须把LGBT学生个体放到他们特有的文化背景中来对待。

结论

残疾学生、成人学生、学生运动员、第一代大学生、高能力学生以及LGBT学生都各有自己特殊的指导需求。虽然已经有了关于每一个以上群体的身份认同理论/同一性理论、案例研究、统计学意义上的特征数据、在册率研究以及其他重要的研究文献资料，但是对于学业指导教师而言，了解这些情况并不意味着工作就必然会更有效。要提高学业指导对所有学生，尤其是有特殊指导需求学生的有效性，学业指导教师必须从三个非常重要的方面进行努力：与全校各单位构建工作联盟、与接受指导的学生个体建立良好的指导关系和提高在理解自我跨文化意识方面的文化胜任力。

面对这些学生群体所面临的令人震惊而又独一无二的挑战，每个群体自身所有的众多子群体，以及针对各个群体的数量巨大、覆盖范围宽广的研究文献，即使是经验丰富的学业指导教师也会感到力不从心。学业指导教师首先必须了解的，同时也是最重要的一点，是绝大多数学生都希望自己被当作独立的个体来对待，而不是有着特殊需求的特殊群体中的一员。学业指导教师必须坚持把学生作为独立的个体放到他们自己特殊的文化背景中来对待，并意识到他们是学业指导的主体，而不是客体。正如博耶（Boyer，1990）所言"一所学院或大学就是一个公正的社区，在这里个人权利神圣不可侵犯的信念得到了尊重，多元化成为每一个人努力追求的目标"。

References

Belch, H. A. (2000). Serving students with disabilities. New Directions for Student Services, 91.

Boyer, E. L. (1990). Campus life: In search of community. Princeton, NJ: Foundation for the Advancement of Teaching.

Cass, V. C. (1984). Homosexual identity formation: A theoretical model. Journal of Sex Research, 20 (2), 143-167.

Compton, J. I., Cox, E., & Laanan, F. S. (2006). Adult learners in transition. Understanding Students in Transition: Trends and Issues, 114, 73-80.

Council for Adult and Experiential Learning. (2005). Introduction to the adult learning focused institution initiative (ALFI). Retrieved July 28, 2007, from http://www.cael.org/alfi.htm.

Digby, J. (2007). Advising honors students. Academic Advising Today, 30 (3). Retrieved July 7, 2007, from http: //www. nacada. ksu. edu/AAT/NW30_ 3. htm.

Dougherty, S. B. (2007). Academic advising for higher-achieving college students. Higher Education in Review, 4, 63-82.

Eagleton, T. (1998). Five types of identity and difference. In D. Bennett (Ed.), Multicultural states: Rethinking difference and identity. New York: Routledge.

Gerrity, D. A., Lawrence, J. F., & Sedlacek, W. E. (1993). Honors and nonhonors freshmen: Demographics, attitudes, interests, and behaviors. NACADA Journal, 13 (1), 43-52.

Hehir, T. (1998). High school "make or break" time for kids with disabilities. Minneapolis: Parent Advocacy Coalition for Educational Rights.

Hicks, T. (2002). Advising the first-generation college student: Effective retention tools or colleges and universities. The Mentor: An Academic Advising Journal. Retrieved September 1, 2007, from www. psu. edu/dus/mentor.

Moorhead, C. (2005). Advising lesbian, gay, bisexual, and transgender students in higher education.Retrieved August 12, 2007, from NACADA Clearinghouse of Academic Advising Resources. http: //www. nacada. ksu. edu/Resources/index. htm.

National Gay and Lesbian Task Force. (2005). State nondiscrimination law in the U. S. Retrieved August, 20 2007, from http: //www. thetaskforce. org/downloads/nondiscriminationmap. pdf.

Peters, L. (2007). Practical ways we can assist first generation students. Academicadvising Today, 30 (3). Retrieved July 15, 2007, from http: //www. nacada. ksu. edu/AAT/NW30_ 3. htm.

Preece, J. E., Roberts, N. L., Beecher, M. E., Rash, P. D., Shwalb, D. A., & Martinelli, E. A. (2007). Academic advisors and students with disabilities: A national survey of advisor's experiences and needs. NACADA Journal, 27 (1), 57-72.

Journal of Blacks in Higher Education. (2006). Racial differences in the age of under graduate college students. 52, 59.

Richardson, J. T. E., & King, E. (1998). Adult students in higher education: Burden or boon? Journal of Higher Education, 69 (1), 65-88.

Schauer, I. (2005). Issues facing first generation college students. Academic Advising Today, 28 (1). Retrieved August 6, 2007, from http://www.nacada.ksu.edu/AAT/NW28_1.htm.

Schwartz, M. (2006). Preparing to advise high-achieving students. Academic Advising Today, 29 (3). Retrieved August 1, 2007, from http://www.nacada.ksu.edu/AAT/NW29_3.htm.

Smith, B. L. (2006). Gay, lesbian, bisexual, andtransgender (GLBT) issues in advising situations. Academic Advising Today, 29 (3). Retrieved August 3, 2007, from http://www.nacada.ksu.edu/AAT/NW29_3.htm.

Walter, T. L., & Smith, D. E. P. (1989). Student athletes. In M. L. Upcraft & J. N. Gardner (Eds.), The freshman year experience. San Francisco: Jossey-Bass.

Watt, S. K., & Moore, J. L. (2001). Who are student athletes? Student Services For Athletes. 93.

第十三章

指导有色人种学生和国际学生

埃维特·卡斯蒂略·克拉克　简·克莱因兹

虽然来自多种背景的学生的入学人数和取得学位的人数都在增加，但是，他们在获取高等教育机会和取得学业成功的途中仍然继续面临着独特的挑战。第十二章研究了有着特殊指导需求的学生。在本章中，会讨论到另外两个学生群体，他们也需要学业指导教师的特殊关注。有色人种学生和国际学生共同面临着学业的、社会的、文化的、移民以及过渡转型等几个方面的挑战，急需学业指导教师对他们给予足够的关注。与关注和意识到他们所面临的问题同样重要的是探寻如何在没有进行同质归类（mega grouping）的情况下最好地支持这些学生群体的办法（Anderson，1995）。同质归类是指在一个群体里，将各种各样的特性同质化的倾向，比如用语言、阶层、代际以及学业成就来命名少数的人。在帮助有色人种学生和国际学生理解他们所做的选择和他们经历的事件之间的关系时，学业指导教师站在了最前沿。

大学里的有色人种学生和国际学生是两个非常不同的人群，他们有不同的需要、顾虑以及背景。本章会将重点放在高校中的美籍非裔学生、美籍亚太裔学生、美籍拉美裔和美籍拉丁裔学生、美国原住民学生、美籍多种族与双种族的混血学生以及国际学生团体。虽然他们面临的挑战、经历以及不同文化间的差异被视为是特有的，但有色人种学生和国际学生在高等教育中确实有着共享的文化规范和种族经验。作者在本章中，同时强调了相关学生群体和在文化情境下对各个群体的充分理解。每一个部分都以相似的方式来说明学生的地位、文化情景以及学业指导的理念，结尾部分是给学业指导教师提供的具体策略和建议。本章中还包括了轻易就可辨识出来的属于有色人种学生及国际学生的特殊经历的相关主题。对于学业指导教师来说，使用不同的方法来展现多元文化意识与文化胜任力以便成功地完成对这些学生群体的学业指导非常重要。

指导有色人种学生

有色人种学生在高等教育中的地位

在本章中，有色人种学生一词被用以定义这样的学生：他们属于在美国教育系统的历史中长期被忽略和接受水平低下的教育服务的种族和族群；他们被社会认定为少数族裔，并且最容易成为压迫、偏见、成见和歧视的对象；这些现象不会因为他们的总体数量和分布而有所改变（Rendón, García, & Person, 2004）。美籍非裔学生、美籍亚太裔学生、美籍拉美裔和美籍拉丁裔学生、美国原住民学生、美籍多种族与双种族混血学生这些词组被专门用来描述组成"有色人种学生"的各个群体。

随着人口构成的改变以及对多种族和民族的多样化社会的呼吁的增强（Rendón, García, & Person, 1996），高校学生群体会毫无疑问地变得更具多样性、更为动态并且更加复杂。从事高等教育的专业人员需要在评估教学、实践、提供服务、观点及方法方面变得更真实坦诚和积极主动。根据哈维-史密斯（Harvey-Smith, 2005）的研究，在过去的二十年间，少数族裔在高等教育中取得了巨大的进步，这一群体中更多数量的学生进入了高校。进入美国大学的人群构成发生了改变。但是，有色人种学生在一些关键指标，比如高中成绩、大学在册率、选课率以及毕业率等方面仍然落后于他们的白人同辈。了解这些趋势非常重要，因为它们预示了在一个以学习为中心的环境中学业指导教师的角色。

参与度

表13.1表明，在2005年秋季，亚裔学生、黑人学生、拉美裔男生和女生、美国原住民学生和白人学生在本国的两年及四年制高校中的数量分布是不平等的。白人学生、国际学生、黑人学生、亚裔学生以及美国原住民学生在四年制高校中的在册率相对高一些，而美籍拉丁裔与美籍拉美裔学生在两年制的高校中在册率（52%）比四年制学校的在册率（48%）要高。在今天的高校校园中，黑人学生成为组成有色人种学生的最大人群，在两年制和四年制的学校中共有超过两百万。但是，根据表13.1，有色人种学生总体来说只在全国高校系统（包括两年制和四年制的学校）的全部入学学生中占了小部分。其中，黑人学生占13%，美籍拉美裔学生占11%，亚裔学生

占 6%，美国原住民学生占 1%。

表 13.1　《种族与族群》发布的高校招生数据（2005 年秋季）

人种或族群	本科生招生比例（%）	公立/私立四年制（%）	公立/私立两年制（%）
男性本科生	63	37	
美国原住民	1	54	46
亚裔	6	62	38
黑人	13	59	41
美籍拉美裔	11	48	52
白人	66	65	35
非居民外国人	3	84	16

资料来源：《高等教育年鉴》（Almanac，2007-2008a）。

表 13.2　《种族与族群》发布的学位授予情况（2004—2005）

	总数（%）	白人（%）	黑人（%）	美籍拉美裔（%）	亚裔（%）	美国原住民（%）	非居民外国人（%）
大专学位	100	68.3	12.4	11.3	4.8	1.2	2.0
学士学位	100	72.9	9.5	7.0	6.8	0.72	3.2

资料来源：《高等教育年鉴》（Almanac，2007-2008b）。

学位获取

表 13.2 统计了 2004—2005 年，白人、黑人、拉美裔男生和女生、亚裔、美国原住民学生以及国际学生获得大专文凭和学士学位的人数情况。在两年制和四年制学校取得文凭的有色人种学生中，黑人继续保持着最大的数量。在全国的高校中，白人学生依旧是获得大专学位（68.3%）和学士学位（72.9%）的主要人群，而美国原住民学生的大专学位获取率（1.2%）和学士学位获取率（0.72%）都是最低的。

在有色人种学生进入大学前给予他们足够多的关注和帮助是值得赞赏的，但是我们也不能忘记同样重要的是要让他们顺利毕业。与升学和毕业同样重要的是他们在大学阶段感受到的优质学习体验和过程。这就是学业指导教师的主要责任和影响范围。

理解有色人种学生的文化背景

下面为指导有色人种学生提供了一些具体的背景信息以及建议。这些建议为学业指导教师提供了更多与特殊的学生群体一起共同完成任务的方法。随着人口统计学特征和关注点的变化，如果学业指导教师对每个学生群体有了基本的了解或挑战了自己的刻板印象与偏见，他们将在对有色人种学生的学业指导工作中取得更大的成功。

美籍非裔学生

对于美籍非裔学生来说，将重心放在创造一个包括了他们、教师和学校职员的团结而亲密的团体方面，是让他们保持就读状态和取得成功的关键。美籍非裔学生的民族构成大体来说是以非洲文化为基础的，但他们的根并不仅仅来源于非洲，还包括了西印度群岛、加勒比海、加拿大、美洲中部和南部以及整个美国（Lee，2004；Rendón et al.，2004）。

进入多数为白人的高校的美籍非裔学生更倾向于将校园视为疏远的、有敌意的、无法适应的，并且对于他们的需求没有提供足够的支持（Fleming，1984；Schmader，Major，& Gramzow，2002；White，1998）。美籍非裔学生对于"种族"的理解非常深刻并且清楚地知道这会怎样影响他们的学业成功。佛利斯-布里特和特纳（Fries-Britt & Turner，2001）称，美籍非裔学生承受着因觉得自己的智力比白人同辈低而产生的压力，并且他们会质疑自己的学业能力。加上美籍非裔学生所面临的因人种偏见而带来的额外压力，他们的学习过程明确显示，美籍非裔学生在大学经历了一个确认他们对于自身的智力和能力的认识的"证明过程"。如果说教室、工作环境以及其他的专业和学术环境对他们来说都是重要领域，那么，作为教育者的我们必须为他们创造积极的学习氛围来建立自信、自尊并修复他们的"学业自我感知"（academic sense of self）（Fries-Britt & Turner，2001，p. 426）。

许多关于美籍非裔高校学生的研究都曾集中在学生作为一个共同的群体的自我身份认同的形成与发展，通过将他们在以白人为主的大学校园里的经历和面临的问题同其他少数民族比较的方法。然而，对美籍非裔学生这个群体中的内部差异的研究却很有限（White，1998）。而这恰恰是一个很重要的因素。因为这关系着他们在包含了其他人的社区的情境中如何看待自我，关系着他们在大学社区中的归属感以及他们的全部坚持。怀特（White，1998）对于美籍非裔学生如何认识和解读他们自己以及他们的群体身份的开创性研究给了我们以下提示：（a）美籍非裔人的身份问题是复杂的、始终存在的以及视情境而定的；（b）在进入大学前没有和他们的同辈群体接触的美籍非裔学生，与来自以美籍非裔为主的环境中的学生相比，会有不同的社会适应问题；(c) 美籍非裔学生与学校之间有着双重社会关系——他们作为一个"学生"和学校的关系以及他们作为"一个黑人学生"和学校的关系 (pp. 95–96)。

1965 年以来，美国自愿移民和非白人移民数量的增加，审视和理解第二代黑人移民的种族身份认同形成的复杂性和发展情况变得非常重要 (Waters, 1994)。沃特对纽约城区来自西印度群岛和海地的第二代移民的研究发现，他们对自己有三种自我身份概念——"一个美国黑人、一个少数民族或一个总是强调其原本国籍的人，以及一个移民" (p. 795)。沃特的研究发现，第一代前往美国的黑人移民倾向于与美国本土黑人保持距离；强调他们作为牙买加人、海地人或特立尼达人的民族血统以及身份；面临着仅仅被视为"黑人"的巨大压力。但是，他们的孩子由于缺乏他们父辈的独特口音，可以选择成为更"隐性"的少数族裔，并且大多数时候被其他人认为是"美国人"而非黑人移民 (p. 796)。第二代黑人移民大学生的大学经历因美国的种族主义及其影响而变得复杂，也因此需要为彰显他们的独特身份而努力。第二代黑人移民和那些将自己视为非裔美国人的人群对他们的种族和民族身份有着不同的理解。

马尔维克思 (Malveaux, 2005) 写道，在任何一个群体中去处理这些内部的多样性以及理解在群体中阻碍团结的冲突都会具有挑战性。当高校中的教育者在考虑为美籍非裔学生和黑人移民学生设计、实施一些项目以及为他们提供服务时，应该要留心这些学生是如何在他们自己的文化群体中看待自己的，以及这些因素如何影响其身份认同的发展、学业适应和所能取得的成功。

美籍亚太裔学生

学业指导教师在处理美籍亚太裔学生在人际交往能力和个人能力整合的相关结果方面能够起到较好的作用。亚裔美国人和太平洋岛屿居民美国人这两个术语应用到了各种不同的人群身上，包括有着东亚和南亚以及太平洋岛屿背景的美国人。美籍亚裔人（或者亚太裔美国人或亚太岛民），这个词目前在官方数据和美国社会中都经常被使用到 (Hune, 2002)。作为一个正在快速增长并且呈现出较强文化多样性的人群，众多教育者应该对各种各样的子文化和美籍亚太裔群体学生所面临的复杂问题加以关注。美籍亚裔人共享足够多的文化相似之处以及类似的问题，所以他们可以被视为一个独特的学生群体 (McEwen, Kodama, Alvarez, Lee, 7 Liang, 2002)。但是需要重点注意的是，一些差异（比如，收入、种族划分、文化、语言能力、家族大小以及移民模式）会形成他们独特的个体经历。

虽然亚太裔美国人进入高等教育院校的人数和毕业生的数量都在增加（Suzuki，2002），但是他们在美国大学校园中，以及在学校规则和程序中依然是被视而不见的（Hune，2002）。事实上，当从亚洲来的国际学生从相关数据中被排除后，对于美籍亚太裔人发展的评估会更精确得多。同样重要的是把一个作为少数民族族裔群体（比如，太平洋岛民、老挝人、赫蒙族以及柬埔寨人）的美籍亚裔人从大部分的美籍亚太裔人中区分出来。而统计数据显示美籍亚太裔高校学生是"成功故事"的代表或"模范少数民族"。这一刻板印象给许多学生带来了负面的后果并且时常被研究亚裔美国人的学者和教育者所质疑（Suzuki，2002）。对于美籍亚太裔新生来说，如果他们在压力下学习和生活，那么他们取得学业成功将会比较困难。最后，对于一些学生来说，这些压力变成了沉重的负担和挑战，从而导致他们放弃学业。

美籍亚太裔人把他们自己视为不同的个体，但同时也是一个大家庭的成员。这些新生会把焦点高度集中在群体和家庭上，而大学校园看重的是个性和竞争，这会导致矛盾的出现（Chew-Ogi & Ogi，2002）。对于许多美籍亚太裔高校学生来说，选择专业这件事，与其说这是个人的决定，不如说是家庭的选择（Castillo，2002）。了解这个家庭的相互依赖以及决策过程会有助于学业指导教师在帮助学生做出决定以及和他们的家庭交流时调整好方式方法。就美籍亚太裔高校学生以及他们的家庭，尤其是那些新移民而言，特别需要得到的帮助是提供了解整个大学的生活和学习方面的经验，比如住宿或校外租房、平衡工作和学习、与教师进行对话以及了解不同的专业选择和职业选择。另外，学生和他们的家庭可能还需要了解可利用的学业资源，比如指导中心、学习中心以及学业指导中心等。关注对学业指导教师在美籍亚太裔群体子文化的多样性和复杂性以及他们所面临的特殊困难方面的知识和技能的培训，是重视学业指导教师服务学生和学校的职责的关键。

美籍拉美裔学生

为了替他们创造有意义的学习经历并保证其学业成功，美籍拉美裔学生的大学经历需要得到极大的关注。正如美籍非洲裔和美籍亚太裔一样，拉美裔美国人并不是由一个同质的人口简单组成的群体。在西半球有超过二十个说西班牙语和葡萄牙语的国家，并且拉美裔美国人的自我身份认同基于他们移民前的国家来源而不同（Brown & Rivas，1995）。美籍拉美裔（Latino）、美籍拉美裔（Latina）以及美籍西班牙裔（Hispanic），这几个词经常被混用。Latino and Latina 这两个词被认为包含更广，它们被视为包含了美国所有来自拉丁美洲国家的移民。美国政府在 70 年代人口统计工作中采用了美籍西班牙裔（Hispanic）这个词来促使和监督人口统计工作符合《平权法案》的系列要求（Granado，2007）。也有人认为，美籍西班牙裔（Hispanic）这个词语是外部强加的，而不是从这个群体内部直接产生的。一般来说，以上任一个词都是可以接受的，具体使用哪个词取决于这些个人他们自己更喜欢被看作什么样的身份。把那些认为自己是多代老移民的人和那些新移民区分开来也是很有帮助的。

谈到社会经济地位方面，这些学生几乎没有人是来自父母双方都上过大学或是研究生的家庭。他们中的大部分是家庭中的第一代大学生。他们中的很多人都来自工人阶层、低收入家庭。上大学在这些阶层和家庭中不会得到鼓励，甚至不会被作为一个选择来考虑。如果他们确实进入了大学，则他们中的大部分都会申请离家较近的学校（Rendón，1992）。另外，许多美籍拉美裔的学生都住在以少数民族族裔为主的社区中（Gozalez，2002；Rendón et al.，2004）。

像美籍非裔学生那样，拉美裔美国人也将以白人学生为主的校园文化解读为疏远的、孤立的以及有敌意的。他们常常会感到自己在校园中"格格不入"或"被忽略"（Attinasi & Nora，1996；Gonzalez，2002；Hurtado & Carter，1996）。

阿蒂纳斯和诺拉（Attinasi & Nora，1996）的研究将"做好准备"和"进入"作为重要的概念用以思考对美籍拉美裔学生留级或考试不及格问题的理解和处理。"做好准备"指大学员工和家长对于以下问题的交流：对读大学的准备以及对于大学的期盼、学生是否亲眼看见家庭成员上大学、是否与高中老师和指导老师讨论过有关大学的问题以及是否参观过大学校园。"进入"的概念（或者说认知绘图）是关于美籍拉美裔学生如何掌控入学后的新环境的经历（Attinasi & Nora，1996）。第一年的整个过渡转型包括学生的以下经历：（a）学会如何使用资源（比如，时间和金钱）；（b）获得家庭的支持；（c）找到他们在大学这个环境中"合适"的位置。另外，乌尔塔多和卡特（Hurtado & Carter，1996）发现，如果这些学生在第一学年的过渡适应很顺利，那么他们就不大可能会在第二学年中把大学校园视为有敌意的环境，由此，在第三年能够得到的结果就是积极的归属感。对于美籍拉美裔学生而言，从他们一进入大学就确认他们想要成功的愿望。鼓励其用乐观的态度看待前景（Hernandez，2000），以及肯定他们取得的成就，对于他们大学的整体成功和降低辍学率来说都是必不可少的。

美国原住民学生

对学业指导教师而言，持续不断地加深自己对美国原住民学生文化和需求的了解是非常重要的。这些学生也和主流的学生群体不一样。根据罗素（Russell，1997）的研究，美国原住民来自包括了被联邦政府认定的557个美国部落，其中有220个部落位于阿拉斯加。

对于美国原住民学生在参与学习、保存文化、接受教育方面做的努力以及关于他们如何面对这些挑战的研究和信息都极为不足。我们对于美国原住民接受高等教育的情况所了解到的是，它围绕着同化这一概念在打转。达特茅斯学院、威廉与玛丽学院以及普林斯顿大学都带着与众不同的宗旨被建立起来，其宗旨清楚地表达了他们教育和"教化"美国原住民的角色（DeJong，1993；Tierney，1993；Wright，1988）。由于殖民主义的掠夺和影响导致一些美国原住民比较穷困，他们在学业准备不足的情况下进入大学，并且仍然居住在上大学非常困难的偏远地区（Rendón et al.，2004；Tierney，1993）。了解以下问题非常重要：学生的人生如何受到原住民保留区内生活的影响、他们与自然和谐共处的价值观以及团体和部落的目标高于个人目标的程度。

美籍多种族和双种族混血学生

面对多种族和双种族混血学生时，以他们如何看待自身和自身经历的观点为参照来认识和理解他们是非常重要的。大量多种族混血学生只有在进入一个新的环境中，比如大学，才会开始知道他们关于自己的认识和观点。最重要的是要知道，和其他有色人种学生一样，多种族混血学生的自我身份认同的发展没有所谓的终点和最终阶段。各种各样的模型都举例并阐明了学生都有自己的办法和路径接受自己的多种族混血身份。

雷恩（Renn，1998）的多种族身份认同模式描绘了五种情况来说明学生如何按照他们的身份将他们自己进行分组。这个具有渗透性和流畅性特点的研究框架来自校园文化的影响以及学生在理解他们的种族身份时进行的同辈间的互动。大一学生选择从种族上认同他们自己身份的一种方式是选定一个种族类型并成为其中的成员。第二种是学生在与自己相关的两个族群之间徘徊，并且选择一直都不被冠以任何一个种族身份。第三种是根据学校的支持来完成自己的"多种族"身份认同（比如，为多种族学生组建的社团和学生组织，能够探索多种族身份及经历的辅导和课程，以及正在进行的其他项目）。第四种是那些避免将自己贴上属于任何种族的标签的学生。第五种，也是最后一种，即当不同的情况要求这些学生采取不同的方式与他人形成联盟时，他们会利用以上四种方式中的一种或多种进行处理。

发展一个欢迎多种族和双种族混血学生的学业指导团体需要信念和支持以增强不同种族间的互动，同时需要提供必备的资源以实现团队的多元文化胜任力（Pope, Ecklund, Miklitsch, & Suresh, 2004）。对学业指导教师而言，首先应该确认这些学生具体处于多种族身份认同的哪个阶段以及他们如何看待他们自己和周围的环境。

学业指导教师在确认学生多样性和学校变革中的角色

意识到学生的多样性以及考虑周全地和恰当地处理他们的问题只是事情的一个方面。在学业指导中真实地评估和确认学生的多样性以及进行制度变革以更好地支持有色人种学生是更加艰巨的任务。伦登、李、克拉克以及陀博罗斯基在2007年出版了一系列关于旧观念和新共识的书籍，它们可以帮助有色人种学生打破障碍并且引导学校确认学生的多样性（Rendón, Lee, Clark and Tobolowsky, pp. 3-4）。

旧观念：拒绝在学业指导中涉及多样性话题。
新共识：多样性是学校层面的价值观。
旧观念：仅仅通过微小改变就能够确认多样性。
新共识：多样性包括对整个学校进行结构性的变革。
旧观念：认为优秀与多样性无关。
新共识：多样性和优秀能够在大学校园并存。

如果学业指导教师想要展示自己的文化意识以及开始在日常工作中确认学生的多样性，那么他们首先需要打破校园中关于学生多样性的主流的观念体系。为了实现这一目标，需要将那些人人都坚信并坚持的强大的信念系统（多数时候是不言而喻）揭露出来，并且需要批判性地来看待那些制造了不公平和不平等的制度、惯例以及体制。完成以上步骤后，下一步就是同时与学生事务及学术事务管理者进行合作，创造出能够更好地确认学生的多样性并满足多样化学生群体的需求的信念系统。考虑到这些新观念在2007年才得到印刷和发售，所以最好的实践还未能在美国随之开展。不过，大学连续的战略计划、已修改过的使命陈述、校园氛围研究、各类课程和教学法的增多、关于多样性的新的陈述、为部门及全校员工理解学生多样性开展的必要培训、招聘专门解决学生多样性和公平问题的行政人员等已经显示出大家从旧观念转向新共识的巨大转化。而在这些新共识里，大家对学生的多样性的存在表示一致的认同。

为学业指导者提供的详细策略以及建议

当为有色人种学生提供学业指导时需要注意一点，即在辅导中并没有固定的纲领，也没有一劳永逸的、确定不变的策略。学业指导者以及大学其他的教职员工不能对有色人种学生的经历和特征一概而论。在本章前面的部分中有一些针对不同学生群体的学业指导而提供的具体建议。接下来将给出在为有色人种学生提供指导时的更广泛的理论。但始终需要牢记的是，这些理论都需要和具体的文化环境相结合。比如，对于有色人种男生的成功来说导师制是不可或缺的，尤其是针对拉美裔美国学生而言。导师如果能在他们入校前以及在大一学年时提供的话，将产生最大的作用。因为拉美裔学生的保持率一直是一个问题。为有色人种学生提供学业指导的重要目标包括将学业指导定位为承前启后的、不会停滞不变的、有教育意义的以及发展性的。这对于学业指导教师和接受学业指导的学生来说同样重要。接下来将为学业指导教师的实操提供建议并进行相关的讨论。

为全体学生做学业指导

学业指导并不仅仅包括课程选择以及帮助学生了解毕业要求。一开始，有色人种学生就带着复杂的家庭背景、经济、教育、语言、身份特征和一系列需要我们对他们进行整体学业指导的问题而来。了解他们的文化和个体成长背景是我们的责任。我们应该帮助他们建立自信和竞争力，消除他们无法获得支持的最初想法，让他们在校园里自在遨游。

了解学生的家庭背景

指导者需要有意识地去了解有色人种学生的家庭结构和背景。家庭不仅指传统生物学意义上的父亲和母亲的角色,也可以扩大到那些他们家族中的主要亲戚,比如年长的兄弟姐妹、姨母、舅舅、继父母、爷爷辈的亲属或者养父母。理解有色人种学生的家庭成员的教育背景或许也能够提供一些有参考价值的背景。例如,那些作为家族中第一个读大学的有色人种学生和父母都有硕士学位的有色人种学生相比,他们的感受或经历会有不同。我们知道,对于大多数有色人种学生来说,家庭扮演着重要的角色。学业指导教师对于学生家庭背景以及那些可以被学生视为家庭成员的人的理解,有助于他们引导学生更好地领悟大学生活的价值观。

导师制

有色人种学生需要一个能够在他们遇到问题的时候提供帮助的人。他(她)能够为他们提供建议和支持。导师和导师项目能够提升少数族裔学生对大学生活的满意度和学术水平(McMillan & Reed,1994;Ting,2000)。学业指导教师可以为他们提供关心和关注,与学生建立私下的交往并且真正地理解他们以及他们的成长背景。

建立信任

与学生建立信任非常重要。学业指导教师需要了解学生的背景和愿望以帮助他们审视自己的选择(那些由个人独立作出的选择以及和家庭共同作出的选择)。需要在情感和学术上都提供足够的时间来帮助有色人种学生。帮助他们了解进入大学的过程、与不同的学习者在同一个环境中生活、教师的期望以及毕业要求。在拥有了信任之后,一个能够起到有效作用的学业指导教师——接受指导者的关系就建立起来了。学业指导教师能够通过与他们讨论选择、专业、不同的职业道路以及校园里机会来帮助有色人种学生实现其大学的目的。他们也能够帮助这些学生了解他们所处的环境——他们如何适应和融入环境,以及尝试不同的方式来加强他们同家庭、老师和同辈之间的沟通。

对身份认同发展形成的理解

蒂尔尼(Tierney,1993)认为少数族裔学生需要学校不仅要创造条件使少数族裔学生赞美自己的文化和个人历史,更需要学校提供条件使他们批判性地来审视他们的人生是如何被社会力量所铸造的。通过学生的文化背景、观念、价值观以及身份认同的发展变化来理解他们的经历是非常重要的。通过认识学生群体、理解学生看待他们自身经历和处理与周围环境及社会关系时做决定的视角，学业指导教师将在帮助学生方面发挥重要作用。将学业指导教师引入一些有文化元素的俱乐部或组织中，可以帮助他们进一步完成对这些情况和工作的理解。在一些学业指导体系中，学业指导教师负责对接学校的一些文化相关专业和学院。与之相似的学业指导教师与文化类俱乐部或文化组织之间的联系，将在学生对学业指导经历的理解和他们与指导教师的关系之间建立起强有力的连接。

发展多元文化胜任力

学业指导教师需要掌握恰当的工作态度、知识以及技能以帮助和支持多元化的学生群体。为了提高多元文化胜任力，学业指导教师需要有意识地参加持续性的培训和学习。交流方式、信念、价值观、世界观以及关于有色人种学生的观念等都是学业指导教师需要去探索、研究和接纳的方面。对少数族群研究有关课程的继续支持至关重要。这些课程可以帮助有色人种学生学习自己的历史、文化和民族特性。为了持续的教育和发展，学业指导教师可以考虑旁听那些课程。

进入学生的世界

学业指导教师如能与学生在办公室外的一些非正式场合进行会面，这将产生较大的益处。因为这可以让学生感受到他们的指导教师是可以打交道的"真实"的人。学业指导教师可以直接且近距离地见识学生生活的世界。这些会面可以发生在不同的地方，包括宿舍、校园活动、工作坊、教室、俱乐部以及当地的咖啡馆。那些支持学生社团和学生课外活动的宿舍楼，尤其是俱乐部和学生组织，增强了有色人种学生的归属感（Johnson, Alvarez, Longerbeam, Soldner, Inkelas, Leonard, & Rowan-Kenyon, 2007）。

为国际学生进行学业指导

国际学生在高等教育中所处的位置

多年来，在美国接受高等教育后的发展前景一直吸引着其他国家的学生。从20世纪50年代初起至2002年，来美就读的国际学生数量一直持续增长（Koh Chin & Bhandari，2006）。在70年代到80年代，其数量急速增长（Gooding and Wood，2006）。然而，"9·11"恐怖袭击后，国际学生的数量便开始逐渐减少（Koh Chin & Bhandari，2006）。导致这一现象的原因并不单一。美国签证政策的较大变化导致国际学生获得赴美签证的难度增大、美国不再是安全的国度（Bain & Cummings，2005）以及逐渐递增的高额学费（Dassin，2004）等都影响了国际学生的入学率。另外，其他国家在吸引国际学生方面也有了一定的竞争力，如澳大利亚、英国以及加拿大；它们的学费更低，并且取得签证的难度更小；这些原因使它们成为更具有吸引力的选择（Starobin，2006）。

国际学生的人口统计学资料

2005年、2006年的相关数据表明在美国国际学生的数量出现了增长。在2006年的一篇来自美国教育委员会（ACE，2006）的网络文章中，国际教育协会主席兼首席执行官艾伦·E. 戈德曼指出，全美当前新增了8%的国际学生：

> 通过积极招募国际学生并改善他们在校园中的待遇，美国高校已经开始有了收获。拥有上千所具备接收国际学生能力的高校（这一数量是其他任何名列前茅的留学输入国的近十倍），美国有巨大的潜力来满足日益增长的高等教育国际化办学的需求。（ACE，2006，p.18）

在2005年和2006年，全美的国际学生共有564766人。也正是在这段时间，国际学生及其家人为美国带来超过130亿美元的经济收益（Koh Chin & Bhandari，2006）。

随着美国国际学生的数量持续增加，针对他们的人口统计也在持续进行。同样在2005年和2006年，亚洲国家的学生所占比例最大，达到全体国际学生数量的58%，其中又数来自印度的学生最多，其次是中国、韩国、日本。这些学生主要选择以下专业进行学习：工商管理、工程、生命科学、社会科学。虽然数学与计算科学在前些年不再是最流行的学科，但它仍然占据了排名的第五位。国际学生们更倾向于在加利福尼亚州、纽约州、得克萨斯州和马萨诸塞州进行学习（Koh Chin & Bhandari，2006）。

热点问题

"9·11"事件以后国际学生数量的下降引发了短时期内如何改善签证流程以及怎么维持人们对美国国家安全的信任的关注和思考。

贝恩和卡明斯（Bain & Cummings，2005）更多地关注其他少有人关注的问题：（1）美国怎样在前沿的学术研究中保持住国际学生研究生担任助手的数量；（2）当财政出现困难时，教育机构依赖于招收那些可以全额支付学费的国际学生以解决这一问题。贝恩和卡明斯进一步指出，国际学生的缺失将导致美国学生原有的广阔的世界观的消失。那是一种帮助美国学生在日益全球化的世界中富有成效地生活的世界观。

许多学校已经针对这些问题采取了相应的对策，包括加大招生力度和全面改变招生策略。国际学生事务办公室往往在招收国际学生方面担负重要的职责；同时，他们也需要拿出与时俱进的招生计划（Darrup–Boychuck，2007）。到其他国家开展招收国际学生的访问和举办招生宣讲会已经成为吸引新学生的方法。这些活动由营利公司或美国国务院全球网络构建辅导中心（2007）组织，后者由国务院教育与文化事务局提供支持。

对文化背景的理解以及关于国际学生学业指导的观点

对文化、文化适应的阶段、文化假设的不同有基本了解的学业指导教师能够更自如地开展学业指导工作，并且更容易成功地完成对国际学生的辅导。科尔（Kohls，1979）在1979年发表的关于如何在他国生存的文章中没有用"文化"这个词来形容艺术，比如文学或戏剧。他用它来形容一个单独的个体能够"想到、说出、完成、参与的那些习俗、语言、手工制品和共享的情感和思想体系"（p.17）。他给出了一些例子，如礼节、信念、法律（文本或非文本的）、语言、价值观、思想、思维模式和自我概念。

从事国际教育的人们时常使用"冰山一角"这一隐喻来描述引导新学生体会文化的真实过程。这一隐喻同样也在国际文化交流组织的培训手册中被使用（1984）。就像一座真的冰山那样，它的真实形状隐藏于水面之下，文化的真实状态也隐藏在人们的视野背后。通过冰山模型来看那些外在的因素，那些能够被轻松观察到的文化，如着装、语言、美术、文学和戏剧，它们都通过水面上的冰来展现。而那些在文化里没有被首先感知到的层面则被藏于水下，并被定义为"深层次文化"。科尔认为"深层次文化"包含以下要素：眼神交流、关于教养的概念、上下级关系的表现形式、关于正义的概念、集体决策形式、对于依附者的态度、解决问题的方法，以及与年龄、性别、阶层、工作、社交频率、谈话方式和时间有关的状况。

意识到不同文化中的深层次文化的学业指导教师可能会将其应用到日常对国际学生的学业指导工作中。其中一个关于文化差异的例子就是对话方式的差异；不同的对话方式源于不同的思维模式并导致不同的语言风格。在讨论到跨文化交际时，贝内特（Bennett, 1988）提到北美人更倾向于使用线形的交流形式。他们会用直接的方式来交流，并且很快地表达出自己的观点，不会拖泥带水。他认为亚非国家的人更倾向于使用环形的交流形式，他们会在交流中提供更多的背景以供倾听者得出他们自己的结论。贝内特还认为来自环形交流模式国家的学生认为这些来自线形交流的谈话者有一些"冷漠和自命不凡"，因为感到他们说话太直接明了；反之，使用线形交流形式的人们认为使用环形交流模式的人们有一些"冗长乏味"，因为他们希望能够直奔主题。来自日本的学生时常在掌握了语言并适应了美国的学习环境之后也长时间地继续使用环形的交流形式。他们可能会在学业指导教师认为他们已经得到答案后仍然继续询问。

对话方式的另一个区别是说话的长度。在巴西，一个人讲很长的故事并且不被打断是完全可以被接受的。拉丁美洲的人们时常在不被打断的情况下讲述他们的完整故事；而另外的人则报以不被打断的、同样长或更长时间的回答；而美国人则习惯于在交流中一来一往，反反复复。与拉美国家类似的交流模式在非洲国家也很多见，讲话者在会议中给出长达数小时的报告是很正常的现象。

阿尔滕（Althen, 1994a）的著作中"关于校园中的文化差异"这一章讨论了国际学生由于美国人说"不"时使用的表达方式所造成的误会。比如，当一个学生在财务处办公室询问是否可以延迟交学费的时间。这位工作人员回答"我希望我可以帮你，但是我们真的没有办法"或"对不起，我们的政策不允许"。虽然美国本土学生能够意识到这样的回答就是拒绝并且能够接受这样的回答，但是其他的文化或许将这样的回答视为可协商的起始点。他们或许可以为了一个更能让人接受的答案而开始进行协商。美国人或许会认为他们有一些不可理喻，甚至是咄咄逼人，而实际上他们可能只是误解了在交流中的文化暗示而已。直接说"不"可以节省许多时间和精力。

国际学生对于如何表述问题以及这些问题的恰当回答，也存在一些语义上的困惑。不那么自信的英语学习者感觉回答否定问句比较困难，比如"难道你没有告诉你的老师你没有听明白他的课吗？"而对于那些有明显指示的问题,他们会感到更容易些,比如"你去了教授的办公室了吗?""你有告诉他你没有理解这节课吗?"

学业指导教师或许会发现,来自同一国家的国际学生规模最大的群体在学校里会有他们自己的一些关注点。这个主导群体或许不太乐意完全融入新的文化中,而且会形成一个自己国家学生的圈子。而当这些学生又来自一个惯于做群体性决定的国家时,比起向学业指导教师寻求问题的答案,他们更倾向于向他们本国同学求助。在强大的群体性行为传统中,他们可能会推选出这一群体的发言人作为自己的代表。他们也会感受到在这个群体中的朋辈压力并且只表现出其祖国能够接受的行事方式。

前面提到的冰山模式中包含了通过眼睛来表达的行为,其实头部的动作或行为也需要关注,并且也应该囊括到这一模式中来。点头是有文化含义的,并且可能会被国际学生误解。他们或许还不能意识到美国人用左右摇头表示拒绝,上下点头表示同意。在回答国际学生的问题时,指导教师应该回答"是的",而不仅仅是点头。来自印度的学生经常使用一种摇头晃脑的方式,而他们很快就意识到美国人并不能理解这样的头部动作所表达的意图。他们在到达美国后很快就停止使用这样的动作。

跨文化适应

初到美国的国际学生会经历一段时间的跨文化适应。对于不同的学生,这一阶段的长度和难度有所不同。吕斯高(Lysgaard,1955)提出的"U"形曲线模型常被用来解释新来的国际学生的文化适应过程。奥伯格(Oberg,1960)修订了这一模型并且第一次将进入一种新文化时的适应过程描述为"文化冲击"。他将这一模型分为四个阶段:蜜月期、危机期、修复期、调整期。在蜜月期,初到的学生和这个新的国家就像新婚夫妇那样难舍难分;在这一时期,这个国家是国际学生关注的焦点。在第二个阶段,学生开始意识到文化上的不同以及这个国家的文化可能带给自己的挫折和愤怒。在第三个阶段,学生开始能够毫无问题地生活和学习。在最后一个阶段,不仅没有问题可以难倒他们,还能够享受新的文化。

在关于住宿学生咨询服务研究的文献中,托马斯和哈勒尔(Thomas & Harrell,1994)指出,学生在人生的不同阶段并不一定总是处于同样的适应水平。在学业上成就非凡的学生却可能在他们的学习生活中正处于调整期。如果他们的社交能力不够强的话,那么他们的个人或社会生活可能处于危机阶段。他们建议学业指导教师在讨论跨文化适应时将 U 形曲线模型的使用作为一个起点。他们进一步提到这些阶段并不是静止的，是基于学生过去的经历与新文化的融合情况、他们的个人适应水平和他们的经历的文化适应类型而变化的。他们不一定会将这四个阶段都逐一经历，或许会跳过一个阶段，又或许会重复经历其中一个或两个阶段。研究者们进一步强调，任何人生中的事件都有可能改变学生的适应阶段以及他们对新国家的满意度。

假设

人们对于自己为何处于目前的日常生活状态都有部分基于个人"深层次文化"的潜意识的假设。学业指导教师会将自己这些隐藏的假设带入他们的工作中，在无意识之间指导着他们日常的学业指导实践。而学业指导教师的假设时常与他们的国际学生的假设不太一致，从而可能导致在指导过程中出现一些困惑或误解。

阿尔滕（Althen，1992；1994b）曾讨论过美国的学业指导教师带入工作中的不同假设以及国际学生从国外带来的假设。在阿尔滕的基于美国的假设讨论中，他认为美国的学业指导教师认为本国的相关法律和要求是合理且公平的。他进一步提出，美国的学业指导教师还认为美国高校的工作人员具备相关资质并且通过他们的能力获得职位的升迁。他们期待他们的学生能够得到合理的对待，只要"他们（1）有礼貌（符合当地的标准）；（2）根据规则和流程来办事（或许会让学生填写一些表格）；（3）说实话（已存在一个事实的话）"。另外，国际学生应该"为自己发声，而不是让丈夫、兄长或朋友为自己代言"（Althen，1994a，p.64）。工作人员还希望学生能够接受他们的决定，因为他们是客观的且按照章程办事。

阿尔滕认为，国际学生们察觉到学校的教职员工拥有相当大的权力并且他们掌控着许多学生看重的东西，比如，写信给他们所在国政府、校园内的工作岗位、认可在本国取得的学分等。国际学生或许会认为年长的男性学业指导教师（与年轻的女性学业指导教师相比）有更多的能力和权力去做决定。他们或许更希望只和一些领导交流，他们认为这样的人具备更多资质。阿尔滕（Althen，1992）得出结论："事实和真相"或许是相对的；国际学生希望得到那些他们认为应该花时间与他们交流的教职员工的同情。他们认为自己询问的事务是重要的，如果一个学业指导教师无法给出他们想要的答案，他们会坚持寻找，直到找到那个能够帮助他们的人。

与基于美国的假设所不同的是，有一些国际学生因为在自己国内没有相关经验，所以他们有其他的假设。在一些国家，兄长能够代表年幼的兄弟，或者丈夫可以代替沉默的妻子完成对话，即使这是关于她自己的入学情况。对于真相，或许没有一个标准，在第一个理由或答案没能起作用时，他们会提供另外一个。

鉴于国际学生移民身份的学业指导理念

许多国际学生担心他们会无意间违反 F-1 或 J-1 非移民签证身份的相关规定。这一担忧太过强烈，以至于他们会做出荒谬的、不常见的、费解的或不合理的请求。为保住他们的签证，国际学生需要每个学期都完成全日制的课程学习。学业指导教师需要关注的是某个国际学生参与学习的时间不达标的后果以及这一情况将如何影响他们的签证情况。当学业问题应该被关注时，学业指导教师可以建议学生减少一些课程的学习，尽管学生对这一建议或许会有一些犹豫和抵触。面对学业的停滞不前，国际学生会表达他们的担心、对失去签证及学业失败的担忧。他们认为"搞砸"一次就会让他们离开美国的想法有一些夸张，但是他们确实必须严格遵守美国国土安全部针对他们制定的相关规定。

关于移民及签证的相关规定很复杂，并且一直在变化，学业指导教师应该时常向学校的相关负责人进行咨询以确保符合联邦法规。在发生危机前，与学校指定的负责人保持持续有效的协作可以在学生遇到严重的问题时给出强有力的和更好的解决方案。

为国际学生开展学业指导的策略和建议

将校园变得国际化

正如在本章开始部分所谈到的那样，许多学校正在积极地打造国际化的校园和课程体系。学业指导教师可以利用不同的策略来感受所在学校在国际化方面的相应努力：

● 了解你所在的学校在国际化方面采取了哪些措施。找出为了实现今后的国际化而正在进行或者实施的措施或计划。并且要了解自己如何能成为这些措施或计划的一部分。

● 一些高校每年都会在国际教育周举办一系列的活动，将每年 11

月的第二周（International Education Week，2007）作为学校实现国际化的一部分。学业指导教师可以多参加这些活动以促进自己对于学校的国际化进程的了解。

- 回顾和考虑使用在国际教育工作者协会的跨文化活动工具包（NAFSA，2007）中所列举的活动。它们是一系列可以亲身实践和团体取向的活动。国际化教育者可以利用这些活动促进校园国际化的发展。
- 加入校园中聚焦国际化的一个专业组织或荣誉团体。很多学校都有 Phi Beta Delta 国际化荣誉团体的分支机构，并且愿意接纳教职员工成为其成员。这一团体常常举办由国际化项目或交换项目中教职员工、外国来访团体主持的国际化会议或讲座。
- 要了解那些为进一步贯彻学校的国际化措施而进行的课程改革和相关项目。将学生朝着这些新的、跨学科的专业进行引导。
- 找到在学校为国际学生发出倡议的方法。寻找那些可以改善他们所享有的服务的政策和步骤。政策上的简单改变可以反映出学校对国际学生及他们所关心问题的承诺。

增强跨文化理解和文化敏感

- 参加学校国际事务办公室或国际学生俱乐部举办的活动。他们每年都会通过这些活动展示带有民族色彩的手工艺品、食品、服装或舞蹈。如果学业指导教师可以花时间参加这些活动，国际学生会感到非常高兴。
- 表现出对学习国际学生及其国家或文化的兴趣。询问他们其国家的问题。使用地球仪或世界地图来开展谈话。即使是对于学生祖国的简短交流也能够展现学业指导教师对其文化的兴趣并且能极大地促进指导关系的建立。
- 为学校里所有的学业指导教师开展关于如何为国际学生进行学业指导的相关培训项目或工作坊。邀请来自国际事务办公室的人员作为发言者或资源提供者参加。提前计划要讨论的文化名词、文化及学业适应的相关问题以及能增强学业指导研讨效果的针对性的策略。那些国际事务办公室的人员曾受过专业的培训，并且对于这些事务很有经验。
- 成为国际学生的导师，或者在一个节日或刚入学时以主人的身份对其进行接待。

● 在美国的一些城市，学业指导教师可以通过当地移民组织举办的节日或者假日庆典来拓展对他国文化的了解。

对于小型学校的学业指导教师的建议

对小型学校的学业指导教师来说，可能无法在校园里找到以上列举的种种资源来开展工作。这便需要他们时常进行自我提升并找到相应的方法来更好地完成对国际学生的学业指导。校园资源或许有限，网络上的资源却是唾手可得的，只要学业指导教师愿意花一些时间和精力去搜寻这些信息。在国际教育工作者协会和美国学业指导协会的网站以及那些为国际学生进行学业指导的国际教育类网站上，几乎有着国际学生教育所需的所有信息。这些机构会提供关于国际化教育的信息、建议、出版刊物以及讨论组和网上研讨会以进一步促进国际化教育相关知识的传播。

结语

对于学业指导教师来说，以下几点非常重要：使用有针对性的学业指导方法、具备文化意识和培养为有色人种学生和国际学生进行学业指导的能力。想要构建成功且有意义的指导关系，学业指导教师需要对这些动态的、变化的、多方面的和复杂的学生群体给予足够的关注、理解、包容，以及拥有帮助他们的强烈意愿。在高等教育中，教育者有优势和责任对会影响学生学业成就的文化和背景保持高度敏感。

本章对一些领域的问题进行了阐述。这些领域包括边缘化、入学机会、招生、退学、社区和家庭的责任、从多样性的旧观念到新共识、假设、身份认同、跨文化适应以及妨碍学业成功的原因等。这些因素需要学业指导教师和学校的领导重新评估与有色人种学生及国际学生相关的实践活动和项目。并且他们需要有意识地对高等教育进行改革，从而创造一个拥有多样化的学习者的社区。

References

ACE：American Council on Education. (2006, November 13). Monday buzz：New report documents reversal in international student enrollment declines, continued growth in number of U. S. students studying abroad. Retrieved January 6,

2008, from http: // www. acenet. edu/AM/Template. cfm? Section = News _ Room & TEMPLATE =/ CM/ContentDisplay. cfm & CONTENTID = 18903.

AFS Orientation Handbook. (1984). The iceberg conception of the nature of culture. ResourceIII-A, A Workshop on Cultural Differences. New York: AFS Intercultural Programs.

Almanac. (2007 – 2008a). College enrollment by racial and ethnic group, selected years. Chronicle of Higher Education. Retrieved December 29, 2007, from http: //chronicle. com/weekly/almanac/2007/nation/0102002. htm.

Almanac. (2007 – 2008b). Degrees conferred by racial and ethnic group, 2004-5. Chronicle of Higher Education. Retrieved December 29, 2007, from http: //chronicle. com/weekly/almanac/2007/nation/0102002. htm.

Althen, G. (1992, February). The American educational administrator: Examining some assumptions. Presidential perspectives: the state of foreign student/scholar advising. NAFSA Newsletter. Retrieved September 9, 2007, from http: //www. presidentialperspectives. info/assumptions. php.

Althen, G. (1994a). Cultural differences on campus. In G. Althen (Ed.) Learning across cultures (pp. 57-71). Washington, DC: NAFSA: Association of International Educators.

Althen, G. (1994b). Recurring issues in intercultural communication. In G. Althen (Ed.) Learning across cultures (pp. 185 – 196). Washington, DC: NAFSA: Association of International Educators.

Anderson, J. A. (1995). Toward a framework for matching teaching and learning styles for diverse populations. In R. R. Sims & S. J. Sims (Eds.), The importance of learning styles: Understanding the implications for learning, course design, and education. Westport, CT: Greenwood Press.

Attinasi, L. C., & Nora, A. (1996). Diverse students and complex issues: A case for multiple methods in college student research. In C. Turner, N. Garcia, A. Nora, & L. Rendón (Eds.), Racial and ethnic diversity in higher education (ASHE Reader Series, pp. 545-554). Needham Heights, MA: Simon & Schuster.

Bain, O. & Cummings, W. K. (2005). International students gone? International Educator, 14 (2), 19-26.

Bennett, M. J. (1988). Foundations of knowledge in international educational exchange: Intercultural communication. In J. M. Reid (Ed.), Building the professional dimension of educational exchange. Yarmouth, ME: Intercultural Press, pp. 121-135.

Brown, T., & Rivas, M. (1995). Pluralistic advising: Facilitating the development and chievement of first-year students of color. In M. L. Upcraft & G. L. Kramer (Eds.), First-year academic advising: Patterns in the present, pathways to the future (Monograph No. 18, pp. 121-137). Columbia: University of South Carolina, National Resource Center for The Freshman Year Experience & Students in Transition.

Castillo, E. J. (2002). Bridges over borders: Critical reflections of Filipino American college students on academic aspirations and resilience. Unpublished doctoral dissertation, University of San Francisco.

Chew-Ogi, C., & Ogi, Y. (2002). Epilogue. In M. K. McEwen, C. M. Kodama, A.N. Alvarez, S. Lee, & C. T. H. Liang (Eds.), Working with Asian American college students. New Directions for Student Services, 97, 91-96.

Darrup-Boychuck, C. (2007). Measuring return on investment in international student recruitment. International Educator, 16 (3), 64-68.

Dassin, J. (2004). Promoting access and equity in international higher education. International Educator, 13 (3), 3-5.

DeJong, D. H. (1993). Promises of the past: A history of Indian education. Golden, CO: North American Press.

Fleming, J. (1984). Summarizing the impacts of college on students. In Blacks in college: A comparative study of students' success in black and white institutions (pp. 161-194). San Francisco: Jossey-Bass.

Fries-Britt, S. L., & Turner, B. (2001). Facing stereotypes: A case study of black students on a white campus. Journal of College Student Development, 42 (5), 420-429.

Gonzalez, K.P. (2002). Campus culture and the experiences of Chicano students in a predominantly White university. Urban Education, 37 (2), 193-218.

Gooding, M. & Wood, M (2006). Finding your way: Navigational tools for international student and scholar advisers. Washington, DC: NAFSA: Association of International Educators, 1-3, 95-98.

Granado, C. (2007). "Hispanic" vs. "Latino": A new poll finds that the term "Hispanic" is preferred. Retrieved December 29, 2007 from http://www.-hispaniconline.com/ hh/hisp_ vs_ lat. html.

Harvey-Smith, A. B. (2005). The seventh learning college principle: A framework for transformational change. Washington, DC: National Association of Student Personnel Administrators.

Hernandez, J. C. (2000). Understanding the retention of Latino college students. Journal of College Student Development, 41 (6), 575-588.

Hune, S. (2002). Demographics and diversity in Asian American college students. In M. K. McEwen, C. M. Kodama, A. N. Alvarez, S. Lee, & C. T. H. Liang (Eds.), Working with Asian American college students. New Directions for Student Services, 97, 11-20.

Hurtado, S., & Carter, D. F. (1996). Latino students' sense of belonging in the college community: Rethinking the concept of integration on campus. In F. K. Stage & G. L. Anaya (Ed.), College students: The evolving nature of research (ASHE Reader Series). Needham Heights, MA: Simon & Schuster.

International Education Week, U. S. Department of State, U. S. Department of Education. (2007). Retrieved September 8, 2007 from http://iew.state.gov.

Johnson, D. R., Alvarez, P., Longerbeam, S., Soldner, M., Inkelas, K. K., Leonard, J. B., & Rowan-Kenyon, H. (2007). Examining sense of belonging among first-year undergraduates from different racial/ethnic groups. Journal of College Student Development, 48 (5), 525-542.

Kodama, C. M., McEwen, M. K, Liang, C. T. H., & Lee, S. (2002). An Asian American perspective on psychosocial student development theory. In M. K. McEwen, C. M. Kodama, A. N. Alvarez, S. Lee & C. T. H. Liang (Eds.), Working with Asian American college students. (New Directions for Student Services, 97, 45-59).

Koh Chin, H. and Bhandari, R. (2006). Open Doors 2006: Report on International Educational Exchange. New York: Institute of International Education.

Kohls, L. R. (1979). Survival kit for overseas living. Chicago: Intercultural Press, pp. 17-21.

Lee, W. Y. (2004). Enhancing the first-year experience of African Americans. In L. I. Rendón, M. García, & D. Person (Eds.), Transforming the first year of college for students of color. (Monograph No. 38, pp. 93 – 107). Columbia, SC: University of South Carolina, National Resource Center for The First-Year Experience and Students in Transition.

Lysgaard, S. (1955). Adjustment in foreign society: Norwegian Fulbright grantees visit‑ing the United States. International Social Science Bulletin, 7, 45–51.

Malveaux, J. (2005, November 3). Dimensions of diversity. Diverse issues in Higher Education, 22 (19), 31.

McEwen, M. K., Kodama, C. M., Alvarez A. N., Lee, S., & Liang, C. T. H. (2002). Working with Asian American college students. New Directions for Student Services, 97.

McMillan, J. H., & Reed, D. F.(1994). At-risk students and resiliency: Factors contrib‑uting to academic success. The Clearing House, 67 (3), 137–140.

NAFSA: Association of International Educators. (2007). Intercultural activity toolkit. Retrieved November 25, 2007, from http://www.nafsa.org/knowledge_ community_ network.sec/international_ student_ 3/campus_ and_ community/ practice_ resources_ 16/orientation/intercultural_ activity_ 1.

Oberg, K. (1960). Cultural shock: Adjustment to new cultural environments. Practical Anthropology, 7, 177–182.

Pope, R. L., Ecklund, T. R., Miklitsch, T. A., & Suresh, R. (2004). Transforming the first-year experience for multiracial/bicultural students. In L. I. - Rendón, M. Garcia, & D. Person (Eds.), Transforming the first year of college for students of color. (Monograph No. 38, pp. 161–174). Columbia: University of South Carolina, National Resource Center for The First–Year Experience and Students in Transition.

Rendón, L. I. (1992). From the barrio to the academy: Revelations of Mexican American "scholarship girl." In L. S. Zwerling & H. B. London (Eds.), First gen‑eration students: Confronting the cultural issues. New Directions for Community Colleges, 80, 55–64.

Rendón, L. I., García, M., & Person, D. (Eds.). (2004). Transforming the first year of col‑lege for students of color (Monograph No. 38). Columbia: University of South Carolina National Resource Center for The First-Year Experience and Students in Transition.

Rendón, L. I., & Hope, R. O. (1996). Educating a new majority: Transforming America's educational system for diversity. San Francisco: Jossey-Bass.

Rendón, L. I., Lee, W. Y., Clark, E. C., & Tobolowsky, B. F. (2007). Shattering barriers: Affirming diversity in higher education. Education Policy and Practice Perspectives, 3.

Renn, K. A. (1998). Check all that apply: The experience of biracial and multira-cial college students. Presented at the ASHE Annual Meeting, Miami, FL. (ERIC Document Reproduction Service No. ED 427 602.)

Russell, G. (1997). American Indian facts of life: A profile of tribes and reservations. Phoenix, AZ: Russell.

Schmader, T., Major B., & Gramzow, R. H. (2002, Spring). How African American college students protect their self-esteem. Journal of Blacks in Higher Education, 35, 116-119.

Starobin, S. S. (2006). International students in transition: Changes in access to U. S. higher education. New Directions in Student Services, 114, 63-71.

Suzuki, B. (2002). Revisiting the model minority stereotype: Implications for student affairs practice and higher education. In M. K. McEwen, C. M. Kodama, A. N. Alvarez, S. Lee, & C. T. H. Liang (Eds.), Working with Asian American college students. New Directions for Student Services, 97, 21-32.

Thomas, K., & Harrell, T. (1994). Counseling student sojourners: Revisiting the u-curve of adjustment. In G. Althen (Ed.), Learning across cultures (pp. 89-108). Washington, DC: NAFSA: Association of International Educators.

Tierney, W. G. (1993). The college experience of Native Americans: A critical analysis. In L. Weis & M. Fine (Eds.), Beyond silenced voices. Albany: State University of New York Press.

Ting, S. R. (2000). Predicting Asian Americans' academic performance in the first year of college: An approach combining SAT scores andnoncognitive variables. Journal of College Student Development, 41 (4), 442-449.

U. S. Department of State, the Bureau of Educational and Cultural Affairs (2007). Education USA, Your guide to higher education, Retrieved September 8, 2007, from http://educationusa.state.gov/fairs.htm.

Waters, M. (1994). Ethnic and racial identities of second-generation black immigrants in New York City. International Migration Review, 28 (4), 795-820.

White, L. S. (1998). "Am I Blackenuf fo ya?" Black student diversity: Issues of identity and community. In K. Freeman (Ed.), African American culture and heritage in higher education research and practice. Westport, CT: Greenwood.

Wright, B. (1988). "For the children of the infidels?": American Indian education in the colonial colleges. American Indian Culture and Research Journal, 12 (3), 1-14.

第三部分
学业指导项目的组织架构和操作运行

韦斯利·R. 哈伯利

本书第三部分介绍了学业指导项目的组织架构和操作运行的基本原理。其中，第十四章起着极为关键的作用。苏珊·坎贝尔在该章指出，建立一个卓越的学业指导项目的根本在于构建一个立足于学校的精心设计的学业指导项目的使命陈述。随后，坎贝尔阐述了源于高等院校使命的目标和具体目的的重要性，并分享了一些关于目标和具体目的的案例。

卓越的指导项目需要通过合适的、以学生为中心的服务组织来实现愿景、目标和具体目的。在第十五章中，玛格丽特·金提出服务型组织模式中的3种基本组织结构：集中化的、分散型的和共享型的。金介绍了7种组织结构模型，并引用利用率和评价数据对每一种模式的特定优势和可能的问题做出了评论。金为实现4种共享模式提供了强有力的例证。

第十六章至第十九章分析了学业指导服务的不同实施方式。在第十六章，海曼沃（Hemwall）针对任课教师学业指导提出了一个强有力的观点。海曼沃认为，任课教师学业指导作为最常见以及最悠久的学业指导方式，是本科学生学习经历中最为核心的组成部分。她认为使教师更充分地参与学业指导项目的一个策略就是让教师关注学生的学习情况。在过去五十年中，本科入学人数不断增长，学生的多样性逐渐增加，对教师的要求和期待越来越高，使得高等院校不得不开始设置专门从事学业指导的教师岗位，并且依托学校其他成员提供学业指导。在第十七章中，塞尔夫（Self）讨论了以下指导者的类型：专职指导老师、心理咨询师、朋辈指导者、研究生以及学业指导支持人员。同时，塞尔夫就不同指导者类型的使用、各自具备的优势以及目前存在的缺陷给出了自己的建议。

第十六章和第十七章主要关注了一对一的学业指导服务，第十八章和第十九章提出了关于一对一指导的强化和补充的策略。在第十八章中，南希·金（Nancy King）认为团体学业指导策略发挥的作用并非仅限于缓解超负荷学业指导者的工作压力。同时，金也分享了一些行之有效的团体学业指导策略。在第三部分的最后一章（第十九章）中，迈克尔·莱纳德（Michael Leonard）环顾当下，分享了可用于支持和实施学业指导的新的科学技术。莱纳德展望未来，指出学业指导者现在使用的多种技术将会出现融合，而未来科技的发展在很大程度上能够服务于学业指导项目。但莱纳德也发出了一些警告。他指出学业指导者如果不迅速适应新技术就有可能落后于科技发展。

第十四章

学业指导项目的愿景、使命、目标及具体目的

苏珊·M. 坎贝尔

打造一个卓越的学业指导项目并非轻而易举的事情。从概念上讲，学业指导项目在理论和制度上都是源自学业指导项目对愿景、使命、目标和具体目的的陈述；并以这些体现了学业指导的价值意义、哲学内涵、方法模式以及核心目标的陈述为指导。这些陈述也为学业指导项目提供短期及长期的指导，是项目规划过程的核心内容。因此，这些陈述必须不断更新且以行动为导向。总而言之，对任何学业指导项目而言，愿景、使命、目标和具体目的都是极为重要的部分。因为，它们指引着学业指导项目的发展方向，它们把学业指导项目的目的很好地传递给高等院校，并为学生的学习发展和学业指导项目的效果提供结构性框架，而这恰恰是学业指导项目评估计划的核心。

为了奠定构思和设计学业指导项目的愿景、使命、目标和具体目的陈述的基础，首先解决高等教育规划的特殊性不失为一种明智的做法。本次讨论有助于理解协作性反思和决策的重要性。自此，本章将阐述开展有效陈述的重要性；重点强调愿景、使命、目标和具体目的与学业指导领域、高等院校以及陈述本身之间的关系；为高等院校形成关于学业指导的有效陈述提供指导；并着重介绍一些高等院校学业指导项目相关陈述的例子供读者评价与反思。

奠定基础：高等教育规划

在《高等教育规划新出现的第三阶段》一文中，乔治·凯勒（George Keller，2007）被普遍认为是高等教育规划的"创始人"，他解决了教育规划的复杂性问题。乔治证实了下文所强调的内容，表示高等教育规划没有

"一模一样"的方法，没有哪两所大学的规划会是相同的。乔治指出：

> 很显然，教育规划没有任何科学依据可循……规划可能具备一些通用的规则，比如：一个高等院校既要关注其传统，又要重视目前最具影响的环境因素，或是需要了解竞争对手的情况，形成自己独特的竞争优势。但是要想取得成功，规划还必须适应当地特定的条件和时代的变迁。这意味着……在目前及不远的将来，我们都必须成为业余的人类学家和历史学家，以及高等院校改革的专业人士。（p. 61）

罗利、卢汉和道伦斯（Rowley, Lujan & Dolence, 2001）同意并支持凯勒的观点："没有千篇一律的模型可供所有人使用。"（p. xv）他们进一步指出，传统的商业规划模式（即以任务和首席执行官为主的模式）在大学校园中不太能够发挥作用。相比用使命陈述来推动战略规划，大学学者们更愿意提出与之相反的观点："应该是由战略规划派生出使命陈述，而非使命陈述派生出规划。"此外，他们还强调，"一项战略规划成功的标志是整个学校所有成员都真正参与其中"（p. xv）。

罗利等人（Rowley et al., 2001）提出了两个十分重要且具有指导意义的观点。第一，使命陈述需要体现出对凯勒（Keller, 2007）所描述的当前及不远的将来的理解。第二，制订计划的程序、拟定的具有效力的愿景、使命、目标和具体目的的陈述都应该是所有相关部门对话的结果。这些重要的学业指导项目的构成要素都应该来自协作性反思、对话以及分析，进而形成集体认同，并成为高等院校文化结构的一部分。

愿景、使命、目标和具体目的服务于许多重要的宗旨。首先，这些内容是学业指导项目的根基，指导并衍生出具体活动和措施。缺少这些基本要素，随之而来的是我们不愿看到的后果。往好了说，其他人可能认为学业指导的举措之间的关系是随意的；往坏了说，人们会否认这种关系的重要性或价值。因此，愿景、使命、目标和具体目的在向内部和外部人员（即学校和公众）传达学业指导项目的目标和意义方面都发挥着重要作用。同时，学业指导项目的目标和意义也应该深入人心。此外，正如学业指导项目规划中所强调的那样，愿景、使命、目标和具体目的规定了学业指导的行动框架，并指导设计依次实施的教育机会，为满足学生期望获得的学习内容和实现学业指导效果提供支持。确定学生学习和学业指导中的重要影响因素，有利于学业指导项目更好地制定策略和实施行动。发现学习机会，确定并收集定性与定量数据，以便改进和拟定有关愿景、使命、目标、目的和效果的内容。正如德鲁克（Drucker，1990，2003）就组织使命所言，任何举措，若是缺少精心设计的愿景、使命、目标和具体目的的陈述，它们"只不过是徒有好意"。

愿景、使命、目标和具体目的间相互关联的本质

不能孤立、割裂地对学业指导的愿景、使命、目标和具体目的分别进行陈述。鉴于此，对它们的有效陈述需要：

- 建立在对学业指导的哲学内涵和概念界定的充分理解的基础上。
- 符合高等院校的愿景和使命。
- 相互关联，既能从总体上，又能具体地指导学业指导的开展和评估。

与学业指导领域的关系。愿景、使命、目标和具体目的建立的基础必须是与学业指导领域相关联。这种关系是一个高等院校构建学业指导项目的哲学及概念意义上的基础。如下所述，来自美国学业指导协会（NACADA）的三份重要文件有助于指导这一哲学内涵和概念观点。

NACADA 核心价值观（2007 年）。价值观是关于什么是重要的信念的陈述，并被用于指导实践和确保实践与价值观相符。对于学业指导，NACADA 核心价值观阐明了学业指导者的责任：

- 对被指导的学生负责，
- 在恰当时机让他人参与指导过程，
- 对所服务的高等院校负责，
- 对高等教育负责，
- 对范围更广的教育团体负责，
- 对自己的专业实践和自我发展负责。

NACADA 学业指导的概念（2006）。该陈述为研究学业指导提供了概念框架。它确认了一种哲学观点：学业指导即教学。正因如此，学业指导也有课程设置、教学方法和明确的学习收获。此外，该陈述也分别解释了这些内容在学业指导方面的含义。在承认设计和实施学业指导中存在项目背景和个性特征差异的同时，NACADA 学业指导概念也明确表示，学业指导是一个全面系统的、不断发展的过程，需要相互协作的方式来促进和支持学生的在校学习，帮助他们实现教育、事业和人生目标。

CAS 学业指导的标准与准则（2007）。美国高等教育标准促进委员会（CAS）制定了一套学业指导项目的指导方针。这些国家标准可作为高等院校审查学业指导项目的指导方针，帮助学校制定学业指导项目框架，使项目符合国家标准，并提供了一种可表明高等院校内外部问责机制和合法性的途径。CAS 学业指导的标准与准则并未规定提供指导或创建组织的方式。但是，他们规定了反思、评估与思考的关键领域。从规定高等院校学业指导工作的使命开始，CAS 标准在 13 个领域提供了建议和指导，并且还提供了：

- 对学业指导项目目标的厘清和背景的理解，
- 对学业指导项目领导者职责的说明，
- 对指导者的期望的阐释，
- 为学生学习成果的取得建立框架。

当为学业指导项目拟定愿景、使命、目标和具体目的的陈述时，参考借鉴以上讨论过的三个文件则显得至关重要。然而，尽管这些文件十分重要，但对于拟定学业指导项目的愿景、使命、目标和目的而言，它们还远远不够。其他需要考虑的因素，包括学业指导与高等院校的核心宗旨和使命之间的关系，以及学业指导项目的愿景、使命、目标和目的相互之间的关系。

与高等院校的关系。学业指导项目的愿景、使命、目标和具体目的与学院或大学的核心宗旨和使命息息相关。这种共生关系必不可少。因为，若是缺少这种关系，学业指导项目将会远离大学的核心宗旨，而且有被边缘化的风险。图 14.1 初步说明了愿景、使命、目标和具体目的之间的关系的性质。该图说明了各因素受到影响及影响其他因素的多向化的途径。每级的相关陈述都要与上一级相结合，所有活动都要根据学校关于自身使命、目标和具体目的的陈述而开展。当行动与任何一级都"不同步"时，应该思考相关举措的有效性或学业指导项目的愿景、使命、目标和具体目的陈述的有效性问题。这些校准措施至关重要；学业指导项目与大学使命保持一致是必不可少的原则。

愿景、使命、目标和具体目的相互之间的关系。愿景、使命、目标和具体目的等要素之间的关系，不仅应该在学业指导项目的各个组织层面都是清

第十四章 学业指导项目的愿景、使命、目标及具体目的　　265

```
┌─────────────────────────────────────┐
│          学校愿景与使命              │
└─────────────────────────────────────┘
              ↕
┌─────────────────────────────────────┐
│  系部/学院/部门的愿景、使命、目标和具体目的 │
└─────────────────────────────────────┘
              ↕
┌─────────────────────────────────────┐
│  学业指导项目愿景、使命、目标和具体目的   │
└─────────────────────────────────────┘
```

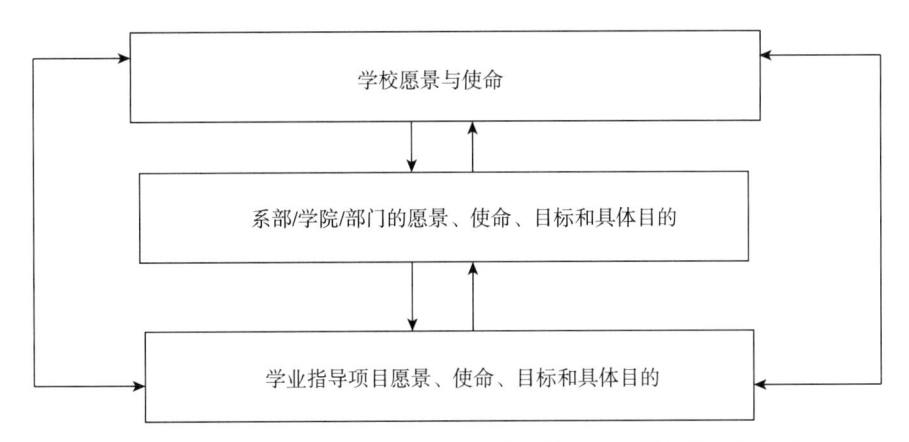

图 14.1　学校、部门、学院、系部和学业指导项目的使命间的关系

晰可见的，而且这些要素自身相互之间的关系也应该是十分清楚明了的。在学业指导项目的这些构成部分中，每个要素都是相互关联的，而且每一个要素不论是在广度还是在深度上都为其他要素增添了一定意义。按照设计，这些陈述或构成部分应该：（1）充分考虑项目背景；（2）相互关联；（3）是演绎关系，或反之为归纳关系亦可；（4）能够在策略和行动层面上为评估提供指导。

在拟定关于学业指导项目的愿景、使命、目标和具体目的陈述时，再怎么强调项目背景因素的重要性都不为过。与凯勒（Keller，2007）意见一致，罗利（Rowley，2001）、德鲁克（Drucker，1990，2003）、哈伯利（Habley，2005）和怀特（White，2000）等人表示，对于愿景、使命、目标和具体目的，并不存在一个适用于所有学业指导项目的陈述。高等院校、环境和校园文化的差异使这种采用通用模板的陈述的想法不太合理、不切实际，也并不可取。最有效的关于愿景和使命等的陈述，只有从重要利益相关者之间的沟通交流中才能真正产生。

这四个重要陈述或构成部分应该相互关联，并从总体上反映学业指导在不同组织层级之间更为广泛的关系。图 14.2 试图初步阐明这种关系。

图 14.2 中的三角形也阐明了学业指导项目的愿景、使命、目标和具体目的的陈述之间的演绎和归纳关系。位于三角形底部的是愿景陈述，体现了项目理想的未来。接下来是使命陈述，这是拟定项目总体目标和具体目的的基础。从归纳的角度来看，目标陈述比使命陈述更具体，而具体目的又比目标更为具体。愿景陈述是关于项目意图的总括性的观点。

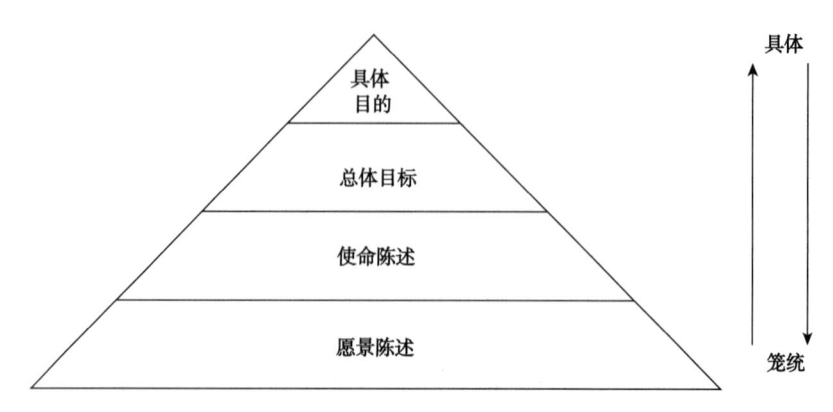

图 14.2　愿景、使命、目标和具体目的的陈述之间的关系

最后，愿景、使命、目标和具体目的的陈述应在策略和行动层面为学业指导项目的评估提供指导。关于这一点需要说明的是，学业指导的这些构成部分（愿景、使命、目标和具体目的）并不能被直接测量；而实现学业指导项目的目标和结果（学生学习和辅导实施）的策略和行动才是实际可评估测量的。对学业指导项目策略和行动层面的评估被用来收集数据为改进项目和掌握项目具体目的、目标和使命的达成度提供支持。

由此，我们可以自然而然地形成一个一致的观点。那就是我们必须注意到，在实际工作中，愿景、使命、目标和具体目的陈述之间的关系比图 14.2 中的三角形要复杂得多。这些构成要素应该被看作是相互嵌套交织的，而不是简单堆积在一起的。这种嵌套方式切中了它们之间的关系的深度和广度。

界定与设计愿景、使命、目标和具体目的的陈述

在有关愿景、使命、目标和具体目的陈述的讨论中，当谈到关于它们各自的定义时似乎总会引发激烈的争论。"它"是使命陈述还是愿景陈述？是具体目的还是目标？具体目的和总体目标之间有什么区别？从各自的学科视角上看，看法可能会有所不同。提前界定这些将被用于讨论的概念的定义是解决这个问题，以及避免陷入可能被海费茨和林斯基（Heifetz, Linsky, 2002）看作"工作逃避"（Work Avoidance）的状况的一种可行的方法。"工作逃避"，指参与者将讨论的重点从需要做的重要的反思性工作转移到其他内容上。需要使用一种通俗易懂的语言，阐明这些定义的含义，并且就

每个构成要素应包含的内容,展开更加丰富和深入的讨论。

从愿景开始

愿景陈述是使命陈述的序曲。本质上,愿景指的是"一个组织关于未来的、期望的或理想的意象"(Nanus,2003,p.356)。愿景陈述与背景密切相关。它源自对组织、当下和未来的反思。同时,愿景也是鼓舞人心的——它反映了崇高的理想,并且激发了人们对组织未来发展方向和目标的热情与承诺。愿景既是对理想的雄心壮志,又是对现实的正确分析。愿景由环境所塑造,反映了组织的特性以及能够实现的目标。愿景陈述可能会实现,也可能实现不了。愿景随着情况的变化而不断修正(Nanus,2003)。

表 14.1　　　　　　　　　　学业指导项目的愿景陈述

陈述的定义	实例	主要考虑因素
愿景陈述体现了对学校学业指导项目未来发展的强烈期望。愿景代表着期望的或理想的未来状况。	学业指导的愿景是构建一个相互协作且反应灵敏的学业指导项目,该项目将因其卓越的成就而得到地区和全国范围内的广泛认可。 ——南缅因州大学艺术与科学学院	代表着一种理想的未来状态。 能鼓舞人心的。 雄心勃勃又贴近现实的。 激发热情的。 激发对努力方向和目标的责任感。

表 14.1 把上述理论用学业指导的语言进行了表述,既有对愿景的操作性定义,也提供了一个愿景陈述的实例。该愿景陈述通过对大学的关注点和目标的分析而形成,这些关注点和目标对卓越的学业指导项目提出了新的标准。

使命陈述

与愿景陈述不同,使命陈述明确了目标和方向。使命陈述受价值观的影响,规定了行动重点,为未来提供指导,并及时引导当前行动。在许多方面,使命陈述都是实现愿景的"路线图",虽然没有像愿景那样描绘出未来的蓝图,但使命陈述的确也是着眼于未来的。

使命陈述应该简单明了。德鲁克(Drucker,1990,2003)说它应该"适合印在 T 恤上"(p.370)。他还表示,使命陈述应该启发他人思考,并且写成那种能让每个人都能看懂这些行为是如何协助组织达成目标的。虽然使命陈述具有一定的长期性,但采取的行动、完成的举措以及实现的目标,都是(而且应该)不断修订的。哪些应该被保留?哪些已经失去了效用?

这样一来，使命陈述就能保持简单明了。

据德鲁克（Drucker，1990，2003）所言，使命陈述中需要体现出3方面的内容：机会、能力和责任。机会代表要解决的问题；能力是拥有各种能力的人发挥作用。责任感体现了个人和集体的目标信念。表14.2为学业指导项目诠释了这一点。

表14.2　　　　　　　　　　　学业指导项目的使命陈述

陈述的定义	实例	主要考虑因素
使命陈述反映了大学学业指导项目的目标，并担负起实现项目愿景和共同价值追求的路线图的作用。	大学学院的使命是通过学业指导来帮助新生、转学生和过渡期的学生，制订并实施个人计划以实现其教育和人生目标。 ——犹他大学	明确目标。 和大学使命保持一致。 具有长期性。 简明扼要。 可重复使用。 本质上是通用的。 不必实际可测的。

表14.2所示的使命陈述简明扼要，可重复使用，明确了学业指导机构的目标是帮助学生制订并实施个人计划。这意味着学业指导具备一个特别内涵，应展示出本机构或项目是如何达成这一目标的。此案例重点强调了关于制定学业指导项目使命陈述的一些主要考虑因素。这些因素在相关的文献中已经被反复强调：

● 使命陈述应该广泛全面并切合实际。正如哈伯利（Habley，2005）所言，学业指导的使命陈述是开展学业指导服务的保护伞。因此，学业指导项目工作人员必须要能判断自己所做的工作多大程度"符合"并支持项目使命所体现的目标。使命陈述虽然广泛全面，但也必须切合实际。换言之，学业指导项目的使命必须在使用现有资源的情况下，与高等院校的使命相一致才能实现。

● 使命陈述必须简明扼要。应避免使用术语，既要有对使命的充足描述，又能朗朗上口。

● 使命陈述应该是清晰明了、通俗易懂的。正如德鲁克（Drucker，1990，2003）那样简明扼要的陈述："如果这个使命没有讲得明白无误，没有得到组织每个成员的支持，那么企业就会对当前的形势无能为力。"（p.371）

那么，什么样的策略才有利于拟定一个行之有效的使命陈述呢？

使命陈述的拟定方法

拟定使命陈述没有最佳的路径可循。但是，这个过程的目的应该是鼓励对当前的实践进行思考，并设想一个理想的未来景象。凯勒（Keller，2007，p.61）提出了应该同时考虑人类学和历史学这两种思维方式；要考虑到文化范式和大学传统以及"时代特征"。在转换过程中，要做到这点需要认真思考学业指导项目、实践操作以及各项工作流程是否行之有效，有效或无效的原因是什么以及学业指导项目当前所处的环境。鉴于此，当各利益相关者一起讨论学业指导的现状，商定一个大学学业指导项目的理想状态时，项目规划方法将发挥巨大作用。当然，在这个过程中最具挑战性的是要保持理性和发挥创造性。创造性指的是不被传统所束缚，也不会提出不切实际的想法。

策略1：明确关键利益相关者。谁应该出席讨论会？谁应该参与讨论？请记住，这不是单纯的个人行为或仅仅是行政工作。最好的办法是通过集体协作，从那些使目标、具体目的和学习成果得以实现之处拟定出学业指导项目的使命陈述，以确保相关人士对学业指导项目使命的认同和负责，而非仅仅只是遵守。

策略2：用头脑风暴法讨论学业指导项目的现状。首要任务是掌握目前与会者对已有的学业指导的看法。这个过程并不复杂。可以通过记录人们是如何回答以下关于某某学业指导项目的问题来掌握人们对现有学业指导项目的看法。比如，"请问你觉得可以用哪些术语、形容词、概念或隐喻等来描述某某学业指导项目？"提问者不要对人们表达的任何想法进行评价，而要鼓励利益相关者说出他们的真实想法，无论是积极的还是消极的评论。记录员或辅助人员可以请回答者进一步澄清自己的观点。参会者所有关于学业指导项目的评论，不论是否相同，都要记录下来。

策略3：用头脑风暴法讨论并确定学业指导项目未来的理想状态。第二项任务：将讨论从学业指导项目的当前状态转向所期望的或"理想"的未来状态。同样地，所有评论都可以用回答一个简单问题的形式记录下来——如，"什么才是未来理想的学业指导项目？"

策略4：综合所有关于未来理想的学业指导项目的观点。之前通过头脑风暴讨论形成的材料中关于"未来理想的学业指导项目"是否有多种概念？是否可以把所有概念综合起来，确保仍然符合各方原来的意图，但却是更为简洁的表述？NACADA的核心价值观，NACADA学业指导概念和CAS学业指导标准的价值观、原则和概念在"未来理想的学业指导项目"中得到何种程度体现？大学的愿景和目标是如何与"未来理想的学业指导项目"保持一致的呢？

策略5：草拟一份初步的关于学业指导项目愿景和使命的陈述。就流程而言，可以先拟定初步的愿景和使命陈述，以指导目标和项目产出的拟定；也可以先不确定愿景和使命陈述，而先通过集体讨论来确定对学生学习成果的期望。有些人可能发现，在拟定学业指导项目的愿景和使命陈述的过程中，明确学生学习成果的具体期望有助于为初步的愿景和使命增加内涵、深度和明确的重点。

图 14.3 中的前 5 个步骤展示了一个采用上述 5 种策略拟定学业指导项目的愿景和使命陈述的流程示例。请记住，拟定这些陈述时，没有所谓的"正确"或"错误"的方法。在某些情况下，愿景一开始就很明确，而另一些情况下，审视当前的理想概念则可能会进一步形成目标更为集中的愿景陈述。使命陈述〔以及目标和具体目的〕的拟定也是如此。利益相关者群体的构成和"个性特征"将会决定采取哪种方法是最佳的。这表明利益相关者讨论会的召集人必须要理解集体讨论过程的本质，也要能帮助引导大家在整个过程中逐步达到预期的最终结果。这包括引导团队走过所有团队都要经历的"磕磕碰碰"。

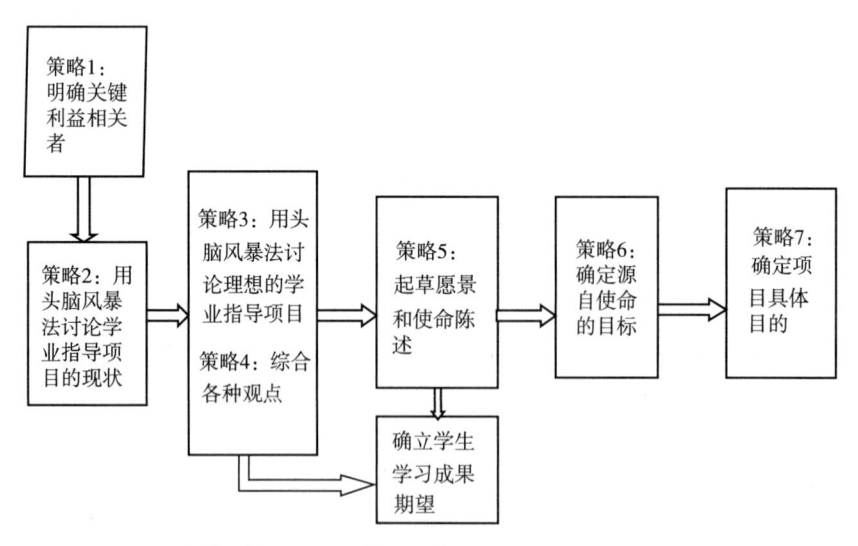

图 14.3 拟定学业指导项目愿景、使命、目标和具体目的陈述的流程示例

上文已经用了相当多的篇幅来介绍关于拟定愿景、使命、目标和具体目的陈述的背景问题，尤其是在拟定使命陈述方面。这是一项重要的工作，正如上述建议所言，使命陈述是学业指导项目的根基，也是与学业指导项目的内外部支持者进行沟通的途径。项目目标和具体目的给使命陈述增添了深度和意义。

目标和具体目的

目标。简而言之，目标陈述表达了组织或项目期望的未来状态或预期达成的状态。目标，本质上兼具特定性和长期性，并且以使命陈述为基础。表14.3提供了关于目标陈述的实例。

表14.3　　　　　　　　　　学业指导项目的目标陈述

目标陈述的定义	实例	主要考虑因素
目标陈述是关于组织或项目未来发展状态的长期时间段内的具体期望的表述。如果目标实现，则组织或项目将会呈现使命完成时的样子。	让学生投入学习。 敦促学生在学术上有所建树。 促进学生个人和智力发展。	体现学业指导项目的目的。 是长期的。 是清晰的。 为行动提供指导。 尽管比使命陈述更具体，但本质上是通用的。

这些目标既宽泛又长远。它们支持学业指导即教学的观念，并指出了那些有助于实现使命的重要行动。这些目标代表了项目的"宗旨"，且来源于项目使命。最后，这些目标都是长期的。

当目标实现时，使命就完成了。学生的学习性投入和学业指导参与度得以提高，有助于学生成功并促进学生个人和智力发展。

德鲁克（Drucker，2003）指出，目标需要被明确界定，需要从目标、策略和行动层面上理解；相应地，一系列的结果也应该能够被识别到。

项目具体目的。最后，在什么构成了项目具体目的和什么构成了项目产出之间往往会出现混淆。具体目的比目标陈述更为具体，但与目标陈述一样，不能被直接测量。具体目的"确定内容或学习指标——什么是学生应该学习、理解领会的，或视作自身学习成果的"（Maki，2004，p.61）。同样，一个人使用的语言往往取决于个人的学科视角。然而，一般来说，在具体目的层面，人们的兴趣通常在于持续刻画学业指导项目的总体形象，并以此为准向项目内外的支持者传递项目的意图。表14.4给出了项目具体目的的定义，并向学业指导提供了一则实例。

表 14.4　　　　　　　　　　学业指导项目的具体目的陈述

具体目的陈述的定义	实例	主要考虑因素
具体目的的大体阐明了如何开展学业指导，以及期望学生展示他们所知道的和能做的内容。	为了发展与学生潜在的合作伙伴关系，学业指导教师应该是容易接近并且知识渊博的，学业指导教师应利用专业知识来指导和促进学生的教育和人生的决策过程，在此期间，学生应共同承担学业指导责任。 提供系列的团队协作过程以充分利用合适的大学资源来提升学生对学习和成功的责任感。	具体说明学业指导项目关于学生学习和实施辅导的"意图"。 展示出对学生学习的总体期望。 让学生了解学习成果和指导效果的产生过程并加以指导。 尽管比目标更为具体，但具体目的本质上还是普遍意义上而言的。

如上所述，在策略和行动层面才会进行测量和评估。这些策略和行动通常由学生学习和学业指导的结果来体现。在学业指导具体目的这一层面，提供了阐明这一点的机会。如果学业指导项目的具体目的中有一个是发展与学生的潜在的合作伙伴关系，从而让学生来共同承担学业指导的责任，那么，为实现这一目标制定了哪些策略和行动？这些策略和行动如何与学业指导项目期望的结果（学生学习和辅导实施）产生关联？要收集哪些数据（如定性、定量、直接和间接）来了解每个策略和行动在具体目的上的有效性？实际的测量发生在这个更为分散的策略和行动层面，并用于了解目的、目标、使命和愿景的达成度。

目标和具体目的陈述的拟定策略

通过拟定学业指导项目的目标和具体目的的所需要考虑的重点因素，策略 6 和策略 7 补全了图 14.3。

策略 6：明确目标陈述。以愿景和使命陈述为准，思考以下问题，"根据使命陈述（暂行或既定的），学业指导项目的总体目标是什么？"在此使用 CAS 关于学业指导的标准和 NACADA 关于学业指导的概念来确保目标与实践保持一致是至关重要的；使用大学相关信息（例如大学关于愿景、使命的陈述等）来确保学业指导项目和大学之间的一致性也非常重要。

策略 7：明确学业指导项目具体目的的陈述。拟定具体目的的陈述，可选择使用与目标陈述相似的方法。然而，需要明白的是此时所要面对的问题是不同的，它也更为具体——"在愿景、使命和目标的基础上，对学业指导项目和学生学习的总体期望是什么？"换一个角度来说，"学业指导项目的意图究竟是什么?"

结语

愿景、使命、目标和具体目的等陈述体现所有学业指导项目在概念上和哲学意义上的根基。正是基于这些重要的陈述,学生的学习成果(比如学生应该展示出他们所知道的、所能做的,参与学业指导后所珍视的)和学业指导的实施(即学业指导应如何开展?)才得以产生。也正是基于这些重要的陈述,学业指导项目的具体策略和行动(即学习机会)也才得以制定。作为学业指导项目的定向锚,愿景、使命、目标和具体目的陈述也是制订学业指导项目评估计划的首要依据。本书的另一部分会讨论评估的内容,重要的是,要记住这些陈述或构成要素是整个评估工作的核心;它们被用于指导评估策略和行动的制定;相应地也被用于指导收集数据以实现项目的提高和完善。它们共同阐明了一个组织或项目是什么和想成为什么样,以及什么样的具体意图才形成了组织或项目的目标。

References

CAS Stndards and Guidelines for Academic Advising. (2007). Retrieved September 13, 2007, from http://www.nacada.ksu.edu/Clearinghouse/Research_Related/CASStandardsForAdvising.pdf.

Drucker, P. F. (1990). *Managing the nonprofit organization: Principles and practices.* New York: HarperCollins.

Drucker, P. F. (2003). What is our mission? In Business leadership: AJossey-Bass reader. San Francisco: Jossey-Bass.

Habley, W.R. (2005). Developing a mission statement for the academic advising program. Retrieved September 13, 2007, from http://www.nacada.ksu.edu/Clearinghouse/Advisingissues/Mission-Statements.htm.

Heifetz, R. A., & Linsky, M. (2002). Leadership on the line: Staying alive through the dangers of leading. Boston: Harvard Business School Press.

Keller, G. (2007). The emerging third stage in higher education planning. Planning for Higher Education, 35(4), 60-64.

Maki, P. L. (2004). Assessing for learning: Building a sustainable commitment across the institution. Sterling, VA: Stylus.

National Academic Advising Association. (2006). NACADA concept of academic advising.Retrieved September 13, 2007, from http：//www. nacada.ksu.edu/Clearinghouse/AdvisingIssues/Concept-Advising.htm.

National Academic Advising Association. (2007). NACADA core values for advising. Retrieved September 13, 2007, from http：//www. nacada. ksu. edu/Clearinghouse/AdvisingIssues/Core-Values. htm.

Nanus, B. (2003). Where tomorrow begins：Finding the right vision. In J. M. Kouzes (Ed.), Business leadership：A Jossey-Bass reader. San Francisco：Jossey-Bass.

Rowley, D. J., Lujan, H. D., & Dolence, M. G. (2001). Strategic change in colleges and universities. San Francisco：Jossey-Bass.

White, E. R. (2000). Developing mission, goals, and objectives. In V. N. Gordon, & W. R. Habley (Eds.), Academic advising：A comprehensive handbook. San Francisco：Jossey-Bass.

第十五章

学业指导项目组织机构

玛格丽特·C. 金

  有效的学业指导项目应明确学生应该了解并完成的内容，以及学业指导的成果，继而推进各个步骤，使这些最终都变成现实。其中一个重要步骤就是审查学业指导的组织结构。正如美国高等教育标准促进委员会（CAS，2006）所指出的，学业指导项目必须有目的性，并且进行有效管理；它们必须包括项目的开发、评估、表彰以及奖励；而学业指导项目的开发必须符合高等院校的体制结构和学生需求。最关键的是，学业指导项目的使命陈述与高等院校的使命需保持一致，并确定成果和具体目标（参见第十四章：学业指导项目的愿景、使命、目标和具体目的）。

  各种各样的社会变化趋势影响着整个校园环境，使得高等院校更加谨慎地思考所提供的学业服务——帮助学生更好地投身于学习之中，并且提高学校学生的在册率。学生的背景特征不断变化。学生的文化与民族多元化程度变得更复杂。有一些学生身患残疾，而另一些学生有暴力倾向或来自滥用药物的特殊家庭，并且越来越多的学生出现自信心不足、患有身体疾病或心理疾病等问题（Upcraft & Stephens，2000）。许多学生需要大量的经济资助；因此他们努力工作，做多份兼职，也向别人借了很多钱（Habley & Schuh，2007）。据国家教育统计中心的数据，目前，约有75%的大学生可被视为非传统学生。其主要特点为"年龄约25岁以上、延期入学、从事兼职或者全职工作、经济独立、单亲家庭、没有高中文凭"（Habley & Schuh，2007，p.353）。目前，越来越多的学生需要在阅读、写作和数学等科目上得到学业指导（Upcraft & Stephens，2000）。

  在毕业率和毕业时间方面，地方政府、州政府及联邦政府加强了对高等院校的问责机制。高等院校正面临着法律和财务上的问题。随着科技的不断发展，人们期望高等院校能够更好地应对这些变化，并为学生和教职员工配备最新的技术设备。另外，在课程方面，特别是社区学院的课程，正在不断变化力求适应社区的需求。学业指导教师应当能够更好地应对这些变化，帮助学生实现他们的学业目标。

影响学业指导组织的因素

在审查学业指导组织是如何提供服务时，有许多因素必须要考虑。首先要考察的是高等院校的使命，包括高等院校的隶属（不论是公有、私立，还是营利性的高等院校）、教育服务水平（准学士、本科、研究生）、课程性质（文科、专业、职教）以及高等院校的入学难度（无准入门槛还是严苛挑剔的）等。第二个考虑因素是学生。自身准备不足、专业未定、多元化特征显著、第一代大学生或走读生越来越多，建立高度组织化的学业指导机构就显得越来越重要。教师的作用也不可忽视。他们应该或即将扮演什么角色？（详见第十六章）考察他们担任学业指导教师的兴趣和意愿相当重要。同时，也要考虑到课程和政策方面，例如课程设置顺序、学位要求的难度、通识教育要求的复杂程度，以及必须由学业指导教师批准的事务的范围。随着问题复杂性的不断增加，成熟的学业指导机构对专业精湛的指导教师的需求也会随之增加。

还有其他三个需要考虑的因素。首先是预算。一些组织模式和执行系统比其他组织的成本更高。例如，把学业指导算作全职教师教学量的一部分，并规定了教学要求，比起聘请全职学业指导教师来说，这种方式的花费更少。聘请兼职或辅助性教师比全职教师便宜。如果高等院校的目标就是聘请全职学业指导教师，那就要考虑是否具备朝这个方向发展的资源。有关教师类型的具体讨论，可参见第十六章和第十七章的相关内容。并且，基础设施情况也需要纳入考虑范围中。如果要讨论是否有必要建立一个新的辅导中心，那么就要考虑用于辅导中心的相关基础设施是否已经配备，或者是否能够提供用于建立新辅导中心的可用资源？最后，高等院校的组织结构也应被列入考虑范围之内。谁是学校学业指导项目的最终负责人？如果是教务处处长或副处长，那学业指导组织结构中是否包含其他部门的人员？如果包含的话，应当如何协调其融入？

学业指导的组织模式

关于学业指导七种组织模式的相关内容，虽然已经有很多学者研究过了（Habley，1983，2004；Habley & McCauley，1987），但是，如果没有针对各个模式的简要综述，那么关于学业指导组织机构章节的内容就会不完整。帕迪（Pardee，2000）将学业指导组织的模式简要分成分散式（decentralized）、集中式（entralized）和分担式（shared）这三种模式。在分散模式中，由教师和行政人员在其所在院系向学生提供学业指导服务。分散指导模式中虽然学校会有一定的整体协调，但指导者对各自所在的部门负责。在集中指导模式下，所有学业指导都在同一个行政部门进行，例如学业指导中心或咨询中心；这些部门一般有负责人，如主任，所有职员都在一个地方办公。在分担模式里，学业指导的职责由一个校级主管部门以及各院系的教师或行政人员共同承担。这里应注意的是：除了"教师学业指导"的学业指导模式外，各学业指导组织模式都不会提前预设使用的指导者类型。

分散模式

在两种分散模式中，只有"教师学业指导"模式（见图 15.1）是唯一的指导模式和行政运行系统完全相同的模式。在这种模式下，每个学生都被指派了一个学业指导教师。通常学校会有一名主管负责协调校级事务，但指导教师只对各自所在院系负责。处于探索中的学生通常被分配到文科教师或经特别挑选的教师那里接受指导。美国大学入学考试机构（ACT）第六次全国学业指导调查结果显示，有 25% 的高等院校选择了这种模式，并且在两年制和四年制的私立学校中使用得尤为广泛。

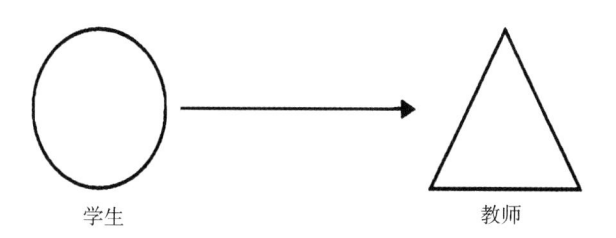

图 15.1　教师学业指导模式（Faculty-Only Model）

资料来源：Habley（1983）。

采用"卫星模式"[见图 15.2，有时也被称为"超级大学模式"（multiversity model）]的大学各下属二级学术部门（学院、系部）负责设置并管理运行各自的学业指导办公室。专门针对探索期学生的学业指导卫星办公室，通常负责协调全校的学业指导工作。在这种模式下，学业指导职责可能从学业指导办公室转到学校二级单位某名特定的教师的身上。在 ACT 的调查中显示，有 7% 的高等院校选择使用这种模式，在公立大学中这种模式的使用更为普遍。这类模式的优势在于将学业指导服务与各个学院和系部直接挂钩，学生可以体验个性化服务。但是，全校学业指导工作的整体协调可能会出现某些问题，比如需要特别关注那些处于过渡转型期的、申请换专业或已经更换专业的学生，以及其他有特殊需求的学生时就会出现协调问题。

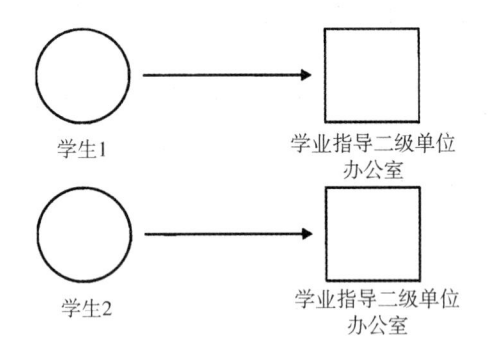

图 15.2　卫星模式（Salellite Madel）

资料来源：Habley（1983）。

集中模式

在图 15.3 所示的"独立指导模式"中，从新生入学的适应性教育到毕业生离校，所有的学业指导都在一个部门中完成，例如学业指导中心或咨询中心。该部门配有全职或兼职指导教师、咨询师、任课教师、助教或朋辈指导项目学长。通常情况下，一位处长或主任负责监管学业指导的所有运作。ACT 的调查显示，有 14% 的高等院校选择使用这种模式，在社区学院中它是第二受欢迎的模式。这种模式的优势包括拥有经过专业培训的以学业指导为主业的学业指导教师，学业指导办公室处于校园中心位置，易于访问，也更容易提供培训、评估、认可和奖励。

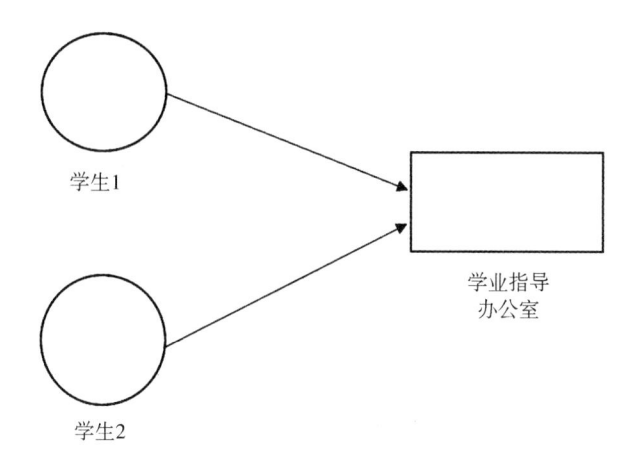

图 15.3　独立指导模式（Self-contained Model）

资料来源：Habiey（1983）。

分担模式

第一种分担模式是"补充模式"（见图 15.4）。在这种模式里，任课教师为所有学生提供学业指导，学校还另外设立一个学业指导办公室协助教师开展学业指导，但该办公室没有批准学生学术事务的初审管辖权。学业指导办公室的工作职责包括制作学业指导工作手册、充当学业指导工作资讯交流中心、提供资源及参考信息和提供培训等。在这种模式下，学业指导办公室的规模不大，负责人往往由任课教师兼职或志愿服务。ACT 的调查显示，有 17% 的高等院校选择使用这种模式，在两年制和四年制的高等院校中是第二受欢迎的模式。这类模式的优势在于设有办公室，可用于协调工作。该模式需要大量的附加成本，尤为重要的是要赢得教师的信任。

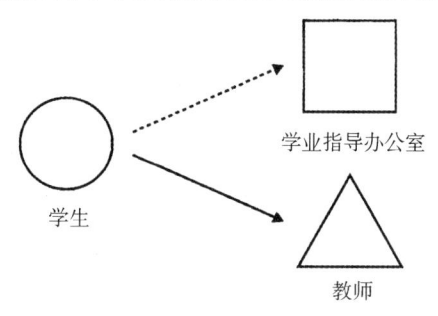

图 15.4　补充模式（Supplementary Model）

资料来源：Habley（1983）。

"分流模式"（见图15.5）把不同类型学生分别分流到校学业指导办公室和各二级学术部门进行初始学业指导。学业指导办公室为特殊学生群体提供指导，例如那些正处于探索期或发展性项目期的学生。一旦满足特定条件（学生选定专业或完成发展性课程），这些学生的学业指导任务即可被分配到二级学术部门，并由任课教师、全职指导教师、助教或朋辈进行辅导。在这种模式下，可能是由一位主任或协调员负责全校范围内的协调工作，并提供培训、工作手册等具体服务。在ACT的调查中，这种模式被27%的高等院校所选择，是四年制公立高等院校中最受欢迎的模式。这类模式的优势在于，培训过的学业指导教师具备一定的能力，可辅导风险较高的学生。但是，学业指导办公室和二级学术部门之间需要密切配合，共同协作，并且要密切关注学生情况，根据实际情况给学生更换指导教师。

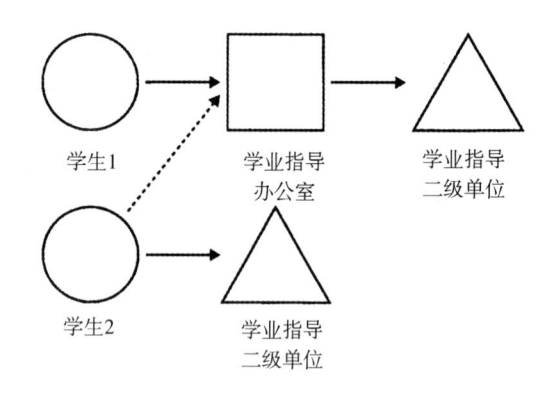

图15.5 分流模式（Split Model）

资料来源：Habley（1983）。

在"双导师模式"（见图15.6）中，学生配有两名学业指导教师（一名任课教师、一名学业指导中心指导教师）。任课教师会根据学生专业学习情况提供学业指导；学业指导办公室则就通识教育要求、注册手续、学术政策等提供学业指导。学业指导办公室负责全面协调学业指导工作，并为探索期学生提供学业指导。ACT调查显示，有5%的高等院校选择使用这种模式。其优点在于设有两个学业指导实施系统，每个实施系统又各具优势。但是，每位教师必须清楚了解自己的职责所在，以便学生知道各个教师所负责辅导的范围。

最后一种分担模式是"全覆盖"模式（见图15.7）。在这种模式下，所有的初步辅导都由校学业指导办公室负责，办公室由全职学业指导教师、

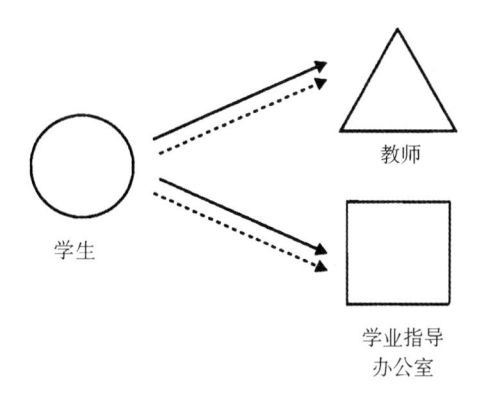

图 15.6 双导师模式（Dual Model）

资料来源：Habley（1983）。

心理咨询师、任课教师、助教或朋辈学长组成。当学生满足特定条件（如完成注册、读完第一学期或者修满 45 个学分后），即被分配到任课教师、院系接受学业指导。学业指导办公室主任负责全校范围内学业指导工作的协调。该办公室可能还要负责课程开发和教学管理，以及政策和程序的制定和执行。ACT 调查显示，有 6% 的高等院校选择使用这种模式。这种模式的优势主要在于能够让学生提前了解并进入学校教育系统，为学生提供一个良好的开端。应当注意的是，要适时地把学生从学校提供的最初的学业指导教师那里顺利转介到下一位指导教师那里。

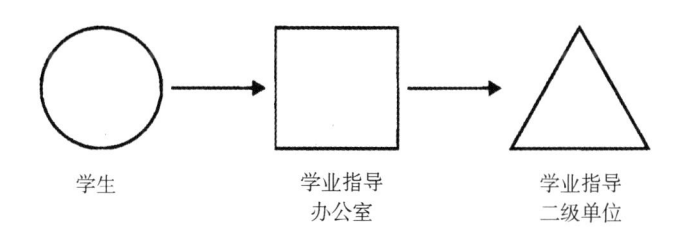

图 15.7 全覆盖模式（Total Intake Model）

资料来源：Habley（1983）。

组织模式的变化趋势

根据 ACT 第六次全国学业指导工作调查（Habley，2004）结果显示，学业指导组织模式中出现了一些新趋势。"教师学业指导"模式的使用率持续下降,自1987年到2003年,使用率从33%下降到25%。1998年ACT的调查中首次提出的分担指导模式的使用率总体仍保持上升趋势,但仅仅是就部分指导模式而言。"双导师""全覆盖"和"卫星"模式的使用率略有增加,"独立指导模式"的使用率也有所增加(1998年为12%,2003年为14%)(Habley,2004,p.20)。然而,值得注意的是,"独立指导模式"可使用多种实施系统,因此可将其视为分担模式的一种。由于学业指导工作的复杂性,任何一个学业指导团队都不可能完全了解并完成全部辅导内容。重要的是配备充足的人员来应对学生的不同的学业指导需求,避免无正当理由的拖延,完成学业指导项目的使命与目标。共同分担学业指导职责将会使这些变得更容易实现。

据ACT调查中的其他趋势显示,对学业指导项目负责人的称呼主要是"协调员或辅导办公室主任"。在两年制的公立高等院校中,这一称呼的使用率从12%上升到28%(Habley,2004,p.16)。尽管在两年制公立高等院校中,约有33%的学业指导负责人向学生事务负责人汇报工作(Habley,2004,p.16),但向分管教学的副校长、教务长及助理、助理副校长或院长汇报工作的比例有所增加(从32%增长至39%)。自1998年ACT调查以来,"分流模式"一直是所有高等院校中最重要的组织模式。

促成高效学业指导项目的关键因素

美国高等教育标准促进委员会(CAS)讨论了促成高效的学业指导项目的关键因素。第一个因素就是协调——必须要有专人负责项目的管理与运行。学业指导项目负责人的地位和权力必须在行政系统内得到正式任命和赋权,以保证完成学业指导项目的使命。学业指导项目必须拥有清晰的愿景,设定明确的目标和具体目的,敦促学生的学习和发展,规定并实践道德的行为,挑选并督导员工,管理财务和人力资源,并积极带头与其他部门、校内个人及单位进行良好的协作。高效的学业指导项目并不是一个完全封闭的系统,也不能独立封闭运行。

高效的学业指导项目必须具备提升学业指导教师专业水平的强大能力,它侧重于信息咨询服务、概念界定和关系构建等方面。对学业指导教师和项目的评估,以及教师的酬劳和奖励也至关重要。第二十二章到第二十六章对此分别做出了更详细的讨论。

高效的学业指导项目必须拥有足够的资金来完成项目的使命与目标，且同时必须证明财务责任的履行和投入产出效益均符合学校规定。还必须具备完善的设施、技术和设备来支持项目的使命和目标。教师必须能使用电脑设备、本地网络、学生数据库及互联网。

学业指导与校园其他服务项目及办公室

学业指导项目通常作为连接校内其他部门和服务的中心。没有部门之间的相互配合与支持，协同合作就无法取得成功。学业指导项目在教育过程中起到了不可或缺的作用，并且依赖于与其他个人、办公室及服务部门的密切合作。建立、维持并推动与这些办公室及服务部门的有效合作，对学业指导项目来说至关重要。例如，学业指导需要与相关部门保持密切联系，如招生办、新生规划与适应教育办公室、入学水平测试办公室和注册办公室等。同时，学业指导项目还需要与提供以下服务的部门进行协调，例如职业生涯规划服务、课业辅导、朋辈学业指导、新生研讨课和学习共同体等。并且，学业指导项目需要与其他也提供学业指导的部门密切协调，包括学术部门、学校或学院为残障者服务的部门、荣誉学位管理办公室以及发展性教育项目。

我们可列出校内的每个办公室，并试着找出它们与学业指导项目相关的内容。高等院校科研或信息技术办公室的职员可以帮助学业指导教师完成工作并协助评估项目。学术管理部门的职员经常向学生提供指导，或者向需要深入了解专业或课程信息的全职教师提供一定的资源。在许多情况下，来自其他领域的教师和职工都可以作为学业指导教师发展的宝贵资源（例如，他们可以提供如何与残疾学生或来自多元文化的学生一起工作的培训，或为教师提供关于指导关系建立的培训）。这些领域的服务全部都可以推荐给学生参考利用，比如学业指导教师可以建议学生向某一位心理咨询师寻求咨询帮助，或教授们可以推荐学生去接受某一位学业指导教师更深入的学业指导。

许多看重学生成功和学生学习投入度的高等院校，强调重新规划与整合学生服务的重要性，以及相互协作的重要性。舒赫（Schuh，2003）指出："当服务、项目和学习机会都相互关联时，学生便能够获得最佳的服务。这样一来，它们都会变得方便易得并相互支撑，从而为学生创造一个富有活力的支持性学习环境。"（p.57）由于意识到学生经常忽略课外学习，阿代罗、本德尔和罗伯茨（Ardaiolo，Bender & Roberts，2005）认为"学生需要形成这样一种理念，即大学学习远远不止是参加课堂学习。大学也需要采取实际行动来帮助学生强化这一理念"（p.91）。

当学校对学业指导的组织架构进行审查时，以更广阔的视野认识学业指导这个"互联互通、协同合作的，有助于学生的发展和成功"的服务系统就变得越来越重要（Kramer, 2003, p. xi）。克雷默（Kramer, 2003, pp. xiv-xv）提出了一些供学校改善学生服务项目时思考的问题，所有这些问题都适用于学业指导项目：

1. 学生为学习准备到了什么程度，他们需要什么样的学业支持和服务？
2. 如何根据学校的具体情况，解决学生学业准备方面的问题？
3. 学生在哪些方面很容易遭到失败，学业服务机构应如何支持学生的发展、成长、在册率和取得成功？
4. 以学生为中心的观点（相对于以部门为中心的观点）具体指哪些内容，以及如何才能实现以学生为中心，建立一个无缝衔接的、平行的、协同合作的学业服务环境？
5. 我们能通过何种方式掌握学生是否真正投入学习，得到了他们所需的帮助，并且他们的学习在不断取得进步？
6. 对于特定的学校或使命，哪种操作模式是最好的，成功的项目是哪些，促成这些项目成功的关键因素是什么，以及衡量项目成功的标准是什么？
7. 管理和保障一个合作型的学业指导项目具体意味着什么？
8. 为学生提供的服务，标准是否明确界定，这些标准是由谁负责设定的，应该针对什么样的学生，是否能较好地体现出校园文化？
9. 如何管理众多学生学术服务项目中现有的自然产生的联系，以确保建立一个最大化的、个性化的和连续性的响应系统来满足学生的需求、学习与满意度？
10. 为了确保向学生提供适时、全面与准确的学术服务，各服务机构应该开展哪些培训？

如上所述，学业指导项目通常被看作是连接学校的其他所有领域的轴心。因此，学业指导服务自然处于非常关键的地位，它要确保所有服务的互联互通和协同配合，以便学生真正投入学习并实现他们各自的目标。

为了确保所有服务的互联互通和协同配合，一些高等院校创建了一站式服务中心和门户网站、组建学习共同体、并重点开展如何取得大学第一年学业成功的研讨班和课程。以上这些措施全部都隶属于学业指导项目的服务范围内。科技在其中发挥着关键作用。社区学院研究中心詹金斯（Jenkins, 2006）对佛罗里达州六所社区学院进行的一项调查研究表明，在促进学生成功的实践中最有成效的高等院校不仅增加了研究内容，还创建了一个"学生成功服务项目，利用学生信息系统识别有学业困难的学生，并给他们提供学业指导，帮助他们继续完成学业"（p.23）。科技是一种为学生提供信息的好方法，也是重要的交流工具。

在审视学业指导服务的组织架构时，学校对于学生特征的考察，以及对学生的需求和期望的评估具有十分重要的意义。他们需要比较现有服务和学生需求之间的匹配情况，并制定一些相关的概念以阐述新设立的或改进的学业指导服务应该是什么样的。然后，考察设施、人员配备与技术情况，以及学业指导服务是如何连接到校内其他项目和服务的，这些因素都十分重要。协同配合对于学生的成功至关重要。同时，协同配合是对谁，出于什么目的，为哪些人，做了什么事的明确沟通。成功的学业指导项目会有意识地建设积极正向的校园环境，而积极正向的校园环境会促进学生的成功。

References

Ardaiolo, F. R, Bender, B. E., & Roberts, G. (2005). Campus services: What do students expect? In T. E. Miller, B. E. Bender, J. H. Schuh, et al. (Eds.), Promoting reasonable expectations: Aligning student and institutional views of the college experience (pp. 84-101). San Francisco: Jossey-Bass.

Council for the Advancement of Standards in Higher Education. (2006). CAS professional standards for higher education (6th ed.). Washington, DC: Author.

Habley, W. R. (1983). Organizational structures for academic advising: Models and implications. Journal of College Student Personnel, 24 (6), 535-540.

Habley, W. R. (Ed.). (2004). The status of academic advising: Findings from the ACT Sixth National Survey. (NACADA Monograph Series, no. 10.) Manhattan, KS: National Academic Advising Association.

Habley, W. R., & McCauley, M. E. (1987). The relationship between institutional characteristics and the organization of advising services. NACADA Journal, 7 (1), 27-39.

Habley, W. R., & Schuh, J. H. (2007). Intervening to retain students. In G. L. Kramer (Ed.), Fostering student success in the campus community (pp. 343-368). San Francisco: Jossey-Bass.

Jenkins, D. (2006). What community college management practices are effective in promoting student success? A study of high-and low-impact institutions. New York: Community College Research Center.

Kramer, G. L. (2003). Preface. In G. L. Kramer et al. (Eds.), Student academic services: An integrated approach (pp. xi-xxiii). San Francisco: Jossey-Bass.

Pardee, C. F. (2000). Organizational models for academic advising. In V. N. Gordon, W. R. Habley, et al., Academic advising: A comprehensive handbook (pp. 192-210). San Francisco: Jossey-Bass.

Schuh, J. H. (2003). The interrelationship of student academic services. In G. L. Kramer and Associates, Student academic services. San Francisco: Jossey-Bass.

第十六章

学业指导的实施：教师学业指导

玛莎·K. 赫姆瓦尔

纵观整个高等教育历史，很多教师都曾或多或少地充当过辅导者或指导者的角色。在美国高等教育早期，教师们似乎充当了像"奇普斯先生"[①] 那样的一个受人爱戴的指导者的角色。教师住在校内或学校附近，可随时向学生提供正式的或非正式的帮助。每位教师都有责任与学生进行多次长时间的讨论，为学生提供"教育指导、经济帮助以及健康监护"（Hardee，1959，p.3），弗罗斯特（Frost，2000）指出那时教师甚至监管学生的生活环境和信仰习惯。

当然，这种情况现已不复存在。随着大学规模的扩大，大学的发展更为复杂多元，这种把任课教师作为导师的理想角色的情况最终也发生了改变。教师与学生的关系变得更加正式，更具系统性。到20世纪中叶，大学班级规模大幅扩大，新媒体也在改变着教学方法，而教育者的身份变得更像是"组织者"（Hardee，1959，p.3）。任课教师需要教授更多种类的课程，撰写大量的学术出版物，并为不断增加的行政委员会提供服务。随着教师的工作时间变得更有规律、更具结构化，他们与学生的关系也相应发生了变化。在这样不断演变的形势下，建立正式的教师学业指导的想法开始逐渐形成。

教师学业指导仍然占据我们大多数学校学业指导的核心地位，几乎所有的教师都被期望能将学业指导作为他们教师职业的工作职责之一（Habley，2000，p.39）。教师学业指导千差万别，但总体上可以概括为在不同教育阶

[①] Mr. Chips，译作奇普斯先生。他是小说 *Goodbye Mr. Chips*（作者：James Hilton）中的主人公，英国一所男子学校的拉丁文教师。他有道德且信念坚定，但木讷古板、不谙世事。学生认为他不近人情，他也感到自己无法真正理解学生。后与演员凯瑟琳相爱并结婚。在妻子的帮助下，他的个性发生了变化，与学生的关系融洽起来，并逐渐成为受人爱戴的老师。

段与学生的正式接触和非正式接触。教师学业指导也因所在的学业指导模式的不同（集中式、分散式或分担式）而呈现出多样化（详见第十五章）。然而，至少有两个理由让我们需要对教师学业指导给予充分重视和支持。首先，二十多年以来的研究发现，教师与学生的这种正式或非正式接触，对学生自身的满意度、学习情况和保持率而言十分重要（Pascarella and Terenzini, 1991）。其次，研究也证实了为学生提供生活、学习和在册率方面的学业指导的重要性（Tinto, 1993）。理查德·莱特（Richard Light, 2001）从他的研究中得出结论："良好的学业指导可能是成功的大学经历的所有特征中最被低估的特征"（p. 81）。麦格林（McGillin, 2003）总结了学业指导在学生生活中的核心地位：

> 学业指导是高等教育机构为学生提供的最重要的关系。通过这种关系，学生会参与到一个批判性的叙事过程。这一过程将使他们的课程和生活选择更加清晰并被赋予意义；也使他们在这个过程中理解知识与课程之间的相互联系。（p. 88）

任课教师对学术使命和学校课程负有基本且关键的责任。既然他们制定并教授这门课程，那么他们就应该是帮助学生理解学习内容与专业培养总体目标之间的关系的核心力量（McGillin, 2003）。即使是在任课教师和专职学业指导师共同承担学业指导责任的高等院校里，任课教师在创建能促进学校教育目标实现的学业支持系统方面仍然发挥着关键性作用。如果暗示任课教师不必对学业指导负责，将会使教师远离他们的核心职责。这样不仅会降低学生大学经历的质量，还可能破坏学校的完整性。

考虑到任课教师对学生学习的重要性，以及学业指导对学生学习的重要性，那么要求学校在任课教师向学生提供学业指导时给予他们充分的支持与指导则是非常合理的。这个结论看似简单明了，但实际上许多学校都缺乏对教师学业指导的支持与指导。本章将借鉴当前对学业指导的理解——以学习为中心，为学校如何最有效地支持任课教师发挥辅导作用提供短期和长期的策略。这样一来，在学校受益的同时，任课教师将会更了解自己在学业指导中发挥的作用，学生也能从学习提升和更好地理解大学生活的过程中受益。

激发教师学业指导潜能的三个步骤

倾听任课教师描述各自的学业指导责任是很有效的手段。尽管学校、学业指导系统以及学生群体各有不同,但任课教师们对责任的描述都极为相似。当然,关于卓有成效的学业指导关系的正面故事总是被重复讲述着。但与此同时,在其他常见的话题中也可以明显感到教师的挫败感:教师并不会因为指导学生而获得奖励或认可,他们没有时间来完成这项使命,并且教师也不能真正地提供学业指导,因为他们并不具备这样的资质。和任课教师一同从事学业指导工作的人们也提到了上述担忧。例如,麦格林(McGillin,2003)指出,"最常见的回答是:如果某项学业指导活动受到特别的认可、评估和奖赏时,任课教师则会寻求合适的机会作为指导者来推进它"(p.88)。那么与任课教师合作的关键问题则不仅是要激发教师的灵感,同时还要让学业指导变成一项意义重大且可能实现的使命。创建并维护有效的教师学业指导系统并非易事,需要学校各个层面——学校、行政管理人员以及教师队伍自身——都要承担起相应的责任和义务。为了争取更大范围的人员对学业指导的认同,需要制订一个能够赢得各个层面支持的总体计划。计划至少要包括三个主要步骤:改变学业指导所使用的概念和语言,实施支持教师学业指导的全校性的大型策略;实施支持教师学业指导的小型策略。

第一步:改变学业指导所使用的概念和语言:建立起学习与教学之间的联系

第一步,改变教职员工讨论学业指导的框架模式,使学业指导与高等院校的学术使命更加紧密地结合在一起。这项工作的核心是抛弃发展性教育模式和发展性教育语言,并转向以学习为基础的学业指导模式。在近年来出版的学术刊物中我们能清晰地看到这种明显的转变(Hemwall & Trachte,2005;Lowenstein,2005;Melander,2005;Reynolds,2004)。这种转变与高等教育的改革有直接的关系。出于众多原因,关于高等教育的全国性会议越来越关注学生学习的情况。翼展高等教育集团(The Wingspread Group on Higher Education,1993)根据其研究认为,学生学习应该成为高等教育的重点。紧接着,其他支持者也呼吁高等教育者应采取学习范式。巴尔和塔格(Barr and Tagg,1995)主张高等教育关注的重点应该从教师教学转变到学生学习。一些全国性组织,例如美国大学协会(AAC & U)、美国教育委员会（ACE）以及多个国家级认证协会也越来越关注学生的学习及学习成果，并且借此对大学办学质量进行讨论与评价。

转换到学生学习为中心的模式对教师学业指导至关重要。这种学习为中心的模式将学业指导置于一个对指导教师来说既易于理解又具有重要意义的新环境之中。此前，学业指导使用的源自发展性教育模式与心理咨询模式的方法，从技能和兴趣的角度排斥教师学业指导。因此，多个文献都对任课教师是否适合担任学业指导者持怀疑态度也就不足为奇了（King，2000；Habley，1995）。这些态度早已十分清晰地传达给了任课教师。于是，他们似乎更乐于放弃这项使命，毕竟作为学者和任课教师来说，指导学生这种事看上去离自己的生活相当遥远（Paris & Ehlgren，2006；Ender，1994）。

学业指导转换为学习中心模式，使得学业指导能得到与教师的其他职责同等对待的方式被讨论。在学业指导被视为一种学习环境的情况下，教师可能会被问到在开发课程时被问到的相同的问题：

> 鉴于学业指导已成为学生学习的重要组成部分，人们也把关注的重点从学业指导教师、学业指导管理人员以及学业指导系统的工作成效转移到学生身上。这种反思使人们不由得发问："学生究竟该学什么？"以及"到底如何组织学习？"换言之，学习范式促使人们考虑学业指导课程的内容，以及更加高效地促进学生学习的教学法。（Hemwall & Trachte，2003，p.13）

学习范式不仅影响人们讨论学业指导项目时所使用的语言，还会影响学业指导教师思考和开展学业指导的方式。在与学业指导教师的对话中关于"学生应该学什么"的问题是一个极具争议的话题。学校的学术目标应该很容易就能在学校文件中找到，比如在使命陈述与目标陈述中。并且，学术目标也可用于检验学生经过学业指导后的学习成果。学业指导为学生提供了一个正式的平台，帮助学生探讨关于自己专业学习的所有问题，同时给他们时间来思考正在学习的内容间的相互关系。学业指导教师变成这种学习方法的主要指导者，因为学业指导是教学与学习经验的交集（Myers and Dyer，2007，p.284）。正如马克·洛温斯坦（Marc Lowenstein）所言，"一位优秀的学业指导教师在学业指导中会履行的职责同一位优秀的教师在课堂教学中所履行的职责一样"（2005，p.69）。

显然，以学生学习为中心的学业指导模式，有助于通过语言和框架使学业指导逐渐变成教师工作职责的一部分。因此，这种转变是一个重要的有助于教师发现学业指导的意义的起点。接下来，他们可能需要通过培训、指导来认识学业指导的实际意义。许多文章都可能会对教师思考学业指导有帮助，这些文章也可成为讨论的重点内容。下面列举了3个例子。

海曼沃和伊塔奇（Hemwall and Itachte，2005）设想了一种学习模式，并据此明确了学校用于设计学业指导课程和确定学业指导教学法的10条原则。他们认为，在把愿景陈述作为指导的同时，需要承认提供富有实用性的核心课程对培养批判性思维来说至关重要。教学法相关原则的内容则侧重于如何掌握学习的本质、学生作为学习者应该了解的内容以及在学业指导对话中最实用的方法。

雷诺兹（Reynolds，2004）总结了教育类文献后，在一篇简短但思虑周全的文章中表达了对以学习为中心的学业指导范式的肯定和支持。她阐述了当学业指导被视作促进学习的方式时，教师可以怎样参与进去。她呼吁教师应留意帮助学生建立起来的各种联系：学生与大学使命的联系、与通识教育的联系、与批判性自我反思和自我认识的联系，以及与复杂事物的联系。她的观点是学业指导能够帮助学生培养批判性思维能力，并由此理解自己努力学习的原因。

洛温斯坦（Lowenstein，2005）在以学习为中心的范式中阐释了学业指导即教学的观点。他仔细研究了各种学业指导模式，然后论证了课程设计所强调的符合逻辑的理念对优秀的学业指导的重要性。他认为，教师对于帮助学生理解并感悟学习经历至关重要，并得出这样的结论："教师可以说是在学生学习生涯中最重要的人。"（p.69）他为任课教师有效地重塑了学业指导的理念。

除了这些文章外，还应该给教师介绍由美国学业指导协会（NACADA）最新认定的学业指导的概念。美国学业指导协会关于学业指导概念的文章在序言中强调"学业指导是履行高等教育教学任务中不可或缺的部分"。文章接着继续就学业指导的课程设计理念、学业指导的教学法以及学生学习成果展开讨论（NACADA，2006）。

第二步：改变对指导教师的支持方式：使用大型策略

第二步是思考教师学业指导如何获得学校更大范围的组织支持。也许因为看起来难度很大、很难实现，所以通常学校都没有采用大型策略来改进学业指导工作。根据哈布利和莫拉莱斯（Habley and Morales，1998）提供的数据显示，只有不到三成的学校把指导项目纳入绩效评估或教师薪酬结构中（Habley，2000，p. 39）。

虽然，人们希望小型策略能够有效，进而形成较大的变革，但这种变革并不会凭空出现。要真正产生实效，那么任何细微的变化都必须以整体的愿景为指导。阿尔文·托夫勒（Alvin Toffler, personal communication, April 17, 2008）表示："你在做小事时要想着全局，这样小事才能朝着正确的方向发展。"当然，指导这些策略的一个重点就是将学业指导转换到学习中心模式，这点在第一步中已提及。下一步就是考量教师学业指导如何得到学校层面的强化、支持与认可。当学业指导被当作任课教师工作职责的一部分时，从学校层面关注教师学业指导的必要性就更容易得到证实。开发并行的组织架构对学业指导进行评估、认可和奖励，则是这种学业指导理念自然的逻辑结果。

关注大学组织结构的基础细节对教师学业指导赢得学校层面的支持非常重要。此类关注，应该从学校不同层级对学业指导重要性的认可开始。具体可从以下三个方面入手，使学业指导项目融入学校文化。

第一，学业指导的核心地位应该从教学岗位的应聘者到学校参加面试之初就予以明确。在教学岗位面试中，学业指导应当作为教学总体职责的一部分告知应聘者。在洽谈合同细节时，学业指导应当明确作为讨论内容的一部分，并且在任何正式的任命书中都应该提及此项职责。在《今日学业指导》（Academic Advising Today）中，托马斯·爱德华兹（Thomas Edwards, 2007）认为，"招聘过程恰好反映了我们学校的价值观……如果我们在实际工作中重视学业指导的质量，那么很简单，第一步就是按照我们招聘的要求来付诸实践"（p. 1）。

第二，学业指导项目在大学组织结构中应当占有显著的位置。首先，亨特与怀特（Hunter and White, 2004）认为，"一个被视为极其重要的学业指导项目会有一个明确的领导者，他有权使用各种资源……"（p. 23）。其次，这位领导者应当通过鼓励教师参与教师学业指导委员会的管理与指导工作、简讯或其他策略来发挥和调动资源以促成有效的教师学业指导项目（King, 2000; McGillin, 2003）。

第三，学校主要领导人，比如校长、名誉校长、教务长、学院院长以及系主任等，应当正式宣布学业指导项目是学校使命中不可缺少的组成部分，并从教师教学职责的角度对其展开讨论。一旦有学业指导工作研讨会和培训的机会，他们应该鼓励或要求任课教师积极参加，并认可真正为学业指导项目付出的教师。这种明确的认可会使学业指导项目变成学校校园文化的一部分,不仅不需要增加学校的开支,反而会在师德提升和增强对学业指导的关注度方面为学校带来重大的潜在好处。

除了正式认可之外,学校层面提升教师学业指导的策略还必须包括对有效的学业指导项目进行奖励的方法。哈布利在 NACADA 的一则视频中,提醒各高等院校应该重视"奖励什么,什么就会被做好"的规律(NACADA,1999)。遗憾的是,1987 年以来,所有认可和奖励的力度都在持续下降(Kerr,2000)。赖纳茨(Reinarz,2000)认为,"令人非常遗憾的是在许多学校里教师对学业指导的认可十分有限。缺乏认可,如果再加上任课教师时间的有限,这的确会导致部分教师更加不关心学业指导"(p. 214)。

这似乎是一个十分棘手的情况。正如之前所讨论的,学业指导需要被教师视为教学工作职责的一部分(Creamer & Scott,2000,p. 345)。除此之外,有效的教师学业指导系统还必须拥有一套综合且明确的准则,以界定清楚学业指导教师的职责和任务。相应地,这些准则应该为系统评估教师个人和学业指导项目的工作奠定基础。只有这些都实现后,才能建立起适合的、高效的表彰与奖励架构。因为各个层级都相互关联——准则、评估、表彰与奖励,所以这项任务显得十分艰巨。不过,可以通过先思考其组成要素的办法实现任务分解。

首先,必须制定符合学校使命的明确准则。虽然,这些准则可能源自学校的愿景和使命,或与其有着密切关联,但需要充分听取学业指导教师的意见。任何关于学业指导工作的评估实施之前,去广泛征求教师的意见或者利用教师委员会征集教师们关于学业指导的职责构成的建议,是一个很好的听取教师心声的机会(McGillin,2003)。一旦准则被制定并得到认可,就必须在恰当的正式文件中清楚地表达相应的准则内容,如聘用书、教师手册以及所有教师必须完成的年度述职报告书等。当教师被要求承担学业指导工作,或至少要做一些学业指导工作时,一般情况下这样的要求都是伴随对教师的其他职责要求一并提出的。这并没有增加学校的经费支出,并且再次强调了学业指导是教师工作职责的内在组成部分。以下是关于如何制订教师学业指导准则的几个例子。

在圣劳伦斯大学,校长委派了一个特别工作组,用于评估教师学业指导系统。工作组采取问卷调查和焦点访谈的方式,组织教师和学生分别回顾了学校学业指导理念,并确定了需要关注的主要问题和目前的优势。评估报告在教师大会上进行了讨论,校长和教师都认可并接受了最终的报告。评估给学业指导系统带来了许多方面的变化，并为承担学业指导工作的任课教师带来了更好的支持。学业指导工作成为任课教师对校长作年度述职汇报的内容之一。这也成为学校开发系统来评估学业指导工作的起点。学业指导工作理念、对学业指导教师的期望清单以及学生对学业指导的看法等都印在学业指导工作手册中，并在年度教师学业指导大会上进行讨论（详见本章附录16.A）。这种做法使教师更关注学业指导，而不是将学业指导仅仅看作学院指派的任务。

福克斯谷技术学院的教师们制定了一套教师学业指导准则，其中包含11个要素。每个要素都为学业指导的定期讨论会和技能培训模块奠定了基础（Schneider，2002）。

新墨西哥州立大学的教师们明确了对学业指导工作的具体期望。这些期望与教师职级相关，并通过电子邮件在教师中广而告之。而这些期望都会通过每年定期征集教师意见来加以完善（Vowell & Farren，2004）。

当这些愿景、官方的认可和明确的准则全都传达给相关人员后，学校就做好了随时启动评估学业指导的准备。评估必须与奖励和个人表彰挂钩，以达到学校促进高效学业指导的目标。学校必须同教师商讨学业指导这一职责对应的适当的收益是什么。麦格林（McGillin，2003）对教师学业指导的评估与奖励提供了一个很好的概述，讨论了如何才能将这些信息用于特定的校园；更多相关内容，请参考本书的第二十六章。她认为评估的效用以及优质的学业指导得到认可和奖励的方式应该根据不同的学校和教师而采取不同的方式。

把学业指导工作纳入教师的终身教职、职位晋升和业绩考核的考察因素是一种极为关键的策略。这种考察因素被克尔（Kerr，2000）称之为教师的"最终外部奖励"（p.352）。在终身教职和晋升考察中纳入学业指导工作的想法使得构建一个有清晰准则和明确要求的学业指导评估系统的需求日渐迫切。然而，一旦这个系统准备就绪，哪怕占比很小，学业指导至少也应该成为教师考核评估的考量因素之一。许多任课教师已经忙于平衡课堂教学、社区服务和学术研究了，如果没有这种考量因素，他们是不会花时间去思考学业指导工作的，更不会成为高效的学业指导教师（NACADA，1999；McGillin，2003）。

此外，高等院校还可以利用其他面上的奖励措施，如额外工资、休假时间以及减少非教学工作量；这些都是一些学校和学业指导项目用来激励任课教师参与学业指导的措施（NACADA，1999；Kerr，2000；McGillin，

2003)。

第三步：改变对指导教师的支持方式：小型策略

研究改革和领导学的人一直认为，试图引入大规模改革的领导者，应该从影响组织文化的小范围的变化开始。正如托佛勒（Toffler，personal communication）提醒的那样，在标准操作程序中这些小的变化最终会改变由精心定义的组织愿景所指导的组织观念和文化预设。当细微变化与整体目标或愿景相结合时，他们可以代表并推动整体的变化。自20世纪中叶起，人类学研究结果较好地支持了这一观点（Barnett，1953；Allison，1971；Fernandez，1972；Geertz，1976）。所以，通过关注学业指导系统的小范围内的细节，便能够促进大规模改革的产生。

小型策略很少会花费大量的时间与资金，但通常却能为学校带来较为明显的收益。另外，令人惊讶的是在大多数学校中学业指导工作的常规性，既没有在实际工作中得以体现，也没有在教职员工的头脑中形成这样的意识（Habley & Morales，1998；Reinarz，2000；Hunter & White，2004）。一定程度上，这可能是因为学校并没有较好地理解学业指导在学校中所处的核心地位。然而，当学业指导的模式转变为关注学生学习并且重新调整来与教学任务的要求保持一致时，其重要性将体现得更为明显。如果这种方法的第一步就取得了成功，那么这些较小的变化就是顺其自然且合乎常理的结果。这种方法指出了制定如下文所述的小型策略的重要性，这些对学业指导教师而言是有重要意义的。

给教师提供学业指导课程的模板。正如任课教师为教学班制定课程大纲一样，学业指导项目也可以有课程大纲。实际上，这个策略为教师节省了许多时间，同时也减轻了压力。NACADA网站上的交流中心有关于学业指导课程大纲概念的资料，以及各类高等院校的学业指导项目课程大纲实例（详见附录16.A）。最后，NACADA官网的在线研讨会专题网页上有"学业指导项目课程大纲：学业指导项目作为正在实施的教学实践"的在线研讨会实录视频资料（备有光盘，详见附录16.A）。学业指导大纲应当有两部分内容：学业指导理念陈述（指导项目的定义、学习成果、教师角色、学生职责清单）和实用信息（联系方式、资源、学年重要日期、辅导日期、基本建议）。这些文献提到的学校中许多都为教师提供了学业指导大纲模板，这就是一个比较理想的小型策略。此外，为了能切实提供帮助，学业指导大纲的编写非常注重实用，能有效地减轻教师的工作量，并通过"标准操作程序"这一概念引入了学业指导即教学的理念。

设计学业指导信息登记表供学生填写。设计良好的学业指导信息登记表能鼓励学生反思并向学业指导教师提供有用的信息，有助于老师更好地了解学生。表格中的这些问题还为学业指导教师如何与学生开展学业指导谈话提供了指导。最后，这些问题鼓励学生和教师都积极思考高等院校所担负的使命。圣劳伦斯大学、科罗拉多学院以及其他很多大学在新生到校之前，会让每个人都完成学业指导信息登记表，要求他们讨论各自的期望、目标、担心的事以及其他有关大学教育的问题。其中，科罗拉多学院、达特茅斯学院、霍谱学院和圣劳伦斯大学等则是在第一学期的期中让新生完成一项自我评价表，并且在必须参加的期中学业指导研讨课上提交。自我评价表对许多学业指导教师来说十分有益。这些表格，不论纸质还是电子版，可以放在学业指导工作文件夹中以备日后参考（详见附录 16. A）。而有些高等院校，例如霍谱学院和达特茅斯学院，在学生入校第一年和未来几年的不同时期都采用内容相似的反思性表格对学生进行调查，希望通过学业指导项目纵向观察学生的学习和发展情况。

重新设计学业指导手册。给教师和学生提供学业指导的资料将会是很好的讨论以学习为中心的学业指导理念的机会，也正是这一理念让学业指导成为教学的一部分。学业指导手册可以围绕海曼沃和特拉赫特（Hemwall & Trachte，2005）（详见附录 16. A）提出的一些学业指导方案和学业指导教育理念，或是围绕雷诺兹（Reynolds，2004）（详见附录 16. A）所描述的大学中的那些相互关系进行编写。手册还应该包括对可能达到的学习成果的描述，以及学业指导大纲的模板的提供。

为教师提供准确及时的信息。准确及时的信息为学业指导教师的培训与发展提供了机会。大约只有三分之一的学院和大学会为专职学业指导教师提供各种培训与发展的机会（Habley，2000），而给担任学业指导职责的任课教师的培训机会就更少了。有人声称学校缺乏对学业指导教师的支持与认为教师已经具备实施高效学业指导的能力的观点密切相关，这种观点认为教师已经通过自身的学习经历掌握了很多学业指导相关的知识（Selke & Wong，1993）。然而，其他研究表明，教师希望得到更好的支持与更多的信息，以便达到更好的指导效果。迈尔斯和戴尔（Myers & Dyer，2007）认为，这种机会提高了教师的自我效能感，因此有助于他们对学业指导者的身份感到更加舒服。威诺纳州立大学（Winona State University，2007）一项研究发现教师希望获得更多的支持、培训、信息和资源以更好地完成学业指导项目。这种机会提供了一个理想之地，在那里大家可以把学业指导限定在以学习为中心并讨论教师学业指导指南。这些指南可以为教师参加非正式会议、论坛、研讨会以及其他培训与发展机会奠定基础（Myers & Dyer, 2007）。例如，福克斯谷技术学院的学业指导指南为教师和职工后期参加的每次时长为两小时的学业指导培训模块提供了培训主题。关于指导教师培训的其他认识和思考，可以通过登录 NACADA 网站的信息交流中心获取。

创造环境，便于就学业指导的想法和经验进行开放的、非正式的交流。根据这种精神，食物作为一种重要的小型策略必须包含其中。如果你为教师提供食物，他们一定会前来！在 NACADA 的讨论和报告中经常提到食物。例如，在 NACADA 的视频会议中，哈利·库克（Harry Cook）表示，"我们在 SMSU 发现，满足员工的食物需求似乎是促使他们参加学业指导工作研讨会的动力。埃里克·怀特（Eric White）表示赞同，南茜·金向其他人建议说："你的食物使参与者感到很舒适！"（NACADA，1999）。在其他机构的报告中起到辅助性的食物还有糖果、茶歇以及在特别活动中更为正式的食物。

在校内设立学业指导奖项：奖励的作用是有效的正面强化。需要根据学校的情况设置足够的奖项或设置通常情况下数量足够的奖项以免获奖的希望不大（McGillin，2003）。奖励的颁发可以基于学生的反馈，或是工作量，或是通过正式的提名流程。例如，亚拉巴马州伯明翰大学采取提名的方式颁发多类奖项。在该校由教务长发起的学业指导奖励计划中每年都设有杰出教师学业指导奖。这项奖项与其他给新教师和专职指导教师的奖项一样，由职工评选小组、教师和管理人员分别根据一份包含学业指导教师的简历以及一位同事的提名信的材料共同选出。之后，获奖者由大学推荐为 NACADA 相应奖项的候选人。除此之外，教务长办公室负责承担获奖者参加 NACADA 会议的所有费用。该校通过经费资助的方式体现对学业指导教师的支持（详见附录 16.A）。该校的报告表示奖项有助于激发更多教师参与学业指导项目的兴趣，而原来只有很少的人对之感兴趣。其他许多学校，特别是大型高等院校已经设立了众多的学业指导相关奖项，详情请参考本书第二十六章。

不同的策略将在不同的校园与指导教师中发挥不同的作用。无论在学业指导系统组织结构中选择哪种适合自己的模式，都很少会出现小型策略需要大量的资金支持或时间投入。事实上，许多策略（例如工作手册、印刷材料、表格和辅导大纲）都为学业指导教师和学业指导办公室节省了不少时间。理想的小型策略深化了高等院校对学业指导的认识，并促进人们对学业指导的重要性的认可。另外一个重要的好处在于这些策略为学业指导成为教师职业生涯不可或缺的部分和成为校园文化的组成部分提供了持续稳定的机会。

启示

教师是实现大学学术使命的核心因素，就此而言教师对于学业指导系统来说至关重要。无论是在正式或非正式的学业指导中，教师对学生的指导都能让他们从高等教育中受益匪浅，而这对于高等院校使命中要求的学习成果来说十分关键。因此，学校需要意识到，并且重视和支持教师学业指导项目。当教师学业指导项目处于校园的核心位置时，我们才真正在很好地发挥教师的潜能。

当然，教师应该把学业指导视作自己作为学者和教师的核心职责。这便要求我们重新构建思考和讨论学业指导项目的框架。学业指导项目应该以学习为中心，并且是与学生的学习密切相关的；学业指导是一项与教师对学校的责任一致的任务。许多教师目前已经是卓有成效的指导者。从事学业指导为他们提供了理解开展学业指导的原因与方法的语言和框架。如果学业指导被视为学生学习的关键一环，任课教师和专职学业指导者的工作就会与学校的核心学术使命紧密结合（Hemwall & TYachte，2005）。致力于实现"通过学业指导创造一个以学习者为中心的环境"的共同目标，将会让任课教师与专职学业指导教师建立更为紧密的工作关系。

在这种情况下，学业指导不再是几乎不可能完成的事情。本章讨论过的策略也说明了这一点。通过把学业指导看作学习，责任将转移到接受指导的学生身上，这就要求他们要通过学业指导项目来准备和思考他们可以学习的内容。而且，对于指导教师来说有效的学业指导项目不必过于耗时。学业指导的时长并不重要，学生提问的性质才是对学生的学习来说最为重要的。

教师的指导对学生学习的影响极大。理查德·莱特在他的《充分利用大学生活》（*Making the Most Out of College*，2001）一书中提到一名学生，第一次接受学业指导的大一新生。刚开始辅导时老师就向他问道："你为什么在这里？"由此产生的讨论，以及学生对"为什么在这里"的思考对学生的影响甚远。学生总结说："毫无疑问，当我思考我自己所做的选择时，我仍然能在心里听到第一周的辅导时他提出的那个难题，它总是在我耳边响起。"（pp. 88-89）不容忽视的是，莱特发现在大学中表现优秀的学生总是会提到教师学业指导项目的重要性。

研究表明，学业指导和教师都对学生学习非常重要。我们的高等院校将会从理解两者之间的关系以及创造一个以学习者为中心的环境中受益。在这样的环境中，教师将会以学业指导者的身份实现自身潜能。

附录 16. A：网络资源

Appendix 16. A：Web Resources

美国学业指导协会关于学业指导概念的陈述（NACADA concept statement on academic advising）：

http：//www. nacada. ksu. edu/clearinghouse/Advisingissues/Concept - advising-introducti on. htm

基于学业指导即教学的学业指导工作手册（Academic advising handbooks based on the idea of advising as learning）：

http：//www. lawrence. edu/dept/student_ acad（click on "Faculty Advising Handbook"）

http：//www. hope. edu/admin/registrar/Freshman/Connect_ stu_ 2007. pdf

学生自我评估的案例（Examples of student self-evaluations）：

http：//www. lawrence. edu/dept/student_ acad/forms. shtml

http：//www. coloradocollege. edu/academics/FYE/pdfs/student _ self _ eval_ prereq. pdf

http：//discus.hope. edu/general/html/messages/l56/2095. html? 1141416951

关于学业指导宗旨的例子（Examples of advising syllabi）：

http：//www. nacada. ksu. edu/clearinghouse/Links/syllabi. htm

A discussion of advising syllabi：

http：//www. nacada. ksu. edu/Webinars/AdvSyllabus. htm

Examples of advising awards system：

http：//www. main. uab. edu

General Resources NACADA Clearinghouse：

http：//nacada. ksu. edu/Resources/index. htm

Academic AdvisingWebinars：

http：//www. nacada. ksu. edu/videos/index. htm

References

Allison, G. (1971). Essence of decision. Boston: Little, Brown.

Barnett, H. (1953). Innovation: The basis of cultural change. New York: McGraw-Hill.

Barr, R. B., & Tagg, J. (1995). From teaching to learning: A new paradigm for undergraduate education. Change, 27 (6), 12-25.

Creamer, E. G., & Scott, D. W. (2000). Assessing individual advisor effectiveness. In V. Gordon, & W. Habley (Eds.), Academic advising: A comprehensive handbook (pp. 349-362). San Francisco: Jossey-Bass.

Edwards, T. S. (2007). Practice what we preach: Advising and the hiring process. Academic Advising Today, 30 (1), 1-2.

Ender, S. C. (1994). Impediments to developmental advising. NACADA Journal, 14 (2), 105-107.

Fernandez, J. (1965). Symbolic consensus in a Fang reformative cult. American Anthropologist, 68, 902-929.

Frost, S. H. (2000). Historical and philosophical foundations for academic advising. In V. Gordon, & W. Habley (Eds.), Academic advising: A comprehensive handbook (pp. 349-362). San Francisco: Jossey-Bass.

Geertz, C. (1959). Ritual and social change: A Javanese example. American Anthropologist, 61, 991-1012.

Habley, W. R. (1995). Faculty advising: Practice, performance, and promise. In G. L. Kramer (Ed.), Reaffirming the role of faculty in academic advising. (NACADA Monograph Series, no. 1.) Manhattan, KS: National Academic Advising Association.

Habley, W. R. (2000). Current practices in academic advising. In V. Gordon, & W. Habley (Eds.), Academic advising: A comprehensive handbook (pp. 349-362). San Francisco: Jossey-Bass.

Habley, W. R., & Morales, R. H. (1998). Current practices in academic advising: Final report on ACT's fifth national survey of academic advising. (NACADA Monograph Series, no. 6.) Manhattan, KS: National Academic Advising Association.

Hardee, M. D. (1959). The faculty in college counseling. New York: McGraw-Hill.

Hemwall M. K., & Trachte, K. C. (1999). Learning at the core: Toward a new understanding of academic advising. NACADA Journal, 19 (1), 5-11.

Hemwall M. K., & Tl'achte, K. C. (2003). Academic advising and the learning paradigm. In M. K. Hemwall, & K. C. Trachte (Eds.), Advising and learning: Academic advising from the perspective of small colleges and universities. (NACADA Monograph Series, no. 8.) Manhattan, KS: National Academic Advising Association, pp. 13-19.

Hemwall M. K., & Trachte, K. C. (2005). Academic advising as learning: Ten organizing principles. NACADA Journal, 25 (2), 74-83.

Hunter, M. S., & White E. R. (2004, March - April). Could fixing academic advising fix higher education? About Campus, pp. 20-25.

Kerr, T. (2000). Recognition and reward for excellence in advising. In V. Gordon, & W. Habley (Eds.), Academic advising: A comprehensive handbook (pp. 349-362). San Francisco: Jossey-Bass.

King, M. C. (2000). Designing effective training for academic advisors. In V. Gordon, & W. Habley (Eds.), Academic advising: A comprehensive handbook (pp. 349-362). San Francisco: Jossey-Bass.

Light, R. J. (2001). Making the most of college: Students speak their minds. Cambridge, MA: Harvard University Press.

Lowenstein, M. (1999). An alternative to the developmental theory of advising. The Mentor. 1 (4). Retrieved March 25, 2008, from www.psu.edu/dus/mentor.

Lowenstein, M. (2005). If advising is teaching, what do advisors teach? NACADA Journal, 25 (2), 65-73.

McGillin, V. A. (2003). The role of evaluation and reward in faculty advising. In G. Kramer (Ed.), Faculty advising examined: Enhancing the potential of college faculty as advisors (pp. 88-124). Bolton, MA: Anker.

Melander, E. R. (2005). Advising as educating: A framework for organizing advising systems. NACADA Journal, (2), 84-91.

Myers, B. E., & Dyer, J. E. (2007). A comparison of the attitudes and perceptions of university faculty and administrators toward advising undergraduate and graduate students and student organizations. Retrieved March 25, 2008, from www. nacada. ksu. edu/clearinghouse/AdvisingIssues/faculty_ adv. htm.

NACADA. (1999). Frequently asked questions regarding faculty advising from: Academic advising: campus collaborations to foster retention, pp. 1-5. Retrieved September 10, 2007, from www. nacada. edu/clearinghouse/AdvisingIssues/ faculty_ adv. htm.

NACADA. (2006). Concept of academic advising. Retrieved January 5, 2008, from http://nacada. ksu. edu/clearinghouse/AdvisingIssues/Concept - Advising. htm.

Paris, D. C" & Elgren, T. E. (2006). Advising: Is less more? Inside Higher Education. Retrieved March 25, 2008, from http://insidehighered. com/views/2006/09/29/paris.

Pascarella, E. T. , & Terenzini, P. T. (1991). How college affects students: Findings and insights from twenty years of research. San Francisco: Jossey-Bass.

Reinarz, A. G. (2000). Delivering academic advising: Advisor types. In V. Gordon, & W. Habley (Eds.), Academic advising: A comprehensive handbook (pp. 349-362). San Francisco: Jossey-Bass.

Reynolds, M. (2004). Faculty advising in a learner-center environment: A small college perspective. Academic Advising Today, 27 (2), 1-2.

Schneider, S. (2002). FVTC's faculty advising program in Appleton, WI. Academic Advising Today, 25 (2), 5-6.

Selke, M. J. , & Wong, T. D. (1993). The mentoring-empowered model: Professional role functions in graduate student advisement. NACADA Journal, 13 (2), 21-26.

Tinto, V. (1993). Leaving college: Rethinking the causes and cures of student attrition. Chicago: University of Chicago Press.

Vowell, F. , & Farren, P. J. (2003). Establishing clear expectations for advising, excerpt from expectations and training of faculty advisors. In Kramer, G. (Ed.), Faculty advising examined: Enhancing the potential of college faculty as advisors.

Bolton, MA: Anker. Retrieved September 10, 2007, from www. nacada. ksu. edu/clearinghouse/Advising lssues/faculty_ adv. htm.

Wingspread Group on Higher Education. (1993). An American imperative:

Higher expectations for higher education. Retrieved January 5, 2008, from http://www.johnsonfdn.org/American Imperative/index.htm.

Winona State University. (2007). Creating the case for a new academic advising model at Winona State University: A review of the literature, pp. 1-34. Retrieved September 10, 2007, from www.winona.edu/21stcentury/innovation/documents/oertel%20report.doc.

第十七章

学业指导的实施：专职学业指导师、心理咨询师及其他员工

凯西·塞尔夫

高等院校中有很多人以不同的角色履行着学业指导的职责。历史上，协助学生取得学业成功的职责主要由教师承担，有时教师甚至承担了帮助学生在大学时期获得个人成功的责任。虽然，教师在学业指导项目中一直发挥着重要作用，但许多高校仍会选择聘用非任课教师担任学业指导师，他们工作的重点主要是促进学生取得学业成功。本章将会明确各种类型的学业指导人员，并分别讨论每种工作人员的优势与挑战。

为了区分教师学业指导师（faculty academic advisor）和专职学业指导师（professional staff academic advisor），本文会提供一个明确的说明。就本章而言，教师学业指导师指的是那些在高等院校中主要职责是教学或研究，但又承担了学业指导工作的个人。为学生提供学业指导可能是学校分配给教师的许多额外职责之一。教师提供的学业指导，可能主要集中于与特定专业或研究领域相关的学术课程或是工作机会。同时，他们也会付出时间和精力来解决学生的发展及成就问题。教师还可以在特定学科范围内提供优质的指导。有关教师学业指导的更详细的阐述，请参考本书第十六章。

另一方面，专职学业指导师（professional staff academic advisor）指的是由高等院校聘用的专业人员，其主要工作职责是组织各种学业指导项目以提高学生的学业成就，另外也关注学生总体的发展状况。虽然，专职学业指导师的岗位描述里也会包含部分的教学责任，但他们会把主要的时间花在与单个学生或学生群体进行会谈，讨论一个或多个专业知识或研究领域的课程教学要求，也会讨论获取学术与个人成功的策略，并且帮助学生在接受大学教育的过程中解决他们自身发展的普遍性问题。

ACT 的最新调查结果（Habley，2004）报告了高等学校采用不同的学

业指导模式的情况，数据表明"教师学业指导模式"（faculty only）（参见第十五章）正在逐渐减少。分散模式——在校学业指导办公室辅导特殊的学生群体，例如探索型/叛逆型、准备不足的学生等等，其他学生被分给二级学术单位或特定指导教师——这一模式已变成所有校园中最优秀的组织模式。然而，"教师学业指导模式"在两年制和四年制的私立学校中使用仍最为广泛（Habley，2004）。ACT调查结果还表明，尽管接受调查的学校中99%的学校至少在部分院系任命了任课教师担任学业指导教师（在各院系都配备了的占80%，在有些院系配备了的占19%），但也有迹象表明，聘用全职或兼职的非教学人员担任专职学业指导师的比例在一些院系稳步提升（Habley，2004，p.28）。此外，ACT调查显示在学业指导办公室聘用专业人员作为主要或辅助的学业指导教师的比率正在持续稳定地增长（pp. 64-65）。尽管，看上去教师仍然是学业指导的主要提供者，但是，越来越多的高等院校开始选择聘用专业人员为学生提供学业指导服务。

正如本书其他章节所述，高等院校的使命应该指导高等院校选择何种合适的学业指导模式，以及应该由哪些人提供学业指导。随着学校毕业率和在册率越来越受到重视，学业指导在协助学生获取学业成功中的作用便变得前所未有的重要了。事实上，追求优质学业指导系统的高等院校应考虑配备多种类型的学业指导人员，以满足当今校园中不同背景的学生和学生的不同需求。以下每个部分都将具体说明不同类型的非教师学业指导人员，希望能帮助那些正在探索各种学业指导服务的高等院校提供合适的人选。

专职学业指导师

专职学业指导师的出现可能是受益于近期美国学业指导协会（NACADA）的不断发展。据NACADA的统计数据显示，从2001年2月到2007年2月，被确定为学业指导师或学业咨询员（专职人员）的人数由原来的2236人增加到5207人（增加了133%）。与此同时，在2001年，仅有243人被确定为教师学业指导师，而2007年则增加到528人（增加了117%）。此外，在2001年有1520名人员被确定为学业指导项目管理人员，到了2007年则增加到了2312人（增加了52%）（NACADA，2007）。随着NACADA会员数量的持续增长，现已超过10000会员的大关。很显然，这表明对学业指导项目和资源感兴趣的人在不断增长，其中有许多人表示自己是专职学业指导师。

专职学业指导师通常把大部分工作时间用于与学生进行直接会谈，帮助学生解决有关学术课程要求、学校政策与程序以及学生发展及成就等普遍性问题。专职学业指导师希望教给学生最终有利于他们实现学业成功和个人目标的知识与技能。

专职学业指导师包括全职和兼职人员，甚至还有季节性员工，他们主要负责在学年的繁忙时期提供帮助。这些指导人员可能由某个院系聘请，在一些小的院系他们甚至是院系里唯一从事学业指导的员工；或是作为学业指导教师团队的一员为整个院系或学校提供服务。许多专职学业指导师是学校集中化的学业指导中心的一员，主要负责为全校各种特殊学生群体提供服务。包括新生、探索期学生、专业未定的学生，或被确定需要具体的学业指导项目帮助的学生。与教师学业指导师一样，专职学业指导师可能会被指定负责辅导一些学生，或者成为一大群学生的指导团队的一员。在许多高等院校中，当学生选择专业和职业时专职学业指导师可能是他们最先向其寻求帮助的人。

高等院校对专职学业指导师的学术和专业资质的要求各不相同。学业指导者目前还能通过学业指导专业的特定项目来提升自己的学术背景。例如，取得 NACADA（堪萨斯州立大学）学业指导师资格证书以及学业指导的硕士学位。

专职学业指导师具备的优势

校园中专职学业指导师的存在，有利于促进学生取得学术成就与个人成功。和主要关注教研的教师学业指导师不同，专职学业指导师能够将大部分时间和精力用到与学生会谈或参与学业指导相关的活动中。学业指导人员必须兼顾各自具体职责的要求，其中可能包含一些非学业指导性质的活动。但是，重点是满足学生的需求。同样地，专职学业指导师应通过参与校内、地区及全国或国际上有关学业指导的职业发展活动来提升自身技能，拓展知识和经验。随着学业指导作为一门职业的出现，NACADA 正在提供更多资源和发展经验以更好地巩固专职学业指导师的角色。

专职学业指导师的其他优势包括，他们具备能力且愿意分享在不同学科领域获得的知识和经验，以及分享关于高校和学院政策与程序的资源。专职学业指导师能够掌握最新的技能和知识，利用这些技能来丰富学业指导经验，例如学生信息系统和学位审核程序。通过利用适当的资源和培训，专职学业指导师以一对一交流的方式、小组讨论或研讨会（如迎新会）以及利用技术设备来提供学业指导。此外，专职学业指导师可以通过提升个人技能来为学生提供以下这些方面的帮助，如职业生涯探索与拓展活动，提升学生的表达能力，以及理解学校政策与程序。当具体的职责需要时，他们还会给学生提供关于一般的招聘和岗位职责的帮助信息。教师学业指导师完全有能力实施这类辅导活动和策略，但由于他们专注于教学和科研，于是可能会觉得这些活动有些棘手。

专职学业指导师面临的挑战

尽管专职学业指导师可能是学生和管理人员的第一资源，可以满足学生与学业指导相关的许多需求，但必须指出的是，专职学业指导师应该明白，他们不可能满足所有人的需求。当某些需求超出学业指导的范围或学业指导人员的能力时，专职学业指导师应利用转介技能使学生获得恰当的资源。下面有些例子可能就属于学生需要寻求其他专业人士的帮助的情况，例如学生需要执业心理咨询师或助学金方面的专业人士的帮助。

专职学业指导师可能面临的另一个挑战是他们在自己的学校缺乏职业发展通道。虽然许多人退休后仍然选择继续从事学业指导工作，但是学业指导教师晋升到其他职位和承担别的职责的需求是显而易见的。然而，在许多学校都缺乏这样的通道。在那些一直都由任课教师提供学业指导的学校里，人们对专职学业指导师职责的看法也是一个很大的问题。很难向不了解专职学业指导师岗位职责的人解释说明学业指导教师存在的价值和重要性。通常情况下，当学校管理部门一旦确定包括增强与学生的联系在内的任务与对策时，学业指导人员就被要求在他们已经承担的诸多职责之上做出新的努力。一些高等院校可能没有把学业指导人员纳入决策影响因素中，这可能会对专业指导人员开展工作的效果有所影响。这可能是因为对学业指导人员花费在学生身上的时间和精力不甚了解。最后，聘请专业人士全职承担学业指导职责需要学校大量的财政支出。几乎所有学校都需要专职学业指导师拥有学士学位，而且很多学校需要有硕士学位，这导致高等院校需要提供更有竞争力的薪酬来聘请和留住学业指导人员。

有效利用专职学业指导师

那些需要对特定的学生群体作定期的，甚至是介入式持续关注的院校，应考虑聘用专职学业指导师。就学术课程和其他发展问题而言，学业指导者可提供一致的、持续的支持与跟进。有了专职学业指导师，专注于教学和科研的高校教师也可从中受益。教师学业指导师可能无法处理那些非常复杂且耗费时间的问题，而专职学业指导师却具备解决它们的能力。通过这样的方式，专职学业指导师让教师学业指导师能把更多的时间用在指导学生的其他方面。

专业心理咨询师

各类高等院校都会聘用专业心理咨询师担任学业指导师，但这在社区学院中更为常见。"独立指导"学业指导模式源于公立学校指导办公室的普遍概念，当时许多社区学院才刚刚建成。此模式规定所有学业指导都应在一间集中的办公室内进行，通常是学业指导或心理咨询中心，并向处长或分管学生事务的副校长报告（King，2002）。在这些情况下，专业心理咨询师通常会同时担任多项职责，其中可能包括传统的学业指导职责与典型的专业心理咨询师职责，如职业咨询、解决与学生个人危机相关的问题以及一般心理健康问题。

专业心理咨询师的优势

通过自身的教育和临床培训背景的心理咨询师拥有了为学生提供各种服务的出色的专业技能。在与有着不同问题、具体事务及个人背景的学生打交道时，他们接受的专业训练和经验是最适用的技能。咨询师有能力适应不同发展水平的学生的不同需求，为他们提供个人咨询、职业咨询及整体发展道路的建议。这已经超出了典型的学业指导要求的范围。许多高等院校的心理咨询师都会接受培训来增强对学术课程和学校专业、转学事宜以及学校常规资源方面的专业知识。这些专业知识技能对于学业指导教师而言更为常见。

前往学业指导中心和心理咨询中心的学生可能会享受到很多服务，并且这些服务很有可能都是由同一个人提供的。这有利于学生和咨询师之间建立更紧密的联系，使咨询师能更加了解自己的学生并帮助他们解决各种问题。咨询师能够对学生进行一般性评估，即使他们的职责是回答学业指导相关的问题，但最终也会帮助学生解决其他重要的私人问题。咨询师也可以每天都提供服务，也可以根据校历安排的工作日程表来满足学生的不同需求。

面临的挑战

通常，咨询师必须平衡好学生的个人心理咨询需求、学业指导需求和他们预约的有限的咨询时间。当学生在学业指导高峰期出现个人心理危机时，咨询师需要调整自己的工作安排表来应对学校紧张的教学进程以及其他的问题，并且响应特定学生群体的需求。由于经费预算的限制，学业指导中心和心理咨询中心的工作人员极少，所以随着学生指导需求的增加应对学生多样化需求的压力也随之增加。与专业学业指导教师面临的情况一样，心理咨询师所承担的学业指导与心理咨询的职责也常常不为学校其他员工理解。心理咨询师是经过各州认证了的专业人士，其中许多人拥有博士学位。因此，对高等院校来说，为学业指导工作配备充足的心理咨询师可能是一个巨大的财政挑战。

学生对心理咨询的态度与对学业指导的态度相反，这也可能会是一个难题。"去心理咨询"的羞耻感对学生来说就可能是一个很大的困难。并且，当学业指导和心理咨询在公共场所进行时，被同伴看到的焦虑感更可能给学生带来额外的压力。

有效利用心理咨询师

提供学业指导以及其他心理咨询相关服务的咨询师，其工作在许多学校里都是十分有效的。社区学院、小规模学校以及设有综合辅导中心的高等院校，可能会从专业心理咨询师的技能和经验中获益匪浅。这些技能和经验有助于解决各种学生的需求。学业指导办公室也开展一些职业咨询和职业探索活动，这也将受益于训练有素的心理咨询师。学业指导中心和心理咨询办公室的相互协作非常有利于工作协调，并方便相互转介学生。使学业指导中心和心理咨询中心保持紧密联系大有好处，即使两者没有共享的空间。负责这些单位的管理员应采取积极措施，确保各单位之间的沟通渠道畅通无阻。

研究生学业指导员

研究生学业指导员指的是那些希望通过助教、实习和实践岗位来筹措学费、丰富教育经历并为进入职场做好准备的研究生。各院系和学校可选择聘请研究生指导人员为本科生提供学业指导。从而，将他们作为教师学业指导师和专职学业指导师的补充，甚至他们还可能是该院系唯一的学业指导工作人员。

具备的优势

对院系来说，一种较为经济的选择是聘用研究生当学业指导员。因为，花费不像全职专职学业指导师或教师学业指导师那么昂贵。并且，选择聘用研究生可能更有利于满足某些部门教学进程中短时间的使用需求（通常一到两个学期）。如果研究生学业指导员拥有所学领域相关的本科学位或本科就毕业于这所学校，那么研究生学业指导员可以给本科生提供丰富的个人经验。通常研究生的时间更加灵活，他们往往在学业指导高峰期，或夏季新生定向适应教育计划期间，能有更多时间投入学业指导工作。如果研究生学业指导员被聘用来辅助专职学业指导师或教师学业指导师，那么他们还可以分担更多日常工作，使教师学业指导师和专职学业指导师可以将时间用于处理其他更重要和更复杂的问题上。此外，研究生也能从工作中获取实践经验并提升专业技能。

面临的挑战

研究生必须优先考虑如何顺利取得学位。因此，在学期的某些时间段内研究生可能会出现无法提供学业指导服务或者服务质量下降的问题。鉴于研究生取得学位只需要花费两三年的时间，因此指望他们与学生建立长期关系，或是对学业指导办公室和高等院校做出长期承诺并不现实。考虑到人员流动的因素，需要有一个全职的专业人员主要负责研究生学业指导员的选拔、培训和监督。这位充当督导角色的教师必须经常召开会议，提供培训并进行沟通，以确保研究生能提供恰当、准确的学业指导。对于一些研究生来说，学业指导并未被他们视为自己专业或职业发展的可能方向，而仅仅被作为筹集学费的手段。所以学校必须小心谨慎地确保被聘用的研究生能严格履行自身职责，实现为学生提供良好的学业指导的承诺。那些希望通过学业指导人员为学生建立连续一致的、可持续性的甚至某种程度上强制性的学业指导的高等院校，也可能因为使用研究生助理而面临研究生学业指导员的工作时间无法保障和人员流失的难题。此外，研究生仅凭一两年的在校学习时间也不太可能建立起一个强大的关于本科生校园学习生活的资源库，或专业学习的资源库。

有效利用研究生学业指导员

那些计划在整个学年、学业指导高峰期或新生定向适应教育等重要时期聘用能提供常规的学业指导辅助工作或开展基本的学业指导工作的员工的院系，应考虑研究生学业指导员这一合适的人选。研究生和本科生人数众多的院系将会从使用研究生学业指导员中受益。开设了心理咨询服务、学生事务管理及教育学专业的硕士和博士学位的院系还应通过提供助教职位、实习和实践机会等措施来鼓励研究生积极参与学业指导项目。似乎越来越多的学生对在研究生和大学本科阶段从事学业指导工作表示出浓厚的兴趣。

本科朋辈学业指导学长

根据 ACT 调查显示，在不同岗位使用朋辈学业指导学长支持学业指导项目工作的高等院校数量正在不断增加（Habley，2004，pp. 28-29）。朋辈学业指导学长是众多准专业化岗位之一。优秀的本科学生经过严格挑选和系统培训后为同辈学生提供学业指导服务。由于朋辈学业指导学长与教师学业指导师、专职学业指导师的不同配对组合，以及朋辈学业指导学长作为准专业人士在集中化的学业指导办公室或学生宿舍辅导室工作地点的不同，形成了四种常见的朋辈学业指导项目——友好联络项目（friendly contact program）（Koring & Campbell，2005）。当高校探索各种创意方案来帮助学生成功时，利用本科生的知识、经验与能量可能是个不错的选择。

具备的优势

大多数人会相信与自己经历相似的人，而不相信那些目前其经历和自己无关的人。在某些问题上，相比数十年前就从大学毕业的人来说，朋辈学业指导学长可能更加能与学生进行恰当、有效的交流。有的学生喜欢与其他学生互动。如果这种互动可以帮助学生取得学业成功从而使学生受益，那么这种方式就值得考虑。接受培训和督导的朋辈学业指导学长可以通过各种策略，如担任新生适应教育助理、学籍注册助理以及学习共同体的领导者来效仿专职学业指导师和教师学业指导师的角色。让朋辈指导者完成适合的、耗时的任务有利于为专职学业指导师提供更多的时间和精力来关注单个学生更迫切的需求。朋辈学业指导学长通过完成常规任务、与学生互动或者创建学习共同体来更有效地发挥自身的作用，更适合那些预算有限而不能聘用额外专职指导人员的单位。创建朋辈学业指导项目还为高年级学生锻炼领导力和专业发展提供了绝佳的机会，使他们能够在校园和整个社会中发挥更多的重要作用。朋辈学业指导学长也可以协助学业指导项目发现存在的问题并对辅导系统中的不足之处提出质疑，因为，他们更清楚学业指导项目究竟对学生产生了什么样的作用（Habley，1979）。

面临的挑战

虽然朋辈学业指导项目可能会带来诸多好处，但仍需充分考虑负责挑选、培训和督导朋辈学业指导项目的专业人员的时间精力投入。假设，不能确定专业人员或研究生有时间和精力有效管理、执行项目并监管朋辈学业指导学长履行其职责，那么就不应允许创建朋辈指导项目。朋辈学业指导学长可能比正在接受帮助的学生更有经验，但他们也是正处于学习发展阶段的学生。针对诸如《家庭教育权利和隐私权法案》（FERPA）等重要主题的培训、具体工作职责以及在朋辈指导者角色和学校之间保持平衡，对于有效的朋辈指导项目来说至关重要。与研究生学业指导员一样，朋辈学业指导学长不是长期员工；因此，每个新的朋辈学业指导学长都将有一个周期性的成长过程。与其他学生岗位一样，人员的稳定性问题仍然是一项严峻的挑战。也有可能出现这样的情况，一些学生或家长不愿接受或不信任朋辈学业指导学长。因此，在互动之前，应该对学生及家长进行关于朋辈学业指导学长角色和职责的说明。

有效利用本科朋辈指导人员

许多学校利用朋辈学业指导学长创建了富有影响力并十分独特的项目。朋辈学业指导项目突出特别强调：建立有意识的联系来帮助学生学习（Koring & Campbell，2005）。

指导项目支持人员

如果不阐明在学业指导系统中发挥不同支撑作用的项目支持人员的重要性，那么本章的内容将不完整。很多时候，高校管理者、教职工都对这些项目支持人员所发挥的重要作用认识严重不足，特别是对项目支持人员花费大量时间与学生直接面对面接触，或通过电话及其他方式与学生沟通交流的作用认识不足。下列项目支持人员对学业指导项目的效果产生着重要的影响：

> **办公室主管**：指的是负责学业指导项目，或院系及学校学业指导办公室日常运作的专职人员。办公室主管除了为指导者和管理员提供运营支持之外，还应该了解客户服务职能对于提升学生对学业指导满意度的

重要性。办公室主管需要密切关注校园其他资源,关键时刻能充分发挥这些资源的作用以便学生能在适当的地方获得他们需要的帮助。

秘书/接待员:主要负责直接接待学生,或通过电话与学生联系。在整个指导过程中,与学生有一场积极的会面是尤为重要的。在学生前往学业指导办公室时,预约、接听电话以及进行专业、友好的问候是指导过程的关键要素。秘书和接待员也承担类似分诊的职责,明确哪些学生需要在特定时间由哪位特定指导者进行哪些方面的特定帮助。

文员:重要的幕后角色,主要负责撰写学业指导相关文书、提供专业的数据报告和保持与其他重要部门的沟通。虽然这些人很多时候并未在公众面前出现,但他们对学生和家长拥有全面积极的学业指导体验至关重要。

技术人员:指的是那些在学业指导项目中使用技术发挥重要作用的专家。近年来,技术支持人员已经成为学业指导项目能否取得成功的关键,特别是学生希望得到以技术为引领的在线服务,就像他们几乎在所有方面都实现了科技化的日常生活那样。

正如专业技能提升和培训直接影响学业指导者与学生日常交流的效果一样,支持人员的发展和培训也是如此。现有的许多培训主题与学业指导者的培训类似,但还应包括一些其他领域,如职责澄清(学业指导与普通协助)、FERPA以及与客户服务有关的技能。对于通过电话与学生互动的接待人员,学校应提供加强沟通能力和人际技能的培训。支持人员需要理解学业指导的目标和具体目的,并且能够向学生和家长阐明学业指导过程所涵盖的内容。参与学业指导人员任命、新生适应计划、研讨会等其他与办公室相关的服务,可以帮助支持人员深入了解学业指导的总体情况,这是一项行之有效的策略。此外,团队建设活动、务虚会及员工会议也应包含关键支持团队的成员。管理人员和学业指导者应该充分认识到支持人员的重要性。他们在学业指导项目的成功运行与顺利实施过程中做出了独特贡献。学生将会铭记所有的学业指导经历,其中也包括与支持人员的互动。

非学业指导性质的部门提供的学业指导

高校在不同办公室聘用了许多人员,其职责可能包括,直接帮助学生在学校取得通常意义上的成功。大多数情况下,学术部门(院系、教务部门)

负责直接提供与课程相关的学业指导职能。然而，其他部门承担的工作职能也与学生获得学业成就息息相关。这些职能经常与解决学生学术课程中的问题和发展性问题十分类似。任何试图为学生提供学术课程帮助的高校职员都必须接受恰当的培训与技能提升。如果该高等院校有负责对学业指导进行全面督导的个人或办公室，则该个人或办公室还应促进关于学业指导职责的讨论，以及对非学术性部门中提供学业指导的个人进行相应的培训。下面列举了一些提供学业指导服务的非学术部门：

招生办公室：招生人员经常会与有意向就读的学生和家长讨论学业课程问题。在招生过程中，针对潜在的转学生，招生人员应解决其课程衔接以及契合问题。

课程安排办公室：负责安排课程的人可以参加被称为"新生兴趣小组"（FIGs）的课程模块。这些人必须对课程和毕业要求有基本的了解后，才能适当地安排课程。在理想情况下，课程安排人员可以与学业指导者一起完成这些课程群的准备工作。

残障学生服务部门：残障学生服务部门的工作人员协助残疾学生，并满足学生由于残障的特殊需求。偶尔，残障学生服务部门的工作人员可能要协助该类学生减轻课程负担或解决分班的问题。工作人员与特定专业及部门的学业指导者之间的协作是确保学生特殊需求不被忽视的关键所在。

校际体育运动办公室：这些办公室可能聘请个人担任大学运动队的学业教练。他们经常与学校学业指导师一起合作以确保学生运动员符合学业资格要求以及毕业要求。

多元文化学生中心：中心通常在校内设有办公室，这些办公室专门针对那些长期不被关注的学生群体，帮助他们获得学业和社会成就。担任这些职位的工作人员可以为一些在注册、课程安排和学业负担上存在问题的学生提供帮助。

荣誉课程：荣誉课程的要求可能超出传统学业课程的要求。负责荣誉课程的工作人员通常协助学生确定同时满足专业学习和荣誉课程学习要求的课程。

所有的高校教职员工都致力于帮助学生取得成功。各学术和学生事务部门之间的协作对于实现学生的学业成功和顺利毕业的最终目标来说至关重要。学业指导者和学业指导项目管理人员应该与同事密切合作，以便推动与课程相关的恰当的信息的传播，从而促进在支持学生获得成功方面的合作。

结语

高校必须考虑学校及其下属部门的使命，以确定合适的学业指导实施方式。随着教师们被迫花费更多时间在教学和科研活动上，高校正在寻找其他人士来履行学业指导职能，如专职学业指导师、心理咨询师、研究生学业指导员及本科生朋辈学业指导学长等。无论是谁来履行学业指导的职能，高等院校都应确保这些人接受恰当的能力提升与培训，使他们能有效地帮助他们所指导的学生。美国学业指导协会（NACADA）为不同的学业指导者以及管理人员提供了大量资源、出版刊物以及专业发展机会。

References

Habley, W. R. (1979). The Advantages and disadvantages of using students as academic advisors. NASPA Journal, 27 (2), 46-51.

Habley, W. R. (Ed.). (2004). The status of academic advising: Finding from the ACT Sixth National Survey. (NACADA Monograph Series, no.10.) Manhattan, KS: National Academic Advising Association.

King, M. C. (2002). Community colloege advising. NACADA Glearinghouse of Academic Advising Resources Web site. Retrieved August 1, 2006, from http://www.nacada.ksu.edu/Clearinghouse/Advisinglssues/comcollege.htm.

Koring, H., & Campbell, S. (Eds). (2005). Peer advising: Intentional connections to support student learning (NACADA Monograph Series, no.13). Manhattan, KS: National Academic Advising Association.

National Academic Advising Association. (2007). Membership data 2001-2007. Unpublished raw data.

第十八章

学业指导的实施：团体学业指导策略

南希·S. 金

个别指导，又称一对一指导的学业指导模式，至今仍被视作学业指导的最佳方式。然而，越来越多的人认为团体学业指导也是可行之选。事实上，在某些情况下，团体学业指导对于提高和加强指导服务来说十分有效。当然，团体学业指导不应完全取代一对一指导。我们必须意识到有充足的理由把团体学业指导纳入整个学业指导体系中。事实上，随着学业指导越来越被看作是一种教学形式，团体指导模式理应获得更广泛的认可。正如伍尔斯顿与瑞恩（Woolston and Ryan，2007）所言，与个别指导模式相比，团体学业指导与课堂教学的关系更为紧密，而与心理咨询服务的关系则明显疏远(p. 119)。事实上，许多教师一开始就可能在团体学业指导课程中感觉更舒适。因为这种形式对于他们来说十分熟悉，就像在教室上课一样。向一群学生分享知识，在教室中与学生进行对话，这些都会让指导教师感到无比自在。在提供信息与知识方面，团体指导模式表现良好，同时团体指导模式还有其他一些优势。例如，创新的团体学业指导方式可以通过建立起学生与朋辈、指导教师之间的联系而提高他们的在册率。然而，不管是个别指导还是团体学业指导模式，最重要的是要记住发展型学业指导理论中强调的许多基本的原则对两种模式都依然适用。格里茨（Grites，1984）指出，一名团体学业指导者，就如同任课教师一样，"促进讨论、提出方案并回答具体问题；这是发展型指导项目在鼎盛时期的情形"（p. 221）。

优秀团体学业指导者的特质

在个别指导和团体学业指导中，最重要的是指导者要把学生视为整个过程的核心。正如克鲁克斯顿（Crookston，1972）所言，发展型学业指导项目"有助于培养学生的理性决策过程，促进学生与环境的互动及人际交往，提高学生行为意识以及提升学生解决问题、决策和评估方面的技能"（p. 16）。除了转介和向学生提供准确信息外，包括探索人生目标、教育与职业目标在内的发展型学业指导内容也与团体学业指导息息相关。优秀的团体学业指导者应该具备的特质：渊博的学识、平易近人。另外，对学生充满关怀的态度——也是其特质之一。事实上，人们可能会有这样的看法：这些因素也是优秀的课堂教师的典型特质，团体学业指导者应具备一些其他不同的特质。例如，优秀的团体学业指导者必须展现出卓越的演讲技巧。其实，课堂教师同样也需要掌握生动形象、引人入胜的授课方式，有能力向学生征集问题与组织讨论，以及让全体学生都聚焦学习任务。同样地，一位团体学业指导者也应该具备这些特质。在团体学业指导和个别指导中，指导者和接受指导的学生在学业指导过程中共同承担责任。

克鲁克斯顿（Crookston，1972）在其关于学业指导项目的奠基性论文中把教学定义为任何"有助于个人成长并可以进行评估的经历。学生不宜被动地接受知识，而应当与老师分担学习的责任"（p. 12）。当团体学业指导模式运转良好时，指导者的确在传授知识。任课教师在掌握各种教学技巧，并理解各种学习方式与学生发展理论的同时，自身效率也得到了提高。同样，当学业指导者不断扩展学业指导技巧与学生发展理论时，个人或团体学业指导都会变得更加高效。例如，了解齐克林（Chickering，1969）提出的大学生发展任务的七个向量，能使学业指导者可以更好地在学业指导与以下三种向量之间建立更直接的联系（Gordon，1988，p. 109）：

- 培养能力。提高智力、运动及社交技能。这有利于学生相信自己有能力处理并安排一系列的任务。
- 培养独立性。勇敢正视一系列问题以实现最终的自主。
- 生活目标的树立。树立目标，或评估并厘清自身兴趣所在、拥有的学习和工作机会以及个人喜欢的生活方式，并将这些因素用于设定自己清晰的生活方向。

掌握学生发展理论的学业指导者，可以帮助学生提高自身能力、培养自我身份认同以及设立生活目标。

采用团体学业指导模式的原因

出于多种原因，高等院校决定把团体学业指导视为学业指导实施系统的一部分。最常见的原因也许是在某些情况下个别指导并不可行。例如，当需要指导的学生人数远超于学业指导教师人数时，团体学业指导便是一种可行的选择。本特利·加多和西尔弗森（Bentley-Gadow & Silverson, 2005）详细解释了北爱荷华大学教育学院的逐步指导模式（Sequential Advising Model）。该模式包含了团体学业指导，是一个成本低廉且容易管理的授课系统。在这个模式中，学生一共参与两个阶段的学业指导。第一阶段是两次大型的团体学业指导：新生适应性辅导和注册前会议。第二阶段的团体学业指导分组进行，并还会举行学业规划辅导会。这种两阶段的团体学业指导模式已被教育学院用来满足新生和转学生的学业指导需求。

许多高等院校在提供学业指导时，经常会面临的一个挑战是指导教师寥寥无几，但学生数量却极为庞大，或者一些学生受到特殊的时间限制。因此，团体学业指导会是一个十分有效的解决方案。比如，非传统年龄的学生经常需要平衡工作、家庭责任与学校之间的关系，很难在双方都合适的时间内与学业指导老师取得联系。然而，让这些学生自行选择参加团体学业指导将有助于学生和指导教师一起解决目前普遍存在的时间冲突问题。

团体学业指导不仅是应对人力和时间挑战的有效途径，而且还是一种重要且有效的信息共享手段。指导者与其不断地重复个别指导中的内容，这对指导者来说可能是一次极其乏味且耗时的活动，不如使用团体学业指导的方式在同一时间内向多个学生传递重要信息。因此，指导者可以有更多时间通过一对一的学业指导来解决学生个性化的需求。

团体学业指导可以较好地涵盖许多主题，比如对通识教育的总结（包括教学目的和要求），关于注册流程、选课须知、政策和程序的具体说明，提供常规的职业规划建议以及专业选择条件的说明。例如，许多高等院校提供多种类型的团体学业指导为学生说明有关学位要求、选修课程方案以及特定专业职业发展机会等相关信息。通过参加这些"专业学习研讨会"中的任意一场，学生便能够更好地对课程安排做出明智选择。理想情况下，这些信息发布会上将会有管理人员、教师及各专业的学生出席。

也许使用团体学业指导最有说服力的理由是这种指导方式有利于建立学生朋辈群体。毫无疑问，朋辈对学生取得成功可以产生巨大的影响，尤其是在第一年这一关键时期。朋辈在他人如何看待自己，以及学生与高等院校的联系上发挥着至关重要的作用。此外，朋辈也会影响学生对学业目标和价值观的态度。莱斯（Rice，1989）认为，通过团体学业指导，指导者将变成"社会变革的媒介，他们的主要任务是改变学生与朋辈群体及教师的互动方式"（p. 326）。通常情况下，走读生比住校生更难建立朋辈群体关系，所以走读生往往从团体学业指导中受益最多。

然而，团体学业指导最主要的优势不仅仅是为学生提供与朋辈沟通交流的机会。许多学生在大学校园里感到十分孤独。汀托（Tinto，1993）把孤独列为学生退学的主要原因之一。对于某些特殊群体的学生来讲尤其如此，如处于试读期或探索期的学生。有机会能与像自己一样面临着许多挑战的学生交流，对于感到孤单的学生来说是一种极大的安慰。在一篇题为《学业指导教师可以从匿名戒酒者协会中学习什么》（What Can Academic Advisers Learn from Alcoholics Anonymous?）的文章中，艾伦（Allen，2002）探讨了团体学业指导与匿名戒酒者协会（AA）的共同之处。AA取得成功的主要原因之一是，参与者能与那些面临相同挑战并能够相互提供支持的人进行沟通交流。莱特（Light，2001）明确指出，如果学生独自面对学业与社交挑战，将很难获得成功。此外，由具有共同兴趣的学生组成的小组也十分有效。因为小组为学生提供了与朋辈建立友谊的机会。为特殊群体提供指导有两个目的：它既是一种信息共享手段，又是在与学业指导师建立联系的同时，与有共同需求和兴趣的朋辈建立联系的方式。这些联系直接影响学生的在册率和成功率。

许多学生在小组讨论中更容易解决问题。这不仅是因为学生感觉到其他人能理解自己的问题，更是因为小组讨论的方式消除了某些学生接受教师个别指导时可能出现的恐惧感。此外，通常学生会由于听取了其他同学的问题或意见而从团体学业指导中获益更多。一般来说，可能会有一些问题或建议是小组中许多学生从未思考过的。有些人不太愿意在组内提问题，他们听到同伴询问一些问题反而会感到很安心。伍尔斯顿与瑞恩（Woolston, Ryan, 2007）认为，"对于不愿意接触教师的学生来说，小组研讨会既有同伴的支持也十分安全……（他们）听取同伴提出问题或接受解决方案，（同时）能够使他们意识到自己并不孤单，而且教师也十分和蔼可亲、乐于助人"（p. 122）。因此，某些学生会觉得与接受教师一对一的个别指导相比，团体学业指导会让自己感到更舒服一些。

实施团体学业指导的途径和形式

新生适应性教育（新生入学教育）

实施团体学业指导的方法各不相同。大多数院校中已经有了很多可供选择的方法。对学校而言开发实施团体学业指导的项目也是非常容易的事情。对大多数学生来说，他们第一次了解校园生活是在新生说明会上。由于个别指导不可能适用于所有的新生适应性教育内容，因此学校经常使用团体学业指导的模式。根据 ACT 第六次全国学业指导调查结果（Habley，2004，pp. 32-33）显示，在入学或注册期间，虽然使用团体学业指导模式的比例不断下降，但它仍然是一种常见的实施学业指导的策略。在 1987 年的调查中，至少有 93% 的学校采用了这一策略。2003 年，这一比例整体下降到 79%（两年制公立高等院校为 74%，两年制私立高等院校为 90%，四年制公立高等院校为 87%，四年制私立高等院校为 75%）。在入学期间，这些小组研讨会可用于告知学生课程情况，帮助他们规划第一学期的时间安排，并说明注册系统的基本知识。朋辈指导者和入学教育负责人是研讨会优秀的推动者。新生很可能会关注朋辈的情况，尤其是这个人已经作为团队促进者接受了相应培训。除了新生之外，转学生也会提出一些特别的问题，他们也可从学校的入学教育中受益。许多转学生的问题可以在他们与指导教师交流之前便可通过团体学业指导解决。

新生研讨课及团体学业指导

实施团体学业指导的另一个绝佳场合是新生研讨课（the First Year Seminar）。新生研讨课的教师通常扮演任课教师及指导者的双重角色。由于新生研讨课的大量课程内容与学业指导目标明确相关，新生研讨课的教师成了非正式的学业指导者。在一些研讨课中，教师也被正式任命为该小组的指导者。新生研讨课中经常涉及的主题包括：目标设定、学习技能培养及高效时间管理、个人兴趣与能力探索、职业选择探讨、学校所有学习生活资源的介绍、鼓励学生参与课外活动、审视高等教育的目的，并鼓励学生全面健康成长。因为这些主题许多都很明显是发展型学业指导的内容，所以使用新生研讨课作为学业指导平台是一种合理有效的策略。当然，学生课后与研讨课教师或学业指导教师的个别指导可以对研讨课形成有效的补充，而研讨课俨然已经变成了实施团体学业指导的一个重要途径。在对这些学业指导问题进行小组讨论的过程中，学生不仅能够获取信息，还能够彼此学习。在彼此分享共同的经验和问题时，产生了集体认同感，这点对整个研讨课的成功至关重要。

学业指导和学习共同体

在过去的十年里，越来越多的高校选择使用学习共同体（learning community）作为提高学生学业成绩和社会适应的手段。根据华盛顿奥林匹亚长青大学的学习共同体全国资源中心显示（http：//www.evergreen.edu/washcenter/lcfaq.htm#21），学习共同体有三种常见的结构类型：学生团队/整合式学习研讨课、关联课程或课程群以及协作学习（student cohorts/integrative seminar; linked courses/course clusters; and coordinated study）。劳弗格拉本（Laufgraben，2005）指出无论是哪种结构的学习共同体都"加强和充实了学生彼此之间的联系、学生与老师的联系，以及学生与正在学习的主题的联系"（p.371）。其他人（Tinto, Goodsell Love, & Russo, 1994）还指出了学习共同体与学生学习毅力之间的联系。根据顾塞尔·拉乌与汀托（Goodsell Love, Tinto, 1995）的观点，大班教学中的学习小组或新生兴趣小组，这两种形式的学习共同体在规模较大的高等院校中特别奏效；1982年，由俄勒冈大学学业指导及学生服务处成立的新生兴趣小组便是学习共同体的原型。华盛顿大学的"新生兴趣小组"项目是这类学习共同体的另一个例证（p.84）。该项目在大一第一学期把学生按约20人一组分组，每一组学生都共同注册到同一主题下的三门相关课程学习。然后，新生兴趣小组成员在课后参加朋辈学业指导学长组织的课程学习研讨会。由此，形成学习兴趣小组。学习共同体和新生兴趣小组的主要优势之一是为学生提供了在课堂内外与同龄人之间进行社交互动的平台。顾塞尔·拉乌与汀托（Goodsell Love, Tinto, 1995）认为，"特别重要的是在规模较大的高等院校中，学习共同体能让学生相互协助，这正是顺利完成大学过渡适应期的重点内容之一：熟悉大学学习生活和人际交流"（p.85）。

正如本尼特（Bennett, 1999）指出的那样，学业指导教师是唯一能够胜任学习共同体建设的关键人物。他明确了学习共同体设计与实施中要实现的六种职能。这些职能的实现得益于学业指导者的专业知识技能以及他们在相关工作中的投入。比如，决定学习共同体的结构；协助学生选择合适的学习共同体；选拔朋辈学业指导学长；帮助管理项目；主持学生如何获取成功方面的研讨课并使研讨课成为学习共同体的一部分；帮助确定共同体中学生和教师的支持需求（p.72）。因为学业指导教师在协助学生与高等院校建立联系上处于绝佳的位置，所以他们参与学习共同体能够为项目获得预期的成效做出重要的贡献。

学业指导教师的确在许多学习共同体中发挥着关键作用。在拉瓜地亚社区学院的新生大楼中（Schein，1995，p.87），三位任课教师和一位学业指导教师组队共同负责教导一组学生。这些学生被分为了三个课程小组。学业指导教师以研讨课的形式对这组学生进行学业指导。任课教师和学业指导教师定期召开会议讨论学生的学业进展情况。最后，这个四人学业指导小组负责实施和解读学习技能测试、传授学习技能，并为下学期学生的注册提供指导。在沃福德学院，库、坎齐、舒赫和惠特（Kuh, Kinzie, Schuh and Whitt, 2005）观察到，"一年级学生通过自己所在的学习共同体（LC）建立自己的身份认同，就像他们经常声称自己属于某一学生联谊会（Greek Organization）那样"（p.144）。显然，这些学生团队具有把学生与高等院校、教师、学业指导者以及学生彼此之间联系起来的潜能。

在学生宿舍提供学业指导

学习共同体特别适用于走读制学校，帮助学生与同辈之间建立有价值的关系。然而，在寄宿制大学校园里这种结构也自然地存在并被用于创建指导团队。根据施恩（Schein, 1995）的观点，学校宿舍为解决"发展型学业指导所倡导的传授生活技能的难题提供了一种可行的解决方案。宿舍环境在促进学生和指导者之间的互动上具有极大的潜力。当朋辈支持已经融入参与者的社会结构中时，大学宿舍环境将推动团体学业指导的开展"（p.120）。为了使这种方法生效，必须有意识地采取一些辅导干预措施。一些高等院校在学生宿舍设有学业指导办公室；有的高校则会安排指导者在每周的特定时间在宿舍开展团体学业指导，或建立了"随叫随到"学业指导服务系统。

高年级顶点课程

团体学业指导不仅对新生兴趣小组中刚进入大学的、处于重要转型期的一年级学生特别有帮助，而且对处于大学生涯最后一年的毕业生也十分有用。例如，高年级顶点课程（Senior capstone courses）就提供了类似的机会协助学生完成从大学到工作世界的另一关键转型。像新生研讨课老师那样，一位年长的顶点课程教师不仅要担任课程教师一职，同时还要充当学生们的指导者。在课程中，学生们对即将毕业的担忧和兴奋的分享为他们顺利完成转型营造了一个支持性的环境。邀请不同职业的校友及个人担任顶点课程的团体学业指导者有助于学生顺利迈入下一阶段的生活。就像大三和大四的学生可以在新生研讨课上担任朋辈导师一样，这些来自不同职业的校友和个人则可以帮助毕业生顺利从大学校园过渡到社会生活。

为特殊人群提供团体学业指导

提供团体学业指导的方法包括为可能有特殊需求的学生群体提供小组活动体验。例如，许多高等院校成功地通过定期举办小组会议来满足试读学生的学业指导的需求。这些小组研讨会通常由心理咨询师、教师学业指导师或专职学业指导师带领。为这些学生举办小组会议有很多重要的目的。首先，团体学业指导领导者要帮助学生理解自己被要求试读的常见原因。这样做的目的是帮助学生部分实现自我认识，并为自己的行为负责。但是，指导者还应协助学生制定可以获得成功的策略。在这些群体中自尊问题显得特别重要，因为感到学习困难的学生往往十分自卑。慢慢结识小组中的其他成员是非常有益的。这样学生会意识到他们并不是在孤军奋战，其他人也正面临着相同的挑战。组内学生之间的互动是学生建立自尊、制定可实现的目标以及相互督促实现目标的重要因素。比起因学业困难而组成一个团队给学生所带来的羞耻感，试读生团体学业指导所具备的以上优势显得更加重要。

荣誉学生是另一种可能从团体学业指导中受益的特定群体。虽然这些学生成绩都很优异，但是，他们照样可以从与荣誉学生项目同辈的相互交流中受益匪浅。共同讨论课程作业、建立友谊并与教师学业指导师进行非正式会面都会为荣誉学生的课堂学习经历增添有价值的内容。小组会议所具备的这些优势也适用于其他特定群体。比如残疾学生、少数民族群体、国际学生以及复学的成年人学生全都可以从经常举办的小组会议中受益。这不仅是一种信息共享的手段，也是与同伴建立友谊的一种途径。

另外两类适合使用团体学业指导的学生群体分别是自我学业加压过重的学生[①]和专业未定的学生（探索期学生）。从现实的角度来看，为自我学业加压过重的学生提供团体学业指导，有助于缓解为大量学生提供学业指导服

---

① 自我学业加压过重的学生（Oversubscribed Students），通常指选课过多或同时进行的学习任务超过了个人时间和精力所能承担的学生。

务带来的后勤保障问题。利用团体学业指导提供信息可以对个别指导形成补充，学生能够在团体学业指导的小组研讨会中得到其他同学分享的关于学习进度把控的信息。

团体学业指导也适用于仍未决定专业的学生。除了为他们提供机会探索各种可选专业、在决策过程中接受帮助之外，小组研讨会还可提供一种关注兴趣、价值观和动机的非认知评估手段。这些小组研讨会打消了未确定专业和探索期学生的疑虑。事实上，对专业和职业方向感到困惑的人，并非只有他们。未能被所选专业录取的学生也可使用团体学业指导。那些被自己首选专业拒绝的学生，如果知道有其他人也同样面临着需要制订替代计划的话，他们可能会感到更安慰一些。指导者可以与这些学生一起，帮助他们探索可行的选择、收集相关信息、根据其他可能录取的专业做出明智决策。学生如果能获得这种帮助，则可能不会因为未被录取到某个特定专业而选择离开这所大学。

团体学业指导的另一种形式也很奏效，特别适用于特定群体，那就是聊天室。在小组研讨会之后，参与者可以继续在网上进行沟通交流。聊天室使得学生能够与小组其他成员和教师保持联系。学生可以对小组研讨会提出反馈和意见，或者是提出下次会议可讨论的问题或主题。有些学生最初在小组会议上不愿提出问题或意见，这些"虚拟"小组是一种很好的方式，使他们也可以参与讨论。学生也可在聊天室提问或回答他们想到的内容。随着辅导形式越来越依赖于科技，我们会看到聊天室的增加实际上是团体学业指导模式的延伸。此外，现在的指导者越来越多地使用邮件讨论组、电子通信、即时通信软件及其他电子联络方式（详见第十九章，了解更多有关科技与辅导的信息）。

团体学业指导获得成功的关键

在期刊《新学业指导教师》（*A New Adviser's Journal*）中，帕特里克·林奇（Patrick Lynch, 2005）透露道，"在我必须真正这样做之前，我是团体学业指导的拥护者。但现在我不知道该对团体学业指导作何感想"（p. 3）。部分学生的态度问题和出勤率是他遇到的最主要的两个难题。显然，并非所有的学生都适合团体学业指导的环境。因为学生们对同一种教学方法的反应是各不相同的。关于出勤率的问题，伍尔斯顿与瑞恩（Woolston and Ryan, 2007）认为只有三种方法能保证出勤率：强制学生参加并要求签到；在学生参与团体学业指导之前不接受其个别学业指导的申请，或是说服学生相信参与团体学业指导是非常值得的。还有一些方法可用于促进团体学业指导获得成功。伍尔斯顿与瑞恩提供了许多实用技巧来提升团体学业指导的效率（p.20）。对学业指导者而言，学着使用这些技巧将不失为明智之举。第一步是适当规划。与课堂教师需要备课一样，学业指导教师也必须花费一些时间来准备团体学业指导的内容。学业指导教师需要做以下准备工作：

- 找到一个适合团体学业指导的场所。
- 通过多种方式向学生通知团体学业指导信息，例如邮件、校报或有策略地放置传单等。
- 准备学生随后可参考的材料与讲义（例如工作表、课程手册、重要日程安排及校园资源列表）。
- 制定明确的团体学业指导研讨会议程。考虑下列问题：今天研讨会的主要目的是什么？研讨会将使用的材料及涉及的内容是否匹配计划的时间？指导者还应预测学生可能提出的问题并确信做好了提供准确答案的准备。

此外，指导者需要了解促进小组研讨会获取成功的策略。首先，自我介绍和破冰活动对营造一个让学生感到舒适的气氛来说至关重要。但是，温斯顿、波尼、米勒与达吉利（Winston, Boney, Miller and Dagley, 1988）也曾告诫道，用于缓解焦虑的破冰活动经常被滥用。破冰活动的目的不是娱乐，而是应该直接与小组目标建立起关联，能够加强学生对于小组的认同感（p.132）。有助于团体学业指导获取成功的其他关键因素，还包括记住并经常使用所有小组成员的姓名（姓名卡片非常有用），在指导者与学生之间，以及小组成员之间营造一种信任与尊重的氛围，并且不允许任何一名小组成员霸占了提问或讨论的机会。

学业指导教师还应该重视同样适用于个别学业指导的一些注意事项。例如，学业指导教师应该从学业指导较为广泛的目标——协助学生建立适当且富有意义的学习计划——开始组织讨论。在帮助学生理解和认识学业指导的价值和目标之后，学业指导教师应将问题转向与课程安排或专业学习要求相关的更具体的问题。学业指导教师应避免直接给出所有答案，而应该鼓励学生自己思考。当然，学业指导教师需要在决策过程中提供指导，但总体目标是帮助学生做出明智的选择并对自己的选择负责。如果学业指导教师仅仅是以讲课的方式给学生宣讲相关的内容，那效果将会明显差于他更多地以教练的角色与学生进行互动所达到的效果。高效的学业指导者与优秀的教练有一个相同的特质，那就是具备激励和鼓励学生的能力。大学生活，特别是在与工作和家庭责任交织在一起时，可能会给学生带来较大的压力。团体学业指导教师可以是学生很好的倾诉对象，帮助他们缓解压力，解答困惑。

团体学业指导者也必须意识到与校内其他部门合作的必要性。对于个别指导及团体学业指导者来说，熟知校内的所有资源并在必要时进行适当的转介也同样重要。为了正确转介学生，指导者必须对所有可用资源有所了解，同时也应该熟知小组成员的需求。例如，如果某个学生与小组其他成员遇到了困难，或他看起来特别不合群，那么指导者应该向其他学生了解情况，也许需要把这个学生转介给心理辅导中心。

在小组研讨会结束时的总结阶段，最重要的是学业指导者要鼓励学生继续保持与自己的联系。许多问题可以通过邮件或电话得到有效处理。但是，有时也会有学生在研讨会结束后的确需要学业指导教师的个别指导。艾伦（Allen，2002）以匿名戒酒者协会（Alcoholics Anonymous，AA）成员既参加集体研讨会，又同时接受某一位帮助者的个别督导的实践为例，通过对比得出，必要时团体学业指导应该与个别学业指导相结合。在小组研讨会中，学业指导者应该始终鼓励学生通过个别指导解决那些可能不适于在团体学业指导中解决的问题或疑虑。此外，向学生提供一些具体的跟进策略可能会更有帮助。比如要求学生参加个别指导，同时要求学生写好要和学业指导教师讨论的问题。应该向学生反复强调，学生需要为个别学业指导提前做好相应的准备工作。这是让学生真正明白学业指导是学业指导教师和接受指导的学生共同的责任的重要途径。由于小组研讨会通常会实现破冰的目的，所以参加过团体学业指导的学生在接受个别学业指导时，可能会比没有参加过团体学业指导就接受个别学业指导的学生要感觉舒服得多。

团体学业指导的评估

和所有学业指导服务一样，评估是团体学业指导的必要组成部分。当然，应该征求团体学业指导者关于团体学业指导的有效性和他们在指导过程中的作用的意见。团体学业指导项目的负责人或管理者应对项目进行形成性评价和总结性评估。形成性评价是持续性的。在团体学业指导项目进行的过程中判断其有效性，还可以有机会在中途对项目进行改进，这样对参与者大有裨益。可以通过参加团体学业指导学生的书面或口头反馈，以非正式的方式收集评估信息。相比之下，总结性评估通常更为正式。总结性评估通常在项目结束时进行，主要关注项目的具体产出和对项目有效性的最终评价。管理者可使用总结性评估来判断项目的有效性，并决定是否要继续。对于评估团体学业指导的价值来说，形成性和总结性评估都发挥着重要作用。

在评估团体学业指导的可行性时，必须考虑学校中的三个利益群体——管理者、学生与教师。各方在团体学业指导服务中都存在既得利益。从管理者的角度看，团体学业指导有助于解决资源有限的问题，并且同时可提供有效的学业指导服务。此外，团体学业指导也与学生在册率密切相关，因为团体指导让学生与一群同伴和导师都建立了联系。这些联系对于使学生对学校产生感情来说是非常宝贵的。而这正是影响学生在册率的关键因素。

参加团体学业指导的学生有机会与同伴和指导教师沟通交流，这种交流是适应校园生活最重要的促进因素之一（Bean，1985）。对于学生来说，在校园里感到不再孤单是参与团体学业指导的另一种有影响力的额外收获。另外，参加团体学业指导消除了某些学生与教师进行个别指导时可能出现的恐惧感。

教师认为团体学业指导与自己的利益密切相关主要是因为时间问题。因为目前大部分学业指导工作仍是由任课教师承担的。由于学校对教师有着教学任务、科研产出以及其他社会服务等多重要求，因此许多教师把团体学业指导视为有效利用时间的良好策略。团体学业指导能使教师免于不断重复相同的以致令人厌倦的内容，同时还具备其他优势。理想情况下，教师会被引导去发现课堂教学和团体学业指导之间的相似之处。学业指导大纲的使用对形成"学业指导即教学"的理念非常有用。类似于课程教学大纲的学业指导大纲包含了学业指导的目的及意义，以及与学业指导相关的活动和任务的时间表。学业指导大纲可协助指导者从整体的角度审视学业指导，并对学生阐释清楚学业指导的目的与意义以及对学生学习收获的预期。例如，作为"学业指导即教学"的结果，学业指导者希望学生通过学业指导最终了解什么、能够做什么并且重视什么。

结语

尽管学业指导者与被指导者之间的关系，最为常见的是在持续性的一对一的个别学业指导中建立起来的，但在高等院校的全部学业指导项目中团体学业指导模式确实存在。埃里克森与施特勒默（Erickson and Strommer, 1991）认为，"团体学业指导并不像有些人担心的那样会使学业指导变得没有人情味。相反，它对一对一的个别学业指导形成了有力的补充。团体学业指导的研讨课具备众多优势，有利于培养学生建立共同的学业兴趣，促进学生对职业与个人问题展开深入探索并鼓励学生更多地探讨学业问题"（p.191）。团体学业指导并不能满足学生所有的指导需求，但它理应在综合性学业指导体系中赢得一席之地，因为这一模式为学业指导教师和学生都带来了诸多益处。显然，教师在团体学业指导的环境中可能更倾向于关注学业指导和教学之间的相似之处。当团体学业指导得到了适当的重视和技术准备并运行良好的时候，它的确可以实现提高学生在册率，解决时间和资源紧张的问题，对一对一学业指导形成补充，以及改善学生对学业指导的整体体验。

References

Allen, C. M. (2002, September 23). What can academic advisors learn from Alcoholics Anonymous? The Mentor. Retrieved August 2007, from www.psu.edu/dus/mentor.

Bean, J. P. (1985). Interaction effects based on class level in an explanatory model of college student dropout syndrome. American Educational Research Journal, 22 (1), 35-64.

Bennett, J. W. (1999). Learning communities, academic advising, and other support programs. In J. Levine (Ed.), Learning communities: New structures, new partnerships for learning. (National Resource Center Monograph Series, no. 26.) Columbia: National Resource Center for the First-Year Experience and Students in Transition, University of South Carolina.

Bentley-Gadow, J. E., & Silverson, K. (2005). The sequential advising model for group advising: Modifying delivery venues for freshmen and transfer students. National Academic Advising Association Clearinghouse of Academic Advising Resources Web site. Retrieved August 2007 from http://www.nacada.ksu.edu/Clearinghouse/AdvisingIssues/Group.htm.

Chickering, A. W. (1969). Education and identity. San Francisco: Jossey-Bass.

Crookston, B. B. (1972). A developmental view of academic advising and teaching. Journal of College Student Personnel, 13, 12-17.

Erickson, B. L., & Strommer, D. W. (1991). Teaching college freshman. San Francisco: Jossey-Bass.

Goodsell Love, A., & Tinto, V. (1995). Academic advising through learning communities: Bridging the academic-social divide. In M. L. Upcraft & G. L. Kramer (Eds.), First-year academic advising: Patterns in the present, pathways to the future. (NACADA Monograph Series, no. 3.) Manhattan, KS: National Academic Advising Association.

Gordon, V. N. (1988). Developmental advising. In W. R. Habley (Ed.), The status and future of academic advising: Problems and promises. Iowa City, IA: American College Testing Program.

Grites, T. J. (1984). Techniques and tools for improving advising. In R. B. Winston, Jr., T. K. Miller, S. C. Ender, & T. J. Grites (Eds.), Developmental academic advising. San Francisco: Jossey-Bass.

Habley, W. R. (Ed). (2004). The status of academic advising: Findings from the ACT Sixth National Survey. (NACADA Monograph Series, no 10.) Manhattan, KS: National Academic Advising Association.

Kuh, G.D., Kinzie, J., Schuh, J.H., & Whitt, E.J. (2005).Student success in college: Creating conditions that matter. San Francisco: Jossey-Bass.

Laufgraben, J. L. (2005). Learning communities. In M. L. Updegraft, J. N. Gardner, & B. O. Barefoot (Eds.), Challenging and supporting first-year students: A handbook for improving the first year of college. San Francisco: Jossey-Bass.

Light, R. J. (2001). Making the most of college: Students speak their minds. Cambridge, MA: Harvard University Press.

Lynch, P. C. (2005, September 27). A new adviser's journal. The Mentor. Retrieved August 2007 from www.psu.edu/dus/mentor Rice, R. L. (1989). Commuter students. In M. L. Upcraft & J. N. Gardner (Eds.), The freshmen year experience: Helping students survive and succeed in college. San Francisco: Jossey-Bass.

Schein, H. (1995). University residence halls in the academic advising process. InR. E. Glennen & F. N. Vowell (Eds.), Academic advising as a comprehensive campus process. (NACADA Monograph Series, no. 2.) Manhattan, KS:

National Academic Advising Association.

Tinto, V. (1993). Leaving college: Rethinking the causes and cures of student attrition (2nd ed.). Chicago: University of Chicago Press.

Tinto, V., Goodsell Love, A., & Russo, P. (1994). Building learning communities for new college students. University Park, PA: The National Center on Postsecondary Teaching, Learning and Assessment.

Winston, R. B., Boney, W. C., Miller, T. K., & Dagley, J. C. (1988). Promoting student through intentionally structured groups. San Francisco: Jossey - Bass.

Woolston, D., and Ryan, R. (2007). Group advising. In P. Folsom, & B. Chamberlain (Eds.), The new advisor guidebook: Mastering the art of advising through the first year and beyond. (NACADA Monograph Series, no. 16.) Manhattan, KS: National Academic Advising Association.

第十九章

学业指导的实施：应用新科技

迈克尔·J. 莱纳德

科技正在并将持续对学业指导产生深远影响。事实上，在过去的十年里没有什么有新兴科技的引入那样对学业指导产生了如此深刻的影响。

此外，没有什么能比科技的发展更为迅猛。这本书的第 1 版发行于 2000 年。从那之后，2001 年 iPod 问世，2004 年 Facebook（社交网站）诞生，紧接着 2005 年 YouTube（视频共享网站）横空出世，2007 年出现了 iPhone 手机。当时手机的使用并不像现在这样普遍，在学业指导中使用即时通信的情况很少见。而现在，所有这些科技对高等教育的学业指导和其他形式的教学正在（或将要）产生重大影响。

本章将会阐述如下内容：（1）概述科技在学业指导中的应用；（2）关注科技在学业指导支持系统中的应用，例如学生信息系统及学位审核系统；（3）解决学业指导实施过程中的技术支持问题，包括即时通信与社交网络；（4）研究科技在学业指导项目中的应用趋势。

学业指导中技术应用概述：一种全新的数字鸿沟

"数字鸿沟"这个术语往往指的是可获取技术（尤其是计算机与互联网）的人与不能获取技术的人之间的差距。这种分化往往源于社会经济或种族界限。尽管在大学的各类学生群体中学生使用他们可获取的技术的频率可能存在一定差异，但是，至少在当今的大学生群体中这种鸿沟似乎已经不复存在（Among Freshmen, a Growing Digital Divide, 2005）。

数字原住民（在科技环境下生长的人）和数字移民（在生活里或职业生涯中逐渐接触到科技的人）之间似乎存在着不同的数字鸿沟（Prensky, 2001a）。在当今的高等教育中，数字原住民，主要指传统年龄段的学生，而学业指导教师通常是数字移民。普雷斯基（Prensky，2001a）假定，数字原住民思考和处理信息的方式从根本上与前人不同。普雷斯基（Prensky，2001b）甚至做出进一步的推断，数字原住民的大脑构造与数字移民的大脑在生理上存在不同。这就好像学生与学业指导教师具有不同的文化背景，讲不同的语言一样。所以，毫无疑问地他们喜欢的学习方式也不尽相同。

正如利普舒尔茨与莱纳德（Lipschultz and Leonard，2007）所描述的那样，数字原住民"习惯于高速接收信息，同时或并行处理信息，倾向于多个任务，更喜欢随机获取（即非线性）信息，并且渴望频繁交流"（p.73）。相反，数字移民"习惯于以缓慢而谨慎的方式接收信息，逐步处理信息，倾向于一次只做一件事情，更喜欢线性获取信息，对讲课习以为常"（p.73）。这可能解释了一些年长的学业指导教师难以接受并适应新科技的部分原因，而年龄较小的学生只是把这些技术当作生活的延伸。

在微软美国全国广播公司（Microsoft National Broadcasting Company，MSNBC）时期，波普金（Popkin，2007）引用了MTV副总裁安德鲁·戴维森（Andrew Davidson）的话："年轻人并不是把'科技'视为独立于自己的存在，而是看作自己生命中的有机组成部分。和（年轻人）讨论科技在他们的生活中扮演的角色，就像是在与20世纪80年代的孩子们谈论在公园荡秋千，或是电话在社会生活中的作用一样——科技是隐形的"（p.4）。

如果数字原住民（学生）具有不同的思维方式，并且与数字移民（学业指导教师）的学习方式不同，那么学业指导教师要想制定出有效的指导项目和找到接触（教育）学生的最佳方式则需要认真考虑学生的学习方式。

科技究竟有何益处？

尽管有反对技术进步者，然而科技本身没有好坏之分。但对科技的使用存在合适或不妥的区别。何时在学业指导中使用科技较为适宜？当科技促进学业指导者与学生之间的关系时，科技也通过加快、简化或增加信息获取方式，从而将学业指导提高到了一个不仅是提供信息的水平。NACADA前主席埃里克·怀特（Eric White，2005）认为，"我们谈论计算机的强大功能以及科技如何使我们得到解放……我们现在必须做的就是，充分利用科技带来的自由以及践行学业指导的内在承诺"（p.2）。

一些学业指导教师较好地适应和利用了科技的发展——他们对科技的进步感到满意，也乐于使用新科技，并且他们发现科技也能促进自己与学生之间的关系。而另一些学业指导教师则十分痛恨科技。那么，作为数字移民的学业指导教师应如何处理他们对利用科技来工作的畏惧或厌恶呢？也许，在NACADA学业指导与科技分委员会于2000年开展的一项关于学业指导中的科技问题的调查中，有一位调查对象给出了最佳答案（Leonard，2004）："我意识到（科技时代）即将来临，并且将会在未来的指导项目中扮演不可或缺的角色……我认为自己有义务对我的学生和职业负责，并且尽全力学习并尝试使用这项科技"（p.31）。

莱纳德（Leonard，1996）写了一篇关于解决（当时）现在与未来的在线学业指导应用的预测性文章。他在其中写道：

> 这些计算机辅助学业指导模块的目标之一是通过强调学业指导在教育过程中的重要意义来促进学业指导教师和学生之间的关系，通过预测并管理传统学业指导中出现的一些日常活动（例如，提供基本的信息和转介）使学生更好地与指导者沟通，从而把普通的学业指导中的会谈变成更有意义、更具实质性内容的互动。计算机辅助学业指导模式比传统学业指导有更明显的优势，其中包括：便利性（无须预约，也无须等到上班时间），可用性（一天24小时皆可提供指导），易达性（可访问世界上任何地方），准确性（即时更新系统——信息来源广），匿名性（以防学生对个别指导感到不安），一致性（以统一的方式向所有学生解释政策与规定），以及专家共识性（集体的意见，许多指导者的知识、经验以及共同看法都可用于学生的辅导中）（p.49）。

运用科技支持学业指导系统

用于学业指导项目的网站

在过去十年中，互联网可能是对学业指导产生影响最大的科技。而现在，大多数学生和学业指导教师只需点击高等院校网站即可找到学业信息。学校学年大事表、学术政策与规定以及学业指导手册等，过去只有印刷版，而现在任何人都可以使用个人电脑通过网络访问。

高等院校、学院以及学业指导中心应仔细考虑学生可能需要的学术信息，并且应该尽量用便于访问、浏览和理解的方式向学生呈现信息。根据斯蒂尔和麦克唐纳（Steele and McDonald，2003）所言，"关于这些服务的开发、选择与实施，在校内需求分析讨论中考虑学业指导教师的意见是十分重要的"（p.1）。个别学业指导教师可能也想开发自己的个人网页作为一种与学生保持在线联系的方式。有关优秀学业指导网站列表，请登录 http：//www.nacada.ksu.edu/Awards/EPub_ Winners.htm 查看 NACADA 学业指导技术创新奖获得者的相关信息。

学生信息系统

学生信息系统（SIS）是一个大规模的、全校范围内的程序，主要提供学生相关特征信息的在线记录（成绩报告、成绩单、课程进度、指导记录）以及学习进程（选课、课程退选与加入、课程中间退选、退出课程以及专业申报）的管理。提供给学业指导教师的具体功能可能包括：在线辅导名单、获取辅导笔记以及纸质文件的电子扫描版。有关学生的具体功能可能包含助学金资助情况汇总和学费缴纳情况。

尽管一些高等院校已经自己开发了专门的学生信息系统，或者改版了一些商业软件，但是仍然有许多高等院校选择使用商业化的 SIS 系统，例如 PeopleSoft 或 Banner。这类系统的主要优点在于除了能够获取学生的学习成绩之外，还能够保证信息的完整性和一致性。也就是说，使用这类系统的高等院校能够共享学业及学生信息数据库，并使得高等院校更容易进行数据管理。

虽然选择、安装与学习使用新的 SIS 系统可能会是一段痛苦的经历，但刚开始出现的不足和缺陷，通常会随着时间的推移而渐渐消失，从而更有效地获取学生记录与掌握学生发展进程。

学位审核软件

根据麦考利（McCauley，2000）的说法，学位审核软件"把已完成的课程作业与各项学位课程要求相匹配，跟踪学生从选择专业到获得学位的学业进展"（p.240）。这种匹配的结果（审核）可显示在屏幕上或打印成纸质文档。除了列出必修课之外，学位审核还可能包括其他要求（如专业入门要求、课程成绩与平均学分绩点）。学位审核使用不同的代码、颜色或图形来表明哪些要求已完成或需要完成。

大多数审核软件允许学生做"如果……将会怎样"的审核，以查看他们已经取得的课程学分（在某些情况下，要包括即将到来的学期或期限内想修的课程）满足相应专业学习要求的情况，包括且不仅限于他们已经注册了的专业。这对正在考虑更换专业的学生与专业未定的学生特别有帮助。尽管学位审核程序规定了对学生入学到毕业整个进程的持续评估，但他们通常具有足够的灵活性，可以因为个别学生以及特殊情况而允许替代方案和例外情况。

市场上可买到的学位审核软件包括 Degree Audit 与 Review System（DARS）、Degree Navigator 以及 Oracle / PeopleSoft。一些高等院校已经开发了自己的学位审核软件或者安装了商业软件。

学位审核软件使学业指导者摆脱了人工审核的痛苦，过去他们需要人工评估学生在满足毕业条件方面的进度情况。审核软件使学业指导者有机会把评估学生进展作为一个出发点引发更深入的讨论，而不再是仅仅利用学业指导中的具体事件与内容。

转学与衔接系统

转学与衔接系统"旨在减少学分评估人员所花费的时间，并为所有学生提供一致准确的课程学分等同数据（无论参加的高等院校数量的多少）"（McCauley，2000，p. 243）。一些州拥有遍及全州的衔接系统，便于学生明确州内任何一所学院或大学的课程学分是如何转移到其他学院或大学的（ASSIST，n. d. ）。这种州内的合作协议在社区学院以及四年制公立大学尤为常见（Verginia's Community College，n. d. ）。

一旦签署了课程学分互认协议，各参与院校就应把相应内容公布出来，并提供给学生和指导者。课程相关信息最好是在线发布而不是以印刷形式呈现，后者很可能迅速过时。

职业指导项目

学业指导人员、职业指导人员与学生，现在都可以使用基于计算机的各种职业生涯规划工具。职业指导规划程序，例如 DISCOVER（www. act. org/discover）和 SIGI PLU（www. valparint. com/sigi. htm）以及自我评估工具，比如 Self-Directed Search、Myers-Briggs Type Indicator 以及 Strong Interest Inventories 都是通常可使用的在线工具。

职业指导规划可能包括以下一项或多项内容：学生兴趣、能力与价值观的自我评估；学生人格类型的自我评估；把学生自我评估与相关专业及职业相匹配；关于工作的一般信息；专业及职业的数据库；以及职业生涯决策策略。

学生通常会误认为职业规划指导会告诉他们应该做什么或应该成为什么样的人，尽管学业指导者和职业指导人员已经明确表示这并非是课程的目的。当调查与测评结果呈现为一条平坦曲线时，一些没有明确兴趣的学生可能会感到很失望。然而，这只是简单地证实了学生在任何一个领域都没有特别强的兴趣，因此无法与特定的专业或职业相匹配。

网络研讨会

网络研讨会是一种基于网络的研讨会，参加者可以位于世界上任何地方，使用网络浏览器来聆听和观看由演讲人（或演讲组）提供的现场展示，演讲者也可以位于世界上任何地方。网络研讨会也被称为网络直播或网络会议，通常包括音频和静态图片；也可能包含实时视频或动画，尽管一些参与者可能由于网络连接速度较慢而无法观看实时视频。网络研讨会允许参与者通过在线输入问题或语音与演讲人进行交流。一种单向交流的网络研讨会（即演讲人可以与参与者"交谈"，但参与者无法做出回应）被称为网络直播。

一些网络研讨会可在线存档，以便随时可以再次观看，这对于不能参加现场直播的人来说特别有帮助。网络研讨会也可以存在 CD 与 DVD 上，尽管可以这种方式存档，但观看的人不能与演讲人进行互动。

用于支持学业指导实施的科技

本节简要描述了几种科技。表 19.1 提供了针对每项科技的学业指导程序建议以及与学业指导相关的优缺点及注意事项。

即时通信

即时通信（通常缩写为 IM，Instant Messaging）指的是两个（或更多）人通过网络进行"即时"沟通。与电子邮件类似，IM 主要是以文本为基础的沟通方式，其中一个人在个人电脑上输入消息后发送给另一个也同样在线的人。那个人会立刻收到消息，并回复发件人，发件人也会立刻收到回复。

由于用户无须时刻检查是否有新消息出现（正如通常使用电子邮件的那样），实际上沟通是即时的。

社交网站

社交网站，例如 Facebook（www.facebook.com）和 MySpace（www.myspace.com）等个人在线网站，通过该网站人们可以上传照片、填写个人资料（讲述各自的兴趣、宗教和政治立场等）以及与该网站其他成员交"朋友"（通过该网站）。这些网站使得几乎所有人在不懂如何创建或发布网页的情况下，能够创建一个网站呈现给别人。个人成员有权限管理哪些人可以查看他们的个人信息和照片，同时还可以加入网站，成为网站成员，便于其他人在网站上找到他们。这些网站已成为大学生之间十分流行的一种沟通方式，不仅适用于自己的学校，也可以与其他高校的朋友或同学保持联系。

根据克兰（Crane，2007）所言，"当今，超过一半（54%）的大学生每天都会访问社交网站。事实上，社交网站是当今大学生与朋友保持联系（27%）和与老朋友重新联系（31%）的首选方式（p.4）"。

电子邮件与专题通信服务

卡尔内瓦莱（Carnevale，2006）在《高等教育纪事》的一篇著名文章（E-mail Is for Old People）中写道，传统年龄段的大学生现在把电子邮件视为一种过时的技术，他们更喜欢使用即时通信以及社交网站作为联系朋友和其他人的方式。相反，高等院校把电子邮件看成一种快速、方便且廉价的可向学生传递信息的一种有效方式，通常每周能发送几千封电子邮件。这是数字原住民和数字移民之间在期望和工作模式方面存在差异的另一个例子。

专题通信服务或多个电子邮件地址列表是一种有效的方式，可以同时发送给选定人员，而且通常涉及的人数众多。通过向"列表"发送一封电子邮件，列表中的所有电子邮件地址都将收到相同的邮件。（从技术上讲，LISTSERV是L-Soft公司的特许商品，但术语LISTSERV一词通常用于指代电邮列表或管理列表的软件。）

专题通信服务可用作单向传送工具（只有列表服务器的管理员可以向列表中的地址发送信息）或作为在线讨论工具（任何人都可以向列表中的地址发送信息，这些信息可用于提问、获得答案以及讨论感兴趣的话题）。

表 19.1　科技、学业指导中的应用、利弊及注意事项

科技	学业指导中的应用	利弊及注意事项
即时通信	1. 用于指导者在没有固定预约时段时，与分配的学生沟通 2. 指导者在工作时间内线上回答学生的问题 3. 与言语障碍的学生进行交流，这些障碍使普通会面交流变得困难，或给学生带来压力 4. 为性格内向或沉默寡言的学生准备破冰活动。请登录：http：//communication.utexas.edu/current/AcademicAdvising/DEV75_007-369.html 获取有关得克萨斯大学在学业指导时使用即时通信工具的更多信息	1. 不能通过即时通信中的名称确认学生身份信息，无法把电邮地址关联到具体的人 2. 双方都必须知道对方的 IM 名称。 3. 应该避免涉及隐私问题
电子邮件与专题通信服务	1. 可快速、方便、高效地与某一名、某一特定群体或全体学生进行沟通 2. 可快速、方便、高效地将学业信息发布给指导团队	1. 学生往往不使用电子邮件，可能错过重要通知 2. 电子邮件通常没有可供以后查看的在线存档
社交网站	个人资料： 1. 在学生喜欢出现的地方与他们接触 2. 使学业指导教师更加容易联系上，提供一种师生不仅可以发表关于音乐、书籍和电影的品位喜好，还可以阐明学业指导哲学、学业指导时间和相关新闻等的途径 3. 为学生塑造恰当的网络行为 小组： 1. 创建专业讨论小组；Facebook 上已经有了好几个 NACADA 小组	1. 隐私：通过允许成员进行隐私设置的功能，这个问题已经得到缓解，尽管一些学生仍然保持个人资料公开的状态 2. 人物角色：在线个人资料是否能够说明这个学生的真实身份 3. 道德：指导者应该审核学生的个人资料吗？如果他或她在学生的个人资料中发现了不恰当行为的证据，那么指导者该怎么办
课程管理系统	1. 给予指导者创建网页的能力，在他不了解如何创建或管理网站的情况下 2. 通过聊天群组、邮件分组等为指导者提供一种分组辅导的途径。更多信息，请登录：普罗维登斯大学 ANGEL 网站上的"公共论坛"，网址为 http：//angel.providence.edu/frames.aspx	1. 使用一种学生将会通过课程学习而熟悉的沟通方式

（续表）

科技	学业指导中的应用	利弊及注意事项
播客	**指导者对学生：** 华盛顿大学（2007）——使用音讯播客为学生提供有关学业的主题演讲，包括学位审核系统的使用、学业指导关系以及播客的学业指导价值 **学生对学生：** 宾州州立大学本科研究部（2007年）——针对准备及正在读一年级的学生的音讯播客；主题包括对高三学生的辅导、专业探索以及学业与辅导课程之间的平衡	
手机	1. 发布重要的学业信息，就像大学管理者一直在尝试发布课程大纲、作业和截止日期一样（Fischman，2007） 2. 通过为手机特别设计的网站，提供交互式应用程序（选课、预约辅导等）	
在线定向课程	1. 针对受到地域限制的远程学生制定定向课程 2. 面向潜在的学生，尤其是那些对他们来说到校参加夏季定向课程是一笔沉重的经济负担的学生	1. 学生不能体验到校内定向课程提供的类似的互动活动 2. 院校可以节省时间与金钱
博客	1. 定期、滚动发布学业信息 2. 发布日程表、会议记录、工作进展以及学业指导的成果 3. 让学生参与学业有关话题的讨论。更多信息，请登录：北湖学院的辅导博客（http：//blog.northlakecollege.edu/advising）、布法罗大学的法律预科博客（http：//prelaw.buffalo.edu）以及托马斯纳尔逊社区学院的学业指导特别工作组博客（http：//www.tncc.edu/blogs/index.php？blog=11）	
RSS 新闻推送	1. 提供有关大学政策和程序及其他学业问题的最新信息 2. 提供有关辅导网站更改的通知 3. 对有关播客的更新的提醒。详情请参见华盛顿大学（2007）和宾州州立大学（2007）	

课程管理系统

课程管理系统（CMS 有时也称为学习管理系统），例如 Blackboard/WebC（www.blackboard.com）和 ANGEL（www.angellearning.com），用于支持任课教师的课堂教学。通常情况下，CMS 允许教师在线发布课程材料（教学大纲、日程表、作业），管理班级名单和成绩簿，在班级内建立学生团队，课下与学生聊天或者创建在线小测验。教师可以在不了解如何创建网站的情况下完成了上述所有内容。

虽然 CMS 倾向于课程驱动（即学生通过选择一门共同的课程而联系起来），但 CMS 也可用于创建其他拥有共同兴趣或相关联的人群。许多相同的课程功能（例如发布信息、管理名册以及创建测验）可以在小组中使用，几乎任何能够访问该高等院校 CMS 的人（学生、指导者、职工）都能创建小组。

播客

通常使用的"播客"这一术语指的是可以从网络上播放或下载的音频或视频文件。但是，从技术的角度来说，播客和其他在线音频和视频文件的区别在于它的用户可以订阅各种音频与视频文件。播客往往内容丰富，而许多其他音频和视频文件倾向于音乐或娱乐。每次系列节目中更新了节目（文件）时，播客会通过网络通知其用户。根据用于管理个人播客订阅的软件（例如 iTunes 或 RSS 新闻阅读器），用户可设置在每次更新剧集时自动下载，或者在收到提醒时，决定是否要手动下载。播客文件可以在线收听或观看、下载到个人电脑供稍后收听或观看、也可以下载到便携式音频或视频播放器上（如 Apple iPod）。

手机

根据哈里斯互动公司进行的一项调查显示（Crane，2007），"大学生的手机拥有率持续上升。几乎所有大学生（93%）现在都拥有手机。相比之下，2002 年只有不到七成（69%）。现在大学生大量使用手机实现语音聊天以外的功能。八成的学生（81%）使用手机进行聊天之外的事情。将近七成（69%）的大学生手机用户在手机上使用短信功能"（p.4）。在某些学校中，拥有手机的学生比率可能会更高（Fischman，2007）。

但是，高校如何才能充分利用这种普遍存在的通信设备的力量呢？根据费奇曼（Fischman）所言，"尽管前路坎坷，高校仍在不断改进，因为他们已经意识到手机是最佳且往往是唯一能够联系到学生的方式"。

在线新生适应性教育课程

通常在校内为新生举办的夏季新生适应课程也能以远程在线的方式进行。2007年NACADA学业指导科技创新奖的获奖者（路易斯维尔大学和州立大都会大学）已经创建了优秀的在线新生适应性教育课程。路易斯维尔的STOMP（在线辅导模块项目）包括一个学业适应教育视频，以幽默风趣的脱口秀形式提供有关课程的信息，如课程目录、提供指导预约、课外学习等介绍。该视频的五个部分中有一个是基于黑色电影（film noir）情节的速写，它巧妙地说明了指导者与学生之间的关系。STOMP（http：//www.s4.louisville.edu/stomp/index.html）系列的其他视频还包括通识教育、师生互动以及学业服务。

州立大都会大学的在线新生适应课程（www.metrostate.edu/orientation/portal）也使用视频。视频中添加了小测验，测试学生对讨论主题的掌握程度。这个新生适应性教育包中的模块包括专业规划、学习资源、成功策略以及注册。每个模块都有一个演讲视频，不同的演讲者负责介绍该模块的主题。例如，学业项目规划模块包括有关学位构成信息、专业探索、选择和申报专业以及申报辅修专业。

博客

最简单直观理解博客（精华版的网络日志）的方法就是将其视为在线日记或日志。博客往往是文本形式的，但可能有个人照片、视频、音频文件或图案。博客的创造性在于它允许读者在线评论一个人的（博客）文章。这些评论随后变成博客的一部分内容，然后其他人可以对此评论做出自己的评论。博客可以成为博主和读者之间的对话。现在有许多网站（例如Blogger：www.blogger.com；Blogware：home.blogware.com；以及TypePad：www.typepad.com），提供免费或低成本的空间以及用户需要写博客的工具。

RSS新闻推送

RSS（Really Simple Syndication）新闻推送（简单讯息聚合）是一种自动通知。一旦网上出现可能引起新闻用户兴趣的新事物，即可推送给新闻用户。例如，如果有人有兴趣持续了解MSNBC网站上的爆炸新闻，但不想每隔几分钟刷新一次网站来确定是否有新内容，他或她即可订阅 MSNBC 网站上的新闻推送。随即 MSNBC 会自动使这个用户得知什么时候有新闻发布。

为了订阅和阅读新闻推送，需要一款名为 RSS 新闻阅读器或新闻聚合器的软件。一些新闻阅读器是独立程序，而另一些则嵌入网络浏览器中。大多数阅读器允许一个人同时显示多个来源的新闻（例如，来自 MSNBC、《纽约时报》、ESPN 以及《高等教育纪事》，所有这些都提供了 RSS 新闻推送）。

了解更多信息，请登录 http：//www.ossite.org/collaborate/open_news/weblog.help/about-rss 网站，查看文章：《新闻推送——是什么以及如何使用?》。

未来的趋势

未来科技的一个重要趋势将是融合——把越来越多的服务整合到越来越小巧的设备中。这种趋势已经在诸如 iPhone 手机之类的产品中看到。iPhone 手机整合了移动电话服务、网络浏览器、音频和视频文件播放、数码摄影、电子邮件、短信等，所有这些都整合在一台小型的触屏的无线设备中。随着更多功能和新型功能被整合到单个设备中，或者整合到几个不同的可定制设备中，融合仍将继续发展。即使整合了附加功能，硬件和软件方面的改进将会使这些设备超级便携且花费更少。

在软件方面，未来的趋势可能是三维虚拟现实，如 Second Life（secondlife.com）。一些机构已经开始在这样的互联网世界中宣告它们的存在。如果这项技术成功开发，那么在这样的环境下似乎也应该有学业指导和学业指导者的容身之地。

就高校而言，未来的趋势应该是通过互联网提供更多的学业指导功能。例如，使用人工智能开发交互式学业指导模块是可能的。这些模块可以模拟学生与指导者就某些特定主题进行个性化讨论（如课程中间退选、退学以及选择专业）（White and Leonard，2003）。虽然许多高等院校已经为学生提供在线学位审核、成绩单、选课和平均学分绩点一览表，但很少有高等院校愿意承担使用人工智能提供指导的风险。原因很简单：开发一个基于专业知识的交互式辅导模块需要花费更长的时间，比如，与提供平均学分绩点一览表相比。

对于学业指导者个人而言，未来的趋势将会是通过多种渠道与学生进行沟通。如果期望电子邮件成为指导者日常与学生进行沟通的唯一数字化方式，那将是不可接受的或无效的。它会是一种方式——但绝不是唯一的方式。

就学生而言，未来的趋势将会是对学业指导产生更多的期望。学生会期望包括学业指导者在内的高等院校，充分使用现有技术与他们进行交流，提供学业指导项目并帮助他们找到应对教育系统的正确方法。这就是18岁的学生成长的世界。他们不知道别的世界。他们生活在数字世界，同时期望别人也这样做。

结语

尽管科技会不断变化（可能速度会比现在更快，以大多数人都无法想象的方式），但读者应该从本章中获取的主要信息是可以适当利用众多科技手段来服务学业指导的需要。如果学业指导者想要与学生进行沟通，而他们的学生一直生活在数字世界，那么指导者也需要成为这个世界的一部分。也许在这个世界，与学生沟通的最佳方式并非只有一种，而是有很多种。学业指导教师要通过各种方法适应不同的学习方式、不同的个性以及不同的交互机会。这意味着可能不仅是通过电子邮件的方式出现在学生面前，还包括即时通信工具、社交网站、课程管理系统、个人网站、播客、手机以及未来将要开发的其他通信技术的运用。学业指导教师采取的沟通方式越多，就越有可能与更多的学生进行交流。并不是每个人——特别是数字移民——都会对这种方式感到满意。但随着学业指导越来越专业化，数字移民被数字原住民所取代，将来在学业指导中是否使用科技将不再会成为问题。问题将会是如何利用好科技来促进学业指导。

References

ASSIST, (n.d.). Welcome to ASSIST. Retrieved September 23, 2007, from http://www.assist.org/web-assist/welcome.html.

Among freshmen, a growing digital divide. (2005, February 4). The Chronicle of Higher Education, p. A32.

Camevale, D. (2006, October 6). E-mail is for old people. The Chronicle of Higher Education. Retrieved September 15, 2007, from http://chronicle.com/weekly/v53/i07/07a02701.htm.

Crane, L. (2007, April). On campus and beyond: College students today. TrendsandTudes, 6 (6), 1-4. Retrieved September 15, 2007, from http://www.harrisinteractive.com/news/newsletters/kl2news/HI_ TrendsTudes_ 2007_v06_ i06. pdf.

Fischman, J. (2007, May 11). The campus in the palm of your hand. The Chronicle of Higher Education. Retrieved September 15, 2007, from http://chronicle.com/weekly/v53/i36/36a04101.htm.

Leonard, M. J. (1996). The next generation of computer-assisted advising and beyond. NACADA Journal, 16 (1), 47-50.

Leonard, M. J. (2004). Results of a national survey on technology in academic advising. NACADA Journal, 24 (1 & 2), 24-33.

Lipschultz, W. P., & Leonard, M. J. (2007). Using technology to enhance the advising experience. InM. S. Hunter, B. McCalla-Wriggins, & E. R. White (Eds.), Academic advising: New insights for teaching and learning in the first year. (NACADA Monograph Series, no. 14.) Manhattan, KS: National Academic Advising Association, pp. 71-86.

McCauley, M. E. (2000). Technological resources that support advising. In V. N. Gordon, & W. R. Habley (Eds.), Academic advising: A comprehensive handbook (pp. 238-248). San Francisco: Jossey-Bass.

Penn State, Division of Undergraduate Studies. (2007, March 23). DUSpodcasts. Retrieved December 30, 2007, from http://www.psu.edu/dus/podcasts.

Popkin, H. A. S. (2007, July 26). How technology has ruined life for our kids. MSNBC. Retrieved September 23, 2007, from http://www.msnbc.msn.com/id/19983210.

Prensky, M. (2001a, October). Digital natives, digital immigrants. On the Horizon, 9 (5). Retrieved September 15, 2007, from http://www.marcprensky.com/writing/ Prensky%20-%20Digital%20Natives,%20Digital%20Immigrants%20-%20Partl.pdf.

Prensky, M. (2001b, December). Digital natives, digital immigrants, part II: Do they really think differently? On the Horizon, 9 (6). Retrieved September 15, 2007, from http://www.marcprensky.com/writing/Prensky%20-%20Digital%20Natives,%20Digital%20Immigrants%20-%20Part2.pdf.

Steele, G., & McDonald, M. (2003). Designing a career and advising Web site. NACADA Clearinghouse of Academic Advising Resources. Retrieved September 23, 2007, from http：//www. nacada. ksu. edu/Clearinghouse/AdvisingIssues/CareerWebSite/ home. htm.

University of Washington. (2007, April 24). iHelp：The value of podcasting for academic advising. Retrieved September 15, 2007, from http：//depts. Washington. edu/advpdcst/new/wordpress/? p=13.

Virginia's Community Colleges, (n. d.). Guaranteed transfer. Retrieved September 23, 2007, from http：//www. vccs. edu/Students/Transfer/tabid/106/Default. aspx.

White, E. R. (2005, February). Academic advising and technology：Some thoughts. National Academic Advising Association Newsletter, 28 (1).

White, E. R., & Leonard, M. J. (2003). Faculty advising and technology. In G. L.

Kramer (Ed.), Faculty advising examined：Enhancing the potential of college faculty as advisors (pp. 259-284). Bolton, MA：Anker.

第四部分
培训、评估、认同和奖励

韦斯利·R.哈伯利

引言

美国大学入学测试公司（American College Testing，ACT）曾开展过六次关于学业指导的全国性调查。正如其调查结果所示，确保学业指导有效性的最关键的因素是：学业指导教师的培训、对项目及学业指导教师个人的评估，以及对学业指导教师的认可与奖励。第四部分重点论述了以上内容。

第二十章和第二十一章论述了第一个关键因素——学业指导教师的培训与发展。在第二十章中，托马斯·布朗（Thomas Brown）全面论述了实现有效的学业指导教师培训的关键要素。布朗认为，有效的培训应该实现内容、参与者、培训技巧这三者之间的平衡与融合。他重点关注了三个主要领域：概念——这是学业指导教师必须理解的知识，信息——这是学业指导教师必须掌握的内容，以及关系——这是学业指导教师必须展现的技能。在第二十一章中，帕特·福尔瑟姆（Pat Folsom）简要介绍了一些工具和资源，可用于指导学业指导工作培训师达成以上三个领域的培训目标。另外，她还提供了一个综合的培训计划。该计划既可以用作培训师对学业指导教师进行团体培训的指南，也可以作为学业指导教师个人自我培训的工具。

由于学业指导从本质上来说是一种关系，所以除非学业指导教师展示出必要的技能与学生建立并保持良好的一对一关系，否则有效的学业指导是无法实现的。在第二十二章中，罗斯特·福克斯（Rusty Fox）概述了建立关系的必备要素。他强调沟通技巧的重要性，特别是倾听和复述。最后，他通过回顾5C指导技巧来结束这一章的内容。

第二十三到第二十五章的内容是关于有效辅导的第二个关键因素：评估。由于高等教育界一直都关注对学习成果的评估，所以学业指导项目理应证明自己对学生学习做出的贡献。在第二十三章中，约翰·H. 舒赫（John H. Schuh）聚焦于美国高等教育标准促进委员会（CAS）学业指导质量标准，深入分析了学业指导在学生学习和学习成果上发挥的作用。他说明了学业指导在学生学习中的重要性，论述了学业指导如何有助于提高学生的学习收获，并且通过列举两个模拟案例说明学业指导在促进学生学习方面发挥的作用。

在第二十四章中，乔·库塞奥（Joe Cuseo）给出了一个用于评估学业指导教师个人工作的模板。在该模板中，他提供了一种循序渐进的策略，即形成评估方案、收集评估信息、分析信息以及运用评估。这一策略的使用证明了学生对学业指导教师重要性的反馈不仅仅只是反映了学生对学业指导的满意度。通过分享定性研究方法，根据教育档案分析学生行为，乔全面介绍了评估学业指导项目和学业指导教师进行自我评估的方法。

在第二十五章中，温迪·特罗克塞尔（Wendy Troxel）认为评估学业指导项目必须重点关注三个方面：效率——与所使用的资源相比，学业指导项目究竟有多少成果；效果——在多大程度上，学业指导实现了项目既定目标；以及影响——项目带来了多少变化。另外，她提出并论述了学业指导项目评估的五阶段规划模式，以指导学业指导工作实践者开展项目评估。

在最后一章，即第二十六章中，杰恩·德雷克（Jayne Drake）提出并论证了关于有效的学业指导工作认同与奖励体系的六个原则。这六个原则主要源自管理学科的学术文献。它们分别是：创造积极、自然的奖励体验；将奖励与项目目标相结合；拓宽人们的视野；整合奖励；在基本工资的基础上奖励新的贡献；以及根据工作效果的多样化的奖励形式。德雷克在本章中还讨论了NACADA协会成员对于奖励的看法的调查结果。

第二十章

学业指导教师培训和发展的关键概念

托马斯·布朗

学业指导教师就像一盏明灯，照亮了在黑暗中摸索前进的学生。各种角色的指导者——无论是教师学业指导师、专职学业指导师、心理咨询师，还是助教——他们的职责就是帮助学生立足过去，创造未来。在研究学生在册率的影响因素时，众多学生服务项目中只有学业指导被提及的次数最多（Hossler & Bean, 1990）。在社区大学中，学生与教师学业指导师和专职学业指导师的频繁互动，有助于降低学生的退学率（Deil-Amen, 2005）。

有效的学业指导需要在学业指导前和在学业指导过程中建立用于定义角色和责任的项目。从而，设定院校、项目和学生的期望，并为培养和提高学业指导者的态度、技能和行为提供机会。这些对于建立有效的学业指导者—接受指导者之间的关系至关重要。从事教学和管理的学业指导教师被希望在开始和学生一起工作之前就具备了相关的工作能力，但是，布朗和沃德（Brown & Ward, 2007）认为，只有在学业指导教师到校工作以后，学校才能挖掘培养出他们身上的很多关键技能。如果学院和大学要开展高水准的学业指导项目，则必须为所有指导学生的教职工提供完备且结构化的专业发展计划。

在一项有关学业指导需求的调查中，美国224所学院和大学的教职工，将以下内容确定为5个最受关注的学业指导主题：学业指导和在册率之间的关系、学业指导如何超越课程安排表的局限、及早发现学生需求、让教师投入到学业指导中，以及加强沟通和建立关系的技能（Noel-Levitz, 2006a）。

本章介绍了学业指导教师综合性发展计划的构成要素。除了概述内容、推荐学业指导的策略和技巧外，本章也指出了学业指导教师可与学生分享的具体内容。通过对这些内容的分享帮助学生形成关于学习和高等教育的观点、态度与价值观。学生们已经听说过很多进入大学的必备条件，学业指导教师则会帮助他们理解他们必须做什么才能顺利度过大学生涯、顺利毕业和成功走上工作岗位或新的求学之路。

本章讨论了为什么必须把建立关系和掌握信息的问题列入学业指导教师的发展计划的日程表中。然而，本章主要强调的内容其实是那些对于培养高效的学业指导教师来说必不可少的概念性的原则。在第二十二章中，福克斯总结了与学生建立有效关系的方法与技巧。在第二十一章中，帕特·福尔瑟姆详细介绍了学业指导教师在工作时需要用到的信息型工具和相关资源，还讨论了如何利用这些工具和资源来加强对学业指导教师的培训。

美国高等教育中学业指导教师发展现状

自1979年以来，ACT共开展了六次关于高校学业指导的全国性调查。这些调查的报告反映了美国高校学业指导工作的现状。在第二次调查中，克罗克特和列维茨（Crockett & Levitz，1983）发现，培训是学业指导各个领域工作的基石。随后的全国调查结果显示（Habley，1987，1993，2004；Habley & Morales，1998），缺乏对学业指导教师的培训是美国高校学业指导的主要问题之一。

教师学业指导师继续是学业指导服务的主要提供者。尽管如此，约兰达·摩西（Yoland Moses，1994）的调查发现，那些根本没有接受过培训或者只受过一些短暂培训的学业指导教师，往往无法胜任学业指导工作。根据哈伯利（Habley，2004）的调查结果，在所有高等院校中，只有不到三分之一的院校要求对全校的学业指导教师进行全方位的培训，而35%的高等院校既没有做出强制要求，也没有提供任何培训。两年制公立学院更注重对全校学业指导教师的强制性培训（42%），而四年制公立大学中只有16%的高等院校提出了这样的培训要求。

在对2000多名学业指导教师（分别来自两年制和四年制院校）的调查研究中发现（Brown，2007），只有不到三分之一的受访者认为在从事学业指导工作之前，他们做好了充足的准备或者接受了较多的培训。许多受访者表示，他们通过反复尝试，总结经验，或者从同事那里学到一些工作经验。而事实上，大多数人很可能都是以这样的方式获得学业指导相关知识的。

缺乏连贯和系统的培训，会降低学业指导项目的质量和效果。缺少对学业指导教师的培训也会导致对学业指导项目的误解。这也将会在很大程度上削弱学业指导项目和学业指导教师的地位，特别是在教师群体中的地位。虽然，高等院校通常在学年初也安排了半天或更短的时间来开展学业指导教师发展项目（Habley，2004），但是，全方位的学业指导教师发展项目应该是一个有规划的、持续的过程。在这一过程中，给学业指导教师提供必需的理论观点和实践工具，帮助他们增强对学生学习、学生学习性投入和学生成功的理解，提升相关知识和技能，从而促进学生学习，提高学生学习性投入和助力学生成功。

规划学业指导教师发展项目需要考虑的要素

按照SMART原则设置学业指导教师培训项目的目标和效果，即明确性（Specific）、可衡量性（Measurable）、可实现性（Attainable）、相关性（Relevant）和时限性（Time-bound）（Brown，1998；King，2000）。学业指导教师发展SMART目标的具体内容的例子，包括提高学业指导教师的知识水平和学业指导项目的满意度，加强学业指导教师和学生之间接触的频率并提高辅导质量，减少因犯错而延长项目的完成时间，或者增加推荐和使用能够提高学生成功的资源和服务。

学业指导教师发展项目需要考虑以下几点：

- 内容——被列入培训日程的内容。
- 听众——技能水平、经验、学业指导教师的类型（学业指导教师、专职学业指导教师和心理咨询师等）。
- 技巧和形式——以最合适的方式开展培训，最大限度地提高参训者的参与度。

无论学业指导教师是教师学业指导师、心理咨询师，还是专职学业指导师，有一些共同的要素都应被纳入他们的培训和发展计划中。这些共同的要素已被确认为概念性、关系性以及信息性的要素（Habley，1986；King，2000；Brown，1998）。

金（King，2000）注意到，概念要素包括学业指导教师需要了解他们所服务的学生，以及他们作为学业指导教师的职责。信息要素是关于高等院校政策、程序和项目的具体细节等学业指导教师需要了解的内容，熟知这些信息有利于学业指导教师为学生提供及时、准确的辅导。关系要素是学业指导教师为了实现让学生参与学业目标的设定、规划和决策所需要使用的技能和应该持有的态度。

学业指导新教师经常担心自己无法给学生提供学业指导所必需的信息。然而，学业指导教师与学生之间关系的好坏往往比他们所掌握（或者没有掌握）的信息的数量更为重要。尽管，在学业指导教师发展项目中最常见的是信息问题（Habley，2004），然而，如果学业指导项目要被视为不只是帮助学生安排课程的日常办公事务，就必须更加强调概念和关系因素。

所有的学业指导教师都应该明白，他们在支持学生价值观教育中所扮演的重要角色，不只是为了工作做准备，而是为了帮助学生区分成绩和学习之间的区别，使学生把教育看作是一个终身的过程，而大学仅仅是其中的一部分而已。

学业指导教师发展中的概念问题

学业指导教师发展项目应该先定义（或重新定义）学业指导及其与院校使命和学生学习的关系。戈登（Gordon，1992）建议，学业指导教师培训与发展项目应该纳入更多的关于学业指导历史和哲学的内容。尽管她同时也指出，虽然这些内容很少在学业指导教师培训与发展项目中涉及。学业指导项目的推动者应该回顾高等院校学业指导的使命陈述，或者学业指导的概念。这些都可以在美国学业指导协会（NACADA）资讯交流中心（www.nacada.ksu.edu）找到。

作为对学业指导做更广泛的定义的一个必要环节，学业指导教师应该得到一个框架用来指导他们与学生的合作。特里·欧班宁（Terry O'Banion，1994）提出的分级指导框架现在仍然非常适用。因为它把学业规划和决策描述为一个指导者和学生要共同经历的 5 个先后有序的步骤的连续过程：

1. 对人生目标、价值观、兴趣、能力和自身局限的探索；
2. 探索与人生目标、价值观等一致的职业/事业目标；
3. 选择项目或专业；
4. 选择课程；
5. 确定课程安排。

尽管，实践中学业指导的计划安排和预约登记往往都是从这一分级框架的最底层着手的，但是欧班宁的模式提出了一个发展型的以学习者为中心的学业指导模式。该模式从询问学习者的人生目标、价值观、兴趣等方面开始。

学业指导教师发展项目的第二个概念性成果在于，支持参与者理解并且体会到学业指导的工作不仅仅是安排课程、跟踪学生专业学习情况和毕业要求相关的学习任务完成情况这么简单。通过思考德鲁·阿普尔比（Drew Appleby）在第六章中提到的教学和学业指导之间的共同目标可以实现这一概念性成果。

苏珊·弗罗斯特（Susan Frost, 1991）认为，当学业指导被视为一个教学过程，而不是一个与课程安排相关的一次性事件时，学业指导项目将变得更有意义。沃伟尔和法伦（Vowell & Farren, 2003）指出，对于许多教师学业指导师来说，学业指导是一种地位不高的教育活动，是给工作任务已经非常繁重的教师学业指导师额外增加的负担。布朗-惠勒和弗罗斯特（Brown-Wheeler, 2003）对此现象分析总结得出，把学业指导塑造成一项必须完成的职责而不是一种教学形式，实际上可能导致了沃伟尔和法伦在前面发现的教师学业指导师对学业指导的态度。同样地，学校心理咨询师通常也并不愿意担任学业指导教师。因为他们并不认为"安排课程"等类似的工作能最大限度地发挥他们的教育背景和技能来支持学生的发展。

学业指导教师发展计划应鼓励学业指导教师认识到协助学生了解在大学里获得成功的必备条件是自己的职责之一，并帮助他们找到实现更高水平的成功的技能和习惯。学业指导教师应该被鼓励意识到这一工作的必要性，即强烈建议和支持自己所指导的学生明白坚守承诺、努力奋斗和灵活应变是成功的大学和人生都必不可少的。

对学生发展理论文献的概述应当被纳入学业指导教师发展计划的概念性要素的内容。学生个人发展所处的阶段可能会影响他们参与学业指导项目的核心内容（规划和决策）的程度。

学生发展理论应该包括成人学生学习发展理论（Schlossberg, Lynch, & Chickering, 1989; Taylor, Marienau, & Fiddler, 2000）；种族身份认同发展理论（Torres, Howard-Hamilton, & Cooper, 2003）；男同性恋和女同性恋身份认同发展理论（Cass, 1984）；以及妇女学习发展理论（Gilligan, 1982; Belenky, 1997）。相关理论概述可以由专职学业指导师、心理学或教育学专业的学业指导教师，或其他任何能够用浅显易懂的话语表达这些道理的人提供。

全国范围的和院校范围的对学业指导和学生在册率之间关系的研究结果的发表成为学业指导教师开展工作的一个强大动力。布朗和里瓦斯（Brown

& Rivas, 1994) 认为, 在强化来自多元文化背景的学生的成就和成功方面, 教师学业指导师始终冲在高等教育的一线。哈伯利和麦克拉纳汉 (Habley & McClanahan, 2004) 特别强调了 ACT 对 1000 多所高校开展的全国性调查发现的学业指导提高学生在册率的成功实践经验。他们发现, 受访者认为作为学校干预措施之一的学业指导, 无论对哪种类型的高等院校学生的在册率而言都是影响最大的因素。

学业指导教师发展项目也应该阐明学业指导教师和学生各自的责任。高效的学业指导要求学生与学业指导教师共同承担学业规划的责任, 要求学生自己找到问题的答案, 并征求学业指导教师的意见 (Frost, 1991)。学生们希望他们的学业指导教师随时都能提供帮助, 知识渊博, 并且关心他们的个人情况。学业指导教师专业发展项目必须阐明学生的期望和界定学业指导教师与学生各自的责任。

图 20.1 提供了一个在克里默 (Creamer, 2000)、林奇 (Lynch, 1989)、布朗和里瓦斯 (Brown & Rivas, 1994)、布朗 (Brown, 2006) 的理论的基础上形成的学业指导教师—学生责任共担模型。

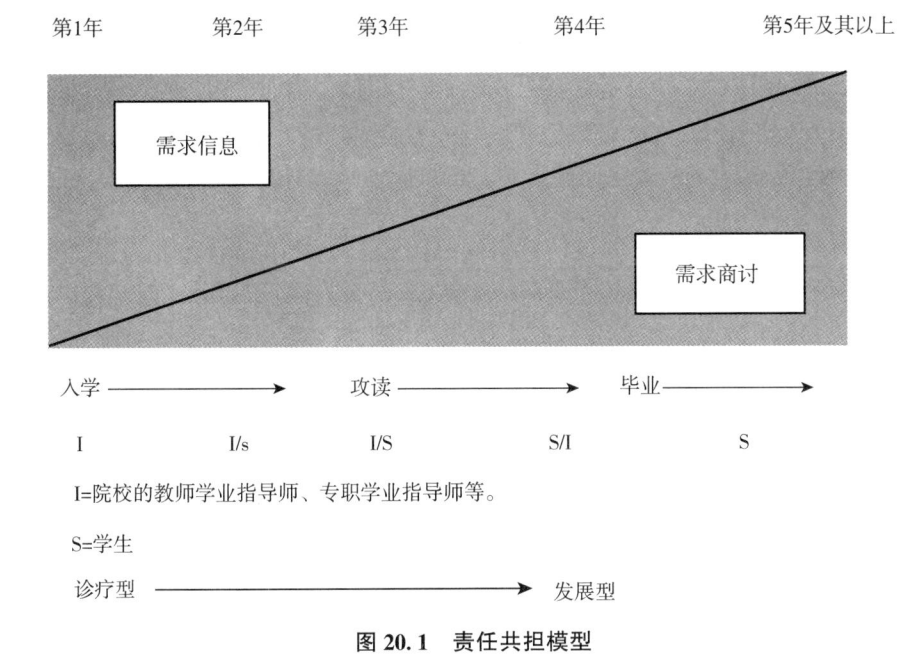

I=院校的教师学业指导师、专职学业指导师等。
S=学生
诊疗型 ——————————————→ 发展型

图 20.1 责任共担模型

该模型表明, 学业指导的需求和职责随着学生入学 (见第九章)、经历大学（见第十章）和毕业离校等不同阶段的情况而演变（见第十一章）(Lynch，1989）。克里默（Creamer，2000）指出，学生最初需要信息和指导，但当他们适应大学后，他们的学业指导需求就会转变为寻求学业指导教师的反馈意见或与学业指导教师共同进行商讨。布朗和里瓦斯（Brown & Rivas，1994）认为，面对第一代大学生、来自多元文化背景的大学生和处于高风险境地的大学生时，学业指导教师往往需要占据主导地位，指导方式应更倾向于诊疗型和指令式的，尤其是在辅导刚刚开始的阶段。学业指导教师必须主动建立指导关系，帮学生分担他们攻读大学、毕业离校所面临的责任（Brown，2006）。该模型已被应用于两年制社区学院和技术学院，将辅导的时间阶段由入学后的1—5年调整为1—3年及以后。

有效的学业指导还应该确保学生理解资源的重要性和被鼓励广泛地使用学校和社区资源。因此，学业指导教师发展计划应支持学业指导教师认识可以推荐的资源，以及学会如何向学生进行推荐。当学业指导教师明白他们工作职责的主要内容是提供有效的转介服务，而非心理咨询和职业指导时，他们会感到更加舒适和自信。

学业指导教师发展的长期项目应为学业指导教师与学生支持服务部门提供深度互动的机会，而较短的项目则应该让学业指导教师听取来自学校其他服务学生的部门员工的简要汇报。这些部门包括心理咨询、就业服务、学业支持项目（如学习辅导、辅助教学、学习技能），和服务特定人群的办公室（如学生运动员，多元文化背景学生，国际学生，女同性恋、男同性恋、双性恋和变性人学生，第一代大学生以及身患残疾的学生）。学生支持服务部门的代表应该提供并讨论信息性的材料、服务项目大纲，以及当前和未来将出现的问题。他们还应该向学业指导教师提供如何向学生推荐校园和社区可用资源的建议。

学业指导教师在鼓励学生超越自己的专业或课程的视野思考问题方面发挥着关键作用。他们应该帮助学生理解并看到课程学习和课外学习之间的联系。此外，学业指导教师发展项目应鼓励和促进学业指导教师帮助学生拓展学习领域（Schein，Laff，& Allen，1987），而不是狭隘地仅仅局限于专业学习要求。这种方法肯定了所有课程的价值，同时整合了专业课程、通识教育、选修课以及课外学习活动。

有效的学业指导不仅仅要帮助学生找到正确的答案，同时必须建议和支持学生提出有足够深度的问题。在学业指导中，学生探询的问题不应该是："我需要选修什么课程？"而应该是："我想过怎样的生活，我在大学里需要做什么来帮助我朝着自己对未来生活的美好憧憬前进?"

虽然,人们对学业指导理论概念为主题的培训的关注,最近在不断增加,但是包含了这些培训主题的学业指导教师发展项目仍然还不到总数的一半(Habley,2004)。强有力的概念要素对于有效的学业指导教师发展项目来说是非常必要的。因为它能够重塑人们对学业指导的态度。同时激励教师学业指导师、专职学业指导师以及学校其他人员将学业指导看作高等教育使命的必要组成部分,而且是他们个人和专业工作的不可或缺的部分;坚信他们正是通过学业指导,支持学生的学习、提高学生学习性投入和促进学生成功的。

学业指导教师发展中的关系问题

学业指导的质量通常取决于学生与其学业指导教师之间关系的质量。建立有效关系的技能可以被传授、培养和提升。

在一项关于学生优先事项的持续研究中,诺埃尔-列维茨(Noel-Levitz,2006b)的报告指出除了教学外,学业指导是本科生校园生活最重要的组成部分。帕斯卡雷拉和特伦兹尼(Pascarelli and Terenzini,2005)在著作《大学是怎么影响学生的:第三个十年的研究》中参考了大量相关研究文献。这些研究发现,学生对于老师对他们的关注的感知就足以促进学生学习毅力的增强。学生在学校招生宣传期间的见闻往往会使他们相信并期望一旦他们注册就读,学业指导教师、教练以及校园里的其他成员将提供帮助给他们,并真正关心他们。然而,学生在完成自己的学习目标之前就离开了学校,则往往是因为学生的期望和实际的大学经历之间的巨大的差距导致了他们的辍学。

学业指导教师必须和学生培养起一种能够让他们更容易接受学业指导教师的意见、引导和指点的关系。在最早的一些社会影响理论(Hovland,Janis,& Kelley,1953)的研究结果中,吸引力、专业性,以及可靠性是影响力的3个关键要素。这些要素每一个都是学业指导教师工作的核心。

当学生意识到他们的学业指导教师正在关注他们(吸引力),他们将会做出回应,并更加容易接受学业指导教师的辅导(专业性)。当学生认为学业指导教师以学生的利益为中心时,他们便能够体会到学业指导教师是值得信任的。当学生达不到目标,遭遇失望,并且需要制定策略,克服障碍或制订替代计划时,学业指导教师会支持他们。

学业指导教师发展中的关系性要素应包含有效的面对面交流技巧,包括面谈技巧、友好关系建立、做出有效的转介、多元文化指导技能，以及其他在第七章及第二十二章均有所讨论的技巧。学业指导教师发展项目必须提供具体的指导以帮助学业指导教师引导学生投入有意义的讨论，而不是仅仅让他们做出"对"或"错"、"是"或"不是"的回答。我们还应该鼓励学业指导教师思考他们对学生的关爱（或缺乏关爱）是如何通过他们对学业指导会谈的准备情况传递给学生的。在指导过程中沟通技巧是很重要的，没有什么比有效的倾听更重要了。我们应该鼓励学业指导教师们认识到良好的辅导有时意味着仅仅需要坐在学生身旁，陪伴他们在学业指导教师办公室那令人舒适的安宁中找到自己需要的答案。

也许教育者应该具有的最重要的技能是传授他们的生活经验和"讲故事"的能力，这项能力能够教育、启发和激励学生。经验丰富的教育者知道很多克服困难取得成功的学生的故事；然而，对于学生来说，很少有其他故事能比学业指导教师对自己经历的失败和困惑的适当的自我暴露更加吸引他们的注意力。

在过去的25年里，高等教育中最受关注的问题莫过于多元文化和创建更具包容性的大学社区。人类往往在需要区别对待的事情上寻求节约自己精力的办法。以同样的方式对待所有的人可能意味着同等对待，但这并不一定意味着公平对待。学业指导教师应该被培养出让他们能够向所有学生的需求做出有效回应的态度和技能。

有效的学业指导教师专业发展项目，必须支持培养或加强学业指导教师的跨文化胜任力。这样他们才能够更有效地为多元化的学生群体，如国际学生、残疾学生、LGBT学生、第一代大学生、大龄成人学生和其他常常觉得自己处于校园生活边缘地带的学生，提供有效的服务。本书第十二章和第十三章中论述了许多学业指导教师在面对多元文化人群时需要注意的问题和应该掌握的技能。

学业指导教师专业发展中的信息要素

学业指导的一个重要的内容就是向学生提供关于大学和院系专业设置、政策和程序等方面准确及时的信息。然而，让信息要素作为学业指导教师能力培养的中心只会强化这样一种观念，即学业指导工作主要是为学生提供信息的文秘工作。以信息服务能力为主题的培训总体上有所减少，但信息服务方面的话题仍然继续占有主导地位（Habley，2004）。

在讨论信息服务问题时，重点应放在协助学业指导教师熟悉教学和辅助教学的相关项目；学校、院系和专业相关的政策、程序和要求；指导策略；学生的信息资源；给学业指导教师提供可用的工具。学业指导教师发展项目还应传递一个观点，即培养学生担负起知晓政策、规定等的责任的能力是非常重要的。

应该向学业指导教师提供学校重要资源的简介，包括校园情况概览和学校公告、学位审核报告、学术工作规划表、课程表、学业指导会议记录、《家庭教育权利和隐私权法案》（FERPA）和学校学业指导教师名单。简明易懂的学业指导教师工作手册和便捷的学业指导网站可以持续地促进学业指导教师信息服务能力的发展。同样，本书第二十二章会有一个对学业指导教师培训的信息资源的全面思考。应该支持学业指导教师了解如何在学生们逐渐担负起对自己的人生进行规划和决策时，利用信息资源及时支持他们实现自己的目标。

设计满足学业指导教师需求的培训方案

成功的学业指导教师发展项目应该从内容和形式两个方面，实现对专业发展与经验、技能水平和学业指导教师参与意愿等三个方面的统整。参加学业指导教师培训可能是对专职学业指导教师、心理咨询师、助理指导人员和朋辈学业指导人员的一项要求。然而，对于参加学业指导教师培训的教师学业指导师，培训师必须要时刻意识到一个事实，即教师学业指导师的时间非常宝贵；学业指导的成效通常并没有纳入教师学业指导师表彰和奖励系统（尽管它应该是）。

与其根据别人的模型，哪怕是最佳的实践经验来设计学业指导教师发展项目，不如询问目前正在为学生提供学业指导的教职员工，他们在开始辅导之前是否做好了充分的准备和培训。以此作为一个好的设计起点。学业指导教师培训需求评估可以列出一些概念性、关系性和信息性的问题，以及学业指导教师在指导学生之前想要知道些什么信息。培训需求评估还可找出面临辍学危机的某一个学生群体（例如，第一代学生、专业未定的学生以及体育特长生），并要求学业指导教师找出那些他们希望更多地了解其特征和需求的学生群体。培训需求评估使培训方案的设计者能制定适合本校学业指导需求的日程安排；同时评估中收集到的反馈信息可为学业指导教师发展提供依据。

表20.1提供了两类学业指导教师的发展模式，整合了经验丰富的和毫

无经验的学业指导教师的特点、培训内容和技术。

表 20.1

经验丰富的学业指导教师	毫无经验的学业指导教师
技能水平：适中	技能水平：较低
经验：丰富	经验：匮乏
参与意愿：适中	参与意愿：较高
概念需求：适中	概念需求：较高
信息需求：较低	信息需求：较高
关系需求：适中	关系需求：较高
培训项目的技术和形式	
外部培训师	内部培训师
阅读/讨论	阅读/讨论
小组发言	知识考核
模拟/角色扮演	对需求和问题实施头脑风暴
DVD/视频短片	DVD/视频短片
小组讨论	小组讨论
案例研究	提问和回答

学业指导教师专业能力培养模式

学业指导教师专业能力的培训发展有许多种方式，包括小组学习、自主安排的在线课程、研讨会、研究生培养项目、校内培训课程和网络研讨会。哈伯利（Habley，2004）的研究报告显示，52%的学院和大学根据学业指导教师的需求提供个性化培训，35%的高校在调查当年举办了系统化的短期培训班，24%的院校提供了各种独立的工作坊。有趣的是，学业指导教师需求调查（Noel-Levitz，2006a）发现，84%的受访者表示倾向于以小组的形式接受培训，而只有8%和5%的学业指导教师偏向于在线培训项目或网络研讨会。

许多培训形式已经被成功地应用到学业指导教师培训项目中。这些形式包括组织经验丰富的学业指导教师和新任学业指导教师之间的座谈、学业指导模拟练习和角色扮演，以及一个简短的、用于讨论在阅读或学业指导过程中师生发现的重要问题的午餐会。越来越多的学校邀请全国知名专家到校召开学术讲座，并将其作为学业指导教师学术交流和培训发展的内容。美国学业指导协会（NACADA）组织区域性和全国性学业指导领域的学术会议、协会，提供DVD以及其他资源；这些资源为优化学业指导项目，学业指导教师个人发展和在培训中分享学业指导中的最佳实践项目提供了可能。

越来越多的学业指导教师培训被纳入高校教学与学习中心提供的学业指导教师专业能力发展计划中。罗切斯特理工学院、塔科马社区学院、普雷维尤里农工大学、北岸社区学院，以及内华达大学、里诺科技大学，都是近年来在师资建设中较为关注学业指导教师培养的几所大学。

华盛顿大学提供了一个综合性的学业指导教师资质认证培训课程，其中包括一系列的阅读任务、研讨会和专题讨论会。同样，弗吉尼亚理工大学本科生学业指导办公室为专职学业指导教师和教师学业指导师提供贯穿整个学年的一系列定期的研讨会和培训活动。

无论使用哪种培训形式，最重要的是要在全校范围内传递学业指导教师专业能力的提升是如何影响学业指导质量的提高，以及是如何支持学校提升学生发展水平、促进学生学习和学生在册率的努力的。

学业指导教师专业能力发展项目的实施

开发并实施有效的学业指导教师专业能力发展项目是一个需要"承诺、奉献、努力以及调整适应"的过程。正如大多数校园里成功开展的活动那样，让重要的利益相关者参与评估需求、规划方案、实施推进和评价效果等工作是十分重要的。那些负责规划项目的培训项目设计者应强调，学业指导教师培训项目将成为全校上下为促进学生的学业成就和人生成功所采取的举措中的一项。提供学业指导教师专业能力发展项目的出发点应该是培养和加强学业指导教师的知识、技能和效力，而不是传播关于学业指导教师履职情况或工作效果的负面评价，除非有相应的证据。

同样重要的是考虑启动针对为特殊学生群体服务的学业指导教师的发展计划。这些学业指导教师往往负责新生研讨会、体育特长生、国际留学生、学业准备不足的学生等特殊群体的学业指导。

以下是一些关于项目实施过程的步骤的建议。

1. 组建一个有代表性的项目规划小组，该小组将确定学业指导的重点需求和问题。让规划小组在现有的治理结构内得到任命或者委托，以确保项目规划小组的合法地位和可信度。规划小组的成员应包括教师学业指导师、专职学业指导教师、学生，以及与学业指导密切相关的部门的代表（例如，招生部门、心理辅导中心、就业服务部门和多元文化服务机构）。

2. 在第一次会议上，专职学业指导教师应该分享全国及本校学业指导工作现状。他/她也应该引入与学业指导教师发展密切相关的概念性、信息性和关系性的要素，以确保项目规划能突出重点和得以广泛实施。

3. 在大学校园里，如果学业项目评估的结果、学业指导教师的评价结论或学生使用学业指导的情况及满意度的数据是可用的，那么通过对这些数据的研究，就能确定学业指导项目有效性的哪些范畴和主题可以纳入学业指导教师发展项目。一旦培训项目的议程确定，那么就应该鼓励学业指导教师积极参与其中。

4. 争取学术事务部门领导人、学院院长、系主任、专业负责人，以及其他人士对拟定的学业指导教师专业发展项目的支持；如果有可能，还应争取相关教师学业指导师和行政管理人员的支持。

5. 广泛宣传培训方案，强调参与培训的好处；协调培训项目的实施，避免时间冲突，并提供多个培训时段选择；挑选一个吸引人的培训场地，远离干扰，在整个过程中提供茶点。

6. 对成功参加培训者，向他们本人、同事和上司表示衷心的感谢。

7. 评估和评价培训项目，并利用这些结果持续发展和改进项目。此外，如果学业指导教师专业能力发展项目是学校初次启动或扩大的项目，请将这一事实告诉培训参与者，并让他们知道他们的反馈意见有利于项目负责人知道什么是可行的，什么是需要添加或改进的。

有效的学业指导教师专业能力发展项目与学业指导教师的评估、认可以及奖励等密切相关；奖励是唯一一个在全国学业指导项目有效性调查中的评分始终低于学业指导教师发展和培训的领域（Habley，2004）。一个学校看重什么，可以通过其公开声明、资源分配方式，以及它在学业指导教师评价定级、职位任期和管理人员考核等学校制度化的体系中认可什么和奖励什么得到充分的展现。

在许多方面，对学业指导教师的培养发展都是对学业指导项目进行评估、表彰和奖励的前提。当人们没有接受过足够的培训时追究他们的责任是不公平的；没有对学业指导教师的评估，就不存在有意义的认可和奖励。

学业指导在帮助学生发展与实现个人、学业和职业目标等方面发挥着强有力的作用。有效的指导和有能力的学业指导教师脱颖而出，成为目标清晰的学业指导教师发展项目的结果。因此，所有从事学业指导的个人都应该在从事学业指导前及过程中积极参加各类学业指导技能培训。这些项目培养了学业指导教师为学生所期望和需要的态度、技能和行为。没有这样的项目，称职且有效的学业指导就无法实现。

References

Belenky, M. E., Clinchy, B. M., Goldberger, N. R., & Tarule, J. M. (1986). Women's ways of knowing: The development of self, voice, and mind. New York: Basic Books.

Brown, T. E. (1998). Designing advisor training/development programs. In NACADA/ ACT Academic Advising Summer Institute Session Guide. Manhattan, KS: National Academic Advising Association.

Brown, T. E. (2006). Designing and implementing effective advisor development pro-grams. In NACADA Academic Advising Summer Institute Session Guide. Manhattan, KS: National Academic Advising Association.

Brown, T. E. (2007). Academic advising survey. Unpublished study. St. Helena CA: Thomas Brown Associates.

Brown, T. E., & Rivas, M. (1994). The prescriptive relationship in academic advis-ing as an appropriate developmental intervention with multicultural populations. NACADA Journal, 14 (2), 108-111.

Brown, T. E., & Ward, L. (2007). Preparing service providers to foster student success. In Kramer, G. L. (Ed.), Fostering student success in the campus community. San Francisco: Jossey-Bass.

Brown-Wheeler, K. E., & Frost, S. H. (2003). Evolution and examination: Philosophical and cultural foundations for faculty advising. In G. L. Kramer (Ed.). Faculty advis-ing examined: Enhancing the potential of college faculty as advisors. Bolton, MA: Anker.

Cass, V. C. (1984). Homosexual identity formation: A theoretical model. Journal of Homosexuality, 4, 219-235.

Creamer, D. G. (2000). Use of theory in academic advising. In V. G. Gordon, W. R. Habley, & Associates, Academic advising: A comprehensive handbook. San Francisco: Jossey-Bass.

Crockett, D. S., & Levitz, R. S. (1983). Final report on ACT's Second

National survey of Academic Advising. Iowa City: ACT Inc.

Deil-Amen, R. (2005, April). Do traditional models of college dropout apply to non-traditional students at non-traditional colleges? Presented at the annual meeting of the American Sociological Association, Philadelphia, PA.

Frost, S. H. (1991). Academic advising for student success: A system of shared respon-sibility. (ASHE-ERIC Higher Education Report no. 3.) Washington, DC: The George Washington University School of Education and Human Development.

Gilligan, C. (1982/1993). In a different voice: Psychological theory and women's devel-opment. Cambridge, MA: Harvard University Press.

Gordon, V. N. (1992). Handbook of academic advising. Westport, CT: Greenwood.

Habley, W. R. (1986). Designing advisor training programs. ACT National Conference Series unpublished participant notebook: Academic advising as a critical element in student growth and development. Iowa City: ACT, Inc.

Habley, W. R. (1987). The status and future of academic advising. Iowa City: ACT, Inc.

Habley, W. R. (1993). Fulfilling the promise: Final report of ACT's Fourth National Survey of Academic Advising. Iowa City: ACT, Inc.

Habley, W. R. (2004). Current practices in academic advising: Final report of ACT's Sixth National Survey on Academic Advising. (NACADA Monograph Series, no 10.) Manhattan, KS: National Academic Advising Association.

Habley, W. R., & McClanahan, R. (2004). What works in student retention? All college survey. Iowa City: American College Testing Program.

Habley, W. R., & Morales, R. (1998). Current practices in academic advising: Final report of ACT's Fifth National Survey of Academic Advising. (NACADA Monograph Series, no. 6.) Manhattan, KS: National Academic Advising Association.

Hossler, D., & Bean, J. P. (1990). The strategic management of college enrollments. San Francisco: Jossey-Bass.

Hovland, C. I., Janis, I. L., & Kelley, H. H. (1953). Communications and persuasion: Psychological studies in opinion change. New Haven, CT: Yale

University.

King, M. C. (2000). Designing effective training for academic advisors. In V. G. Gordon, & W. R. Habley, & Associates, Academic advising: A comprehensive handbook. San Francisco: Jossey-Bass.

Lynch, A. Q. (1989). Moving in, moving through, moving on. InSchlossberg, N. K., Lynch, A. Q., & Chickering, A. W. (Eds.), Improving higher education environments for adults. San Francisco: Jossey-Bass.

Moses, Y. T. (1996). Quality, excellence, and diversity. New Directions for Institutional Research, 81, 9-20.

Noel-Levitz. (2006a). 2006 Advising needs report: Summary of findings from National Advising Needs Survey. Retrieved February 1, 2008, from https://www.noellevitz.com.

Noel-Levitz. (2006 b). 2006 Student satisfaction inventory and priorities report. Retrieved February 1, 2008, from https://www.noellevitz.com.

O'Banion, T. (1994). An academic advising model. NACADA Journal, 14 (2), 10 - 16. Pascarelli, E. T., & Terenzini, P. T. (2005). How college affects students: A third decade of research. San Francisco : Jossey-Bass.

Schein, H. K., Laff, N. S., & Allen, D. R. (1987). Giving advice to students: A road map for college professionals. Alexandria, VA: American College Personnel Association.

Schlossberg, N. K., Lynch, A. Q., & Chickering, A. W. (1989). Improving higher educa-tion environments for adults. San Francisco: Jossey-Bass.

Taylor, K., Marienau, C., & Fiddler, M. (2000). Developing adult learners: Strategies for teachers and trainers. San Francisco: Jossey-Bass.

Torres, V., Howard-Hamilton, M. F., & Cooper D. L. (2003). Identity development of diverse populations. (ASHE-ERIC Higher Education Report, volume 29, no. 3.) San Francisco: Jossey-Bass.

Vowell, F., & Farren, P. J. (2003). Expectations and training of faculty advisors. In G. L. Kramer (Ed.), Faculty advising examined: Enhancing the potential of college faculty as advisors. Bolton, MA. Anker. Part FOUR.

第二十一章

学业指导教师的工具和资源

帕特·福尔瑟姆

第二十章阐述了学业指导教师需要了解并最终掌握的学业指导的概念性、信息性和关系性要素,但并没有考虑所服务的学生群体、提供学业指导服务的机构设置、学业指导者的身份(教师学业指导师、专职学业指导师或是朋辈指导者)以及学业指导的实施方式(面对面指导、团体指导或者远程指导)。本章将重点介绍帮助学业指导教师掌控学业指导以上要素的工具和资源。由于学业指导的环境、指导者身份、学生群体和运作体系等方面存在很多差异,因此并非所有学业指导教师都需要以同样的方式开展同一主题的学业指导。鉴于此,本章对学业指导的工具和资源进行了广泛的定义。它们包括书面和电子形式的工具与资源,以及个人、学校部门和专业机构层面的工具与资源。随着时间的推移,学业指导教师将在对一批批学生的指导过程中,通过对学业指导概念性、信息性以及关系性要素方面的经验的综合与总结提炼,取得卓越的成绩。他们的很多专业技能在接受初次培训后就获得了很大的提升。因此,学业指导教师既需要工具和资源来支持他们的初次培训,也需要工具和资源支撑他们的专业能力的持续发展。

学业指导工具箱:基本要素

在任何环境中,有3种综合资源对教师学业指导师或其他指导者非常有用。具体如下所示:

- 本书及本书的第1版(Gordon & Habley, 2000)事实上在学业指导的各个方面都称得上是权威资源。书中涵盖了学业指导的历史、培训和发展、辅导特定的学生群体、学业指导教师类型、学业指导项目运作模式及评估。本书的作者们具有多年学业指导领域的工作经验。他们提供了一种基于概念、研究和理论的思维方法。本书可供新老学业指导教师持续学习和参考借鉴。

• 《学业指导教师新手指南：从第一年开始掌握学业指导的艺术》(*The New Advisor Guidebook*: *Mastering the Art of Advising through the First Year and Beyond*, 2007) 是由美国学业指导协会（NACADA）发行的一本为学业指导教师的培训和发展提供了基于实践的方法的专著。本书是学业指导教师管理个人发展应学习的课程，也可用作培训师丰富正在开展的学业指导教师发展项目的资源。这本专著提供了一个既概述了长期目标，也对学业指导教师在参加发展项目的第一年中可以获得的技能给出了现实的预期目标的新学业指导教师个人发展进程表。这个进程表既可以用于学业指导教师的培训，也可以用来评估他们的阶段性发展情况。

• 可通过 NACADA 获取资源用于支持学业指导教师职业生涯的发展，其中包括大量以学业指导为重点的出版物和专著。例如 *The NACADA Journal*、*Academic Advising Today* 以及 NACADA 学业指导资源信息交换中心（Clearinghouse）。信息交换中心位于 NACADA 网站的中心，用于收集、组织和传播信息和资源，以协助学业指导教师的工作。信息交换中心是一个可进行搜索的网站，其中包括以研究和实践为基础的资源，以及学业指导各方面的最佳实践案例。应该鼓励新的学业指导教师了解信息交换中心的丰富资源，经验丰富的学业指导教师也应该经常访问信息交换中心网站；培训师应该经常回到信息交换中心，为正在开展的学业指导教师发展项目寻找培训素材。

NACADA 下属各分委员会和兴趣小组使学业指导教师有机会使用网络向和自己有同样的学业指导方向和重心的其他同行提问。其中一个兴趣小组专门针对新学业指导教师。NACADA 全国及地区的会议和研究机构也为学业指导教师提供了协作网络以及了解有关学业指导的最佳实践或者最新研究情况的机会。

这些综合资源应该作为所有学业指导教师和培训师的工具箱。那些新加入的、未参加过正式培训的学业指导教师应该通过《学业指导大全》获得对学业指导历史背景、工作职责和辅导实践的概念性理解；然后，运用《学业指导教师新手指南》制定出基于实践的个人发展计划，并规划个人的成长。之后，通过在信息交换中心网站上搜索资源，学业指导教师能够巩固自己的知识基础并且解决那些同行们已经遇到过的具体问题。考虑到给新入职的学业指导教师做好开展学业指导工作的准备的时间通常都很紧张，培训师倾向于从更注重实践的《学业指导教师新手指南》开始培训；然后，通过《学业指导大全》开展持续培训，帮助学业指导教师开拓学术视野；再利用信息交换中心帮助学业指导教师获取与特定问题或学生群体相关的信息。

除了这些综合性的工具外，还有更多具体的针对性资源可以协助学业指导教师掌握学业指导概念性、信息性以及关系性的要素。

概念性要素：广阔的视野

学业指导教师的背景各不相同。一些学业指导教师有传统文理学院（历史、英语或者生物）的学科背景；有一部分的学业指导教师拿到了护理和教育学等专业学位；也有一部分的学业指导教师取得了心理咨询、学生发展或是高等教育学的学位。虽然新学业指导教师可能会记得自己作为学生时接受学业指导的经历，或者可能对学业指导的定义有一些模糊的概念，但他们当中大多数人仍会感到惊讶，居然有那么多关于学业指导的学术文献，其中包括概念性内容和标准。而且很少有人完全了解他们所在的高等院校对学业指导在促进学生成功和降低学生辍学率方面的期望。然而，正是学业指导的概念性要素为定义学业指导教师的工作和工作环境提供了一个框架。

学业指导概念性要素方面的工具和资源帮助学业指导教师回答了以下这些关于学业指导的问题：什么是学业指导，学业指导教师的工作是什么，他们的职责是什么，为什么学业指导项目很重要？

NACADA 认可的 4 份文件回答了上文的问题，并且支持各类院校和学业指导运作体系。这些文件，可通过 NACADA 资源信息交流中心网站下载。它们应该成为每位学业指导教师个人工具箱里的必要组成部分：

- 《学业指导的核心价值观申明》（The Statement of Core Values of Academic Advising）阐述了 NACADA 的核心价值观。这一核心价值观提供了一个指导专业实践的框架，并提醒每位学业指导教师他们对学生、同事、学校、社会以及自己所需要承担的责任。
- 《学业指导的概念》（NACADA Concept of Academic Advising）

确认了学业指导对于完成高等教育的教学与学习使命是必不可少的,并且概述了学业指导即教学的 3 个组成部分:课程、教学以及学生的学习成果。

- 高等教育标准促进委员会(CAS, 2006)《学业指导项目的标准和指南》(Standards and Guidelines for Academic Advising Programs)概述了学业指导项目的标准,其中包括:任务、学生学习与发展的成果、学业指导教师的职责、领导、人力资源以及财务资源。学业指导教师会发现其中有关对学业指导教师和学生学习成果的期望的那部分内容有助于回答上文中提出的问题。
- 《远程教育学生的指导标准》(NACADA Standards of Advising Distance Students)应该成为学业指导教师工具箱的一部分,用于和远程指导的学生建立关系。

本书第一部分中的章节对学业指导进行了定义,奠定了学业指导的理论基础,概述了学业指导教师的职责,并且提供了学业指导的历史背景。除了信息交换中心以外,其他可提供重要的概念性信息的优秀资源还包括:

- 《学业指导的基础 I》(Foundations of Academic Advising I):什么是学业指导?(NACADA, 2006)这张 CD 为纯文本的培训形式提供了一种可选形式。CD 每单元约 10 分钟,这样就可以制作成简短的、工作坊培训素材。
- 《导师:学业指导学术期刊》(The Mentor: An Academic Advising Journal)(Center for Excellence in Academic Advising, n. d.)是一本可免费获取的,关于高等教育学业指导的网络出版物。这本刊物的目的是提供一个快速传播学业指导领域的新理念以及正在被讨论的问题的途径。该刊物中许多文章涉及发展型学业指导、教师学业指导、把学业指导当成一种职业,以及由德鲁·阿普尔比(Drew Appleby, 2001)撰写的以"学业指导与教学的联系"为主题的系列文章。刊物文章篇幅普遍较短,因此适合在学业指导教师专业能力发展的工作坊中按需使用。
- 《学业指导:大学第一年里教与学的新思路》(Advising: New Insights for Teaching and Learning in the First Year)(Hunter, McCalla-Wriggins, & White, 2007)是一本研究学业指导的专著,探讨如何为一年级学生提供一种一对一的教学形式的学业指导。

无论学业指导教师选择自学成才，还是参加正式的培训项目，他们都可以利用上面列出的资源自行定义学业指导的概念，或者创建一个与学生一起使用的学业指导大纲。在培训期间，学业指导教师应该接受和使用这些概念性资源，并且应该被鼓励在其担任学业指导教师的任期内经常回顾这些资源。他们对学业指导的定义和拟定的学业指导大纲肯定会随着学业指导经验的积累而改变。这些变化象征着他们作为学业指导教师以来所经历的种种成长。

概念性要素：学校视角

学业指导教师从院校、部门或单位层面提供的工具和资源中应该得到下列问题的答案：我所在的院校是如何定义学业指导的，作为一名学业指导教师，我在院校中扮演什么教育角色，而学业指导又在我所在的院校中扮演着什么角色？

回答这些问题的良好资源包括高等院校的使命或战略规划，以及学业指导教师所在的部门或学业指导项目的使命和理念陈述。高等院校的使命有纸质和电子版两种形式，通常可以在学校的网站上找到。瑟蒙德（Thurmond, 2006, p.30）向新学业指导教师提出以下建议：

- 在学校的网站上找到学校使命、理念或者战略规划。
- 在行政管理中心网站上获取学校组织架构图。
- 查看学校简介和入学材料（一般在入学材料中就有使命陈述）。

关于学业指导项目从何处入手适应高等院校的使命和组织架构，瑟蒙德建议学业指导教师在培训中应该回顾学校的使命陈述。如果学校没有相关的使命陈述，那么学业指导教师在培训中应与他们的上级主管讨论并确定学业指导机构在校内的地位，以及学业指导在实现高等院校使命和目标方面的作用。

拥有了这些信息，学业指导教师在具有学业指导广泛的概念性知识的背景下，可以开始建立个人关于学业指导的理念，以指导他们对学生的辅导。尼克·戴尔（Nikki Dyer, 2007, p.30）介绍了建立个人学业指导理念的步骤。戴尔提供的练习以及其他类似的练习，使学业指导教师能够熟悉院校的使命，让他们对学业指导是如何通过日常工作帮助学生获得一个积极的印象，并且支持学校更为广泛的教育目标。应该鼓励学业指导教师们审视并修正个人关于学业指导的理念，鼓励他们监测个人的学业指导理念在学业指导工作中的变化。帕特里克·林奇（Patrick Lynch，2005）描述了他自己在担任专职学业指导教师的第一年中对学业指导的理解是如何形成的。这是一个很好的学习榜样。

概念性要素：学业指导教师的视角

学业指导教师需要对各自担任的角色、责任以及对学生的责任有一个清晰的定义。学业指导教师应该能通过学业指导教师发展的相关工具和资源找到下列问题的答案，例如，我对我的学生、部门以及指导单位有什么具体的职责，我的部门对学业指导教师和学业指导的期望是什么？

解决这一问题的书面或电子资源包括学业指导教师工作手册、学业指导培训指南或手册、学业指导教师职位描述和学业指导教师评估资料等。所有学业指导教师应该被提供一份学业指导工作评估标准，以便于他们充分了解培训师和管理人员会从哪些方面评估学业指导教师需要具备的知识和技能。无论是首次开展的培训，还是继续延续的培训，都应该明确界定达到这些评估标准的途径。

《新学业指导教师发展进程表》（New Advisor Development Chart）是为学业指导教师提供达到这些标准的途径的工具之一。这个进程表通过询问以下问题提出了学业指导的核心功能：不考虑学业指导教师就职的高等院校的环境或者所指导学生的类型，他们在任职第一年、第二年及以后，应该了解什么知识，能做什么工作呢？（Folsm，2007a）该进程表不仅描述了每个要素（概念性、信息性以及关系性）的长期目标，还为学业指导教师提供了一个明确的、现实的第一年技能发展的短期目标。例如，表21.1展示的该进程表的部分内容则描述了对学业指导教师第一年及之后在有效转介方面的目标。

表 21.1　　　　　　　　　　做出转介：期望与目标

工作第一年	工作第二年及以后
通常能将合适的资源与学生匹配	展示高级的转介技能
能够为学生提供关于参考资源的标准化信息（标准资料可通过印刷资料及网站获取）	整合详细的资源和工作知识以满足学生的具体需求

续表

工作第一年	工作第二年及以后
有能力寻求信息和帮助以确保对学生进行有效转介	为学生的转介做好准备

资料来源：From the University of Iowa New Advisor Developement Chart. *The New Advisor Guidebook*。

这些期望的实质性区别就在于经验。《新学业指导教师发展进程表》可以用于创造和改编任何学业指导教师发展计划。新学业指导教师可以用这个表来制订自己的发展计划，而培训者可以用该表协助他们确认需要改进的方面。就像学业指导教师的学业指导理念和学业指导大纲一样，这些个人技能发展计划将随着学业指导教师在工作中对概念性、信息性和关系性三方面要素的融合而改变。然而，与这三类要素相关的能力并不一定以同样的速度发展。该表允许培训师或学业指导教师自己在管理专业发展计划时单独聚焦于某一个方面的要素。

信息要素培训的工具与资源

即使学业指导教师只负责某一专业或特定类型的学生，他们也必须熟悉所在院校的各方面的情况。因此，可以理解为什么将学业指导教师岗前培训计划的重心放在学业指导涉及的信息要素上。为了增加学业指导的可信度，学业指导教师必须给学生提供准确的、最新的关于专业、课程、部门、学院及学校的政策、程序以及为学生提供支持的服务与资源的相关信息。此外，他们还必须熟知学校整体情况以及自己所指导学生群体的特征。古德纳（Goodner，2007）推荐了一些工具与资源帮助学业指导教师了解全校情况以及所指导学生群体；并建议应该从以下三个关键方面协助新学业指导教师成长：获得必要的信息，组织信息，并随着时间推移，拓展加深这个基础知识。

获取并巩固院校基本信息

由于学业指导教师经常要向学生介绍并教会他们如何使用学校资源，所以学业指导教师自己应该熟悉并擅长运用这些资源。这些资源包括但不限于：校情概览、选课工具、学校政策、程序以及行为手册准则，所有资源都会提供纸质版或电子版。鉴于网络信息资源太多，新学业指导教师必须知道哪些信息是官方的学业政策与要求的文件。

信息资源清单可以帮助学业指导教师掌握需要与学生分享的复杂信息，但它只是工具而不是学业指导会谈的中心。信息资源清单为专业、辅修专业或是认证项目创建了一个可视化的概览，也可与学校提供的标准化的参考信息一道使用。例如，学业指导教师可以从网上的校情概览里提取学校关于专业学习的要求，然后用清单来检查学生们已经完成的情况。通过对一个个学生的检查，学业指导教师巩固了对基础信息的掌握，并确保他们掌握了与学生相关的所有重要的信息。许多学院为了达到相同的目的还使用了专门的学位资格评估或学位资格计算机审查系统（见第十九章）。资源信息清单应该简洁明了，而且包含了专业相关的所有（专业、辅修科目、证书）信息，包括先修课程以及选修课的必要绩点。培训师通过其他的练习也能协助学业指导教师获得以下基础信息：

● 校园地图。学业指导教师必须能够找到学校相关部门的办公室。培训师在培训期间应该让他们描述一下从学业指导办公室到准备将学生转介去的办公室的路线。

● 寻宝游戏。在这次练习中，学业指导教师要把学生提出的问题与合适的校园资源相匹配。随后，学业指导教师们分别参观这些办公室，并且收集一些宣传册子和资料。这次练习为学业指导教师的个人信息资源文件包提供了材料，并允许他们向学生做更多具体的推荐。

● 虚拟寻宝游戏。学业指导教师通过网络访问那些学生们最爱浏览的学校网站来完成一次网上寻宝游戏。

● 参考资源宣传册，包含新学业指导教师最喜欢推荐给学生的资源。这份参考资料宣传册应该包含所涉及的每个办公室的联系方式和工作时间。这是一个协助学业指导教师组织校园信息的工具，也是一个学业指导教师可以反复回顾并且在指导过程中推荐给学生的工具。

组织信息

就像马克·古德纳（Mark Goodner, 2007）在信息管理方面的文章中所提到的那样，"如果学业指导教师找不到信息就无法利用信息。在新学业指导教师彻底掌握信息之前，他们的学业指导速度和质量取决于获取信息的速度。学业指导教师获得新信息的速度不会因培训而停止。培训期间，学业指导教师需要建立一个系统来管理自己的信息，这样他们见到学生的时候就已经有了一个成熟的信息管理系统"（p.53）。

学业指导教师必须同时建立电子和纸质的文档管理系统，并且必须以适当的方式布置他们的办公室，从而使他们与学生一起工作时能够有效地检索信息。培训师可以使用对培训主题的组织作为新学业指导教师进行信息组织的模板；还可以鼓励新学业指导教师看看其他学业指导教师是如何摆放办公桌和整理文件的——电子以及纸质文件。培训师可能还想要提供更多的整理信息的技巧和策略。开发良好的资源信息管理系统还有一个额外的好处。古德纳强调道，"创建一个信息管理方案也是另一种内化和学习信息的方法：每当学业指导教师阅读并归档材料时，他或她将对信息进行另一次审查回顾"（p.55）。

加深与拓展关于学校的知识

学业指导教师通过在指导过程中不断重复信息巩固他们对学校的基础知识，但他们也可以通过对学生的单独辅导来获取知识。例如，在学业指导会谈中回顾学生的课程教学大纲，对学业指导教师和学生双方都有利。学业指导教师在教导学生阅读以及使用教学大纲的过程中，自己的知识也得以增长。通过有效的谈话技巧，学业指导教师从学生的角度获得了关于课程、校园资源以及政策等信息，并且设计问题鼓励学生说出他们的经历。这类问题向学生表明了学业指导教师对他们的关心。辅导处于探索期学生的学业指导教师可能需要和教师学业指导师见面，以了解更多关于专业先导课程的信息。培训师应该鼓励学业指导教师保留一份辅导信息记录，记录他们在辅导期间从学生那里收集到的信息。学业指导教师每周回顾自己的指导记录有助于巩固和加深自己的知识基础。这个工具不仅重要，而且为他们的辅导知识的增长提供了明确的记录。

学业指导教师和任课教师一样，负责帮助学生为他们的教育经历找到意义。但学业指导教师很难使用他们获得的关于学业课程的具体信息为学生阐明学业课程要求实现的目的和价值（包括通识教育计划）。美国大学协会有许多专注于通识教育意义的出版物。《我为什么要选择这门课：做出明智的教育抉择的指南》（*Why Do I Have to Take This Course? A Student Guide to Making Smart Educational Choices*）（Shoenburg，2005）为学生提供了极好的实用的话题，帮助他们通过大学的学习经历获得知识和技能。

培训师可能也希望能够再次使用初次培训中使用过的工具，但会侧重于专业能力发展的不同方面。例如，之前讲过的关于实体信息资源的寻宝游戏。在新学业指导教师的第一年指导工作中期，培训师可以用差异性更小的问题重复资源信息匹配能力的测试。古德纳为职业生涯辅导中心提供了再次开展寻宝游戏活动的可能的活动内容（2007，p.55）：

● 从大楼前走过，熟悉标识和入口等可识别的特征。从大楼中间走过，了解大厅的位置，学生报名参加辅导预约的地点，图书馆到大楼入口的位置，并感受一下人流量和对职业生涯辅导中心的感觉。
● 从学生的角度来思考办公室的事宜。当学生进入中心时会发生什么？工作人员会问他们什么？或者对他们有什么期望？

古德纳（p.56）提出了一下策略，有助于学业指导教师进一步深化对职业生涯辅导中心的认识：

● 当我们给中心打电话或者发邮件时，要尝试与一两个职员建立友好关系，并经常保持联系，以了解更多关于中心的信息并且把中心的资源介绍给自己的学生使用。
● 通过这些方式，了解职业生涯指导教师的具体目标与任务，以及他们的工作和学业指导的不同之处。

所有这些信息使学业指导教师能够为学生提供更详细的、第一人称的转介信息。这使学生对转介感到更舒适，也更有可能坚持到底。

获得有关学生的基本信息

新学业指导教师需要有获得工具和资源的途径，以使他们了解高等院校的学生群体、他们服务的特定学生群体以及他们具体指导的学生。苏珊·科尔斯（Susan Kolls，2007）提到，就像获取关于高等院校的政策和专业方面的信息一样，新学业指导教师必须尽可能获取与学生有关的信息。学校会提供教育内容，但如果学业指导教师并不了解所教的学生以及和他们的学习方式，就很难掌握辅导的技巧，也很难实现卓越的学业指导项目这一目标。科尔斯把获取与学生有关的学业指导相关的信息比作"在一个有1000片拼图的盒子里寻找"，并指出"系统地寻找学生可用信息"的新学业指导教师，通过拼凑学生信息的零碎片段，能够更有效地开展工作。

作为培训的一部分，学业指导教师们应该得到关于学生的必要信息，才能开始对学生的直接辅导。用于传递信息的工具应该能够回答这个问题，"在我所处的院校里，哪些是我要指导的学生？"不论这个工具是一本手册、资料、纸质或是在线文件，都应该是一份关于学生的综合画像，以下信息包括但不限于：

- ACT/SAT 的平均成绩，高中学校排名以及高中的平均学分绩点。
- 不满足入学学业要求却被录取的学生的百分比。
- 通过跳级考试、CLEP 考试、在高中提前完成大学指定课程的学生的百分比。
- 住校生与非住校生的百分比，以及生源地地理分布的百分比。
- 学生群体的人口结构。
- 住校生、走读生的比率。
- 传统年龄学生与非传统年龄学生的百分比。
- 一些评估信息，如大学分班考试、大学生满意度量表（Noel-Levitz）、学生入学考试成绩（ACT）、学生档案。

全国及学校范围的调查结果是了解学生学习投入度、满意度、对大学的期望的宝贵资源。一些全国性调查，例如全美大学生学习性投入调查（NSSE）和合作高校研究项目（CIRP）为参与调查的高等院校提供全国报告和院校报告。

培训师应为学业指导教师提供关于他们所服务的特定学生亚群体的类似的资料。同样，这些工具可以是辅导手册、部门、院系或学院学生的简介，以及从外部工具和资源（如上面列出的调查和评估）中提炼出来的学生信息。使用这些工具，学业指导教师应该能够回答这样一个问题："我所指导的学生与整个学校的学生相比情况如何？"

学业指导教师通常有多种工具和资源来了解他们所指导的学生，甚至是在他们与学生见面之前。这些工具包括学生信息系统、学位资格审核报告和成绩报告（见第十九章）。成绩报告能反映出学生的学习成绩（例如，该学生是否曾经被留校察看、被开除、复读或进入了院长的黑名单）、具体课业的强弱项，以及适合的辅导干预模式（例如，出现成绩大幅下降的情况）。学生信息系统通常向学业指导教师提供测试和分班的结果、从高中信息和学习经历可以看到专业的更换以及注册情况的变化。学生档案，无论是电子还是纸质的，都包含了丰富的信息。学生档案中可能包括他们的入学申请材料和学业指导记录，这些记录揭示了他们更换专业或最近成绩下降的原因。

培训应该给新学业指导教师提供熟练地理解和使用这些工具的机会。例如，培训师可能要求新学业指导教师使用上述的工具，并写下他们从每个工具或资源中发现的内容，然后要求学业指导教师创建一个学生档案，或叙述他们了解到的学生的信息。

最后，学业指导教师应该列出一系列问题，以便在指导过程中向学生提问。如果一个新学业指导教师和一个经验丰富的学业指导教师结对，他们就可以完成练习并比较结果。这样的练习使学业指导教师可以看出仅仅使用一种学生信息源的局限性，并且提高他们整合多个信息源的能力。案例研究提供了另一个优秀的工具，帮助学业指导教师理解和整合来自这些工具及上述的数据的信息。本章稍后将对此进行讨论。最后，了解每个学生的最佳资源就是学生本人。本章稍后还将讨论开发必要的建立良好关系的技能的工具，这有助于学业指导教师从学生那里获取关键信息。

加强有关学生的知识

学业指导会谈除了给学业指导教师带来新的、更为复杂的信息，还会使他们面对意想不到的、复杂的情况。学业指导教师们很快会发现，他们需要对学生有更深入的了解，而不是只有信息简介、评估和调查所提供的那些信息。许多学业指导教师，包括教师学业指导师，是因为他们的特定的学科背景和文凭而被聘用，而不是因为他们对学生发展的理解。然而，为了有效地指导学生，学业指导教师要理解和满足学生的发展。幸运的是，有很多可用的资源。本手册的第二部分介绍了学生在进入、度过和离开学校时的发展需求。《新学业指导教师指导手册》（*The New Advisor Guidebok*）（Folsom，2007b）包含认识学生发展的文章和技巧。它们都是以实践为导向的，而且培训师或新学业指导教师能够以相对快的速度理解消化书里的知识。吉姆·罗福思（Kim Roufs，2007）对一些学生发展理论提供了一个清晰、简洁的解释，并通过一个案例研究来展示了齐克林（Chickering，1969）的七向量理论如何在学业指导中发挥作用。奥皮茨和普雷斯特维奇（Opatz and Prestwich，2007）讨论了学业指导如何适应这些压力大的、精通技术的、成功的、可处理多任务的、受保护的、有资格的和多样化的（或"被标签化"的）一代。赫里（Hurley，2007）给出了一些帮助学业指导教师在实践中应用发展型学业指导概念的技巧。学业指导教师可以通过学习两个学术性的、以研究为基础的期刊（*NACADA Journal* 和 *Journal of College Student Development*）强化他们的知识基础，跟进针对学生及其发展的最新研究成果，并为学生提供更好的辅导。培训师可以从《学业指导大全》和《新学业指导教师指导手册》，或者上述任何一个期刊中找到有关学生发展理论的文章；然后，要求学业指导教师们运用案例分析或者学业指导记录来思考这一具体的学生发展理论或学生行为研究的最新成果在实践中的应用。这是一个可以独立完成或者团队合作完成的练习，这将会帮助学业指导教师识别并回应在学业指导过程中所涉及的理论。

由全国一年级新生、过渡期学生教育资源中心和 NACADA 出版的文献，以及《大学生发展》（*Journal of College Student Development*）杂志都是可以找到的优秀的纸质资源。此外，NACADA 还制作了一套 CD。这套 CD 包含一个关注学生多样性的项目，以及一系列以 CD 形式提供的网络研讨会资料。这些资源使学业指导教师有更多机会了解特殊的学生群体，例如缺乏关注的少数族裔、第一代大学生、女同性恋、男同性恋、双性恋和变性学生、走读学生、荣誉学生、试读的学生，以及身患残疾的学生。最后，NACADA 信息交换中心的"辅导问题和资源"网页，包含了关于 30 个不同学生群体的资源链接。通过这些链接可以获取相关网站、主题概览、带注释的参考书目和常见问题的答案。

NACADA 的分委员会、兴趣小组和会议为学业指导教师提供了另一种加深他们对学生的了解的资源。NACADA 的各委员会负责提议和促进各项活动、建立协作网络和提供资源。它们在关注自己感兴趣的特定领域的同时促进了成员的专业发展。兴趣小组的成立是为了关注特定问题，或代表 NACADA 成员的特殊利益。34 个分委员会和兴趣小组中有许多致力于为特殊学生群体提供指导。NACADA 全国和区域性会议中也包括针对特殊学生群体的会议。学业指导教师应考虑加入一个委员会或兴趣小组，以便与服务于类似学生群体的学业指导教师（或者感兴趣的学业指导教师）建立联系。这些资源对那些没有接受过培训的学业指导教师，以及那些在行政部门或教学单位中是唯一的一名学业指导教师的人来说特别重要。

最后，学业指导教师们应该认识到，加深对学生了解的最好资源之一，就是单独的学业指导会谈。通过接触一个又一个的学生，学业指导教师们逐渐理解、认识、适应日益多样化的学生群体所呈现出来的态度、行为和文化。作为进一步了解学生的一种方式，学业指导教师应该有一个指导记录，以便更系统地反思自己与学生之间的互动，从而加深对学生的了解，更加理解学生。

建立关系技巧的工具与资源

与学生建立积极的工作关系，是学业指导项目获得成功的前提。如果学生不相信学业指导教师或对其缺乏信心，那么他们既不会说出自己的个人目标，也不会坦白影响他们学习成绩的因素，更不会接受学业指导教师提供的可行性建议。学业指导经历本身并不意味着能和学生建立稳固的关系。学业指导教师们必须有意识地培养这种建立关系的技能。关系技能包括积极倾听、面谈或提问的技巧、肢体语言和文化胜任力（见第二十二章）。要协助学业指导教师发展及改善人际关系技巧的工具，就必须解决以下问题：我如何与学生建立融洽关系，我如何才能在与所有学生的合作中获得文化能力？

了解建立关系的技巧

一些可利用的综合资源——本书（第二十二章），《新学业指导教师指导手册》（*New Advisor Guidebook*）和 NACADA 信息交换中心（NACADA Clearinghouse）的会议和出版物，都给学业指导教师和培训师提供了极好的学习资源，使他们可以学习学业指导所需的建立关系的基本技能：积极倾听、有效面谈的艺术、对学生肢体语言传达的信息做出回应，以及文化胜任力。

关系技巧的应用可能会因为学业指导的场景而有所不同，例如团体指导或一对一的指导模式；而且，也可能会根据指导方式的不同而不同：如作为教学的一种形式的学业指导、基于学生优势的学业指导和赏识型学业指导。关于各种学业指导方式的资源有以下几种：

● 《基于学生优势的学业指导：超越课程规划的发展型学业指导》（Strengths-Based Advising: Going Beyond Course Scheduling With Development Advising）（Schreiner, 2007），这个网络研讨会 CD 介绍了对基于学生优势的学业指导。

● 阿兹塞太平洋大学（Azuza Pacific University）的基于学生优势的教育和领导力培养诺埃尔研究协会（The Noel Academy for Strength-Based Education and Leadership）的网站上有许多能下载的资源。

● 布卢姆和马丁的文章《在学业指导中融入赏识型提问》（Incorporating Appreciate Inquiry into Academic Advising, Bloom & Martin, 2002）。

● NACADA 关于学业指导的概念。

- 《教学和学业指导之间的联系》（Appleby, 2001）。
- 本书第六章。
- 本章提到的《关于第一年教学与学习的新见解》（Hunter et al., 2007）。
- 《作为一种教学方式的学业指导》（King, 2006）。
- 《学业指导大纲：以教学的方式实施学业指导》（Thurmond, 2006）。

然而，为了让学业指导教师们具备强大的人际关系技能，他们不仅需要阅读相关书籍，还需要亲身体验和实践这些技能。有许多源于实践经验的工具和资源都可以帮助学业指导教师掌握建立关系的技能。在学业指导教师的初次及后续的培训中都可以使用这些技能。

建立关系的技巧：经验型工具与资源

情景模拟、角色扮演和案例研究是极好的经验性工具。可以通过体验学习来培训新学业指导教师建立关系的技能。在情景模拟中，培训师可以创建或再现学业指导的一个环节；随后，参训的学业指导教师在情景模拟中讨论或分析该学业指导教师的关系技能，并提出关于提问、倾听或使用肢体语言方面的更好的建议。角色扮演还包括对学业指导研讨课场景的模拟。在角色扮演中，参训的学业指导教师通常扮演学业指导教师的角色，并对由培训师或经验丰富的学业指导教师扮演的学生做出实时反应。案例研究类似于情景模拟，但它们是书面练习。学业指导教师阅读案例后，针对发生的正面或负面沟通行为来进行讨论。

这些工具中的每一个都能帮助学业指导教师锻炼关系技能，在同事之间建立一种安全的关系。这3个工具对于正在进行的学业指导教师专业能力发展项目也十分有效。经验丰富的学业指导教师会注意到，接受初次培训的学业指导教师在情景模拟或案例研究中会错过的细微之处。在可能的情况下，使新学业指导教师和经验丰富的学业指导教师一起参与这些培训活动将是十分有益的。新学业指导教师将很快学会提问技巧，并从经验丰富的学业指导教师那里学习到各种指导方法。

经验丰富的学业指导教师是培养建立指导关系技能的优秀资源。如果观察学业指导过程并没有被列入学业指导教师培训项目的日程表，那么新学业指导教师就应该被要求去观察有经验的学业指导教师的辅导。对于新学业指导教师来说，重要的是要看到建立良好的指导关系的技巧来自不同的辅导风格和不同的指导方法。有些学业指导教师的辅导风格十分随意，而另一些则更加正式，但这两种风格都能适用于学生。观察也能帮助新学业指导教师找到提问的思路和增加自己工具箱里的提问技巧。学业指导过程的观察结果有助于新学业指导教师尝试不同的指导方式，这样他们就可以发展自己的辅导风格。

虽然培训师可以使用高等院校特定的案例构建体验式练习，但也有优秀的外部资源可供使用。

- NACADA 的《教师学业指导师培训视频》（The NACADA Faculty Advising Training Video）中有 8 个学业指导过程的小片段，《学业指导：为了学生的成功和在册率》（Academic Advising for Student Success and Retention）（Noel-Levitz, 1997）有 4 个日常学业指导场景的视频，学业指导教师可以从中看到实际工作中学业指导关系技能是如何建立的，并可以将其作为讨论的出发点。

- 网络研讨会提供了一种体验式的学习形式，因为学业指导教师们不仅可以学习关系技巧，还能听到谈话的语调。格里茨在一个题为《通过学业指导加强同学生的联系》（Grites, 2007）的网络研讨会中，提供了在学业指导中建立关系的技巧的概述。网络研讨会通常有两种形式：四年制院校的和两年制院校的。一个 NACADA 的网络研讨会，《扩展你的舒适区：在学业指导中发展和应用文化胜任力的策略》（Expanding Your Comfort Zone: Strategies for Developing and Demonstrating Cultural Competence in Academic Advising）（Heading, 2007）讨论了跨文化学业指导中建立关系的技巧。

- 学术期刊《导师》（The Mentor）也为建立关系技巧提供了交互式学习材料。《导师》每一期都设立了"学业指导论坛"，在这个论坛中发布学业指导问题、相关主题或案例研究，供读者回复和讨论。案例研究或主题讨论可以在正式的学业指导教师发展项目中使用，但它们也为那些自学成才的学业指导教师提供了一种方法，以便与其他学业指导教师建立联系并向他们学习。

最后，由于人际关系技能在工作中很重要，培训师可以寻找以学业指导为重点的材料之外的资源。校园内的职业发展机会可能会提供相关课程，帮助学业指导教师培养巩固建立关系的技能。与难相处的人打交道的研讨会、安全区和文化多样性培训课程，这些可能不会直接关注学业指导的实践，但这些课程的目标都是聚焦重要的沟通技能。这些技能为学业指导教师建立关系的能力工具箱添加了新的工具。一般沟通技巧的外部培训材料，例如 HRDQ（n.d.）提供的，也可应用于学业指导教师的培训。对于那些没有从事学业指导的同事，或没有机会参加学业指导教师培训和发展项目的学业指导教师来说，寻求校内或校外资源都是很重要的。

关于学业指导会谈的培训资源与工具

学业指导会谈（advising session）要求学业指导教师要"把所有东西放在一起"，即要综合学业指导的概念性、信息性和关系性三个要素。NACADA 信息交换中心有一些用于指导开展有效的学业指导的优秀资源，以及针对学业指导会谈的各个组成部分的具体策略——准备、欢迎和建立融洽关系、辅导讨论、做出结论以及辅导笔记。伍尔斯顿和瑞安（Woolston & Ryan, 2007）在《新学业指导教师指南》中提供了一个循序渐进的指导过程，本书中也有章节涉及一对一指导和团体指导。

在新学业指导教师理解了学业指导会谈的基本组成部分之后，用于构建关系技能的经验型工具也可用于培养开展有效的学业指导会谈的能力。这些工具包括情景模拟、角色扮演、案例研究、观察学业指导过程以及上述的其他纸质和电子资源。最后，培训师也不要忽视将经验丰富的学业指导教师作为新学业指导教师的有效资源的办法，尤其是在新学业指导教师开始指导学生之后。当新学业指导教师遇到信息或者建立关系方面的问题时，经验丰富的学业指导教师可以像导师或工作伙伴那样提供现场帮助。

学业指导会谈中的技术

广泛使用网络资源和学生信息管理系统将对学业指导会谈的开展和学业指导关系的建立产生有利的影响。学业指导教师必须能够在各种学生管理系统之间轻松转换，学生必须能够阅读和跟进电脑屏幕上的信息。情景模拟和角色扮演的过程中要包括对学业指导教师的培训和实践的机会，确保学业指导教师能有效地将电脑应用到指导过程中，并仍然能保持良好的指导关系（例如，眼神交流以及关注学生的肢体语言）。

学业指导会谈记录

学业指导会谈记录记载了学业指导教师与学生互动的历史。记录能使学业指导教师回忆起曾经与学生在会谈中进行过的重要的讨论、行动和决定。学业指导会谈记录同时还通过对重要决定、行动和转介的书面记载来保护学生和学业指导教师。培训课程中应包括关于学业指导会谈记录的内容和风格的指导。培训师可以从密苏里州立大学教师/学业指导教师资源中心（Faculty/Advisor Resource Center）获得相关资料。该中心提供了撰写学业指导研讨会记录的指导方针和注意事项。在条件允许的情况下，培训师还应该让新学业指导教师观察经验丰富的学业指导教师的学业指导过程；并要求他们记录此次学业指导；然后将这些记录与经验丰富的学业指导教师的记录进行比较。对于参训的学业指导教师来说，另一个有益的活动就是，首先观看学业指导会谈的视频片段或实时情景模拟，然后做学业指导会谈记录，最后将自己的记录与学业指导会谈记录指导原则进行比较，或者与有经验的同事或主管一起审读自己的记录。

进展表：评估学业指导教师的培训和发展

通过对以下问题的回答，可以评估学业指导教师的培训和发展项目的效果。参训的学业指导教师是否获得并充分掌握了与学生直接合作所需的概念性、信息性和关系性的技能？参训学业指导教师是否按照预期的目标发展了能力？培训项目的有效性怎么样，如何进一步改进？回答前两个问题需要能评估学业指导教师成长情况的工具；回答最后一个问题需要可以收集参训者和培训师反馈意见的工具。

评估学业指导教师成长的工具

教学工具，如小测验和在两分钟内写下在培训期间学到的3件事，可以立即有效地反馈出学业指导教师是否正在学习必要的材料。上述的经验型工具——案例研究、模拟场景和角色扮演——为培训师提供了关于参训的学业指导教师如何整合学业指导的概念性、信息性和关系性要素的反馈。案例研究可以很简单——略难于小测验——仅仅关注学生的课程是否正确安排；也可以很复杂，需要综合考虑多方面的因素，比如课程安排、学生学习退步和不良情况的反复、有效转介和伦理问题。

学业指导教师每年需要上交学业指导会谈记录和参加的相关会议的记录

以供审查。这些审查为培训师、学业指导项目主管和学业指导教师提供了关于学业指导教师成长和发展的重要反馈信息。培训师和主管需要为学业指导教师提供明确的书面指导意见，阐明对学业指导的期望和对学业指导会谈的具体要求。

学业指导教师们需要在他们的职业生涯中有机会反思和评估他们的成长。《新学业指导教师专业能力发展进程表》（New Advisor Development Chart）(Folsom, 2007) 是一个很好的工具。它使学业指导教师能够为他们自己的成长建立一个路线图。该表还为管理者、培训师和学业指导教师提供了评估学业指导教师成长的方法。一个不错的练习是让学业指导教师、培训师和主管分别指出目前学业指导教师在成长进程表上所处的位置；接着比较大家的结论；然后，制订学业指导教师成长计划。当学业指导教师的专业能力的成长和发展正在达到对他们的期望时，则显然说明学业指导教师培训和发展项目正在实现其预期目标。

评估学业指导教师专业能力发展项目实施情况的工具

学业指导教师在不断变化的环境中工作。学术项目不断变化着自己的需求，新一代的学生给大学带来了多元化视角。这些推进了新的学业指导方式的产生。因此，需要每年对学业指导教师培训项目进行评估，以确保项目能培养出有效的学业指导教师。应向参加培训的学业指导教师和执行培训计划的培训师征求反馈意见。培训师应就培训材料和活动定期寻求书面和口头的反馈意见。还可以通过问卷调查、焦点组访谈、汇报会议或两分钟书面报告等方式收集反馈意见。至少培训结束后 6—12 个月，应再次向参与培训的学业指导教师收集培训反馈意见，以便学业指导教师更好地评估各种培训活动是如何帮他们为学业指导工作做好准备的。

结论

学业指导教师无论是通过正式培训还是自我学习获得培训和成长，他们都有丰富的资源可用。本章目的在于突出各种资源、资源的各种形式（纸质、视频、网络、CD、网络研讨会），并介绍了如何使用这些资源。由于该领域的学业指导教师和他们的培训师，通常都是从繁忙的日程安排中挤出时间来开展专业能力培训与发展项目，所以本章介绍的工具都是那些容易获取的、提供搜索功能的、相对较简单的工具。正在寻求更系统全面的培训的学业指导教师应该考虑到使用 NACADA 的培训认证项目或者由 NACADA Noel-Levitz 提供的视频培训。所有这些资源对于教师学业指导师和其他学业指导者而言都十分有用。本章所选的资源也适用于所有类型的学业指导者和辅导情境。例如，来自《导师》(*The Mentor*)的一篇文章或是案例研究可以为学业指导教师个人的发展服务，当他们读完之后可能会加入在线讨论；同一篇文章或案例研究可以作为学业指导中心的学业指导教师专业技能发展会议的重点；也可以作为校际教师学业指导师研讨会的主题。如果学业指导教师希望获得成长，改善校内的学业指导服务的话，那么培训师和学业指导教师应该定期回顾这些资源。

References

Appleby, D. (2001). The teaching-advising connection: Main (overview and table of contents). The Mentor: An Academic Advising Journal, 3 (1).

Azuza Pacific University. (n. d.). Noel Academy for Strengths-Based Leadership and Education. Retrieved March 29, 2008, from http://www.apu.edu/strengthsacademy/about.

Bloom, J. L., & Martin, N. A. (2002, August 29). Incorporating appreciative inquiry into academic advising. The Mentor: An Academic Advising Journal. Retrieved March 28, 2008, from http://www.psu.edu/mentor.

Center for Excellence in Academic Advising, Pennsylvania State University. (n. d.). The Mentor: An Academic Advising Journal. Retrieved March 29, 2008, from http://www.psu.edu/dus/mentor.

Chickering, A. W. (1969). Education and identity. San Francisco: Jossey-Bass.

Council for the Advancement of Standards in Higher Education. (2006). Standards and guidelines for academic advising programs. Retrieved April 17, 2008, from http://www.nacada.ksu.edu/Clearinghouse/Research_Related/CASStandardsForAdvising.pdf.

Dyer, N. A. (2007). Advisement philosophy. In Folsom, P. (Ed.), The new advisor guide-book: Mastering the art of advising through the first year and beyond. (NACADA Monograph Series, no. 16.) Manhattan, KS: National Academic Advising Association.

Folsom, P. (Ed.). (2007a). The new advisor guidebook. Academic Advising Today, 30 (2), 12, 27.

Folsom, P. (Ed.). (2007b). The new advisor guidebook: Mastering the art of advis-ing through the first year and beyond. (NACADA Monograph Series, no. 16.) Manhattan, KS: National Academic Advising Association.

Goodner, M. (2007). Institutional information. In Folsom, P. (Ed.), The new advi-sor guidebook: Mastering the art of advising through the first year and beyond. (NACADA Monograph Series, no. 16.) Manhattan, KS: National Academic Advising Association.

Gordon, V. N., & Habley, W. R. (Eds.). (2000). Academic advising: A comprehensive handbook. San Francisco: Jossey-Bass.

Grites, T. (2007). Relating to students through advising (version for four-year institu - tions). (Noel - Levitz Academic Advising Webinar Series.). Available from http: // www. noellevitz. com.

HRDQ. (n. d.). Available from http: //www. hrdq. com/topics/topiccommunication. htm.

Hunter, M. S., McCalla-Wriggins, B., & White, E. (Eds.). (2007). Academic advising: New insights for teaching and learning in the first year. (Monograph no. 46.).

Columbia: University of South Carolina, National Resource Center for The Freshman Year & Students in Transition.

Hurley, M. (2007). Advising in practice. In Folsom, P. (Ed.), The new advisor guide-book: Mastering the art of advising through the first year and beyond. (NACADA Monograph Series, no.16.) Manhattan, KS: National Academic Advising Association.

King, N. (2006). Advising as teaching. (NACADAWebinar.) Available from NACADA at http: //www. nacada. ksu. edu/Monographs/audiovisual. htm.

Kolls, S. (2007). Informational component: Learning about advises putting together the puzzle. In Folsom, P. (Ed.), The new advisor guidebook: Mastering the art of advising through the first year and beyond. (NACADA Monograph Series, no. 16.) Manhattan, KS: National Academic Advising Association.

Lynch, P. C. (2005, November 22). A new adviser's journal. The Mentor: An Academic Advising Journal.

Missouri State University. (n. d.). Advising notes guidelines. Retrieved

August 7, 2007, from http：//www. missouristate. edu/advising/43164. htm.

NACADA. (n. d.). Clearinghouse of academic advising resources. Retrieved March 29, 2008, from http：//www. nacada. ksu. edu/Resources/index. htm.

NACADA. (2006). Foundations of academic advising I：What is academic advising? Manhattan, KS：National Academic Advising Association.

Noel-Levitz. (1997). Academic Advising for Student Success and Retention (package of four videos and resource guide). Available from Noel – Levitz at https：//www. noellevitz. com/Our+Services/Professional+Development/Academic+Advising.

Opatz, L., & Prestwich, N. (2007). Adapting advising to today's stamped generation. In Folsom, P. (Ed.), The new advisor guidebook：Mastering the art of advising through the first year and beyond. (NACADA Monograph Series, no. 16.) Manhattan, KS：National Academic Advising Association.

Roufs, K. (2007). In theory, advising matters. In Folsom, P. (Ed.), The new advi-sor guidebook：Mastering the art of advising through the first year and beyond. (NACADA Monograph Series, no. 16.) Manhattan, KS：National Academic Advising Association.

Schreiner, L. (2007). Strengths-based advising：Going beyond course scheduling with developmental advising. (Academic AdvisingWebinar Series.) Available from http：//www. noellevitz. com.

Shoenberg, R. (2005). Why do I have to take this course? A student guide to making smart educational choices. Washington, DC：Association of American Colleges and Universities.

Thurmond, K. (2006). Academic advising syllabus：Advising as teaching in action.

(NACADAWebinar Series.) Retrieved April 17, 2008, from http：//www. nacada. ksu. edu/Webinars/onDisk. htm#02.

Woolston, D., & Ryan, R. (2007). Group advising. In Folsom, P. (Ed.). The new advisor guidebook：Mastering the art of academic advising through the first year & beyond. (NACADA Monograph Series no. 16.) Manhattan, KS：National Academic Advising Association.

第二十二章

提供一对一的学业指导：技巧和能力

罗斯特·福克斯

学业指导的乐趣，以及很多人选择从事学业指导工作的深层原因，是其中所蕴含的人文因素；如见证学生"真正理解"、真正面临风险、面对挑战或真正获得成功的神圣时刻！无论你是教师学业指导师、行政人员还是专职学业指导师，正是这个独一无二的罕见的时刻、私人间的分享、一对一的辅导形式，吸引着你日复一日地投身其中。这也是一个完整的学业指导的最佳之处的核心所在。学业指导的重要性在各种形式和风格的学业指导中都已展现得十分明显。然而，问题的关键在于，良好的学业指导的核心必须至少包含一个重要的组成部分；这一重要组成部分在满怀关爱、拥有优秀专业技能的学业指导教师与学生一对一的互动之中形成。因此，本章将探讨这一重要的组成部分。

学业指导关系：十分重要

学业指导是一门公认的需要大量建立关系的技能的学科。它既不是入学注册，也不是心理咨询，尽管它与这两种工作性质上都非常接近。它不是录入数据，也不仅仅是规划课程安排，尽管这些任务是学业指导中必要的工作。卡罗尔·瑞恩（Carol Ryan，1992）指出了学业指导和课堂教学的相似之处，以及在专业技能上的共通之处。其他人则撰写了大量关于学业指导专业技能对学生辍学率的影响的文章。学业指导教师是一种专业化的职业。不论处于什么样的职位，学业指导教师都需要具备基本的学生发展理论、沟通技巧和解决问题的技巧。除了学业指导固有的对于学生个人发展的价值外，研究还表明，学业指导也可能是提高学生在册率的最重要的因素之一。

ACT 于 2004 年开展的调查《学生在册率影响因素》（Habley &

McClanahan，2004）中，学业指导被列为"对在册率贡献最大"的前三个干预措施。该调查证实，"学业指导，包括对特定学生群体的辅导干预、增加指导人员，整合新生第一年过渡转型项目、学业指导中心、融合学业指导与职业/生活规划辅导"，是所有高等院校关注的影响学生在册率的最重要的事情。

20世纪70年代早期，特里·欧班宁（Terry O'Banion，1972）博士和伯恩斯·克鲁克斯顿（Burns Crookston，1972）博士分别开始研究、探索一种更具发展性的，关于学业指导方式的概念。从他们各自独立的研究中形成了一个共同的定义，一个更广泛的概念，并最终引发了一场加强了全国高校对学业指导作用的理解的运动。尽管关注每次学业指导的内容至关重要，但每个人都应理解学业指导中学生与学业指导教师之间关系的重要性。正是由于我们对学业指导的认识的核心观念的转变，促使了其他相关概念开始得到发展。

信息、概念和关系的角色

当哈伯利（Habley，1986）博士在20世纪90年代中期提出了高质量学业指导的3个主要组成部分的架构时，其中的一个概念被更加清晰地定义了。哈伯利将这3个组成要素定义为信息、概念和关系，并解释了这3个要素如何成为学业指导的重要组成部分（详情请参考第二十章和第二十一章）。这种方法解释了与学生建立一对一的学业指导关系的重要性。并通过把信息性要素，这个以前被视为学业指导唯一的组成部分的要素，视为学业指导上述3个相互关联的组成部分之一，而使得这种方法更加与众不同。从概念性要素的角度，学业指导必须包括一个更宏大的画面。首先是关于学生的学业世界，然后是学生的职业世界。其次是关于学业指导教师的，他们得益于从学生发展理论和学习理论的视角来看待学生。最后，这种更广泛的学业指导架构包括的第三个组成部分——"关系性要素"，强调了学业指导教师和学生之间的人际关系是如何影响学生对获得的信息的理解、消化吸收以及在实践中应用通过学业指导掌握的技能的。

学业指导教师知道该做什么

关于学业指导教师在绝大多数情况下知道自己应该做什么的说法是很有

争议的。但是,至少在某种程度上,学业指导教师们天生就想帮助学生。当学生学习到一项新的实用技能时,他们会自然而然地重视学习,并从中获得真正的快乐。

如果学业指导教师对先天技能和现有知识稍加调整,并与学生发展理论和新掌握的创建鼓励冒险和学习的环境的技能相结合,这将为建立一个对学生非常有帮助的学业指导环境打下坚实的基础。在回顾已经掌握的知识的同时,应思考那些可能有助于学业指导教师和接受指导的学生共同建立上述基础的评论或问题。

真正地关心学生

其实,很容易证明,当聘用一名学业指导教师时,需要去确认的最重要的个人特征是他真正地想要帮助学生。如果缺少这颗真心,那么共享信息、传递概念,或试图建立学业指导关系都不可能发生。建立关系和表达关心的概念并不新鲜。安德、温斯顿和米勒(Ender, Winston, and Miller, 1982)在二十年前写道,"最好的学业指导模式便是扎根于这里所讨论的理论,并且以对学生的关爱为基础"。在他们制定的 7 项实现指导的基本条件中,他们坚称,学业指导必须"关注学生生活质量问题","需要建立一种关爱的人际关系",并且需要学业指导教师成为"学生效仿的榜样,以良好的行为表现引导学生自我负责和自我导向"(p.7)。然而,这一切还不够。虽然确实需要给予学生真诚的帮助,但也需要清楚地了解哪些行为是有益的,以及如何认识和培养学生的这些行为。还必须有专业技能来促进这些行为的强化。学业指导教师表达对学生的兴趣和关心的具体技巧有:(1)与学生初次见面时就以热诚的语气问候学生;(2)向学生展示真诚的微笑,与他们保持眼神接触,亲近学生,就像你一直在等着见他/她一样。简单地问一下学生最近的情况,然后等待他们的回答。

关注学生的需求

人的基本需求是什么?食物、住所、衣物和安全。这些都是生存的关键。在满足其他需求之前,必须考虑基本需求——这些核心需求必须到位。同样,可以说心理需求是我们生存和健康的基础。评估和解决心理需求问题是心理咨询师的职责。然而,意识到学生的心理需求,无论对教师学业指导师还是专职学业指导师而言,都是非常恰当和有用的。学生的很多心理需求是有助于学业指导工作的开展的,诸如归属感、个人影响力(Schlossberg,

1989）、对参与的需要（Astin，1985）和融入的需要。至关重要的是，人们要知道自己的个人价值，知道自己存在的意义，或者知道我们的存在是有价值的。

这一点即使在最简单的儿歌《坐在角落里的小杰克》中也体现得非常充分。"小杰克坐在角落里。"杰克只想要，"把拇指伸进（口袋里）拿出一颗杨梅"，然后说："我真是个好孩子！"杰克想要有人注意到他，注意到他取得的成就。人们希望自己已经采取的行动及其产生的积极结果得到别人的承认。这是所有人的基本需求。可能因为是最基本的需求，以至于人们经常忽视它的重要性。当我们的一个学生获得小小的成就或一个小小的积极行动而被认可时，哪怕不是大张旗鼓的宣传、高度的赞扬，而只是简单的认可，它们产生的效果和大肆夸奖的几乎都是一样的。学生想要因为"拿到杨梅"而受到关注。当学生参加分班考试，并被按照分数分到新的英语教学班的时候，老师对他说："嘿，祝贺你得到这个分数！这其实是个压力很大的过程，对吧？"虽然这是简单的一句话，但它往往具有极大的变革性力量。这样的话除了帮助学业指导教师和学生建立起关系之外，也常常会让学生更信任学业指导教师。因为，学生认为有人理解了那些对他而言非常有意义的事情，有人发现了他身上的一些重要的东西。从本质上讲，是有人认识到了学生本人十分重要这一事实。这些对于学生而言重要的事情并不一定是什么丰功伟绩。不必包括任何对深层意义的寻求；简单的认可就可成为在学业指导教师和学生之间建立信任的一种有效方式。注意学生上课时所带的物品。虽然这看起来简单，但你可以说："你今天带了学位攻读计划。"或者说："你今天带了满满一背包书，对吗？"然后注意学生的反应。"你提到了参观数学实验室。我想我们上次也讨论过这个问题，对吗？"除了向学生求证确认之外，这也是一个把注意力放在学生身上开始对话的好方法。满足学生需求的具体建议是：（1）虽然学业指导会谈的原计划是制订学位攻读计划、解决学业问题或开始职业探索，但首先要确定学生是以提出什么问题开始的，哪怕只是很快的一个确认过程；（2）给学生一个机会设定本次学业指导的方向；（3）通过复述学生所提出的主要问题为学生提供协助。如果对话变得漫无目的，或跑题，你可以用这样的话来改变话题："好吧，我们现在来看看你的秋季学习计划。我怎样才能帮你做好准备呢？"

让学生参与学业指导和学习过程

如果可能的话，给学生一个机会去发现自己需要的方向或者答案。尽可能给学生选择权，即使范围很小。"你可以现在上历史课，也可以下个学期再选。我们很多学生更喜欢在秋季选修编号为 1301 的课，但你觉得怎么样？"试着用问题的形式来表达你的观点。与其说："你想要的是商科的学位计划。"不如说："好像商科的学位计划正是你想要的。你觉得怎么样？"

引导学生完成整个过程，而不是简单给予指令

有趣的是，学生们有时会带来清晰易懂的、完整的学位培养计划，并说："我只是想和您一起再看一遍我的学位计划。"当学生出现这种情况时，他们的问题很少与制订学位计划本身有关，而是关于信心的问题，或他们对未来感到不确定。告诉他们该做什么，只会让他们再次回到面临更多选择的处境。反之，试着从实现过程和一个更大的图景来思考。即使时间有限，或者学生无法把握更大的图景，学业指导教师至少要介绍一下这样的思维方式。解释一下今天的会面只是完成计划的 4 个步骤之一，以后的会谈将解决哪些问题。帮助学生制订计划，即使只是提前规划好一两步。

沟通基础

把学业指导视作一种交互

在语言传播理论史中，有一种模型被称为交互模型（Transactional Model）（Heath & Bryant, 2000）。该模型的好处在于它简化并解释了传播实现的基础，以及传播如何同时涉及信息的发送者和接收者，乃至消息的编码和解码。这个模型包括发送和接收消息的语境、接收者理解方式的影响以及反馈对发送者的影响。这个模型说明了外部噪声对传播的影响。虽然噪声可能意味着能听见的语言干扰，但它也意味着未说出口的想法、意见、恐惧以及先前的谈话等任何会干扰信息的发送者或接收者的因素。

这个模型对学业指导教师可能有用的地方在于提醒他们，语境因素经常被忽视或混淆。噪声是围绕着交流发生的，是学生们试图把学业指导教师的话理解成他们已有的语言或意识。许多学生经历的噪声是恐惧的意识。不知道未来会发生什么，或者假设其他人都比自己聪明。有多少学生认为除了自己之外，每个人都能上大学，而自己只是"幸运地进入了大学"？还有其他的噪声，可能是来自新男友的意见、长辈的建议，以及学生对过去经历的失败和挫折的担忧。

除了外部噪声外，影响学业指导教师和学生之间清晰沟通的另一个因素是对信息的解读。有时解读是关于语言文字的，即意味着方言、口音甚至语言本身都可能会影响对信息的理解。但影响信息解读的另一个重要因素是，学生多大程度上希望去理解他们在生活和学习经历中所听到的话语。如果面对的是某些陌生的单词，或者是一个陌生的概念，学生们会试图通过自己的经历来消化、理解和吸收这些单词。学生们会努力让它融入自己已知的世界。因此，沟通的语境十分重要。干扰学生接收老师所传递的信息的噪声，其影响力是非常大的。对学生们而言，通过自己目前有限的知识和经验解读学业指导教师提供的信息，是一种极大的挑战。学业指导教师应该充分考虑信息接收者如何理解信息，以及这些信息如何与接收者当前的经验或关于大学的知识水平相适应。这对学业指导是很有帮助的。这需要通过学业指导教师与学生建立真正的联系，积极地倾听学生的讲话，让学生与学业指导会谈研讨的方向保持一致，以及在学业指导教师和学生之间建立一种专业关系来实现。

积极倾听：积极倾听的技巧看似复杂。大多数日常谈话都是对话，而不是独白。一旦有人开始说话，聆听者的大脑就开始寻找与讲话者正在讲述的内容相符的材料。聆听者典型的第一反应不是记下对方所说的话，而是立即与自己当前拥有的信息进行比较，以便在对话中分享这一点。例如，一个学生可能会说："哇，我的历史老师很严厉。"聆听者的大脑则开始以光速搜索，找到历史、历史课、难相处的老师、以前与难相处的老师相处的经历、以前与难相处的历史老师相处的具体故事，然后回答："是的，去年我有凯勒博士的课，他的课简直是太累了！"这样的反应看起来还不错。事实上，在日常对话中，这是一种更为恰当的回应。然而，这是对话。对话关注双方，目的在于分享一个话题，而不是着力于沟通和解决某一个人的特定主题。

在学业指导会谈的环境中，会谈研讨的目标是以学生为中心。对话的目的是尽可能快地了解学生的迫切需求，努力探索、质疑或者解决这一需求。如果一位学业指导教师能够做到积极聆听，那么一开始就可以形成有效的对话，就能从学生那里获取更多有用的信息。学业指导中的积极倾听是指学生是信息的主要提供者。作为验证对学生提供的信息的理解的一种方式，学业指导教师将自己对信息的理解反馈给学生。学生对学业指导教师的反馈进行回应，向学业指导教师澄清自己的信息。在某些方面，它与德尔菲法（the Delphi Method）的研究过程相似。在德尔菲法的研究中，专家被询问意见，研究者总结所有的意见,并汇报给专家(Franklin & Hart,2007)。反过来,专家们会再次分享他们的意见,包括哪些信息是准确的,但要澄清哪些信息是被遗漏了的或错误理解的。积极倾听是通过关注学生、澄清问题和验证学生的想法的交流过程来获得更真实的信息。这是一个对学业指导教师来说十分有用的工具。

专注倾听：如果你的倾听能力受到质疑,你所要做的就是尝试一下如何倾听。将注意力完全集中在一个人身上,询问他或她一天的生活,等待回应,重述对话的要点,不要打断个人故事的讲述。这些将会使倾听技巧的作用发挥得非常明显。日常谈话中大部分都是对话。一个人讲了一个故事。然后,轮到下一个人讲述他或她的故事。对于日常谈话来说,这样的方式是可行的。但是,在学业指导的情境中可能有更好的方法。如果一个学业指导教师在指导学生时,偶尔运用倾听和反思的技巧,那么交流模式将会发生转变,并且很可能会改变学业指导会谈的水平。把注意力完全放在学生身上是非常有效的。因为在日常生活中很少有这种情况,所以带来的影响也会很大。这一简单的技巧将促进学业指导会谈,认可学生在规划自己的学业生涯中的作用,并使学业指导教师充满活力。

听出对话模式：学生经常用迂回的方式讲出最重要的内容。一个学生给学业指导教师讲一个关于凯特阿姨的长篇故事,可能是为了回避她的植物学课程已经结束的事实。有时候,一个长篇故事是学生难以集中注意力于某个问题的标志。然而,如果每次都讲同一个故事,那么可能是学生在故事中给学业指导教师传递了更多的意思。作为学业指导教师,没有必要试图分析和解释每段对话背后的含义,这也不在学业指导教师的技能范围之内。目前仍有数百种心理学理论在争论意义的根源,以及哪种解释方法最有意义。相反,老师应该简单地点明对话模式,并就可能的含义向学生寻求答案。例如,如果学生在讲述某个故事时总是咧嘴笑,并且反复出现这种情况,那么这个行为可能比故事本身更有意义。学业指导教师只需要简单地说："最近3次谈论化学的时候,你几乎都笑了,这难道不有趣吗？"同样,如前所述,它表示学业指导教师一直在认真倾听,学生的核心需求得到了认可。因为倾听表示学业指导教师认为学生很重要。这也意味着,学生很可能会向他们提供有用的信息,这些信息可以用于他们的互动,以及他们的学业指导之旅。这样之所以有效,是因为能更好地听到这些信息的学生知道学业指导教师也会听到这些信息,并且可以真正开始解决如何为大学成功进行规划的核心问题。另一个工具是完形填空。用一个句子来解决一个关键问题,但是让学生来完成"。"天哪，你离毕业要求只差 5 门课啦！伙计，我敢打赌你现在感觉……"通常，学生会用表达自己真实的情感或思想的词来完成这句话。如果他们做不到，学业指导教师可以用几个词来提示，例如"兴奋、害怕、激动、奇怪？"

复述：一项通常被低估的技巧。复述作为更为复杂、更具影响力的技能之一，能在学业指导中给学生提供很好的帮助。复述看上去似乎又是最简单的一种方法。复述学生所讲内容的技巧实际上对学业指导教师非常重要。第一，复述说明学业指导教师已经正确理解了学生所说的话。第二，复述帮助学生清楚地重组或再现眼前的问题。虽然这看起来相当简单，但巧妙的复述需要快速梳理多个问题，并确定在学业指导会谈中需要解决的最重要的问题。如果做得正确，复述会将会谈内容转向对学生成功而言最重要的问题，同时让学生参与学业指导会谈内容的选择。

当试图复述学生所讲述的内容时，学业指导教师首先必须尝试找出学生已经呈现出来的两三个关键问题。有时，这实际上可能意味着学业指导教师要打断一个已经讲了一段时间，或者一次性提了许多问题的学生。学业指导教师应该说："请允许我打断你一下。我明白了。我们今天要解决的主要问题是……"

同样，复述使学业指导教师和学生一起检查他/她的假设。对学业指导教师来说，看似显而易见的结论可能一点也不准确。一个突出的例子是，一个学生在学习了 5 个学期后决定换专业，并说："哇，我想这真是一个戏剧性的变化，对吗？"如果学业指导教师接下来说类似这样的话，"我知道你一定很担心可能会损失多少学时。"学生可能会说："天啦，不。我很高兴自己终于能找到了方向，多花一年也没关系。我的学位计划终于步入正轨了。这对我来说特别重要，也很新鲜。"相反，学业指导教师可以选择稍微复述一下，并向学生寻求进一步的澄清。"哇，你说，换专业带来的变化似乎相当戏剧性。其中什么变化对你来说是最强烈的吗？"在这种情况下，它将把原本可能是 15 分钟的选修课选择和课程安排，重新定向为 15 分钟的讨论，讨论在新的学术部门学生可以与谁研讨，以及就业指导中心在服务学习或职业领域方面可以为学生提供些什么样的新的服务。

技术娴熟的学业指导教师应具备的 5 个 C

前面，我们已经讨论了与高质量学业指导相关的几个关键概念；探讨了成为一名专业的学业指导教师的重要性，也探讨了成为一名专业的指导教师不仅仅依赖于专业知识。学业指导领域一直在思考对学生发展的基本理论的应用，讨论通过参与和展示对学生的重视来促进学生的技能培养和个人发展。新学业指导教师的技能，如积极倾听、沟通模式和听出对话模式也已经得到了研究验证。鉴于以上每个方面的技能及技能组合均已被考虑到了，因此，明确定义学业指导教师任务的最简洁的方式，可能是通过以下关于技术娴熟的学业指导教师应具备的 5 个 C 来实现。与学生建立高质量的持续的指导关系所需的技能和能力包括：

1. 能力（Competence）
2. 信心的建立（Confidence-building）
3. 热情友好（Cordial）
4. 专业可靠（Credible）
5. 创造力（Creative）

第一，学业指导教师必须要有能力胜任自己的工作。关于学科专业、学校政策制度以及学位计划的应用、课程内容、学分转换认定和学位培养计划是信息性学业指导的核心，学业指导过程的基石。

第二，学业指导教师必须是学生信心的建立者。学业指导教师应该通过有效的提问、巧妙的反思和示范适当的行为，帮助学生在学业环境中获得自信和理解自我。

第三，热情友好。学业指导教师的行为举止中充满对学生的善意是学生的信任和信心建立的基础。有一句有多种出处的谚语：人们不在乎你知道多少，除非他们知道你有多在乎。一个学生知道在学院里，他对某个人来说是很重要的。这是学生在热情友好和充满支持的氛围中与学业指导教师交流后获得的感受，是他参与学习活动、与他人发生联系、愿意经历风险，并最终在大学取得成功的核心。

第四，专业可靠。专业可靠即使不是五个要素中最重要的，至少也是与其他要素同样重要的。学业指导教师必须不断努力使自己知识丰富、信息灵通，与校园中的关键人物保持联系，并凭借学业指导工作而受到尊重。学业指导教师认识到，他们作为学业指导教师的角色，必须与他们在学业上的可信度相匹配。当一个学生知道他/她的学业指导教师是一个有技能和权威的人，并且在同行中受到尊重时，该学生更有可能提出需要问的问题，并相信学业指导教师给出的答案。

第五，一个高素质的学业指导教师必须是一个富有创造力的人。寻找方法来帮助学生探索以前没有考虑到的问题，尝试以前害怕且不敢尝试的行为，以及将学生与新的和未知的资源和人员联系起来，需要学业指导教师足够机敏、反应很快、有创造力，并且总是乐于探索帮助学生的新方法。

还有一个 C 也是有技巧的学业指导教师应该考虑的一个因素，那就是文化（culture）。布朗和里瓦斯（Brown and Rivas, 1992）坚称，发展学业指导教师和学生之间一对一关系的方法有助于对来自少数民族文化背景的学生进行辅导。一些来自少数民族文化背景的学生在上大学时面临着独特的问题。因为他们往往是第一代大学生，缺乏对高等教育环境的具体了解。瓦尔迪兹（Valdez, 1993）解释说，这些学生直接受益于与学业指导教师在一对一互动中找到的适应高校学业环境的方法。现在很少有学生沿袭传统的接受高等教育的路径，或者像几十年前的传统学生那样上大学。他们中的许多学生更加依赖经济援助，边上学边工作，经常转学，需要花费比传统的四年更长的时间来完成大学学业，走读，或者在工作一段时间后再重新回到大学读书。所以传统学生的定义也在发生改变（McLaren, 2004）。

每个学生都带着自己的个人文化参加学业指导会谈。个人文化不仅是种族背景、家庭价值观和习俗，还有个人经历、个人信仰、性取向、宗教信仰、个人理解水平和朋友圈子的影响。称职、可信的学业指导教师，富有爱心的、创造性的专业学业指导师，会把学生从自己文化中带来的东西融入学业指导。学业指导教师将利用引入的学生个人经历，验证可能会影响学生学业的家庭模式和信仰。

超越同理心和同情心的技巧

有了这些价值观和愿望，就可以开始与学生建立牢固的专业关系，并最大限度地发挥一对一指导关系的动力。也许缺乏信心是目前学业指导教师们所经历的最大挑战。良好的技能对优质的学业指导来说至关重要。事实上，查理·纳特博士（Dr. Charlie Nutt, 2000）认为，要成为一名技能娴熟的学业指导教师，需要 4 种关键技能。具体来说，学业指导教师必须具备：（1）关于学业指导项目的细节和特定高校的课程要求的具体知识；（2）提供给学生可利用的关于高校资源的知识；（3）良好的沟通技巧，能捕捉到学生可能给出的一个微妙的非语言暗示，那往往表达的是一个未被明示的重要信息；（4）具有开放式提问的技巧，鼓励学生更加自由地交流，并表明对学生的关心和重视。

这些技能中的每一项都是支持学生探索职业和人生规划、学位规划、课程选择甚至是课程安排的核心能力。当与纳特的 4 个关键技能结合使用时，同理心和同情心是很有帮助的。同理心和同情心在解决学生的多样性、差异化、个体人格因素和个人选择等问题时也很重要。随着学生对自己了解得越来越多，他们会试图将这种认识与他们已认知的周围的世界相匹配。学业指导教师在思考学生如何适应和学生希望如何适应这个多样化的世界，以及每个学生如何做出改变以适应自己或周围环境等方面发挥着关键作用。

角色的转变：信息专家到推动者

对于许多学业指导教师来说，了解学校情况、学位计划、课程内容、转校指南、关键人物，甚至是按学科划分的进入专业学习的最低成绩要求等细节，是成为一名优秀的学业指导教师的关键。这一庞大的知识资源库建立在学业指导教师多年的经验和在重要细节上的倾心付出上。事实上，这一内容对于指导学生探索学位计划、课程选择甚至职业领域至关重要。然而，仅仅这方面的知识是不够的。学业指导不仅仅是课程选择和学位规划。学业指导也不是数据录入或文秘工作，尽管会涉及这些技能。学业指导教师必须让信息对学生有意义。学业指导教师教导学生如何利用与学校环境相关的信息，并适用于学校之外的世界（Gordon & Habley, 2000）。事实上，通过科技的进步，学生已经可以接触到很多知识。有些学生是在电脑前长大的，许多学生掌握了非常先进的信息技术。他们经常教学业指导教师如何在线访问一些学业指导的核心内容。

多达 9 个要素被确定为是学业指导教师和学生之间建立指导关系的过程中所必需的，"准备、出席、联结、吐露心声、大笑、辅导、正常化、教练和继续"（Smith, 2005, p.9）。当这些技能被综合使用时，学生的回应表明，"私人关系的建立确实以积极的方式影响着学生"（p.4）。

> 学业指导教师和其他学生事务专业人员一样，需要在个人层面与学生沟通，以便［获得］最佳的结果。与学生一起工作的教育者需要认识到形成"私人"关系所具备的力量，并努力获得这种力量以使他们的学生受益。(p.2)

因此，今天的学业指导教师的专业知识必须包括使信息变得便利，而不仅仅是拥有信息。这意味着学业指导教师的角色可能会从数据仓库转变为信息推动者。对学生来说，一个拥有数据信息并有趣、有用和个性化的学业指导教师是有效学业指导的关键。对于学业指导教师来说，这通常是一个很有挑战性的转变，过去他们被视为信息和事实的储存库。这里的变化是通过新的计划和激励措施来实现的。这些计划和激励措施与推动者的角色相关联。

戴安娜·博伊德·麦克尔罗伊（Diana Boyd McElroy，2005）指出，与有学业风险的大学生一起工作有一个"悖论"。处境艰难的学生最需要支持，但他们也最有可能感到自己已经与大学脱节了。当学生找到自己与学校的联系，并意识到他们对学校的重要性时，他们的认知和情感发展就会受到刺激，他们就更有可能开发自己的支持资源并增强他们获得学业成功的潜力。然而这是通过更积极的参与和对学校其他人和职能更多的依赖来实现的。一位有技巧的学业指导教师应认识到，学生对自己的重要性和参与的需求是学业指导教师与学生互动的核心。

南希·施洛斯伯格（Nancy Schlossberg，1989）撰文论述了边缘化或他人的重视程度对学生的影响方面的理论。她解释说，学生，比如新生，可能会在经历重大人生转折时感到"不安"。在这些过渡时期，获得成功或失败会受到一个人对于自己是否属于所处环境的感觉的强烈影响。学生通过他人对自己的关注，感觉到自己对他人的重视性，感觉到自己被欣赏和自我信心的增强，即感知到他人的认同。学生们取得成功的部分原因是学生感知到自己对他人和学校的价值。同样，亚历山大·阿斯汀（Alexander Astin，1985）的学生参与理论解释说，当一个学生成为大学环境中更积极的参与者时，他就成功了。诸如对学生的关注和学生参与度这样的问题很容易被人们忽视，或者人们总认为学校的其他人会去解决这个问题。然而，事实上，一个技能熟练的学业指导教师是促进对涉及这两种问题的学生的评估和后续计划的制订的最佳专业人士。作为一名推动者，学业指导教师需要让学生提供是什么促使他们想要上大学的。这意味着学业指导教师需要向学生解释他们所拥有的选择，并让他们参与制订自己的计划。即学即用，原先的基于信息的学业指导范式，即使看起来是最显而易见的选择，也必须让位于更具发展性或基于教学的评估、理解和应用的学业指导过程。

学业指导……还是？

这一学科被称为学业指导。指导想到了一位德高望重的圣人，他指引年轻人走向正路。这个说法塑造了一幅专家给新手讲课的画面。这个术语倾向于引导我们的思维，并建立一个场景。在这个场景中，指导者拥有关于正确方法的内容和知识，学生有责任倾听和学习如何成功的规则。这样的话，使用指导一词或许并不妥当。虽然学业指导教师确实会引导学生通过错综复杂的政策制度和程序制订特定的学位攻读计划，但更常见的是，学业指导教师会认真倾听，通过反思促进学生的自我意识，并将新的信息融入学生的学习中。创造学生主导的体验，让学生接触到思想、信息和技能，并自行选择如何应用这些信息，这就是学业指导会谈的独特之处，也是帮助学生为获取大学成功做好准备的重要一环。

学业指导教师和学生之间建立牢固关系方面所面临的挑战通常会导致高等院校求助于之前的、方便的学业指导模式，即只提供信息和时间安排。弗吉尼娅·戈登（Virginia Gordon，1994）描述了一些妨碍大学充分利用这种更具发展性的模式的原因或借口。她解释说：

（1）学业指导教师没有时间参与需要与学生经常接触的指导活动。
（2）学业指导教师没有相关背景或专业知识来处理所需建立的个人关系。
（3）学生认为学业指导项目只涉及课程安排和注册。
（4）许多管理者既不理解也不支持发展型学业指导，不提供资金。
（5）学业指导教师缺乏足够的培训来掌握发展型学业指导的专业技能。（p.71）

福克斯谷技术学院，一所具有悠久的学业指导历史并在此领域获得多项国家级奖项的高等院校，完成的一项对学业指导教师的调查显示（Perry，2001），大多数学业指导教师表示，学业指导是"必要的、有益的"，并且"与学生的直接接触给他们提供了对学生的教育经历产生积极影响的机会"。他们认识到学业指导关系的重要性，并且意识到自己需要做的事情很多。然而，他们也指出，教学、行政人员也有必要"认识到学业指导的重要性，并给学业指导项目提供更多的时间"（p.5）。了解这些问题后，负责学业指导的学院和大学管理者便面临着挑战。他们需要向同事和自己所在的大学社区清楚地传达学业指导的价值。汀托（Tinto，n.d.）解释说："学生更有可能在为他们提供了学业、社会和个人支持的环境中坚持学习和毕业。"他接着说，如果院校"让他们作为大学的重要成员参与进来"，他们也更有可能获得成功。

框架，引导，辅导……

学业指导教师在职业生涯中会扮演很多种角色。他们很少严格按照人们预期的那样，以指示、指导、权威的方式提供指导。相反，他们以导游的身份，与学生一起探索校情概况目录、校历日程安排、学生手册、分班测试分数的意义和校园内可用的资源——通常象征性地带学生去他们需要去的地方，但有时是和学生一起步行去见数学学习实验室的协调员，或主动向职业顾问咨询信息。学业指导教师也是一名促进者。作为一名促进者，学业指导教师接受学生带来的信息，整合从指导教师那里得到的内容，并将两者结合起来制订行动计划。学业指导教师提醒学生已觉察到的意识和一起回顾过的问题，指导学生完成整个计划制订过程，并在学生遇到困难时为其提供帮助。学业指导教师有时也会充当翻译，谨慎地解释某些分数的意义，某些先决条件的必要性，以及哪些专业最适合某个学生。学业指导教师将为学生解释这一过程，解释何时出现焦虑是正常的，以及当教授做出令人不安的行为时应该如何应对。然后学业指导教师会协助学生将计划付诸实施。学业指导教师经常充当教练，不仅帮助学生制订计划，还要鼓励学生执行计划。通过非常具体的目标和每个步骤的具体要求的说明，帮助学生完成短期目标的制定。当学生得到指导、推动、教导和支持时，学生学会了自我评估，自己提问，并开始将学习融入他/她的职业生涯规划和人生规划。

在许多大学校园生活中的现实是，学业指导教师从来没有足够的时间和学生一起做他们想做的事情，或者参加他们想参加的全部对话。然而，总是还是会有一些时间的，也还是可以进行一些干预的。真诚地对待学生。向学生表达你的关心。学业指导项目远不止安排课程。专心聆听学生的讲述。通过复述重新定向会谈的重点。促进学生去了解学习环境，而不是简单地死记硬背校园须知或简单地列出课程表。有一些特定的对学生会产生很大影响的技能和技巧可以供学业指导教师学习和使用。学业指导教师可以坚持这个月学习三个技能，下周尝试两个技能，午餐时和同事分享一个技能。这样，当有限的时间、一对一的会谈机会被最大限度地用来训练指导技能时，优秀的学业指导教师就产生了。

References

Astin, A. W. (1985). Achieving educational excellence: A critical assessment of priorities and practice in higher education. San Francisco: Jossey-Bass.

Brown, T., & Rivas, M. (1992). Multicultural populations for achievement and success. New Directions for Community Colleges, 21 (2), 83-96.

Crookston, B. B. (1972). A developmental view of academic advising as teaching. Journal of College Student Personnel, 13, 12-17.

Ender, S. C., Winston, R. B., Jr., & Miller, T. K. (1982). Academic advising as student development. In Winston, R. B., Jr., Ender, S. C., & Miller, T. K. (Eds.), Developmental approaches to academic advising. New Directions for Student Services, 17, 5-18.

Franklin, K. K., & Hart, J. K. (2007). Idea generation and exploration: Benefits and limitations of the policy Delphi Research method. Innovation in Higher Education, 31 (4), 237-246.

Gordon, V. N. (1994). Developmental advising: The elusive ideal. NACADA Journal, 14 (2), 71-75.

Gordon, V. N., & Habley, W. R. (Eds.). (2000). Academic advising: A comprehensive handbook. San Francisco: Jossey-Bass.

Habley, W. R. (1986). Advisor training: Whatever happened to instructional design? ACT workshop presentation. Iowa City: ACT, Inc.

Habley, W. R., & McClanahan, R. (2004). What works in student retention? Iowa City: ACT, Inc.

Heath, R. L., & Bryant, J. (2000). Human communication theory and research: Concepts, contexts, and challenges. LEA's Communication Series. Mahwah, NJ: Lawrence Erlbaum.

McElroy, D. B. (2005). Impact of outside-the-classroom involvement on cognitive and affective development for community college students. (Doctoral dissertation, University of Oklahoma.)

McLaren, J. (2004). The changing face of undergraduate academic advising. Guidance & Counseling, 19 (4), 173-175.

Nutt, C. L. (2000). One-to-one advising. In V. N. Gordon, W. R. Habley, & Associates (Eds.), Academic advising: A comprehensive handbook. San Francisco: Jossey-Bass.

O'Banion, T. (1972). An academic advising model. Junior College Journal, 42, 62-69.

Perry, J. C. (2001). Faculty advising survey results, 1996 to 2001. Appleton, WI: Fox Valley Technical College. Ryan, C. C. (1992). Advising as teaching. NACADA Journal, 12 (1), 4-8.

Schlossberg, N. K. (1989). Marginality and mattering: Key issues in building community. New Directions for Student Services, 48, 5-15.

Smith, M. R. (2005). Personalization in academic advising: A case study of component and structure. Online submission. (ERIC Clearinghouse, ED490396.)

Tinto, V. S. (n. d.). Taking retention seriously. Retrieved December 22, 2007, from http://soeweb.syr.edu/academics/grad/higher_ education/Copy%20of%20Vtinto/ Files/TakingRetentionSeriously.pdf.

Valdez, J. R. (1993). Community college culture and its role in minority student academic achievement. Community Education Journal, 20 (3), 21-23.

第二十三章

评估学生的学习

约翰·舒赫

在现代高等教育领域里，评估学生的学习成果是一个重要的话题（see, for example, U. S. Department of Education, 2006）。事实上，评估高等教育学生的学习成果的倡议在高等教育的文献里已经一直被提了二十多年。评估学生的学习成果已经变成向学生提供的服务的一个主要方面；事实上，这也几乎是对学院和大学各个方面的一种期望，包括学业指导（Lynch, 2000; Creamer & Scott, 2000）。本章将从梳理评估学生学习的历史观点开始，然后确定可能的学生学习成果。本章还将提供两个案例，说明不同的高等院校如何将学生学习概念化，并以设置评估学生学习的定量和定性措施作为结束。由于篇幅的限制，本章无法展开深入的讨论。许多主题都只能是简单提及，一笔带过，但不应该被认为是缺乏深度的理解。相反，本章的方法是尽可能多地涉及学习评价的主题，并在参考文献列表中提供参考资料，供感兴趣的读者自己更加深入详细地研究这些主题。

简明的历史框架

通过已经颁发的几份重要的文件，我们可以为过去二十年的学生学习评价的历史文献提供一个简明的框架。文献回顾从一项对"美国高等教育实现卓越的条件"（Conditions of Excellence in American Higher Education, 1984）的研究项目开始，结项报告是《学生学习参与度》（Involvement in Learning）。该研究团队在这份报告中，将评估和反馈视为实现卓越高等教育的条件。几位作者坚称，"使用评估信息来改变努力方向是有效学习的重要组成部分，也是鉴定参与度的有力杠杆"（p. 21）。他们还提供了5项关于学生学习评价和反馈的建议。其中有一条可以直接应用到学业指导教师（关心学生学习）的工作中。几位作者共同指出,"在改变目前的评估制度时,学术管理人员和学业指导教师应确保所使用的工具和方法适合于(1)所涉及的知识、能力和技能,(2)他们所在院校本科教育的既定目标"(p.57)。

该研究小组的成员亚历山大·阿斯汀(Alexander Astin),以他发表的《实现卓越教育》(1985)一书为基础在报告中表达了自己的观点。在他对能力发展的观点中,他指出"评估其[学院]在培养学生能力方面是否成功是一项特别困难的任务,需要了解随着时间的推移学生学习表现的变化或改善的情况"(p.61)。他指出,"我认为任何好的学院或大学的评估项目都必须满足两个基本标准:它必须与已明确阐述的学校使命和理念相一致,并且应该与一些教学理论相一致"(p.167)。

库、舒赫、惠特等(Kuh, Schuh, Whitt & Associates, 1991)主要关注学生的课外学习和发展。他们主张在"评估学生课外体验的质量"中使用"审查"过程(p.264)。他们提供了一个系统的方法来确定本科生的课外经历和学习在多大程度上与学生就读学校的教育目标相一致。他们的工作与阿斯汀是一致的,因为每个人都强调学习需要与高等院校的使命相一致,并且根据高等院校所定的目标和宗旨,不同的学院的学习任务可能会有所不同。

美国大学人事协会(1996)在《大学生发展》杂志的一期特刊上发表了《当务之急:学生的学习》(The Student Learning Imperative)。这份文件拓展了学生学习评价工作。该文件建议,"全体工作人员应参与到全校评估学生学习和个人发展中来,并定期审查院校环境,加强有利于学生参与教学活动的因素,消除不利因素"(p.121)。随即,亚历山大·阿斯汀(Alexander Astin, 1996)发表了新版的《学生学习参与度》。他表示"评估是一个潜在的有效工具,可以帮助我们建立一个更有效的教育计划"(p.133)。

> 美国学生人事管理协会(NASPA)和美国大学人事协会(ACPA)联合发表了《重新思考的学习》(Learning Reconsidered)(2004)。这份文件旨在重新审视一些已被广泛接受的,关于传统教学和学习的观点,并质疑当前高等教育的组织模式是否支持学生在当今环境中的学习和发展。这样做的必要性显而易见:构成我们现代大学结构和方法的社会、经济、文化、政治和教学条件和假设一直在改变。(p.1)

在这份文件中,作者认为,"评估必须是成为校园文化的一种生活方式"(p. 26)。他们还敦促学校"要重点关注学生的学习,而不是学生的满意度"(p. 27)。

最近,DEEP(Documenting Effective Educational Practices,记录有效的教育实践)项目,对20所毕业率和全国学生学习性投入调查分数均高于预期的高等院校进行调查发现,评估在这些院校中起着核心作用。根据这项研究显示(Kuh, Kinzie, Schuh, & Whitt, 2005),这些高等院校一直在致力于高等教育质量的持续改进。作者的结论是,"大多数DEEP项目的高等院校都在系统地收集关于学生成绩的各个方面的信息,并利用这些信息为制定政策和进行决策提供有效帮助"(p. 156)。

这些报告的结论很清楚。评估已经成为高等教育中越来越重要的因素。这些令人信服的文件坚称,为学生提供支持服务的从业者不能忽视、混淆或拒绝参与评估。因此,争论的焦点开始转向如何以最终有助于衡量各种学生经历的价值的方式来完成评估。本章的下一节将讨论与学生学习相关的结果,这些结果可以由学业指导教师来促进。

识别学习成果

学生的学习是高等教育机构、咨询机构和公共服务部门的核心。在一些人看来(see, for example, Wingspread Group on Higher Education, 1993; U. S. Department of Education, 2006),学生的学习必须是高等院校的核心,与被日渐强调的科研成果一样重要。不管人们对这个问题的看法如何,毫无疑问,许多组织,包括高校评级排名机构,都对学生学习和各院校实际评估学生学习的情况感兴趣(National Commission on Accountability in Higher Education, 2005; Higher Learning Commission, n. d.)。学院和大学期望学生学习的内容因院校的不同而不同,并在很大程度上受高等院校的办学使命和理念的影响。库等人(Kuh et al., 2005, p. 27)指出,"高等院校的办学理念就是一个指南针,使高校在资源、课程和教育机会等方面做出的决定保持在正轨上"。因此,一个有着强大宗教基础和目的的私立机构可能会把信仰发展作为本科生学习成果的中心,而州立大学则完全不同,实际上甚至可能不认可宗教信仰是学生的学习成果。

然而,重要的是,高等院校的行为方式要和其宣称的一致。也就是说,他们制定的行为准则必须与他们所拥护的行为相一致。库等人(Kuh et al., 2005)在对20所高水平大学的研究中发现了这种行为的一致性。这一发现对高等教育机构具有指导意义。学生的成功始于信息和行为的一致性。在确定适当的学习成果时，建议学院和大学确定与其机构的使命和理念相一致的成果。

美国高等教育标准促进委员会（CAS）发布的《高等教育专业标准》（现行版）（Dean，2006）涵盖了学生学习和发展的16个领域。这些领域很可能通过一个学业指导项目便可以得到解决（pp.29-30）。这些学习成果是2006年的标准新增加的，因为在1997年的版本中并没有（Miller，1997）。但其中许多可以追溯到学生事务实践中的各种开创性文件，包括《学生人事观点》（The Student Personnel Point of View，1949）和《学生事务观点》（A Perspective on Student Affairs，1987）。尚不完全清楚是否所有这些研究结果都适用于全部高等教育机构，但可以肯定的是许多结果都适用于大多数高等院校。例如，迪安的"学业指导项目中的学生学习和发展成果范围"（Dean，2006）就不包括与欣赏和理解外国文化相关的具体学习成果，而这一成果在许多高等教育机构中特别重要（see，for example，Macalester College，2006）。迪安的学习与发展成果列表包括以下内容：

- 智力增长
- 个人及教育目标
- 增强自尊心
- 符合实际的自我评价
- 清晰的价值观
- 事业的选择
- 独立
- 有效沟通
- 领导力的提高
- 健康的行为
- 和谐的人际关系
- 合作能力
- 社会责任
- 令人满意而又富有成效的生活方式
- 欣赏多样性
- 精神意识

迪安（Dean，2006）给出了关于以上学习成果的定义。

实施学生学习

上述可能的学习成果，为大学生活提供了一个广泛的目标清单。学业指导教师特别适合与学生一起制订计划来实现其中的许多目标。事实上，库（Kuh, 1999, p. 84）曾得出结论，学生和学业指导教师对"学业项目重要性的讨论……已经与大学理想的结果联系在了一起"。实际上，学生可能无法与他们的学业指导教师一起，针对以上的学习与发展成果清单逐一制订实施计划，以促进他们很快获得关于上述所有成果的经验。并且很明显，我也希望，学生的学习经历使他们学到的不止是一种具体的成果。例如，学生通过在一个组织中担任高级职务，很好地提高了自己的领导能力以及口头和书面表达能力，也增强了自信。

更有可能的是，学生和学业指导教师可以一起合作，以加强某些而非全部类别的学习。这种方法建议学生和他们的学业指导教师在以下几个方面紧密合作：

1. 对学生进校时的优势和潜在发展领域进行分析。
2. 制订计划，加强已有优势并改进有待提高的地方。
3. 充分了解学校有价值的资源，以便更好地制订每个学生的计划。
4. 当学生注册时，要用形成性评价测量技术去评估学生多大程度上达到了自己努力的目标；当学生准备毕业时，要用总结性的方式方法进行评估。

思考以下案例：

一位本科院校的学生

肖恩就读于一所重点大学（SC）。这是一所很有竞争力的、本科寄宿式高等院校，位于美国东部。肖恩给自己定的计划是完成本科学位，然后去研究生院或专业院校深造。肖恩的目标并没有超出上述的学习成果清单的范围。他相信接下来的四年生活将是探索各种学科、发展各种重要技能的绝佳机会。用学生自己的话来说，就是"学习各种各样的事物"。

肖恩和他的学业指导教师简·凯利在学校新生入学教育期间会面了。他们进行了长时间的讨论，内容主要包括肖恩对于大学的计划、SC 能够提供给肖恩的资源和帮助他实现入学时的暂定目标的方法。

肖恩对学习外语和外国文化有些兴趣，甚至还想出国学习一个学期。SC 引以为傲的正是它能给想要出国留学的学生提供机会。简指出，除了出国留学项目之外，学校还为想要结识国际学生的学生准备了许多俱乐部活动。此外，简还告诉肖恩一些来自外籍教师的信息，这些外籍教师将在学年期间参与讨论，讲述有关他们国家的事。简还让肖恩知道，在假期里，本国的学生有时会短暂地接待国际学生，因为他们经常因为费用问题而不能回家。

简还建议肖恩考虑选修一门关于非美国文化的课程，作为他的必修课要求之一，并且上四年的西班牙语课程，在此基础上达到本科通识教育的要求。肖恩同意修这两门课程。简还提醒肖恩要坚持定期写日记，并且告诉他随时可以过来聊天。

中期的跟进

大约在学期过半时，肖恩顺道去找了简一次。肖恩说，大学一直让他感到兴奋，课程进展很顺利，加入国际俱乐部的体验也十分有趣。肖恩正在和来自世界各地的学生见面，并计划邀请其中一个去他家过暑假。肖恩没有像他想象的那样，经常见到外籍教师，但他向自己保证，随着时间的推移，他会做得更好。简和肖恩提到了写日记的事。而肖恩说他并没有像自己预想的那么勤奋，他并没有每天都取得进步。事实上，在 11 月的下一次定期会面时，他们有很多内容要讨论。那时，简和肖恩就要开始准备春季学期的课程表。

评价

肖恩和简一起参与肖恩的学习过程实际上是一种理想的想法，也许不太现实。在这个案例中，学业指导教师和学生一起对大学目标进行了初步评估，制订了如何实现目标的计划（与学生目标一致），并开始制定评估这些目标实现程度的流程（写日记）。这个例子只用了学生的一个学习目标来说明指导者如何帮助学生制订计划实现目标的过程。这种方法的假设是在一个学业指导教师资源丰富的环境中，学业指导教师可以提供一种"接触更多"的指导方法。在一个资源不太丰富的环境中，可以使用在线联系的方式完成辅导。尽管这种方法的前提是学生本人要坚持到底，主动参与像肖恩和简一起完成的那种规划。让我们一起来看就读于大都会大学的另一个学生的情况。

一名大都会大学的学生

萨姆是大都会大学（MU）重新返校学习的成人学生。大都会大学是一所州政府资助的综合性州立大学，位于该州最大的城市。管理学院的本科生中，大多数在25岁以上，因此可被归为非传统年龄的学生，尽管在MU他们是大多数。其余的大学生都是传统年龄学生，但几乎所有人每天都从家里到学校来上学而非住校，许多人每周工作25小时甚至更长。

萨姆有两个孩子，每周工作30小时。十多年前她开始了她的大学生涯。但是，由于婚姻和家庭的原因，她中断了这种大学生活，直到最近她才决定回到大学完成她的本科学位（政治学）。虽然她已经在市政府工作，但她知道如果没有本科学位，她的晋升机会相当有限。在内心深处，她还希望将来能攻读MPA。她已经完成了55个学分，所以她计划在三年内通过在校学习的方式完成学位。

萨姆计划在一周内与她的学业指导教师查理·兰斯多恩会面，规划她的学业日程，并讨论如何最佳地利用时间，使她从现有的学习中学到最多的知识，因为时间确实有限。

在会面期间，查理和萨姆认识了。查理审查了萨姆结婚前就读的州立大学的学业记录，他对萨姆的记录印象深刻。她在学业上表现得很好。萨姆还让查理知道她曾经十分热心地在学校宿管科工作过，但这段经历没有记录在MU的档案中。

作为一所大都市院校，MU致力于服务整个城市及其周边地区。这意味着，该院校的使命是，它正在通过各个方面（学校、医疗保健设施、工商业和地方政府等），让学生做好准备，以各种方式为城市服务。学生领导力培养是该大学的一个高度优先事项，除了为学生参与社区管理提供广泛的经验外，它还提供了领导力培养的本科辅修专业。

查理和萨姆谈论了各种各样的大学体验活动，这些经历将帮助她实现完成本科学位的目标的同时也培养了领导力，为她将来在城市管理方面的职业生涯打下良好的基础。很明显，参与学生会、校园组织或俱乐部对萨姆来说根本没有可能，因为除了课程学习之外，她还有很重的工作和家庭责任。但是，她的学业项目中有两个方面的优势有助于培养领导力，可以完成学分并获得宝贵的体验。一个是让她参加政治科学课程中的3个服务学习课程，课程旨在帮助学生参加和地方政府相关的活动。就萨姆本人而言，由于她已经为该市政府工作过，因此将安排她去乡镇政府机构，以便她能够理解政府单位运作的复杂性，并且她能够与几个部门建立联系，这些部门将来可能会很好地为她服务。

查理还建议萨姆考虑辅修领导力的课程。如果萨姆仔细规划她的课程，她可以把辅修课程挤进计划中。尽管这代表着她可能需要在夏季学期学习比原计划更多的课程，但这样她就可以按照自己的时间进度表完成学业。萨姆同意考虑这个机会，尽管夏天的时候，工作和家庭可能给她带来沉重的负担。

萨姆和查理的另一次讨论与她参加高级荣誉研讨会有关。如果她继续像之前在大学时那样表现优异，萨姆将会是最佳候选人。她需要准备一份高级荣誉研讨会上提交的论文，并在一年一度的春季大会上做报告。在会上，学生和教师将会向政治学系及学校其他部门的人员分享自己的学习和工作成果。

评价

萨姆的经历与肖恩的经历完全不同。她的发展几乎完全集中在学分上，而肖恩在学业生涯中将会经历许多和学分无关的课外活动。肖恩除了上大学之外，时间充裕，承担的责任也很少，而萨姆的日程安排很紧，生活中还有其他重要的事情必须处理。肖恩的学业指导教师简，建议他写日记，开发一种学习活动组合，并充分利用学校的各种机会。萨姆也有丰富的体验学习机会，但它们的开展需要围绕着如何获得学分而进行。学习活动组合对她来说不太实用，但查理会鼓励她记录自己的经历，尤其是通过服务学习课程。因为她在这些课程中学到的东西，可能会直接用到工作中，而且在时间允许的情况下，她可能会开发出一个更有针对性的学习活动组合的版本。

测量学习

在上面这两种情况中，学业指导教师和学生密切合作，并提出有助于他们实现大学目标的可能的学习建议。请注意，学业指导教师们很谨慎地提出与学校价值观一致、与学生可用时间、能力和精力的现实情况相一致的学习建议。但是，如何确定这些建议的学习活动能够产生预期的成果呢？下列方法可供学业指导教师和研究机构使用。

定量方法

定量方法通常被定义为对学生进行问卷调查，并将结果与对照组进行比较。有多种标准化的工具可用来测量学生经历。其中包括全国学生学习性投入调查（NSSE，the National Survey of Student Engagement）、大学生经历问卷（the College Student Experiences Questionnaire）、你的大学第一年（Your First College Year）、高年级学生调查（the College Senior Survey）、大学成果调查（the College Outcomes Survey）和其他标准化工具。有时高等院校可能想开发一个自己的工具。例如，奥勒普和德尔沃思（Aulepp and Delworth，1976）就开发了一个院校专用的工具，并被多次使用（Schuh & Veltman，1991）。标准化的工具通常会为评估者提供让他们能在评估中设置院校个性化问题的机会。这些问题会对特定校园中一些学校特别关心的主题进行研究。

将该工具与高等院校教育理念和目标的核心要素联系起来，对于选择问卷或从头开始编制问卷来说至关重要。例如，"培养领导技能""成为一个有效的团队或小组成员"和"公平地与各种各样的人打交道"等题项（大学成果调查中的题目，见：http：//www.act.orgjessjfouryear.html）探究了对MU的教育理念至关重要的学习成果。萨姆正计划利用她接受的教育为自己在城市管理职业中找到定位。为了事业的发展，她必须相应地发展新的技能。因此，使用大学学习成果调查来衡量萨姆和查理为她确定的学习成果的进展计划是非常合适的。所以，对学业指导教师而言，无论他辅导的是肖恩还是萨姆，选择一种从心理测量学（有效性和可靠性）的角度经过精心设计的，并在内容编制上反映院校及学生价值观的工具，是评估过程的核心。

定量方法特别有用。因为它们可用于开发与国家或地区常模相比较的数据集。肖恩所在的学校——SC的学生可以与其他类似学校的学生在大学学习成果调查中选择某些重要的方面进行比较。在肖恩的案例中，他和SC其他学生作为一个群体，在"与来自不同于我自己文化的人互动"题项上的分数很重要，因为SC强调国际化和理解不同于美国的文化。问卷中还包括了对这一院校目标非常有价值的其他题项（"更愿意考虑相反的观点"和"成为多元文化社会中更有效的成员"）。

标准化评估工具的分数至少应该分3个层次进行审查。首先，对于学生来说，在特定时间表现出的成长是有价值的。假设肖恩在海外学习了一个学期。在去之前和回来之后可以分别对他进行一次测量，能够得到关于他经历成长的有用信息。分数的变化是他和简深入讨论他的经历的基础。其次，可以研究SC学生的总体分数。分数会随着时间的推移而增长吗？有些学习经历比其他经历更有影响吗？例如，参加海外学习的学生是否认为自己在理解不同的文化上取得了更大的进步？这些信息对于了解某些学习经历的潜力非常有用，并且可以帮助学业指导教师与那些对学校的学习经历有特定目标的学生一起更好地工作。肖恩对海外经历的兴趣就证明了这一点。最后，SC 学生的分数可以借助标准化工具与来自类似院校的学生的分数进行比较。分数对比情况如何？SC 学生和同龄人相比，是保持在正常范围内吗，还是与他们有所不同？显然，在跨院校的比较中需要格外谨慎（see Bender & Schuh, 2002）。但对于那些评估项目来说，这些可以是有效对话的开场白。

然而，使用标准化的评估工具并不是唯一可行的办法。还可以使用定性评估的方法。

定性方法

定性方法也可以用于测量学生的学习。典型的定性方法包括观察学生的行为、审查文件记录以及一对一或小组访谈。

学生生活经历的很多方面都很适合使用定性方法进行评估。例如，探索一些问题，让学生理解参与体验学习的意义。比如作为志愿者，汇报他们从服务学习项目中、担任领导者角色时学到了什么。这些对小组讨论都非常有益。在某些情况下，学生的经历可能是独特的，因此个别访谈可能比小组访谈（5—7 人）更有意义。这种经历的一个例子是，一个学生汇报自己在学院董事会任职中学到了什么。另一种可能是让学生描述自己在学生活动中担任发言人的感悟。

萨姆对利用她在 MU 的教育经历为自己的职业生涯定位很感兴趣。她是 MU 的转学生，并且在完成学业之前有 2—3 年的学习时间。她的学业指导教师查理想确保她拥有尽可能丰富的体验学习。为了记录她所学的东西，查理建议萨姆每周写一次反思日记。查理解释说，日记的重点应该在萨姆每周学到的东西上。她应该回答下列问题。什么事令人惊讶？作为学习的结果，她会做什么？萨姆从其他学生那里学到了什么？查理表示，反思不用太长，一两页即可。查理向萨姆表示，在未来几周内，萨姆可能会需要汇报适量的反馈信息。

电子学习档案

肖恩可能想和简一起开发一种电子学习档案。简可以帮助肖恩确定学习成果，这些成果对他在 SC 的学习经历至关重要。例如，简会向肖恩提供一份可能的学习成果清单，这些成果可能来自他在国外的学习。肖恩可以撰写论文或反思，对一些或所有的学习成果发表意见，然后找出支持他关于学习经历的看法的成果。这些成果可能是他为班级写的论文,从服务学习项目中得到的现场笔记,以及在国外学习经历中的工作照片。在 http://www.-celt.iastate.edu/lt/eportfolio.html 上,肖恩可以找到一个电子学习档案的范本。他正计划在完成本科学位后进入研究生或专业学校学习。这个档案可以提供证据,证明他在学校时所学的东西超过了他的学业成绩单所展示的内容。陈和马佐(Chen and Mazow, 2002)指出,学业指导过程中学习档案在让学生参与"自我反思和发展的形成性评价"方面非常有用。加里斯(Garis, 2007, p.4)补充说:"建立这种(电子)档案的目的不是用于支持学生就业等具体的方面;相反,它通过没有那么结构化的反思来促进学生的学习。"通过向肖恩提供与 SC 对学生学习经历的预期一致的众多学习成果,简可以给肖恩提供一个关于电子学习档案的基本框架,但最终由肖恩自己决定如何处理学习成果和将要纳入学习档案的内容。

萨姆也可能需要准备一份学习档案。她的方法可能与肖恩的不一样,因为她的学习经历远远比肖恩的聚焦。萨姆可能会决定,她的学习档案将侧重于在 MU 读书时,自己是如何通过课程学习和其他经历提高专业技能的,尤其强调面对市政管理中日益复杂的领导力要求,自己是如何为之进行准备的。除了课程学习和其他经历之外,她还可以在学习档案中纳入一些与学习成果相关的东西和简短的反思性论文。这些将有助于确认,她从这些不同的学习经历中学到的东西是如何促进她在公共行政领域的成长和潜能的。下面是可纳入萨姆的学习档案中的两个例子:她向城市规划和分区委员会做的PPT 演示文档,以及她参加的为全县公共行政人员举办的研讨会时记录的笔记。在萨姆不断进步的城市管理职业生涯中,学习成果档案将会发挥很大的促进作用。

从学业指导教师的角度来看,学习档案的使用是衡量学生学习的一个非常方便的工具。除了标准化工具和小组访谈之外,学习档案可以提供关于学生学习的丰富的证据。可以将这些学习成果证据与学业指导教师和学生在学生被录取时、注册入学时通过持续的会谈所确认的学生已取得的学习成果进行比较。结合定量和定性的评估方法,学习档案可以为学业指导教师提供丰富的评估数据。

结论

本章通过对重要文件的解读,简述了过去几十年学生学习成果评估的发展背景。本章还确定了 CAS 的《高等教育专业标准（现行版）》（Dean, 2006）中与学业指导项目所对应的学生学习和发展的成果范围，提供了两个学业指导教师如何帮助学生根据大学学习经历确定自己学习成果的案例。本章最后给出了一些关于如何评估学生学习成果的想法。显然，作为学业指导过程的一部分，学业指导教师有能力评估学生的学习成果。作为对学生的承诺的一部分，他们必须使用评估工具来帮助学生获得最佳的大学体验。其中任何不足都会影响学业指导教师的最重要的利益相关者——学生。

References

American College Personnel Association. (1996). The student learning imperative. Retrieved April 16, 2008, from http：//www.acpa.nche.edu/sli/sli.htm.

Astin, A. W. (1985). Achieving educational excellence. San Francisco：Jossey-Bass.

Astin, A. W. (1996). Involvement in learning revisited. Journal of College Student Development, 37, 123-132.

Aulepp, L., & Delworth, U. (1976). Training manual for an ecosystem model. Boulder, CO：WICHE.

Bender, B. E., & Schuh, J. H. (2002). Using benchmarking to inform practice in higher education. New Directions for Higher Education, 118.

Chen, H. L., & Mazow, C. (2002, October 28). Electronic learning portfolios and student affairs. Net Results. Retrieved August 29, 2007, from http：//www.naspa.org/membership/mem/nr/article.cfm? id=825.

Creamer, E. G., & Scott, D. W. (2000). Assessing individual advisor effectiveness. In. V. N. Gordon, & W. R. Habley (Eds.), Academic advising：A comprehensive handbook (pp. 339-348). San Francisco：Jossey-Bass.

Dean, L. A. (2006). (Ed.). CAS professional standards for higher education (6th ed.). Washington, DC：Council for the Advancement of Standards in Higher Education.

Garis, J. W. (2007). E-Portfolios：Concepts, designs, and integration within student affairs. New Directions for Student Services, 119, 3-16.

Higher Learning Commission. (n. d.). Institutional accreditation：An overview.

Retrieved August 28, 2007, from http：//www.ncahlc.org/index.php?

option=com_ content & task=view & id=37&Itemid=116.

Kuh, G. D. (1999). Setting the bar high to promote student learning. In G. S. Blimling, E. J. Whitt, & Associates, Good practice in student affairs (pp. 67-89). San Francisco: Jossey-Bass.

Kuh, G. D., Kinzie, J., Schuh, J. H., & Whitt, E. J. (2005). Student success in college. San Francisco: Jossey-Bass.

Kuh, G. D., Schuh, J. H., Whitt, E. J., & Associates. (1991). Involving colleges: Successful approaches to fostering student learning and development outside the classroom. San Francisco: Jossey-Bass.

Lynch, M. L. (2000). Assessing the effectiveness of the advising program. In V. N. Gordon, & W. R. Habley (Eds.), Academic advising: A comprehensive handbook (pp. 324-338). San Francisco: Jossey-Bass.

Macalester College. (2007). Global citizenship at Macalester College: A timeline. Retrieved August 2, 2007, from http://www.macalester.edu/globalcitizenship/timeline.html.

Miller, T. K. (1997).(Ed.). The book of professional standards for higher education. Washington, DC: Council for the Advancement of Standards in Higher Education.

National Association of Student Personnel Administrators. (1949). The student personnel point of view. Retrieved April 16, 2008, from http://www.naspa.org/pubs/Stud_ Aff_ 1949.pdf.

National Association of Student Personnel Administrators. (1987). A perspective on student affairs. Retrieved April 16, 2008, from http://www.naspa.org/pubs/Stud_ Aff_ 1987.pdf.

National Association of Student Personnel Administrators. (1989). Points of view. Washington, DC: Author.

The National Association of Student Personnel Administrators and The American College Personnel Association. (2004). Learning reconsidered: A campus-wide focus on the student experience. Retrieved July 31, 2007 from www.naspa.org/membership/leader_ ex_ pdf/lr_ long.pdf.

National Commission on Accountability in Higher Education. (2005). Accountability for better results: A national imperative for higher education. Denver: State Higher Education Executive Officers.

Schuh, J. H., & Veltman, G. C. (1991). Application of an ecosystem model to an office of handicapped services. Journal of College Student Development, 32, 236-240.

Study Group on the Conditions of Excellence in American Higher Education. (1984). Involvement in learning: Realizing the potential of American higher education. Washington, DC: National Institute of Education.

U. S. Department of Education. (2006). A test of leadership: Charting the future of US higher education. Washington, DC: Author.

Wingspread Group on Higher Education. (1993). An American imperative: Higher expectations for higher education. Racine, WI: Johnson Foundation.

Sources of Instruments

National Survey of Student Engagement http://nsse.iub.edu/html/survey_instruments_2007.cfm.

College Student Experiences Questionnaire http://cseq.iub.edu/.

Your First College Year http://www.gseis.ucla.edu/heri/yfcyoverview.php.

College Senior Survey http://www.gseis.ucla.edu/heri/cssoverview.php.

College Outcomes Survey http://www.act.org/ess/fouryear.html.

第二十四章

评估学业指导教师的有效性

乔·库塞奥

学业指导评估中需要关注的事宜

评估学业指导教师的有效性向大学社区的所有成员传达了一个强烈而明确的信息，即学业指导是一项重要的专业职责。相反，不这样做就等于发出了一个默认的信号，即学业指导项目不被高等院校所重视，学业指导教师的工作不应该得到评估、改进和认可。令人不安的是，5项全国学业指导调查的结果显示，只有29%的高校会评估学业指导教师的有效性（Habley & Morales，1998）。厄普克拉夫特、斯雷布尼克和史蒂文森（Upcraft, Srebnik and Stevenson，1995）明确指出，"一般而言，学业指导，特别是新生的学业指导，最容易被忽视的就是评估"（p. 141）。

本章旨在通过概述评估学业指导教师有效性的综合计划来解决学业指导缺乏评估这一缺陷。整个综合评估计划以简要地确定有效的学业指导评估的重要组成要素开始。这些组成要素是有效的学业指导项目评估发生的关键。接下来是对有效的学业指导项目评估的基本原则的讨论。本章随即转到对学业指导教师综合评估计划的重要组成要素的讨论（包括多种评估方法和信息来源），即（1）学生评价；（2）评估前和评估后的策略；（3）定性评估方法；（4）学习行为记录分析；（5）学业指导教师自我评估；（6）同行评价；（7）项目负责人的评价。本章结束于"形成闭环"的评估策略的讨论，即把评估结果转化为学业指导教师工作实效的提高。

本章将主要使用评估（assessment）这个术语，而不是评价（evaluation）。因为评估更多地代表着这是一个合作（collegial）而非评判

(judgmental) 的过程；并且它更准确地传达了这样一个信息，即评估的主要目的是提供建设性和富有成效的反馈以提升学业指导教师的工作效果。

制订有效学业指导教师评估计划的关键初始步骤

对学业指导教师的评估要嵌入到更大的学业指导项目的有效实践体系中。要对学业指导教师进行有效的评估，就需要建立有效的其他支持措施到位的学业指导体系。这些支持性的措施可被视为与学业指导评估同时采取或并行的，它们确保院校认真对待学业指导评估并激励学业指导教师使用评估结果来提高工作效果的步骤。这些并行的步骤包括：(a) 阐明学业指导评估的含义和目的；(b) 提供有效的学业指导教师指导、培训和发展；(c) 对有效的学业指导进行认可和奖励。

本章不再对有效的学业指导项目的关键要素进行讨论，因为在本书的其他章节中已有更具体的介绍。尽管如此，学业指导教师评估计划的最初制定和最终实施都需要对有效的学业指导项目的关键要素进行统筹考虑。

有效评估的基本原则

如果用一个词概括有效评估的定义，这个词便是多样性。有效的评估服务于多种目的，测量多种结果，从多个数据源中提取数据，并使用多种测量方法。

一个有效的评估计划可以服务于两个关键目的，这在历史上被称为：(a) 总结性评估——总结和证明效果影响或价值评估，以及 (b) 形成性评估——塑造和提高工作质量的评估 (Scriven, 1967)。可以说，后者是学业指导教师评估最重要的目的，因为其主要目标是促进学业指导教师工作的积极变化，最终提高学生接受的学业指导的质量。

当评估需要衡量多种结果时，它会变得更加全面和完整，这些结果可以用助记符号"ABC"来概括：A (affective outcomes) = 情感结果（例如，学生对学业指导教师有效性的感知），B (behavioral outcomes) = 行为结果（例如，学生对校园资源的使用），以及 C (cognitive outcomes) = 认知结果（例如，学生的自我认知和对课程的认知）。综合评估还有多个数据来源，包括学生评价、学业指导教师自我评价、同行评价和项目主管的评价。

最后，有效的评估需要使用多种测量方法，包括生成数字数据（如评级）的定量方法和生成"人类"数据（如口语或书面语）的定性方法。基于多种测量方法的评估，有时被定义为"三角测量"（Fetteraman，1991）比任何基于单一方法或单一数据源的评估能产生更可靠和更有效的结果（Wergin，1988）。这是一个关于评估的公理。

学生对学业指导评估教师的评价

学生评价是使用最广泛的测量大学教学有效性的一种方法（Seldin，1993），也是评估大学教学的策略中得到最广泛研究的策略（Cashin，1995）。关于大学教学评估中的学生评价的大量研究成果可以用来指导学业指导评估的实践，尤其是在学业指导越来越被视为一种教学形式的情况下（Cuseo，2004；Lowenstein，2005；Melander，2005）。

如果学生评价调查或问卷构建良好、实施得当，则可以成为学业指导综合评估项目的核心部分。学业指导教师为学生评估开发了有效的工具，包括就以下方面做出明智的决策：（1）内容，（2）形式或结构，（3）管理，（4）分析和总结，（5）报告结果，（6）"闭环"——利用结果来改进学业指导项目。关于学生评估工具的每个关键特征，对做出有效决策策略的影响，将在本章随后的章节中讨论。

确定学业指导评估中学生评价的内容

学生评价工具可以是"自主开发的"——由学校内部开发，也可以是"从外部购买的"——从评估服务公司或评估中心购买。标准化工具确实具有已经确认的可靠性和有效性的优势，以及提供允许跨院校比较的常模。另外，自建或自研工具的优势则在于提供对校园特定目标、问题和挑战的更敏感的测量。以下建议是针对开发和实现自建工具而提出的。

评估问卷的调查题项应反映院校认为的高质量学业指导的具体表现和行为。构成该工具的题项应反映院校希望其学业指导教师追求并达到的辅导质量。因此，一个有效的学生评价工具不仅是评估学业指导教师表现的工具（是什么），还可以作为激励最佳表现的催化剂（应该是什么）。

评估项目应基于对学生看重的学业指导教师的特征的系统研究。厄普克拉夫特等人（Upcraft et al.，1995）认为，"学业指导综合评估计划的第一个组成部分是评估一年级学生的学业指导需求。这类评估很重要，因为不健全的学业指导项目往往是提供不符合学生需求的指导服务的结果"

(p. 142)。现有研究反复指出学生所喜欢的学业指导教师类型,其中包括:(1) 容易接触到;(2) 知识丰富且乐于助人;(3) 风度翩翩且平易近人;(4) 扮演着顾问和导师的角色(Winston, Ender, & Miller, 1982; Winston, Miller, Ender, Grites, & Associates, 1984; Frost, 1991; Gordon, Habley, & Associates, 2000; Smith & Allen, 2006)。这些"核心"特征中的每一个都可以用于创建特定的学业指导有效性评估项目。

学生评价的内容应包括要求学生报告他们的学习行为。阿斯汀(Astin, 1991)提出了一种双类别分类法,用于对评估过程中可能收集到的数据进行分类:(a) 反映学生内部状态(如感知和感受)的心理数据;(b) 反映学生行为或活动的行为数据。在传统的学评教中,评估者几乎完全集中于收集学生的心理数据(学生的看法或意见)。然而,鉴于学业指导项目的主要目标之一是促进学生行为的积极变化,那些能收集到学生使用校园服务的数据以及学生参与辅导课程的频率等内容都应该被纳入评估工具/问卷中。

学生评价的内容应包括对那些希望学业指导教师促进的学生学习成果的实际提升状况的评估。对学生的调研或学生评价问卷通常被打上学生"满意度"衡量标准的标签,带有它们起着与客户满意度调查一样的作用的负面含义。然而,精心构建的学生评价不仅仅是调查满意度那么简单。调研或问卷调查的结果可以赋予学生从自身内部视角认知的学习成果更丰富意义的数据。例如,评价内容可以包括学生对他们的学业指导教师如何有效地促进他们实现以下任一学习成果的看法:(a) 对课程要求的自我认知或知识,(b) 对通识教育的理解或欣赏,(c) 批判地思考教育选择的能力,(d) 学业和职业计划的整合。

尽管这些学习成果是自我报告的(主观的)而不是基于现实表现的(客观的),但是从大量有代表性的学生样本中系统地收集这些数据为要考察的学习成果提供了确凿的证据。在目的是问责的前提下,学生评价不应该被简单地视为仅仅是心理或情感满意度的主观评价,问责需要学习成果和对学习成果的客观记录。

学生评价应包括要求学生对自己作为接受指导者的努力程度和效率进行评价的内容。这其中的一些内容将有助于提高学生关于他们在学业指导过程中应共担责任的意识;并有助于让学业指导教师相信学业指导效果评估将会包含对作为接受指导者的学生的责任心和努力程度的评估。这样做在一定程度上会降低学业指导教师在被评估时的不安和抵触。这种不安和抵触会伴随任何类型的关于个人表现的评价而产生。

从学生和学业指导教师处获得对学业指导评估工具的初步反馈。通过让一个学生完成评估并提供关于应该添加、删除或修改哪些题项的建议来实现学生对评估工具的初步反馈；也可以利用学生焦点组访谈来获得关于评估工具的优势和改进途径的反馈。在全面实施评估工具之前，征求学生的意见有两个目的：一是有助于确认评估工具可能还没有解决的学生的问题、需求或优先事项；二是表明对学生意见的尊重。应该对学业指导教师采取类似的方法征求他们的反馈意见，从而增加他们对学业指导评估过程的理解，并增强他们理解学业指导评估是和他们一起共同开展的，为他们而做的，并不是对他们的考核。

确定评估工具的形式或结构

评估工具的可靠性、有效性和实用性取决于其结构（形式）和内容。以下关于构建或形成有效学生评估工具的策略的建议。

从学生那里收集人口统计学信息。学生群体在经历、认知和对同一教育项目或服务的满意度方面差异很大，这种情况并不罕见（Schuh & Upcraft, 2001）。学生评价工具中包含简短的供学生报告其人口统计学特征的工具将为比较不同学生群体的调查结果提供交叉列表的机会。

使用一个 5 级或 7 级的评分标准。评估工具中应包含 5 级或 7 级评分标准可能会带来单个题项的评分的平均值的差异。如果这些差异的绝对值足够大的话就可以提供有区别意义的数据。对学生评价任课教师的研究表明，少于 5 级的评分标准会降低该工具区分满意和不满意的能力，而多于 7 级的评分标准也并不会增加该工具的区分能力（Cashin, 1990）。

让学生评价学业指导教师特质的重要性以及他们对这些特质的满意程度。实际上，这使得该工具能够同时作为学生满意度问卷和学生需求评估调查。重要性和满意度之间的差距是效果提升的关键目标领域。

为每个题项征求书面意见。征求对每一个题项的意见。对题项的具体化的提示，如"请解释你这样评分的原因"，可以增加学生提供书面评论的字数。当经提示后的书面评论被聚焦到某个特定的学业指导教师特征或行为上时，它们也往往更有针对性、更具体、更有用（Cuseo, 2001）。为学生提供对自己的评价进行解释或进一步展开说明的机会，可以让他们证明自己的评分是合理的，同时也提供了对学业指导教师的工作效果和自我提升方向的深刻见解。

在评估工具中至少应包含两个总体评价的题项，总结性地评估（从整

体上）学业指导教师工作的有效性。以下两个陈述说明了对总结性评估有用的总体评价题项：

1. 我认为这位学业指导教师的整体效率：（很差↔很高）。
我这样评价的原因：
2. 我会向其他学生推荐这位学业指导教师：（非常愿意↔强烈反对）。
我这样评价的原因：

对全局性题项的回答为学生对学业指导教师进行总体评价提供了一个有效的工具。对学生课程评价的研究反复证明，总体评分比学生对教学的特定方面或维度的评分更能预测学生的学习情况（Braskamp & Ory, 1994; Centra, 1993; Cohen, 1986)。

评估工具应包括一个开放式的问题，用来询问学生对学业指导教师相对优势的一般性意见和改进建议。开放式问题不局限于学业指导教师的任何特征，允许学生自由回答他们选择的学业指导关系中的任何方面的问题，从而允许他们自己设定议程。开放式问题可以提供关于学业指导教师和辅导流程的独特信息，这些信息可能在评估的题项中没有得以体现。

保持工具简洁。包括不超过二十个题项或问题。测试工具的长度和学生对它的反馈深度之间存在着反比关系。可以肯定地说，完成问卷需要花费的时间越久，学生们就越少时间和精力投入在详细的书面评论上，而那是对提高效率最有用的。

组织实施学生评估工具

一个评估机制的有效性不光在于它的内容和形式，还依赖于它的组织实施程序。下列提出的有关实施学生评估机制的意见，在一定程度上可以使它所产生的结果的可靠性和有效性得到提升。

在进行评估之前，将向学生提供标准化的说明。对任课教师评价的研究表明，问卷引导语的措辞会影响学生的反应（Pasen, Frey, Menges, & Rath, 1978）。例如，如果告知学生这个评估结果将用来决定任课教师的留任或升职，那么获得的评价数据会比表明评价结果用于课程或教学改进时，会更良好或宽松（Braskamp & Ory, 1994; Feldman, 1979）。

向学生提供的引导语应该强调评估过程与作用的重要性、学生在评估院校项目中的重要性。为了提高学生完成评估的积极性，并提高结果的可靠性，我们建议在评估实施说明中应该包括以下几个要素。

- 告知学生，评估是一个学生提供意见的机会，可以提高未来学业指导项目的质量。
- 解释评估的目的（例如：帮助学业指导教师提高辅导的有效性并提升学业指导项目的质量）。
- 提醒学生必须要独立回答每个问题。
- 强调具体的书面意见特别有用。
- 向学生保证，他们的评价会被仔细阅读并认真考虑。
- 告知学生在提交评价之后，将会如何处理这些意见。
- 向他们保证，所有的反馈和书面意见将被严格保密。

特别注意实施学业指导教师评估的时间和地点。一个有效的评估计划既需要一个相当大的样本，也需要一个有代表性的样本。有些人认为，收集学生对学业指导教师的评估数据没有什么经过验证的方法，因此，实施学业指导教师评估的时间和地点因院校的不同而不同。被证明的可行的方法主要是依靠行政手段：（1）在教学班级行课期间（吻合大部分学生的上课时间）；（2）在特定专业学生选定的课程中；（3）作为学生注册的条件；（4）在学业指导小组研讨课程期间；（5）在学业指导会谈结束时；（6）在学生学业生涯的关键转变点（例如，专业变更、大二结束、毕业等）。

分析总结调查的数据

学业指导教师应该收到评估报告，以便他们将自己的指导效果与所有对学业指导教师的评分进行比较。通过汇总所有学业指导教师的评价结果，并计算评估工具中每个题项的平均分，学业指导教师可以看到一个帮助他们解释他们的评价结果的共同的参考分数。共享总体评价报告可以验证学业指导教师的工作效果，也可以为他们提供自我反思的机会。

向学业指导教师提供信息，说明学生评价存在差异性。这意味着均值只反映了学生评价一部分内容。学业指导教师还可以通过报告分值区间、标准差和学生选择每个评分选项的百分比来检查学生评分的一致性，从而对自己的工作表现有更深刻的见解。

报告结果

如果结果用于总结性评估，报告则侧重于汇报总体性评价题项产生的信息。 不要仅仅依靠单个题项的平均分来获得对学业指导教师工作效果的总体评价。这样做的过程不仅效率低下，而且也是学生对学业指导教师评价有效性最低的指标。

阿布拉米（Abrami，1989）认为，"使用一维［总体性的］评分做出教学总结性决策具有概念和经验上的意义"（p. 227）。同样，总体性题项也可以用来对学业指导教师进行总结性（整体）评估。

有意识地安排分享结果与组织讨论的时间和地点。 分享评估结果的时间和地点会影响学业指导教师对结果的反应，以及他们对追求自我提升策略的反应。例如，在非正式场合下，分享形成性评估数据可以创造一种氛围，让参与者在这种氛围中以放松和反思的方式审查数据并讨论改进策略。如果一个高级管理人员参与其中，就会在校园中传递一个强烈的信息，学业指导在高等院校中具有优先的地位。

报告学业指导教师评估工具生成的总体性数据。 如果重点放在个别学业指导教师的评估上，可能会增加个别学业指导教师的防御性，而影响其专注于绩效提升的能力。当与学业指导教师一起审查评估结果时，措辞"我们"则意味着信息倾向于将焦点集中在我们身上（整个计划或指导团队），而"你"则意味着信息将焦点集中在他们个人身上（学业指导教师个人）。关注集体而不是个人的优劣势有助于使评估过程减少自我意识，并能降低绩效评估中经常伴随的防御性和抵触情绪。

前测和后测的方法

为了获得学生的态度、知识或行为在不同时间上的变化的纵向视角，而这些变化可能是由于他们与学业指导教师之间的接触所产生的，评估应该在辅导开始之前实施，并在学生和学业指导教师接触过之后重新实施。这种设计允许创建一个基准来测量学生的变化。为了让学生因为辅导而产生的变化的可能性更好地呈现出来，而不仅仅是因为个人变得成熟或在大学的其他经历，学生的前测和后测数据可以与没有接受过学业指导的学生的数据进行比较。

获取与学生变化相关的数据（可能与他们的学业指导经历相关）的

(不太费力的）策略是，提出一个题项，要求学生描述（以书面形式或通过评分表）他们的态度、学习或大学经历的变化在多大程度上是由与学业指导教师的互动而产生的。

定性评估法

当混合使用定量和定性方法来评估时，评估的有效性和全面性将得到增强。虽然定量和定性方法产生于比较的哲学传统，并基于不同的认识论假设（Smith & Heshusius，1986），但是这两种方法产生的数据提供了互补的证据来源，一种方法的局限性被另一种方法的优势所抵消。在学生评价中，学生的书面评论（定性数据）可以用来帮助解释数字评分（定量数据），而平均评分可以用来抵消从个人的书面评论中概括出来的个人倾向。尽管这些代表个人倾向的评论可能特别深刻和令人难忘，但不能代表全体学生的意见。

对学生书面评价的分析

传统上，因为针对学生的调查和问卷产生了定量数据，所以并没有被归类为定性研究。然而，学生在调查中的书面评价是一个潜在的定性数据来源，可以提供关于学业指导教师优劣势的深度信息。虽然书面评语很难总结和统计处理，但它们的内容仍然可以被系统地分类并进行分析，以辨别趋势或反复出现的主题。甚至学生对评级调查中不同题项的书面回复的文字数量，本身也可以用来粗略地衡量学生对这些项目所涉及问题的重要性的感知程度。如果有足够的空间，对某些题项有强烈意见的受访者会写下自己的陈述。穆伦多尔和亚伯拉罕（Mullendore and Abraham，1992）建议详细"总结受访者的书面评价；并考虑同时指出负面评论和正面评论的次数"（pp. 39-40）。

可用于学业指导教师评估的另一个潜在的书面评语是一分钟短文。即要求学生在学习经历结束之后为了反馈一个主要问题用大约一分钟时间撰写的反馈意见。一分钟短文的问题大概包括："你在今天的会谈中获得的最有用的信息或技能是什么？"或者"在今天的会谈结束后，还有什么问题没有得到解答或者还一直在你的脑海中？"一分钟短文以定性数据的形式提供即时反馈，说明学生在具体的辅导事件中可能学到了什么。此外，一分钟短文鼓励学生积极思考并在他们的辅导经历中找到个人意义，这本身将增加学生从这些经历中学习的可能性。

焦点组访谈

焦点组访谈是一个小组（约6到12人），在轻松的环境中与训练有素的访谈主持人会面，讨论选定的主题或议题，目的是引发参与者的看法、态度和想法（Bers，1989）。与征求学生个人数字评分和书面评语的调查或问卷不同，焦点组访谈征求学生的口头反馈。学生对亲自向他们提出的"现场"问题的口头回答，有时会产生不同的、比书面问答更为详细的数据。

焦点组访谈可以是一种独立的评估方法，也可以与调查结合使用。在一种方法中，访谈可以作为学生调查的后续，以获取定性数据，这些数据可以用来帮助解释调查的定量结果。焦点组访谈的问题将针对学生对调查评分的解读或解释。在另一种方法中，焦点组访谈首先被用来收集学生的想法和看法，以发展具体的学业指导教师评估调查的题项。定性和定量方法的结合使用再次强化了这两种评估方法是互补而不是矛盾的概念。

最后，组织焦点组访谈的一个潜在优势是，它可以向学生明确传递一个信息，学校里有人对他们关于自己所接受的学业指导项目的质量以及如何提升这些学业指导项目的看法和感受真正感兴趣。

学生行为记录分析

学生课外活动的行为数据可以直观地反映出学业指导教师对学生行为所产生的影响范围与频率。下面列出了可能与学业指导教师有效性和影响力评估相关的学生课外活动的记录示例：

- 学生与学业指导教师之间交流的频率。
- 学生被推荐给特定学业指导教师的频率。
- 某些学业指导教师的学生被推荐使用校园支持资源的频率。
- 学生因受到学业指导教师影响而改变的概率。
- 作为学业进展指标的课程注册模式（增选课程或退课、换专业、学位完成情况、取得学位的时间）。
- 通过使用学生身份识别信息的跟踪监测系统来掌握学生对学习服务的使用情况，如学业支持。
- 通过使用学生发展报告了解学生参与校园俱乐部、学生组织、校园活动和大学赞助的社区服务的情况。

- 学生对学业指导教师的转介、推荐意见的落实情况。

然而，在对学业指导教师进行总结性评估时，必须非常谨慎地使用系统的行为指标，如学生在册率和学业表现（GPA）。虽然这些指标在形成性评估中很有用，但这些指标的结果一般都会受到许多因素的影响。这些因素既不属于学业指导教师的职责范围，也不反映学业指导的质量或学业指导教师的能力。

学业指导教师的自我评估

通过参与自我评估，学业指导教师可以积极参与评估过程并掌控整个评估过程。学业指导教师全面的自我评估可以通过学业指导文件夹的形式进行。文件夹包括下列材料中的一部分或全部：（1）学业指导理念的个人陈述；（2）重要的学业指导实践或策略的叙述性总结；（3）学业指导大纲；（4）学业指导教师对学生或管理人员评估的回应；（5）为学生或学业指导教师创建的用于学业指导的材料；（6）与学业指导相关的专业发展活动。

学业指导教师对评估的反思和回应是学业指导文件夹中特别重要的组成部分。学业指导教师可以将他们的学业指导文件夹中的部分内容用于解释学生或管理者的评价，思考他们为什么在某些方面得到很高的评价，以及解决或纠正他们评价最差的方面的策略。有机会对评估做出回应的学业指导教师可能会对评估不那么保守。他们知道，如果受到负面评价（不公平或者没有根据的评价），他们将有机会为自己辩护。

促进有意义的自我评估的另一个手段是要求学业指导教师完成与学生相同的评估工具的调查，根据他们自己或认为他们的指导对象会做出的反应对调查进行反馈。学业指导教师自我评估和学生评估之间出现的一致性和差异都可以为学业指导教师提供强大的评估数据来源。例如，学业指导教师对反映他们的自我认知和学生的认知之间不匹配的书面评价的反思，可能会刺激他们的自我认知和自我完善。

同行评价

教师发展领域的研究强有力地证实同行反馈和平等对话在促进教学改进上的有效性（Eble & McKeachie，1985）。所以，可以合理预期，同行评价和反馈对学业指导教师的改进同样有效。然而，令人失望的是，关于学业指导的全国调查研究表明，同行评价在对学业指导教师的评价中是最不常用的方法（Habley，1988，2004）。

主要为学生评估学业指导教师而设计的学业指导教师评估工具也可用于同行评价。例如，学业指导教师团队可以同意相互审查学生的评价，以达到相互支持的目的，从而提高他们的专业表现。同行评价也可以保密的方式进行。向一名学业指导教师提供匿名的关于另外一名学业指导教师的学生评价数据，接收到数据的学业指导教师负责向被评价的老师提供匿名的建设性反馈意见；以此类推，这位提供反馈意见的学业指导教师也会收到某位同行的匿名反馈意见。

同行评价可以是一个特别有效的绩效改进工具。因为从同事那里产生的反馈可能被认为比来自上级（领导）或下级（学生）的反馈的威胁更小，可信度更高。同行评价是从与被评估人处于相同专业水平、履行相同职责、面临相同挑战、在相同条件和限制下工作的人那里获得的横向反馈。

学业指导项目主管对学业指导教师的评估

除了学生、同行和自我评估之外，项目主管也在评估过程中发挥着作用。对学业指导项目的综合评估主体应包括接受指导的学生、学业指导教师同行和项目主管的反馈（Frost，1991）。唯有学业指导项目主管能够通过对所有学业指导教师接受的评估的结果进行总体审查，才能够解释项目评估得到的数据。当学生对学业指导教师的评估结果被汇总并被视为综合的数据时，我们就会发现一些新的趋势或再次出现的问题。格伦宁和沃威尔（Glennen and Vowell，1995）建议"一所大学除了评估学业指导教师个人之外，还应该评估其学业指导项目。学生评价是可以用来做这件事的一个方法。综合学生评价的数据能够对学生关于学业指导的意见和反馈形成一个概述"（p. 73）。

学业指导项目主管所处的位置使其能够更好地识别关键事件。这些关键事件在被从总体情况和累积效应的视角审查时，能够为学业指导项目主管提供定性数据，用于发现学生投诉和不满的常见来源或原因，或学生为寻求更换学业指导教师而经常给出的理由。记录和组织这些事件的过程中发现的这些主题可以为学业指导项目提供诊断数据。这些数据可以用来排除学业指导系统中的薄弱环节或问题缺陷。

闭环：利用结果，提高学业指导水平

将评估结果转化为可证明的绩效改进，代表了学业指导评估关键的最后一步。这一步完成了整个评估过程中的闭环，使其回到原来的目的——提高学业指导的有效性。不幸的是，这最后一步是最常被忽视的一步，通常在评估过程中受到的关注最少（Cohen，1990）。史蒂文斯（Stevens，1987）在评论教学效果评估时指出，"教师必须学会如何根据评估反馈，设计和实施新的替代性教学程序，这意味着教师必须能轻易获得连贯一致的教学资源系统。没有这样的系统，教师可能无法获得实现变革所必需的知识或支持"（p.37）。

学业指导采用以下策略为学业指导教师提供他们需要的信息，以形成学业指导评估的闭环，并使用评估数据来改善他们向学生提供的学业指导的质量。

利用评估结果引导学业指导教师的专业发展

有一种方法可以使这个阶段完成。即从学生评价工具中了解到哪些题项是总体上学业指导教师得分最低的。然后，这些题项可以用于学业指导教师专业发展研讨会中对绩效改进的策略进行优先级排序和激发讨论。

提供具体的绩效改进策略

学业指导教师不仅应该收到对其评估结果的描述性总结，还应该收到对具体策略的简要说明和最佳实践的简明汇编，他们可以利用这些信息来提高学业指导评估所涉及的各个方面的工作效果。对教师评价的研究加强了对提供具体反馈的重要性的强调，这表明反馈越具体，对帮助教师理解他们的评价结果和提高他们的教学效果就越有效（Goldschmid，1978；Brinko，1993）。此外，教师们声称他们更喜欢具体的、聚焦于具体的教学行为的反馈意见（Brinko，1993）。

应要求优秀的学业指导教师向其他学业指导教师分享实践经验

另一种让学业指导教师提高辅导质量的具体策略，是展示那些表现堪称典范的学业指导教师的优秀实践。例如，一个杰出的学业指导教师团队可以分享他们认为有助于提高学业指导教师有效性的具体指导策略或实践。除了向其他学业指导教师提供具体的指导效果提升策略，学业指导教师团队还可以作为公众认可的优秀学业指导教师和优秀学业指导实践的平台。此外，这种策略增强了学业指导教师的集体意识：有效的学业指导是多维的、可调整修改的，而不是单一的和一成不变的。

学业指导教师应对学业指导项目的整体有效性发表意见。

学业指导教师应该有机会从他们的角度评估学业指导项目，并指出使他们能够更好地将评估结果转化为改进了的学业指导资源。例如，学业指导教师可以评估：(a) 他们获得的学业指导行政支持服务的质量；(b) 他们接受的学业指导教师指导、培训和发展项目的有效性；(c) 为他们提供的支持材料或技术工具的有用性；(d) 学业指导中生师比的可行性；(e) 行政政策和程序的有效性。韦斯·哈伯利（Wes Habley, 1995）指出，获得学业指导教师对学业指导项目行政管理工作的反馈，对于向当今多样化的学生群体提供有效的学业指导而言，尤为重要：

> 在许多情况下，学业指导教师不会（不被鼓励）与决策者分享可能导致学业指导项目、人员或政策变动的信息。在学生日益多样化的情况下，分享信息这一点尤其重要。因为学业指导教师可能是第一个认识到这种多样化是如何影响学业指导项目、人员和政策的人。(p. 12)

让学业指导教师有机会评估他们为有效完成工作而获得的行政支持的质量有两个关键优势：(a) 它向学业指导项目主管提供可用于项目改进的反馈；(b) 让学业指导教师积极参与评估过程，即向他们发出明确的信息：他们的付出受到了重视，他们没有被视为被动的棋子或与评估无关的人。

总结

制订有效学业指导教师评估计划的第一步是确保其与有效学业指导教师项目中的其他关键组成部分相结合。为了对学业指导教师进行有效的评估，评估必须与学业指导系统中的其他重要元素相联系，即 (a) 一份清晰一致的学业指导项目任务说明；(b) 有效的学业指导教师指导、培训和发展项目；(c) 对有效辅导的适当认可和奖励。

一旦完成了对学业指导项目关键要素的集成，全面的学业指导教师评估计划就可以建立在有效的学业指导的基本原则上，并由这些原则驱动。这些原则可以概括为一个术语：多样性。综合评估计划实现多种目的（形成性和终结性）的评估，测量多种结果（情感、行为和认知），包含多种数据源（学生、同伴、管理者和自我），并使用多种测量方法（主观和客观、心理和行为、定性和定量）。

全面有效执行的学业指导教师评估计划的最后一个关键步骤是，通过将评估结果转化为学业指导效果的实际提升来完成这一闭环。这就完成了评估的周期，使其回到完整的循环，以实现其最初的目的：提高由学业指导教师提供，并由学生体验的学业指导的质量。

References

Abrami, P. C. (1989). How should we use student ratings to evaluate teaching? Research in Higher Education, 30 (2), 221-227.

Astin, A. W. (1991). Assessment for excellence: The philosophy and practice of assess-ment and evaluation in higher education. New York: Macmillan.

Bers, T. H. (1989). The popularity and problems of focus-group research. College & University, 64 (3), 260-268.

Braskamp, L. A., & Ory, J. C. (1994). Assessing faculty work: Enhancing individual and institutional performance. San Francisco: Jossey-Bass.

Brinko, K. T. (1993). The practice of giving feedback to improve teaching: What is effective? Journal of Higher Education, 64 (5), 574-593.

Cashin, W. E. (1990). Students do rate different academic fields differently. New Directions for Teaching and Learning, 43, 113-121.

Cashin, W. E. (1995). Student ratings of teaching: The research revisited. (IDEA Paper no. 32.) Manhattan, KS: Kansas State University, Center for Faculty Evaluation and Development.

Centra, J. A. (1993). Reflective faculty evaluation: Enhancing teaching and determining faculty effectiveness. San Francisco: Jossey-Bass.

Cohen, P. A. (1986). An updated and expanded meta-analysis of multisection stu-dent rating validity studies. Presented at the annual meeting of the American Educational Research Association, San Francisco.

Cohen, P. A. (1990). Bringing research into practice. New Directions for Teaching and Learning, 43, 123-132.

Cuseo, J. (2001). Course-evaluation surveys and the first-year seminar:

Recommendations for use. In R. L. Swing (Ed.), Proving and improving: Strategies for assessing the first college year (Monograph No. 33) (pp. 65-74). Columbia: University of South Carolina, National Resource Center for The First-Year Experience and Students in Transition.

Cuseo, J. (2004, April). The power of advising: Implications for student retention, learning, and educational achievement. Presented at the NACADA Western Regional Conference, Pasadena, CA.

Eble, K. E., & McKeachie, W. J. (1985). Improving undergraduate education through faculty development: An analysis of effective programs and practices. San Francisco: Jossey-Bass.

Feldman, K. A. (1979). The significance of circumstances for college students' ratings of their teachers and courses. Research in Higher Education, 10 (2), 149-172.

Fetterman, D. M. (1991). Auditing as institutional research: A qualitative focus. New Directions for Institutional Research, 72, 23-34.

Frost, S. H. (1991). Academic advising for student success: A system of shared respon-sibility. (ASHE-ERIC Higher Education Report no. 3.) Washington, DC: George Washington School of Education and Human Development.

Glennen, R. E., & Vowell, F. N. (1995). Selecting, training, rewarding, and recogniz-ing faculty advisors (pp. 69-74). In M. L. Upcraft, & G. L. Kramer (Eds.), First-year academic advising: Patterns in the present, pathways to the future (pp. 3-14). (Monograph No. 18.) Columbia: University of South Carolina, National Resource Center for The Freshman Year Experience & Students in Transition.

Goldschmid, M. L. (1978). The evaluation and improvement of teaching in higher edu-cation. Higher Education, 7, 221-245.

Gordon, V. N., Habley, W. R., & Associates. (2000). Academic advising: A comprehen-sive handbook. San Francisco: Jossey-Bass.

Habley, W. R. (1988). The third ACT national survey of academic advising. In W. R. Habley (Ed.), The status and future of academic advising: Problems and prom-ise. Iowa City: ACT National Center for the Advancement of Educational Priorities.

Habley, W. R. (1995). First-year students: The Year 2000. In M. L. Upcraft, & G. L. Kramer (Eds.), First-year academic advising: Patterns in the present, path-ways to the future (pp. 3-14). (Monograph No. 18). Columbia: University of South Carolina, National Resource Center for The Freshman Year Experience & Students in Transition.

Habley, W. R. (2004). The status of academic advising: Findings from the ACT Sixth National Survey. (NACADA Monograph Series, no. 10.) Manhattan, KS: National Academic Advising Association.

Habley, W. R., & Morales, R. H. (1998). Current practices in academic advising: Final report on ACT's fifth national survey of academic advising. (NACADA Monograph Series, no. 6.) Manhattan, KS: National Academic Advising Association.

Lowenstein, M. (2005). If advising is teaching, what do advisors teach? NACADA Journal, 25 (2), 65-73.

Melander, E. R. (2005). Advising as educating: A framework for organizing advising systems. NACADA Journal, 25 (2), 84-91.

Mullendore, R., & Abraham, J. (1992). Orientation director's manual. Statesboro, GA: National Orientation Director's Association.

Pasen, R. M., Frey, P. W., Menges, R. J., & Rath, G. (1978). Different administrative directions and student ratings of instruction: Cognitive vs. affective effects. Research in Higher Education, 9 (2), 1-167.

Schuh, J. H., & Upcraft, M. L. (2001). Assessment practice in student affairs. San Francisco: Jossey-Bass.

Scriven, M. (1967). The methodology of evaluation. In Perspectives of curriculum evaluation. (AERA Monograph Series on Curriculum Evaluation, no. 1.) Chicago: Rand McNally.

Seldin, P. (1993). How colleges evaluate professors, 1983 vs. 1993. AAHE Bulletin, 46 (2), 6-8, 12.

Smith, C. L., & Allen, J. M. (2006). Essential functions of academic advising: What students want and get. NACADA Journal, 26 (1), 56-66.

Smith, J. K., & Heshusius, L. (1986). Closing down the conversation: The end of the quantitative-qualitative debate among educational inquirers. Educational Researcher, 15 (1), 4-12.

Stevens, J. J. (1987). Using student ratings to improve instruction. New Directions for Teaching and Learning, 31, 33-38.

Upcraft, M. L., Srebnik, D. S., & Stevenson, J. (1995). Assessment of academic advising. In M. L. Upcraft, & G. L. Kramer (Eds.), First-year academic advising: Patterns in the present, pathways to the future (pp. 141–145). (Monograph No. 18.) Columbia: University of South Carolina, National Resource Center for The Freshman Year Experience & Students in Transition.

Wergin, J. F. (1988). Basic issues and principles in classroom assessment. New Directions for Teaching and Learning, 34, 5-17.

Winston, R. B., Ender, S. C., & Miller, T. K. (Eds.). (1982). Developmental approaches to academic advising. New Directions for Student Services, 17, 55-66.

Winston, R. B., Miller, T. K., Ender, S. C., Grites, T. J., & Associates (1984). Developmental academic advising. San Francisco: Jossey-Bass.

第二十五章

评估学业指导项目的有效性

温迪·G. 特罗克塞尔

学业指导项目对高校而言是必需的，而非可以选择的项目。对于任何一个复杂的教育方面的努力，人们都会有的基本疑问是"它有用吗？"教育工作者的职业道德和工作职责要求他们通过系统地收集和分析证据，判断教育干预措施是否以预想的方式改善了学生的学习和发展。学业指导教师每天都在帮助学生实现他们的学业和个人目标。哪些措施产生了影响，哪些方面没有受到重视，真的不重要吗？如果答案是"重要"，那所有类型、级别的利益相关者都会要求证明这一点。如果答案是"不重要"，那我们就准备好放弃高等院校的资源和支持吧。虽然这种反应可能看起来过于激烈，但很明显，压力（对于证明学业指导影响力的）越来越大。这提高了我们对评估学业指导对学生学习和发展做出的贡献这一挑战的认识，无论是为了内部改进还是出于外部问责的需要。

一个全面的学业指导系统是一项复杂且常常很混乱的工作。芭芭拉·沃尔沃德（Barbara Walvoord, personal communication, November 4, 2007）经常提醒参与评估的教育工作者，"教室［或其他教育环境］是每种变数积极发生的地方"。学生不仅在学业准备和学习动机上有所不同，而且学生对学业指导项目的预期收获的许多陈述，实际上包含在另一个学院或系部的学生预期的学习收获中（例如在一个专业领域学习获得的能力）。

然而，一个有想法的、专业的回应并不是去抱怨任务的繁重，而是去理解其影响的范围，并且缩小系统调查的范围，以此概括出最重要的部分。鉴于工作的复杂性，有必要协调学业指导项目的评估和干预措施，以便收集关于学业指导的有效性的恰当的证据。

项目评估源于教育研究（Wholey, Hatry & Newcomer, 2004; Banta et al., 2002）。严格的评估过程包括研究设计的大部分（如果不是全部的话）。

它应该有评估目的、理论基础和文献综述以及需要回答的问题、与证据相关的适当方法、结果分析、得出结论；最重要的是，要有对未来行动和研究的建议。布拉梅蒂和杜特温（Boulmetis and Dutwin，2000）将评估定义为"收集和分析证据的系统过程，以确定项目目标是否已经实现或正在实现，以及实现到何种程度"，并提供适当的证据"以便做出决定"（p.4）。项目评估借鉴社会科学研究的过程，进一步审查项目和项目目标，以确定它们是否已实现，并判断正在进行的项目的价值，决定新项目或计划的有用性等（Black & Kline，2002）。项目评估和社会科学研究都需要数据（证据和信息）来回答问题。但是项目评估的设计和意图与行动研究最接近，因为行动研究关注变化和提高（Johnson，2008）。

评估的最大价值在于知识获取及其后续使用的共生性。也就是说，理解（知道，而非假设）学业指导项目的使命、目标和目的是否正在实现，然后在实际中使用评估结果来改进学业指导项目（Peterson & Einarson，2001）。如果没有明确阐明教育过程中精心设计的构成要素，也没有致力于系统收集和审查证据，那么宝贵的时间、精力和资源就可能会被浪费掉。将学业指导评估过程分成几个部分或许更易于管理，但只有从更大的视野考虑才能发现证据中存在的隔阂。

学业指导项目的决定性因素

对学业指导项目结果的整体评估需要建立在对学业指导功能的多重本质的广泛了解的基础上。第十四章中美国高等教育标准促进委员会（CAS，2006）关于学业指导标准的讨论是一个很好的开始。这些标准定义了在下列13个领域中对于学业指导的期望：

1. 使命
2. 项目
3. 领导力
4. 组织与管理
5. 人力资源
6. 财务资源
7. 基础设施、技术以及设备
8. 法律责任

9. 公平与准入
10. 校园内部关系与外部关系
11. 多样性
12. 伦理道德
13. 考核和评估

请注意，虽然有一个专门的"考核和评估"部分（大多数教育问责文件中都有），但审查前 12 个领域合规性的唯一方法还是通过评估过程。不幸的是，大多数评估举措都因任务繁重而难以实施。

对这 12 个组成部分进行逐一、全面的审查将需要投入大量资源（人力和财务资源），并应定期进行（i.e., CAS Self-Study）。在系统性收集和审查证据的工作框架下，对学业指导项目的最关键的要素进行持续监控是可操作的。此外，还必须认识到教育项目实施的本质，包括短期和长期的项目。对这些领域的关注是必要的，以便能够聚焦于创建、收集以及审查证据。

评估学业指导项目的效率、有效性和影响

证据的选择和结果的使用取决于调查的性质。项目评估的要素必须与过程改进（效率和有效性）和结果改进（影响）的行动决策相一致。评估的每一个方面都被定义为程度问题，这迫使评估者理解证据的含义。

效率。效率可以定义为"项目或计划相对于其耗费的资源的生产率"（Boulmetis & Dutwin, 2000, p.3）。这包括对成本（金钱、人员、时间、设施、材料等）的分析，把项目的支出与项目的效率或有效性进行比较。CAS 关于学业指导的标准（2006）为管理者如何分配辅导对象（案例）提供了一些指导，但院校每年必须确定每个学业指导单位或部门的资源分配。评估报告中经常使用效率指标（每个学生每学期与学业指导教师联系次数、每个学业指导教师指导的学生人数、每个学生每年的辅导成本）。评估效率要考虑到执行计划的过程。在资源稀缺的环境中，不能忽视项目实施的后勤保障方面的因素，但不能孤立地看待这些数据。

因此，在记录效率方面需要思考的两个重要问题可能是：（1）辅导具体要怎样来执行？（2）对于学院或系部来说判定项目效率的最有意义的证据是什么？

有效性。有效性与该项目的目标和对"达到目标的程度"的判定有关（Boulmetis & Dutwin, 2000, p.3）。尽管计划一个项目时最好要先考虑到期望的最终结果，然后再实施项目（Huba & Freed，2000），但大多数项目在开始制订评估计划时都已经全面运行了。在学业指导项目开始实施前，很难有机会收集项目有效性的评估数据。因此在评估项目有效性前，有必要考虑项目举措和由此产生的互动的真实目的是什么。阐明预期结果，即使在实施了策略和干预措施之后，也是学业指导项目评估最重要的内容之一（Angelo，1999）。教育者最应关心的是学生知识、态度或技能的实质性变化（见第二十三章）。

应该考虑合适的证据来回答与有效性相关的两个问题：（1）学生是否学习了他们应该学习的内容（智力发展、有效沟通的能力等）？（2）学生是否在情感领域上（动机和对学习目标的关注等）有所发展？

友情提示：衡量效率和有效性的措施常常被孤立看待。对于在什么程度上对结果进行检验，需要考虑项目背景，并理解实施学业指导的过程（后勤保障）与预期的结果（例如，学生的成功）是如何协作的。考虑最典型的（不一定是最好的）有效性测量工具之一：满意度调查。一项调查结果显示，就学生满意度而言，X学业指导教师的分数远远高于其他学业指导教师。她的学生爱她，并且对于X学业指导教师给予的关心、帮助和参与度一直都高度赞扬。在接下来的员工会议上，主任在同事面前表扬了X学业指导教师，并且建议其他人都向X学习，尤其是学习她与学生之间互动的方式。X学业指导教师的同事礼貌性地鼓掌，并互相看了一眼。他们知道主任不知道的是，当X学业指导教师和每个学生相处45分钟时，而其他人被迫在大厅里和其他37名等待会面的学生很快地完成了会谈见面。X学业指导教师的工作很有效果，但效率不高。其他老师的效率很高，但在促进学生和学业指导教师之间积极互动的必要干预措施上，没有太多的有效行为。项目实施机制和服务质量之间的关系也必须一起考虑。

影响。无论学业指导教师的干预措施是用于新生，还是毕业生，最终目标都是对学生的成功产生积极影响。因此，要想评估学业指导的影响力，必须审查学业指导项目"带来改变的程度"（Boulmetis & Dutwin，2000，p.3）。教师学业指导师和专职学业指导师在学业指导项目评估上花的时间都太少了。其中一个原因是改变需要太多时间，而数据收集活动往往会太快就结束。现在出现了一种趋势，认为由于有太多的因素在起作用，并且还有太多的其他部门参与了学生的教育，因此很难证明学业指导项目花在学生身上的时间带来了什么变化，不管是好的还是坏的。

在大学生所获得的所有教育经验里，团结合作这一特质对于学生整体的学习和发展至关重要。(Bresciani, Zelna, & Anderson, 2004; Banta & Kuh, 1998)。这也使得关于学业指导对学生长期的教育收获的评估更复杂并更具有挑战性。让学业指导教师参与对高等院校学业指导工作进行彻底的和反思性的审查，不仅对学业指导项目的环境评估很重要，而且还可以提升学业指导教师的职业归属感和连接感。这里有3个反映影响力的问题：(1) 哪些活动和服务是专门设计来对学生产生长期影响的（如实现个人目标的学习策略），而不是解决眼前的需要（如消除课堂上的一个障碍）？(2) 这些改变可以得到解释吗，是否需要证据来确定每个学业指导项目目标的影响力？(3) 改变是否可以归因于学业指导项目的影响，或者是否需要通过协作把评估与校内其他项目相结合？

虽然学业指导的许多影响结果需要时间来证明，但潜在影响的证据可能在学业指导对学生开始干预时就能看到（Smith, Szelest, & Downey, 2004）。例如，一个常用的学业指导项目的目标是创造终身学习者和促进终身学习。严格来说，这一目标的最终评估必须在一个人生命结束之时进行。但这对大多数人来说既不实际也不可取。但是学生的行为是可以被观察到的（并被记录下来），这让教育者能够从中观察到学生未来的行为。这个目标的真正含义是鼓励学生制定学习策略和塑造优秀品质，为自己的学习负责。学业指导教师们知道那是什么样子：学生变得更有动力、更愿意做有利于获得成功的事，比如制定个人学业和发展目标，在他们需要帮助时寻找资源，以及找到更有效的学习方法。看到这些变化不仅是对学业指导项目的回馈，发现变化本身也是非常重要的。关于学业指导对受教育者的长期的、持续影响的程度的评估，可以从记录有目的的教育行为开始。

在学业指导项目的层面创建（或完善）一个评估计划

好消息是，如果学业指导项目已经开始实施，那么有许多必要的内容、工具和技巧可以用来记录和实施评估。而面临的挑战是要把同事们聚在一起，发现一个个独立的问题，界定一个范围，并且将这些问题从广阔的视角加以系统化，以形成完整的画面。当然，过程中画面会暴露出裂痕，但任务已不再显得那么难以入手，因为关于目标的愿景会越来越清晰。

评估过程

现有文献中有许多关于评估过程的可视化描述（for example, Maki,

2002；Black & Kline，2002；Huba & Freed，2000），大多数模型都体现出了评估项目的关键要素，并且阐明和记录了学生学习和发展过程中的重点内容。它们使用的术语可能略有不同，但循环流程的概念是比较典型的关于评估过程的概念（见图25.1）。

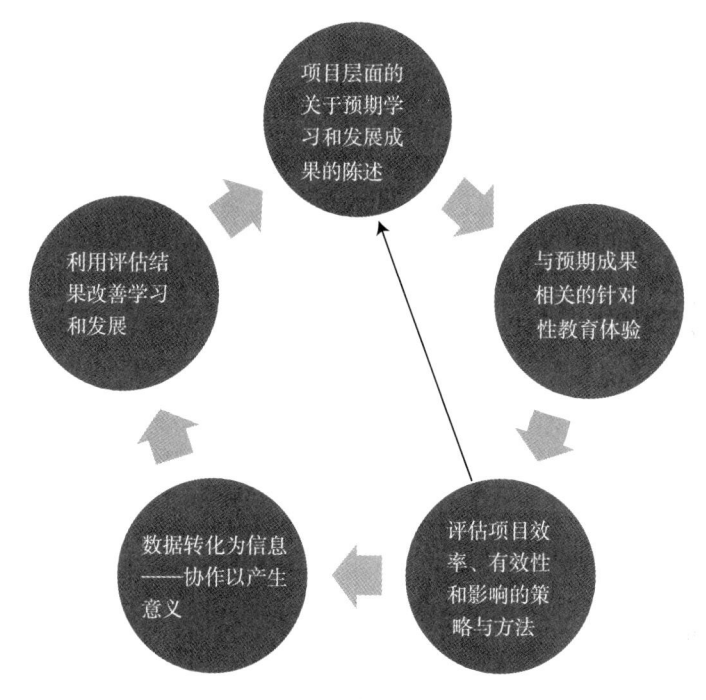

图 25.1　评估过程模型

此外，在没有审查评估工具是如何最好地为项目改进提供证据的情况下，评估工具和技术往往就已被给予了过多的关注（Soundarajan，2004）。当评估过程被视为综合过程时，对整个项目的评估是最有效的。同时还要在这个更大的背景中考虑学业指导项目各个独特的要素。学业指导项目的管理者应该决定，如何让员工最广泛地参与整个评估过程的发现和讨论。让学业指导从业人员参与评估项目的规划和制定阶段，可以更清楚地定义要使用的术语，需收集的相关证据，并加强协作以利用评估数据进行改进。以下每个关键要素都有相应的文献基础。在此列举它们旨在提出那些在制订或修订学业指导项目综合评估计划时，需要解决的领域（和潜在问题）。

Ⅰ. 项目层面的预期学习和发展成果

A. 与学业指导项目目标、目的和预期结果相关的个人预期成果的概述和描述。

1. 达成共识的过程——使用集体决策的方式来阐明价值观、愿景、目标和预期结果。

2. 处理偏见——与员工坦诚讨论基于高等院校情况的假设和基于证据的系统质询之间的区别。

3. 识别联系——学业指导项目经常依赖于或相关于其他部门对不同学生学习预期的结果（新生、专业已定和专业未定的学生或普通学生、上流社会家庭学生、不同专业的学生等）。

B. 根据恰当的方法、证据以及明确的学习和发展水平的标准，就可以做出初步决定。

Ⅱ. 教学和发展性策略

A. 当前的学业指导项目是如何实施的？识别并记录为学生策划的活动。

B. 确定如何恰当地从员工和学业指导教师那里收集这些信息的策略。

Ⅲ. 评估有效性、效率和影响的策略和方法

A. 最终确定收集数据的计划——要有意识、实事求是地实施收集（和学业指导项目相关的）不同方面证据的策略。

B. 策略、问题、方法和证据——"当你发现到它时，你是通过什么方式知道的？"考虑适合学业指导效果分析的数据范围（定性和定量类型的证据、直接和间接措施）。

1. 集思广益，如何获得数据——哪些数据已经是可用的？谁参与了？

2. 在部门内生成数据——构建从个人到集体的数据聚合方法，将数据转化为信息；确定样本群体是否适用于给定的主题。

3. 寻找并使用高等院校数据——寻求院校研究人员和评估人员的帮助，以确定与学业指导项目目标和结果相关的现有数据。

Ⅳ. 处理结果——将数据转化成信息

A. 决定应该参与数据分析的人，以及频次。

B. 记录初步发现和浮现出的主题。这个学业指导项目的总体"内容"是什么？

C. 重新审视学业指导项目绩效指标——哪些"可接受"或"不可接受"，以及原因。

D. 现在知道的只是以前假设的事情？还需要更多的哪些证据？应该如

何处理"令人惊讶"的结果？

　　E. 记录结果并管理数据，以便定期审查。

V．使用结果

　　A. 谁需要这些信息，为了什么目的，以什么形式？

　　B. 接下来该做什么？记录项目变更和修订的过程。

　　C. 结果现在也可用于外部问责了。为结果的公布选择合适的地点，如午餐会、学校评估研讨会和其他公开研讨会。

VI．项目评估计划和流程的其他考虑因素

　　A. 找到一种方法，使该计划成为一个动态的、持续的过程，并且成为学业指导部门的一部分。

　　B. 在学业指导部门推广和促进"好奇心文化"，从而形成"证据文化"。员工会议讨论的内容：学业指导项目，后勤保障还是学生学习成果？他们究竟是主动还是被动的？

　　C. 确定持续参与评估的流程。谁需要参与，以及多久参与一次（正式和非正式，内部和外部）？

　　D. 安排特殊评估活动（such as a CAS self-study）和常规评估项目流程。什么需要被不间断地监控，什么时候应该采取更有针对性、更深入的评估方法？

结论

　　无论对关键要素了解多少，人们都会对学业指导项目的有效性、效率和影响做出假设。而以一种综合的、协作的、有意识的方法来剖析学业指导项目的目标、预期成果和结果，则会提高人们对学业指导策略所产生的（对学生学习和发展）影响的理解水平。这种"脚手架"效应，即以一个更坚实的知识基础取代了以前的假设，催生了采取专业行动的迫切需求。专业行动为学业指导项目的评估过程提供了素材，也使证据具有了意义。

　　评估计划和优质的评估过程应该是由学业指导教师和员工、学业指导项目和学校驱动的（Huba & Freed，2000）。评估的各个构成要素在预期目标和实际效果被一同放到一个更大的背景中时便被组合在一起了。这是一个关于学业指导项目目标和目的的大背景。这些目标和目的是由学校内外部利益相关者阐明并备受其重视的。相应地，根据 CAS（2006）指南，学业指导项目评估的结构应该体现出：

1. 对所有成员参与决策的校园文化的重视——评估项目要求所有成员的参与。

2. 由高等院校确定的质量指标——有效的项目评估是一个积极的、相关的过程。它会产生影响,因此证据必须对项目中的学业指导教师和职工有意义。

3. 质量保证中的标准和指南的使用——学业指导项目之间存在一致性;良好的评估实践导致更好的问责改进。

4. 对高等院校绩效数据的收集与分析——以多种方法、数据类型以及数据采集点提供证据,使学业指导教师和管理人员能够更多地了解结果,更少地对结果进行假设。

5. 对持续改进的承诺。以自由探索和发展未来的替代方向为前提承诺持续改进。形成评估反馈闭环,创建一个评估计划,为预期结果提供一个坚实且连贯的框架,但也允许创新"教学"策略,以实现更高水平的学习和发展(CAS,2006年)。

实施恰当的学业指导项目评估为学业指导教师和职工提供了在各个层面改善教育产出的方法。前提是他们要了解开发、改进和使用它们的技巧。数据被转化为信息,暗含着实现学业指导项目的目标和预期结果的方法。于是,作为学生成功的指标,基于教育的结果(学生学习和发展)和伴生结果(在册率和毕业率)之间的差异便能被识别出来。

除了为过程和结果改进提供基础之外,评估结果还可以用于教育问责。于是,一个完整的、确切的、可访问的证据库便可服务于多个目的和不同的利益相关者。此外,寻找方法将证据的收集融入部门及单位的日常运作中,为学业指导教师提供了与该校核心价值观更加密切联系的机会。作为专业人士,多了解学业指导项目和服务的有效性、效率和影响,并且少做假设是十分重要的。在这种资源日益紧张的背景下,无论专业知识和经验如何,是坚持到底,还是修改策略的决定都应该基于证据,而不是凭直觉。学业指导项目评估过程应该是公开透明的,包括对学业指导行政人员、学业指导教师和其他工作人员。营造一种专业氛围,将人们的态度从"这不是我的工作"转变为"这是每个人的工作"。

References

Angelo, T. (1999). Doing assessment as if learning matters most. AAHE

Bulletin, 51 (9), 3-6.

Banta, T. W., & Associates. (2002). Building a scholarship of assessment. San Francisco: Jossey-Bass.

Banta, T. W., & Kuh, G. D. (1998). A missing link in assessment: Collaboration between academic and student affairs professionals. Change, 30, 40-46.

Black, K. E., & Kline, K. A. (2002). Program review: A spectrum of perspectives and practices. In T. W. Banta (Ed.), Building a scholarship of assessment (pp. 223-239). San Francisco: Jossey-Bass.

Boulmetis, J., & Dutwin, P. (2000). The ABCs of evaluation: Timeless techniques for program and project managers. San Francisco : Jossey-Bass.

Bresciani, M. J., Zelna, C. L., & Anderson, J. A. (2004). Assessing student learning and development: A handbook for practitioners. Washington, DC: National Association of Student Personnel Administrators.

Council for the Advancement of Standards in Higher Education. (2006). CAS professional standards for higher education (6th ed.). Washington, DC: Author.

Huba, M. E., & Freed, J. E. (2000). Learner-centered assessment on college campuses: Shifting the focus from teaching to learning. Boston: Allyn & Bacon.

Johnson, A. (2008). A short guide to action research (3rd ed.). Boston: Allyn and Bacon.

Peterson, M., & Einarson, M. (2001). What are colleges doing about student assessment? Journal of Higher Education, 72 (6), 629-639.

Smith, J. S., Szelest, B. P., & Downey, J. P. (2004). Implementing outcomes assessment in an academic affairs support unit. Research in Higher Education, 45 (4), 405-427.

Soundarajan, N. (2004). Program assessment and program improvement: Closing the loop. Assessment & Evaluation in Higher Education, 29 (5), 597-610.

Wholey, J. S., Hatry, H. P., & Newcomer, K. E. (Eds.). (2004). Handbook of practical program evaluation. San Francisco: Jossey-Bass.

# 第二十六章

对学业指导的理论与实践的认可和奖励

杰恩·K. 德雷克

> 正确的结果来自于正确的方法。
> ——《棒球中的心理游戏》（Dorfman & Kuehl，1989）

一切似乎都那么简单。学业指导中心主任、院长、教务长或校长希望表彰教师学业指导师和专职学业指导师的出色工作，因此宣布设立学业指导卓越奖。这是一个快速、简单并且有力的声明，说明了学校对帮助学生获得成功的重视。这是对学业指导教师所承担的工作的认可。他们的工作至关重要，实现了为学生从新生入学到毕业离校的无间断的支持服务。它表明了高等院校对学业指导服务的重视，并通过激励学业指导教师达到更高的水平，帮助改善此类服务的整体实施。奖项的设立反映了高等院校对学业指导的持续重视，以及对学业指导教师在提升学生满意度和降低学生辍学率方面所做的贡献的高度认可。一切看起来就是这么简单。

然而，虽然设立学业指导奖励制度是值得称赞的，但这并不能保证它就一定会实现预期目的。许多重要的因素都会影响它的实施和推进。例如，那些撰写了对于杰出表现的认可和奖励的文章的作者们告诉我们，一所高等院校必须注意将奖励员工绩效的兴趣与学校文化、使命和价值观保持一致；并通过让教师学业指导师和专职学业指导师参与奖励计划的制订、实施和持续评估，确保他们对奖励的认同，并履行相应的职责。奖励策略的制定应该在专业发展和培训计划以及学业指导教师的多途径评估等组成的更大的背景下进行。哈伯利（Habley，2007）在《把学生放在校园的第一位：途径5》（Putting Students First in the Campus Community: Pathway Five）中就强调了这一重要方法，"没有培训，就无法确保完成任务。没有评估，无法确保能够圆满完成任务。没有奖励或者认可，就不能保证能持续完成任务"

(p.423)。通过建立和支持这样一个综合的方法，为奖励策略提供了一个关键的框架。在这个框架内，奖励策略能最大限度地（最有成效地）得到发展和维持。

企业特有的奖励和认可原则，对有意设计奖励项目的学校或部门来说特别有指导意义。这些原则主张，提供高质量的服务需要有生产力和敬业精神的员工，他们已经具备组织运营所需求的适当技能。他们坚称，有形和无形奖励的结合可以被合理地视为与组织使命一致的策略的一部分。这种策略承认员工工作存在的相似性和差异性，员工在奖励中发现自己的价值并积极确认奖励的各种益处。

六大奖励原则

奖励理论家们（reward theorists）通常对引导公司制定成功的商业策略的六大原则达成了一致。他们认为，组织效率依赖于人们带到职场上的人力资本——帮助企业提高绩效的技能和知识。这些奖励原则的基础是对企业及员工需求的清晰理解，并由此产生的共同的价值观。它们对学院的适用性——尤其是对开展学业指导的院校的适用性——看起来是那么直接明了。本章将介绍一项关于学业指导项目认可和奖励的最新调查数据。这些数据把理论原则和对当前最佳实践进行奖励的态度相联系，研究了美国、加拿大的公立院校在学业指导工作奖励方面的情况。

奖励原则1：创造一个积极自然的奖励过程

领导者应广泛告知和教育引导员工理解实施奖励项目的原因及益处，并让他们积极参与奖励项目的制定、实施和持续评估。让有可能获得奖励的人参与进来，并确保得到他们的理解、接受以及承诺（Zingheim & Shuster, 2000, p.6）。在此过程中联系利益相关者的另一个好处是，提供一种与公司（总体策略、使命、愿景和价值观）相一致的支持性文化。正是在这个框架内，才能最好地做出正确的奖励项目的设计决策（Lawler, 2000, p.40）。

奖励原则2：将奖励与业务目标结合起来，建立双赢的合作关系

管理层和员工都需要从奖励设计中获益。"为了确保一个平衡的双赢关系，公司必须提供明确的方向，人们也必须不断地增加自己的价值，公司必须用奖励来承认他们的价值"（Zingheim & Shuster, 2000, p.7）。劳勒（Lawler, 2000）也在他所描述的劳动合同的背景下说明了双赢关系的重要性。

如果您：
- 掌握了我们所需的技能
- 应用技能帮助公司获得成功
- 与公司的新价值观保持一致

我们将提供：
- 一个富有挑战性的工作环境
- 支持您的发展
- 奖励您所做出的贡献

做到这些，您将会成为高业绩组织的一部分（p.62）

通过专业发展、支持性工作环境和认可卓越表现的奖励策略，员工提高了自身的技能和能力，这反过来又培养了一种关注个人成长的文化，以及一支做好准备并愿意满足组织要求的员工队伍。在将奖励与卓越绩效联系起来时，公司需要培养一些使组织获得成功的必要行为。一项又一项的研究得出结论，薪酬尤其是"与绩效挂钩起来，就成为一种重要的激励来源和认可形式"（Lawler, 2000, p.70）。

原则3：开拓人们的"眼界"

奖励理论家通常使用"眼界"这个词，暗示员工需要理解他们的所作所为如何影响组织的其他成员。扎伊姆和舒斯特（Zingheim and Shuster, 2000）提出建议，让员工突破对自己工作的狭隘看法，看到他们对组织产生的更大影响，并"让他们参与进来，了解他们的行为是如何影响客户以及他们如何适应不断变化的客户需求"（p.8）。动机理论家还认为，作为行为的重要驱动力，开拓员工的眼界至关重要。这种观点让人们认识到，内在激励在建立自我价值、个人满足感以及提高绩效等方面也发挥着强大的作用。特别是与外在奖励结合使用时，内在激励因素是让一个组织"经受变化的挑战，变得更强大、更成功、更有竞争力"的关键因素（Flannery, Hofrichter & Platten, 1996, p.251）。

原则 4：整合奖励

对于组织来说，在使命、价值观、目标和文化背景下，判断什么样的内在及外在的奖励对他们的员工有意义是很重要的事情。著名的管理学家 W. 爱德华兹·戴明（W. Edwards Deming）经常强调，所有人天生都有内在的动力、自尊、尊严以及求知欲。然而，他指出，"我们目前的管理体系彻底粉碎了这一切……用外在的动机取代了这一内在动力，并不断地评判人们的行为"（1990，p. 39）。戴明强调内在激励因素是改变和支持各种行为的强大因素，这是完全正确的。但正如劳勒和其他许多研究人员指出的，它们（内在激励）往往不足以成为一个组织获得成功所需的动力，"他们并没有认识到内在奖励有时会激励错误的行为"（p. 68）。期望理论家维克托·弗鲁姆（Victor Vroom，1964）提供了另一种见解。他认为员工的表现取决于自身的个性、技能、知识、经验和能力。维克托·弗鲁姆的观点是，即使有不同的目标，员工也可以被激励，只要他们相信：

- 努力和绩效之间存在正相关。
- 良好的表现会带来令人满意的回报。
- 奖励将满足一个重要的需求。
- 满足需求的愿望足够强烈，值得付出努力。

原则 5：用基本工资奖励个人持续价值

这一原则，建议使用基本工资作为奖励策略，来强调一个组织对员工绩效的重视——对技能和个人表现出的能力的重视，以产生期望的组织成果，即员工长期的持续表现，以及他们在职场上的价值。这里的关键问题是，个人对组织的价值是什么？对于表现最好的人来说，什么是合适的薪酬门槛？全国许多高等院校的学业指导教师面临的现实情况是，特别是专职学业指导教师，由于沉重的辅导负担，以及意识到未来的职业发展道路较窄，他们往往很快耗尽精力并选择离开学校。因此，越来越多的院校行政人员开始与人力资源部门合作，制订多层次的职业发展计划。就像教师有一个从助教到副教授，再到教授的清晰的职业阶梯一样，专职学业指导教师也可以通过一种学业指导教师分级模式获得职业发展进阶。在这种模式下，他们以初级学业指导教师的身份进入学院或大学系统。随着经验的增加和能力的提高，他们会晋升到高级学业指导教师的职位。美国国家学业指导协会的信息交换中心提供了使用这种职级结构的几个高等院校的信息，包括得州农工大学、爱荷华州立大学、加州大学伯克利分校和得克萨斯大学圣安东尼奥分校。

原则6：可变工资的奖励

绩效工资的倡导者认为，领导者可以通过发展薪酬体系，使员工的贡献与组织的策略目标相一致，从而加大组织获得成功的概率。简言之，绩效工资对人们的表现给予奖励。"可变工资最适合对结果的奖励。因为它灵活、有弹性、适应性强、反应灵敏，并且能够专注于关于成功的关键衡量指标"（Zingheim & Shuster, 2000, p. 12）。绩效工资的有效性和影响力，取决于是否有足够的绩效工资来区分不同的绩效水平；以及是否有一个评估模式来充分区分对组织战略目标的贡献水平和价值。劳勒指出，即使是"有时候小金额的钱也很重要，特别是当这个钱是以一种涉及认可、目标实现和地位的方式给予的时候"（p. 71）。

有形激励和无形认可。同样，关注有形激励和无形认可的价值的研究人员，通常会得出这样的结论，即任何此类奖励或认可，只要是通过公开的方式就会变得更加重要，无论是通过新闻发布会、招待会、正式晚宴还是其他聚会的形式。有形或象征性的奖励因为给予的频率低而变得更有价值。如果奖励太频繁，就会失去价值和重要性。但是，如果提供的频率太低，似乎就无法实现价值和重要性，也因此失去了激励的作用，失去了成就或卓越的象征意义。象征性奖励的地位通常由那些过去接受过奖励的人来认定。获奖人越受人尊重和钦佩，这种奖励的价值就越高。为了让奖励产生预期的影响，它必须具有文化意义。选择适量的钱或合适的牌匾、奖杯或雕像可以提高预期的影响力、可见度和期望值。最后，选择获奖者的过程，必须是可信的，并由组织中受人尊敬的成员进行（Lawler, 2000, p. 72）。

劳勒指出，"当个人在做那些表现好就有内在回报的任务，并且他们的表现也能得到大额奖金和认可时，最大的动力就在眼前……当个人致力于一个目标时，他们变得十分有动力去实现这个目标"。因为他们的自尊和自我价值感与实现这个目标联系在一起，"也因为经济回报与实现这个目标联系在一起"（pp. 78-79）。

从理论到实践。哈伯利（Habley, 2007）指出，"院校领导人有责任协调一系列有形和无形的奖励、激励和认可来鼓励学业指导教师提供高质量的学业指导"（p. 424）。如果院校领导希望奖励策略能够激励学业指导教师实现某些目标，并认可所实现的目标；如果这些领导人希望引起人们对那些做出积极贡献的人的注意，或者称赞学业指导教师给组织带来的"增值"，那么他们就必须确定学业指导教师自己的价值，充分考虑个人差异，并相应地制定奖励策略。有时人们会因为当选本月最佳员工、收到上司的感谢信或是一句简单的"谢谢"而受到鼓舞（Lawler, 2000）。还有许多其他"有助于实现员工整体满意度的来源，如学习能力、自我价值、自豪、能力和为他人服务"（Kouzes & Posner, 1995, p. 1）。关键是，要想成为一个成功的激励者，那么你的奖励或认可就必须对激励对象有特别的吸引力。

这些理论性的奖励原则是如何在学业指导的环境中找到实际应用的呢？

高等院校如何知道哪种认可和奖励方式对他们的专职学业指导师和教师学业指导师最有意义？学业指导教师自己对各种奖励、激励和认可的具体认知是什么样的？

对学业指导的认可和奖项调查

2007年6—7月，针对8769名NACADA成员进行了一项调查，其中有专职学业指导师、教师学业指导师、学业指导行政人员或大学行政人员。共有1969名受访者（占总受访者的22.5%）反馈了调查问卷：1154名专职学业指导师，99名教师学业指导师，344名学业指导行政人员，326名负责多领域（包括辅导）的管理人员，29名为学业指导项目提供支持的职工（例如入学注册、招生和财务援助），以及除了上述提到的校内职工外的17名工作人员。受访者代表美国和加拿大的736所院校（232所两年制，235所四年制私立，269所四年制公立院校）。该调查旨在反映CAS学业指导标准（Council for the Advancement of Standards, 2005）落实的情况。该标准强调培训、评估以及绩效发展中的认可和奖励之间的关系。从调查获取最基本的，关于高等院校类型、规模以及学业指导教师的人口统计信息和规模等开始，逐步深入调查关于学业指导的专业发展、评估、认可和奖励策略的当前情况和最佳实践。虽然这里提供的数据不能推广到全国各地的校园，当然也不能代表所有高等院校的所有学业指导教师和管理人员，但它们确实提供了针对当前学业指导中的问题、实践和方法方面的令人信服的概述。调查中作为问题提出的主要是：

- 目前，全国各院校都在使用哪些学业指导教师专业发展、激励、评估以及认可奖励的策略和方案？

● 学业指导教师对专业发展、激励、认可和奖励机会的重视和满意程度如何？

专职学业指导师在培训和发展上的选择

第一个目标应该确定，有哪些专业发展和培训方案能提供给全体学业指导教师选择。对于学业指导教师而言，最常选择的专业发展机会是参加NACADA会议。61%的来自两年制院校的受访者，57%的来自四年制私立院校的受访者，76%的来自四年制公立院校的受访者，认同这个选择。根据调查，对所有类型院校的学业指导教师而言，第二个最常选择的专业发展机会是定期参加各种学业指导会议及其每年一次为期一天的工作坊。接下来，来自两年制公立及私立院校、四年制私立院校的受访者选择学业指导教师手册作为重要的发展和培训工具。

当被问到哪些专业发展和培训选项对他们最有用时，所有类型院校的全体学业指导教师把他们认为履行指导职责所必需的工具做了重要性排序。排序情况为：(1) 在线学业指导教师培训手册；(2) 在线学业指导教师工作手册；(3) 纸质学业指导教师工作手册；(4) 学业指导简讯。这些信息表明，学业指导教师需要培训和其他必要的工具提升自己，使自己变成更称职的学业指导教师，确保自己能正确地引导学生。

激励对专职学业指导师的重要性

调查要求专职学业指导师和教师学业指导师选择具体是什么激励他们参与专业发展培训的。来自三类高等院校（两年制私立院校、四年制私立大学以及四年制公立大学）的学业指导教师们列出了两种相同的激励学业指导教师进行自我专业发展的最重要的因素：(1) 更好地帮助学生；(2) 促进自身的专业和个人发展。

专职学业指导师和教师学业指导师对学校现有激励措施的满意度如何呢？正如所预测的那样（与他们得到的激励措施直接相关），所有类型院校的学业指导教师对与"能帮助学生"和"自身专业和个人发展"相关的激励措施的满意度最高。对学业指导教师来说，激励他们参与职业发展活动的因素中，重要程度最低的是可能带来的个人声望或认可。

如何对学业指导教师进行评估？

绝大多数学业指导教师都接受过正式评估。55%的两年制院校受访者，59%的四年制私立院校受访者，以及70%的四年制公立院校受访者表示，他们有许多办法可以评估学业指导教师的工作效果。排名最靠前的方法是（1）学业指导项目主管的评估，（2）持续进行的学生调查，（3）学生个人评价表，（4）学生毕业离校前的调查。在评价学业指导教师工作绩效的方法中，最不常用的一种是校友来信和其他支持信件。这项调查没有计划收集相关数据了解这些方法作为学业指导教师评估工具的使用频率或持续时间。

专职学业指导师可获得的认可和奖励

调查中，负责监督学业指导项目的专职学业指导师和管理者被问到，目前学校对学业指导教师采取了哪些认可和奖励的措施。

正如表26.1所示，对于上述问题，所有三种类型的高等院校的专职学业指导师最常见的回答是，支持学业指导教师的专业发展，如资助学业指导教师注册成为NACADA的会员和参加NACADA的会议。34%的两年制院校的受访者、35%的四年制私立院校的受访者和44%的四年制公立院校的受访者选择了这一选项。绩效工资、年度奖励活动、现金奖励、奖牌或奖杯分别排在第二、第三、第四和第五位。在1693名受访者中，有29%的人表示他们的院校不认可，或者不会奖励专职学业指导师。按院校类型分类，有43%的两年制、38%的四年制私立院校和22%的四年制公立院校并未设置对专职学业指导师的认可或奖励策略。为了更加积极地强调这一信息——有57%的两年制院校、62%的四年制私立学校和78%的四年制公立院校对优秀的学业指导实践提供了某种形式的认可和奖励。

表26.1　当前您的部门或学校采取了哪些措施来认可和奖励专职学业指导教师的卓越表现（勾选所有采取的措施）
专职学业指导教师（n =1154），学业指导管理者（n = 297），
或负责多方面的管理者（n = 242）

奖励和认可	回答比例			
	总计	两年制私立或公立院校	四年制私立大学	四年制公立大学或学院
答题人数	1693	301	330	1062

续表

奖励和认可	回答比例			
	总计	两年制私立或公立院校	四年制私立大学	四年制公立大学或学院
专业发展支持（e.g., NACADA）	40%	34%	35%	44%
没有	29%	43%	38%	22%
绩效工资	24%	9%	22%	29%
年度奖励：早餐/午餐/晚餐/招待会	24%	12%	14%	30%
奖金	20%	4%	8%	28%
奖牌或奖杯	19%	6%	7%	26%
感谢信	14%	13%	16%	14%
认可证明	14%	11%	11%	16%
其他	11%	14%	14%	10%
新闻表扬	7%	4%	2%	10%
秘书服务	7%	7%	7%	7%
优先停车	1%	0%	1%	1%

奖励和激励对专职学业指导师的重要性

调查要求专职学业指导师对学校各种认可和奖励方案对他们的重要性进行排序，他们给出了明确的答案。

表 26.2 清楚表明，专职学业指导师最看重对专业发展活动方面的支持：如资助注册成为 NACADA 会员和参加其会议。两年制、四年制私立院校和四年制公立院校的专职学业指导师的答案并没有显著的差异。74% 的受访者认为支持专业活动对他们是最有意义的；重要性排名第二的是绩效因素，56% 的受访者认为它重要；重要性排名第三的是一次性现金奖励，45% 的人认为它重要。有趣的是，这一信息与认为专职学业指导师对卓越辅导的首选奖励是奖金和现金奖励的观点普遍相反。对专职学业指导师来说，不太重要的是一封感谢信、牌匾、奖杯、表彰新闻稿和优先停车等这些没有金钱价值的形式的奖励。

表 26.2　　　作为专职指导者，下列奖励和认可对您来说有多重要？
专职学业指导师（n=1154）从高到低排列的项目有（4=非常重要，
3=比较重要，2=有点重要，1=根本不重要）

奖励和认可	题项均值	非常重要	比较重要	有点重要	根本不重要
专业发展支持（e.g., NACADA）	3.63	74%	18%	5%	3%
绩效工资	3.37	56%	29%	11%	4%
现金奖励	3.06	45%	27%	16%	12%
秘书服务	2.71	30%	30%	21%	20%
感谢信	2.70	24%	35%	27%	13%
年度奖励：早餐/午餐/晚餐/招待会	2.37	15%	31%	31%	23%
认可证明	2.36	15%	30%	30%	25%
奖牌或奖杯	2.12	12%	24%	28%	36%
新闻表扬	2.01	8%	23%	31%	38%
优先停车	1.89	12%	14%	23%	51%

学业指导教师可获得的认可和奖励

　　调查中，教师学业指导师和学业指导管理人员也被要求选择其所在部门或学校目前针对教师学业指导师的认可和奖励形式。题项基本与对专职学业指导师的调查相同，只是增加了一项：学业指导工作作为晋升和任期的考虑因素。

　　如表26.3所示，在两年制院校中，使用最多的奖励和认可方式是感谢信（20%），其次是对专业发展活动的资助（18%）、认可证明（14%）、年度奖励：早餐/午餐/晚餐/招待会（11%）和绩效工资（11%）。与认可证明的使用比例相比，新闻表彰、秘书服务和优先停车的使用比例则很低。

　　在四年制私立学校中，34%的院校会在升职和任期考核中给予考虑，27%的院校喜欢使用感谢信的形式，17%的院校以年度奖励：早餐/午餐/晚餐/招待会的形式进行奖励，16%的院校使用绩效奖励，12%的院校对专业发展活动进行财政支持。根据调查，四年制私立学校的教师学业指导师很少提到学校对他们使用"新闻表彰"（6%）、"奖牌和奖杯"（12%）、"秘书服务"（3%）和"优先停车"（1%）的奖励措施，更多是在晋升和任期给予考虑（34%）。

根据调查，四年制公立院校更多地使用现金奖励（29%）、奖牌或奖杯（27%）以及年度奖励：早餐/午餐/晚餐/招待会（24%）；另外，对专业发展活动的财政资助略高，占18%。受访者的答案因高等院校类型的不同而不同：40%的两年制院校、32%的四年制私立院校和24%的四年制公立院校没有为学业指导教师提供任何认可或奖励。或者换个更积极一点的表达方式：有60%的两年制院校、68%的四年制私立学校以及76%的四年制公立学校的确为优秀的学业指导教师提供了某种形式的认可和奖励。

表 26.3 您所在单位/院校目前采用什么策略来表彰或奖励学业指导教师？（勾选所有合适的选项）
学业指导教师（n = 99），学业指导管理人员（n = 331）
负责多个领域的管理人员（n = 249）

奖励和认可	回答比例			
	总计	两年制私立或公立院校	四年制私立大学	四年制公立大学或学院
答题人数	679	152	180	347
没有	30%	40%	32%	24%
晋升和终身教职	24%	13%	34%	25%
感谢信	21%	20%	27%	18%
奖金	20%	6%	14%	29%
年度奖励：早餐/午餐/晚餐/招待会	19%	11%	17%	24%
奖牌或奖杯	18%	8%	12%	27%
专业发展支持（e.g., NACADA）	17%	18%	12%	18%
其他	16%	16%	16%	16%
绩效工资	15%	11%	16%	17%
认可证明	13%	14%	11%	14%
新闻表彰	7%	3%	6%	9%
秘书服务	5%	5%	3%	6%
优先停车	1%	0%	1%	1%

教师学业指导师也被要求对可以获得的各种奖励和认可的重要性进行排序。因为表26.4中的教师学业指导师都是NACADA会员，所以很自然，人们会认为这些学业指导教师会更重视专业发展机会。有趣的是，他们给出了一个明确响亮的答案。这些学业指导教师不仅重视现金奖励、绩效工资、晋升和终身教职，更重视学校对专业发展活动的支持。

表26.4 作为教师学业指导师，下列奖励和认可对您来说有多重要？
教师学业指导师（n = 99）从高到低排列的项目有
(4 = 非常重要，3 = 比较重要，2 = 有点重要，1 = 根本不重要)

奖励和认可	题项均值	非常重要	比较重要	有点重要	根本不重要
专业发展支持（e.g., NACADA）	3.47	63%	24%	9%	3%
晋升和终身教职	3.23	55%	24%	9%	12%
绩效工资	3.17	48%	33%	9%	10%
奖金	2091	37%	31%	17%	15%
秘书服务	2.71	28%	34%	19%	19%
感谢信	2.57	22%	31%	31%	17%
认可证书	2.24	15%	22%	34%	28%
年度奖励：早餐/午餐/晚餐/招待会	2.17	12%	27%	28%	34%
奖牌或奖杯	2.00	8%	21%	32%	38%
新闻表扬	1.89	7%	20%	28%	45%
优先停车	1.87	10%	19%	19%	52%

有87%的受访者认为对专业活动的支持非常重要或者比较重要。绩效工资则排在第二，有81%的教师学业指导师认为它非常重要或比较重要。教师学业指导师把学业指导在晋升和终身教职考核中的作用排在重要性的第三位，有79%的受访者认为它非常重要或比较重要。在可供学业指导教师选择的金钱选项中，现金奖励排在第四位，有68%的学业指导教师将其评为非常重要或比较重要。对教师学业指导师（以及专职学业指导师）来说，最不重要的就是感谢信、年度奖励：早餐/午餐/晚餐/招待会、奖牌或奖杯、表彰新闻稿和优先停车。尽管填写这项调查的是NACADA的会员，受访者仍然提供了一些表明20世纪90年代学业指导教师对酬劳奖励体系态度转变

的证据：

> 在20世纪90年代的"评估十年"期间，学业指导教师对评估和奖励制度的接受程度大幅下降，当时评估工作的重心从过程（形成性评估）转向结果（总结性评估）……这种变化在学业指导的奖励体系中同样得到了反映。从注重促进个人职业发展和增强投身教学与学业指导的内在动力……转变为侧重于外在奖励的竞争中的相对优势（如作为终身教职或晋升考核中的考虑因素，或杰出学业指导教师奖的评选等）。（McGillin，2003，p. 96）

正如激励和动机理论家提醒我们的那样，任何形式的认可和奖励都是为了实现既定的目标，所以必须重视可能的获奖者。显然，对此次调查做出回应的学业指导教师最看重的是专业发展机会，这些机会使他们能够作为学业指导教师很好地成长和发展，也是为了更有效地满足学生的学业指导需求。

对于院校领导者来说，从本次调查的定量部分中得出的最有说服力的信息是：（1）绝大多数专职和教师学业指导师，在帮助学生和提高学生的能力时都会感受到高度的个人成就感；（2）他们珍惜促进自己专业和个人成长的机会；（3）他们特别重视对专业发展活动的支持（如出席NACADA会议），这是值得花钱的事；（4）对学业指导教师来说最不重要的——尽管仍然受到赞赏——是非金钱形式的认可，如表彰新闻稿、奖牌、感谢信和颁奖典礼。

调查还提出了两个开放性的问题。第一，哪一个改变会帮助你所在部门或学校对学业指导的认可和奖励？从受访者的回答中发现了一些重要的话题：

1. 支持专业发展活动的资金：
- 为专业发展活动提供财政资助的能力，比如会议注册、培训课程和网络研讨会。
- 为出席和参与外部学业指导协作网络和专业会议和活动提供资金和行政支持。

2. 为专职学业指导师构建职业进阶（或基于级别的工资）：
- 专职学业指导师的职业进阶。晋升将取决于业绩和任职时间。类似于教师的职称制度。

- 构建学业指导教师职业发展通道和制订鼓励先进的薪酬计划。目前，对学业指导教师而言，大幅提高自己每年仅增长 2.5% 的微薄工资的唯一方法就是"跳槽"，与新单位讨价还价。

3. 管理者需要理解并重视学业指导教师和学业指导：

- 最高管理者需要对学业指导真正感兴趣，参加一次会议或至少一次网络研讨会……以更好地理解我们的目的和价值（不只是"让学生感到幸福"）。
- 认可和承认学业指导教师和学业指导过程在实现大学目标和使命中的重要性。这种认可应该是来自教务长和学院院长层面的认可。

4. 学校层面对学业指导者的尊重：

- 把学业指导作为教育过程的一个组成部分来尊重，可以通过承认学业指导教师是教育者来证明……目前，有超过 89% 的学业指导教师拥有硕士学位，而且许多人有博士学位。
- 只需要简单地承认我们与学生一起工作的事实和价值，面临的挑战，倾听我们的话语，认可我们的努力，感谢我们在职责范围之外的服务。

对这一问题的回答还包括：（1）将学业指导视为教学的一部分，并在绩效工资、晋升和终身教职聘任中体现学业指导的重要性；（2）根据学业指导教师的个人兴趣和需求提供多种奖励；（3）为全校学业指导教师研发一个学校集中管理的评估工具，类似于学生满意度调查；（4）为教师学业指导师制定课时冲抵方案和超额劳动工资方案；（5）编写一份学业指导使命陈述以便给予学业指导应有的认可；（6）强制性增加校内专业培训发展机会；（7）要求管理者每隔一段时间就通过简单地握手和说声"谢谢"来承认学业指导对学生全面发展的重要性。

第二个开放性问题是：哪种本调查中没有提及的认可和奖励策略在你的学校使用得很好？在这个调查中，你所在的单位或院校表现如何，是否合格？许多受访者哀叹他们所在的院校并未提供任何认可或奖励。一位高等院校管理人员的评论反映了其他几名受访者的观点："我不相信奖励制度能实现本身就是我们工作的一部分的职责。那些表现良好并实现目标的人自然会定期加薪。"然而，还有数百名受访者报告说，这些激励策略所倚赖的是设计者的良好愿望和足智多谋，并且反映了理论家想设计适用于每种情况的奖励措施方面的兴趣：

- 假期和工作时间的灵活性（弹性时间）。一名受访者表示最好这样："提供免费假期作为对工作的认可。人们都喜欢钱，可是有一天自由的假期却是无价的！"
- 给在新生报到和注册期间投入额外工作时间的学业指导教师提供补休时间。
- 在重要的足球比赛或篮球比赛半场休息的时候表彰学业指导教师（这一策略尤其被那些这两项运动特别受欢迎的学校欣赏，正如一位受访者所说的"占绝对优势的运动"）。
- 在毕业典礼和正式集会上表彰那些获奖的学业指导教师。
- 在大学显著的位置——例如学生中心——建立"学业指导教师荣誉墙"。
- 将当地餐馆和公司捐赠的礼品券作为对学业指导教师出色工作的感谢。
- 一位我们都很欣赏的学业指导工作管理人员写道："我带我自己的员工去吃午饭，下午4点送他们去按摩，每年两次。夏季每个周五下午我们都有团建。我尊重，试着理解和爱护他们。"
- 来自同事、行政人员，最重要的是，学生们给予的大量的、积极的口头和书面支持。
- 个人满足感和自豪感——有时难以捉摸的内在回报——来自学业指导教师们拥有的知识对学生大学经历的积极影响。这是所有奖励中最有价值的。

从这些激励和动机理论家们有关学业指导方面的调查中可以得出哪些结论？对学业指导教师的奖励和认可，必须是有效的、相关的、负担得起的、及时的。它应该代表院校的价值观、使命和文化。让学业指导员工参与奖励计划的发展和实施，得到真诚的奖励，并成为他人的激励因素。它可以是一次握手、一个口头或书面上的感谢、一封公开的感谢信或其他形式的认可活动。总体而言，管理者可以做些什么来营造一个积极的工作环境，并向人们展示他们在院校中有多重要呢？他们应该注意提供富有挑战性和吸引力的工作、学习和进步的机会，持续、直接的双向沟通，让员工有机会控制自己的工作生活，确保员工知道他们的工作确实有所作为，并对出色的表现给予奖励和认可。

调查表明，还有别的重要的工作需要做。虽然为学业指导提供某种认可或奖励的院校的百分比正在迅速上升（根据调查，近80%的四年制公立院校受访者表示确实设置了某种认可或奖励措施），但许多学业指导教师对所在院校管理人员对学业指导缺乏欣赏或关注表示担忧。大量的调查数据反映了下列评论中所表达的观点："学业指导并没有真正受到重视。人们的普遍印象是，任何人都可以做这项工作。""我们在这一领域中并没有得到任何认可和奖励，因此任何改进都将会是巨大的。"

这项调查看起来，也有关于学业指导教师和学业指导的积极正面的信息。几百所大学和学院重视和认可学业指导教师在促进学生成功和降低学生辍学率方面所发挥的重要作用。专职学业指导师和教师学业指导师说他们想更好地帮助学生，并对奖金、奖牌、绩效工资和正式的午餐招待会之外的奖励更感激。他们更喜欢的奖励是：（1）支持他们参加专业发展活动的机会，例如，NACADA的年度和地区性会议；（2）帮助他们更有效地开发学业指导的工具，比如一本学业指导工作手册或训练手册。为以上的机会划拨资金是一项合理的院校投资，因为它能确保打造一支敬业投入、受过良好训练和积极主动的学业指导教师团队，他们一直在努力提高学生对大学经历的满意度。学业指导教师们也重视并表达了非常满足于辅导对象的成长和发展给自己所带来的内在回报。人们工作不仅仅是为了钱，这是奖励理论、动机理论和期望理论领域的公理。两位受访者很好地反映了对这条公理的理解。"我觉得我感受到了尊重、认可、对我的工作的欣赏，以及学业指导项目对学校和学生的重要性和价值"。"学生对我说一句简单的'谢谢'、一个发自内心的微笑或者拥抱对我来说已经足够了。这就是最大的奖励。"

说明：特别感谢坦普尔大学研究和测试中心主任詹姆斯·德格南博士。感谢他协助开展学业指导认可和奖励调查，整理和设计数据图表，并与坦普尔教育心理学教授约瑟夫·杜塞特博士一起提出了一些建设性的意见。

References

Council for the Advancement of Standards (CAS). (2005). Academic advising: CAS standards and guidelines. Retrieved September 14, 2007, from http://www.nacada.ksu.edu/Clearinghouse/Research_Related/CASStandardsForAdvising.pdf.

Deming, W. E. (1990, June 4). Deming's demons: The management guru thinks U.S. corporations are crushing their worker incentives. Wall Street Journal, p. 39.

Dorfman, H. A., & Kuehl, K. (1989). The mental game of baseball: A guide to peak performance. South Bend, IN: Diamond Communications.

Flannery, T. P., Hofrichter, D. A., & Platten, P. E. (1996). People, performance, and pay: Dynamic compensation for changing organizations. New York: The Free Press.

Habley, W. R. (2007). Putting students first in the campus community: Pathway five. In G. L. Kramer (Ed.), Fostering student success in the campus community (pp. 407-431). San Francisco: Jossey-Bass.

Kouzes, J. M., & Posner, B. N. (1995). The leadership challenge: How to keep getting extraordinary things done in organizations. San Francisco: Jossey-Bass.

Lawler, E. E., III. (2000). Rewarding excellence: Pay strategies for the new economy. San Francisco: Jossey-Bass.

McGillin, V. A. (2003). The role of evaluation and reward in faculty advising. In G. L. Kramer (Ed.), Faculty advising examined. Bolton, MA: Anker.

NACADA Clearinghouse. (n. d.). Advising issues and resources. Retrieved December 28, 2007, from http://www.nacada.ksu.edu/Clearinghouse/Links/Professional.htm#levels.

Vroom, V. H. (1964). Work and motivation. New York: Wiley.

Zingheim, P. K., & Schuster, J. R. (2000). Pay people right: Breakthrough strategies to create great companies. San Francisco: Jossey-Bass.

第五部分
不同视角下的学业指导

托马斯·J. 格里茨

引言

本部分介绍了多种不同的学业指导方法和项目，这些都是在专科和本科学校中行之有效的学业指导做法，既在公立学校中有效，也在私立学校中有效。从学校行政管理的角度看，这些做法之所以成功的要素之一很显然是学校内部的相互合作。在此基础之上，我们的编者还高瞻远瞩，力图预测学业指导中的潜在议题、关注点以及那些可能决定学业指导未来的补救措施。

在第二十七章中，詹姆斯·布尔特曼（James Bultman）介绍了霍普学院成功建立以教师为基础的学业指导项目的情况。这个项目的重点是人文价值和技能，从一年级的新生研讨课，一直延续到四年级的高级研讨会。法耶·沃威尔（Faye Vowell）的介绍强调的是，为了营造一个完整的学习环境，四年制公立学校中学术、学生和商业事务部门之间应如何合作。她把学业指导教师的角色，从学业扩展到了各种学生俱乐部和组织、职业指导服务、学籍学业管理和学生兼职的指导。所有这些活动，都会引起各种意向明确的学习互动。

乔斯林·哈尼（Jocelyn Harney）的介绍让我们不忘社区学院的使命和目的，尤其是社区学院通过开门办学，向各种各类学生提供学习机会。她指出这种环境对学业指导老师特殊的技能要求。与四年制本科学校相比，社区学院面临更大地向地方雇主和地方立法机构展示具体产出的压力。约翰·斯马勒利（John Smarrelli）和苏珊·艾姆斯（Susan Ames）则强调，在小型私立文科院校中，合作性的共同努力和适应性环境（阿米巴型，ameba-like）是何其的必要。就如何加强和整合此类学校的学业指导，他们奉上了10条路子。

第二十八章的作者介绍了一些实用性的、操作性的学业指导管理方法。这些方法对于学生和老师都富有成效。凯西·戴维斯（Kathy Davis）讨论了公立四年制大学中可能存在的各种不同的全校性问题。她所介绍的，是如何既有效地领导学业指导工作，又尽量保持与学生的接触，争取教师的支持，开发学业指导资源的关键因素。

迪克·瓦尔兰丁汉姆（Dick Vallandingham）再次强调两年制学院的独特使命和巨大的差异性。他的方法是，剖析这种特殊环境中各种学业指导服务的方式和方法。菲利普·克里斯特曼（Philip Christman）讲述的是，在小型私立学院中学业指导管理者可能要扮演多重角色，有时也许要向多个领导或部门汇报工作。他简述了两年制学院中学业指导工作经常需要的两项东西：一项是知识基础，另一项是"家庭"式学业指导方式。他还提醒广大学业指导教师，同时担任如此多的角色和职责，是有可能使自己精疲力竭的。

在第二十九章中，作者们找出了高等教育本身在未来将要面临的多项挑战。他们还简述了最近不断增长的学生多样性和他们的经济及教育计划趋势，可能如何对学业指导教师提出新的要求。他们还确定了几种可能的方法，以应对宏观（学业指导领域）层面、微观（学校）层面以及个体学业指导者层面的挑战。

第二十七章

管理者视角下的学业指导

詹姆斯·布尔特曼　法耶·沃威尔
乔斯林·哈尼　小约翰·斯马勒利　苏珊·艾姆斯

院长

詹姆斯·E. 布尔特曼（James E. Bultman）

其他章节的作者已经就学业指导的理论和实践进行了讨论。这里，我就通过一个案例来看一看在霍普学院（Hope College）的特定环境下，学业指导是如何开展的。在这里，一个有效的学业指导模型已得到了大家的广泛接受。

霍普学院中的学业指导

霍普学院是位于美国密歇根州荷兰小镇的一个四年制的文科院校。该校始建于1866年，并一直附属于美国归正教会。该校共有89个专业方向，所授学士学位有文学学士、音乐学士、理学学士或护理学学士。学校开设了各种课程，以满足学生取得相应学位的要求。在2007—2008学年中，霍普学院共有3226名学生，分别来自美国的45个州/地区和31个其他国家。

历史。1977年之前，学校所有教员都要担当一、二年级学生以及本系本专业学生的学业指导教师。对刚进入大学的大一学生，根据其各自入学申请中所写的学术兴趣指派学业指导教师。每个教师辅导1—20个学生。新生入学时，可注册修读所有的课程，由学业指导教师提供指导。

1977年，由学术委员会负责组建的学业指导工作组建议：每年由教务长选出30名教师，总共由60名教师组成一个新生学业指导核心小组，每人辅导20名新生；每两年换一批学业指导对象；新生要在入学前的那个夏天通过邮件注册学业指导。每位教师有200美元的经费，用来和所指导的学生以非正式的形式见面，可用来聚餐，吃比萨饼，或者喝咖啡。

1987年，设立了学业指导主任一职，并由一名教师兼职担任。该教师既要指导学生，还要继续教课。该主任负责向学术事务负责人汇报学业指导情况。

1998年，作为通识教育课程修订的一个内容，要求一年级学生在秋季学期，围绕一个学术关注点修读两个学分的跨学科研讨课程。这些研讨课程就由负责该20个学生的学业指导的教师讲授。已选定专业方向的学生，则由本系教师持续提供学业指导，具体的指导教师由系主任指派。

直到1987年，教务处都在为教师提供学业指导工作坊，通常在新学年开始之前。自从有了学业指导主任之后，就由该主任负责向教师提供工作坊，为教师、学生及其家人编写学业指导手册。主任参加系部会议以讨论学业指导事宜，主任还要召见新的学业指导教师。一年级的研讨课教师要参加一个夏季工作坊，其部分内容就是学业指导事宜。一年级学生的其他任课教师不担任学业指导，他们的主要工作是教学。

从以上简短的历史介绍中可以明显看到，学业指导的重要性在霍普学院中越来越得到认可。学校已经从认为任何教师皆可为新生提供学业指导，发展到把那些特别善于和学生建立关系、与学生一起加强其学术技能的教师选拔出来。霍普学院还认识到，与接受学业指导的学生建立关系是需要时间的：在入学阶段见见面，在期中和学生一起喝喝咖啡或吃吃比萨，并偶尔和学生碰碰面，仅仅这些还是远远不够的。把学业指导与一年级的研讨课程联系起来，这给学生和老师提供了丰富的机会。这能让学业指导双方更好地相互了解，因为研讨课的规模只有20个学生，一个学期有两个50分钟的研讨时间。学校还认识到学业指导的重要性，认识到把一年级学生辅导好所需要的时间和努力。为此，学校认定该两学分的研讨课为4个教学业绩点。

目的。对于霍普学院，学业指导是自己使命的一个不可分割的部分。学校相当比例的学分为通识教育核心课程的学分（占126个必修学分中的50个）。学业指导教师就是霍普学院课程的体现。或许，在改善通识教育方面，大多数学校最紧迫的改革都涉及学业指导。要使专业与课程相互融洽且对学生重要，这需要足够的学业指导（Task Group on General Education, 1988, p.43）。霍普学院的学业指导，为以下人文价值的体现提供了多种机会。

积极参与。一个强劲的人文专业，需要学生的参与。它期待学生做的，不是简单地记忆或汲取大量的信息，而是让学生能够发展出自己的分析、综合、解读及整合技能。通过实践，使学生的书面和口头沟通能力得以提高。学业指导为学生发展上述技能奠定了基础。对于21世纪的人才来说，这些人文技能绝非与职业无关，而是为职业所必不可少的。在学业指导倾听学生的抱负时，在学业指导要求学生确立自己本学期或本学年的奋斗目标并讨论自己朝着目标靠近的情况时，他们是在鼓励学生积极地参与、带着明确意向来参与。这里的目标并不仅仅是分数，还有实实在在的学习。

批判性的反思。通过博雅知识的学习和学业指导，学生的假设可得到审视，辨识力可得到加强，不同选项可受到考虑。对学生的期望是动脑思考。当然，学业指导教师也应该为学生提供答案。不过，在学生提出问题的同时，老师就能为学生的基本技能奠定基础。毕业班的学生总结称，某些经常被描述为提出意料之外问题的学业指导，对于他们的成功至关重要（Light，2001，p. 81）。提出适当问题这一技能训练，也是在鼓励学生动脑思考。学业指导和博雅学习，旨在培养学生的思维习惯。这种习惯，又鼓励了学生的终身学习以及对现实世界中问题的关切。通过学业指导关系，学生可以获得对"高阶思维技能"的理解和实践。这些高阶思维技能就是在不确定和模糊情景中进行决策（Hemwall & Trachte，2003，p. 15）。

建立联系。博雅教育和学业指导的标志就是联系。有雄厚博雅知识的学生，会寻求对自己所学的知识既加以整合又付诸应用的机会。同样，学业指导强调把不同课程中学到的知识联系起来，把课内体验和课外体验联系起来，把校内资源和校外资源联系起来，把学生当下的自我和自己所希望的自我联系起来。学业指导老师会提出一些能激发思维的问题，好让学生咨询他人，并鼓励学生去寻找当下所学知识与现实生活问题之间的联系。对于在校园之中建立这些联系同样至关重要的，是学业指导者自身与每个接受指导的学生建立关系的能力，更确切地说，是对每个接受学业指导者进行投资的能力。

辨识职业。无论是博雅知识还是学业指导，其本身都不是目的。两者都延伸到自身之外，鼓励着学生对重要的人生问题进行思考，例如，"我是谁？我的信念是什么？我的人生价值是什么？我的天资是什么？我如何度过自己的职业生涯？"学业指导就鼓励学生思考这些更大的问题，这些是学生自己在当下和未来决策时必然要提出和回答的问题。

除了为学生提供机会，让其亲身体验上述博雅知识的价值之外，学业指导还提供机会，让学生把学校招生宣传材料中用言语表述的使命，带到现实的世界之中。大多数学生上大学的目的就是获得一个学位，这自然是一个值得奋斗的目标。然而，不同学院在自身使命表述中所谈的博雅教育目的，实在是千差万别。这正是我们期望自己指导的学生所能理解的。不幸的是，当问及"博雅教育"和"博雅知识"是什么的时候，大多数学生，甚至那些文科院校的学生，都一脸茫然（Humphreys & Davenport, 2005）。学业指导教师可以用大学的使命陈诉来帮助学生真正了解自己学院的具体目的和侧重。难道我们不鼓励学生去思考自己学校为自己所设定的学习目标，就期望学生能够从自己的教育中获取最大的收益？学业指导为学生提供的，也许是最好的机会，它帮助学生更加主动地把握自己的教育，并帮助学生认识那些我们所孜孜以求的博雅学习成果的价值（Laff, 2006, p. 36）。

通过学业指导，"课程体系的逻辑"可以得到说明（Lowenstein, 2000）。教师是向学生解释课程体系的理想人选，因为教师最清楚课程背后的假定，他们不仅能向学生说清课程的内容"是什么"，还能向学生解释清楚课程"为什么是这样"。学业指导绝非仅仅帮助学生选课，还包括让学生真正理解课程体系，也就是说，让学生看到课程之间的联系，认识到一些重要技能的潜在发展能让自己终身受益。强调这一点还会带来一个意外的收获：随着越来越多的教师一边教课，一边通过研讨课向一年级学生提供学业指导，跟学生讲课程体系的逻辑，教师就会认识到，在自己所授的专业课程中强调该课程如何对博雅教育有所贡献，所授课程如何与其他通识教育课程联系在一起。这么做何其重要。使这些联系明显可见，能帮助师生双方都看到课程之间的融洽，还能使课程要求变得更有意义，从而减少学生的抵触。

表面上，学生总想修习一些看起来对自己职业或学业目标有直接效果的课程。然而，学生的反馈信息证实，探索超越当下目标与舒适度的学习材料，往往能为学生提供绝佳机会，使学生接触挑战。此种经历能为学生打开新的兴趣之门，使学生获得成就感。鼓励学生探索新领域，向学生说明为什么博雅课程的广度有助于未来的探索，这正是教学生的好时刻。有好几次，这种互动促使学生丢弃了旧的追求，开启了新的探索，取得了真正的成功，对社会做出了巨大贡献。

挑战与机遇。当教师把学业指导当成一种博雅技能的时候，让教师理解学业指导的重要性，思考教学及学业指导之间的关系，就会更加容易。把对大一学生的学业指导与研讨课结合起来，这使得我们把学业指导融入学术背景之中。待入学的学生，被要求在暑期就要把自己在大学打算完成的任务与大家分享。并要求学生告诉自己的学业指导老师，入学后自己想要付出最大努力提高的技能是哪些。这些信息是学业指导中进一步讨论问题的基础。期中的问卷调查，也是为了鼓励学生反思类似的问题。

一年级研讨课要求，每个学生都要研读霍普学院的"教育哲学"，并写一篇三页长的读后感，以探索学生自己的个人目标，比较个人目标和学校设定的目标，或者讨论其中某些自认为重要的部分。读后感的形式由具体负责的老师决定，每篇感想都要进入电子档案。待他们在毕业的那个学年参加研讨课时，学生要重读自己一年级研讨课上所写的那篇感想，并写一篇回应。2005年，在五个一年级研讨课上试点了这一做法。回应让老师很是高兴，因此，2006年，就把它作为一年级研讨课的一个部分定了下来。从2010年开始，要求所有参加毕业学年研讨课的学生都要重读自己在一年级研讨课上所写的感想，并反思自己的成长、发展以及对博雅知识所预想的深度理解。我们把此类活动嵌入第一学期，是希望让大家清楚，学业指导是霍普大学教育的一个不可或缺部分。

如果期望学业指导教师跟踪学生学位进展，那么学业指导就不能达到其潜在的目标。霍普学院已经投入了大量的资源进行学位资格评价，学生可以通过电子渠道进入评价系统。当然，学业指导教师依然必须回答关于学位要求的问题，不过已经不再要求老师必须跟踪学生的学位进展，或者帮助学生了解哪些是学位要求的课程。但是老师可以谈一谈学位要求背后的理念以及各个课程之间的联系。此外，我们对学生的学业指导手册和教师的学业指导手册每年都更新。

把学业指导当作一种博雅技能，教师也就没有必要啥都知道。相反，教师却鼓励学生向其他人请教，校内校外都可以。在霍普学院，学生获得咨询的窗口是十字路口项目（Crossroads Project），一个由莉莉捐赠基金会提供资助的辅助中心。该中心提供了大量的机会，好让学生探讨信仰、职业、使命以及人生之间的关系。基金会还向魄力领导中心、职业服务中心以及其他好几个辅助中心都提供了资助。

对于21世纪，博雅技能既实用又有必要。但要获得博雅技能，很少有比实习更好的方法。在霍普学院，略超百分之五十的学生在毕业前至少要参加一个有学分或无学分的实习。实习地要么是在芝加哥、费城、纽约、华盛顿，要么是在当地。这些实习，在为学生提供机会应用博雅教育所发展的技能或思维习惯的同时，还帮助学生把课堂学习与现实世界联系起来。

结语

每位大学校长都想要一个富有成效的学业指导系统。学业指导系统对学生（及家人）的满意度、在册率以及毕业率都有重要意义。在这个对投资价值抱有很高期望的时代，学校提供优质的学业指导就尤为重要了。学业指导是一件该做的事情，也是一项很费时间因而也很花钱的工作。虽然大多数的学校主管都不会直接介入日常的学业指导工作，但是至关重要的是，他们要扩大学业指导工作的重要性，通过资源倾斜支持这项工作，包括多给些时间，给予奖励，承认教职员工的工作努力。

学业指导是关于融洽性的工作，旨在使部分成为整体。理想的情况是一个协作性的关系，在这个关系中，整体大于部分之和。有了这种关系，我们的学业指导就是有效的。这样的学业指导，提高了学生的在册率，帮助学生确保学业成功，从整体上改变了学生的生活。学生及其家长期望这些，喜欢这些。因此，谁把这方面工作做好了，学校就应该承认，就应该奖励。

学术事务主管——四年制公立大学

法耶·N. 沃威尔（Faye N. Vowell）

在2007年6月这一期的《今日学业指导》（Academic Advising Today）中，帕特里克·特伦兹尼（Patrick Terenzini）讨论了为什么需要系统思考关于创造最好环境以促进学生的学习的问题。他特别关注的是学校及其教职员工超越自己单位和活动范围进行观察和思考的能力，理解自己所做对于他人和活动，有什么地位和作用的能力。这种能力带来的是一个连贯的、集成的、意向明确的学习环境，它服务于本校的学生和本校的教育使命（p.20）。在此，我想传达这样一个理念，那就是：创建一个连贯、集成、意向明确的学习环境，使得教学、学生和企业能积极合作；对于学术事务主管来说，其中最好的一个方法就是把关注点放在学业指导上。

对于学生和学术事务工作者及教师来说，学业指导都是一项传统活动。这项活动能培养共同的良好品质，一种教师和员工都认为很重要的良好品质。正如美国学业指导协会关于学业指导的概念所言（National Academic Advising Association，2006）：

学业指导建立在高等教育的教与学的使命基础之上。它由与课程、教学方法以及学习结果之间一系列的意向明确的互动构成。学业指导把学生的教育经历综合且植入他们自己的志向、能力以及生活框架之中，把学生的学习延展到了校园之外、课堂之外。（Summary para.）

尽管教师传统上把自己当成大学教学使命的传递者，但是，库、坎齐、舒赫和惠特（Kuh, Kinzie, Schuh, & Whitt, 2005）以及特伦兹尼和帕斯卡雷拉（Pascarella & Terenzini, 2005）则强调，课堂之外的教学体验无论在传统学生事务领域之中还是之外，都很重要。对于每一个学生，大学经历中的任何方面，都可以对学习环境有所贡献，或者，有所破坏。

尽管高等学校面临类似的联邦政府要求，且受到相同大众文化的影响，但是不同的学校有着不同的使命和历史，面临所在州和所在地的不同挑战。所以，每个学校解读各自教学使命的角度，难免受到各自历史沿革和所在州及所在地环境的影响，学校对自己教职员工的学业指导的期待也被其左右。一所教会学校眼里的良好学习环境，和一所服务于第一代低社会经济地位学生的地方性综合学校眼里的良好学习环境，会非常不同；这两者眼里的良好学习环境，又会不同于一流的研究型院校。使命和学业指导的实施系统或许不同，但是，一个整合一体的系统却是成功的关键。因为在这个系统之中，学校的各个方面都精诚合作，为创建期望的良好学生学习环境而努力。

关于这种合作的一个例子是，一个由一名教师和一名职员共同领导的教职员工团队，共同起草本学校的学业指导使命陈述、学业指导定义以及学业指导评价机制。在许多四年制的院校中，系部教师负责研究生和高年级本专业学生的学业指导。大一新生和尚未选定专业的学生，其学业指导则是通过一种"全覆盖"（total intake）的集中学业指导模式开展。集中学业指导中心通过吸纳全职专职学业指导师和教师学业指导师的方式来塑造和加强合作。对于他们，中心可以额外指定辅导时间。职业顾问、国际生顾问以及其他人员，也可以加入学业指导中心。所有学业指导者都参加培训，以加强知识和协作技能。学术事务主管以及学生事务主管，都要支持这些工作。

学业指导中心主任可以向学生事务主管或学术事务主管汇报情况，但是这两者必须同样了解并支持这些活动。主任应该评价教师学业指导师和专职学业指导师的工作。对教师的评价应该包含在年度考评、晋升以及终身教职的评审之中。应鼓励教师学业指导师和专职学业指导师都参加暑期的新生引导活动，如果他们接受了适当的训练。学生事务办公室和学业办公室，都应该为学业指导中心提供经费支持,这些经费可用作教员额外学业指导工作的补助,用于参加地方或全国性学业指导研讨会。前者的费用可以由学业办公室支持,后者的费用可以由学生事务办公室支持。

学术事务主管应该牵头领导,创建一个这样的系统,它使其中的各方都认可自己对于学业指导工作的重要性;大家都接受过培训,都被欢迎参加塑造学生学习环境的工作。这种方法适合很多综合性大学的使命和背景,尤其是以教学为主的学校。这些学校的定位,通常是为大量的第一代学生服务。这些学生本来就没有准备好上大学,因此,他们需要大量的支持才能成功完成学业。在这个招生数量不断下降的年代,学生的在册率和毕业率,对于学校的各个方面都至关重要。

理想的情况是,校长和副校长都应该一致同意,学业指导是一种教学形式,学校的各个机构都有责任鼓励和支持学生。这一信念,已得到特伦兹尼(Terenzini,2007)关于学习的 6 大发现的支持,也可以用这些发现对其加以操作化。

(1)学习的发生需要学生遇到与自己当下知识及信念结构相匹配的挑战;(2)需要学生积极地拥抱这些挑战;(3)学习最好是发生在一个支持性的环境之中,从而促成对知识的反思、巩固及内化;(4)学习具有关系性和社会性,最好是发生在有他人陪伴的情况下,并提供令人愉悦的互动和个人支持;(5)学习成效能被最大化的环境是,学习活动及学习结果对学习者都有意义;(6)学习既不受时间的限制,也不受地点的限制。(p.1)

一提到"指导者",尽管最经常联想到的是"学业指导者",但是学业指导者中,既有教师,也有发起学生组织的职员。学生组织通过培育整合的且目的明确的学习环境对学生在课堂外的学习产生至关重要的作用。通过在学生组织中学习团队合作,锻炼自己的领导技能,学生同时也学习和实践了时间管理、目标设定以及相互交流。通过与别人合作来达到目标,可以挑战学生现有的知识和信念结构,并使学生积极使用这些知识和信念。教师学业指导师和专职学业指导师的作用,是提供支持性的环境和能够让学生反思、巩固以及内化知识的机会。学校的作用,是促进全体学业指导教师对自己工作角色重要性的反思,是在学业指导者努力成为更好的学业指导者的过程中鼓励他们相互合作并共享成功经验。换句话说,学校的作用就是创造一个系统地看待学业指导者的方法。

　　整合系统法的又一个发挥作用的时机，存在于各方携手提供职业生涯规划辅导的合作之中。在学生大学生活的各个时间段，职业生涯规划辅导对于学生都很重要。要与一年级学生一起选择或者确认职业选择，学业指导教师就必须经常与就业服务中心的职员协作，一起来帮助接受指导的学生更多地了解自己的职业选项，这些选项又如何与专业相互联系，并最终落实到具体要选什么课。教师学业指导师对学生融入自己所选专业的学科至关重要。随着学生越来越接近毕业，任课教师能给学生提供与专业领域接触的机会。就业服务中心不仅仅是为学生安排面试、指导撰写简历、训练面试技能，还要帮助学生成功就业。

　　在编制用户友好的培养方案或与时俱进的学位计划时，学校不同部门之间的系统化合作也很重要。通常，方案和计划的格式由学籍学业办公室提供，但具体内容却要由教师来创建。教师学业指导师和专职学业指导师天天和学生接触，最了解学生在使用培养方案和学位计划时所遇到的问题和困惑。他们有责任创建一种机制，从而使各个方面精诚合作，共享信息。要使文件材料达到用户友好的目标，学生的建议也至关重要。方案和计划中信息的时效性也必须考虑。所有利益有关方必须共同协作，以提供最及时和最可用的信息。

　　确保协作成功的一种方法是，学业指导中心和学籍学业管理办公室都派出代表，参加教师课程和教学委员会的会议。该委员会的责任是决定新课程的开设、现有课程和学位管理政策的调整，以及学校有关政策的修订。代表可以和委员会分享自己对这些决策所造成的影响的看法。这样，学校各部门都参加了新政策的制定，也都理解政策的用意。例如，课程和教学委员会做出的新变更，就可以在暑期新生适应性指导过程中，通过教师学业指导师和专职学业指导师得以广泛传播。这种大范围的宣传，支持并营造了一种氛围，让人感觉到，提供正确的学业指导信息是整个学校都义不容辞的责任。

　　最后一个例子是关于学生雇员或勤工俭学学生的。勤工俭学往往是对学生资助的一个组成部分。学生可以在学校不同的部门工作，例如，学生事务处、游泳池、系部办公室、实验室、咖啡馆、书店等。通过工作，学生学会很多重要的生活技能，包括待人接物、合作、团队工作、时间观念以及责任感。但是，很少有学校把这种勤工俭学经历当作学生的学习环境。学生的这种勤工俭学经历肯定可以实现泰伦兹尼关于学生学习的要求。学术事务主管的责任是，把学校中的各个利益攸关方联合起来，营造一个整体性的、全局性的氛围，使学生、雇主以及学业指导各方都一起反思，学生从勤工俭学经历之中到底学到了些什么。某所综合性大学就成立了一个委员会，由教师、职员以及学生组成。委员会的目的是各方一起调查所有校园内的雇主和勤工俭学学生，以了解勤工俭学的学习效果和学习环境；他们还一起起草了一份手册来为雇主和学生服务。

对于这样一个协同性的、整体性的、遍布全校园的系统，少了现代技术的支持是很难运转的。这需要学生信息系统、校园门户、文件影像服务以及学位审查技术等。

使用现代技术、了解技术使用怎样让学生受益，都是支持学生学习的重要方面。例如，信息技术人员可以开发软件，让学业指导得到要帮助一个学生所需要的全部信息。软件可以采集关于学业指导的积极建议，得到教师和职员他们的协助。所有新学业指导教师都应该接受软件使用培训，学业指导老教师每年都应接受一次升级更新培训。学术事务主管的作用是，确保使用人能够理解技术的使用可以加强学生的学习经历，而绝不是为了技术而技术。

对过程、持续性的质量提升和评估的关注，是营造整合型学习环境的一种方式。每一个学术事务主管都需要考虑那些贯穿全校的与学业指导相关的过程。招进一个学生，要涉及入学报到、学业指导、注册登记、经济资助、奖学金、财务（缴费）和IT服务等。早期预警机制涉及学生、教师、学业指导以及各种不同的支持和转介服务（学业指导、心理咨询、特殊服务、体育特长生等）。学术事务主管的职责就是创建一个安全的环境，使大家能够讨论这样的校园机制，以及如何提高机制的运行效率，从而更好地为学生提供支持。讨论中各有关方都需要理解，重要的是机制要更有益于学生，而不是一味地对某个人或某个部门挑毛病。上层领导以及校长、副校长之间的协作，对于创建这样的安全环境是必不可少的。

设定目标并评估目标的达成情况，这对学校的健康发展和不断进步很重要。地方认证机构已经意识到，以提高质量为目的的做法非常重要，因此便提供机会，把认证与这种质量提高联系起来。美国联邦教育部和很多州的立法机构，正在采取一种更为激进的问责制度。

学术事务主管的位置，就处在学校和要求问责的外部机构之间。与问责有关的各个方面，包括学生、家长、家人、教师、员工及管理者、议员、认证机构，都有一个共同的总目标：确保学生接受良好的教育。学术事务主管的责任是，牵头让学生事务主管、教师、员工以及学生精诚合作，形成一个

"连贯、整合和目的明确的学习环境，服务于本校的学生和学校使命"（Terenzini，2007），同时确保结果能够满足外部机构的要求。对于创建这样一个学习环境，学业指导的作用至关重要。

学生事务主管——两年制公立学校

乔斯林·哈尼（Jocelyn. Y. Harney）

对于社区学院，由于其独特的使命，学业指导不可或缺，非常重要。社区学院为那些原本没有机会接受高等教育的学生提供开放的渠道，使这些人有机会接受高等教育和培训，最终获得学士学位教育，接受工作培训，获得基本的知识技能、语言技能，或者，让他们获得个人成长和发展所需要的知识。学生事务主管必须时刻牢记社区学院的使命，确保不同类型的学生能够获得有意义的学业指导服务。在很多社区学院，学术事务主管和学生事务主管由同一个人担任。

社区学院有自己的历史渊源，学生事务主管还必须认识到这一点，并不断反思学院的用处。社区学院是 20 世纪才出现，目的是为日益增多的高中毕业生提供接受高等教育的机会。1996 年，美国有 550 多万的学生在社区学院接受高等教育（Nettles & Millett，2000）。行政主管明白，上得起、适合上、灵活机动以及多样化，这些都是学生愿意选择社区学院的关键（Alfred & Carter，2000）。预计，在 21 世纪，上社区学院的人数还会增加，学生还会更加多样化，社区学院对非传统年龄的学生会更加重要（Nora，2000）。社区学院还必须继续以学习为中心，以社区为焦点，包括注重与社区的劳动力和经济发展建立伙伴关系（Alfred & Carter，2000）。

由于社区学院敞开了大门，学生的构成在很多方面都会有很大差异。社区学院利益攸关方要求，学生事务主管要做好应对各种学生带来的不同问题的准备。格雷格里克（Gregerich，2006）对这个差异化学生群体是这样描述的：32%的社区学院学生年龄是 30 岁或更大，平均年龄为 29 岁；58%的社区学院学生是女生；29%的学生家庭年收入不足 20000 美元；85%的学生已经工作；30%的学生是少数民族。而且，很多人都是家庭第一代大学生；61%的学生是非全日制的（Community College Survey of Student Engagement，2006）。社区学校也有残疾学生、国际学生和不同民族/种族的学生。

美国全国性指导文件把种族分为非裔美国人、拉美裔美国人、亚裔美国人和美国原住民（Harvey，2001）。根据全美高等教育招生趋势，大量的少数民族学生都上社区学院，其原因是上得起，而且离家和工作地近。这些非传统年龄的学生很多都成了家。60%以上的在读大学生都就读于社区学院（Nora，2000）。具体地说，高中毕业后，一半以上的拉美裔和非裔美国学生都进了社区学院。

对于学生事务主管来说，当务之急是，有能够胜任与不同学生有效相处的得力人员。学业指导教师必须能理解与每个学生身份认同密切相关的文化问题以及学生对自己与学院关系的认识。学业指导人员必须能够帮助学生决定哪些事情该先做，并帮助学生管理好时间，在学生遇到障碍时给他们提供一些策略。学生事务主管的责任是，确保聘用和培训合格的学业指导人员，以有效应对这差别迥然的学生群体。此外，学生事务主管还要考虑特殊学业指导服务，以便通过和学生及其家人的密切协作，一起解决相关问题，如可以通过新生导学项目、外联项目或者家校衔接项目。

随着招生规模的连续如期增长以及学生群体差异化的加剧，社区学院将不断面临如何向学生提供充分且合适的服务的挑战，尤其是在学业指导方面。根据学生的基础水平和学业准备情况，社区学院必须强化学业指导。因此，学生事务主管面临的挑战是，确保投入学业指导的人力能够充分满足学业指导工作的需要，确保学业指导人员这一日益增长变化的群体有足够的技能。学生群体的不断增大，要求学生事务主管进行长期规划，及时解决人力短缺、资金不足、设施资源受限等问题。

此外，社区学院还面临更大的就学生最终学习结果问责的问题。有时候，有些社区学院不得不继续用越来越少的资源应付越来越多的事情。随着社区学院学生数量的持续增长，学生群体的构成和需求都变得更加复杂化和差异化。在这种情况下，学生事务主管就必须问一问："什么样的学业指导才是学生成功的关键？"减少辍学率和增加学生在册率的针对性学业指导项目当然很好，但是在财政吃紧时，这些经常是被削弱或者取消的对象。

社区学院的利益相关方要求对学生的教育结果进行问责，而学生事务主管则需提供必要的资源，以促进专业且有效的学业指导活动。这些利益相关方有校内的，也有校外的。校内的包括学生、教师、行政人员以及董事会，校外的可能包括本地和本州的纳税人、中小学、本科院校以及雇主。各方都期望，社区学院的教育促成学生向本科院校转学、促成就业，或促成个人发展。不管预期目标或结果是什么，对于学生制订达到既定目的的计划，对于确定需要哪些帮助以达到既定目标，学业指导都至关重要。

很多社区学院还面临日益加大的来自行政、立法以及社区方面的审查，要求学院培养出更加符合要求的学生。这就要求学生能够得到准确而合适的学业指导。专业且有效的学业指导可以帮学生制订出恰当的教育计划，以成功实现自己定下的目标。考虑到学费在不断增长，在学生完成教育和专业目标的过程中，更为重要的是不选那些没有必要的课程，特别是那些有可能导致被毫无必要地减少经济资助或危及未来资助资格的课程。此外，今天雇主的问责方式更多是要社区学院培养出训练有素、胜任力强的劳动者，以满足社区经济发展所需要的劳动力。学生事务主管必须牵头，负责制订战略计划，确保能够取得各方所期望的教育结果。

学生事务主管必须关心资源的拓展，从而能够对选修和不选修学术性课程的学生提供学业指导。范围宽广的社区学院课程设置可能包括青年教育项目、高中—大学双注册项目、成人学生项目、继续教育项目以及雇主培训项目。非学位生有的也是为了提高基础知识技能，这些人可以参加发展性教育、成人基础教育、英语作为第二语言教育以及通识教育。学业指导服务必须能够解决广泛的需求，如学生在攻读学位、考取职业教育证书和技术教育证书等教育活动中产生的需求。

在过去的25年中，尽管为了转入本科学院而上社区学院的人数一直在减少，但是，获得职业和技术教育专业大专文凭的学生数量却一直在增加（Nora，2000）。社区学院学生转入本科学校的学生之所以减少，影响因素可能包括学生的特征、学生的社会经济地位、辍学率以及衔接问题。社区学院向本科院校的低转学率，已经引起很多州和联邦政策制定者的关注（Dougherty & Hong，2005）。对转学率的进一步审查，要求学生事务主管的工作要确保学生能够获得恰当的辅导，促成他们转入四年制本科院校。这也许需要和其他本科院校直接协作并建立伙伴关系，从而促进学生意愿的表达和转学协议的达成，当然前提基础是为学生提供合适的学业指导信息以引导转学准备工作。这些都要由学生事务主管来做。此外，来自或代表拟转入学校提供的学业指导信息，可能需要学生事务主管的支持方能在社区学院传播。

社区学院的学生大多是家庭第一代大学生。他们具有以下特征：收入低，更多是女性，来自长期利益未得到重视的群体，英语不是母语，有孩子，已婚或单亲家长，年龄普遍偏大。很多社区学院的学生是少数民族。他们把社区学院当作实现自己希望和梦想的唯一机会（Rendón，2000）。曾经，公立大学中71%的残疾学生都就读于社区学院，其中有学习障碍的是最大的一类，紧随其后的是骨骼畸形或行动障碍，这些人都需要特殊的安置

(Barnet & Li, 1997)。

考虑到学生的上述特征，学业指导被希望能在学生第一次与学校接触时就提供给他们。从入学报到、资助的申请、参加分班考试、对分班考试相关性及结果的理解，为达到特定目的所需课程的选择确定、对学校信息的浏览、转学信息，甚至从学校到工作的转换适应，这些学生都需要得到协助。为了满足这些需求，必须开发专门活动，例如勤工俭学岗位招聘活动、新生服务、补习服务、转学准备、职业发展等。就是通过这些活动和服务，开启并保持学生和学业指导之间的联系。

至关重要的是，学生事务主管必须确保，在协助学生时，学业指导人员的技能和知识能够应对所要面临的各种问题，还能够和其他学生服务、学术及专业领域的人士协同工作。很多社区学院并没有专门的心理咨询服务，而是希望学业指导教师能够了解并面对学生在追求自己教育目标过程中所遇到的各种复杂问题。这就要求学业指导教师能够鉴别学生问题的严重性，了解哪些问题属于自己的专业职责范畴，知道什么时候需要把问题移交给学校或社区的其他专业人员。在与其他学生服务项目专业人员的协同工作过程中，学业指导教师有机会熟悉，并确认学生能够得到什么援助，从何处获得援助，出现什么信号时就需要寻求其他专业援助。此外，学生事务主管还必须做好准备，促成这些校内外的联系，把全部学业指导资源整合起来。具体地说，学生事务主管必须与负责课程及专业的教师建立联系，为所有学生提供促进他们发展的课程，例如公民责任、职业信息、实习或教育活动、服务学习以及合作教育。如果需要任课教师分担学业指导责任，很多学校也是这么做的，那么，学生事务主管就必须与其保持定期联系，以确保学生能够得到准确且相关的学业指导。通过协作让学生得到最有效、最全面的学业指导。

通过帮助学业指导教师与学院其他部门之间以职业发展、伙伴关系、共同协作等方式建立关系，学生事务主管能够确保学业指导把学生和学院联系起来。这样，学生就会在学习上更加坚持不懈。虽然新生和老生都需要有与学院的联系感，但是，当学院的学生主要是走读生时，要做到这一点就极其困难。要让学生更加坚持不懈地努力学习的一种做法是，通过学业指导鼓励学生积极投入学习。当学生与关心自己的教职工个人发展出一种有意义的关系时，学生也就与学院建立了联系。从一项全国大学生学习性投入调查的结果可以看到，这种联系的重要性以及学业指导教师对于促成这种联系的重要作用。全国社区学院学生学习性投入调查（Community College Survey of Student Engagement，2006）显示了不同来源的建议对学生的重要程度，学生认为最重要的是来自任课教师的建议（43%的学生选择），而紧随其后的是来自朋友、家庭或者其他的学生的建议（26%），专职学业指导教师的建议（10%），在线指导服务提供的建议（7%）。另外，调查还显示，只有13%的学生认为自己不需要学业指导服务。

整合式的学业指导过程，使学生更能如愿以偿地实现各种教育目标，包括正确地选课、按时完成目标任务、坚持不懈地努力、不辍学和取得学业成功。学业指导工作经常被期望能排除学生成功道路上的障碍，使学生坚持不辍学，使学生如愿以偿。所有这些，都要通过专门的设计、特别的服务方式以及对特定目标群体的特殊关注。对于这些利益长期没有得到重视、基础差、非传统年龄的、家庭第一代大学生群体，取得成功的道路上会遇到各种特别的风险：能否坚持不懈，不辍学并取得学业成功？对于旨在升入本科学校的学生，风险意味着未能成功升学；对于旨在就业或接受技术教育的学生，这则意味着未能完成设定的专业能力目标。

学生事务的部分目的是，通过直接支持每个学生，帮助每个学生在课堂内外都取得成功从而获得全面发展。这种发展是多方面的，可能包括知识、情感、社会、身体、学术方面的发展，也包括职业目标、需求及兴趣方面的发展。为了使学业指导能够有效支持学生全面发展，学业指导工作就必须有效，就必须与学生的问题相关。只有学业指导教师的知识技能保持与时俱进，他们提供的服务才能有效和相关。只有关于校内外其他学生工作者知识、技能的环境扫描①，都是在学生事务主管的定期指导和鼓励下进行时，这样的目的才能实现。

学生事务主管通过对全国、区域、当地劳动经济市场和经济劳动力持续广泛的环境扫描，增强了对劳动力需求趋势以及当地社区雇主最终需求的了解，对学业指导人员知识技能的更新起到支持、鼓励和声援捍卫作用。此外，这种环境扫描能够促使学生从高中升入社区学院，以及从社区学院升入本科院校更加容易。学生事务主管必须乐于积极与高中和本科院校发展合作伙伴关系，而且有些时候，甚至是和小学发展合作关系，从而为社区学院学生创造出合适且相关的学业指导服务。

学生事务主管的职责是确保追求各种不同目标的不同学生群体能够享受

---

① 环境扫描（environmental scan），指收集筛选大量的信息，并加以分析以发现未来可能的趋势。

到准确而有效的学业指导。不同的学院可以用不同的学业指导模型，例如教师学业指导师、专职学业指导师或这二者的混合。无论采用何种学业指导模式，都期望学生事务主管能确保每个学生都能受到适当的学业指导服务。因为各方面都期望学业指导能催生有效的学生学习成果，所以对于学生学习成果的问责，也许就落在学生事务主管的身上了。因此，学生事务主管把学业指导工作渗透到全学院的做法有益于学生和学院，利用现有的资金和人力资源促成必要的学生学习成果的取得。

对于解决提供整合性学业指导中的各种挑战，社区学院学生事务主管的作用和责任是：描绘学生事务的战略方向，使本部门的工作与学院的学业指导重点相一致；找出需要学业指导解决的学生问题；领导并促进学业指导教师的响应力和有效性。与学院内部及外部社区建立伙伴关系；严正以待，做好随时接受对学业指导效果的评估和汇报，以及做好接受问责的准备。

学术事务主管——四年制私立院校

约翰·斯马勒利（John Smarrelli） 苏珊·艾姆斯（Susan Ames）

今天的学生，走进大学校园时是带着希望、期待以及对大学生活的恐惧。他们的恐惧包括对课程的严格要求、对与室友及教师的关系、对全新的课业和对这种24/7[①]生活节奏的恐惧。这代大学生入学时的生活经历，也比前几代学生更为复杂。这些经历大都会严重影响学业的成败。经历的复杂性既有发展方面的、代际方面的、社交方面的，也有学业方面的。例如，熟悉高度发达的通信技术，但却不知道如何与室友交往；学生的社会经济背景差别越来越大，学生的情况也会更加多样化。

而且，尤其是在小型的私立院校，传统年龄的学生是带着父母这对"学业指导师"一起入学的。不同于尚在记忆中的之前任何一代人，今天的学生，跟父母是一个团队的，对上大学的成本和所感受到的有效性非常敏感。他们对自己的需求非常肯定："提供我所需要的一切，让我的教育与世界相关联"，他们会如此这般地说。于是，今天的大学生越来越期待把他们当作独特的个体完整地理解。

尽管全人教育是共同目标，但是旧的习惯依然很难消除，而且学生往往

---

① "24/7"指每周7天每天24小时。

也会在无意识间被进行了分类。人们往往首先会问："你是什么专业？你住在哪里？你是全日制还是夜大生？你是体育特长生吗？"

有一种趋势认为，分散式学业指导总是更受欢迎，尤其是在私立的文科院校。其逻辑是，这类学校很小，所以不需要增加资金投入就能保证教师经常和学生见面。所以，那就让有学科知识的教师承担主要的学业指导任务吧。诚然，对于传授深度学科知识，无人能够取代资深的专业教师。但是，今天大学生群体的多样性、学生学术和社会背景的复杂性、最重要的是学生流失的隐性成本，都应该让我们更深刻地反思：学生憧憬和期望什么样的"学业指导"？

怎么把全校的专业资源以最优的方式用于学业指导，包括从任课教师到所有其他引导新生适应、促进学生发展、提高学生学习性投入以及使学生不辍学的人员。正如哈伯利（Habley，1994）所言：学业指导是高校中唯一的一项结构化活动。活动中，所有学生都有机会与学校的有关代表建立一种不间断的一对一的互动关系（p.10）。可见，从入学到毕业，学业指导是所有学生都必须经历的，无论是走读生还是住校生，是传统年龄学生还是非传统年龄学生，是特别优秀的学生还是基础较差的学生。

面对这些全新的，给学校带来超越院系供给能力的复杂需求的学生群体，学业指导足以改变他们的生活。因为学业指导正确的定义原本就是与学校的使命紧密相连的。学业指导工作者和学生事务工作者应该共同考虑，通过整合，携手促进学生发展的重要性。学生都是完整的人，因此，我们的学业指导工作也应该是全方位的。

在对教学范式的批评中，巴尔和塔格（Barr and Tagg，1995）用了这样的隐喻，说传统的教学是"原子性的"，那个"原子"就是50分钟的课堂讲授，一名教师的一门课程就是"分子"（p.12）。他们进而指出，在传统的教学模式中，大学的存在就是通过相当被动的讲授—讨论的模式教授知识；这里，主要是教师的讲和学生的听（p.12）。这已经形成一种僵化的结构，要变一下都很困难，要创新几乎更加不可能。

以上隐喻也适合对学业指导的传统看法，即学业指导教师提供建议，学生采纳建议。继续我们的科学想象。我们换个视角，把学业指导看作更像阿米巴（ameba，该词源于希腊语 amoibe，意思是"变化"）这种变形虫。由于虫子的外部裹了一层可伸缩的薄膜，虫子可以整体移动而身体不会破裂，也不会身形固定不变，而是根据环境不断地改变身形。简言之，阿米巴虫的身形会适应环境。为了扩大学业指导在学校中的作用，学术事务主管就像一个优秀的科学家一样，要做到最好，就要观察外部环境，研究组织系统，创建能对环境做出反应的组织结构（Kezar，2001，p.31）。这样，学术事务主管才会发现，有无限多的资源可以调用来作为自己独特的整体系统的一个部分满足学生的需求。

高等院校有伟大的思想家，有大量的专业，各个角落都不乏创造性。这些特征难免会跨越功能界限，如果能整合起来，必然威力无比。我们应该深入分析，看每股力量能如何用于打造一个综合性的学业指导系统。所以，一个整合型的学业指导系统要涉及任课教师、学生发展及住宿生活项目专家、学业管理人员、心理咨询人员、就业及校友服务人员和学术支持人员等。

从整合的视角看学业指导时，也许最重要的是应该把本校的独特使命考虑进来。尽管各个学校千差万别，但是为什么学业指导模式却如此类似呢？克莱姆和斯宾赛（Kramer & Spencer，1989）发现，在很多学校，学业指导仍然"一成不变"，"总体上不能令人满意"，而且，"很多学校并没有关于学业指导的全面陈述"（p.103）。

学术事务主管的基本职责是，从学校的各个部门中找出这样的思想家、这些专业人士以及这样的创造性，并根据自己学校的使命，为这些力量的整合及壮大提供环境。不然的话，就会出现巴尔和塔格（Barr & Tagg，1995）所说的情况："大学和学生之间，只是在离散且孤立的，互相断裂的环境之中互动。我们必须讨论如何改变这种学业指导结构，而不是只做细枝末节上的调整。"（p.18）

如果学术事务主管只是仅仅很自然地坚守自己的工作原则，那他又如何能为这种改变提供一个愿景，并鼓励大家形成一个相互协作的文化呢，尤其是在一个小型的私立院校？正如森治等人（Senge, Roberts, Ross, Smith, & Kleiner，1994）所言："改变我们的互动方式，这意味着重新设计……人与过程之间那些很难发现的互动模式。共同愿景和系统思维的原则便是以改变互动方式为目标。"（p.48）

以下10种方法，学术事务主管可能会认为能够加强学业指导过程的整体性，使学业指导过程整合一体，好让学生从中受益，尤其是在规模小一些的学校。

1. **确定学业指导的作用，并与学校的使命联系起来。**美国大学协会的现任主席、伯克利大学的前校长、得州州立大学奥斯汀分校校长罗伯特·伯戴尔（Berdahl，1995）曾经说过："学业指导应该位于学校教育使命的核心，而不是被放在服务这个层面。"尽管良好且专注的学业指导的确也会在学校出现。但是，如果没有明确的使命和作用界定，在很大程度上，那只会是少数倡导者的个人行为。要是不和学校的总体使命联系起来，学业指导活动就成不了学校文化的一部分。顶多不过是一项很容易被肢解和削弱的服务，当然这取决于谁在位。最重要的是将会没有经济和制度资源保持其有效运行。

2. 在学校的战略计划中，用清楚的语言，描绘出一个全面的发展型的学业指导蓝图。学业指导的目的和目标要明确。写进具体的规划时，这些目的和目标必然要和学校的有关部门联系起来。在五年和十年战略规划中，要设立具体的尺度，以便监测学业指导工作的成败。

3. 使学校里的学业指导工作制度化。在学校中，要为本科生的学业指导工作确立权威位置，设立一个令人注目的主任或处长的职位。理想的情况是，选出的人有特殊的才能，既了解学业和学生事务人员，也了解教师的压力和职员的局限。选出的学业指导领导者要精明能干，能游刃有余地穿梭在两个世界之间，能发现协作中的制度障碍。一位既受教师又受学生事务工作人员尊敬的人，将会大大提高这个职位的重要性，从而在全校范围内使人相信学业指导的作用。如果有了这样一位颇有影响力的人来做协调员，特别是在小的文科院校，就能顺利地把所有资源汇集一起，通过一个综合的学业指导委员会，监测学业指导对学生发展的持续影响。负责就业服务、学业学籍、教学、学业指导、心理咨询、IT服务和教学支持等方面的教职员工可以定期碰头，一起讨论各种计划，例如怎么支持和奖励学业指导教师，怎么指导新手学业指导教师，怎样改善一年级学业指导教师的培训效果。这些讨论的基础，就是各个方面的教职员工在各自的实际工作中所遇到的具体情况。保证这个核心小组的经常性互动，认可各利益相关方都同等重要，是非常重要的。

4. 把学业指导看作一项活生生的工作，也鼓励他人这么做。实例表明，把学业指导看作一项不断演进的工作，这不仅是可以接受的，而且事实上也本应如此。什么行就把它找出来，什么不行就谦卑地予以承认。这么做的时候要牢记，学生是对话的不可或缺的对象，在直接对话中是这样，在项目评估中也是这样。例如，要是小型院校开设了一年级学生研讨课，那就让学生正式评价自己的课程和授课人，并创建一套评价学业指导教师的规程。评估时，要尽量做到各类学生群体都有代表，比如国际生和国内学生，走读生和住校生，绩优生和试读生，一年级学生和转学生。

5. 随着学生群体的不断变化，学业指导也会发生变化；不可以低估教师塑造和参与这种变化的能力。 年长一些的教师就是学校历史的记忆库。可以问问他们：之前都试过什么方法但却无效？那个想法试了没有成功的原因是计划的问题、实施过程的问题，还是负责人的问题？也应该让新教师参加讨论。就年龄而言，一般新进教师跟学生更接近。因此，他们看待学业指导对学生成功的贡献时，才可能有不同的观点。鼓励有兴趣的教师做一些他们在课堂上永远不会做的事情。让他们来协助评估，协助学业指导教师培养和训练，协助学生及家长了解学校活动，提供学业指导咨询。通过呼吁关注学业指导，这一教师扩展了的职责，学校是在传达这样一个信息：学业指导也是教学和学术工作的一部分。小一些的院校，由于其规模和录取标准低，可以把学业指导作为教师培训和发展的部分内容写进招聘协议。正如特伦兹尼和帕斯卡雷拉（Terenzini & Pascarella, 1994）说的那样，"如果要加强本科教育，那么任课教师必须和学术及学生事务管理人员一起来设计本科教育的实施方式，必须按照学生实际学习的方式那样把教育实施设计成全面综合和整合一体的。需要从一个全新的视角，充分利用课内外教育活动之间的联系对学生学习的影响，切实发挥学术部门与学生事务部门之间联系的作用"（p. 32）。学生成功是学校每个人的工作。

6. 在校园创建一个学业指导信息交流中心，可以把全校各方面的服务汇集到一起，以支持教师学业指导师和学生事务管理人员的工作。 不管是什么样的校园学业指导模式，都要以学校的使命、规模和文化为基础，在校园中创建一个信息交流实体，方便大家到这里解决那些麻烦的问题，比如工作要求、培训、教师资源、注册登记以及学生的特殊需求。这样的交流中心，即使只得到非正式的认可，也可以给学生和教师一个平台，让他们相互吐槽并认识到，还有一些灰色地带，有时候不是所有需要的信息都能在一个地方找到。有些时候，还需要其他方面的支持才能解决问题。

7. 找一些愿意协作的小事例，公开鼓励大家这么做。 奖励任课教师承担学业指导责任的传统方法，经常是发补贴或减少课时要求。这些当然极其重要，需要大力支持，但是，如信息中心改善注册程序、教师帮助培训新手学业指导教师、学术和学生事务工作者一起参加新生校园环境适应活动之类的工作，也需要得到一定的认可。有一所学校，就是在年度午餐会上，通过在教师之间交流创新学业指导观念的方式，对新手学业指导人员的特殊工作予以认可。

8. 从学生提交入学押金开始，就要促进学术事务和学生事务方工作的有机结合。 同样，关键是要目的明确。理想的情况是，建立学术事务和学生事务之间的正式联络机制，确保两个系统能够一起工作，在各战略点上按时达到目标，包括新生接待准备、新生熟悉校园活动、大一活动、专业确定，以及向大二、大三、毕业年级的过渡。不要把这些看作独立的阶段，而要把它们看作一架每个学生通往高处的云梯的踏板。小一些的院校很容易在学业指导、就业、校友等方面通力合作。因为它们可以和优秀校友保持紧密联系，让校友担任学生的就业导师。就业导师又可以和学业指导教师紧密协作，帮助新生进行专业有关的决策。对于学生，大学不过是一种流动的无缝经历。我们之间的职业关系，应该反映出这种经历对学生的意义。学生说过多少次"为了解决这个问题我已经来过这个办公室三四次了"？部门之间的更好协作能够减少这类推诿扯皮的问题。

9. 留意周边环境，要知道创造性随处可能出现。 要乐意接受各种意见和建议，即使是学生和教师的不满、误解以及家长越来越多的意见。尽管这些人的评价不那么尽如人意，但就发生（或者没有发生）在他们自己身上的事情而言，他们总可以提供一些宝贵的建议。这样，学校就可以从他们的角度看问题，从而改变一些固有做法。要特别注意转校生的需求和评论。因为转校生经常会比较之前和现在的学校。从这些比较之中可能会有一些智慧的想法。

10. 最后，要用自己的专业知识。 作为科学家、哲学家、心理学家以及管理专家出身的学术事务主管，不应该放弃自己的专业而只主管学校的学术事务，而要利用这些专业知识的力量，并认可全校范围内其他可以利用的专业力量。

由于小型私立院校的权力层级少，所以有一个如有必要就可以在走廊里轻松讨论问题的优势。因此，在代表学生利益方面，就会有强大的创新潜力。关键是要把学校看作一个综合的、不断变化的和整体发展的单位，从而建立强有力的合作关系，尽管部门之间仍然会有功能界限，且人力和财力资源也都有限。

References

James E. Bultman

Hemwall, M. K., & Trachte, K. C. (2003). Academic advising and the learning paradigm. In M. K. Hemwall, & K. C. Trachte (Eds.), Advising and learning: Academic advising from the perspective of small colleges and universities. (NACADA Monograph Series, no. 8, pp. 13 – 19.) Manhattan, KS: National Academic Advising Association.

Humphreys, D., & Davenport, A. (2005). What really matters in college: How students view and value liberal education. Liberal Education, 91 (3), 36-43.

Laff, N. S. (2006). Teachable moments: Advising as liberal learning. Liberal Education 92 (2): 36-41.

Light, R. J. (2001). Making the most of college: Students speak their minds. Cambridge, MA: Harvard University Press.

Lowenstein, M. (2000). Academic advising and the "logic" of the curriculum. The Mentor, 2 (2). Retrieved September 13, 2007, from http://www.psu.edu/dus/mentor/000414ml.htm.

Task Group on General Education. (1988). A new vitality in general education: Planning, teaching, and supporting effective liberal learning. Washington, DC: Association of American Colleges.

Faye N. Vowell

Kuh, G., Kinzie, J., Schuh, J., Whitt, E., & Associates. (2005). Student success in college: Creating conditions that matter. San Francisco: Jossey-Bass.

National Academic Advising Association. (2006). NACADA concept of academic advising. Retrieved January 6, 2008, from http://www.nacada.ksu.edu/Clearinghouse/AdvisingIssues/Concept-Advising.htm.

Pascarella, E., & Terenzini, P. (2005). How college affects students: Vol. 2. A third decade of research. San Francisco: Jossey-Bass.

Terenzini, P. (2007) From myopia to systemic thinking. Academic Advising Today, 30, (2). Retrieved May 25, 2007, from http://www.nacada.ksu.edu/AAT/NW30_2.htm.

Jocelyn Y. Harney

Alfred, R., & Carter, P. (2000). Contradictory colleges: Thriving in an era of continuous change. American Association of Community Colleges, 6, 1–15.

Barnett, L., & Li, Y. (1997). Disability support services in community colleges. American Association of Community Colleges (AACC research brief, no. 97–1).

Community College Survey of Student Engagement, Community College Leadership Program (2006). Act on fact: Using data to improve student success. Austin, TX: Author.

Dougherty, K. J., & Hong, E. (2005). State systems of performance accountability for community colleges: Impacts and lessons for policymakers (An Achieving the Dream Policy Brief). Boston: Jobs for the Future.

Giegerich, S. (2006, Winter). Barrier busters: Two-year institutions help students achieve their dreams. Lumina Foundation Focus, 4–25.

Harvey, W. B. (2001). Minorities in higher education 2000–2001: Eighteenth annual status report. (Report no. 309182.) Washington, DC: American Council on Education.

Nettles, M. T., & Millett, C. M. (2000). Student access in community colleges. American Association of Community Colleges, 1, 1–11.

Nora, A. (2000). Reexamining the community college mission. American Association of Community Colleges, 2, 1–7.

Rendón, L. (2000). Fulfilling the promise of access and opportunity: Collaborative community colleges for the 21st century. American Association of Community Colleges, 3, 1–15.

JohnSmarrelli with Susan Ames

Barr, R., & Tagg, J. (1995). From teaching to learning: A new paradigm for undergradu-ate education. Change, 27 (6), pp. 12–25.

Berdahl, R. M. (1995). Educating the whole person. In A. G. Reinarz, & E. R. White (Eds.), Teaching through academic advising: A faculty perspective. New directions for teaching and learning. Report No. 62. San Francisco: Jossey-Bass, 5–11.

Habley, W. R. (1994). Key concepts in academic advising. In Summer institute on academic advising session guide. Manhattan, KS: National Academic

Advising Association.

Kezar, A. (2001, Winter). Organizational models and facilitators of change: Providing a framework for student and academic affairs collaboration. New Directions for Higher Education, 116, 63 - 74. Retrieved January 29, 2007, from the Academic.

Search Elite database http: //web. ebscohost. com/ehost/pdf? vid = 21&hid = 120&sid = 81953bc8-aa4a-4168-8ee9-fba350f86e7b%40sessionmgr107.

Kramer, G. L., & Spencer, R. W. (1989). Academic advising. In M. L. - Upcraft, J. N. Gardner, & Associates (Eds.), The freshman year experience: Helping students survive and succeed in college, pp. 95-107. San Francisco: Jossey-Bass.

Senge, P., Roberts, C., Ross, R., Smith, B., & Kleiner, A. (1994). The fifth discipline fieldbook: Strategies and tools for building a learning organization. New York: Doubleday.

Terenzini, P. T., & Pascarella, E. T. (1994). Living with myths: Undergraduate education in America. Change, 26 (1), 28-32.

第二十八章

学业指导管理者视角下的学业指导

凯西·戴维斯　迪克·瓦尔兰丁汉姆　菲利普·克里斯特曼

四年制公立大学

凯西·J. 戴维斯（Kathy J. Davis）

公立大学的学业指导管理者必须在两种职责之间做好平衡：既要做好学业指导教师的督导者，又要成为在全校范围内主张学业指导教师权益的倡导者。这项工作的挑战在于，学业指导管理者需要在细小或宏大的方面都能展现出卓越的领导力。既要重视全校层面的学业指导使命，同时还要关注细节从而使办公室的工作更有成效。本章要探讨的策略是，如何有效地领导学业指导办公室的工作，如何影响校园文化从而建立起以学生为本的学业指导服务。

全校关切

公立院校的学业指导管理者必须参与全校的学业指导过程，并能够处理好问题，发起能够影响不同部门的项目。

拟定使命陈述。四年制公立大学的学业指导管理者，如果要在全校营造一种积极的学业指导氛围，要是还没有关于学业指导的使命陈述的话，就可以从起草学业指导的使命开始。使命可以提供方向。但是只有当学业指导服务人员知道并欢迎它时，使命才能够有效。在没有一个清晰的使命的情况下，学业指导只能由传统或环境来决定（Abelman & Molina, 2006）。全校的学业指导使命应该兼顾多个方面。为此，应该征询各种学业指导服务提供者的建议。各方面都应该参与起草工作，例如学业指导委员会、教师评议会、职员评议会或行政委员会等。新的使命应该出现在学业指导文件和网站的显要位置，也应该包括在招生简章和其他重要的学校文件中。

评估学校当前的学业指导观。在校园创建一个以学生为中心的学业指导氛围的另一个步骤是，评估学校当前的信念和态度。如果有资金的话，教师、员工、有导师指导的研究生或者顾问都可以开展评估。学业指导工作行政主管应该确保各有关方面的观点都得到了考虑，例如教师学业指导师、学生指导者、专职学业指导师和行政人员等。要评估的事宜包括：如何看待学业指导（协助学生制订规划和提供文书服务，为了教育学生）；学业指导的质量如何（学业指导人员的知识水平、帮助以及学业指导的可得性）；学业指导工作组织计划的有效性（是自愿选择参加的，还是要求所有或特定学生群体必须参加的？项目的总体运行情况如何？）。

这些信息能帮助学业指导的行政主管了解各方当前关于学业指导的看法，制定加强校园学业指导氛围的新策略。主管不应对结果护短，而应该把觉察出的任何不足作为进一步提高的契机。要如实评估，公开分享评估结果，也许这样才能获得关注和尊重，才可能实现想要的结构或人员变化。有效的评估会引起学业指导政策的变化（Light，2004）。

建立学业指导工作的信誉。加强学业指导工作校园文化的方式之一，就是建立学业指导工作及其主管的信誉。对于学业指导这项多头绪无中心的工作，一位备受尊敬的行政主管就是来自不同领域的学业指导者的主心骨。在学业指导教师审议学业指导工作的过程中，人与人之间的关系就会建立起来，主管的才干就会得到学业指导教师的欣赏。行政主管可以制作一些关于学业指导技巧或信息的PPT演示文稿，并自愿参加各系部的教师会议。高质量的演示文稿会让学业指导工作受益，也能够让大家了解主管的工作。在学校重要的委员会任职，例如在学科评审小组任职，也能建立信誉。这种任职需要投入大量的时间和精力，但收获的经常是尊重和赞美之词。

平衡领导者这个内部角色与倡导者这个外部角色。要做好学业指导部门内部领导工作，学业指导管理者需要时间关心每一位职员的专业发展，规划有益的职工会议，制定适当的政策，做好预算，创建高效的环境，所有这些都要和职工一起在办公室里来完成。然而，作为全校关于学业指导工作的代表，学业指导管理者要做好工作就需要离开办公室去参加会议，与其他部门建立关系，还要想办法宣传学业指导工作的重要性。如何平衡好这两方面的工作，是学业指导主管工作成败的关键。

让学术事务部门和学业指导部门携手合作。许多学业指导办公室都设在学术办公室之下,有些也作为学生事务的一个部分。学业指导既涉及学业决策也涉及个人发展。因此,学业指导自然与学术事务和学生事务这两个方面都有联系。学业指导主管的位置最适合促进双方的合作。例如,以探索期学生为服务对象的学业指导办公室可能设在学术事务部门,就业咨询办公室则可能设在学生事务部门。为了让有关学生得到最好的服务,这两个办公室就应该紧密联系,不管学校的组织结构是怎样的。

打造影响力。在集中型的学业指导组织框架中,学业指导行政主管通常能直接左右学业指导政策和人员。在多中心型的学业指导框架中,行政主管只可能间接影响学业指导政策和人员。在多中心型的框架中,主管就必须打造自己对于掌权者的影响力。打造影响力要求建立牢固的关系,要求良好的沟通能力,还要求建立友情和共同目标。

有效地领导学业指导办公室

学业指导部门的行政主管,对于本单位的运行和有效性负首要责任。单位工作的成败,取决于很多因素。

雇佣有才能的且专心致志的员工。有效领导学业指导部门的一个关键,就是雇佣和培养有才能的员工。只要有机会,就要通过专门的广告招募高质量的应聘者。这花不了多少费用,甚至有时是完全免费的。可以通过学业指导电子论坛,或者专业协会的网站。无论如何,必须通过多种渠道寻找合格的申请人。

选择招聘委员会成员,使得在职员工有机会发表关于谁能做未来同事的意见,也能使学业指导中心外的对学业指导感兴趣的其他人更好地了解学业指导工作。行政主管务必使委员会完全了解自己在该决策过程中的作用。

一旦确定了要面试的人选,主管应该确保申请人收到如何准备面试的信息。面试应该反映工作环境。面试的内容应该包括写作、自我介绍或角色扮演。因为,通过选择型的标准化问题,并不总能看出在特定单位做好学业指导工作所必需的卓越技能。相关的部门都应该参加面试。学生也能为甄别候选人提供宝贵的看法。

建立学业指导办公室团队。团结有效的学业指导团队不会凭空产生,而一定是培育出来的。一个有效的主管一定有能力创造条件,培养出一支可能的强大团队。作为主管,首先要了解每一位员工的长处。学业指导人员、管理助理以及学生工作者,只有当他们相信自己有价值、有能力为学生的成功做贡献时，才能竭尽全力，努力工作。有效的管理者知道如何分配任务，之后再与他人分享成功的荣誉。

筹划有用且有信息含量的职工会议是主管的重要职责。职工会议可能包括轮流邀请各部门的领导前来讲话，使每位职工就感兴趣的话题发表演讲，召集职工一起阅读和讨论有关学生发展的书籍。

如何把办公室的工作公平地分配到每位员工的头上，这也是一个重大挑战，尤其是要确保不让有才能的职员做太多事。声望高的职员往往还要在其他委员会任职。吸纳学校其他委员会的代表进入学业指导办公室很有价值，但这些代表的工作必须受学业指导主管的监管。主管应该对学业指导人员的工作进行审查，其中一个关键质量指标就是所指导的学生人数（Yudof, 2003）。

行政主管应该鼓励学业指导教师参加专业发展活动。参加学业指导研讨会，在研讨会上发言，在专业协会中任职，这些都能帮助员工建立信心，开阔视野，不把眼光局限在本校之内，还能重建学业指导员工的工作热情。当然也有一些更经济的做法，例如参加本校及本地的培训活动。

在学业指导办公室这个团队中工作时，主管一定不能忽视行政助理和学生助理的培养事宜。学业指导办公室的声望，会受到那些接听电话、处理某些问题以及预约见面时间的人的知识和态度的影响。

给人深刻印象的主管知道拿出时间，跟办公室一起分享成功，庆祝成功。工作中的满足感来自对传统的分享和对成就的认同。这种满足感又会从长远上带来成就。

在全校培训学业指导教师。学业指导行政主管很可能要负责全校学业指导教师的培训事宜，尤其是在采用集中指导模式的学校。对学业指导教师的培训是一项必不可少的基础性工作，也是经常被忽视的工作。有效的培训方法可能包括每年一次的工作坊、不断召开的会议或午餐会以及基于网络的信息交流模块。在培训过程中给职员一些机会，让他们计划并参加培训。这样既能促进他们的职业发展，同时也能减轻行政主管的工作。

督导并评价员工。管理工作最富回报的一个方面，就是鼓励职员进行职业发展，并帮助职员为自己下一步的职业发展做准备。有意义的督导需要与每位职员保持定期的联系，也需要定期召开职员的小组会议，讨论小组成员的关切和需求。主管应该营造一种轻松的环境，让每个职员都乐于和主管讨论学业指导事宜。

学业指导教师都很关心学生是如何看待他们的工作的。因此，主管应该和员工一起建立一个系统，让学生能够周期性地评价自己的学业指导经历。应该让学业指导人员参与评价工具的编制或选择以及发放。这样，评价结果就会更容易被学业指导教师接受。主管必须清楚，学生满意度的调查结果，仅仅是单个学业指导教师工作质量的一个指标。

督导工作的一个重要方面，就是帮助每位员工撰写有效的年度评估和发展计划。这个计划必须既现实又雄心勃勃，也应该反映员工与督导的首要职责。所有员工都要承担重要责任，责任要能够反映出员工的个人才能。这样才能促进个人发展。才能使他们有工作自豪感。每年一度的正式评价研讨会，为员工和督导都提供机会，以评估计划的成败，并为来年做调整。行政主管不应该坐等年度评价研讨会来提供反馈，充分的定期反馈应该及时纳入定期的评价过程中。这样，任何的负面评价项都不会一出现就会让人大吃一惊。

不管督导的质量如何，一些人员变动是不可避免的，而且可能很利于组织的健康。一个练达的主管会期望也可能支持员工离开本部门而另谋高就，或攻读更高的学位。学业指导主管可以倡导为学业指导人员提供恰当的职业上升通道。常常要求把那些擅长于直接为学生提供服务的学业指导教师提升为管理者。管理工作需要不同的技能。因此，从事管理未必是优秀学业指导人士的最好选择。管理者可以寻找其他的方式来使用这些有经验的学业指导教师，为他们提供专业上升的机会，例如让他们做学业指导培训师，担任高级学业指导教师，或担任助理主管。

预算问题。很多初做管理的人，在学生服务和项目方面都有相当熟练的技能，但对预算问题却并不喜欢或感到力不从心。行政主管应该有前瞻意识，应该学习尽可能多的预算知识。主管应该确保，学业指导办公室的优先工作已经反映在钱要如何花之上。与员工一起分享预算事宜，与员工一起协商资源应如何使用。这可以使员工最大限度减少对个人资源使用的不满，这些资源包括用于个人因公出差或购置办公室新电脑的费用等。

用技术加强学业指导运行。就像对资金预算一样，行政主管对技术事宜或许也没有特别兴趣或优势。无论有没有兴趣，与计算机技术人员建立紧密联系都很重要。这样技术人员就能了解学业指导的目标和需求。主管应该提倡学业指导人员使用高效的技术工具，并应该要求有学业指导人员参加决定全校计算机使用问题的委员会。

虽然技术的进展能够加强学业指导服务的提供方式，主管始终都应该努力确保学生和学业指导之间的个人交流得到切实的保障。及时的电子邮件、信息丰富的网页、学生有权利看到自己的信息,这些都能够帮助学生成为知情的自我利益的倡导者。不断出现的新技术可能改变学业指导教师与学生的交往方式(Steele,2006)。不过,为了使与学生之间的联系真实且有意义,很多学业指导教师都将继续喜欢面对面的学业指导。

行政主管面临的挑战

行政主管都很忙。为了使他们的工作对于高质量学业指导持续有效,重要的是维护好决定学业指导质量的一些基本要素。

保持与学生接触。学业指导主管的工作会卓有成效且深受尊重,如果他们能继续与学生有重要接触,如果他们了解当下学生的特点。虽然有一定的压力,一直承担一定的学业指导工作能帮助主管了解学生以及全职学业指导人员的关切。教上一门课,或者担任一个学生小组的召集人,都可能让主管从中受益。

注意个人的职业发展。四年制公立大学的学业指导主管在学校中扮演着多重角色。要同时打理好里里外外所有的重要职责的确不易,因此主管很容易忽视自身的职业成长。学业指导的行政管理者也需要为自己腾出时间来追求职业发展,例如做研究、写东西,在专业协会担任领导,或者攻读更高的学位。

为优秀教师学业指导做宣传。大多数公立大学的学业指导教师都包括任课教师。那些任课教师往往并没有做好学业指导工作的准备,或许也不愿意把自己的时间花在学业指导上。因为他们还有教学、科研以及服务方面的压力。增长的工作量连同其他事情一起,可能会在全校造成一种并不鼓励任课教师全身心参加学业指导工作的机制,因为学业指导工作并不构成增加薪水、决定终身教职以及晋升方面的重要因素(Swanson,2006)。那些内心本想做学业指导工作而且本身又是优秀学业指导者的教师,得到的"回报"可能是更重的学业指导工作,而又得不到学校的认可。迪伦和费歇尔(Dillon & Fisher,2000)发现,接受调查的大多数任课教师都认为,职位晋升和终身教职的评定都应该把学业指导考虑在内,良好的学业指导工作应该得到回报。学业指导行政主管必须认识到这些关切,若有可能,还要倡导对任课教师学业指导工作的认可和支持。

要求合理的资源配置。资源匮乏似乎是高等教育中普遍存在的问题。学业指导主管的很多倡议都可能遇到阻力,因为实施起来需要花钱。在目前的大气候下,学业指导主管必须做好应对问责的准备,做好展示学业指导效果的准备。把学业指导的成效与学生的辍学情况联系起来，对于争取资源非常重要。管理者要和教师一起研究，一起采集关于学业指导以及学生成败的恰当的数据，并与决策者共享有关信息。

在"大背景"中展示学业指导方的利益。最后一点，公立大学中学业指导行政主管要面临的总体挑战是，既要代表学业指导方的利益，还不能只考虑学业指导问题。学业指导主管首先是一个教育家，她/他会支持学校里任何有益于教育的工作。很多学业指导管理人员都有教学经历，并很看重课堂教学、寝室生活、就业咨询、学生活动、成人学生服务和一年级项目等。主管应该在倡导学业指导的同时，还要不断看到并欣赏学校的其他重要事项和需要优先考虑的事宜。

无论是在领导学业指导机构方面，还是在影响校园文化建立以学生为中心的学业指导方面，一个能保持清晰的教育者眼光且不忘全校重要事宜的学业指导主管，是更有可能成功的主管。

两年制学院

迪克·瓦尔兰丁汉姆（Dick Vallandingham）

两年制学院中督导和提供学业指导，要受到学院不同使命的影响，受到两年制学院学生群体多样性本质所带来的挑战的影响，受到学业指导融入学校文化的不同方式的影响。两年制学院的学业指导教师，必须有能力处理好具体技术项目中的学生和转学项目学生以及未确定自己职业道路学生的问题。本章这一部分所关注的是，在两年制学院环境中工作的学业指导管理人员会面临的挑战：把学业指导工作与学院的使命协调一致；吸引、培训、并留住那些能有效处理各种学生需求的优秀学业指导人员；在学习环境中建立一套融入式的学业指导服务。

两年制学院简介

美国高等教育中的本专科生中，有将近一半的学生就读于两年制学院（two-year institution）（Horn & Neville, 2006）。"两年制学院"指的是所有那些只能最高授予学生两年专科学位（例如：艺术准学士、理学准学士或应用科学准学士）的教育机构。两年制学院包括专科学院、技术学院以及社区学院（junior colleges, technical colleges, and community colleges）。由于两年制学院的使命各不相同，学业指导主管的重大挑战是，保证学业指导的使命与学院的使命相一致，保证学业指导的使命和功能融入学院的学习共同体之中。

两年制学院是19、20世纪之交在美国出现的。目的是满足城市化、工业化以及经济发展带来的教育需求的变化。直到20世纪70年代，这些学院都叫作"大专"（junior college）。今天在美国，"大专"学校的首要使命是提供通识和博雅教育，从而使学生能够转到其他学校完成学士学位。不过，有些大专学校依然提供应用科学、成人和继续教育项目。

"技术学院"，指的是那些只授予两年制学位或职业、技术或就业领域证书的机构。技术学院通常授予应用技术、成人和继续教育学位。此外，技术学院经常也举办一些短期的专门领域的证书培训。技术学院的使命，就是教授工商业中所必需的实用技能和应用科学知识。

"社区学院"，一般而言，指的是那些公立的提供通识教育、博雅教育、就业和职业教育以及成人和继续教育的机构。大多数社区学院都有校门敞开的随时入学政策，并提供从职业能力证书到准学士学位范围内的培训。社区学院的使命往往是从这几个方面表述的：满足本社区的从不间断的教育、劳动力发展以及终身学习需求。这一使命反映出，有必要对学院所服务社区的需求做出反应。这样，社区学院的使命就涉及让学生做好进入和再进入劳动力市场的准备，开设一些语言和公民素养方面的课程，教育低收入和家庭第一代大学生，同时还要承担"传统"的让学生做好转入四年制学院的准备以及培养劳动力的角色。

越来越多的两年制学院，通过和其他四年制学院的合作协议，或通过主管部门的特批，也开始提供机会，让学生就在本学院完成学士学位的学习。

使学业指导与学院的使命一致。这些不同类型的两年制教学机构的共同目的是，为学生提供适当的学习经历，但这些经历的范围却受到各学院特定使命的影响。了解本学院的使命，能帮助学业指导主管确立本学院学业指导工作的焦点。例如，对于那些起大专作用的两年制学院，学业指导的重点，就是要在博雅通识教育核心课程这个大前提下开展。学业指导主管必须保证，与四年制的院校建立并保持密切的交流关系。对于两年制的技术学院，重要的是与工商业界的代表建立关系。至于社区学院，两个方向的联系都很重要。但除此之外，可能还需要包括对社会和文化利基的关注。

在使学业指导使命与学院使命一致时，一种对于学业指导主管非常有帮助的工具，就是由受学校使命影响的各部门代表构成的学业指导工作咨询委员会。这样的咨询小组，可能包括学生、教师、高中的咨询师、接受转入生的院校、地区雇主、社区小组，可以帮助确定学业指导工作的目的和目标。

第二个同样重要的工具是，充分利用本学院内部的委员会系统。学业指导工作主管经常会倡导，学业指导是学院学术和程序化决策结构背景下，学生所不可或缺的大学经历组成部分。通过肯定学业指导，特别是学业指导的发展部分，与学生学习、辍学以及成败的相关性、学业指导工作的有效性，随着学业指导概念被纳入课程之中，就得到了增强。

挑战

在建立有效的学业指导项目过程中，不同种类的两年制学院会遇到一系列的挑战。

学生的特点。两年制学院的设计中，学院原本就是开放性的机构。因此这里的学生远比四年制学院和大学的学生更复杂多样（Spellman，2007）。两年制学院包括那些最可能在学习、经济和个人方面面临挑战的学生，那些目的截然不同的学生，以及那些除了学习之外还要花大量精力做其他事情的学生（Kossoff，2005）。此外，两年制学院也是那些高等教育没有充分惠及的学生的主要聚集之处，包括家庭第一代大学生和有色人种学生。例如，美国的黑人本专科生中，有47%的上社区学院，56%的拉美裔学生以及57%的美国原住民学生也上社区学院（Geigerich，2006）。学生群体的这种复杂多样性对学业指导主管的挑战表现在：如何选择合适的学业指导人员，如何安排学业指导时间以及如何分配学业指导资源。

很多两年制学院的学生被认为是非传统年龄学生，或者成人学生。事实上，30多岁及更大岁数的学生几乎占到准学士学位生的一半，证书项目中的学生大多数也是这个年龄（Spellman，2007）。三分之一的成人学生已婚且有孩子，还有四分之一是单亲，57%的学生每周要工作20小时以上（Community College Survey of Student Engagement，2005）。对学业指导主管来说，这些数字就意味着需要更多的学业指导时间，对学业指导人员需要更灵活的时间安排。

学业指导模式。学业指导的服务模式可被分成集中式、分散式或共享式。大多数的两年制公立学校要么使用集中模式，要么使用共享模式（Pardee，2004）。两种模式对学业指导主管的挑战是，确保信息共享事宜得到妥善处理。

如果采用集中模式，学业指导就会为两年制学院的新生建造了一个

"引桥"，学业指导人员一开始就能和新生接触。学业指导主管的挑战是，如何和学院沟通，使学院认识到学业指导很重要，它是通过教育规划过程让学生进入和参与教育的基本组成部分。要确保在学生入学前和入学熟悉环境阶段就把学业指导融入进去，这也是对主管的挑战。如果学业指导人员能够帮助学生确定教育和就业目标，选课就成为计划过程的终端产品。通过和学生建立长期的在整个在校期间都能延续的学业指导关系，有助于改善学生的辍学情况，提高学生的学业成功率。

集中模式学业指导中主管的另一个挑战是，确保学业指导和学术部门之间的沟通渠道畅通无阻。集中模式要求，学业指导教师要了解全校范围内的不同选项。学业指导主管必须确保与学术事务部门及学生事务部门的协作关系已经确立到位。从而学业指导可以从其他方面获得有关信息，也可以把有关信息传递到其他方面，例如关于专业学习期望和要求的信息、学生学习机会以及学院政策制度的信息。

共享模式也需要非常相似的畅通无阻的沟通渠道。此外，还必须把各个专业领域和责任领域都确定出来，它们之间也必须沟通。在共享模式中，特定专业领域的学业指导常常分派给该专业的教师，而把通识学习或探索期学生分派到学业指导中心。主管的挑战是，确保全校范围内的有关信息一致，例如关于学校政策的信息、关于专业期望的信息、关于学习资源的信息。主管经常还遇到挑战，要求确保所有的学业指导人员都有通道实现专业发展，都能获得所需要的支持；要确保，所有的学业指导人员都能清楚地理解本学院的学业指导理念；还要确保，所有学业指导人员的努力都得到认可和奖励。

人员配备。两年制学院学业指导的长处是，凭借学业指导主管的一己之力就可以打造一支强大的学业指导队伍。不管学院的使命是什么，是把学生送入四年制学校，是对学生进行技术培训，或者二者皆有，两年制学院环境中的学业指导人员，都必须能够应对各种千差万别的学生需求和期望。

很多学生进入两年制学院并没有清楚的职业目标。为了帮助这些学生，需要学业指导把职业探索和决策方法融入学业指导过程中。学业指导主管则必须要么聘用深谙此道者来做学业指导，要么为雇员提供专业发展的机会，使他们的专业技能得到发展。

前面指出，两年制学院比四年制院校更容易吸纳不同背景的学生。因此，两年制学院的学业指导教师，尤其是社区学院的学业指导教师，就必须足够灵活，能够与来自不同种族和社会背景的学生有效相处。这些学生的学习和沟通方式不同，他们所处的社会和教育发展水平各异，他们的教育和职业目标差别极大——有的极其固定，有的完全未定。这就需要学业指导教师精于发展理论与实践，熟悉教育与职业决策和规划，善于做个人成长与发展指导，掌握多种教学与学习方法。再加上对双语学业指导需求的不断增长，招募、培训以及留住学业指导人员的任务就成为学业指导主管的大挑战。这些因素就意味着，招募学业指导人员的渠道，除了通常的报纸广告和专业出版物，还必须经常通过区域性企业和教育机构。有些学校发现，聘用高中的咨询师来做兼职或暑期学业指导很成功，还有些学校则从当地的企业那里获得帮助。

管理角色。尽管学业指导主管的角色是在学业指导方面，但是，在两年制学院中，让学业指导功能通过学生事务部门汇报也很常见（King, 2002）。这种做法强调的是，主管的作用是修筑学业指导和学科领域之间的"桥梁"。主管可以在学院里牵头为学生和学业指导建立信息资源，并确保这些资源能够以各种方式很容易地获得，包括从线上获得。此外，主管也完全可以作为重要的倡导者，倡导学业指导工作在两年制学院中作为学习环境一个部分的重要性。

如果是共享模式，学业指导主管也经常遇到挑战。主管需要建立不同评价机制之间的联系，要把专职学业指导师和教师学业指导师联系起来。在一些公立院校中，因为采取不同联合会分别代表不同学业指导教师的做法，所以这方面的联系工作就不顺畅。因此，学业指导主管就必须知道如何与各种联合会谈判，并始终能够把学业指导的初衷与教学目标联系起来。

学业指导主管必须找出学业指导对于改善学习的重要性。这就是为什么要用评估的方法来展现学业指导的有效性，从而为学业指导争取学院预算的重要原因之一。学院经常会要求学业指导主管用结果来支持说明在学业指导上的支出的价值。学业指导工作必须在人员编制、培训以及技术方面从校方争取资源，必须把预算需求与学生成功的衡量标准联系起来。

学院经常还会要求学业指导主管作为学院提供各种学生服务的更大范围的团队中的一员，和其他部门协同工作，包括与学术部门、招生部门、负责奖学金和学生活动的部门等。这对在全校创立一支能够有效促进学生学业成功的团队非常重要。因此，也是主管工作的重要部分。这也要求，把学业指导看作学生在学院学习环境中的发展性学习经历。主管能否有效地把学业指导建设成全校学习环境中的不可或缺的部分，事关重大，直接关系到两年制学院学生的学习性投入和学业成败。

四年制私立院校

菲利普·D. 克里斯特曼（Philip D. Christman）

在小型学院或大学中，学业指导主管的工作常常就像个人独奏一样，要身负多重职责。因为大多数的小型学院让任课教师来做学业指导，专职学业指导人员的参与度，不仅在学校内各不相同，在不同的系部也不相同。下面我们就考量一下，学业指导主管是如何利用学校的使命、教师和校内资源，在小型院校环境中为学生提供服务。

说起在小型院校环境里工作，难免令人想起"家"这个词。小型院校酷似一个家，能体现出很多系统理论的特质，即在"家"里，整体不是部分的简单代数和（Fenell & Weinhold, 2002）。要了解一个小型院校，可不能孤立地只看它的一个部分。就像看一个家一样，要了解一个院校的活力，就必须从整体上看它。那么，一个小型的院校环境都有哪些重要的成员呢？

各校的共同内容

小型的私立院校有多项共同特征与事关学生成败的学业指导有关。下面，我就谈几个。

学校的使命。在小型学院或大学，学业指导的核心就是本校的办学目的。这个目的以学校使命的形式表述出来。在这种环境下，现实经常会和理想冲突。学业指导者所能做的，就是使学生对某门课变得兴趣盎然。学业指导者知道，这样做可能会影响学生一生的方向。

在小型学院和大学试图提供一个更个性化的跨越不同学科的环境。这个环境在学校使命中也往往有明确的表述。斯瓦瑟摩尔学院经验的核心是，学生和教师之间存在一种特殊的关系，这是一种学生和有关教师在课堂内外不断交往的关系（Swarthmore College, 2007）。在加利福尼亚州的圣玛丽学院，有一个核心目标就是，创建一个以学生为中心的教育共同体，共同体内的成员相互支持，相互理解，相互尊重（St. Mary's College, 2007）。课堂之外的平等对话很受欢迎，而且这样的对话经常是跨学科的。一名现代语言学专业的学生，或许很喜欢与一位认知科学教授建立密切关系。

尽管教师、管理者以及教辅人员的目标都是服务支持学校的核心目标，但是，学生在接受这些核心目标时也许并没有意识到这样做的重要性。学业指导主管有责任帮助学生更深刻地理解学校的使命。这个目标或许也包括关于核心或通识教育要求的关联性的讨论。在小型学院中，这些要求往往落实到更加具体的课程上。

学校的使命可能允许某些学科领域里的必修通识教育课程多样化一些。但是，这些课程之间到底有什么具体的不同，往往就得由学业指导主管负责说清楚。经常和各系主任及教师一起开会至关重要，这有助于学业指导主管把准确的信息传递给学生。学业指导中心常常成为与其他学生支持部门分享需求的渠道，例如注册登记、职业发展以及学生服务等部门。

汇报路线。小型院校环境中的汇报路线，因学校学业指导指导思想的不同而不同。如果学校关注的是学生的辍学率，那么学业指导工作的汇报要通过招生部门。如果学校倾向于学生的发展，学业指导就应该归属学生服务。如果学校学业指导主要是学业方面的学业指导，那么学业指导主管就应该向学术事务主管汇报情况。如果主要把学业指导看作注册登记的过程，那么就应该通过注册登记部门汇报情况。

学业指导主管需要在确立学业指导指导思想和评估学生学习成功两个方面都做出相应的反应。不管汇报的路线为何，与各系主任和学生支持部门之间的沟通，对于向学生传递准确信息来说都十分重要。这么做也可以及时获得关于系部指导思想变化的情况。指导思想的变化最终会导致课程的变化，事先知道情况会使学业指导工作更具前瞻性。

学业指导模式。不同小型私立院校采用不同的学业指导模式，这些模式很可能反映出各自汇报路线的变化。

仅由任课教师担任学业指导的模式（Faculty-Only Advising Model）。在这种模式中，学业指导工作完全由全职任课教师来做。这样，管理学业指导工作的责任就主要落在了教务长或由他/她任命的其他人的肩上，或者落在某个不用上课的教员肩上。尽管，大多数大学的招生简章上都有"学生对决定自身成败的一切决策和行动要承担最终责任"之类的表述，但是，在这种模式下，完成学位要求的任务就落在了每个系部的头上，并通过教务人员落实。

为了把具体专业的学位要求变化或学业指导政策变化以最好的方式传递到小型院校共同体中的其他人那里，关键是要保持适当的程序，要把这些变化最终通报给全职教师。尽管有些变化只是信息而已，但这种通报方式能提高教师对其他学科领域的注意，有助于消除学生的困惑。

有专职学业指导教师支持的任课教师学业指导模式（Faculty Advising Model with Professional Advising Support）。这种模式包括任何外部人员，或者有非教师或教师做全职学业指导的办公室。随着招生成本的增加，大学变得更加关心学生的辍学问题（Gardner，2001）。在大多数的院校中，学业指导对于增强学生坚持完成学业的作用可谓无与伦比（Light，2001），而且对那些招生要求更低、规模更小的学院，学业指导工作尤其重要。因为小型院校把学生看作"家人"，因此，很自然地就应该考察学业指导是如何降低学生辍学率的。结果，这种混合模式就受到了规模更小的院校的欢迎（Habley，2004）。

如果学业指导行政主管无教师身份，那么，通过适当的教师发展委员会的渠道进行学业指导培训就很关键。

在有独立学业指导部门的小型院校，学业指导部门往往还要承担其他的责任——例如应对一些特定的学生群体，像专业未定学生、处于危险边缘的学生或有特殊需求的学生；还要和就业服务、测试以及学校的其他支持性部门协作。

总之，这种模式的优点是：能够提供集中学业指导服务；能够为专业方向未定的学生提供一个探索自己专业方向的地方；能够减少教师在学业指导工作方面的杂事；能够为学生和员工提供更加一致的关于学业指导问题的服务。

这种模式的缺点是：要增加额外的开支；使学业指导过程多了一个层级；如果各系部与学业指导办公室之间缺乏充分沟通的话，有可能出现错误信息。

各校的具体内容

尽管小型私立院校中的学业指导工作有一些共性，但是每个学校还必须彰显自己的特色。

准确代表教师。小型院校的学业指导管理者通过与学生的大量接触来"掌握"教师的情况。这样掌握的情况，有时会夹杂大二学生的评论，有时会带有很高的赞美。认识了不同教师个人的长项和短板之后，管理者就能一方面从正面代表教师，另一方面保持与学生和各专业之间的良好沟通。

例如，如果学生中广泛流传"无论如何"都要避开某某教授，那么，行政管理就应该采取措施，在学校这个不大的"家庭"环境内，消解这种恶意。为此，学业指导过程就有必要增加一个环节：对话。在小型院校，与教师之间创建一种非正式的互动，特别是与一年级授课老师的互动，会让学业指导从中受益。这样能把学生的需求跟老师的强项联系起来，能把不满降到最小。

了解所有专业。小型院校的学业指导经常要与专业方向未定学生密切接触，因此必须做好向学生介绍全校所有专业情况的准备。在小一些的大学里，是允许满足条件的学生探索所有的专业的。有些课程每两年开一次也很正常。小型院校的学业指导就要特别注意与探索期的学生分享，如何尽早考虑高年级课程的预备条件，从而不至于去冒四年不能毕业的风险。对于尚未选定专业的学生，让他们只修通识教育课程的做法也并非罕见。不过，在一些小型院校，这么做会增加学生不能四年按时毕业的风险。这些例子提醒我们，客观而简明地记录接受学业指导学生的情况非常重要。这些记录，是学生后期逐渐改变学习过程，最后取得成功的参考。

"学业指导教师——学生"关系。小型院校喜欢说自己有一种很好的师生关系。于是，大多数的组织模式都是以任课教师为中心的学业指导（Habley，2004）。学校鼓励教师和所指导学生见面，这些学生往往也是他们教学班上的学生。莱特（Light，2001）指出，这种互动对于实现大学的教育目标非常重要；在小型院校环境中鼓励生师人际互动，可以让教师和学生在奔向教育目标的征途上相互协作。

要做好学生（及其家人）利益的代表，最重要的是要会倾听，会建立友好关系，会了解学生想要些什么。对于更好地了解学生的背景和长远目标，分享故事也许是一种宝贵的资源（Hagen，2007）。和学生认识不久就进行有意义的对话，通常在入学报到前后，这对学业指导教师可能是一种巨大的压力。因为学生个体的个性化是小型院校环境的基础，以下这些实用性的建议对实现这样的对话也许不无价值：（1）从两头确定时间界限，即从当前的限制和未来的期望；（2）重视和每一位学生的约谈，最好的办法或许是在约谈的过程中强调学生的重要性；（3）不要用默认学生不正当想法的方式向学生妥协；（4）严格遵守工作时间，以此表明学业指导的可得性以及学业指导对学生的关心。

关照自我：防止倦怠

以上的两种学业指导模式，都要求投入更多的时间。因此，如何关照自我就不再是无关紧要的话题。在小型院校环境中经常会听到类似于这样的说法：总是有做不完的事情，要不就是向法律院校写一份学生推荐信，要不就是跟放不下心的学生家长谈话，为学生制订规划，开导某个高风险生；整个学年一直都在忙碌。小型院校这种"独奏式"的学业指导工作，经常会让人愤怒。因为，这里的学业指导教师都身兼多职，很少有闲暇时间，所以他们倦怠的风险更大。下面的讨论对在任何学校背景中从事学业指导工作的人都可能有益。

倦怠的明显征兆是什么？根据对心理咨询师关于倦怠问题的咨询记录的分析，马斯拉赫（Maslach, 1993）发现，经历倦怠的个体都会有这样的征兆：精力不济，（在不产生压力的典型场合）易怒，感到筋疲力尽；在情感上疲惫，不太出活，或者能力降低。倦怠是典型的在多方面都有所反映的问题：如认知方面、身体方面、情绪方面、人际关系方面以及心理方面（Much, Swanson, & Jazazewski, 2005）。

倦怠在认知方面的症状，可能包括对学生的负面态度，不能集中注意力，忘记预约之事，自我怀疑，或者不想去工作。在身体方面，倦怠可能引起高度疲劳、失眠、紧张，或患上各种常见的疾病。在情绪方面，倦怠的症状包括各种心理感受，例如怨恨、抑郁、生气、内疚感、挫折感、感觉不堪重负、缺少自尊或者啼哭。一个倦怠的人，与同事的关系可能会更加疏远，或者，会脱离家人和朋友。在心理上倦怠的症状，可能包括很难集中注意力，做白日梦，忘记预约之事，过度关注，等等。

认识以上症状是避免职业倦怠的很重要的第一步。接下来，就是一定的预防策略，其分为两类：以系统为中心的策略和以人为中心的策略（Much et al., 2005）。

在学业指导的工作领域，以系统为中心的策略关注的是如何改善上述的与工作相关的因素。这些改善可能就需要更多的经济资源，在学业指导的高峰时段提供更多的人员支持，或者给工作人员发更高的补贴。以人为中心的策略可细分为内部方法和外部方法两种。内部方法包括重新安排每天的工作，把更难的高能耗任务移到高效时间段去完成，把容易一些的低能耗工作移到低效时间段来做。自我关照是另一种以人为中心的内部策略。它包含合理饮食，坚持锻炼，保证足够的休息，以及适当的医疗保健。最后一种以人为中心的内部策略可能包括精神资源。这些资源大多数的院校都有。

以人为中心的外部策略要用到个人之外的资源，包括参加专业协会，重新确定休息或午餐时间，以及获得同行的支持（Lawson & Venart, 2005）。

最后一个不可低估其重要性的策略是娱乐（Much et al., 2005）。这可能包括培养业余爱好，参加当地的运动队，参加当地的交响乐团，或者做一些有助于用快乐平衡工作压力的事情。

对"家"的最后评论。还有一个更重要的点需要指出。在小型院校里经常使用一些与家庭同义的词汇。但千万不可忘记，学校并不是严格意义上的家庭。因此，在学校，必须保持且遵守一定程度的专业沟通、专业操守以及专业界限。尽管可以把学生看成儿子或女儿，但作为学业指导教师（无论是专职的还是教师兼任的）要始终牢记，事实上学生并不是自己的儿女。这样做既健康又重要。只要一个学生发生误解，那么，多年的成功的学业指导或教学都会被蒙上阴影。

结语

这一部分考证了个性化的学业指导，如何可以在小型学院或大学环境中融入院校的共同内容和各自的具体内容。因为这种环境中的学业指导常常是一种独奏，所以要认识到学业指导人员是会倦怠的，自我关照是很重要的。

References

Kathy J. Davis

Abelman, R., & Molina, A. D. (2006). Institutional vision and academic advising. NACADA Journal, 26 (2), 5-12.

Dillon, R. K., & Fisher, B. J. (2000). Faculty as part of the advising equation: An inquiry into faculty viewpoints on advising. NACADA Journal, 20 (1), 16-23.

Light, R. J. (2004). Changing advising through assessment. NACADA Journal, 24, (1 & 2), 7-16.

Steele, G. E. (2006). Five possible future work profiles for full-time academic advisors. NACADA Journal, 26 (2), 48-64.

Swanson, D. J. (2006, April). Creating a culture of "engagement" with academic advising: Challenges and opportunities for today's higher education institutions. Presented at the Western Social Science Association Convention, Phoenix, Arizona.

Yudof, M. G. (2003). The changing scene of academic advising. NACADA Journal, 23, (1 & 2), 7-9.

Dick Vallandingham

Community College Survey of Student Engagement (2005). Results portraying commu-nity college students. Retrieved August 8, 2007, from http://www.ccsse.org.

Geigerich, S. (2006, Winter). Barrier buster: Community colleges and their students embrace challenges. Lumina Foundation Focus, 4-25.

Horn, L., & Nevill, S. (2006). Profile of undergraduates in U. S. postsecondary educa-tion institutions: 2003-04: With a special analysis of community college students. Washington, DC: U. S. Department of Education, National Center for Education Statistics.

King, M. C. (2002). Community college advising. NACADA Clearinghouse of Academic Advising Resources. Retrieved July 25, 2007, from http://www.nacada.ksu.edu/Clearinghouse/AdvisingIssues/comcollege.htm.

Kossoff, M. (2005, July). Fact sheet: Characteristics and challenges of community colleges. Achieving the Dream: Community Colleges Count.

Pardee, C. F. (2004). Organizational structures for advising. NACADA Clearinghouse of Academic Advising Resources. Retrieved September 4, 2007, from http://www.nacada.ksu.edu/Clearinghouse/AdvisingIssues/org_models.htm.

Spellman, N. (2007). Enrollment and retention barriers adult students encounter. The Community College Enterprise Web site. Retrieved September 4, 2007, from http://findarticles.com/p/articles/mi_qa4057/is_200704/ai_n19431963.

Philip D. Christman

Fenell, D. L., & Weinhold, B. K. (2002). Counseling families: An introduction to mar-riage and family therapy. Denver: Love.

Gardner, J. N. (2001) Focusing on the first-year student. Priorities, 17, 1-18.

Habley, W. (Ed.). (2004), Current practices in academic advising: ACT's sixth national survey of academic advising. (NACADA Monograph Series, no. 10.) Manhattan, KS: National Academic Advising Association.

Hagen, P. (2007, September). Narrative theory and academic advising. Academic Advising Today, 30 (3). Retrieved September 17, 2007, from http://www.nacada.ksu.edu/AAT/NW30_3.htm.

Lawson, G., & Venart, B. (2005). Preventing counselor impairment: Vulnerability wellness, and resilience. VISTAS Online 53, 243-246. Retrieved September 7, 2007, from http://counselingoutfitters.com/vistas/vistas05/Vistas05.art53.pdf.

Light, R. J. (2001). Making the most of college: . Students speak their minds. Cambridge, MA: Harvard University Press.

Maslach, C. (1993). Burnout: A multidimensional perspective. In W. B. Schaufeli, C. Maslach, & T. Marek (Eds.), Professional burnout: Recent developments in theory and research. Washington, DC: Taylor & Francis.

Much, K., Swanson, A., & Jazazewski, R. (2005). Burnout prevention for profession - als in psychology. VISTAS Online 46, 215 - 217. Retrieved September 17, 2007 from http: //counselingoutfitters. com/vistas/vistas05/Vistas05. art46. pdf.

St. Mary's College. (2007). Mission statement. Retrieved September 7, 2007, from http: //www. stmarys - ca. edu/lasallian - approach/mission - statement. html.

Swarthmore College. (2007). Teaching and learning in a community of scholars.

Retrieved September 7, 2007, from http: //www. swarthmore. edu/x508. xml.

第二十九章

学业指导的未来

托马斯·J. 格里茨　弗吉尼娅·N. 戈登
韦斯利·R. 哈伯利

在前面的章节中,我们详细地描述了当前美国大专院校中学业指导的概念和实践。学业指导教师应该为业界过去和当前的成就感到自豪。然而展望未来,为应对未来10年学业指导所可能面临的挑战做好准备,这也至关重要。高等教育的改变将如何影响学业指导的指导思想和提供方式?哪些因素会影响学业指导的变化方式?未来的学业指导会由谁来做?科学技术将如何影响未来的学业指导实践?越来越复杂的大学生群体将如何影响我们的学业指导的方向?

关于高等教育目前所面临和将来要面对的挑战,很多研究者都做过讨论,例如埃维拉、里格尔(Avila & Leger, 2005),鲍克(Bok, 2004),赫什、梅柔、伍尔夫(Hersh, Merrow, & Wolfe, 2005),纽曼、考特雷尔、斯尕瑞(Newman, Courturier, & Scurry, 2004)。这些问题事关高等教育机构如何自我调整以适应这个由于人口构成的变化、全球化以及科学技术而改变了的世界。学业指导已经成为高等教育的一个不可分割的部分。学业指导的未来征程,将会继续与那些决定高等教育状态的持续且快速的变化联系在一起。

美国教育部有关委员会关于高等教育状态的报告(2006)表明,全民都在对我们的高等教育体系沾沾自喜,很多人认为我们的高等教育理所当然地在全球范围内领先。尽管委员会发现当前高等教育系统中有很多值得肯定的地方,但它同时也告诫我们:改革迫在眉睫。学业指导教师必须考虑,这份报告及其他报告中所提出的问题和趋势将如何影响自己与学生之间的关系,如何影响自己与同事以及学校体制之间的关系。这一章,不仅要讨论高等教育当前面临的挑战,而且还要讨论对学业指导指导思想和服务方式可能的影响，以及合理规划将如何影响学业指导未来的质量、内容和提供方式。

高等教育的挑战

高等教育无疑对于个人和社会有巨大的价值。例如，一个具有学士学位的人的收入要比一个高中毕业生的收入高 75%。如果把一生高出的部分都累计起来，那将会是 100 多万美元（Hill, Hoffman, & Rex, 2005）。事实上，大学学位带来的优势远不只是收入高。大学毕业生的储蓄也更多，个人和职业变动性也更大，其子孙的生活质量也更高，消费决策更明智，有更多的业余爱好和娱乐活动（Institute for Higher Education Policy, 1998）。卡耐基基金会曾报道，接受过高等教育的学生，胸怀更加宽阔，文化涵养更高，更为理性，更加言行一致，更少霸权（Rowley & Hurtado, 2002）。

高等教育还会给社会带来很多益处。知识技能更多的人其工作效率也会更高。这种更高的工作效率会转换成更高的经济产出和收入。今天的高学位会提高未来几代人获得高学位的概率，因此，高等教育会给几代人带来益处（Hill et al., 2005）。如果高等教育要满足个人和社会的需求，那么就必须解决好高等教育的途径问题、学生经济支付能力问题、问责问题、学生经济资助问题以及学生学习质量问题。尽管这些事情对学业指导可能不会有直接影响，但的确会影响学业指导的环境和接受学业指导的学生。

高等教育当前的问题

美国教育委员会秘书处（U. S. Secretary of Education Commission, 2006）关于高等教育未来的报告，指出了高等教育目前所面临的最重要的问题，并提出改变和改善高等教育的建议。这份报告认定，下面拟讨论的是当前对高等教育影响最深刻的因素。

获取教育机会的途径。 委员会发现，通往高等教育的途径受很多因素的严重限制。低于标准的高中教育被认为是学生进入大学并成功完成学业的障碍。另一个问题是，连续不断的经济障碍以及缺乏关于上大学机会的信息。美国的少数民族/种族人口不断增长，而他们上大学和完成大学学业的可能性都会小于白人学生。

学费支付能力。 很多学生因为那不断上升的学习费用而放弃上大学。还有一些学生因不愿意背负他们认为无法偿还的债务而不上大学。虽然州政府的补贴已经降低了人均上学的花费，但是委员会认为，上得起学这个问题直接受到财政制度的影响。现在的财政制度很少能激励高等院校积极地去提高自己的效率。很多学业指导教师都见证了，学生的经济负担不仅影响了学生是否会来上学和辍学，而且担心经济问题也会分散学生的注意力，使学生不能全身心地投入学习。

经济资助。委员会发现，当前的经济资助制度混乱不堪，效率低下，手续复杂，而且最需要资助的学生往往却得不到补助。虽然至少有20种不同的联邦助学金，向学生提供经济援助或税收优惠，但是，低收入家庭的学生要获得经济援助仍然会有困难。

学习。根据委员会的报告，美国高等院校学生的学习质量是不够好的。例如根据最近一项美国全国成年人语文水平评估结果，大专毕业生中能够熟练阅读文章的人数比例，已经从从前的40%降低到了最近十年的31%（U. S. Department of Education，2006，p. 3）。雇主经常表达这样的关切：自己所雇佣的很多刚毕业的大学生并不能满足工作的需要，而且还缺乏批判性思维、写作能力以及今天职场上所需要的解决问题的能力。委员会敦促高等院校致力于新教学方法、新课程体系以及新技术的开发，以改善学生的学习质量。在帮助学生选择专业和课程时，学业指导人员应该强调学会这些职场基本技能的重要性。因为通过相关课程，他们才有可能获得和实践这些技能。

创新。很多障碍都使高等院校很难把资金投入创新方面，从而解决全国对劳动力的需求，并在全球市场中进行竞争。委员会建议，院校要抓住机会进行创新，从测试新的教学方法和提供教学内容，到满足对不断增长的终身学习的需求。营利性的院校已经率先开展这方面的工作。2007年，他们的股价整体平均上涨了57%，而且据预测未来还会有更大的增长（Inside Higher Ed，2007）。除倡导创新、倡导新教学方法以及其他领域中的变革之外，学业指导人员也应该在自己的学业指导实践中拥抱创新。

认证。另外一件最近颇受关注的事情就是认证。我们的非政府认证体系，设计的是一种自我调节机制，要依靠同行评价来确保高等教育的基本质量水平。施雷（Schray，2006）对认证问题提出了3个方面的关切意见：（1）确保学校业绩包括广泛的业绩指标，包括教育途径、产能效率、学生学习、学位完成以及高等教育的经济回报（p. 6）；（2）公开标准和过程，涉及"如何改变认证的标准和过程，从而使它们对于高等教育的创新和多样性更为开放、更能支持，包括对新型的教育机构和教育服务的提供方式，例如远程教育"（p. 7）；（3）一致性和透明性能够使评价的标准和过程更加一致，从而能够支持不同认证机构之间进行转换所需要的更高的透明度和更多的机会（p.8）。学业指导教师应该熟悉这些和其他的认证事宜，并做好通过短期和战略性计划进行应对的准备。

高等教育的趋势

在一份高等院校计划学会（SCUP）的报告中（SCUP, 2007），提到了多个影响高等院校综合计划的趋势。未来的学生对于上大学问题的决策，会不同于他们的父辈。在选择学校时，学生把"意向专业的优势"和"有没有资助"看得最重要（p.2）。从经济方面讲，学生及其家长对于贷款负债问题的关心会影响学生是否要上大学，或者去什么地方上大学的决定。半工半读的学生，往往年龄更大，而且还承担着家庭和工作责任，而他们获得经济资助的渠道却最少。报告中指出的另一个趋势是，千禧一代大学生目前很看重自我关注和自我订制专业的能力。学业指导是提供当今各年龄段学生都要求的个性化服务的核心。

在线学习现在被看作是一种不断增长的学习趋势，也是少有的对教、学双方的创新都相对没有限制的路径之一。报告把混合学习作为新型学习的例子，包括游戏、虚拟现实、发文本信息以及社交网站。随着学校认识到学习是一件每周 7 天每天 24 小时都会发生，而且不仅仅是面对面时发生，综合计划就变得更加重要（p.11）。

SCUP 报告（2007）表达了对各类院校中不断增加临时教师这一趋势的关切。虽然毕业率可以用作问责的标准，但是毕业率并不能反映全职教师在获得高等教育所需要的结果中的价值。

罗兹（Rhodes, 2001）认为，美国的大学是一种不可替代的资源，其价值必须通过更新和改革来保持。罗兹指出，今天大学所面临的最大灾难就是学习共同体的丧失。在共同体中学习将会"是视野广阔和消息灵通的，从相反的解读中受到质疑；由不同的经验而得到激发，因其他人的观点而得以完善"（p.45）。学业指导是这个学习共同体不可分割的部分。因此，就需要保证学校的学业指导系统与罗兹所说的范式转变协调一致。

学生的多样性

本章前面所提到的趋势暗示，高等教育正面临着可怕的挑战。就是这些关键性的挑战，由于学生群体的多样性的影响而变得更加令人困惑和难以理出头绪。只是到了 20 世纪的最后几十年中，学生群体的多样性才获得了一个崭新的、扩展了的意义。为了探索这些变化及其对于学业指导的启示，这就要看一下过去对学生群体多样性是怎么解释的。在哈维格斯特（Havighurst, 1954）看来，"学生群体多样性"仅仅指学生群体在两个方面的多样性：学能倾向和社会经济阶层。他曾经报道，在1940年，80%的中上层阶级学生上大学，20%的中下层阶级学生上大学，仅5%的劳工阶层学生上大学。当时他预测，在最好的情况下，未来中下层阶级和劳工阶层学生上大学的比例分别是50%和40%。到1962年时，麦康奈尔和海斯特（McConnel & Heist, 1962）又确定出了几个多样性学生群体的特点：职业兴趣、态度、人格特征。从20世纪中期的例子看，那个时候的多样性不过是同质性上的微小变化而已。

当时间来到20世纪末的时候，学生群体的多样性就已经开始产生影响。莫里森、埃里克森和科勒（Morrison, Ericson, & Kohler, 1998）列举了那个时候影响高等教育的最重要趋势。有趣的是，很多那些当时的趋势今天依然明显可见，例如增长了的非传统年龄学生和少数民族学生群体，社区学院学生人数的扩大，学费比家庭收入增长更快，控制高等教育费用压力的增大，体质和健康意识的增强，对计算机系统和信息整合需求意识的提高，对问责要求的增加。

在第八章，肯尼迪和伊什勒（Kennedy & Ishler）对21世纪学生群体的多样性做了一个全面的观察，这与哈维格斯特以及麦康奈尔与海斯特的同质性定义形成了强烈的反差。简单地说，再也没有（如果曾经还有的话）典型学生的定义了。表29.1抓住了那个现实并证明了那个断言。该表回答了这样一个问题：在每100个大学在校生中，有多少人能展现出一种具体的特性，或者能体现出一种特定的结果？表中的46个数据元素，清楚地展示了多样化学生群体的复杂性。该表分为人口统计学特征、上大学的路径和大学经历三个部分。每个特征都基于两个或更多事实的组合，或基于所能得到的最优估计。这些数据元素的主要来源包括美国高等教育年鉴（Chronicle of Higher Education Almanac, 2007）、美国全国教育统计中心（NCES）的多个和最近的报道、美国人口普查、美国全国学生学习性投入调查（NSSE）、院校合作研究项目（CIRP）以及美国大学入学考试（ACT）的数据文件。几乎所有这些数据资源在本手册的其他章节都有引用和参考。鉴于来源众多且正式引用的格式复杂，这里并没有援引每一种特征的出处。

表 29.1　每 100 个大专院校在校生中，有多少人具有某个具体特征

人口统计学特征	
1 个美洲印第安人	34 人高中毕业后延迟一年以上入学
7 个亚洲人	50 人经济独立
13 个黑人（非拉美裔）	20 人经济独立且报告年收入低于 2 万美元
10 个美籍拉美裔	21 人已婚
65 个白人	16 人已婚有扶养人
4 个多文化背景人	57 人为女性
35 个第一代大学生	11 人为登记残障
30 个单亲家庭学生	10 人为男同性恋、女同性恋、双性恋或变性
25 人来自混合家庭	5 个国际生
30 人五年内迁移过	9 个高能力生
37 人 25 岁以上	

上大学的路径	
6 人可能获得了普通同等学力证书	41 人高中至少修过 1 门高级课程
1 人获得国际学士学位证书	50 人的高中成绩报告是平均 A
6 人 9—12 年级在家接受教育	26 人达到大学入学要求的英语、数学、科学、社会科学 ACT 成绩
40 人高中时修了大学课程	20 人每周花 1 小时以下时间做高中家庭作业

大学经历	
63 人将得到经济资助	16 人第一年就至少挂科一门
34 人上过两所以上大学	85 人住在校外
11 人同时还在另外一所大学上学	27 人拟寻求心理咨询
20 人将注册修学在线课程	25 人拟寻求就业指导
28 人将要求参加补习（从四年制私立院校的 12%到两年制学院的 42%）	33 人第二年不上同一所大学
20 人未决定学什么专业	15 人三年后不再上任何大学
65 人（或以上）可能会改变自己的专业	35 人六年之后也不能完成任何学位或在任何院校上学
39 人非全日制学生	40 人一生也不能完成任何院校的任何学位
10 人有全职工作	

随着学业指导对学生了解的增多，就出现了个性化的马赛克一般的复杂

情形。这种情形可能会导致多种理论视角下的交叉、混乱甚至冲突。对成年人学生进行学业指导是一回事。但是，随着更多的因素进入学业指导关系，复杂性就会增加，确定性反而会减小。例如，学生除了是成年以外，还可能是一个少数民族男性，是一个尚未决定学什么专业的单亲家长，他入学的门槛学历是早在10多年前就获得的普通同等学力证书。这些多方面的特征带来了复杂多样的变数及其大量的特征组合方式。辅导这样的学生就是解一道难题，一道只可能有猜测的答案和根据具体情境来解的难题。

而且，如果理论是用来指导实践的，那么，学业指导实践已经受到了很多的指导，甚至受到了太多的指导。在本书的第一版中，克里莫尔（Creamer，2000，p.28）就理出了25种以上的可应用于学业指导的学生发展和职业发展理论。而且在本书的第二章，哈根和乔丹（Hagen & Jordan）用51个参考文献，向我们提供了支持学业指导的理论基础。但是理论到了不同的学业指导教师手里，会随着其本身的复杂程度而不断衍生和分化。每一种理论观点，就其本身而言，似乎都言之有理且有效，而且很多理论也得到大量研究的支持。问题是，学生背景、特征、经历的复杂多样性并非任何一种单一理论所能涵盖的，正如哈根和乔丹在第二章中所指出的那样。

应对挑战

面对上述的问题和趋势，高等教育中的学业指导工作必须一如既往地，在回应和满足这些条件方面继续发挥自己的重要作用。我们必须知道和利用每一个机会，来证明学业指导在保障学生、学校、事实上也是高等教育的成功方面的能力。

学业指导的领域

在过去的30年里，作为高等教育中使学生获得学业成功的一种可行而且必要的组成部分，学业指导已经得到了认可。现在的机会是，这个组成部分可以在其牢固的基础之上进一步延伸，在高等教育领域的多个方面发挥自己的潜力。

全球影响。不应该把学业指导限制在校园和学业指导办公室之内。科学技术的发展，使得高质量的学业指导能够惠及全球范围内的受众。当前，以大学生为焦点的国际研讨会更加频繁，学业指导的重要成果必须在全球性的高等教育团体中分享。多年来，美国学业指导协会（NACADA）就欢迎并培养加拿大的学业指导社团；近年又和英国的学业指导社团建立了密切合作关系。来美学习的国际生的不断增加，美国学生参加游学和国际项目的人数也越来越多，加之全球化的经济要求更多的个体和家庭到世界各地安家，这一切都要求与迁徙中或旅途中的大学生保持有效联系。

支持型学业指导。另一个挑战正是由于学业指导工作自身所取得的成功而带来的。不少院校都提升了对出色的学业指导教师的认可度。有些院校，在培养未来师资队伍的研究生专业中，已经增加了关于学业指导的导论课程。与此同时，高等教育领域的研究生专业也已经开发出了一些以学业指导为核心的课程、方向，甚至完整的学业指导学位。学业指导领域的挑战，将是在教师学业指导师和专职学业指导师之间建立、促进并保持合理的平衡。从而能够从两个方面向学生提供专业的指导，使学生的成功达到最大化。

资源。高等教育的经费始终都是挑战。当经费的短缺到了危险的地步时，学业指导依然是最有可能被削减经费的对象。只要辍学率和毕业率还是衡量高校成功的首要尺度，经常也是衡量资金投入结果的首要尺度，尤其是在州立院校，那么，学业指导就需要证明自己在这些尺度上的直接效果。立法者和政策制定者需要知道，好的学业指导能带来低辍学率和高毕业率。在有些例子中，已经讨论、提议甚至使用过其他一些对学业指导抱有希望的概念，关于这些概念的其他尺度，包括学生能力表现和学习性投入的提高，而不是辍学率这一简单的附加指标；包括基于毕业生数量的资金投入计算方法，而不是简单的毕业率这种把转学生也计算在内的方法。毕业率的这个问题已被全国大学生体育协会（National Collegiate Athletic Association）认识到，因此该协会用两种方式计算毕业率。

研究。在 ACT《第六次全国学业指导调查》报告的小结和结论部分，哈伯利（Habley，2004）指出，虽然学业指导工作在高等教育中比以往任何时候都更加地位突出，但是它仍然面临在学校使命之中无法占据核心地位的危险。导致这种困境的一个首要原因是，虽然学业指导者认定自己对于学生的成功和学校的业绩都做出了显著贡献，但是能够支撑这一主张的高质量研究却非常有限。如果学业指导要在高校占据很多人认为本应占据的中心位置，那么学业指导领域就不得不开启一项扩大的研究计划。这样的计划，应由美国学业指导协会（NACADA）领导，需包括以下几个部分。

组织并资助一场邀请性的研究峰会。这场学业指导研究峰会应该有高等教育领域内的一些顶级研究人员，也应该有 NACADA 成员中的著名学者。

制订一项宏伟的五年研究计划。可让峰会参加人员负责为NACADA制订一个五年研究计划。计划应该确定出拟研究的选题、研究的范围、推荐使用的研究方法以及研究的直接费用和间接费用。

资助该五年研究计划。目前，NACADA通过每年一次的申报形式支持关于学业指导的研究。虽然一般基金和奖学金研究项目也产生了一些关于学业指导的研究成果，但这些研究并不是NACADA指导下的选题，而是申报人自己提出的选题。目前的项目，应该要么重新调整到NACADA的研究计划上来，要么专门划出一部分资金来支持该五年研究计划。

通过基金和其他资助来寻求匹配的资金支持。经济全球化和美国的竞争力，已经使得大众和基金会把兴趣放到了高等院校有效性和学生学业完成率的改善方面。NACADA应该在公共和私人领域寻求合作伙伴，从而为完成五年计划扩充必要的资源。

制定进行全国性研究的提案。在计划确立且资金到位之后，就应该有一个详细的两阶段（初期和终期）提案，在各主要研究组织、各有相关研究生专业的高校以及各高等教育研究中心之间传播。

确保有代表性的高校参加研究。因为全国性的研究要求那些基础宽厚且具有代表性的高校参加进来。因此，NACADA应该与成员高校一起工作，可作为研究基地，提供学生的数据，或提供关于大学实践方面的信息。

发表和传播研究发现。NACADA应该通过自己的专业学刊、专著系列以及其他专门出版物，来承担起研究成果的出版发表责任。最重要的是，NACADA应该有策略地使那些有权决定资源分配的人知晓有关的研究成果。

相关方面

学业指导可以最有效地向高等教育展示自己作用的三个挑战，也许就是学业指导对学习、认证以及学生多样性这三个方面的影响。学业指导必须能够改善学生的学习结果，能够优化学校绩效指标的结果。这些绩效指标正是认证时所要审查的内容，也是需要通过复杂学生群体的任一组成部分来进行证明的。然而，这项任务并不容易。下面，我们就分析一下展示学生学习成果这个挑战。

学习成果，这是几乎所有全国和地区认证机构都要审查的内容。委员会报告（U. S. Department of Education, 2006）建议，《全国学生学习性投入调查》（NSSE）和《大学学习评估》（CLA）是两个可行的测评工具，可用来测量各类高校各类学生的学习成果。有些评论家把这个建议比作《不要让一个孩子掉队法案》——这个法案现在正在驱动着美国的初等和中等教育。那么，这两项测评将如何影响学业指导呢？

学业指导教师最有机会倡导和建议学生学习那些能加强学生参与度和提高学生学业表现的课程。学业指导教师可以鼓励学生选择一些专门的课程，以丰富学生的学习经历，并进而进行高阶思维、问题解决、写作、技术应用以及数量推理能力的培养。学业指导教师可以鼓励并支持学生参加和介入各种各样的校园和社区事务，这是学生参与公民和政治事务的好机会。要有效地完成这些任务，学业指导教师可能需要学会如何扮演好后面要论述的诸多角色。至于学生是否接受和追求所提议的选项，那则是另外一回事。

与此同时，其他因素有时好像也会阻碍学生对这些机会的利用。例如，本地社区学院学士学位项目完成人数的增加，对两类院校（社区学院和其衔接的本科院校）的学业指导教师都构成了挑战。这要求他们在本科学院学位专业、课程以及正式全职教师的数量显著地减少的情况下，开发一个协调连贯的学术项目，以促成社区学院学生获得最优的学习结果——进入本科学位学习。在这些地方，并不是每一个四年制学位专业都开设，并不是每一个学位要求的课程都能开出，更不是每一个授课教师都是全职的。对很多学生来说，这些需求所增加的而且往往也是必要的便利条件的不足，反而降低了他们取得最大学习效果和最深参与度的可能性。要在满足高等教育的这些期望方面辅助学生，这是学业指导将要面临的更大挑战。

营利性院校的赢利本质，可能是实现这些机会的一个重要因素。亚伯曼、达历桑德罗、詹斯托娃和斯奈德 - 苏希（Abelman, Dalessandro, Janstova, & Snyder-Suhy, 2007）发现，在美国成长最快的那些大学的使命和愿景陈述中，都倾向于不提倡鼓励学生参与专业课程具体要求之外的活动。结果，学业指导就更加关注具体的职业发展，而不是学生发展。这类院校中的学业指导，在努力迎接上述挑战的过程中，将会扮演非常不同的角色。

不断涌现的新技术将会继续影响高等教育的各个方面，包括学业指导。斯蒂尔（Steel, 2006）通过五个学业指导故事，出色地描述了新技术在学业指导中的潜在应用，以及可能引起的学业指导者的角色转变。他还承认，这些角色在学业指导评估和学业指导人员培训中可能相互影响。

千禧一代的大学生，他们非常依赖父母的支持和最新的科技进展。这对学业指导工作提出了新的挑战：学业指导要倡导责任心和独立决策，期望更加私人化的人际关系。有些院校加剧了这一情况。它们把宿舍楼搞成单人间，并配上各种完善的电器设备以及和家里一样的便捷服务，甚至从网上就可以订购餐厅的外卖。

多样的学生群体中另一个显著增长的类型，是那种"转陀螺"式的转校生。这些学生已经欠了一大笔的助学贷款，同时又面对一个无法足够偿还这笔贷款和生活开销的劳动力市场，至少，偿还债务的时间比贷款时预计的要更长。也许，这类上学模式本质所反映出的，就是委员会报告中的上得起学问题和经济资助问题挑战（U. S. Department of Education，2006）。更多的学生开始时上一所高校，然后就转到另一所学校，再后又转到其他学校。"转陀螺"式主要指那些不断转入转出社区学院的学生。但是他们转学的一般模式，却变得越来越不可预测，越来越无规律可寻。这样导致的多样化学生群体，是高等教育中前所未有的。

对于几乎所有这些挑战，学业指导教师及其管理者都可以通过决策层，特别是本校的决策层，做出自己最重要的贡献。对此，以下三个策略不无裨益。

1. 把 NACADA 关于学业指导的概念（National Academic Advising Association，2006）作为学校的标准。因为这套概念获得了代表学业指导领域的全国性专业协会的接受和认可。概念确立了学业指导与每个高校的教学使命之间的联系；说明了学校各个部门如何通过学业指导而融为一体；明确表达了学生通过学业指导要知道什么，要重视什么，要能够做些什么。概念提供了一个总框架，在此框架之下，每所学校都可以有自己的个性化概念、定义、运行机制以及对学生学习成果的要求。学校也可以有自己的考评方式，从而与学校自身所设定的目的和目标最优匹配。

2. 对影响学校学业指导工作的规章制度的制定，要保持清醒的认识，甚至要参与其中。随着全国、全州、认证以及其他影响学生成长和学习的政策的不断出现，各校的学业指导工作者需要让本校的决策人知道，这些行动可能带来什么样的潜在影响。太多时候，一个突发事件，一条意见，都可能导致某个政策的制定和最终执行。显然，这样做是不应该的。学业指导工作需要了解学生，应该有足够的关于学生的个人信息，包括学生的特征和行为。简单案例以及对尚未通过的政策规章的情绪性反应，并不足以支持什么是最适合学校的，至少不足以说明怎么才能使伤害最小。学业指导项目需要建立并保存自己的案例，以支持自己采取适当的行动，改善自己的境况。

3. 要能够证明优秀学业指导项目的效价比，可以是学生的保持率、学生的学习成果、毕业率、所获得或所节约的资金。通常，制度或政策行动需要更多的资源投入和人员配备。学业指导的作用必须用多种话语方式展示，好让所有的利益攸关方都能了解它的价值和意义。

通过对高校人力资源和财政资源的战略整合来面对高等教育的挑战，是一件显而易见的事情。利用高校的学业指导项目来促进、增强并且最终解决这些挑战，这是一个不能不选择的策略。学业指导的未来，或许，我们整个高校的成功，都掌握在那些决定每所高校学业指导成败的人的手里。

学业指导教师

学业指导教师要就上述挑战性问题在自己部门的层面取得成功，那就要对学业指导负责人，尤其是学业指导教师自身委以重任。因为这些人影响着各自的学业指导部门和学生个体。很显然，有些挑战的效果会更直接，有些挑战不会立竿见影或者是间接影响。尽管如此，学业指导负责人仍然必须准备好向他人说明，学业指导过程是如何应对这些挑战的。

因为有事实性信息的支持和理论的支撑，人们难免会认为，学业指导的科学性远远大于艺术性。在很多方面，那些把学业指导看作必要，但只需机械应对就可以确保学生有效地通过既定要求，顺利完成学位学习的院校，是一些不了解学生多样性所带来的复杂性和微妙差别的学校。哈伯利和布卢姆（Habley & Bloom 2007）指出，学业指导工作没有多少科学可言。它不是能用一种模式来简单套用于所有人的活动，也并不能把每个人截然划分后加以机械处理。相反，这是一种建立在高质量关系之上的教与学之间的互动。他们指出，要建立起高质量的关系，学业指导教师必须扮演以下多种角色：

消费者权益代言人：帮助学生做出明智的选择
干预者：提供及时坚决的干预
策划者：把学生的特点和需求与学校的资源相结合
不和谐因素的协调人：弥合学生期望和现实之间的差距
不和谐因素的制造者：挑战学生，让其离开自己的舒适区
边界连通人：把学生与所有相关的学校经历联系起来
领头羊：预测前进途中的可能障碍和陷阱
文化向导：帮助学生了解学校的准则、政策、办事程序等

要成功扮演这些角色，学业指导教师就不能把学业指导看作科学，而是要看作艺术。对于那些想把学业指导作为艺术来实践的个人，我们提出以下建议，以应对日益多样化的学生群体：

1. 学业指导教师对自己所指导的学生个体负主责。学业指导者的工作，就是在具体的场景中来强化每个个体的重要性、尊严、潜力以及独特个性。学业指导者在以下 7 种信念的指导下工作：（a）学生有不同的背景，包括不同的民族、种族、国内和国际的，有不同的性取向，不同的年龄，不同的性别和性别认同，不同的身体、情感及心理能力，有不同的政治、宗教及教育信念；（b）学生会持自己的信念和观点；（c）学生是自己行为和行为结果的责任人；（d）学生能够在自身目标和努力的基础上取得成功；（e）学生有学习的愿望；（f）学生有学习的需求，这些需求以个人的技能、目标、责任和经历为基础；（g）学生运用不同的技巧和技术来遨游各自的世界（NACADA，2004）。

2. 学业指导教师要立足理论，但又不能仅仅依赖某一种理论观点。了解理论，了解与学业指导有关的多种理论观点以及它们在学业指导过程中的可能应用，这对学业指导教师来说至关重要。同样重要的是，学业指导教师不能仅抱着一种理论或者观点不放，把它当作让学生取得成功的唯一基础。

3. 学业指导教师千万不能依赖普遍做法。关于普遍做法，有两点是明确的：（1）没有一种普遍做法适用于所有学生；（2）所有的学生需求，都来自恰当的普遍做法和不恰当的普遍做法之间的相互作用。所以，学业指导者必须力图了解每一位学生的独有特性和品质，并做出因人而异的反应，即使不是独特的反应。

4. 学业指导教师必须花时间了解学生所表现出的关切。这是从医学中借用过来的术语（所表现出的症状），指的是学生所担心或从中寻觅慰藉的多个关切或多类关切。学业指导教师常常时间紧迫，因此，解决问题时比较容易选择走捷径，而不愿去花时间来倾听影响关切的所有情况及条件。

5. 学业指导教师应该用第三只耳朵来倾听。几乎所有的话语都有自己的潜台词。这包括学生的整体肢体语言、姿势、举止以及话语模式。潜台词始终都能为解决问题提供线索，而且在很多情况下，它传递出的信息比说出口的内容更强烈。

6. 学业指导教师必须一开始就检查自己的价值判断。价值取决于个人的解读和喜好。学业指导者的角色，不是把一套价值体系强加给学生，而是帮助学生了解自身的价值观，并把这些价值观应用到待处理的事宜和待解决的问题之上。

7. 学业指导教师必须在处理问题之前就考虑情境。学业指导教师需要确保，自己既了解事实，也了解学生的动机。这样才能维护好学校学业指导工作的整体使命和声誉。

8. 学业指导教师一定不要沉浸于过度分析之中。学业指导教师采用的是整体法，所以有必要避免使自己成为治疗师的危险，因为治疗师会过度依赖自己所治疗的对象。

最后，作为对学业指导领域的承诺的一部分，学业指导教师将如何帮助高校解决这些挑战？对于研究日程，学业指导教师必须沿两个方面推进。一是，学业指导教师必须保持对那些影响自身角色的研究的充分了解，并把这些研究结果传达到那些需要了解及可以使用结果的人，即决策者。一定要把信息传递给这些人，要让他们知道，有发现已经证明，新型的或不同的项目和策略是有效的，是可以在他们的学校使用的。这项工作必须做。

二是，学业指导教师应该决定并在自己所在的学业指导部门内传播自己的种种发现，然后在自己的学校内传播，最后再在整个学业指导领域里传播。问责的需求既是挑战也是机遇。借此，学业指导教师好向他人证明和证实学业指导工作在学生成长、学习和成功中的重要作用。

这些就是学业指导领域所面临的一些潜在挑战。认识并做好迎接这些挑战的准备，这要靠每一个与学业指导领域命运攸关的人。致力于学业指导工作的任何人，都不敢对此无动于衷。积极参与已经成为学业指导领域的标志。在刚过去的几十年中，积极参与已经一次又一次地使人显著受益，因此在未来还需要进一步加以倡导。

特林（Thelin，2004）指出，"21世纪美国高等教育的挑战，就是重新发现自身的基本原则和价值，这些价值在最近的教育活动和商业冒险中，也许已经变得模糊不清"（p. 204）。他建议，通过回归高等教育的基本目的，美国的高等教育就可以把自己的过去和现在很好地联系起来，以便创造一个恰当的未来。学业指导领域的挑战，就是保持忠于这些原则和价值。因为这些原则和价值，从一开始就一直处在高等教育的核心。也就是说，不管经济、社会和技术有多大的变化，学生的福祉和成长必须始终是高等教育使命的核心。

References

Abelman, R., Dalessandro, A., Janstova, P., & Snyder - Suhy, S. (2007). Institutional vision at proprietary schools: Advising for profit. NACADA Journal, 27 (2), 9-27.

Avila, R., & Leger, N. (2005). The future of higher education—A scenario evaluation of its prospects and challenges. Lincoln, NE: iUniverse.

Bok, D. (2004). Universities in the marketplace: The commercialization of higher educa-tion. Princeton, NJ: Princeton University Press.

Chronicle of Higher Education Almanac. (2007). Washington, DC: Chronicle of Higher Education.

Creamer, D. G. (2000). Use of theory in academic advising. In V. N. Gordon, & W. R. Habley (Eds.), Academic advising: A comprehensive handbook (pp. 18-34). San Francisco: Jossey-Bass.

Habley, W. R. (2004). The status of academic advising: Final report of ACT's Sixth National Survey on Academic Advising. (NACADA Monograph Series, no. 10.) Manhattan, KS: National Academic Advising Association.

Habley, W. R., & Bloom, J. L. (2007). Giving advice that makes a difference. In G. L. Kramer, & Associates, Fostering success in the campus community (pp. 171-92). San Francisco: Jossey-Bass.

Havighurst, R. J. (1954). Who should go to college and where? In E. Lloyd-Jones, & M. R. Smith (Eds.), Student personnel work as deeper teaching (pp. 15-31). New York: Harper.

Hersh, R. H., Merrow, J., & Wolfe, T. (2005). Declining by degrees: Higher education at risk. New York: Palgrave Macmillan.

Hill, K., Hoffman, D., & Rex, T. R. (2005). The value of higher education: Individual and societal benefits. Tempe, AZ: W. P. Carey School of Business, Arizona State University.

Inside Higher Ed. (2007). Upbeat assessment of career college market. Retrieved December 7, 2007, from http://www.insidehighered.com/news/2007/12/07/career.

Institute for Higher Education Policy. (1998). Reaping the benefits:

Defining the pub-lic and private value of going to college. The New Millennium Project on Higher Education Costs, Pricing and Productivity. Washington, D. C.: Institute for Higher Education Policy.

McConnell, T. R., & Heist, P. (1962). The diverse college student population. In N. Sanford (Ed.), The American college: A psychological and social interpretation of the higher learning (pp. 223-52). New York: Wiley.

Morrison, J., Ericson, J., & Kohler, L. (1998). Critical trends affecting the future of higher education. Retrieved March 15, 2005, from http://horizon.unc.edu/project/ seminar/SCUP.asp.

NACADA. (2004). NACADA statement of core values of academic advising. NACADA Clearinghouse of Academic Advising Resources. Retrieved November 30, 2007, from http://www.nacada.ksu.edu/Clearinghouse/AdvisingIssues/Core-Values.htm.

National Academic Advising Association. (2006). NACADA concept of academic advising.Retrieved November 30, 2007, from http://www.nacada.ksu.edu/Clearinghouse/AdvisingIssues/Concept-Advising.htm.

Newman, F., Courturier, L., & Scurry, J. (2004). The future of higher education: Rhetoric, reality, and the risks of the market. San Francisco: Jossey-Bass.

Rhodes, F. H. T. (2001). The role of the American University—The creation of the future. Ithaca, NY: Cornell University Press.

Rowley, L. L., &Hurtado, S. (2002). The non-monetary benefits of an undergraduate education. Ann Arbor: University of Michigan Center for the Study of Higher and Postsecondary Education.

Schray, V. (2006). Assuring quality in higher education—Key issues and questions for changing accreditation in the United States. An issue paper for the Secretary of Education's Commission's report, A Test of Leadership: Charting the Future of Higher Education. Retrieved August 12, 2007, from http://www.ed.gov/about/ bdscomm/list/hiedfuture/reports/final-report.pdf.

Society for College and University Planning (SCUP). (2007). Trends in higher educa-tion. Retrieved August 13, 2007, from http://www.scup.org.

Steele, G. (2006). Five possible future work profiles for full-time academic advisors. NACADA Journal, 26 (2), 48-64.

Thelin, J. R. (2004). A history of American higher education. Baltimore: Johns Hopkins University Press.

U. S. Department of Education. (2006). A test of leadership: Charting the future of higher education. A report of the Commission appointed by Secretary of Education Margaret Spellings. Retrieved August 12, 2007, from www. ed. gov/about/bdscomm/ list/hiedfuture/reorts/final-report.

第六部分
学业指导实践中的范例

弗吉尼娅·N. 戈登

在这一部分，我们记录了几个学业指导项目的案例，以说明第一到第四部分中一些主题的实际应用情况。所选择的项目，除一个之外，都是荣获过美国学业指导协会的相关奖项的项目（参见 http：//www.nacada.ksu.edu/Awards/OP_Recipients.htm）。尽管并没有代表本书的全部章节，但这些例子仍说明了，一些院校是如何把本书中的部分原则和思想有效地付诸实践的。

第一部分：学业指导的基础。本部分记述的学业指导实践范例，用实例说明如何把理论框架（赏识性探询）应用到接受补偿性课程学生的学业指导之中（北卡罗来纳大学格林波若分校）；大学如何解决一年级学生的辍学问题（北卡罗来纳州立大学）；学科专业如何通过创建学业指导项目来为学生提供更全面的职业和生涯规划（印第安纳大学——普渡大学印第安纳波利斯联合分校）。

第二部分：学生多样性和需求。为了说明第二部分的一些主题，这部分记述的范例是关于三种特殊学生群体的：一个是面向已为人父母学生的帮助中心，以解决他们的学生和父母双重角色问题（明尼苏达大学）；一个是面向第一代大学生的特别项目（肯塔基大学）；还有一个是面向高能力学生的特别指导项目，以帮助他们获得各种奖学金（南卡罗来纳大学）。

第三部分：学业指导组织机构与指导服务的提供。本部分的三个最佳实践方式分别是：辅导中心如何与时俱进，改变自己的组织方式，从而把自己以学生为中心的目的和目标落到实处（明尼苏达大学德卢斯分校）；第二个是，学业指导项目如何直面其组织结构变化所带来的复杂情况和挑战（以玛利学院）；第三个是，一所院校如何成功地把学业指导和就业咨询服务合并起来（普林西皮亚学院）。

第四部分：培训、测评、认可、奖励。本部分记述的最佳实践包括四个范例：第一个是正在进行中的、面向专职学业指导师和教师学业指导师的综合培训项目（中佛罗里达大学）；第二个是一项优秀的全校性学业指导评估项目（俄勒冈州立大学）；最后两个是关于认可和奖励的案例——一个是独特的褒奖项目，奖励专业院系的突出学业指导工作（西彭斯伯格大学），一个是一套综合性的学业指导工作者奖励机制（霍华德社区学院）。

下面是对这些学业指导项目的详述。若想了解更多情况，请参阅所提供的有关网站，或者通过电子邮件与案例后的有关人员联系。

范例项目

第一部分：学业指导的基础

项目名称：学生学业成功策略（SAS100）
http：//web.uncg.edu/adv/sas100
机构：北卡罗来纳大学格林波若分校
相关章节：第二章 学业指导的理论基础
项目历史：学业成功策略项目（SAS100）是北卡罗来纳大学格林波若分校学生学业服务办公室在1999—2000学年负责引入的项目，提供旨在让学生补修学习技能的课程。为了满足学生和学校的要求，根据项目评价结果，已对该项目进行了多次修改。为了更好地满足本校学生的需求，把整学期的学习技能补修课程调整为8周的课程。这样，学生就可以在期中之前完成课程内容。要求学生必须参加研讨课，以确保教员和学生之间的交流。2004年，赏识性学业指导被引入研讨课，用来指导与学生的讨论，促进学业指导教师强调让学生探索自己人格和学业上的优势，从而设计出自己的学业补偿计划。

项目目标：项目的目的有三。（1）促进学生学业成功策略的发展；（2）鼓励学生反思自己的学业长项和短板；（3）支持学生弥补学业。

项目描述：学校要求，在修习学位课程的第一学期结束后，所有接受学业留校察看的学生必须参加该学业成功策略项目。这是一个为期8周的课程，成绩只有通过和未通过，不计学分。课程既有必需的课堂学习，也有和教师的定期面谈。

学业成功策略项目（SAS100），旨在帮助那些接受学业留校察看的学生独立行动，获得主见。方法是让学生承担责任、管理自身行为，让学生积极反思自己之前的成功事例而获得自信，然后再确定出切合自己实际的学习目标。该项目的目标，是让那些接受学业留校察看的学生能够满足学校所规定的学业要求。

课程在开学后的第二周开始，好让每个需要的学生都有机会参加。对于需要参加学业成功策略课程的学生，未能选课或旷课一节都会导致休学。这种严重的后果，迫使学生必须认真对待该课程。当然，这对于保障课程的有效性是必不可少的。

学业成功策略项目强调要使用赏识性的指导方法。这是一种深受赏识性探询模型影响的方法。赏识性探询模型是一个组织发展模式，目的是让人切实参与体制的更新、变革以及定向。前提是围绕什么起作用来建立组织，而不是竭力去修补那些不起作用的东西。赏识性探询通过询问，激发个人叙说自己具体的成功故事，从而创造出新的意义。通过这些叙事，就可以找出并了解一个组织的优势；利用这些优势，就可以创造出一个组织未来的形象（Cooperrider，1990）。

布卢姆、阿蒙森和赫特森（Bloom, Amundsen, & Hutson, 2006）把赏识性学业指导定义为一种有意识的协作性问询实践，所问都是一些积极的、探索性的问题；这些问题能够帮助我们确定和加强学生的能力，从而起到优化学生学业表现的作用。"通过塑造没有任何条件限制的、非常奏效的积极问题"打开询问的闸门。因为这样会影响学生的自我意识。赏识性学业指导使得学业指导者能够诱发出学生的成功故事，让学生讲述自己做过的最成功的事情。学生一边讲，指导教师一边寻找学生的优势和情感所系，不时询问一些能使学生深入细节的问题。然后，师生双方一起努力，根据学生的优势和情感所系，设计出一条切实可行的学业和职业之路。

这项干预强调赏识性理论框架是出于多方面的考虑。像北卡罗来纳大学格林波若分校这样录取标准很严的院校，对自己学生的定位是，能够取得成功并能完成自己的学位。学校的资源，都是根据这个目标定位投放的。这就意味着，那种基于缺陷的工作范式（即寻找学生的学业短板和时间管理问题），也许并不是一个多么好的起点。因为学生在入学之前就应该在有关方面已经打下了充分的基础。而且，有学习困难的学生，通常改变自己的现状的时间也非常有限。更可行的做法是，结合学生的长处，让学生保持一定的课业量，通过一些能反映学生优势的学业和社会活动，尽快地改变这种现状，而不是试图去改正学生那些沉疴旧疾（Hutson, Amundsen, He, 2005）。

除了强调赏识性探询之外，该学业成功策略项目还强调学生之间的小组互动。在小组环境之中互动，学生经常会自我反省，自我表白。项目鼓励并引导学生与他人分享自己的经历，从而获得其他学生的支持和指导。这样就营造出一种支持性的环境，好把那些有相似学术情况的学生联络起来（Kamphoff et al., 2007）。而且，要求每一位学生在 8 周期间与自己的学业成功策略授课老师面谈两次。面谈过程中，老师会有意问一些积极问题，让学生讲述一些自己过去成功的学习故事。例如，"告诉我你感觉最有活力的一次课堂经历"。这种讨论强化了过去的成功，使学生重温自己的积极经历（Hutson et al.，2005）。

对项目的不断评价，不仅促进了项目自身的完善，而且还彰显了学业成功策略项目（SAS100）的有效性。实施学业成功策略课程（SAS100）以后，学业留校察看学生的保持率提高了18%。而且，与控制组对比后发现，项目组学生的平均绩点分有显著提高：项目组提高了0.73（p=0.03），控制组提高了0.42（Kamphoff et al.，2007）。

从2002年春到2005年春，学业成功策略项目学生在项目前和项目后都接受了《学业成功策略调查》（Hutson，2003），以测量他们的学业自我效能感改变情况。这套工具有十个分量表：社会行为、学业准备、时间管理、学习技能、目标设定、校园联系度、相互依存、学习投入、自我认知、自信心。十个分量表之中，九个都有显著的提高，表明学生的行为更加积极，在学习和私人生活中都获得了更多的成功。该结果的有效性，在项目前后进行的面对面访谈中也得到了交叉验证，学生调查的结果和访谈的结果高度一致（Hutson et al.，2005）。同样，对几个学期纵向数据的分析发现，项目整体有效的趋势清楚可见（Kamphoff et al.，2007）。

对其他高校情况的适用性。该项目成功的秘诀，在于对学生需求的积极响应。为此，在整个课程期间，多次对学生的需求、信念、知觉进行评估。根据数据分析结果，课程主持人不断调整，使课程反映学生的实际需求。项目开始之前，先初步确定出项目的内容构成，然后再根据调查数据分析结果和师生访谈的结果，对项目内容每年进行一次修改，从而使项目能够反映学生当前的需求。这种以数据为驱动的方法，使得项目工作者所提供的支持，能够聚集在自己目标群体的具体需求之上。虽然本学业成功策略项目也可以在其他院校复制，但是还是建议，其他院校要按照北卡罗来纳大学格林波若分校学生学业服务办公室所采用的数据采集方法收集自己的数据，从而确保自己的项目能够反映自己学生的需求。

布赖恩特·赫特森（Bryant Hutson），blhutson@uncg.edu

斯科特·阿蒙森（Scott Amundsen），amundsens@uncw.edu

项目名称：一年级学院

机构：北卡罗来纳州立大学

相关章节：第五章　为了学生的成功而指导

项目历史：应学校管理层的要求，北卡罗来纳州立大学在1994—1995学年创建了"一年级学院"项目，让本校一年级未做好专业选择的学生获得更加全面的经历。学校成立了一个工作组，专门负责改善学生的保持率和毕业率，减少转专业学生的数量。工作组建议，项目的设计应该得到有关大一学生研究的最佳实践的支持。"一年级学院"项目是对"专业待定学生项目"和"大一体验"这两个已有项目合并的结果。通过增加新的支持服务，加强了项目的设计，使项目能够根据学生的需求而量身定制。

管理上，"一年级学院"项目隶属"本科学业项目部"。作为学术实体，"本科学业项目部"向教务长办公室报告情况。起初，其他院系的管理者和教师带着竞争性的眼光来看待这个项目。然而，由于有目的的教育、协同评估以及项目结果的不断传播，"一年级学院"项目因其为其他院系也提供服务而变得更受赏识。

项目目标："一年级学院"项目的使命，是指导学生通过结构化的过程，完成自己向大学生活的过渡和专业选定。项目是专门为两类学生设计的。一类学生在选定专业之前，选择用一年的时间学习，来进行专业探索，获得指导。另一类学生则想通过一年的学校体验，使自己融入学校的学术、社会以及文化氛围之中。

项目描述："一年级学院"是北卡罗来纳州立大学9个学院中的一个，目的是为刚来的、尚未决定专业方向的大一新生提供服务。想上该大学的学生有15%—20%进入"一年级学院"，他们都达到学校的高入学标准，但自认为是"尚未决定"或"正在做决定"。项目的标志是，跨学科咨询辅导，有引导的询问式教学，以及把学生的挑战和支持进行平衡的发展性策略。这个项目，是依据多年来关于大一学生的研究成果而设计的。

项目的评估模型，把项目的目标与当前的研究趋势相结合，实现对项目的及时更新。"一年级学院"项目，因其在学业指导和学生服务方面的创新型典范实践，已经获得了美国学业指导协会、邓普顿基金会以及鲍伊尔研究院的认可。因为毕业率、学业成功以及学生在项目中的参与情况和介入程度，项目也获得了当地的认可。

"一年级学院"项目的首要目的如下：

- 鼓励所有"一年级学院"学生，与全北卡罗来纳州大学一起共同提升自己的大学体验。
- 鼓励学生在了解情况的前提下尽早选定自己的专业，并探索有关的职业。
- 帮助"一年级学院"学生用高阶思维技能进行学业和职业决策。
- 帮助学生成为校园社区生活的积极参与者。方法是让学生在与他人的联系中意识到自己的文化价值,帮助学生在认识多样性价值的过程中发现自身的优势和弱势。
- 通过让学生品尝成功的甜头而取得学业成功,获得自立,一年之后愿意继续留下来学习;通过一对一的学业指导以及结构化的体验式教学,使学生朝着学位这一目标一步一步地迈进。
- 在"一年级学院"项目和课程中践行优良指导策略,这些策略都是全国学业指导协会核心价值的范例。

"一年级学院"的构成

强化指导模型:

- 发展型指导
- 学生与指导者之间的个人关系
- 跨学科辅导
- 专职学业指导师
- 学业指导即教学的哲学理念

构成部分:

1. 新生适应课程,由学业指导教师教授
2. 一门两学期的必修课,每期一学时,成绩采用字母等级制,内容包括以下单元:

过渡适应(问题)
学业成功
自我探索
专业及职业探索
决策

3. 系列论坛(学生必须参加的课外活动,从而使学生接触不同的新人、新地点、新事物、新思想)

4. "一年级学院"委员会
5. "一年级学院"网站
6. 链接的一年级学生探询会（一年级研讨课）
7. "一年级学院村"住宿社区
8. 小组学习（辅导员会随时督查的集体学习）
9. 课外项目（在"一年级学院村"举行，以支持课程）
10. 领导力培养与服务学习
11. 宿舍区导师
12. 教师

从1994—1995学年到2004—2005学年的10年评估报告的结果中可以看出，通过"一年级学院"而进入大学的学生具有以下特点：

● 他们的在册率与整个学生群体相当，而且在10年中的大多数年度，他们的在册率与控制组的相当甚至更高。尽管大一的在册率与大学对比组的相当，但是在大三和大四学生中，上过"一年级学院"的学生，其在册率则显著高于比较组的学生。一年级的较低在册率，可能是因为有些学生在决定好自己的专业之后转到了其他院校，因为北卡罗来纳州立大学没有他们要学的专业。

● 这些学生大学修业所用的时间，和其他同类型的高校学生的一样长甚至还要短几年，尽管他们要花一年的时间为自己探索专业。经过"一年级学院"的学生，其四年内完成大学学业的比例提高了很多。

● 这些学生的学业成绩，在大多数评估中，和其他同类型高校学生群体的相同或者更好。

● 这些学生在第二年的转专业率，在最近的三年中有所增长（尽管校内转专业的标准越来越严格）。

● 这些学生，与大学对比组相比，改变自己专业的可能更小。（在对比组的学生中，至少转过一次专业的学生的比例，至少是"一年级学院"学生的两倍，有些情况下甚至是三倍。在大多数情况下，"一年级学院"学生是在校内转专业。）

● 这些学生对自己接受过的学业指导经历，持更加正面的评价。（有75%以上"一年级学院"学生表示，学业指导项目满足甚至超额满足了他们的需求，而全国的平均比例是42%。）

对其他院校的适用性。"一年级学院"项目模式，一如既往，以关于大一学生的最新研究成果为基础，以广泛的评估计划为支撑。其他有类似学生和目标的院校，可以很容易地加以调整，从而使之符合自己的使用要求。感兴趣的学校可以重温"一年级学院"评估计划，找出与自己有关的学习结果，采用模型（及其相应的评估计划）中适合自己学校需求的部分，为本校建立一个让更多学生保留下来的项目。"一年级学院"是一个由多个不同部分构成的综合项目。每一个部分都有一个对应的评估计划相配套。这样，不同学校就可以通过项目的构成部分，选择最能满足自己需求的结果，从而建立自己学校的独特项目。

欲建立类似项目的院校，应慎重考虑以下七个关键因素：

- 注重从发展的角度来看待学业指导问题
- 注重跨学科学业指导教师培训方面的时间和资金投入
- 与学校其他方面（教师和管理者）之间的早期广泛沟通
- 便于学生与学业指导教师进行互动的空间
- 确定适当的学生对象
- 注重有策略性的规划与评估
- 学校承诺加强本科教育

卡丽·麦克莱恩（Carrie McLean），carrie-mclean@ncsu.edu

项目名称：为了学生的成功一起工作：把学业和职业规划整合起来（http://uc.iupui.edu./students/academic/mccs.asp）

机构：印第安纳大学与普渡大学印第安纳波里斯联合分校（IUPUI）

相关章节：第七章 职业和人生规划指导

项目历史：学生的学业成功、高在册率和毕业率，本是高等学校使命的组成部分。为此，高等院校一直都承认且关注学生大学经历的整体性本质。学生的课外经历影响着他们的课内经历，学生的个人挑战影响着他们的学业成就，学生的职业目标影响着他们的学业选择。本项目旨在揭示学生学业和职业规划之间的共生关系。

项目分阶段实施。一方面，我们有意识地朝着把学业和职业规划整合起来这一目标而努力工作；另一方面，我们也充分利用各种机会来进行机构变革和资源重组。这些机会包括，聘用了一位有职业发展博士学位的教师作为专家，2000 年负责学业指导中心的职业发展，2001 年负责 IUPUI 职业中心由学生事务部向大学学院的下属组织转变。此间，设立了三个职位，从而让员工用 50%的时间做职业咨询，50%的时间做学业指导。这样，就确保了学业指导中心和职业指导中心都有员工能帮助学生做学业和职业规划，而不必让学生到另外一个办公室寻求帮助。

2003 年成立了一个专门工作组，负责全学校的学业和职业规划整合工作。工作组的目的，就是营造一种环境，好让进入的学生能做出明智的教育和职业决策，让学生选择能与各自决策相辅相成的教育轨道，使学生与教师、职工以及有关的支持性项目建立联系。2004 年秋季，学业指导中心和职业指导中心组建了一个工作组，负责落实工作组的建议，其他教师、职工以及学生也一起协作。此外，在 2004 年 11 月，学业指导中心和职业指导中心向同一个管理者报告，要求两个单位正式结盟。2007 年，两个单位合并成"学业·职业规划中心"。

项目目标：本项目的整体目标，是通过向学生提供更全面、更综合、更持续性的职业和学业规划支持，提高学生的在册率，改善学生的毕业状况。为此，项目努力做到以下五点：

1. 通过协调学生学业与生活及职业目标之间的关系，为学生的大学经历赋予意义和目的性。
2. 扩展学校学业指导的内容和使命，从而把职业发展事宜包括进来。
3. 提供职业和学业规划项目，为具备不同基础和处于不同阶段的大学生提供服务。
4. 为学业指导教师和就业咨询人员提供持续性的培训，以辅助学生的学业和职业规划工作。
5. 让职业发展成为校园文化的重要组成部分。

项目描述：把学业和职业规划整合起来的努力包括各种各样的项目和服务。这些项目和服务能够满足不同学业基础的学生个体的需求，同时又共同寻求对校园文化的改变，从而使教育规划的整体性原则在学生的整个校园生活中得到加强。项目的组成分为两类，分述如下：（1）面向学生的直接项目与服务；（2）对员工的培训与支持。所有的项目和服务都建立在 IUPUI 职业决策模式"自觉·目标·探索·规划"之上。

调准学生项目和服务的方向

专业/就业联系单。设计了六个专业/就业联系单，一个单子对应一个霍兰德职业性向代码（RAISEC）。每个单子都包括一个对学生的快速评估，以确定学生与该代码的吻合程度；一个代码就是一张专业和职业样本清单，外加关于专业/职业选择以及校园相关资源的信息。项目编写了针对全部 IUPUI 学位项目的专业介绍。专业介绍包括：一个简短的评估，以确定学生对职业适合程度；对职业的描述；核心课程及相关专业；就业前景和薪资预测。

一年级研讨课。要求所有的 IUPUI 新生都要修一门一年级研讨课。课程的几个部分都是专门针对探索期的学生的，内容包含大学成功策略和职业决策策略。课程各部分由教学团队完成。团队包括一位职业中心的职员和一位学业指导教师。

主题学习共同体。这是一个由四门相互连接的课程组成的模块。它以"职业前景：为了爱和钱"这一主题为基础，通过探索那些能够使自己称心如意又足以维持生计的专业和职业，帮助学生洞悉自己的未来。通过大一新生英语课上的阅读和写作，使学生对形成自己职业和经济成功的心理和文化影响因素加以细察和分析。通过一年级研讨课上的评估、写作以及研究，学生更多地了解自己是谁，哪些专业和职业将帮助自己达到有意义的生活目标，追求自己的野心。在"心理学：社会科学引论"这门课中，学生学习那些影响自己职业发展的理论和研究，包括人格、动机、学习、决策、终身发展以及工作满意度。数学课培养逻辑和批判性思维，培养问题解决技能。最后一点是，走出课堂，学生能够学习并践行社会交往。这是学生进行专业/职业探索和寻找工作的最有效工具之一。

大二职业课。这门课旨在帮助那些想或者需要决定或改变专业方向的大二学生。这门课程中，学生要编制并执行一份个性化的专业和职业探索计划。前 8 周，是让学生充分了解"自觉·目标·探索·规划"STEP 模式（S = Self-Awareness，T = Target，E = Explore，P = Plan），并编制自己的个性化计划；在第二个 8 周里，学生要独立执行为自己所编写的计划。学生要与指导教师和学业指导教师单独见面。通过这样的体验式学习，把学生与他人、活动以及资源链接起来，使学生的专业和职业决策真真实实。

迈向未来之"自觉·目标·探索·规划"模式：《专业和职业选择指南》。这是一本由学业指导中心和就业中心编写，用作加入学习共同体学生的教材,供学生探索学业/职业之用,也作为学业指导和职业咨询和学生单独会谈的工作指南。

迈向未来之"自觉·目标·探索·规划"模式:工作坊。职业咨询师为每一个组成部分都编写了工作坊大纲,职业中心负责这些工作坊的定期举办。向每个教师发一本简要介绍工作坊的小册子,以鼓励教师把职业中心人员邀请到自己的对应课堂上来。

职业探索日。举办一场非正式的午间"专业交易会",让学生有机会从IUPUI学校学业指导教师和职业咨询师那里获得关于专业和职业方面的信息,解决自己的疑虑。

对员工的培训与支持

学业指导教师活页夹。每个学业指导教师都会提供一个关于职业信息的活页夹,包括:一张IUPUI专业清单;每个专业的探索性课程清单(http://uc.iupui.edu/students/academics/ontrack_courses.asp.);健康领域、计算机相关领域以及通信领域的专业信息简汇与比较;迈向未来之"自觉·目标·探索·规划"模式介绍;关于正在探索和评估专业和职业选项的学生的工作指导信息、温馨提醒和技术;每种"专业·职业联系单"以及关于所有专业的概况。学业指导教师在接受培训的过程中获得这些信息活页夹,学习有关的职业决策知识,了解学业指导者在学生职业探索过程中的作用。

对职业咨询和学业指导的交叉培训。大学学业指导中心的职工和职业指导中心的员工每月碰头一次,接受交叉培训,进行团队建设。碰头会的焦点是,找出双方服务工作的共同之处,确定学业指导和职业咨询各自的专门知识和专项服务。交叉培训要解决的问题包括:把学业和职业规划整合一起的目的和目标;迈向未来之"自觉·目标·探索·规划"模式介绍;职业评估工具,包括一套学业指导教师可以方便用来免费测评学生的在线工具;可能影响学生专业和职业选择的学业政策和程序;"B计划"辅导以及利用优势或基于学业特长的学业指导和职业咨询方法。

关于职业发展的全校研讨会和工作坊。2005年,召开了一次全校性的职业发展研讨会。全校教职员工聚集一起,学习整合学业与职业发展资源对于学生持续学习的重要性,发展自己与学生进行互动的技能。这项工作与校园工作坊一起,就同样的主题一直在继续开展。

对其他院校的适用性

由于该项目有多个组成部分，因此很容易适应其他院校环境。不同院校可以根据自己学校的可用资源的情况选择不同的部分，以最大限度地满足自己学生的需求。就像 IUPUI 所做的那样，一个综合性的学业·职业规划的实施，需要年复一年的连续性工作。

凯西·布亚尔斯基（Cathy Buyarski），cbuyarsk@iupui.edu

第二部分：学生的多样性与需求

项目名称：有子女学生 HELP① 中心（http：//www.osa.umn.edu/help-center）

机构：明尼苏达大学双子城分校

相关章节：第九章 进入大学（面向低收入有子女学生的高等教育）

项目历史：由明尼苏达大学双子城分校的通识学院，于 1967 年建立的有子女学生 HELP 中心，其目的是满足所有长期以来利益未被重视、低收入的学生的需求。随着其他支持性项目（TRIO 和其他类似项目）在 20 世纪 70 年代这 10 年间的推广，最后只剩下有子女的学生这一个学生群体的特殊需求未能得到相关资助项目的支持。因此，自 1983 年开始，有子女的学生 HELP 中心，转为仅对全校所有已为人父母的低收入学生提供专门服务。随着一个新的、为期五年的全校战略性计划的开启，学校于 2006 年把有子女学生 HELP 中心调整为隶属于学生事务办公室。

项目目标：本项目的目标是，辅助就读于明尼苏达大学双子城分校的已经有孩子的低收入本科生，面对和克服自己面临的各种特殊挑战。这一有子女的学生群体的上进心很强，但在进入第一个学位项目学习时，一般都遇到一些共同的特殊挑战。项目的第二重使命是，鼓励大双子城区域内的青少年父母（teen parent）接受高等教育。

项目描述：有子女学生 HELP 中心是一个学生和家长友好型的中心，位于明尼苏达大学双子城分校的校园之内；中心提供广泛的服务和规划，以帮助目标学生取得学业和家庭的双双成功。中心设有儿童游乐区、小型厨房、计算机中心、资源及转介推荐区以及休息区等。中心的社会工作人员要么具

---

① 译者注：HELP，是 Higher Education for Low Income People 的缩写，意为面向低收入人群的高等教育。

有硕士学位，要么是参加社会工作实习的研究生。有子女学生 HELP 中心的所有正式员工，都熟悉广泛的校园和社区服务。有子女学生 HELP 中心努力为目标群体提供一个示范，一个"一站式"的服务提供和接待项目，以满足我们学生的家庭和学业需求。中心的服务包括：学业指导、经济资助咨询与转介服务、心理危机咨询与转介、儿童护理、应急援助金等。有子女学生 HELP 中心全年开放，负责举办各种项目与活动，以提高对有子女的学生在校园中的关注度，使这些学生的成就获得认可，为他们提供多种家庭友好的活动项目。这些活动包括：每年一度的"关注有子女的学生日"，有 100 多个来自各种社区项目的已为人父母的年轻学生登台表演；一场年终庆祝会和毕业派对；参加以幼儿用品为奖品的活动；由员工带头的每周一次的有子女的学生小组研讨会等。目前，HELP 中心为大约 400 名有子女的学生提供服务，这些学生大部分是单身女性，年龄在 18—24 岁。尽管在 HELP 中心注册的大多数学生都是单身母亲，本项目对所有的低收入、满足经济资助条件的有子女的本科学生开放，不管他们的年龄、性别或婚姻状况。HELP 中心本着自愿参加的原则，学生可以自己报名，也可以由苏尼苏达大学其他项目、职工和教师引荐。中心的招募途径多种多样，通过我们的网站、我们的宣讲活动、各种校园项目的电子资源、口头宣传以及和已确定有扶养和经济需求学生的直接电子邮件联系。

HELP 中心直接负责每年把 30 多万美元幼儿护理费资助给明尼苏达大学双子城分校的已为人父母的学生。经费由明尼苏达高等教育服务办公室、大学生幼儿看护补助金项目、美国教育部、在校生父母幼儿看护帮扶金项目提供。

HELP 中心项目的另一个目标是，鼓励大双子城社区的青少年父母接受高等教育。为此，HELP 中心走出校园，参加双子城市区的青少年父母项目活动，传递大学预科信息。除了宣传基本的大学预科信息和幼儿看护资源、转介推荐以及帮扶信息之外，我们还让自己中心的学生介绍经验，这些学生自己曾经也都当过青少年父母。青少年父母和我们自己这些有子女学生之间的成功接触，显著地增强了潜在的下一代青少年有子女学生的勇气和动机。把这些青少年父母每年一次地带到校园，参加每年一度的"关注有子女的学生日"活动，让他们更多地接触和了解大学的校园生活。这项活动不仅仅是我们自己学校的招生活动，更是鼓励他们接受各个层次的高等教育，使这些人相信，他们自己也有能力取得学业上的成功的有效措施。尽管，我们所接触的这些青少年父母大多数都在自己所上的当地高中之外，还参加了其他一些支持项目，然而，我们的 HELP 中心提供的是别的项目没有资源提供的服务。

对其他院校环境的适应性。通过一定的改造，可以让我们的有子女学生 HELP 中心的模式也适用于其他有类似情况的高等教育机构。事实上，有子女学生 HELP 中心只是一种理想的模式。通过复制，可以用它为任何过去被服务或关注不足的学生群体提供服务。关键是要有专门的场所，这也是大多数院校最难解决的问题。专门场所，这是让这群典型隐身的学生群体觉得自己属于校园的重中之重。作为 HELP 中心主任，作为一名曾经为多种欠关注群体提供过支持的社会工作者，我认为，有专门场所是对任何学生群体提供有效服务的第一步。所有的学生（或许有人会说是任何人），如果要在一个崭新的环境中取得成功，都需要一种共同体和归属感，尤其是在像我们学校这样的"全美十大"校园里。对于任何学生群体，有一个地方都很重要。这样，就可以去那里散散心，获取所需要的信息和服务，得到学业成功所必需的工具。哪怕是一个仅有一间房间的独立 HELP 中心，都能够促使有孩子的学生形成自己的高凝聚力共同体。这是他们四年大学生活中在其他地方无法奢求的。因为，要在课堂上和一个孕妇同学或带着孩子的同学挨着坐，这个机会相当渺茫，即使在一个小型院校也是如此。加入我们的中心，在中心的计算机房学习一会儿，来中心吃顿午饭，甚或怀孕期间来中心休息片刻，都可以获得一种归属感，都可以遇到和自己面临同样挑战、取得同样成功、带着同样担心的同学。

除空间之外，员工培训也同样重要。在面对那些已建立自己家庭的学生时，员工必须熟悉校园以及社区等更大范围的有关资源和机会。员工培训的内容应该包括住宿信息、幼儿护理资源和可推荐资源、区县福利帮扶项目（尤其是培训和教育优惠）、为人父母和育儿实践、基本的抑郁症和其他心理健康问题筛查以及团队促进技能。

HELP 中心所做的学生满意度调查结果显示，每周一次的父母小组活动是最受赞赏的项目之一。有一个长期举办的论坛让学生建立自己的社团，分享自己扮演父母和学生双重角色所学到的，同学之间的互相指导，从训练有素的员工那里获得的学业和为人父母方面所需的信息，对于有了孩子的学生来说至关重要，尤其是对那些刚当上爸爸妈妈且刚迈入大学生活的双新学生。HELP 中心得到了行政方面的支持，能够为参会学生免费提供营养丰富的热腾腾的午餐。这朝我们招收自己学生的目标，已经迈出了一大步。为了把这项活动的花费降到最低，中心职工每周都要亲自采购食材，亲手用炖锅做饭做菜。在经费不太宽裕的日子里，我们还争取到了当地餐馆的捐赠。

对于这些正在接受高等教育的有子女学生来说，幼儿看护援助金是对他们进行有效支持的最重要元素。对于大多数努力进入并留在高校继续学习的有子女的学生来说，是否能够负担起高质量幼儿看护费是他们"走下去"还是"停下来"的决定因素。因此，找到资源让帮扶有子女的学生的幼儿看护基金项目有持续保障，就显得格外重要，或许这也是建立高校有子女的学生支持项目中最艰巨的任务。不过，感兴趣的员工是不应该被这点困难吓倒的。前面提到的共同体建设的其他方面，就足以吸引学生。儿童看护帮扶金，如果能有的话，当然会锦上添花。在过去的四十多年历程中，HELP 中心职员的基金申请和募集实践已获得改善。有了学生之后，会有时间寻找基金资源的。作为中心的主任，让我不断惊喜的是，学生对我们中心空间大小、家庭活动、父母小组的评价，有那么多次都和对帮扶金的评价一样，甚至还更高。建立一个学生共同体把他们服务好，然后再寻找基金，这比一开始没有学生服务数据就去找钱要重要得多。项目为足够多的学生提供真正需要的服务之时，就是捐赠到来之时。

苏珊·沃菲（Susan Warfield），warfi002@umn.edu

项目名称：罗宾逊奖学金项目（www.uky.edu/robinsonscholars）
机构：肯塔基大学
相关章节：第十二章　有特殊指导需求的学生（第一代学生）；第九章　进入大学
项目历史：1991 年，肯塔基大学董事会批准了一项计划，同意把罗宾逊森林 5000 英亩区域的煤炭和木材收益留作支持肯塔基州阿巴拉契亚地区经济和社区发展的基金。董事会同意从这项基金中划出一大块作为奖学金，资助来自大学入学率一直偏低的肯塔基州东部的 29 个县的学生。1996 年，学校又批准了罗宾逊奖学金项目的工作计划，第一届奖学金已于 1997 年春季发放。到撰文时为止，项目已累计为 568 名学生颁发了奖学金。
项目目标：罗宾逊奖学金项目为那些家庭第一代大学生或拟上大学的学生提供奖学金。这些学生表现出能成功完成大学学业的潜力，但迫于经济、文化和习俗上的阻碍，却无法完成自己的学士学位学习。本项目的使命，就是通过为这些学生提供支持性服务和奖学金，让他们能够完成在肯塔基大学的学士学位学习，从而增加他们所在社区的教育资本。
项目描述：通过分析这些学生可能遇到的各种的潜在障碍，本项目从八年级的学生中确定奖学金人选。这种资助方法充分认识到，在整个高中阶段，学业支持、社会指导以及为大学学习做准备等工作都很重要。对于这些面临风险且传统上又被忽视的学生群体，早期干预是他们走向成功的关键。因此，学生要以八年级学生的身份填写罗宾逊奖学金申请文件。评选委员会根据三个标准对申请人进行评价。是否将是第一代大学生；是否表现出成功的潜力；是否有潜在阻碍影响大学本科学业的完成。参加面试的学生名额固定（一般是每县四人）。第一届奖学金评选工作于1997年春完成，有162人获得资助；第二届有116人；第三届有57人；以后每届都是29人，每个县资助一人。随着奖学金资助人数的减少，加之社区对这项工作意识的增强，获得资助的难度变得非常大。2007年，29个县区有将近700名学生一起争夺本项奖学金。

项目之高中阶段。罗宾逊奖学金项目寻求对获奖人在整个高中阶段提供支持和丰富的机会。项目办公室不断地评估学生的学业和社会需求，从而使项目能够针对这些需求。项目高中部分的最终目的，是帮助学生成功完成从高中到大学的过渡。项目工作人员深知，这需要一种全方位的方法，要与学生本人、家人、所在学校和社区都进行互动。下面是本项目在高中层面的部分服务或支持内容。

走访高中。项目工作人员每学期至少要走访一次高中。他们既和学生小组集体见面，也和学生个人单独见面；既和高中的咨询指导教师交谈，也和高中的任课教师交谈。他们一起讨论学生高中的总体经历，介入学生的学业和个人计划，解答任何疑问和疑虑。

周末活动。每届获奖学生每学期要至少参与一次周末活动。高一和高二获奖者专注于学习技能和学业评估；高三获奖者专注于备考技巧和领导才能的发展；高四获奖者专注于高中与大学之间的过渡。要求高四获奖者走访大学校园两次，给他们提供机会和当下的大学获奖者亲自交流，参加大学校园活动，和接待他们的获奖者一起体验真实的大学教学。

暑期活动。每届高中生奖学金获得者都要参加一个为期一周的暑期充实活动。高一新生要去探索当地的阿巴拉契亚文化，思考自己所在社区的机遇和挑战。高二学生则要研习水质问题，然后回到自己的社区，把自己设计的关于水质问题的社区服务项目付诸实施。高三、高四的获奖学生要到肯塔基大学参加一个写作工作坊，其间要与大学老师及客座作家一起，共同完成两项写作任务。一项是一篇大一写作课所要求的论说性文章，另一项是写一篇创意作品。工作坊就在肯塔基大学校园。这样，一方面可以让参加的学生感受大学的气氛，另一方面也给大学老师提供一个机会，和高中生交谈一些高中到大学的过渡适应问题。交谈形式可以是正式的，也可以是非正式的。

大学申请援助活动。这项活动是在每个学生进入高四前一年的工作坊活动中，给他们提供一份高四任务清单。该清单引领着学生及其家人，一步一步地完成中学到大学过渡中所涉及的表格填报工作。活动通过这份清单或昵称为"绿表"的东西，指导学生顺利完成入学、经济资助、住宿申请等系列事项。高四阶段，项目工作人员每次在和学生见面时都会检查"绿表"所列事项的完成情况。

个人服务。罗宾逊奖学金项目的工作人员随时都可以解答获奖学生及其家人的问题和疑虑。本项目犹如学校和社区资源之间的通道，每当资源用尽之时，项目就会寻求补给。个性化的服务内容包括补课、咨询信息、测试信息、社会服务引荐以及对寻求进修的父母的援助。

项目之大学阶段。获得罗宾逊奖学金的大学生，包括肯塔基大学的注册学生或肯塔基社区与技术学院系统的注册学生，都会得到一份全额奖学金（包括学杂费、住宿费、购书补贴）和一系列的支持性服务。项目力图把学生与更大的社会机构连接起来，包括其人、其服务、其文化。项目对获奖人高标准严要求，期望他们学习好，校园活动积极，并能热心参加志愿者服务活动。项目帮助学生把自己的潜力全部发挥出来，不仅是在我们的校园生活之中，也在校园之外的生活之中。项目鼓励学生，让他们相信自己能够成功，必将成功。出于以上目的并考虑到获奖生可能遇到的挑战，本项目为大学生提供以下的支持和服务。

大学生活过渡转型工作坊。在六月举行的暑期咨询会议即将结束之时，工作坊开始。要求新录取的获奖生在大学开学正式上课之前，参加六个学校生活过渡适应工作坊，要求他们的父母参加其中的三个。工作坊期间，奖学金项目工作人员会讨论的主题包括：大学成功的密钥、家人在成功的大学过渡适应中的作用、开学实用信息、项目对获奖人的期望与获奖人对项目的期望、校园活动与社区活动参与、书籍购买、列克星敦市简介和学生计算机网络账户。

获奖人晚餐。晚餐放在春季和秋季学期正式上课的前一个晚上。这样，全体大学获奖人就可以欢聚一堂，用聚餐、情谊和娱乐来开启新学期的征程。晚餐也为奖学金项目的工作人员提供机会，让他们再次向学生详细地嘱咐一些新学期开始的有关事宜。

一对一会谈、奖学金停发学生的会谈与商议。每一个学期，项目工作人员都要和每个学生单独见面。大一新生每个月见一次面，毕业年级的学生一学期见面三次，奖学金停发的学生则需每两周见一次面，所有其他学生一律一学期见两次面。见面时，工作人员会谈到学生的整体表现、学业进展情况、校园活动参与情况；他们一直参与学生的学业规划和个人规划，解答学生的任何疑问或疑虑。工作人员还可以随时和学生见面，或解答学生的问题。

小组每月见面会。每个月，罗宾逊奖学金获得者都要选择参加一次小组每月见面会。见面会为获奖人提供机会，分享自己的想法、问题和疑虑；同时为奖学金项目工作人员提供一个和学生一起讨论学生眼前所遇到的有关问题的契机，例如，考试、校园活动、特殊机会、普遍的关注点和春假注意事项等。

朋辈导师项目。活动为每一位新获奖生指派一个高年级获奖学生担任其朋辈导师。朋辈导师与所负责的新生每周至少沟通一次，可以通过电话、电邮，也可以当面沟通。新获奖学生一个月至少有一次机会和自己的朋辈导师一起共进午餐或晚餐，当面向朋辈导师请教问题，或让朋辈导师解答疑虑。参加朋辈导师指导项目的学生全年都有机会参加各种特别的社会和文化活动。

社区服务活动。罗宾逊奖学金获得者每学年要参加很多独自的及团队的服务活动。项目要求学生每学期参加至少五小时的社区服务活动。不过在2004—2005学年，学生总共参加了2500多小时的社区服务，远远超过了项目的期望。

暑期活动资助。项目每年资助几项数量有限的暑期活动。暑期活动资助的目的是鼓励获奖人在暑假期间从事一些学业发展、职业发展或社区服务方面的活动。项目认识到，很多获奖生都不去参加这类活动，因为这些活动是无偿性的。暑期活动资助使得获奖生可以参加这类活动，即使没有报酬。罗宾逊奖学金项目已经资助过的暑期活动有司法实习、制作电视节目和创办文学杂志等。

农村卫生实习。本活动与肯塔基州哈泽德社区的农村卫生中心联合举办，项目为获奖者中那些对农村卫生事务感兴趣的大三、大四学生提供两个暑期的实习机会。要求学生在卫生中心驻地实习八个星期，其间要和中心工作人员一样轮班，还要进行一项研究。

周一早间电邮。每一个周一的上午，项目都会向获奖学生发送一份电子邮件，邮件试图轻松有趣，却又似乎显得有点老生常谈，提醒学生本周要开展的校园活动、特别机会、有些事情的截止日期等。

罗宾逊获奖人活动室。罗宾逊奖学金项目办公室为获奖者专门设置了一间活动室。房间虽然不大，但很温馨。这样，获奖者就有一个地方自己放松、学习、打印材料、聚会，或者与项目工作人员聊天。

对其他院校的适用性。虽然罗宾逊奖学金项目的独特之处是，与获奖学生及其家人建立一个为期八年的关系，但项目的很多部分都可以经过适当调整后适合其他院校的情况。诚然，许多高等院校都不涉及高中生群体。即使这样，本项目的大学阶段的内容，经过调整后也可以适合多种群体的学生及其家长。可以用我们的全部活动方案，也可以选用单项活动。

伊丽莎白·布赖恩特（Elizabeth Bryant），eabrya@email.uky.edu

项目名称：奖学金与研究生奖学金项目办公室（www.sc.edu/ofsp）
机构：南卡罗来纳大学哥伦比亚分校
相关章节：第十二章　有特殊指导需求的学生（高才生）
项目历史：1994年之前，只有几位南卡罗来纳大学的教师，分散在校园的各个地方，开展富布莱特奖学金、罗德斯奖学金以及杜鲁门奖学金的申请指导工作。即使是最勤奋的学生，在申请竞争这样的全国性奖学金时也会遇到困难，不知从何做起。尽管有学生和老师都想参与那十几个全国性奖学金的竞争，但是学校却没有配套的支持服务，以选出和培育本校的项目候选人。

奖学金与研究生奖学金项目办公室建立于1994年，目的是在校园中提供一种集中的全国性奖学金申报咨询指导服务。在组织架构上，办公室归分管本科事务的副校长直接管理，这说明学校行政对项目工作的支持。学校也赋予办公室权力，招募教师参加项目工作。考虑到大部分有资格寻求这些奖学金咨询服务的学生可能在荣誉学院，所以就把新设的办公室和荣誉学院放在同一幢大楼里。事实证明，这是两项对于项目办公室成败攸关的决定。

一开始，办公室只有两个工作人员，一个主任，一个行政助理。后来，成立了学校咨询委员会，成员是全校各个部门的教学和行政方面的代表，还有几个新成立的奖学金委员会的主任。对于那些需要学校提名推荐的奖学金，奖学金委员会是咨询和指导工作的核心，能够让学校各个学科的专家为拟申报的学生提供个性化的指导。

办公室建立后不久校长就建议，本单位要承担对顶尖级本科奖学金获奖人提供更丰富的大学经历的责任。为此，便成立了卡罗来纳奖学金与研究生奖学金项目办公室。作为本校最高规格的奖学金获奖者，卡罗来纳奖学金获奖者成为全国性奖学金首推的候选人。1998年，学校设立了全国麦克奈尔奖学金，于是就聘请了一位专业人员负责各种奖学金项目。

项目目标：我们的目标就是成为学校的全国性奖学金申报中心，为申报人提供信息和援助，找出合适的学生人选，支持他们申报全国性奖学金；并成为学校的卡罗来纳奖学金和麦克奈尔奖学金获奖者之家。

我们的日常工作围绕以下三个目标开展。

- 针对各奖学金项目的具体要求和得分点给学生提出建议，给予指导；通过奖学金项目申报和面试，促进申报人的个人成长和个性发展。
- 通过对全国性奖学金申报人的提名和培养，促进教师在课外参与学生工作；促进对教师课外工作的认可和奖励。
- 培养卡罗来纳奖学金和麦克奈尔奖学金获得者的归属感，建议他们参加各种全国性奖学金的竞争。

项目描述：我们的项目重在发展过程。通过这个过程，学生可以学习很多实质性的东西，可以从多方面实质性地受益。项目有三项主要内容：增强意识、辅导建议和申请指导。

增强意识。我们的第一个目的是，增强学校有资格的学生申报全国性奖学金的意识，增强他们使用支持性服务的意识。这种意识在各种活动中得到培养。鼓励教职员工把自己心目中最好的学生推荐给办公室。一经推荐，就会有人亲自联系这些学生，邀请他们参加关于各种奖学金机会的咨询。通过各种公关关系和推广营销工具，吸引更多的优秀本科生使用本办公室的各种服务。这些工具包括《候选人》（我们办公室的简报）、我们的网站（www.sc.edu/ofsp）、学生主办的校报上的付费广告、工作坊宣传折页和学生媒体新闻发布会。"奖学金之夜"这项每年一次的招募活动是一顿晚餐，都会请一位南卡罗来纳大学的前全国性奖学金获得者讲话。

辅导建议。通过单独或小组见面会，帮助学生确定哪些竞争性的奖学金项目与自己的学业和事业目标契合。这个阶段，学生要填写一张候选人卡。填写内容是一些我们要录入600多人的感兴趣人选数据库的一般性信息。该数据库是我们关于学生概况（专业、平均绩点、奖学金兴趣）的核心指南，也是我们与潜在候选人联系的地址簿（邮政地址和电子邮件）。由于竞争很激烈，要增强申报人的竞争力，就必须针对奖学金申报事宜对学生进行悉心指导。最好是从大一就开始。鼓励学生广泛思考什么奖学金对自己所提出的学业和事业目标能提供最好的支持。

多数辅导建议都是以下面三种方式中的一种进行的：通过和主任或主任助理的一对一见面；通过活动项目；通过和教师个人的一对一咨询会谈。办公室每周有四天开放，有专人接待咨询。个人预约没有时间限制。这样，学生会有充分的机会接受个别指导，受到足够关注。

每年的春季和秋季，都要举办针对要经学校提名的奖学金和热门的奖学金申报的"工作坊"。工作坊由奖学金与研究生奖学金项目办公室的教师学业指导师主持。工作坊会介绍每个奖学金项目的细节，包括从对申报人的资格要求到项目的时间节点等所有事项；重点是对学生个性化的跟踪辅导。

申请指导。我们的工作理念是，对全国性奖学金的考虑、申请和面试，这本身就是一项有意义的活动过程。虽然我们的最终目的是让自己的学生获得这些高荣誉的奖学金和助学金，但我们一如既往地坚信，准备申报的过程可以增强学生的学术和个人技能。在我们的项目中，这个层面的辅导通常发生在指导申请的阶段。这样安排的具体好处是，学生可以在以下方面获得更好的理解：专业兴趣、自我能力、个人天赋、职业目标，以及研究生院的选择范围；获得更强的人际能力和面试技巧；获得经验且变得更加成熟，知道如何以书面形式或在教师评议小组面前，表达自己的思想并展开辩护；提高学生准备申报竞争性强的项目的能力；从老师那里获得专门针对自己的指导；使自己的超常努力和成就获得认可。

一旦学生投入奖学金的申请竞争，更个性化的申请指导工作就可以启动了。例如，当学生获得提名参加"戈德华特奖学金"的申报后，学生就可以和戈德华特奖学金委员会里的具体指导教师对接，对申请材料进行打磨和润色。教师会把学生的申请以及如何把申请与学生未来的学业和职业规划联系起来，并提出一些有意义的个性化建议。如果所申请的项目还需要经过面试，还要给学生安排面试预演。预演面试委员会的成员是来自候选学生所在学科领域的教师专家。

申报候选人推荐名单公布之后，指导工作还要继续。我们要对所有申报候选人的努力表示祝贺。无论最后他们是否能够获得奖学金，他们都尽了全力。我们为所有全国性奖学金申报人以及援助他们申报工作的教师和员工开庆祝会，地点在我们的"年末接待厅"，一般校长和教务长都会参加。所有全国性奖学金获奖人会在学校的"颁奖日"大会上被表扬；他们的名字要镌刻在一块永久性的牌子上，保存在我们大楼进行展示。

通过让学生参与奖学金申请这一综合性竞争的全过程，我们让学生体验自己发展过程的目的一次又一次地得以实现。我们这个项目，从多方面直接增强了任课教师和学生在课堂之外的深度接触。每年平均有60位专业教师参加奖学金委员会的工作。他们对拟申请全国性奖学金的学生进行面试，提供单独的咨询辅导和支持。还有几十位任课教师以其他方式支持我们的工作。他们有的把学生引荐到我们办公室，有的为学生写推荐信。

把奖学金与研究生奖学金项目放在本单位，这是一个多种使命的完美组合，同时也凸显了提高生师互动这一目标的重要性。其中，"一年级奖学金指导项目"每年为50名学生提供机会，让他们结识德高望重的老师，以得到在申请全国性奖学金方面的指导。这些卡罗来纳奖学金和麦克奈尔奖学金获得者，现在已大约占到我校全国性奖学金申请成功者的27%，包括戈德华特奖学金、富布莱特奖学金、尤德尔奖学金、劳特莱奖学金、马歇尔奖学金和杜鲁门奖学金等。

在奖学金与研究生奖学金项目办公室的投资，已经让南卡罗来纳大学的学生、老师和员工收获了丰厚的回报。平均每年就有140名学生成功提交全国性奖学金申请。通过作为项目核心内容的周密准备和自我反思，不仅使申报的学生从中受益，也使我们的校园文化在整体上得到了加强。通过为本校最优秀的学生提供这样的支持，全校范围内的追求学术严谨和热衷辩论的风气也得到强化。该办公室自1994年成立以来，我校学生已经获得了全国性奖学金350多项、金额1000多万美元，用于支持学生从事进一步的学术研究。

对其他院校的适用性。本项目的方案对于其他院校的可迁移性极高。南卡罗来纳大学这种为考虑申请全国性奖学金的学生所提供的指导模型，既适用大型院校，也适用小型院校。虽然我们坚信，项目部门的设置能明确保证学校行政中心对项目的支持，这事关是否能确保有专业教师参加项目活动，但此类学业指导服务部门也可以设置在就业中心、荣誉学院或者某个大学院。甚至设置一个兼职主任岗位也能促进奖学金遴选服务。2001年，"全国奖学金申请指导教师协会"（National Association of Fellowship Advisors，NAFA）的成立，说明学业指导服务在高等教育领域中的扩展。随着越来越多的优秀学生希望获得有关全国性奖学金申报方面的辅导建议，本模式对其他机构也许会提供帮助。

第三部分：指导服务的组织和实施

项目名称：学生事务与指导中心

机构：明尼苏达大学德鲁斯分校（http：//www.d.umn.edu./~clasa/main/index.php）

相关章节：第十四章 学业指导项目的愿景、使命、目标以及目的

项目历史：博雅学院的"学生事务和辅导中心"起初叫"博雅学院学生事务办公室"，有一名兼职的学生事务支持工作人员和两名学生雇员。1995年，这个兼职岗位成了全职岗位。1996年，雇佣了一名全职前台接待员；之后又分别在1999年和2003年增加了两个专业岗位，专门负责学生支持工作和新活动设计。2003年，为了更好地反映办公室的职责，更有效地为学生提供服务，把"博雅学院学生事务办公室"更名为现在的"学生事务与指导中心"。办公室也换了地方，给了我们更大的空间和更多的资源。

项目目标：学生事务与指导中心的使命是，通过提供必要的指导、信息和教育，使得学生有能力参加博雅学院和明尼苏达大学德鲁斯分校的活动，且变得独立而自信。

价值观

- 学生的成功是一个全面的、不断转变的过程。在这个过程中，学生的学习和发展得到整合。
- 及时且准确地知晓学校的政策和规定，这是每一个学生的权利。获取这些信息是每一个学生的责任。
- 积极的学生——教师互动和学生——员工互动是学习、成长和满意感取得的不可或缺的活动。
- 学生有责任对自己的学业及职业问题做独立理性的决策。
- 家长、家庭成员、大学对学生的发展都负有不可推卸的责任。
- 基于现代技术的学业指导资源，是学校综合性学业指导项目的不可或缺的基石。

目的：学生事务与指导中心主要通过以下方式促进学生的成功：

- 帮助学生在博雅学院完成自己的主修课业和辅修课业。
- 协助学业指导教师。
- 支持专业未定学生顺利过渡到大学生活，选好自己的专业。

我们以学生为焦点，同时又认可和赏识教师、家长以及学校各方面人士

的贡献和需求。这样，我们作出的决策就最能符合学生的利益，尽管这些决策在教师和学校行政部门看来并不总是最符合他们的利益。我们把自己只看作资源，归根结底，学生本人才是自己成功的决定因素。优秀的学业指导并不是要解决学生的每一个问题，而是要促进学生的成功和独立学习。

项目描述。我们采取的是综合辅导的路线，包括：无预约咨询辅导，有大约320名新生（约占我们每年新生的一半）参加的学习共同体活动；团体或一对一的指导教师培训；学业指导中心员工走访院系，以解决对学业指导工作的广泛关切的问题；把每月一期的《学业指导工作简讯》送到所有教师和职工的手上，简讯的内容都是关于学业指导教师与接受指导学生之间的关系；博雅学院一名转学生学业指导专家进行的线上线下的转学生入学教育活动（这项活动和学习共同体活动都是博雅学院的特有活动）；对新指导教师的培训活动，培训采用以老带新的方法，即直接让新指导教师辅助有经验的指导教师对新生进行指导服务；针对所有重返校园学生和曾因学业问题强制休学现又正在恢复良好学习状态学生的单独辅导。

我们广泛使用基于现代技术的学业指导工具。例如：（1）所有的转学生都可以选择要么参加学校的线下入学教育活动，要么线上完成入学教育。线上教育把自学材料和单独学业指导预约方式结合起来，在博雅学院转学生辅导专家的助推下完成。2007年，我们首次推出在线入学教育系统，68位转学生在线上完成了自己的入学教育。（2）每年，博雅学院还制作很多新生指南光盘，发给每一位新生，并邮寄给他们的父母。（3）我们正在试点使用"播客"把信息传递给学生。学生可以从博雅学院学生事务与学业指导中心的网页上下载材料，也可以通过电脑直接观看。内容包括博雅学院在读生的建议，博雅学院都希望新生提前知道些什么、学习策略、近期任务的完成期限等。（4）学生事务与指导中心网站上有大量的在线资源：学业任务/活动截止日期提醒、当前事务和办理程序、学位资源链接、在线表格、专业探索资源和学业指导教师资源。

我们不断地评估自己，使中心处在更新和创新之中。我们努力以"这很有可能"的积极态度直面不同的思想，而不是假定变化是令人难受且不愉快的。下面举三个例子。（1）学生事务与学业指导中心是唯一一个要求强制休学的学生通过继续教育项目接受学业指导的部门，如果他们想要在明尼苏达大学德鲁斯分校复学的话。这大大增加了中心每一位员工的工作量。不过，这些强制休学学生的连续反馈表明，如果我们真的想帮助这些学生渡过学业留校察看期，让他们重新归队，我们的做法就很重要，很值得。

（2）根据师生反馈的负面信息，通过重新设计博雅学院各系主任采用的转学生学分评价表，中心完善了转学生学分评价办法，使我们的做法更加一致。（3）根据学生的反馈，学生事务与指导中心随即改变了博雅学院的线上入学教育系统，包括修改了原来的密码重置过程，修订了辅导材料的电子文本，使之更加清晰。今年，我们还要追溯线上作业中的错误答案，希望找出入学教育电子文本中的不足之处，从而让学生更好地理解我们所提供的信息，更多地记住这些信息。（4）目前，学生事务与学业指导中心正在对学业上处于高风险的学生群体进行全面评估，以更好地认识这些高风险的学生群体，重新设计方案，帮助他们获得成功。（5）大约在每个秋季学期的第14周，我们都对参加学习共同体的新生做一项在线调查，目的是找出这项活动的长处和不足。结果会反映在来年的秋季项目之中。例如，2006年的秋季项目活动内容，较上一个年度就有重大变化。我们对博雅学院各专业增加了更多的关于职业发展选择的信息，增加了更多的关于如何选择主修课和辅修课的讨论。所有这些改变都是根据学生的具体反馈信息做出的。

对其他院校的适用性。博雅学院学生事务与学业指导中心（3.5个专职学业指导教师、1个执行行政助理、博雅学院副院长）负责监管博雅学院大约2200名学生以及博雅学院150名教职员工的学业指导需求，还有学校管理层、其他学业指导办公室、其他职能部门、学生家长以及很多非博雅学院但受到博雅学院政策影响的学生的需求。尽管我们的资源可能有限，但是我们对自己的资源并不设限。就像学校的很多学生事务服务一样，我们所制定的很多政策和规定只是针对学院眼前的问题，但这并不是说这些政策制度就不可以在其他单位应用。举几个例子。（1）就在刚过去的那个秋季，学校的另一个学院就用了博雅学院关于大一强制休学学生的政策制度，并且正在参考我们的《新生指南》来编制自己的新生文件。（2）明尼苏达大学德鲁斯分校的学业指导协调中心，拟在2008年用我们2002年编制的《教师学业指导有效性量表》对全校情况进行调查。（3）至少，明尼苏达大学德鲁斯分校的又一项活动（线上心理学主修课程）正在考虑把我们博雅学院的线上入学教育内容调整后用在转学生新生身上。（4）明尼苏达大学德鲁斯分校的另一个学院，在博雅学院《学业指导工作简讯》的基础上，创建了自己学院的教师学业指导简讯。（5）博雅学院的学生成绩异常登记表已经在全校使用。

一些我们目前正在博雅学院进行的关于对有色人种学生和处于高风险的学生群体开展调查的倡议，其他学院也很可能有兴趣。很明显，我们所做的很多工作都是可迁移的，有些肯定也是我们借鉴别人的。学业指导工作创新的唯一障碍，是员工接受改变的意愿；不应是为了创新而创新，而是有些需求必须得到满足。因此，行动的第一步是看同行们都在做些什么（包括校内和校外的同行），并找出其中哪些与我们的独特使命、行为和文化一致。就学业指导工作而言，几乎没有什么东西需要完全凭空创造。不同地区的学业指导问题有很多都是相同的，各地的学业指导工作者也很愿意有机会分享自己的想法或到其他地方去学习。当你这样思考的时候，你已经差不多悟出了学业指导的真谛。

Jerry Pepper, jpepper@d.umn.edu

项目名称：直面改变的复杂性和挑战
机构：以玛利学院
相关章节：第十五章 学业指导服务的组织

由纳穆尔圣母姐妹创建于1919年的以玛利学院，是一所男女同校的寄宿制天主教文理学院。学校地处波士顿市的中心，校园优美，占地17英亩，紧邻一家世界级的医疗中心、两大美术博物馆和著名的芬威球场。学院的独特地理位置，为本校的学生和教师提供了很多机会，允许他们通过实习、研究以及与朗伍德医院社区和波士顿市的伙伴关系来探索现实世界。以玛利学院是一个始终充满教学和学习激情的共同体，这源自根深蒂固地对知识的严谨探索和对社会正义的不懈追求的传统。今天的以玛利学院，一如既往，继续秉持建校初衷：改善人的生活，创造一个更美好的世界。

项目历史：2001年，以玛利学院的学业指导项目遇到了一个非同寻常的挑战：如期而至的18.1%的学生人数增长；反映千禧一代特征的男女生同校教育的学生群体；有限的经济资源。2001年，以玛利学院的传统年龄在册生为694人，而且每年还在稳步增长，2007年达到了1741人。学业指导项目已然成为学院学术事务部门的一个不可或缺的部分，已经与全学院的其他部门建立了稳固的联系。项目对这一非同寻常的学生人数增长做出的反应是，符合教学规律，符合经济能力，满足向学生提供适当服务的要求。以美国学业指导协会的核心价值观为框架，结果从五大要素的汇流之中滚滚而出。这五大要素分别是：坚强的领导；有理论根基的良好组织结构；有明确的目的和目标；一致的专业发展；不间断的评价。项目在2001年聘用了第四位学业指导教师，在2004年聘用了第五位。2007年时，这几位学业指导教师要向大约1100名学生提供服务，其中有些是大一的转学生，有些是大二还专业未定的学生。

新来的学生将会随机地分配给某个学业指导团队成员。让学生参加在六月某两天举办的几场以玛利学院入学教育活动。在随后的三四个学期，学生与自己的学业指导老师定期进行单独见面，或小组研讨。

项目目标：在学生成为自己学习过程的积极参与者时，在学生积极探索可选项并在博雅课程和科学课程中进行选择的过程中，向学生发出挑战，并提供支持、给予引导。最终在第一年末，使学生具备以下能力：

- 与自己的学业指导教师建立有效的工作关系。
- 了解《学术要求概要》中以玛利学院关于学业的政策和程序。
- 清楚了解基本技能要求，了解通识要求和专业要求。
- 会阅读自己的学业评价报告，能熟练使用在线学业资源。
- 创建一份大学四年学习计划的草稿。
- 制订个人长期教育计划。
- 会用学校的各种资源。

项目描述：本学业指导项目反映了对发展型学业指导、诊疗型学业指导和教学的融合。大家期望学业指导教师能够有求必应、知识渊博、平易近人。影响项目成功的因素包括：不断增长的技术应用；小组见面的引入；学业指导大纲的编写、实施和评价。

通过以下方式不断增加对现代技术的应用：

- 入学教育期间对基础技能进行在线测评并进行分班考试。
- 与有关部门结成伙伴关系，向学生和学业指导教师提供及时一致的学业资源。
- 在暑期和整个学年，通过"第一课堂沟通系统"和校内联网会议，持续不断地与学生进行电子化沟通。
- 在线项目评估。
- 为学生提供清楚的网上注册指导网页。

小组会谈的引入。小组会谈并不是个别谈话的替代，而是对个别谈话的补充。在小组会谈时，大量的信息以正式课堂的形式传递给了学生。这样，学业指导老师就能腾出更多时间和学生进行深度个体交流。

学业指导大纲的编写、实施和评价。学业指导团队每三周召开一次两小时的团体会议,个人则每周都要和行政主管面谈交流。这样既能建立团队内部的协作,也能满足成员个体发展的需要。团体会议首先是讨论一篇相关的学术期刊文章或书籍章节。美国学业指导协会的各种出版物,包括学术期刊、专著、手册以及其他与高等教育有关的资源,都是团体会议讨论的素材。四个规划日分插在整个学年之中,一个在秋季学期末,其余三个都在 5 月。

学业指导大纲（AA0101）缩减版

第一学期——过渡与探索	第二学期——探索与整合
第 1 次见面——小组	第 5 次见面——小组
发目录、大纲、书签；说明学院和学业指导项目的使命；讨论学生和学业指导教师各自责任；参考资源链接介绍；学业评价报告及 SAS 入学考试	重温学生和学业指导教师责任及参考资源的技术链接；介绍四年规划及任务清单；旁听课程政策介绍
第 2 次见面——单独	第 6 次见面——单独
开始建立工作关系；作业 1，第 1 学期的想法；提供讨论的语境	讨论四年规划草案（作业 4）；恰当的老师及专业服务资源的引荐
第 3 次见面——小组	第 7 次见面——单独
解答作业 2 问题目录中的问题；讨论期中考试成绩、平均绩点的意义、退课的利弊；建议学业成功策略，包括转介资源；介绍网上注册概况；促进课程目录查找活动；分配作业 3	解答作业 5 中问题目录列举的问题；评析其中考试成绩；说明 COF 注册；展望暑期学习；评析学业评价报告
第 4 次见面——单独	每一次见面都有相应的书面材料，以确保信息传递的准确性
讲评作业 3；春季学习计划草案，网上注册有关问题	这些见面并不排斥学生与学业指导教师在其他时间的接触

对其他院校的适用性：

- 在入学教育期间举办工作坊，让学生学习使用学校的各种通信交流系统。
- 建立线上学业指导系统，包括常见问题解答、活动大纲、各种表格等。
- 通过用 Excel 收集和分析数据监控学生的进步。
- 设计、使用并评价一个学业指导大纲。
- 安排小组研讨和单独会谈。

● 提供讨论和专业发展机会，保持学业指导服务的一致性。

本项目对以玛利学院的学生和教师产生了深远影响。它是老师工作的校级模式和灵感源泉。有几个系已经采用了这个模式，而且来自老师的赞美源源不断。此外，两所相邻的院校也复制了我们模式的几个方面，以完善它们自己的学业指导项目。

Carolyn Caveny, caveny@emmanuel.edu

项目名称：学业指导与就业指导的成功合并
机构：普林西庇亚学院
相关章节：第十五章　学业指导服务的组织

为什么要把学业指导和就业指导合并呢？根据通识教育与美国承诺全国领导委员会（National Leadership Council for Liberal Education and America's Promise）的小册子《新全球化世纪的大学学习》（2007），高等教育将必须从不同角度来思考自己的使命以及 21 世纪学生的学习成果（pp. 1-2）。这个报告援引美国劳动局的统计数据称，美国人在其大学毕业后的 20 年里一般要换 10 次工作。报告敦促高等院校给学生提供通识教育，通过把专业、通识教育以及未来工作所需技能联系起来的方式，把学生培养成能够适应未来不断变化的全球化世界的新人（p. 16）。弗吉尼娅·戈登（Virginia Gordon）在其 2007 年出版的《职业指导》（Career Advising）一书的前言中指出：由于学生要面对数量太多、范围太宽的学业和职业选择，由于学生将要进入的工作世界高度复杂且变幻莫测，在当今的高校中把学业指导和职业指导整合起来的必要性显而易见（p. viii）。

项目历史：2003 年秋季，我以学业指导中心主任的身份邀请了我们学院职业发展中心的主任跟我一起参加了在得克萨斯州达拉斯市召开的美国学业指导协会大会。我的想法是，我们可能结成伙伴，共同探索如何为学生提供服务。在接下来几天几夜的谈话中，我们开始发现两个部门之间的联系实在太多。下面就举几个我们谈到的关键问题：

● 学生是如何获得有关探索不同专业的信息的？
● 学生是如何把专业和可能的职业联系起来的？
● 学业指导教师是如何支持学生的学业和职业规划的？
● 在教育学生把专业和职业联系起来方面，我们两个中心能够提供什么服务才能和教师形成更有效的伙伴关系？
- 我们可以做什么才能教育学生懂得把两者联系起来的必要性？才能培养学生毕业后进入全球化世界所需要的知识和技能？
- 我们怎样才能使学生在大一或大二就开始为自己的职业或研究生学习做准备，而不是一直等到毕业前的最后一个学期？

开完会回到学校的时候，我们俩都吃惊地发现，在我们各自关于老师和学生的工作中，竟然有如此多的共同内容。我们的热情，也被学院的其他人看在眼里。于是，2004年3月，学校行政当局决定把学业指导中心和职业发展中心合二为一。原职业发展中心的主任到其他部门任职。

作为合并后的新部门的主任，我马上就遇到了很多挑战。作为一个四年制的文科院校，我们怎样才能避免让自己和职业学院一样？教师学业指导师如何看待这个新部门？我们要为这个新部门打下什么基础？通过咨询评估办公室，我们选择了詹姆斯·柯林斯和杰瑞·波拉斯2004年合作出版的《基业长青》(*Built to Last*)[①] 一书中的"塑造愿景"(Building Vision) 一章作为参考。为了帮助两个办公室的人员一起工作，我们参考这一章的内容，召开了办公室合并后的第一次务虚会议。这一章也成为我们项目的核心目标和标准的基础。

项目目标：阿瑟·齐克林1994年的文章《赋能学生终身自我发展》(Empowering Lifelong Self-Development)，帮助我们清楚地认识到，我们新部门的目的是帮助学生走进大学、渡过大学、迈向社会。文章讨论了这三个过渡的重要性，还讨论了在学生渡过大学生活的过程中我们应该为他们提供充分支持的必要性。经过几次务虚会议，我们的团队得出结论：应该促进和发展学生的自我发现、专业水准和终身学习，使之走进大学、渡过大学、迈向社会。

项目描述：在新部门创建后的几个月里，我们找到了一个新办公场所，经过研究以及对学生和教师的意见征求，我们给新部门取名"学业和职业指导中心"(Academic and Career Advising, ACA)。我们围绕齐克林(Chickering) 文章中的概念，合并了网站，改写了网页内容。全体职工也都清楚地认识到，新部门的很多工作都是培训学业指导教师如何帮助学生完成这三

---

① *Built to Last*，中文译名《基业长青》，作者 [美] 詹姆斯·C. 柯林斯、杰里·I. 波拉斯，真如译，中信出版社2002年版。

大过渡转型。比伯斯·诺特（Bibbs Knotts）2002 年的文章"重新思考新经济中的博雅技能"（Rethinking Liberal Arts Skills in the New Economy），使教师沿着新的思路考虑学业指导的路径。

在接下来的两年中，我们继续进行这项合二为一的工作。这让我们尽量开阔视野，从不同角度思考我们工作涉及的各个方面。每当有人想回到旧的、分裂式的老路上时，我们就返回到我们的问题上来：在学生走进大学、渡过大学、迈向社会的进程中，我们要让学生从我们的服务中得到什么？我们提供的各种功能是怎样重叠的，是可以如何整合的？我们怎样帮助学生（及指导教师）理解学习和为毕业后的职业做准备之间的关系？

新部门培训指导教师与一年级学生一起完成一个综合性的活动项目。项目内容包括学业规划、课程选择、专业探索以及职业规划。"学业和职业指导中心"还鼓励新学生尽早开始思考自己的学业与职业相关技能培养之间的关系。我们还通过与学校就业办公室联合举办简历写作工作坊的形式来鼓励学生思考，他们想给自己未来的雇主提供什么样的技能和经历。于是，学生在校园里找工作时，在找实习或短期工作，暑假期间或其他假期找临时工作时，就可以使用工作坊期间自己写好的简历。

本部门研究并把新近整合的发展性的自我发现和自我评估项目放在一起，包括几个在线工具。在我们意料中的是，学生发现自己在探索专业的同时，很自然也想探索一下可能的职业。学业指导教师发现，他们拥有了更多的关于学生进行专业探索、校内外实习或短期工作、职业关联等方面的信息。这些信息都通过学业和职业指导中心在学生注册前举办的学业指导教师必须参加的简要报告会提供。这样能增强指导教师的意识，使他们认识到学生在大学本科学习期间参与工作和其他经历的重要性。在与学生所在专业学业教师学业指导师一起工作的过程中，我们很快和他们建立了合作伙伴关系。这样就可以帮助学生解决自我发现过程中的一些具体细节问题。

合并之后，学业和职业指导中心的人员和资源配置更加高效，工作流程更加顺畅，办公室更引人注目，与学生和教师的接触也更多。尽管学业与职业指导中心所提供的学生服务都不是强制性的，但两个办公室的合并是一个巨大的成功。

在 2007 年 5 月所做的一项对毕业班学生的调查显示（79% 的毕业班学生完成了调查），受访者中：

- 70% 的学生大一或大二时首次注意到学业与职业指导中心及其

服务。
- 93%的学生说，学业指导教师鼓励他们去积极地规划自己的学业。
- 83%的学生认为，学业指导教师给学生提供准确的信息，或者必要时把学生引荐到其他资源。
- 65%的学生认为，学业指导教师帮助学生把自己的教育目标与职业以及攻读研究生的目标联系起来。

在2007年5月学业与职业指导中心对毕业班学生的指导记录的研究表明，接受过学业指导的毕业生中：

- 73%的学生接触过辅导中心的服务（一对一预约辅导、讨论会、研讨班等）。
- 24%的学生参加过辅导中心举办的为期三天的职业讨论会。

在2007年秋季，对新生入学教育的调查结果显示（84%的学生回答了问题），受访者中：

- 85%的学生说，他们清楚普林西庇亚学院的学业和学位要求概况。
- 90%的学生说，他们的学习兴趣得到了充分考虑。

对其他院校的适用性：我们合并后的学业与职业指导中心项目的很多部分都可以在其他院校使用。我们项目的一个重要部分，就是培训我们的指导教师，使他们能够和一年级学生一起，讨论学习与职业技能获得之间的联系。我们在学生注册之前召开的强制性学业指导教师简要报告会，增强了指导教师的意识，为讨论学业和就业关系提供了信息。我们整合后的发展性的自我发现项目包括了几组在线工具。我们的互联网搜索引擎，提供了其他院校如何整合学业指导与就业服务的宝贵信息。和我们的一样，其他院校的服务内容也是自我探索、学业规划、学习技能支持、体验式学习机会、学生就业、职业及研究生升学服务。除了我们的项目之外，还有一些其他学校合并二者的例子，包括多伦多大学的、拉罗什学院的以及基恩州立学院。

米奇·勃朗宁（Midge Browning），midge. browning@ principia. edu

案例第四部分

第四部分：培训、评估、认可和奖励

项目名称：学业指导教师提升项目（Advisor Enhancement Program，AEP）

院校：中佛罗里达大学（UCF）

相关章节：第二十章 学业指导教师培训和发展的关键概念

项目历史：创建于2001年夏季的中佛罗里达大学学业指导教师提升项目（AEP），旨在为持续的学业指导教师提升项目提供指导和领导。中佛罗里达大学，全美第六大的大学，是一所公立的、拥有多个校区的、位于大都会的研究性大学。中佛罗里达大学目前有48000多名学生。学业指导教师必须始终与学生的主流群体、不断变化的政策以及为了响应州政府的强制要求与学生不断增长的需求而发展出来的学业指导实践保持一致。学业指导教师提升项目用来帮助学业指导教师一起讨论当前的话题，分享优秀的实践经验和参与专业能力提升活动。所有的这一切都提升了中佛罗里达大学学业指导教师的专业能力和服务质量。在与学术事务系统和学生发展与注册服务系统的合作中，学业指导教师能力提升项目为超过500人的教师和员工提供了服务。这些教师和员工为学校学生的进步、在册率和成功做出了直接的贡献。

项目目标：学业指导教师提升项目的目的是为教师学业指导师和专职学业指导师提供提升学业指导专业能力的机会。项目的目标通过以下途径实现：

1. 学业指导教师提升项目为教师学业指导师和专职学业指导师提供了与学校资源和学习机会的独特联系。项目每月都会举行专业能力提升活动、新员工入职培训和各种主题的工作坊。项目通过行动创建的其他资源，包括一本学业指导手册，在线培训课程和一个提供学业指导信息的网站。项目还提供教师学业指导师和专职学业指导师之间不间断的工作协作网络、交流和合作的机会。

2. 学业指导教师提升项目为中佛罗里达大学提供更精确地评估学业指导团体的需要的途径。在参加各种各样的培训项目的过程中，学业指导教师被反复地调查项目所提供的信息对于他们目前所就职的岗位是否是有用的。于是，培训项目的效果得到了评估并有根据地进行改进。

3. 通过专业能力提升培训，中佛罗里达大学的所有学业指导教师

得到了关于学校政策和程序的最新最准确的信息。这对像中佛罗里达大学这样的大型学校来说是非常重要的。因为学校的学生和政策总是在不停地变化，不断有新的员工被招募进来。

4. 全体学业指导教师都获得了科技技术方面的培训，因为学校的规模很大，因而工作中需要及时更新数据库和在线资源。

项目描述：学业指导是高等教育过程的有机组成部分，得到了来自学校各个层面的支持。它也是一个促进学生发展的过程。它协助学生厘清自己的人生目标，并为他们提供将人生目标与专业选择整合到教育中的机会，从而学生可以通过教育计划最大化地实现他们的教育潜能。学业指导是一个学生与学业指导教师持续进行交流和信息交换的过程。这个过程的力量和影响不应被低估。于是，学业指导教师提升项目的存在就是为了确保学业指导教师与学生之间的关系能蓬勃发展并发挥其最终的潜能。为了取得这一成功，学业指导教师需要持续地接受专业能力提升培训和专业支持。

学业指导教师提升项目为学业指导教师持续提高自己的知识水平和工作效果的需求提供了相应的服务和资源。学业指导教师通过参加研讨、工作协作机会、会议和其他专业发展机会接收到最新最准确的信息和策略。学业指导教师通过参加工作坊和每月的培训项目，获得了一种集体感，这将有利于更道德的行为和更多的交流和协作机会的形成。

中佛罗里达大学各学院每两个月轮流主持一次集体的学业指导教师发展项目。由学院学业指导负责人、学生发展与注册服务部门的负责人组成的学业指导委员会，负责要求校内专家为学业指导教师提供最新的信息和事件。此外，学业指导教师可以向委员会推荐关于学业指导提升项目的未来发展的讨论主题或主讲者。学校和学院的学业指导领导者都支持学业指导教师通过地区或国家级的学术会议提高专业能力。他们也鼓励学业指导教师在地区或国家级的学术会议上发表自己的研究成果。

在教师学业指导师和专职学业指导师每月参加培训课程并获得无数与同行协作机会的同时，新进教师也从学业指导教师提升项目中受益匪浅。学业指导教师提升项目通过与学校教师教学与学习中心的合作，为新聘教师学业指导师在学校新教师入职培训提供了大量学业指导方面的工作坊。这些工作坊为新聘教师学业指导师介绍了学校最新的学业指导政策、目前使用的学业指导工具和相关的技术手段。基于专职学业指导师和学生发展与注册服务工作人员所领导的这类合作，新聘和现有的教师学业指导师在职业能力提升方面被紧密地团结起来，并被提供了必要的资源和工具以最大化他们的指导效果。

学业指导教师提升项目负责人每年会对每月的培训课程和学业指导整体过程进行调查，以评估其实际效果。学业指导项目负责人会与学业指导教师沟通，并判断哪些需求需要通过提升项目得以满足。在调查和开放性讨论的过程中，学业指导教师可以对提升项目的未来主要努力方向和架构发表自己的意见。

从学业指导教师那里得到的反馈充分说明了，学业指导教师提升项目极大地提高了学业指导教师们服务学生的能力。项目增强了他们关于学校学业指导政策的知识，95%的学业指导教师报告每月的培训课程提高了他们的工作能力。学生也反馈从学业指导教师那里得到错误信息的情况已经大幅度减少。培训后的评估调查为后续的培训确定了重点主题，保证了提升项目的持续发展，最终也保证了中佛罗里达大学学业指导的更大成功。

对其他高校的适用性：由于中佛罗里达大学学业指导教师提升项目主要使用现有资源，且只需要极少的资金，所以它可以为不同规模的公立和私立高等院校的学业指导教师提供一个低成本的专业能力发展机会。该项目可以为学业指导教师提供一致、清晰和准确的学业指导信息，从而提供一个探索利用技术手段应用和扩散学业指导信息资源的机会。最后，该项目可以搭建一个让校级管理者参与、认可和支持学业指导的平台。

德莱恩·普利斯特（DeLaine Priest），dpriest@mail.ucf.edu

朱迪丝·辛德林格（Judith Sindlinger）

马克·艾伦·波塞尔（Mark Allen Poisel）

蒂娜·斯米利（Tina Smilie）

项目名称：全校学业指导工作评估

学校：俄勒冈州立大学（OSU）

相关章节：第二十五章 评估学业指导的有效性

项目历史：俄勒冈州立大学（OSU）是一所以研究为主的赠地大学，拥有大约19000名本科生和研究生。该大学的十个优秀的学院和大学探索性研究项目都为本科生提供学业指导服务。每个学院自己都有一个独特的学业指导架构，尽管每所学院都有一个学业指导负责人，但是他们的职责有很大不同，从负责学业指导的具体运作到协调学院所有面向学生的服务都有可能。一些学院有一个集中的由专职学业指导教师组成的学业指导办公室，负责辅导学院不同系部、不同专业的所有学生。另一些学院则实行的是分散辅导的模式,由各系部的教师学业指导师和专职学业指导师解决学生的学业指导需求问题。

项目目标:俄勒冈州立大学的学业指导项目反映了学校致力于实现卓越的教学与学习的目标,并聚焦于学生的成功。我们知道优质的学业指导是高等教育过程必不可少的有机组成部分,是学生学术发展和人生福祉的重要组成部分,不管它们是诊疗型的学业指导还是发展型的学业指导。

2001年,西北高等院校委员会(NWCCU)受邀对俄勒冈州立大学进行教育有效性认证评估,发现学校的学业指导项目没有达到理想状况,存在不连续和令学生糊涂的问题。委员会正式向学校提出了整改建议。2006年春,委员会再次对学校进行回访评估,发现他们提出的关于学业指导的严肃的整改意见已经得以很好地落实。于是,他们在学业指导方面提供给校长和教务长的反馈意见是积极正面的。对学业指导真正的赞誉来自他们最后的正式报告,整个报告最后以对学业指导工作的高度赞扬结束。

> 俄勒冈州立大学在营造重视学业指导,并将学业指导视为学生成功的核心的校园文化方面取得了巨大的进步。学校从事学业指导工作的教职员工为之付出的精力、热情和承诺是令人钦佩的。我们赞扬俄勒冈州立大学自2001年评估以来,为改进和推动学业指导而采取的措施,并赞扬它成功地创造了一种新的大学文化,在这种文化中,卓越的学业指导被认为是学生成功的关键。*学校关于学业指导的评估计划是我们有史以来在所有大学中看到的最好的计划。*(斜体部分为报告原文)

项目描述:俄勒冈州立大学的学业指导项目评估方法因简洁而显得特别巧妙。它有三个主要步骤:每个步骤均

- 阐明预期的成果。
- 收集关于学习成果多大程度上被实现了的信息。
- 将这些信息用于项目改进。

我们专注于评估过程与评估计划的比较,并认识到全周期评估是一个对反思和决策都非常有价值的工具。以下是对全校范围内实施学业指导评估的这些步骤的描述。

第一个重要的步骤：阐述预期的成果。2005年10名学业指导负责人和2名管理人员参加了美国学业指导协会（NACADA）的暑期研修班，以确立最适合俄勒冈州立大学学业指导工作的原则。团队主要依靠众多的指导性文件来完成这些任务，包括大学的发展规划以及由美国学业指导协会和美国高等教育标准促进委员会（CAS）重点指出的标准和范式。

最佳学业指导原则逐渐变得清晰明朗。首先，确立学业指导项目的愿景和使命。然后，为学业指导项目确立与学校高度一致的价值观。最后，确定项目关于学业指导教师工作的目标和学生的学习成果，并制订一个评估计划以衡量项目效果。从一开始就有意识地在这一结构中设计了一个灵活的机制，由各系部和学院以最适合自己部门文化的方式确定对学生、学业指导教师和学业指导项目的预期成果。

这项工作由全校上下共同完成，从各院系的午餐会，到学校各种不同的委员会，再到校长和教务长以及他们的咨询委员会。学业指导项目的愿景、使命、价值观和目标陈述由教授评议委员会下的学业指导委员会一致通过，并由教授评议委员会下的行政委员会批准执行。

新的学业指导原则的实施策略通过如下所述的一些核心概念构成。

制度性变革。为了实现更好的学业指导和学生的成功，俄勒冈州立大学正在以下关键领域努力：（1）重新定义学业指导时间；（2）技术；（3）评估；（4）学业指导教师的专业能力发展、培训和认可。

- 该团队正在与学校沟通开发一个可扩展的、综合的，由教务长资助并将为整个大学服务的学业指导系统原型。
- 为了启动评估工作，三名成员参加了美国学业指导协会的学业指导评估研修班。
- 为每年在"大学日"颁发最佳专职学业指导师奖（最佳教师学业指导师奖已经设置）配备专项资金并制定了书面指导意见。
- 承诺每年为全体学业指导教师提供本地的专业能力发展培训机会。

实施原则

- 统一：由学校自上而下支持
- 一致：对所有学院都适用

- 适应：满足学院自身的需要
- 扩展：可用于社区大学学生

学院为实现学校卓越的学业指导项目所做的努力

- 采用和促进这些学业指导原则。
- 参与制定关于学业指导技术的策略。
- 鼓励和支持学业指导教师的发展和培训。
- 支持评估学生学业指导学习结果。
- 认可并奖励所在学院优秀的学业指导实践。

第二步：制定方法/评估工具，收集数据。

评估工具的设计是为了监测和指导学业指导项目的改进。学业指导的目标和成果被映射到各种学业指导活动以及学生四年的大学经历中。这种投射形成的图形为人们展示了关于全校性学业指导模型复杂性的具体形象。

一旦确定了新生第一学年必要的学习成果，学业指导团队将与学校其他部门合作制定众多将理论付诸实践的文本。这些文本是对学生和学业指导教师都非常有用的有形成果。

- **77天从零到成功**项目是一个一周接一周地需要学生坚持完成的任务清单，有助于提高学生取得成功的机会。
- **学业指导教师——接受指导的学生双方的责任**塑造了学业指导关系中双方的角色，并提醒双方合作伙伴关系对于成功的学业指导的必要性。
- **START任务清单**涵盖了新生需要在暑期START适应性教育项目期间完成的任务，以及需要知道的重要信息。
- **学业指导项目愿景、使命、价值观的宣传海报**需要悬挂、铺垫和装裱在全校每一个学业指导办公室，包括负责体育特长生、国际学生和教育机会平等方面的学业指导办公室里。它醒目地提醒我们要致力于实现卓越的学业指导。

这些文本给学生传递了一个高度一致的全校性的信息，即任何一个文本都会在全校每一个学院和系部的每一个START适应性教育项目中实行。这样就清晰地界定了对学业指导教师和学生的期望，并明确了评估的要点以确保期望的学业指导成果得以实现，不管学生是来自哪个学科的。这样设计是基于一个具有进步意义的转变，即在学生的大学生涯中将责任从大学转移到学生身上，**从诊疗型**学业指导为主导转变为更多的**发展型**学业指导。

数据被从 START 任务清单和 START 适应性教育项目参与学生那里收集到，同时在春季组织了大一学生焦点组访谈。一份学业指导教师自评表被分发给学业指导教师，用于测量他们对自己的工作以及学校对自己的支持情况的评价。

第三步：反思数据并做出决策以形成工作闭环。学业指导团队每年都会在夏天进行工作反思以及在冬季举行工作研讨，两次都会专门提供给大家时间反思。这对保持工作重心聚焦，培养创造力和协作能力，以及乐于应对变化都非常必要。数据说明了什么？精力应该被指导用于何处才能取得最大的进步？是否每一个学院的工作都在朝着既定的目标和成果努力？

反思的一个成果就是意识到学业指导负责人对实现预期学生学习成果的许多领域几乎都没有控制力。学生的学习在那些与学业指导并没有直接关系的领域发生。虽然学业指导教师不能为别人的工作负责，但是与学校其他部门成员的相互依存关系是非常清晰的，同他们的合作伙伴关系是实现我们既定目标所必需的。各学院的学业指导负责人会两人一组与学校各部门见面，分享了学业指导实现的学生学习成果，并说明每个部门在成功实现每一项成果方面所起到的作用。这项行动确定了焦点。仅仅其他部门对学业指导有效性的认同就会带来一些进步，而且这样的外联工作更会带来其他部门工作和态度的变化。另一个结果是让各学院有机会分享学业指导的创新举措，如新的针对被学业预警学生的指导项目、学业指导大纲、学生调查、"开放之家"学位博览会、课程转换论坛以及许多其他方面的创新。所有这些新的举措有一个共同之处，那就是都源于俄勒冈州立大学学业指导项目既定的学生学习成果。由此，俄勒冈州立大学的学业指导评估形成了闭环。

对其他高校的适用性：我们在俄勒冈州立大学采取的方法可以很好地适用于其他高校，而不需要做太多的改变。虽然在一个学校非常有效的办法完全适合另外一所学校的情况非常罕见，但是基本的范式可以作为一个模板，激发大家的兴趣，并节省时间和精力。评估，这项工作是可行的。应让评估保持简洁、以学生为中心，推动持续的改进，最重要的是持续性。将任务分解成可操作的板块。每一次都从小的任务着手，然后形成评估—改进的闭环。

苏茜·莱斯利（Susie Leslie），学术项目和学术评估中心主任
susie.leslie@oregonstate.edu

项目名称：学业指导教师发展与资源团队：卓越学业指导奖（http：//webspace.ship.edu/advising）

学校：希彭斯堡大学（Shippensburg University）

相关章节：第二十六章　认可和奖励学业指导理论研究与实践

项目历史：希彭斯堡大学是构成宾夕法尼亚州高等教育体系的14所大学之一。指导全校范围的学业指导实践的是大学的关键特征，即它是一个集体谈判机构。根据学校内部沟通谈判结果，学业指导是任课教师的责任。因此，向学生提供学业指导服务的组织架构是一个仅由任课教师组成的分散模式。已经确定专业的学生由其专业所在院系的任课教师负责，没有确定专业的学生由专业未定学生办公室负责对其进行学业指导。

希彭斯堡大学关于学业指导的哲学信条是，学业指导不仅提高了学生的在册率和满意度，而且增强了学业指导教师的教育经验。学业指导教师能力发展的目标是提供持续优质的学业指导。2000年春，校长给学术项目与服务学院的院长下达了提升全校学业指导质量的任务。这促成了学业指导教师发展与资源团队（Advisor Development and Resource Team，ADRT）的建立。该团队作为一个协作机构负责促进全校范围的优质学业指导，创建项目和服务，协助任课教师开展学业指导工作。所有院系都被鼓励指定一名代表到学业指导教师发展与资源团队工作。

ADRT团队最大的一个创举就是设立卓越学业指导奖。2002年，教务长宣布启动了第一届评选。她指出将会对最佳地展示出并促进了优秀的学业指导实践的院系给予现金奖励。这作为年度奖励的重点保持了下来。自该奖项设立以来，至今一共有5个学院获得了该项奖励。

项目目标：卓越学业指导奖的设立有两个主要的目的：（1）提升全校学业指导质量；（2）培育一种将学业指导视为教学和学习过程的有机组成部分的校园文化。为了实现这些目的，奖励评选的过程鼓励学院找出并分享那些能推广到其他院系的最佳学业指导实践。每年获奖者的申报书都会被图书馆收藏，获奖的院系也会举办一个全校范围的学业指导工作坊。别的院系将会鼓励借鉴和采用获奖学院学业指导实践措施中适合他们自己学生需求的部分。实际上，获奖学院的教师学业指导师已经成为全校学业指导教师的导师。

项目描述：卓越学业指导奖每年颁发给展示了正如其申报书中支撑材料所证明的卓越的学业指导实践的学院。卓越学业指导奖之所以颁发给学院而不是个人，是因为相信学业指导是项目化的而非单打独斗的工作和有效的学业指导是团队努力的结果。学业指导教师发展与资源团队制定获奖资格要求，协调评选程序和过程，并向教务长提供获奖者推荐名单，请教务长宣布获奖者名单。下面是关于这个奖励项目的描述。

奖金：总额为5000美元的奖金由学校校长和教务长资助，即2500美元来自学术事务办公室，另外2500美元由校长办公室划拨。关于奖金的使用只有一条规定，即应该被指定用于推进本科教学和学习。任何未使用完的奖金都可以从上一年结转到下一年。获奖者已将资金用于下列活动：

- 资助学生参加地区会议
- 购买教育材料
- 资助学生参观达利的画展和费城艺术博物馆
- 为阅读圈（reading circle）活动购买书籍
- 赞助学生科研竞赛
- 荣誉招待会

除了现金奖励外，获奖学院会在秋季全校教职工大会上获得表彰，在面向教职员工的校园出版物中得到一期专题报道，在学业指导简报得到表彰，会被颁发一个荣誉牌匾用于在学院展示并会专门在学校图书馆竖立一块荣誉牌匾。

获奖资格：该奖项参评对象仅限于各学院。获奖者只有自获奖当年起两年之后，并且他们学院的学业指导已经有了显著的改进或改变，才有资格重新申报参评。

指标：申报书被评估在多大程度上提供了达到以下每一项指标的证据。此外，学院学业指导项目描述、在全校范围内分享最佳实践经验的意愿以及对美国学业指导协会核心价值观的坚持情况都是评选的关键因素。

创新质量：学业指导项目在多大程度上展现了用于有效学业指导最佳实践的独特方法？

创造力：学业指导项目在多大程度上展示了在提供学业指导服务时创造性地使用资源（人力、财力和物力）？

使用情况：学业指导项目在多大程度上解决了所在院系当前的问题和学业指导中的问题？

机构承诺：学业指导项目在多大程度上显示出了为整个学院提供学业指导的承诺？

影响：学业指导项目在多大程度上提供了对学生和学院学业指导积极成果的明确的、定性和定量的评估？

专业发展：学业指导项目在多大程度上解决了教师如何为他们的学业指导职责做好准备？

可迁移性：学业指导项目在多大程度上显示了其策略适用于其他学院？

申报程序。申报通知是在秋季学期发出的，通常是在10月中旬。提交给ADRT主席的截止日期是次年2月底。申报材料和指南分发给各学院院长和系部主任。学业指导教师发展项目的协调者和往届获奖者可协助各部门进行申报。申报材料包括：

1. 填写完整的申报书一式五份，并附证明材料；
2. 关于学院对学业指导的职责和作用的理解的描述，学院用以实现卓越的学业指导的做法，以及评估学业指导项目有效性的方法；
3. 不超过5页的学业指导项目的描述需要对以下问题进行说明：
 · 对评选指标的满足情况；
 · 学业指导项目是如何被制定的（遇到的问题、组织关注的问题、财政预算和其他实际的问题）；
 · 学院学业指导项目的目标和目的；
 · 对学业指导项目的具体描述，包括学业指导教师与学生的比例和专业未定学生、辅修专业学生和转学学生是如何被指导的；
 · 学业指导项目评估程序，包括质化评估和量化评估；
 · 反映学业指导项目对学生和学院的影响的成果和产出；
 · 对其他学院的适用性；
4. 填写完整并有适当签名的申报书；
5. 学院院长的一封概述学院使命、目标和教学理念，并说明学业指导项目是如何支撑学院教育理念的信；
6. 其他证明材料，如学生及校友对学业指导项目的信函支持。

评选程序：ADRT下的一个评审小组负责审阅并给申报书评分。为了避免利益冲突，评委由未提交申报书的学院的教师学业指导师组成。评委中至少有一人来自曾经获此殊荣的学院。评审小组组长由来自非教学部门的员工担任。评审小组根据标准化的评价工具对申报书进行评分，并向整个 ADRT 团队汇报他们的工作。推荐获奖名单提供给教务长，并由教务长在春季全校教职工大会上表彰获奖者。

对其他高校的适用性：可移植性是优秀的学业指导项目的特性。卓越学业指导奖获奖项目的关键特征之一就是它能作为一个榜样适用于任何高校。这个项目的实施不需要额外的资金或时间资源。然而，必须指出的是，卓越学业指导奖在希彭斯堡大学成为促进卓越的学业指导的激励因素还在于以下几方面的因素：

1. 这是一个全校范围内得到广泛支持的倡议，支持者包括学校最高行政领导（校长和教务长）和学院院长，而非仅仅被视为学业指导项目的内部事务。

2. 它被致力于实现卓越学业指导的教师学业指导师所接受。

3. 它是通过一个协调全校的组织（ADRT）来管理的，而不是个人或学业指导中心的职责。

斯蒂芬·奥·华莱士（Stephen O. Wallace）
大卫·亨里克（David Henriques），dihenr@ship.edu

项目名称：激励和奖励学业指导教师：一个实际的方法
学校：霍华德社区学院（HCC）
相关章节：第二十六章　认可和奖励学业指导教师的理论和实践
项目历史：霍华德社区学院 1996 年重组了它的学业指导机构。此前，学院的学业指导一直由职业咨询师和心理咨询师负责，他们同时也具有教师身份并教授人类发展和心理学方面的各种课程。虽然，心理咨询服务在每年对教职员工和学生的满意度调查中得到了很好的评价，但学业指导服务却没有得到同样的认可。学业指导教师士气低落，而且越来越令人担心。

新的组织架构设置了招生与学业指导办公室。该办公室整合了学业指导与转学学生辅导以及招生服务。招生与学业指导办公室负责外联和招生，普通招生、选择性招生和竞争性招生项目，国际学生招生，学业和转学学生辅导（包括一个新成立的转学学生中心），学生成绩评估和学位审查，以及学生首次毕业申请过程。这样的组织架构使学生从对学校感兴趣到毕业的整个过程中都只需与一个部门保持紧密的联系。当然，学生也可以在这期间的任何时间点联系招生与学业指导办公室。从该办公室设立以来，学生对学校招生和学业指导服务的满意度就已经开始稳定地上升，并一直是学生、教师和员工满意度调查中满意度最高的服务部门之一。

2006年春，霍华德社区学院与马里兰社区学院（Maryland community colleges）一道，开展了社区学院学生学习性投入调查（Community College Survey of Student Engagement，CCESE）。调查显示，学业指导是学生评价最高的服务项目。此外，通过多种可用的方法也只收集到极少学生对学院的失误的报告或抱怨。尽管在过去的5年里，招生规模扩大了40%，学业指导工作量增加了28%，但学生对学业指导的满意度始终稳定地保持在很高的水平。

学业指导工作的组织架构是学生评价很高的无缝衔接的组织架构。然而该办公室的负责人却认为，无论是通过客观证据还是私下传闻都证明了，员工士气的显著提升和持续保持已经成为组织成功的核心，也是学院招生人数增长的重要因素。学业指导员工的满意度得以提升的原因在于学院和部门都承诺对学业指导人员进行贯穿全年的、不同程度的奖励。扩大招生规模以满足社区需要一直是霍华德社区学院的战略目标之一。注册基本上是全年进行的，包括在夏季学期。事实上，这导致了入学人数和专业增长的比例超过并将继续超过教职员工的增长比例。主要依靠增加员工来提高学生满意度和在职员工士气的想法并不现实，尤其是想要尽快招募到更多的全职员工是多么的困难。相信新的组织架构会提高学生的满意度，组织领导者们会将注意力转移到员工士气上并确立以下的目标。

1. 新的组织架构应建立在学院以教师和员工为中心的最佳雇主的历史基础之上，使用基于绩效的薪酬制度和其他全校性的认可和奖励措施。

2. 开发和实施一个充满活力的员工发展计划，以帮助学业指导教师增强知识基础，提升自信，提高学生的满意度和正面反馈。

3. 专注于招聘、团队建设、个人利益和体验、"所有权"、员工参与决策和员工留用。

4. 为部门员工提供职业发展机会。

5. 为团队建设、会议、行政和后勤工作、个别会谈、创造性活动和特殊项目提供时间。
6. 关注员工身心健康和减轻员工压力。
7. 告知学生、任课教师和员工学业指导的程序。
8. 定期采取正式或非正式评估了解学生和员工的满意度。
9. 最小化财政拨款员工、全职员工和兼职员工之间的差距。

项目描述：尽管很重要，但奖励学业指导员工并不是终极目标。相反，奖励的目的在于营造认可和奖励的文化，承认专业技能、职业道德、工作压力和员工意见以实现学校的目标。实用主义是提供奖励和认可的核心。它所使用的方法不太依赖于创新，而是更多地依赖于一致性和"反直觉"。例如，虽然一个管理增长策略可能明显地需要延长非预约学业指导的时长，但由于希望提高非预约学业指导的收益，于是人们抵制了这样做的想法。

以下每一种策略都满足了招生与学业指导办公室的一个或多个目标。

获得技术和其他资源：招生与学业指导办公室的首要优先事项是向学业指导教师提供最新的技术和其他资源。无论全职还是兼职学业指导教师都可以获得他们所需的技术、空间、设备和其他工具。

出差机会：当预算紧张时，高校首先会缩减的预算项目之一就是差旅费。与之相反的是，霍华德社区学院招生与学业指导办公室认为，适当的本地、地区、国内，甚至国外出差，是奖励工作人员和更新工作人员理念与鼓励新的想法，并与各地同行建立协作关系的必要手段。霍华德社区学院负责学术事务的副校长与该招生与学业指导办公室合作，使学业指导教师能够亲身体验学院的海外学习项目。于是，学业指导教师拥有了一个精彩的和充满活力的公差机会，并能更好地指导和鼓励学生参与海外留学项目。所有对出差感兴趣的工作人员都知道，他们最终都会有机会出去，包括辅助人员。参加本地和区域性的学业指导工作会议，调研其他高校都是被鼓励的。通过出差建立与其他同行的友谊，为部门注入了新的信息和观念，并且常常让员工肯定部门正在开展的工作。

专业组织的会员资格：专业组织的会员资格的重要性是显而易见的，但许多高校或部门往往将会员费的资助对象仅限于管理者或全职员工。霍华德社区学院招生与学业指导办公室为所有加入学业指导专业组织，如美国学业指导协会（NACADA）的员工，提供全额资助。除了促进员工的专业能力发展之外，成为专业组织的会员将强化员工专业身份认同和他人的认可。

补休时间：在霍华德社区学院，学业指导教师是专业人员，没有资格获得加班补休时间。然而，在学业指导高峰期后学业指导教师被给予了立即"强制"休息期。"强制"休息期必须在高峰期后四周内使用，并不得因请假而扣除。通常，非全职工作人员给予一天"强制"休息期，全职工作人员给予两天。

办公时间表：许多学业指导部门都全天同时提供非预约的和需预约的学业指导。抽时间从事特殊项目、推进后续工作、参加各种学校活动、开会或开展专业能力发展活动等，最多只能算是一个挑战。基于此，霍华德社区学院决定将学业指导的仅限柜台服务（非预约服务）时间限制为每月只有一天，除了一月和八月。学业指导办公室每天在下午3点到5点间关闭，傍晚再次开放，以便学业指导教师完成文书工作，非正式地与同事见面，在特殊项目上工作，或者与学生、任课教师或其他员工完成预约。仅限柜台服务时间为星期四晚，这是专门为特殊项目、信息研讨课和别的特别事项配套设置的。学业指导高峰期，灵活的工作时间表被用来满足学生的需求。

专业知识和所有权：每个学业指导教师都会基于其兴趣和特殊的能力而被分配到学业指导的某一特定专业领域。在所有学业指导教师被要求基本的知识基础的同时，他们每一个都成为专家、协调者、问题解决者和某一特定领域的培训师。

招聘和晋升：招聘整体上聚焦于应聘者将如何从整体上在办公室和部门的层面对团队形成有力的补充。初级职位被赋予不断增加的责任，晋升随时都可以从内部实现。主管紧密关注和协调员工的职责与发展，在任何时机成熟的时候要求部门对员工重新评级，并将对其的奖励标准提到允许的最高水平。

学校认可：学业指导教师被定期地提名推荐参加学校评奖或其他形式的认可。这需要花费时间和精力，但它至关重要，无论学业指导教师是否最终得到奖励或认可。

员工发展：学业指导教师和支持人员都被提供了丰富他们求职简历的机会。攻读高层次的学位被强烈地鼓励，工作时间表也经常被调整以满足攻读学位的需要。学业指导教师被鼓励参加部门外的项目和各种委员会的服务工作，不管是否和部门的核心工作直接相关。通过全校性的学生、教师和员工调查、评价卡、学生评价卡和其他方式，提供反馈意见给学业指导教师。这提供了调整、改进和强化的机会。

食物、饮料和娱乐：食物和茶点是办公室文化的一部分，也是我们学业指导高峰期计划、员工会议和员工培训的组成部分。学校咖啡厅的消费券全年都向员工提供，以鼓励他们和同事一同去进行短暂的休息。任课教师和其他部门的员工都在我们的计划之中，以使大家都能共同进餐。

团队精神和合议制：最重要的是，我们做出了许多努力来促进合议制。招生与学业指导办公室拥有一支庞大的员工队伍，并因此设立众多下属单位（即负责综合医疗保健、转学、国际事务的单位等）。办公室特别注重确保员工不会根据对相关领域的强调而进行分组。每一个下属单位的每一名成员都由招生与学业指导办公室统一分配，强化团队精神，并且每一个人都拥有知晓各种信息的途径。在每年初由随机抽选的员工共同策划决定每月召开的全体职工大会。大范围地为员工提供一个发表关于工作情况的意见有利于保持员工高水平的满意度。

对其他高校的适用性：招生与学业指导办公室很幸运地拥有全校上下的有力支持和充足的资源。这是一个良性循环：部门得到了支持是因为它为学校目标的达成做出了有力的贡献，它成功促进了学校目标的实现是因为它得到了支持。远距离的差旅费，可能是其他学校不能资助的，但是前文所提及的许多奖励都是简单易行，投入产出比高的，比如，灵活的工作时间表、员工发展和开发项目的时间。确保员工知道他们的专业特长和工作表现被重视是学校取得成功的一个关键要素。在霍华德社区学院，这种理解转化为学校战略目标的实现和学校各方面对学业指导服务的满意。

芭芭拉·格林菲尔德（Barbara Greenfeld），bgreenfeld@howardcc.edu

本章小结

第六部分提供了美国学业指导协会褒奖的学业指导的例子。这些例子很好地展示了本书中一些作者的观点是如何应用到学业指导的实践中的。以理论框架为基础开展学业指导，如"赏识型学业指导"，不仅可以为学生和指导老师的一对一交流增添结构和意义，而且还能指导学业指导项目规划的观念。本章中关于三个学业指导项目的描述说明了如何制定方法满足那些学生群体的非常特别的需求。

学业指导机构的组织规划必须反映学校在规模和文化上的独特性。对应本书第三部分所编写的学业指导项目范例，为所有愿意改进其学业指导组织和管理不同方面的方式的院校，提供了可以应用到其学校的实践方法。对于以上任何一个学业指导项目来说，最重要的组成要素之一就是为员工提供的专业能力发展项目的类型、评估项目使命和服务的方式，以及任何对许多学业指导教师无私奉献的、优秀的学业指导进行认可和奖励。本书提供了如何认可和奖励杰出的学业指导实践的两种不同的方法的例子，作为对本书第四部分的回应。这两种独特的方法的许多方面都适用于任何对改进这一重要但常常被忽视的学业指导领域感兴趣的学校。

本书第六部分提供的关于学业指导项目的描述中的那些项目，都是全国高校创造出的优秀的学业指导方法。希望这些项目描述成为产生创新性的学业指导项目的动力，并激励学业指导管理人员和学业指导教师将这些已被证明非常成功的学业指导实践应用到其他学业指导项目中去。

References

Bloom, J. L., Amundsen, S. A., & Hutson, B. L. (2006, October). Appreciative advising potential interest group. Interest group session conducted at the Annual Conference of the National Academic Advising Association, Indianapolis, IN.

Chickering, A. (1994). Empowering lifelong self-development. NACADA Journal, 14(2), 50-53.

Collins, J. C., & Porras, J. I. (2004). Built to last: Successful habits of visionary companies. New York: Harper Collins.

Cooperrider, D. L. (1990). Positive image, positive action: The affirmative basis of organizing. In S. Srivastva, & D. L. Cooperrider (Eds.), Appreciative management and leadership: The power of positive thought and action in organizations (pp. 91-125). San Francisco: Jossey-Bass.

Gordon, V. N. (2007). Career advising. San Francisco: Jossey-Bass.

Hutson, B. L. (2003). Student strategies for success survey. Greensboro: University of North Carolina-Greensboro.

Hutson, B. L., Amundsen, S. A., & He, Y. (2005, April). Monitoring for success: Implementing a proactive probation program for diverse, at-risk college students.

Presented at annual meeting of the American Educational Research Association, Montreal, QC.

Kamphoff, C. S., Hutson, B. L., Amundsen, S. A., & Atwood, J. A. (2007). A motivational/empowerment model applied to students on academic probation. Journal of College Student Retention: Research, Theory, and Practice, 8 (4), 397-412.

Knotts, H. G. (2002). Rethinking liberal arts skills in the new economy. NACADA Journal, 22 (1), 26- 30.

National Leadership Council for Liberal Education and America's Promise. (2007).

College learning for the new global century. Washington, DC: Association of American Colleges and Universities, 16.

附录

附录 A

美国学业指导协会

美国学业指导协会理事会高度肯定下面三份文件。这三份文件捍卫了学业指导在这个多元化的世界里的教育功能。这三份文件是《学业指导的概念》《关于学业指导核心价值观的声明》《美国高等教育标准促进委员会学业指导指导方针》。

这些指导原则确认了学业指导在高等教育中的地位——支持学校使命的达成，同时对 21 世纪学生、学业指导教师和学校的需求进行了预测。

这些文件可以用于各种目的，包括学业指导教师的发展和学业指导项目的评估。同样，它们也可用于创建和改进学业指导项目。

学业指导由众多不同层面的人员实施，包括任课教师和行政管理人员。这些指导原则希望被所有的学业指导教师遵守。

这些文件适用于有着不同学业指导实施系统的各种类型的学校。它们也并不旨在解决学业指导的细节。它们更应该用作讨论学业指导的起点和参照；用来为持续连贯的措施提供一个框架，以实施高效的学业指导项目满足任何一所学校的要求。

附录 B

学业指导的概念

学业指导是实现高等教育的教与学使命的有机组成部分。通过学业指导，学生学会成为高等教育共同体中的一员，学会以审慎思辨的方式思考自己作为大学生的角色与责任，并为成为受过良好教育的民主社会的公民和全球化的公民做好准备。在进入大学、经历大学和毕业离校的过程中所接受的学业指导，使学生们认识到了自己的个人特征、价值观和动机，从而拓宽了自己的世界观。无论我们的院校、学生、学业指导教师和组织架构有什么不同，但是，学业指导有三个基本的要素是一致的：学业指导课程体系（学业指导是做什么的）、教学法（学业指导是怎么实施的）和学生的学习成果（学业指导的结果是什么）。

学业指导课程体系

学业指导理论主要来源于社会科学、人文科学和教育学。学业指导课程体系的内容从宏大的高等教育理念到具体的注册工作的语用学，范围广泛，包罗万象。学业指导课程体系包括且不限于：院校使命、校园文化和对学生的期望；课程与辅助课程的意义、价值和相互关系；思维模式、学习模式和决策模式；学习目标和人生目标的建立；校园和社区资源、学校政策和程序；技能和知识的可迁移性。

学业指导的教学法

学业指导，作为一个教学和学习的过程，需要有自己的教学法来整合学业指导的准备、推进、记录和评估等相互影响的环节。尽管具体的方法、策略和技术有可能不同，但是学业指导教师与学生之间的关系是最重要的。学业指导教师与接受指导的学生之间应该是相互尊重、信任且合乎道德的。

学业指导中学生的学习成果

学生从学业指导中获得的学习成果由学校的使命、教育目标、课程和辅助课程所指引。这些从学业指导的角度定义的学习成果,阐释了作为接受学业指导的结果,学生将会展现什么、知道什么、重视什么和做什么。每所院校均应制定自己的学业指导项目的学生学习成果和评估这些学习成果的方法。下面是关于学生学习成果的示例。

- 基于对自身能力、志向、兴趣和价值观的评估,制订一个持续连贯的教育计划。
- 利用不同渠道的信息设立个人目标,做出决策并实现那些目标。
- 为达到学业指导项目的要求,预设自己要履行的责任。
- 能阐明高等教育的意义和学校课程设置的意义所在。
- 培养导向终身学习的智识习惯。
- 作为一个积极参与外部世界的公民的行为举止。

小结

基于高等教育的教学与学习使命的学业指导,是一系列有意识的与课程、教学法和学生学习成果之间的互动行为。学业指导在志向、能力和生活的框架下,整合和情景化了学生的教育经历;使学习超越学校和时间的界限。

附录 C

关于学业指导核心价值观的声明

美国学业指导协会（NACADA）的成员由专职学业指导师、教师学业指导师、学业指导项目行政管理人员、学生和其他对学业指导实践感兴趣的人构成。有着多样化的背景、理念和经历的 NACADA 的会员们在不同的院校开展学业指导工作，并致力于提高自己学校的学业指导质量。

NACADA 承认并鼓励专职学业指导师、教师学业指导师、实习生和学生朋辈学业指导者在学业指导领域的贡献。NACADA 知道高等院校的复杂的本质，学业发展在高等院校中的作用，学业指导教师面临的复杂多变的环境和责任，以及学业指导教师们多样化的背景和经历。NACADA 提出了《关于学业指导核心价值观的声明》，以申明学业指导在学术上的重要性和学业指导可能对个人、学校和社会产生的影响。

《关于学业指导核心价值观的声明》由三个部分构成：（1）引言；（2）声明；（3）阐述，对每一个核心价值观的具体解释。虽然每一个部分都是独立的，但这份声明的意义的丰富性和完整性是建立在整个文件之上的。

《关于学业指导核心价值观的声明》为学业指导实践提供了一个指导框架，并提醒学业指导教师对学生、同事、学校和他们自己的责任。那些承担了学业指导职责的人们被要求对他们学校日常学业指导工作中所反映出的价值观进行反思。

《关于学业指导核心价值观的声明》既不准备对学业指导实施的方法和程序进行规定，也不会宣扬哪一种学业指导哲学理念或实践模型比别的更优秀。相反，这些核心价值观正是学业指导教师思考个人学业指导哲学、优势和专业能力发展时可以借鉴的地方。此外，这些核心价值观并非具有同等的重要性。学业指导教师或许会发现在自己的学校有一些核心价值观会比另外一些更具有操作性，或更重要。学业指导教师在思考这些核心价值观时，应该同时考虑自己的价值观和所在学校的价值观。

美国学业指导协会

《关于学业指导核心价值观的声明》

声明：
（1）学业指导教师应对自己指导的学生负责。

学业指导教师应提升每一名学生在学习环境中的重要性、尊严、潜力和其独特性。学业指导教师的工作是以他们关于学生的信念为指导的。

- 学生具有各种各样的背景，包括：不同的种族、民族，国内学生与国际学生，不同的性取向、年龄、性别和性别认同；生理、情感和心理能力上的差异；宗教信仰、政治倾向和教育理念上的差别。
- 学生拥有自己的信念和理念。
- 学生为自己的行为和行为所导致的结果负责。
- 学生可以通过他们自己的目标和努力取得成功。
- 学生渴望学习。
- 学生因个人技能、目标、责任和经历的不同，而在学业上有不同的需求。
- 学生使用大量的技巧和技术来应对所遇到的问题。

为了支持关于学生的这些信念，学业指导教师应该共同努力做好包括但并不限于以下方面的工作：提供及时准确的信息、有效的沟通、定期的办公时间（office hour）和提供多种联系交流的方式。

作为教育过程的有机组成部分，学业指导包括帮助学生对自己形成一个实际的认知，并成功地进入高等教育。学业指导教师鼓励、尊重并协助学生树立他们自己的目标。

学业指导教师努力寻求学生的信任，并致力于维护学生对学业指导的期望以及学业指导在他们生活中的重要性。

（2）学业指导教师要在适当的时候让他人参与到学业指导的过程中来。

有效的学业指导需要一个基于整体视野的方法。许多学校为学生提供了一系列的学业支持人员和资源。学业指导教师扮演着协调者和促进者的角色，有效地发挥他们的专业知识和经历推动学生的成长。学业指导教师应认识到自己的能力局限，并在适当的时候将学生转介到更适合的人那里去。为了将学业指导与学生的生活更加紧密地联系在一起，学业指导教师应该积极寻求资源并告知学生那些可以进一步评估学生的需求，为学生提供满足其需求的项目和服务途径的专业人士的信息。

（3）学业指导教师应对所在的院校负责。

学业指导教师培育了大学里的人际关系。他们坚持院系和学校具体的政策、程序和价值观。学业指导教师与那些没有直接参与学业指导的同事保持着联系，这些同事负责或有权决定与学业指导相关的事宜。学业指导教师应意识到自己在学校成功中所发挥的独特的作用。

（4）学业指导教师对高等教育负责。

学业指导教师尊重学术自由，并以此为荣。他们认识到学业指导不应该被局限于某一理论观点，学业指导实践得到社会科学、人文科学和教育学的诸多理论的指导。他们可以自由地选择最相关的理论和最佳的实践模型作为自己开展对学生的辅导的基础。学业指导教师为实现学生达到最大可能的教育成就努力，支持学生实现自己的目标，并认真履行学校的教育使命。

（5）学业指导教师应对他们所在的教育社区负责。

学业指导教师解读学校的使命、目标和价值观。他们把学校的相关信息、标志着学生成功的特征传递给本地区、本州、全国和全世界为学生提供支持的团体。学业指导教师对周围的价值观和道德观特别敏感。他们熟悉社区为学生提供额外的教育机会和资源的项目与服务。学业指导教师通过参加社区活动而成为学生的榜样。

（6）学业指导教师应对学业指导实践和自己负责。

学业指导教师参加职业能力提升活动，同接受指导的学生建立关系和边界，并创造有利于学生生理、情感和精神健康的环境。学业指导教师在生活中维系一种健康的平衡，并且在适当的时候清晰地表达个人的和职业的需求。

美国学业指导协会

《关于学业指导核心价值观的声明》

阐释：
核心价值观1：学业指导教师应对自己指导的学生负责。

- 学业指导是教育过程的有机组成部分，在许多方面对学生产生影响。在学业指导教师促进学生的学习与发展的同时，学生同样有机会成为自己的教育的参与者和贡献者。这个过程中最重要的一种潜能就是学业指导能促进接受指导者的个人潜能。
- 通过个人预约见面、电子邮件、电话、信件或计算机辅助系统定期与学生联系，有助于学业指导教师了解学生不同的学业、社会和个人经历及需要。学业指导教师根据对学生的这些认识帮助他们成功地适应新的学习及社会生活环境，制定合理的学业及职业目标，并最终成为成功的学习者。
- 学业指导教师意识到并尊重学生的多样化背景。多样化背景由他们的种族、民族传统、年龄、性别、性取向和宗教信仰，以及他们的生理、学习和心理方面的能力的差异所构成。
- 学业指导教师指引并帮助学生适应新的学习环境。学业指导教师帮助学生认识到学习过程的价值，从大学经历中获得感悟，变得更加负责任和更加可靠，设置他们大学生活的优先事项并评估其进展情况，以及向自己及他人诚实地承认自己取得的成就及存在的局限。
- 学业指导教师鼓励学生的自立，支持学生尽力做出有依据的、负责任的决策，设立现实可行的目标，培养终身学习和自我管理的能力。
- 学业指导教师尊重学生坚持自己的信念和意见的权利。
- 学业指导教师引导和教育学生理解课堂上所学概念，并将之应用到实际生活中。
- 学业指导教师帮助学生建立现实的目标和目的，并帮助他们为自己的进步和成功负责。
- 学业指导教师努力理解和改变学生进步过程中的障碍，识别无效和低效率的政策及程序，尽量引起改变。当学生的需要与学校冲突时，学业指导教师应寻求一个最有利于双方的解决方案。如果学生对解决方案不满意时，学业指导教师应该告诉学生应通过恰当的程序进行反映。
- 学业指导教师应认识到高等院校环境和学生群体特征持续变化的本质。他们知道年轻人使用的不断更新的通信工具，以及由此产生的新的学习环境。他们对学生面临的责任和压力非常敏感，知道学生需要平衡课程负担、经济压力、家庭责任和人际交往需求。
- 学业指导教师应知识渊博，对国家的、地区的、本地的和本校的政策和程序应该了然于胸。尤其是对那些关于性骚扰、技术应用、与学生的私人关系、学生信息的隐私权，以及机会公平等方面的政策与程序。

● 学业指导教师被鼓励研究一切可以帮助学生寻求教育机会的途径。

● 学业指导教师应该尊重学生个人信息方面的隐私权。学业指导教师的工作应体现学校对适用法律的解读，如《家庭教育权利与隐私权法案》。

● 学业指导教师仅在与学业指导过程密切相关的情况下使用学生的个人信息。学业指导教师仅在学校授权的情况下录入或改变学生的个人记录。

● 学业指导教师的指导记录的内容范围要符合学校关于学生信息披露的相关指导意见，并有助于下一次的学业指导互动。

核心价值观2：学业指导教师要在适当的时候让他人参与到学业指导过程中来。

● 学业指导教师要同与学生成功密切相关的人士建立良好的关系。这些人士来自不同的领域，包括：行政管理、新生适应性项目、教学、学生资助、宿舍管理、健康服务、体育中心、院系，以及注册办公室。他们也必须同可能参与学生具体的生理和教育需求问题的解决的人建立良好的关系，比如残障人士服务部门、学习辅导部门、心理咨询中心、国际研究中心和就业中心的工作人员。学业指导教师必须根据需要引导学生接受专业人士的指导，如学分转换问题、辅助课程项目和毕业申请等。

● 因为学业指导的性质，学业指导教师不仅需要理解学校面上的要求，而且需要理解学生具体的需求，以及理解帮助学生满足上述需求的资源。

——学业指导教师可以在学生与教师、行政管理人员和朋辈学生的互动中扮演一个解读者的角色。

——学业指导教师可以帮助学校行政管理人员更好地理解学生的需求。

● 学业指导中的学生指导者（如朋辈指导者、研究生助教）必须像专职学业指导师、教师学业指导师以及其他经过特别培训的而在院系或学校从事学业指导工作的人那样，接受足够的培训和督导，以保证同专业人士一样保持对学校政策和程序的一致遵守。

核心价值观3：学业指导教师必须对学校负责。

- 学业指导教师在不同类型的院校工作，并接受所在院校的特定的政策、程序和价值观的约束。当环境妨碍学生的学习与发展时，学业指导教师代表学生的利益，与学校管理层、任课教师和职工一道呼吁改革。
- 学业指导教师应让那些没有直接参与学业指导工作的人知道并意识到学业指导在学生生活中的重要性。他们应阐明学业指导及相关活动对行政层面的支持的需要。
- 学业指导教师通过建设性地、相互尊重地分享关于学业指导的哲学和技术，共同提高专业能力。
- 学业指导教师尊重其他同事的意见；当学生对同事进行评价或对任课教师发表意见时，学业指导教师应该保持中立；不对专业做任何评价；不将个人事务强加于学生。
- 学业指导教师应鼓励使用最适合学校的学业指导模型。
- 学业指导教师应意识到自己在学校成功中的独特作用，接受并投入对学校的承诺。这些承诺包括但不限于，行政和社区服务、教学、研究和学术写作。

核心价值4：学业指导教师应对高等教育负责。

- 学业指导教师承认，教育的目的之一就是在学术自由的环境中将学生引向充满各种不同观点的世界。学业指导教师应展示出对学术自由的欣赏。
- 学业指导教师在社会科学、人文科学和教育学的相关理论观点和实践的基础上开展学业指导工作。
- 学业指导的目的之一就是在学业指导教师和学生之间建立一种伙伴关系。这种伙伴关系将通过学业指导项目指导学生。学业指导教师帮助学生理解学习也可以通过探索、尝试、犯错、挑战和决策等应用到日常生活中。

- 学业指导教师倡导将学生的学习成就提高到尽可能高的标准，支持学生实现自己的目标，同时也支持学校的使命。
- 学业指导教师倡导创造、强化和增强那些认识到并满足学生学业需求的项目和服务。

核心价值观5：学业指导教师应对所在的教育社区负责。

- 许多大学都意识到了融合课堂学习与社区经历、出国留学以及弥补校园学习与校外环境鸿沟的项目的重要性。设置了这些项目的院校的学业指导教师可以帮助学生理解学校与当地、地区、全国和国际社区之间的关系。
- 学业指导教师为那些希望把海外留学或社区服务学习纳入其大学辅助课程经历的学生们主张利益，并将他们转介到适当的人或部门那里，使得他们能实现自己的目标。
- 学业指导教师理解转学的复杂性，并对学生做恰当的转介以使得他们能实现自己的目标。

核心价值观6：学业指导教师应对学业指导实践和自己负责。

- 学业指导教师应用《关于学业指导的核心价值观的声明》指导自己的职业行为。
- 学业指导教师应寻求职业能力发展机会。他们应识别校内外合适的工作坊、课程、文献、研究出版物和团队。它们能够使学业指导教师保持高昂的工作热情、锻炼专业技能和增强在自己感兴趣的特定领域的专业特长。
- 学业指导教师应寻找跨文化交流的机会，以更好地了解学生群体中不同的族裔社群、种族群体、宗教信众、性取向群体、性别群体和年龄层次的人们，以及具有不同生理、学习、心理能力和心理障碍的群体。
- 学业指导教师应认识到研究主题来源于学业指导的理论与实践。学业指导教师应像参与和自己学科背景与训练相关的研究那样，参与学业指导领域相关的研究以及学术论文发表。学业指导的研究应保护研究对象的隐私并对他们待以人道主义。

- 学业指导教师会被提醒学生对他们的工作的急迫需求,以及保持自己身体、情绪和精神健康以更好回应学生的高层次需求的必要性。他们要学习如何保持"聆听的耳朵",并提供及时、敏锐的反馈。这样的反馈教育学生接受自己的责任。学业指导教师建立并维持与学生的恰当边界,必要时培育别的边界,从校内外寻求对自己的支持。

附录 D

美国高等教育标准促进委员会学业指导指导方针

第一部分：使命

学业指导项目的主要目的是帮助学生制订有意义的教育计划。

学业指导项目必须将学生的学习与发展整合到其使命之中。学业指导项目必须增强学生的整体学习经历。必须开发、记录、推广、实施和定期地审查其使命和目标。其使命和目标陈述必须与院校的使命和目标，以及本文件所述标准一致。学业指导项目必须作为院校总体使命的有机组成部分来运行。

学校必须要有一个清晰的关于学校使命的书面陈述。该陈述适用于学业指导项目的使命陈述。学业指导项目的使命必须包括项目的目标，以及对学业指导教师和学生的期望。

第二部分：项目

学生的正式教育是有目的的和完整的，由课程和辅助课程构成。学业指导项目必须识别相关的和希望的学生学习与发展方面的成果，并提供项目和服务来促进那些成果的取得。

相关的和希望的成果包括：智力增长、有效沟通、现实的自我评价、增强了的自尊、厘清的价值观、职业选择、领导力发展、健康的行为、富有意义的人际交往、独立、合作、社会责任、令人满意的和富有成效的生活方式、对多样性的欣赏、精神意识，以及个人和学习方面的成就。

学业指导项目必须提供证据证明自己在学生学习和个人发展方面的

影响。

下表列出了学生学习和个人发展方面的成果的示例。

期望学生在学习和个人发展方面取得的成果	成果示例
智力增长	学生研究关于专业和辅修专业的信息。学生理解学位培养计划的相关要求、学校的政策和程序。在专业选择和课程选修的过程中能在解决问题时使用审慎思辨的思维方式。能综合使用多来源的复杂信息进行决策或形成自己的意见,如个人经历和观察结果。实现教育目标。能将已经理解的概念和信息运用到一个新的环境中去。展示出对通识教育的理解和对文学、艺术、数学、自然科学和社会科学的欣赏。
个人目标和教育目标的树立	树立、阐述和追求个人目标。阐述个人和教育目标及目的。利用个人及教育目标指导决策。咨询学业指导教师后制订选课计划。理解自己的个人目标及教育目标对他人的影响。
增强自尊	表现出对自己和他人的尊重。为实现目标而采取行动。与学业指导教师会谈时,评估在课程选修和课程负担方面的合理的风险。
实事求是的自我评估	评估个人技能和学术能力和兴趣,并根据评估结果制订恰当的教育计划。采取与自己的价值观、个人和生活的需要相一致的决策和行动。关注学术能力和学术兴趣,并弥补学术能力的薄弱方面。运用关于学位要求、课程负担和可选课程的信息,制订课程选修计划表。寻找机会参加课外活动。征求学业指导教师的反馈意见。从过去的经历中吸取经验教训。寻找满足自己需要的校园服务(如写作实验室和心理咨询)。
清晰的价值观	在面对学术诚信和其他道德问题时能展示出评判个人价值观和信仰的能力。能清晰地陈述个人价值观。采取与个人价值观一致的行为。能识别个人价值观、职业价值观和生活方式价值观并能解释清楚这些价值观是如何影响自己的课程选择、课程负担、专业和辅修专业方面的决策的。
职业选择	描述职业选择,以及基于兴趣、价值观、技能和能力的与主修和辅修专业相关的职业选择机会。证明自己从正规教育、工作经历、社区服务和自愿服务中获得的知识、技能和成就。将课堂学习同课外实践学习相结合。明白职业规划服务在建立和实现学业与职业目标中的目的和作用。
独立	自觉参加学业指导研讨会,或学业指导项目,或及时寻求学业指导教师的意见建议。正确解读和使用学位审查信息。在学业指导教师的建议下选择、计划和注册课程学习。
有效沟通	准确表达影响学业计划的个人或学术上的优势与弱项。展示使用校园科技资源的能力。当咨询特定的要求、部门和资源时能提出有效的问题。

续表

期望学生在学习和个人发展方面取得的成果	成果示例
领导力培养	准确描述领导哲学或风格。在学生组织、社区或专业组织的领导者岗位上服务。理解群体的动态。展示出作为领导者对民主原则的践行。显示出为团队描绘美好前景和团队目标的能力。
健康的行为习惯	展示出良好的有利于促进个人良好生活方式的个人行为习惯。能说明生理健康、心理健康与实现人生目标之间的关系。表现出能促进健康校园和健康社区的具体行为。
富有意义的人际关系	同学业指导教师、任课教师、同学和学校其他职工建立关系，以利于以有意义的方式参与学校事务中。聆听和考虑他人的观点。尊重他人。
协作能力	同他人协同工作。让他人共同参与。征求他人的意见反馈。为团队目标的实现贡献力量。展现出良好的倾听能力。
社会责任	理解学校行为准则的要求。理解并践行学术诚信的要求。理解并参与学校相关管理系统。理解、遵从并参与社区、社会、法律标准或范式的发展、维持和有序的变化。恰当地纠正他人或群体不公平、不公正和不文明行为。参加社区服务或志愿服务活动。
令人满意的富有成效的生活方式	实现学业负担、工作和娱乐的良好平衡。制订同时满足学业要求、工作职责和休闲娱乐的计划。找出并克服妨碍目标实现的障碍。有着正常的个人身份认同、道德观、精神信念和价值观。清楚表达自己长远的目标与目的。
欣赏多样性	选修有助于理解自己和他人身份及文化的课程。寻找同与自己不一样的人交往的机会。展示对多样性及其对社会的影响的欣赏。
精神意识	找到校园和社区在精神信念方面的资源，包括课程。建立和表述清楚个人精神信仰系统。理解精神信仰在个人和群体的价值观和行为方面的影响。

学生和学业指导教师必须共同承担在学业指导中的责任。学业指导项目必须通过鼓励学生找出和评估可能的选择方案，并考虑这些方案可能的后果的方式，帮助学生找到可能的最佳学业决策。

关于学业和人生目标的最后决策的责任必须由学生自己承担。

学业指导项目的实施必须由与它的书面的使命陈述密切相关的目标和目的所指导。学业指导项目必须：

- 促进学生的成长与发展；
- 指导学生评估他们的兴趣与能力，审查他们的教育目标，做决策，以及制订长期与短期的计划以实现目标；
- 帮助学生讨论和厘清教育、职业和人生目标；
- 提供及时准确的信息，解读学校、通识教育和专业学习的要求；
- 帮助学生理解他们所注册就读的学校的教育环境；
- 对选择合适的课程和教育经历提供建议；
- 说明学校的政策和程序；
- 评估和监测学生的学业成就及其对实现学生教育目标的影响；
- 增强学生的自主性和自我效能感；
- 必要时，把有学习、职业和个人方面的问题、技能或学习缺陷的学生转介到学校别的资源或项目；
- 让学生意识到并借助教育资源与服务、学校资源与服务和社区资源与服务成长（如实习、海外留学、荣誉课程或学位、服务学习、研究机会等）；
- 收集并分享学生需求、偏好和表现等方面的数据供学校决策和制定政策使用。

学业指导项目必须提供关于学生学习经历和学业问题的数据给相关决策者。

学业指导项目必须是：（A）有意识的，（B）持续完整的，（C）建立在教学、学习和人的发展等相关理论和知识的基础上的，（D）反思学生的发展和学生群体的人口统计学特征，（E）回应学生个人的需求、特殊群体学生的需求和社区的需求。

学业指导项目必须保证所有的学业指导者能接触到相关的研究（如关于学生的、学业指导项目的和关于学校的）。

学业指导者必须研究和使用可用的关于学生学业与教育需求、成效和志向愿望方面的数据。

学业指导项目必须发现可能给学生的学业成就造成正面或负面影响的环境，并提出消除负面影响的干预措施。

学业指导项目必须给学业指导教师和接受指导的学生提供最新、最准确的学业指导信息。

学业指导项目必须使用最新的技术传播学业指导信息。

每学期都应该给学生提供学业指导会谈。

学业指导教师应该以学生最方便的形式为学生提供学业指导会谈，如面对面的、电话或在线等形式。学业指导会谈可以是一对一的，也可以是小组研讨的形式。

学业指导工作量的分配必须要与有效开展学业指导所必需的时间相一致。

将接受学业指导的学生目前的学业状况应该在分配学业指导任务时给予考虑。例如，一年级新生、专业未定学生、学业准备不足的学生和荣誉项目的学生，他们所需要的学业指导的时间很可能比已经完成了专业选择的高年级的学生所需要的要多。

学业指导教师应该给学生适当的时间讨论学习计划、专业、课程、学业项目和其他与他们的教育项目相关的话题。

当分配学业指导工作量时，需要意识到学业指导教师可能还在辅导那些并没有正式分配给他们的学生；同时也需要意识到学业指导教师与学生的接触可能不局限于与学生面对面的交流。

第三部分：领导

有效的和合乎道德的领导是组织成功的必要因素。高等院校必须在行政管理架构内对学业指导项目的领导人进行任命、部署和授权，以实现其所宣称的使命。学业指导项目各级领导者的选拔必须建立在对候选人是否接受过正式的教育与培训、是否具备相关工作经验、是否展示出卓越的个人技能与能力、是否了解学业指导相关研究、是否拥有相关职业资格认证、是否具有促进学生学习与发展的潜力和是否能够应用成功的实践经验到教育过程中提高院校工作效能等方面进行考察的基础上。高等院校必须确定对学业指导项目领导者的期望和职责要求，并对他们进行公正的考核。

学业指导项目的领导者必须对实现他们各自使命所需的资源拥有权力。学业指导项目领导者必须：

- 为他们的学业指导项目描绘一个美好的愿景；
- 设立基于所服务的学生的需求和能力的项目目标和目的；
- 促进学生的学习与发展；
- 规定和践行合乎道德的行为；

- 招募、选拔、督导和培养团队成员；
- 管理财政事务；
- 协调人力资源；
- 将成功的实践经验应用到教育和管理的过程中；
- 有效沟通；
- 建立与对学业指导拥有合法的关切与利益的个人和机构的合作交流。

学业指导项目领导者必须识别和找到方法解决个人、组织和环境中影响目标实现的因素。

学业指导项目领导者必须改善校园环境，为学生提供学习与发展的多种机会。

学业指导项目领导者必须持续地改进项目和服务以满足不断变化的学生和其他人士的需求，以及学校不断变化的优先事项。

第四部分：组织和管理

以确保学生学习和发展为总体目标的学业指导项目，必须有意识地进行组织架构和有效管理，从而实现既定目标。适当的组织架构必须体现在：当前可用的政策和程序、对所有员工工作表现的书面期望、功能性工作流程图或组织机构图，以及明确说明的实施标准等方面。

有效管理必须体现在：使用完整和准确的信息进行决策，明确的权力来源和渠道，有效的沟通措施，决策和冲突解决程序，对不断变化的环境的反应，问责和评估系统，以及认可和奖励程序。

学业指导项目的设计必须与高等院校的组织架构和学生的需求相吻合。具体的学业指导责任必须被明确界定，公布，并分发给学业指导教师和接受指导的学生。

应该告知学生、教师学业指导师和专职学业指导师他们各自在学业指导中应该承担的责任。

学业指导项目可以是集中式的，也可以是分散式的组织形式，由高等院校内的各类人员承担相应的责任。

学业指导项目应该给远程教育项目学生提供和在校生一样的服务。对远程教育项目学生的学业指导应该提供同步的或非同步的师生互动。

第五部分：人力资源

应为学业指导项目配备足够的符合资质要求的人员，以确保其完成使命和目标。学业指导项目应在学校既定政策范围内，建立工作人员甄选、培训和评估程序；设定督导期望；并提供适当的专业发展机会。学业指导项目必须努力提高所有员工的专业能力和技能。

学业指导人员可能是全职或兼职的专业人员，他们的主要工作职责是学业指导；也有可能是教学，他们的工作职责包括学业指导。准专业人员（例如，研究生学生、实习生或助教）或朋辈指导者也可以协助学业指导教师开展工作。

学业指导教师必须持有与所在职位相关的硕士研究生学位，或必须同时具备适当的学历和相关工作经验。

学业指导教师必须理解学生学习与发展、职业发展和教育、社会科学和人文科学领域的相关理论。

学业指导教师应全面了解学校的教育项目、学术要求、政策和程序、专业、辅修专业和支持服务。

学业指导教师应表现出与学生合作和帮助学生的兴趣与有效性，愿意参加专业发展活动的愿望。

应提供足够的学业指导教师以满足学生的需求，避免对学生指导需求的不合理的延误。

用于申请学位或证书的实习，必须通过在适当的领域注册学习和参与相关实践才能满足其条件。这些学生必须由拥有适当的学历证书和相关工作经验的适合担任督导的专业人士，对他们进行充分的培训和督导。

学生指导者和志愿者必须经过仔细的挑选、培训、监督和评估。他们必须接受培训，了解如何和何时将需要援助的人转介给有资质的工作人员，并有机会接受主管的协助完成以上判断。必须向学生指导者和志愿者提供明确和准确的岗位说明，根据评估的结果对他们进行岗前培训，并提供持续的业务能力培训。

学业指导项目必须有足够的技术和支持人员来完成其使命。工作人员必须具备履行其工作职责的技术知识和专业素养，了解技术的道德和法律问题，并有机会获得培训。工作人员的水平和工作量必须是与项目相匹配的，适应服务需求的。

学业指导项目支持人员应保存学生记录，组织资源材料，接待学生，预约学业指导会谈，处理信件和其他业务。技术人员可参与研究、数据收集、系统开发和特殊项目。

学业指导项目技术和支持人员必须经过精心挑选和充分培训，督导和评估。

学业指导项目工作人员必须认识到其职位的局限性，并熟悉学校资源，以便进行恰当的转介。

学业指导项目工作人员的工资水平和福利待遇必须与本校、其他类似学校和相同地区的同等职位的员工一致。

学业指导项目必须建立公平、包容和非歧视的招聘和晋升制度。学业指导项目必须雇佣多样化的工作人员，从而为学生树立提倡多元化的显著榜样并丰富校园和社区的多样性。

学业指导项目必须为所有工作人员创建和完善岗位描述，并实施定期的绩效规划和评估。

学业指导项目必须有一个用于定期开展员工绩效评估的系统，必须提供继续教育和专业发展机会，包括在职培训和参加专业会议和工作坊。

学业指导项目必须努力提高其雇佣的所有人员的专业能力和技能。

持续的专业发展培训应包括以下领域的内容及这些领域如何与学业指导相关的说明。

- 学生发展理论、学生学习理论、职业发展理论以及教育学、社会科学和人文学科领域的相关理论。
- 学术政策和程序，包括学校转学政策和课程变更。
- 法律问题，包括《家庭教育权利和隐私权法案》（FERPA）和《信息自由和保护隐私（加拿大）》（FOIPP）以及其他个人隐私法律和政策。
- 技术和软件使用培训（例如学位审核、网络注册）。
- 学校资源（例如，研究机会、就业服务、实习机会、心理咨询和保健服务、辅导答疑服务）。
- 《美国残疾人法案》（ADA）的遵守问题。

第六部分：财政资源

学业指导项目必须有足够的资金来完成其使命和目标。资助的优先顺序必须根据既定使命、目标、目的和对学生的需求的满足情况，以及内外部资源的可用性的综合分析来确定。

学业指导项目必须证明自己的财务工作履职情况和投入产出比符合学校既定政策的规定。

应专门考虑为学业指导教师的专业发展提供资金资助。

财政资金的划拨应该确保能为学生提供高质量的印刷材料和基于网络的信息，并为学业指导教师提供培训材料。学校应该提供充足的财政资源促进学业指导项目的发展。

第七部分：设备、技术和装备

学业指导项目必须拥有充足的、合理分布的场地设施、足够的技术和设备，以有效地支持其使命和目标的实现。必须对项目的设施、技术和设备进行定期评估，确保符合联邦、州、郡和当地关于可得性、健康、安全和安保方面的要求。

学业指导项目必须确保在线学业指导或技术辅助下的学业指导包含适当的运行机制以实施评估、咨询和转介。

单个工作站、院系和学校服务器上维护的关于学生的数据必须确保是安全的，并且必须遵守学校关于数据管理的政策。

学业指导教师必须能够访问计算机设备、本地网络、学生数据库和互联网。

在设计学业指导场地设施时，必须考虑学生隐私和避免视觉和听觉干扰。

第八部分：法律责任

学业指导项目的全体员工必须知晓并遵守与各自职责相关的法律法规。项目工作人员必须酌情将法律义务和限制告知学业指导项目和服务的使用者，包括宪法、成文法、管制法和判例法；来自联邦、州、郡和当地政府的强制性法律和命令；以及学校政策。

学业指导教师必须使用合理和明智的做法来降低学校、学校官员、雇员及代理人的责任风险。学业指导教师必须明确学校关于个人风险和相关保险措施的政策。

学校必须在学业指导教师履行职责的过程中为其提供需要的法律咨询途径。

学校必须及时系统地告知学业指导教师和学生特别的或变化的法律责任及相关风险。

第九部分：公平和机会

学业指导项目的员工必须确保在公平和平等的基础上提供服务。设施、项目和服务是面向全体学生的。学业指导项目和服务的运作、实施和提供时间上必须满足所有学生和学校其他成员的需要。学业指导项目必须坚持关于机会平等的相关法律的精神和宗旨。

学业指导项目必须面向全体学生开放，确保每一个学生都有机会获得服务，并避免区别对待，除非法律和学校政策有特别规定。应避免任何基于年龄、肤色、信仰、文化传统、残疾、种族、性别认同、国籍、政治派别、宗教派别、性别、性取向、社会经济地位或服役经历的区别对待及歧视。

为了与项目的使命和目标保持一致，学业指导项目必须采取积极的措施纠正学生参与和员工工作模式中的重大不平衡。

随着校园人口统计学特征的变化和新的教学方法的引入，各高校必须认识到远程教育项目学生在获得学校提供的课程和服务方面的需求。学校必须以远程学习者可以获得的方式提供适当的服务，并协助他们确定和获得其所在地区的其他适当服务。

第十部分：校内外关系

学业指导项目必须与学校相关部门和校外机构建立和维持有效的联系。

学业指导项目是教育过程的有机组成部分，其成败取决于同学校其他机构和行政管理部门的紧密工作关系。学业指导项目也必须成为学校其他业务过程的有机组成部分。当学业指导项目被调整或取消前应该征求学业指导教师的意见。

为了顺利转介的需要，学业指导项目需要给学业指导教师提供完整的相关外部机构、学校部门和机会的清单。

第十一部分：多样性

在学校独特的使命背景下，多样性丰富了大学社区和所有人的大学经历。因此，学业指导项目需要培养对人与人之间的相似点和差异都予以承认和欣赏的校园氛围。

学业指导项目必须促进那些以开放和持续交流为特征的教育经历。这些教育经历加深了人们对自己和他人的身份认同、文化和传统的理解。

学业指导项目在制定和执行政策时必须考虑不同学生群体的特征和需要。

第十二部分：道德

所有参与学业指导项目实施的人都必须遵守道德行为的最高原则。学业指导项目必须制定或通过并执行合适的道德行为声明。学业指导项目必须公布这些声明，并确保由相关人员定期对声明及执行情况进行审查。

学业指导教师必须维护所在部门和学校的政策、程序和价值观。

学业指导教师应考虑道德标准或相关专业协会的其他声明。

学业指导项目工作人员必须确保所有交流和记录的隐私和秘密是按照法律和伦理实践声明的要求得到了保护的。学生教育记录中的相关信息在没有得到学生书面授权的情况下不得向外透露，除非相关法律和学校政策另有规定。学业指导项目成员在紧急情况下，比如学生个人或他人的生命安全受到威胁，或相关法律和政策的要求下，应当向相关权威人士提供信息。

当因紧急情况而对外提供学生信息，学业指导项目应该告知当事学生向谁提供了信息，为什么要提供信息。

学业指导项目的全体员工必须清楚并遵守，学校人文科学领域及其他学科领域，关于使用涉及个人信息数据进行研究时的伦理政策规定和保密要求。

学业指导项目的全体员工必须意识到并避免在业务过程中与学生或他人产生利益或貌似利益方面的个人冲突。

学业指导项目的全体员工必须努力确保公平、客观和公正地对待他们所接触的所有人。不得参与或纵容任何形式的导致威胁性的、敌对的或攻击性的校园环境的骚扰行为。

当使用学校提供的经费时，学业指导项目的全体员工必须确保经费使用符合学校的会计程序和学校的财务制度。

学业指导项目的全体员工必须在自己接受的培训、专业特长和能力的范围内开展工作。如果学生的需求超出了个人能力范围，学业指导教师必须将学生转介到具备相应能力的人那里去。

在科技手段的使用中，学业指导项目全体员工必须清楚并践行合符道德的行为。

第十三部分：评估和评价

学业指导项目必须进行定期的评估和评价。学业指导项目必须酌情使用有效的定性和定量评估方法，以确定是否和在多大程度上实现了既定的使命、目标以及多大程度上促进了学生的学习和个人发展。评估过程必须使用充分和合理的评估方法，以确保评估的全面性。数据收集的对象必须包括学生和其他受影响的人员。

学业指导项目必须定期评估它们如何完成和强化了学校的既定使命和教育效果。

评价结果应该用于修订和改进项目和服务，以及确认工作人员和学业指导教师的工作业绩。

美国学业指导协会（NACADA）致力于推动和支持高等院校的高质量学业指导活动，以促进学生的教育发展。NACADA通过众多的活动和出版物为学业指导提供讨论、辩论和交流观点的平台。

美国学业指导协会从1977年召开全国第一次学术大会起，发展至今已拥有了超过1万名来自美国50个州、波多黎各、加拿大和其他国家的会员。会员们代表了《卡内基大学分类》中的所有类型的院校，包括专职学业指导教师/咨询师，以及其职责包含学业指导的任课教师、行政管理人员和学生。

- 会议和研究协会：为一定范围的会员提供专业发展机会。
- 网络研讨会：通过互联网提供的专业能力发展机会。
- 学业指导硕士学位和研修证明：堪萨斯州立大学与美国学业指导协会合作，为有志于学业指导的人生提供了为期15学时的研修项目和学业指导专业的硕士研究生项目。
- 就业机会：NACADA为会员提供了免费的就业信息服务。
- 学业指导咨询和讲座服务：NACADA为高校提供专家帮助院校提高校园服务质量。
- 学业指导信息交流中心：通过网站为同行提供关于学业指导的重要话题的最及时的信息。
- 出版物：包括《美国学业指导协会期刊》（NACADA Journal）电子季刊，每月重点研究成果、特刊、视频光盘、音频光盘、专辑和专著。
- 电子邮件网络：提供了全球关于学业指导的交流讨论的协作网络。
- 奖项：表彰学业指导领域个人或院校在实践、研究和电子出版方面的优秀典范。
- 奖学金：为寻求学业指导方向的研究生教育和专业能力发展的人士提供资助。
- 研究基金：资助个人在学业指导领域的研究。

请到美国学业指导协会的网站上去寻找成功的机会：www.nacada.ksu.edu

作者简介

苏珊·艾姆斯（Susan Ames）是莱莫恩大学新生适应项目和转学学生适应项目的主任，也是学校学业指导中心的一员。该中心的工作人员与任课教师和学生事务人员密切协作，帮助新生适应莱莫恩大学，并协调与本科学业指导、出国留学、学术支持与辅导以及残疾学生支持相关的项目。此前，作为莱莫恩大学的学术活动协调者，艾姆斯还负责与教学和学生事务系统合作策划和实施的学校学生公寓区学习共同体项目。艾姆斯拥有雪城大学高等教育管理的理学硕士学位和纽豪斯公共传播学院的英语和新闻学专业的学士学位。

德鲁·C. 阿普尔比（Drew C. Appleby）于1969年获得了辛普森学院心理学学士学位，1971年和1972年分别获得爱荷华州立大学实验心理学的硕士学位和博士学位。他在玛丽安学院从事教学27年，并在过去的21年里担任该校心理学系主任。1999年，他被任命为印第安纳大学与普渡大学印第安纳波利斯联合分校（IUPUI）心理学系本科生研究部主任，享有终身教授资格，负责学业指导、教育评估、招生管理和社区建设。他是《睿智的心理学专业学生》（*The Savvy Psychology Major*）一书的作者；已发表80多篇专业学术论文，并对众多领域的专业和非专业听众开展了400多次演讲。他在1992年当选为美国心理协会分委员会［该协会的心理学教学（STP）分委员会］的研究员，并于2002年成为美国心理协会分委员会（该协会的普通心理学分委员会）的研究员。1993年，阿普尔比荣获美国心理协会心理学教学（STP）分委员会"四年制学院或大学的优秀心理学教师"奖，玛丽安学院的"卓越教学奖"。他还荣获了2003年IUPUI的"优秀教学校长荣誉奖"和2007年IUPUI"科学教师年度人物奖"。他于1998年被美国心理协会（APA）遴选为G. 斯坦利·霍尔教学讲座主讲人；在2008年APA大会期间，由美国国家心理学荣誉协会推荐作重要讲座。阿普尔比的学业指导技能为 NACADA 所认可，1988 年他获得了大湖地区优秀学业指导教师奖；2002 年他被 IUPUI 理学院授予"学业指导教师年度大奖"，被 IUPUI 心理学系授予 2002 年、2003 年和 2006 年"学业指导教师年度大奖"。他的指导技能被广泛认可，并获得了 1996 年"玛丽安学院年度导师奖"，2000 年 IUPUI 心理学系的"年度导师奖"和 2007 年 IUPUI 的"阿尔文·拜纳姆年度最佳导师奖"。他创建了 STP 项目教学大纲，指导 STP 的指导服务工作，并曾担任其他心理学系的咨询师。

詹妮弗·L. 布卢姆（Jennifer L. Bloom），临床医学副教授、南卡罗来纳州大学教育领导和政策系的高等教育和学生事务硕士学位项目主任。她在 2007 年 8 月受雇于南卡罗来纳州大学之前，曾担任伊利诺伊大学香槟分校医学院副院长，负责学生事务和医学奖学金项目。她于 1995 年获得伊利诺伊大学香槟分校高等教育管理博士学位。布卢姆博士曾当选为 2007—2008 年美国学业指导协会（NACADA）主席。她任职于 NACADA（2005—2008）董事会，此前曾担任 NACADA 的研究生和专业学生学业指导分委员会和会员职业服务分委员会主席。她曾荣获 2005 年 NACADA 杰出学业指导管理者奖、2007 年伊利诺伊大学卓越学术专家奖。她的研究兴趣包括赏识型学业指导、普通学业指导、高等教育管理、领导与变革管理的职业路径。

托马斯·布朗（Thomas Brown），有 27 年的学术和学生事务工作经历的专家，最近担任加州圣玛丽学院学业指导服务/特别项目的主任。托马斯开发并管理了全美知名的加州圣玛丽大学以教师为依托的学业指导项目。他还负责过该校大学新生及家庭大学适应指导项目、学术支持与学生成就项目（例如，学习辅导和残疾学生服务等）、法学预科学业指导项目，以及亚太裔美国人、黑人、拉美人和国际学生事务办公室。布朗开发了学院的"高潜力项目"，为历来未受重视的第一代大学生提供发展途径和支持。当他于 1998 年离开加州圣玛丽学院后，加州圣玛丽学院的学生和教师们设立了托马斯·布朗主任奖，每年颁发给一位杰出的学业指导教师。

布朗曾在美国学业指导协会（NACADA）中担任众多领导职务，并担任过法律预科学生学业指导教师全国委员会主席。20 多年来，他一直致力于推动关于学业指导教师发展的一年一度的 NACADA 暑期学业指导学院全体会议。他因在学业指导领域卓越的领导才能和积极有效的服务而获得了来自美国和海外的各种奖项和高度认可。

布朗还是托马斯·布朗联合公司的负责人。该公司为超过 300 所高校提供了教育评估、项目设计和实施以及教师和工作人员发展相关的咨询服务。

他已就学业指导、学生在册率、促进来自不同文化和学业高危学生的进步与成功发表了大量文章。

詹姆斯·E. 布尔特曼（James E. Bultman），在1999年7月1日成为霍普学院的第十一任校长。布尔特曼博士曾在1985—1999年任爱荷华州奥兰治城的西北大学校长，表现卓越。在任西北大学校长以前，他曾是霍普学院的一名教师，并在1976—1982年任教育系主任，从1982年到1985年担任社会科学院院长。从1971年至1985年，他也是霍普学院的棒球教练，并从1970年至1984年担任助理足球教练。

布尔特曼博士于1963年从霍普学院化学系获得了他的学士学位，并在1966年和1971年从西密歇根大学分别获得教育学硕士和博士学位。他拥有日本新发田市的敬和学园大学的荣誉学位（L. H. D）和霍普学院的荣誉学位（Litt. D.）。2001年10月，他被西密歇根大学授予"杰出校友奖"。在1995年布尔特曼博士获得霍普学院授予的类似的奖项。

布尔特曼博士一直是高等教育界的一个积极的领导者。他曾担任基督教学院和大学理事会主席，是校际体育协会（NAIA）主席、理事会成员，并且是爱荷华大学基金会、爱荷华独立学院和大学协会以及全国独立学院和大学协会的校园事务委员会主席。目前担任的职务包括密歇根学院基金会（MCF）会长、大湖学院协会（GLCA）副主席、密歇根州独立学院和大学（AICUM）协会主席、密歇根大学校际体育运动协会（MIAA）管理委员会成员、全国大学生体育协会（NCAA）主席咨询委员会委员、全国独立学院和大学协会（NAICU）董事会成员和学生资助委员会主席。他还是荷兰区商会理事会成员、大急流城经济俱乐部理事会成员、温安洛协会理事会理事、荷兰扶轮社成员。他还是荷兰银行董事会成员。

苏珊·M. 坎贝尔（Susan M. Campbell），从波尔州立大学获得了她的演讲与戏剧学士学位，从南缅因州大学获得成人教育硕士学位，她的高等教育学博士学位则在马萨诸塞大学阿默斯特分校获得。自1977年履职南缅因州大学起，坎贝尔博士担任过许多与学生及学术事务有关的行政职位。在1993年她成为南缅因州大学学业指导服务部主任，于2001年晋升为学业指导和学术资源部执行主管，并于2005年成为分管学术事务副校长的助理。坎贝尔博士被聘为马来西亚理科大学教育和人类发展学院的兼职副教授，并且主要负责协调该学院成人教育硕士培养项目的学生事务。

坎贝尔博士曾在2006—2007年担任NACADA主席，并在NACADA国家和地区级的工作委员会工作过。她获得了2004年NACADA年度卓越服务奖和 2005 年弗吉尼娅·N. 戈登优秀学业指导奖。坎贝尔博士的学术出版物包括与他人合著的 NACADA 协会的《学业指导评估指南》(2005)、与他人共同编著的 NACADA 2005 年专题著作《朋辈学业指导：有意识地联系以支持学生学习》、与他人合作由普伦蒂斯出版的《远程学习者指南》(1999、2004)。坎贝尔博士参与了 2005 年国家州立学院和大学协会（AASCU）的毕业率研究，也曾效力于由 AASCU 与国家州立大学和赠地学院协会（NAS-ULGC）赞助的高等教育自愿问责项目。

菲利普·D. 克里斯特曼（Philip D. Christman），从 1985 年以来一直在俄亥俄州坎顿市的马龙学院工作，目前在该校任学业指导和学业测试顾问。在此之前，他曾担任马龙学院学业指导和学业测试中心主任（1990—2007）和招生办主任（1985—1990）。在他 28 年的高等教育工作经历中，他曾从事大学招生、学生经济资助、学生档案和学生体育运动等相关工作，也一直兼任教学工作。他的学术成果和研究兴趣主要包括《叙事型学业指导》、家庭对促进学生在册率和毕业率的作用、Q 方法论与赏识型学业指导。他在布鲁斯堡州立大学获得学士学位（1976），并在俄亥俄州的肯特州立大学获得教育心理学硕士学位（1997）和社区心理辅导博士学位（2004）。

埃维特·卡斯蒂略·克拉克（Evette Castillo Clark），杜兰大学创新和规划部负责人，她的职责包括战略规划、设计新的工作方案、教育评估和研究以及学生事务系统职工的发展。她也在杜兰大学兼任教职，并在新奥尔良大学教育与人类发展学院从事研究生教学工作。她之前曾在圣地亚哥州立大学担任学生事务处副处长并在该校教育学院兼任教职。克拉克博士曾是全国学生人事管理协会亚太裔知识社群（NASPA）的共同主席和美国学业指导协会（NACADA）的理事会成员。克拉克博士从加州大学欧文分校获得社会学学士学位，从纽约大学获得高等教育学生人事管理硕士学位，在旧金山大学完成了国际交流与跨文化教育方向的教育学博士学位攻读。她的研究兴趣主要是有色人种大学生研究、学生事务中如何为本科生创建就业通道的研究以及高等教育领导力研究。

乔·库塞奥（Joe Cuseo），拥有爱荷华州立大学的教育心理学和教育评估的博士学位。目前，他是马力蒙特学院（加利福尼亚州）的心理学教授。在这里，他担任一年级新生研讨课项目主任已经 21 年。这一项目要求所有新生参加研讨课程。他曾是美国全国大一新生教育和大学过渡适应教育资源中心顾问委员会成员，并获得过该中心的"新生适应项目最佳推动者奖"。他还曾 13 次获得学校本部授予的"年度优秀教师奖"，这是一项基于有效的教学和学业指导的、以学生为评价主体的奖项。乔发表了很多研究学业指导与学生流失率关系的文章，提出了对专业未定和处于过渡适应期的学生的学业指导策略，开展了关于指导和促进学生成功的会议报告和专题演讲。他也写了很多关于大学生一年级经历的文章，为大学生新生研讨课撰写了教科书《赢得大学及大学以后的成功：基于研究的大学生学业与个人发展策略》。他现在正在撰写一本关于新生研讨课的专题著作《新生研讨课：基于研究的课程设计、操作和评估指南》。

凯西·戴维斯（Kathy Davis），自1993年以来一直担任密苏里州立大学学业指导中心的主任。在她职业生涯的初期，她曾在斯蒂芬斯学院的宿管部门工作，并在威奇托州立大学指导新生大学适应项目。她曾担任美国全国大学生新生适应与定向引导教育项目主任协会的理事会成员五年，编辑了《大学适应与定向引导研究》，并于1992年主持了全国大学生新生适应与定向引导教育项目主任协会全国会议。她撰写了2003年版美国学业指导协会（NACADA）主编的专著《学业指导教师培训：学业指导教师技能发展的示范性案例》其中的一章。戴维斯从2005年到2007年一直担任NACADA学业指导教师培训与发展分委员会主席。2003年，她被评选为密苏里州"杰出学业指导项目主管"，并于2004年被NACADA评选为全国"杰出学业指导项目主管"。她一直很喜欢在各个大学为学业指导教师的培训提供指导并主持研讨会。

杰恩·K. 德雷克（Jayne K. Drake），获得宾夕法尼亚州立大学的英语博士学位，是费城坦普尔大学的英语专业副教授、分管学术事务副院长、文科学院的文科硕士课程主任。德雷克博士热爱自己的学生，其杰出的教学能力得到公认并获得坦普尔大学文科学院优秀教学奖和2008年坦普尔大学年度优秀导师奖。在学术与出版方面，她对20世纪以前的美国文学感兴趣，她对美国印刷文化的历史也有浓厚兴趣。

她曾是美国学业指导协会（NACADA）理事会成员，在学业指导视频分委员会负责完善教师学业指导培训视频，担任NACADA新兴领袖计划的导师。德雷克在很多学院和大学开展了数量众多、主题广泛的咨询和演讲，包括如何评估高校学业指导方案、教师学业指导的开展、如何对学业指导进行奖励和表彰以及学业指导如何与教学相结合等。

帕特·福尔瑟姆（Pat Folsom），美国爱荷华大学负责招生办公室的助理教务长和学业指导中心主任。她在学业指导中心的学业指导岗位上工作了27年，先后担任学业指导教师和学业指导管理项目负责人。在此期间，福尔瑟姆督导实施学业指导教师发展计划，该计划被入选为美国学业指导协会（NACADA）编写的《学业指导教师的培训和发展》优秀范例。福尔瑟姆同样专注于大一学生的项目开发，包括爱荷华链接（一项高危学生的一年级计划）、大学适应（一项一年级研讨会计划）以及大学成功研讨会（一个为被留校察看处分的一年级学生开设的课程）。她最近与学业指导有关的工作主要集中在学业指导教师的发展领域；她为好几个全国性学业指导工作学术会议组织了会前工作坊以帮助新加入学业指导领域的教师；担任了《学业指导新教师指南：用一年或更长的时间掌握学业指导的艺术》一书的编辑。她在 NACADA 颇为活跃，目前担任 NACADA 的学业指导教师培训与发展委员会主席，也是其他委员会和理事会的成员。福尔瑟姆在 1969 年获得了俄亥俄卫斯理大学的学士学位，在 1973 年获得纽约州立大学杰内西奥分校的图书馆学硕士学位。

罗斯特·福克斯（Rusty Fox），在塔兰特郡立大学东南校区担任学生发展服务部副主任以及该校区的首席学生事务官。他活跃于学业指导领域，曾作为美国学业指导协会（NACADA）咨询顾问部门成员出席许多国家和地区的会议。他过去几年曾在美国大学入学测试公司（ACT）和 NAC ADA 夏季学业指导研究所担任管理者。他曾经作为董事会成员，两次担任两年制学院协会的全国委员会主席。

同时，福克斯也积极参与社区和高等院校事务。目前，他任职于位于阿灵顿市的马丁·路德·金纪念日庆典委员会，该委员会负责协调的纪念日庆典是全美最大的马丁·路德·金系列纪念日庆典之一。

福克斯曾担任俄克拉荷马市社区学院负责学生发展的院长和学业咨询/学业指导主任，也曾担任达拉斯布鲁克海文学院的学业指导负责人。他拥有得克萨斯 A & M 大学语言交流学士学位和得克萨斯 A & M 大学康莫斯分校心理咨询硕士，并被评为该校杰出校友。目前，福克斯是卡佩拉大学高等教育专业的博士候选人。

弗吉尼娅·N. 戈登（Virginia N. Gordon），俄亥俄州立大学名誉副院长和教育学院兼职副教授。她有丰富的高校教学、管理、咨询和学业指导经验。她著有许多关于大学生学业指导管理、就业指导、专业未定学生的指导和学业指导教师培训等方面的专业书籍、专著、书刊篇章和期刊论文。她最近出版的书籍有《专业未定的大学生》(2007)、《大学新生的基本原则》(2007) 和《就业指导——学业指导教师工作指南》(2006)。她曾担任美国学业指导协会（NACADA）主席，是美国学业指导协会资讯交流中心的创始人和首任主任。戈登在学业指导领域的贡献被全美同行所一致称道，并荣获众多嘉奖。其中，最能反映其在学业指导领域影响力的是美国学业指导协会以她的名字设立了"弗吉尼娅·N. 戈登奖"，以表彰在学业指导领域做出杰出贡献的个人。

保罗·A. 戈尔（Paul A. Gore），犹他大学的教育心理学副教授和学生成功特别项目协调员。戈尔博士为美国国内外高中和高等院校学生成功方案的制订提供指导服务。戈尔博士担任《促进处于过渡时期学生的职业发展》一书的主编，该书是全国新生教育资源中心专门为大一学生和过渡期学生出版的专著。该书最近在"学术及职业指导：学生成功的关键"主题电话会议中发挥了重要作用。戈尔博士对影响高中生和大学学生职业和学业成功的因素进行了研究，撰写的有关该领域的学术论文和专著总共40多篇或章。戈尔博士目前担任《职业发展季刊》和《职业评估期刊》两本专业学术期刊的编委、职业心理协会（美国心理学协会的学业指导心理学分委员会）主席。

托马斯·J. 格里茨（Thomas J. Grites），新泽西州理查德·斯托克顿学院教务长助理。他直接参与大学生学业指导30余年。许多大学的学业指导教师采纳了托马斯在全国学术会议上的发言和在学术出版物上发表的观点和材料。他曾为100多所学校提供过顾问服务或举办教师能力提升工作坊。他还为自己家乡所在州的许多高中和社区团体进行了演讲。他对美国学业指导协会的创建功不可没，曾作为协会第二任主席工作两个任期。

他的研究和著作将学业指导的重要性与一些看似完全不相干的领域（如招生、通识教育、高中生的辅导、经济利润、伦理、集体谈判和师资队伍建设）紧密联系起来。他的标志性学术成果《学业指导：让我们度过80年代》是多年来大学学业指导项目的评估依据。他与人合作编写了《发展型学业指导》，该书是多年来用作开展学业指导工作实践和学业指导教师培训的"标准教科书"。托马斯撰写了50多篇期刊文章、主题报告、书刊篇章和学业指导报告，做了70多次会议报告。最近，他为转校生专门撰写了一本关于确立大学目标及适应大学的教材。

除了学业指导，托马斯还为三所大学提供了学生宿舍安排解决方案；他经常在教师培训项目中教授"通用方法"课程；教授"新生研讨课程""批判性思维的基本技能课程"；并在哥伦比亚大学师范学院讲授本科生"发展型学业指导"课程。最近他还以新生研讨会概念为模板开设了"转校生研讨会"。他还在家乡的地方教育理事会工作长达20多年。

托马斯是伊利诺伊州丹维尔人，从伊利诺伊州立大学获得了学士学位和硕士学位，并获得了马里兰大学的博士学位。这两所大学都授予他杰出校友奖；最近他在伊利诺伊州立大学150周年庆典上入选教育学院的名人堂。

韦斯利·R. 哈伯利（Wesley R. Habley），"美国大学入学测试公司"（American College Testing, ACT）主要负责人和协调员，先后获得伊利诺伊大学厄巴纳-香槟分校的音乐教育专业学士学位与学生事务教育硕士学位，以及伊利诺伊大学教育管理博士学位。在加入ACT之前，哈伯利曾担任伊利诺伊州立大学和威斯康星大学欧克莱尔分校的学业指导项目负责人。

哈伯利最近分别编写了《在大学社区中促进学生成功》和《如何保持学生的在册率?》两书的其中一章。其中《如何保持学生的在册率?》一书由四个关于高校学生在册率问题的系列研究报告构成。他是《学业指导大全》（第1版）的编者之一。他还根据ACT组织的四个全国学业指导调查数据编写了专著。他撰写了《发展型学业指导》《大学生基本原则》和《经过检验的教师学业指导》等书的部分章节，还撰写了大量学业指导学术专著的部分章节和学术期刊文章，并由著名学术出版社——乔西-巴斯出版社（Jossey-Bass）、美国大一新生体验中心（The Center for First Year Experience）和美国学业指导协会（NACADA）出版。

哈伯利是美国学业指导协会（NACADA）的创始成员，担任过该协会的众多职务，包括主席和财务主管。他于1987年建立了美国学业指导协会的学业指导暑期学院，2006年美国学业指导协会以他的名字命名了学业指导暑期学院奖学金（Wesley R. Habley Summer Institute Scholarships），以表彰他的贡献。哈伯利因在学业指导领域的杰出贡献及为美国学业指导协会无私地服务而荣获美国学业指导协会的多项荣誉和奖励。

哈伯利曾在美国、中东和加拿大的超过125所高校中担任过学业指导教师、举办过讲座或组织过学业指导工作坊。

彼得·L. 哈根（Peter L. Hagen），在新泽西州的理查德·斯托克顿学院担任学业指导中心主任。他是美国学业指导协会（NACADA）理论和学业指导理念委员会的创始主席，担任《美国学业指导协会杂志》2005年秋季刊的客座编辑，是编写"学业指导的概念"的特别小组成员。彼得目前就职于杂志（NACADA Journal）的编委、出版物审查委员会和研究委员会。因为在学业指导领域做出的杰出贡献，他赢得了2007年"弗吉尼娅·N. 戈登奖"。

布兰·哈丁（Blane Harding），目前在科罗拉多州立大学担任学业指导主任，负责文科学院的招生及学生在册率保持工作，并担任美国种族应用研究中心的兼职教员。哈丁是科罗拉多州立大学的黑人研究计划的前任协调员，在过去的18年里曾教授非裔美国人历史和民族问题研究课程。他获得纽约州立大学布鲁克波特分校的跨学科传播的学士学位和科罗拉多州立大学的文科硕士学位，研究19世纪美国历史。哈丁在负责监督国家TRIO项目执行情况的教育机会理事会担任常任理事，并是美国学业指导协会暑期学院的顾问委员会专家。哈丁是美国学业指导协会的跨文化学业指导教师，他积极参与各种研讨会和一些学校和机构举办的多元文化培训。哈丁获得了许多荣誉和奖项，包括加州州立大学少数民族杰出服务奖、高校文科优秀教学奖、加州州立大学校友会"六佳"教师奖、历史系披·阿尔法·西塔（Phi Alpha Theta）杰出教授奖、教务长杰克·E. 瑟马克学业指导奖，以及最近获得的加州州立大学教务长奥利弗·P. 彭诺克杰出服务奖。

乔斯林·Y. 哈尼（Jocelyn Y. Harney），目前是负责招生和学生事务的副校长，之前曾担任杜佩奇学院学生处处长，主管心理咨询、学生过渡与指导的副处长和心理咨询教师。作为分管学生事务副校长，她通过常规化、国际化、文化多元化和发展型的指导模式为学生提供咨询服务、就业服务、带薪实习、对残疾学生的特殊服务和新生适应指导。她还负责学生的司法、招生、体育、助学金、记录、注册和学生活动。她以校级负责人的身份领导完成了一个为期三年的学术质量提升项目（AQIP）以改善作为学校委派的任务之一的学业指导工作，并继续引领全校学业指导改进和招生管理工作。她获得伊利诺伊大学教育学博士学位，其聚焦于特殊教育和学生转型期引导的博士学位论文得到美国学生发展委员会的认可，并被授予年度优秀论文奖。她还获得了伊利诺伊大学的康复心理咨询专业硕士学位和莱特州立大学的康复教育学士学位。哈尼曾出席了全国一年级新生与转型过渡期学生教育资源交流中心的全国电视电话会议，并担任该中心的理事会成员。她一直服务于各个特殊教育领域，同时也是美国学业指导协会的正式职员。值得称赞的是她有着丰富的教学经验和学术会议报告经验。

玛莎（马蒂）·赫姆瓦尔［Martha（Marti）Hemwall］，获得劳伦斯大学的学士学位、布朗大学的人类学文学硕士和博士学位。在1995—2007年，她曾担任位于威斯康星州阿普尔顿的劳伦斯大学的学生学术事务主任和人类学专业的副教授（兼职）。除了教授人类学外，玛莎还帮助开设了性别研究与民族学两门课程。在行政工作中，她负责学生的学术事务，包括教师学业指导系统、学术支持服务、残疾学生安置服务、学术荣誉准则、学术规范和学术支持系统。此外，她还督导教学与学习中心。

从 1986 年开始，赫姆瓦尔一直活跃在全国高校学业指导协会（NACADA），并帮助成立了小型学院和大学委员会。从该委员会成立至 1996 年，她一直担任该委员会主席。她参与编写了一本 NACADA 专著——《学业指导和学习：从小型学院和大学的角度看学业指导》（2003），为 NACADA 的学术杂志提供了关于发展型学业指导范式的消失与基于学习和教学的学业指导范式的兴起的文章（1999、2005）。她曾经在众多高等教育领域的学术会议上做报告，主办了大量面向教师的关于学业指导效果提升的工作坊，多次就反思学业指导的本质做专题报告，并对大量学业指导项目进行评估。

玛丽·斯图亚特·亨特（Mary Stuart Hunter），101 大学助理副教务长和南卡罗来纳大学的全国一年级新生与转型过渡期学生教育资源交流中心执行主任。她的工作是为教育工作者提供资源以促进个人发展，培育专业技能，同时建立和完善创新项目以促进本科学生的学习，提高学生成功率。她最近出版了合著《学业指导：关于大一新生教学与学习的新见解》（2007）。她发表了众多学术文章，如发表在美国学院和大学协会（AAC&U 的）的学术期刊《同行评审》（2006）上的文章《第一年的经验：问题和资源分析》、发表在《关于大学校园》（2004）上的文章《对学业指导的修复能修复高等教育吗》、发表在《关于大学校园》（2006）上的文章《第二年的经验：把注意力转向大学中段的孩子》，以及发表在《学生服务新方向》（2007）上的文章《学生事务专业人员的新领域：教育和第一年经验》。玛丽效力于全国高校学者协会的顾问委员会、大一政策中心、大学生饮酒和吸毒问题工作协作委员会，是《学习共同体研究》杂志编委会成员，并且是森林湖长老教会的元老。

詹妮弗·克利斯曼·阿斯兰（Jennifer Crissman Ishler），宾夕法尼亚州立大学的人类发展与家庭研究副教授和心理咨询教师教育的兼职副教授。她获得了米勒斯维尔大学的小学教育学士学位、希彭斯堡大学的心理咨询和高校学生事务管理硕士学位，以及宾夕法尼亚州立大学的高等教育学博士学位。她在学生宿舍生活、学业指导和新生适应性教育方面有着丰富的经验。她负责学校一年级新生研讨会、人类发展与家庭研究方面的课程、关于学生事务和学业指导的研究生课程。她的研究兴趣包括大学第一年经验、学生事务工作评估、"病态友谊"概念研究和女大学生研究。

佩吉·乔丹（Peggy Jordan），俄克拉荷马城社区学院心理学教授，负责讲授发展心理学与心理学导论两门课程。她被授予美国学业指导协会（NA-

CADA）2007年度教师学业指导类别的杰出学业指导奖，此前她曾担任美国学业指导协会的两年制学院分委员会主席。乔丹博士编写了NACADA专著《新学业指导教师指南：通过一年及更多时间掌握学业指导的艺术》（2007）的其中一章——"通过倾听、面谈和转介建立有效的沟通"。她还是NACADA专著《特殊学生群体的学业指导》（2007）的编辑之一。她在NACADA 2003年出版的专著《学业指导教师培训》一书中撰写了"学业指导的经验之谈"和"学业指导实践的典范：俄克拉荷马城社区大学"两个章节。她的文章"为21世纪的大学生提供学业指导"发表在《美国学业指导协会杂志》2000年秋季期刊上。她曾以教师身份参加了NACADA的教师研讨会暨暑期学院活动，并在NACADA众多的地区性或全国性会议上主办了不同专题的工作坊。

乔丹获得了俄克拉荷马州立大学心理咨询专业博士学位。在职业生涯的前20年，她曾就职于不同的政府机构和私人机构。乔丹博士在从事了多年的客户合作技巧、员工主动性提升和价值感增强策略的培训工作后，带着对"教学和学业指导能为学生提供最大的提高自身能力的机会"的坚定信念，重新回到了大学校园。

简·克莱因兹（Jane Kalionzes），圣地亚哥州立大学国际学生中心副主任。她获取了圣地亚哥州立大学的人文学科学士学位（1976）和加州K-12多学科教学资格证书。克莱因兹担任国际学生学业指导教师超过了25年，专门从事跨文化和移民学生相关的学业指导。克莱因兹在美国国际学生教育工作者协会（NAFSA：National Association of Foreign Student Affairs）担任过许多领导职务，是NAFSA培训机构的创始成员，获得了1998年NAFSA十二区服务奖和2007年NAFSA全国服务奖。她是圣地亚哥国际职业教育者圆桌会议的创始成员之一，担任过该组织的主席。从1988年到2005年，她还加入了斐·贝塔·德尔塔（Phi Beta Delta）组织。她曾获得1990年富布赖特高级访问学者奖学金（资助其参加德意志联邦共和国国际教育者研讨会）、1999年美国国务院与NAFSA提供的专业发展资助（资助赴巴西参会）。克莱因兹先后主持并出席了很多NAFSA会议和国际教育与研究项目（PIER）研讨会。

莉亚·肯德尔（Leah Kendall），南卡罗来纳大学的高等教育和学生事务专业的硕士研究生。目前，担任全美大一学生经验与过渡期学生教育资源中心研究生助理，已获得了北卡罗来纳大学夏洛特分校传播学本科学位，侧重公共关系研究。

科尔斯顿·肯尼迪（Kirsten Kennedy），密苏里大学哥伦比亚分校主管宿舍管理与宿舍分配副主任，教育领导力与政策分析系的兼职教师。她以前曾在布鲁斯堡大学宿舍管理部工作过，在宾州理工学院讲授过基本的商务课程。肯尼迪分别获得了宾州布鲁斯堡大学的管理专业学士学位以及工商管理硕士学位。她在密苏里大学哥伦比亚分校获得了教育领导和政策分析专业博士学位。她被选中参加全国学生人事管理协会（NASPA）专门为有志于成为学生事务高级管理者的女性举办的爱丽丝·曼妮卡研讨会。她是密苏里大学系统的行政领导力发展专业的研究生。肯尼迪发表了许多关于教师参与学习共同体以及评估学生事务成本效益等主题的学术文章。其他的研究兴趣包括父母对大学生发展的影响、高等教育的历史以及高等教育和学生事务的财务管理。

玛格丽特·C.（佩吉·）金 [Margaret C. (Peggy) King]，是位于纽约斯克内克塔迪县的斯克内克塔迪社区学院负责学生发展的副院长，负责学生工作部门。学院有三个直接向院长报告的副院长，金是其中之一。作为副院长，她指导学业指导中心，督导学业指导工作，负责学生职业规划和就业服务。她在伍尔西斯学院（宾夕法尼亚州）获得了历史学学士学位，从阿尔巴尼大学（纽约）获得学生人事管理的硕士学位和教育学博士学位。在任职于斯克内克塔迪社区学院之前，金是海洋郡学院（新泽西州）的心理辅导中心副主任。

作为创始成员之一，金从1991年到1993年一直担任美国学业指导协会（NACADA）主席。自1987年美国学业指导协会暑期学院开设以来，她一直担任暑期学院教师，也曾担任第一期学业指导管理人员学院的教师。她为二年制和四年制的学院和大学提供学业指导和学生事务方面的咨询顾问服务。她作为顾问，已举办众多的主题演讲，开办了许多工作坊，并花时间帮助机构评估和改进学生服务。

金是学术杂志《社区学院发展的新方向》及学术著作《学业指导：组织和实施促进学生成功的服务》（1993）的主编。此外，她还撰写了许多关于两年制学院的学业指导、学业指导教师的培训、学业指导组织模式和学业指导的运作系统的学术著作的章节和学术论文。金获得了纽约州立大学的杰出专业服务校长荣誉奖、NACADA服务奖，以及NACADA"弗吉尼娅·N.戈登奖"。

南希·S. 金博士（Dr. Nancy S. King），是佐治亚州肯尼索城的肯尼索州立大学的学生成功和注册服务办公室副主任，同时还是学校英语专业的教授。金博士拥有摩斯大学的英语和心理学学士学位、佐治亚州立大学文学硕士学位和英语专业博士学位。

1997—1999 年，金博士担任美国学业指导协会（NACADA）的主席。她发表了大量有关学业指导和新生研讨课程的文章，并经常在众多学院和大学的学业指导、新生体验项目和学生成功促进项目等领域担任顾问。金博士在州、地区、国家和国际级别的学术会议上针对以上这些主题做了演讲。她还对如何将学生事务与学术事务相结合发表了相关文章，并做了相关演讲。金博士已经是美国州立学院学术领导协会的会员，还被收录进《美国教育名人录》。

金博士曾多次获得国家级奖项。1998 年，她成为首位金钥匙国际会议年度最佳学业指导教师荣耀称号的获得者；1999 年，她获得了由位于南卡罗来纳州大学的全美大一学生经验与过渡期学生教育资源中心和霍顿米夫林公司联合颁发的优秀大一学生教育项目促进奖。她还获得了美国学业指导协会（NACADA）2000 年颁发的弗吉尼娅·N. 戈登学业指导卓越成就奖和 2001 年颁发的 NACADA 的最佳服务奖。

乔治·D. 库（George D. Kuh），是位于布卢明顿的美国印第安纳大学的校长、高等教育专业教授，指导该校的高等教育研究中心。作为美国全国大学生学习性投入调查项目的创始人和指导者，库出版了约 300 项与大学生学习性投入、高等院校评估、院校提升以及大学文化等主题相关的学术作品，并就以上主题做了众多演讲，还为美国及其他国家的 200 多个教育机构提供了咨询服务。作为高等教育研究协会的前任主席，库获得了多个学术组织颁发的奖项，包括独立学院委员会的学术领袖奖、国家高等教育公共政策中心颁发的弗吉尼娅·B. 史密斯创新领导奖、美国大学人事协会（ACPA）的终身成就奖、全国学生人事管理协会（NASPA）的高等教育杰出贡献奖和四个荣誉学位。2001 年，由于杰出的学术能力和教学经验，库获得了美国印第安纳大学著名的特雷西·索恩本奖。

特里·库恩（Terry Kuhn），2003 年退休时，已是肯特州立大学的音乐学教授，负责本科生教学的副教务长。他的职业生涯从在美国俄勒冈州的公立学校担任乐队、合唱和音乐通论的音乐教师开始，他在俄勒冈州工作了 6 年。1972 年，库恩获得佛罗里达州立大学的博士学位后，在马里兰大学学院公园校区担任了 5 年音乐系副教授，然后在肯特州立大学工作了 25 年，分别担任音乐学副教授和教授。多年来作为教授，他通常平均每年要负责指导 30 个本科生和研究生。库恩博士曾担任了两部音乐期刊的主编，与人合著了 3 本学术著作，撰写了 5 本书的部分章节或文章，并在 7 个期刊上发表了 12 篇具有决定性意义的研究论文。目前是他担任《美国学业指导协会杂志》（NACADA Journal）共同编辑的第二个任期。

迈克尔·J. 伦纳德（Michael J. Leonard），宾夕法尼亚州立大学本科生学习研究部门副主任。他从宾夕法尼亚州立大学获得了教育心理学的硕士学位，自 1979 年以来一直从事学业指导工作。他是美国学业指导协会技术委员会的前主席，获得了委员会最佳服务奖，目前是技术委员会的指导组成员和技术委员会科技创新奖评选委员会成员。伦纳德曾经受邀在许多学术会议和专业研讨会做报告，包括大一新生经验会议、国家或地区级的NACADA会议。他为许多高等教育机构提供了学业指导中的技术方面的咨询服务，参与编写或合编了很多有关学业指导技术的文章和书籍章节。他主编的电子期刊《导师：一个学业指导杂志》（The Mentor: An Academic Advising Journal）屡获殊荣。伦纳德还是宾夕法尼亚州立大学的互动学业指导系统 eLion 的开发团队的创始成员之一。

马克·洛温斯坦（Marc Lowenstein），新泽西州理查德·斯托克顿学院的职业教育系主任，自 1976 年以来，他一直在理查德·斯托克顿学院从事各种教学和行政工作。他目前负责督导职业教育系的本科和研究生学位课程。以前他的职责还包括管理斯托克顿自由研究项目——人文研究专业，一个学生可以自行设计学习内容的专业，督导新生适应教育中的学术适应部分。洛温斯坦博士获得了科尔盖特大学（Colgate University）的心理学学士学位和罗切斯特大学（University of Rochester）心理学硕士和博士学位。

洛温斯坦博士发表了许多关于学业指导的伦理道德和学业指导的理论和哲学方面的文章，并在美国学业指导协会全国和地区级别的会议上做了很多关于这些主题的学术报告。

除了担任 10 年的大西洋城医学中心的伦理委员会委员外，洛温斯坦博士也积极参加其他社区服务活动。

梅林达·麦克唐纳（Melinda McDonald），是俄亥俄州立大学费希尔商学院负责荣誉课程的副主任，她工作的重点是指导荣誉课程和荣誉学生的学业指导。她之前担任过俄亥俄州立大学的大学学院的一个类似于学业指导的项目的协调员和俄亥俄州立大学校董会的项目管理专家。她在罗林斯学院获得了西班牙语教育学士学位和心理咨询师教育硕士学位，从俄亥俄州立大学获得心理咨询师教育博士学位。她的研究兴趣包括学业指导教师的培训、指导高水平学生、指导专业未定或专业发生了变化的学生的职业发展。

A. J. 梅斯（A. J. Metz），犹他大学教育心理学系的客座副教授。十多年来，梅斯博士研究了影响不同学生群体事业和学业成功的相关因素。这些研究成果以学术期刊文章、学术著作的章节、电子媒体、全国学术会议上的报告等形式呈现给了大众，并被运用到教师的在职培训中。梅斯博士参与的学业指导活动，包括在商学院与学业指导教师共同整合职业指导和学业指导，创建并践行以职业指导来丰富专业实习活动的学业指导新方式。梅斯博士教授过职业规划课和学术成功课。她曾负责职业倾向与能力的测评和解读，并为个人和团体提供职业规划咨询服务。

玛丽·M. 理查德（Mary M. Richard），毕业于爱荷华州佩拉城的中央学院。她在大学最后一年曾担任学生学业指导教师，帮助一年级学生进行初次注册。在爱荷华大学，她获得了高等教育学生发展专业的教育硕士学位。她在爱荷华大学为学习障碍学生提供了 11 年的协调服务。在此期间，她还担任过全国注意力缺陷症研究协会（CHADD）的秘书、副主席和主席，美国国家科学院医学研究所成员，并参与了残疾和教育问题的国会提案论证会。理查德女士曾在同行评审的学术期刊上发表过多篇文章，编写了各种与高等教育和残疾相关的不同主题的学术著作。理查德女士曾在州级和国家级学术会议上做学术报告，包括美国大学人事协会的全国会议、学习障碍协会和 CHADD 举办的会议。2002 年，理查德女士进入爱荷华大学法学院学习。毕业后，她先后在爱荷华州地方法院和美国联邦法院爱荷华南区法院工作，从事包括但不限于诉讼法和教育法领域的法律事务工作。

约翰·H. 舒赫（John H. Schuh），爱荷华州立大学教育领导专业的杰出教授。他曾在威奇托州立大学、印第安纳大学布鲁明顿分校和亚利桑那州立大学担任行政和教学工作。他在威斯康星—奥斯克斯大学获得历史学士学位，在亚利桑那州立大学获得心理咨询专业硕士学位和博士学位。他主编、合编和参与编写了超过 24 本书和专著，以及 60 多个章节和 100 篇期刊文章。近几年，他编写了《在大学校园里促进学生成功》（*Fostering Student Success in the Campus Community*, 2007）、《因材施教：学生事务实践模式的传统与创新》（*One Size Does Not Fit All: Traditional and Innovative Models of Student Affairs Practice*, 2006）。目前，他担任《学生服务的新方向》（*New Directions for Students Services*）系列丛书的主编和《大学生发展》杂志的副主编。约翰·舒赫在地区性和全国性会议上做过 240 多场学术报告，担任美国中北部学院和大学协会评估委员会委员和认证审查委员会的委员。1994 年，他获得了富布莱特奖的资助前往德国进行高等教育研究。

凯西·塞尔福（Casey Self），亚利桑那州立大学学业指导中心执行主任。他在亚利桑那州立大学的工作职责包括督导四个校区的学业指导中心，负责 4000 多个处于探索期和未确定专业的学生的学业指导。

1994 年，塞尔福加入了美国学业指导协会（NACADA）。他曾担任美国学业指导协会的男女同性恋、双性恋和变性人事务委员会（LGBTA）、美国学业指导协会多样化委员会和 NACADA 会员资格审查委员会主席，并当选为首届委员会和利益群体代表。塞尔福当选为美国学业指导协会理事会成员，任期为 2006—2009 年；2007—2008 年当选为美国学业指导协会副主席，2009 年当选为美国学业指导协会主席。塞尔福最近还撰写了美国学业指导协会出版的关于大一新生经验的专著——《学业指导：关于大一新生教学与学习的新见解》中的一章，主要解决学业指导中的女同性恋、男同性恋、双性恋、变性人、性别不明者（LGBTQ）的问题。

塞尔福生于科罗拉多州，并在 1986 年从北科罗拉多大学获得了言语交际专业学士学位，然后于 1990 年在西伊利诺伊大学马科姆分校获得了学生人事管理专业硕士学位。

小约翰·斯马勒利（John Smarrelli, Jr.），通过培训成了一名科学家。他在 2007 年 5 月，担任了纽约州雪城市的莱莫因学院的代理校长。他既是这所耶稣教会学院有史以来的第一位担任校长的非教职人员，也是该校第一位担任校长的校友。

2001 年，斯马勒利博士担任莱莫因大学负责学术的副校长和生物学教授，2005 年担任教务长一职。此前，斯马勒利博士担任过芝加哥洛约拉大学艺术与科学学院院长和生物系教授，还担任过洛约拉大学 AP 生物课程[①]项目的负责人。

作为教务长，斯马勒利博士负责倡导学院严谨、平衡的学术愿景，在那个愿景里学生可以真正深入地参与学术活动中。通过领导学院接受再次认证评估，斯马勒利成功地指引了学院的发展方向，督导了其发展规划委员会，并且掌控了学院高层领导团队。

---

① AP 生物课程，英文原文为 Advanced Placement Biology，美国大学理事会（The College Board）主办的 AP 生物课程相当于美国各高校为生物专业的本科生开设的生物学入门课程，通常安排在大学一年级；同时，本课程适合对高中生物有较好掌握且有意报考生命科学类专业的高二、高三学生修读，高中生的研修成绩也是各大学相关专业录取新生的参考。除非特别说明，本书页下脚注均为译者注，以下不再说明。

斯马勒利博士还参与了学院创办60多年来最大的一次募捐运动，他帮助确定了募捐活动的优先事项，与捐赠者和其他支持者会面。他最大的兴趣是建设一栋新的科学大楼，以帮助学院吸引最优秀的学生，并帮助这些学生成为能利用自己的专业技能为自己的社区做出重大贡献的人。

斯马勒利博士获得了纽约州立大学环境科学与林业学的硕士和博士学位以及莱莫因学院的学士学位。他在夏洛茨维尔的弗吉尼亚大学从事过生物学的博士后工作。

乔治·E. 斯蒂尔（George E. Steele），是负责指导人们如何从俄亥俄州学习协作网络（OLN）中获取教育机会的指导者。OLN是俄亥俄州两年制和四年制公立及私立大学与学院组成的教育联合机构，共同协作通过技术的使用提高学生学习成绩。斯蒂尔负责协调管理OLN的学生服务和学业指导，并协调OhioLearns!项目（一个提供俄亥俄州远程教育内容在线目录的项目）。20多年来，斯蒂尔一直是美国学业指导协会的成员，承担过协会多个机构的工作，并在协会理事会任职了一个任期。他编写了关于如何对未定专业和转专业学生进行学业指导，以及现代技术在学业指导中的使用等主题的文章。2008年，他还获得了NACADA最佳服务奖。

温迪·G. 特罗克塞尔（Wendy G. Troxel）是教育管理和教育基金系的副教授，教授定量和定性研究方法、专业评估和认定以及美国大学生等课程。她的研究兴趣是大一学生的教学和学习、课堂形成性评价技术的影响、教师和工作人员在专业评估过程中的角色影响以及如何在入学前识别考生的教学技能。

特罗克塞尔最近在伊利诺伊州立大学的评估办公室担任主任，负责协调学生的大学学习成果研究，协助教师和工作人员开发、实施和使用评估促进学习和发展。她获得了阿拉巴马大学伯明翰分校（UAB）的教育领导博士学位，主攻教育研究和教育法律研究。她还担任过阿拉巴马大学伯明翰分校本科招生部门的主管。

特罗克塞尔博士担任《规划和变化杂志》的编委，是霍尼教学研究与发展中心的理事会成员。特罗克塞尔博士经常在各种全国性的和国际性的学术会议上做报告和主持工作坊，主题主要涉及学生学习成果的评估。

迪克·瓦尔兰丁汉姆（Dick Vallandingham），获得了俄克拉荷马州立大学的语言与听力科学学士学位、塔尔萨大学的听力学硕士学位和亚利桑那大学康复咨询专业博士学位。他近20年的社区大学的职业经历开始于堪萨斯州欧佛兰帕克的约翰逊郡社区学院（JCCC）。他起初负责残障学生事务，担任心理咨询师和学业指导教师、心理辅导中心主任以及学生发展中心主任。他离开约翰逊郡社区学院后成为佐治亚海岸社区学院负责学生发展的副校长，任职期间他发明了一种整合型的学业指导项目，采用交互式学生成功中心的方式进行学业指导。目前，他是伊利诺伊州莫林的黑鹰学院的学生处处长。他继续直接参与学业指导项目的开发，这些项目都强调学生的参与度。

瓦尔兰丁汉姆是 NACADA 专著《残疾学生的学业指导》的编者之一。他发表的作品有《一年级学生学业指导》一书中的《残障的一年级学生的学业指导》《以学生发展为导向的学生成功：一种学生服务的综合路径》以及《学生发展模式：学生成功的核心》。

法耶·沃威尔（Faye Vowell），目前担任西新墨西哥大学（WNMU）的教务长和副校长。西新墨西哥大学是一个四年制的综合大学，在银城、戴明、真理或结果①和盖洛普都有校区。学校主要服务于非传统年龄的大学生、第一代大学生和少数民族学生。她是美国学业指导协会（NACADA）的资深会员，多次出席协会全国和地区会议。她在学业指导领域的研究兴趣主要包括教师学业指导、技术在学业指导中的应用以及多元文化学业指导。她曾获得 NACADA 的最佳服务奖和弗吉尼娅·N. 戈登奖。

---

① 新墨西哥州阿尔伯克基南部的小镇，原名叫白兰鸽温泉镇，但是 1950 年的一次名为"真理或结果"（Truth or Conseguesces）的电视大赛改变了它的名字。

译后记

  5年多来，为了激励自己，我曾设想过很多种方式来庆祝《学业指导大全》（第2版）的翻译出版。真到译稿付梓之际，我却非常地平静，感觉一切都是那么自然和水到渠成。然而，有几点感悟却不断在我内心泛起涟漪，禁不住想与诸君分享。

  学术翻译是一项辛苦的工作，需要做好坐冷板凳的准备。虽然学界整体外语水平有了很大的提升，各种翻译软件的不断发展也带来了帮助，但对各领域经典著作和代表性前沿作品的翻译传播仍是当前开展科学研究所必不可少的。因此，译者对学术作品的准确翻译和顺利传播就至关重要。学术翻译不是一件轻松的任务，需要译者从一开始就做好板凳一坐十年冷的准备。做好这样的准备的前提至少有两点：一是译者对翻译内容真正发自内心地感兴趣；二是译者能淡泊于名利，潜心于学问。非常幸运的是，本书的译者较好地做到了这两点。靳雪莲博士一直热衷于指导学生发展，在英国留学时发现本书并介绍给了同样感兴趣的译者团队。席仲恩博士在已经退休了几年的情况下，纯粹出于对学业指导的热爱而加入翻译团队并承担了大量的翻译工作。团队摒弃了那些取巧的做法，在理解原著的基础上脚踏实地地开展翻译工作。

  学术翻译是一个学习的过程，需要保持谦虚开放的态度。本书虽然主题是学业指导，但涉及美国高等教育的历史、理论、法律、伦理道德、学生特点、院校类型和组织架构等诸多领域。准确翻译不同领域的理论和术语对译者是一个很大的挑战。这就需要我们对所有涉及的领域的知识理论进行学习，形成基本的知识框架，准确理解原书内容为翻译奠定基础。由于学科差异、知识储备和文化差异等原因，翻译过程中我们不时会遇到一些无法准确理解的内容。我们时常会为了一个术语或一句话的翻译，而花好几天时间查阅大量中英文文献或请教其他学者。感谢四川大学法学院付琴博士、四川外国语大学张庆教授、北京邮电大学外语学院余江陵博士等国内优秀的同行给予我们有益的指导。特别感谢清华大学学生学习与发展指导中心副主任詹逸思博士给予的专业指导，让我在全书的核心概念 Academic Advising 的中文译法上做出了最终的选择并完善了译著的其他部分。关于 Academic Advising，目前国内学者基于个人理解和偏好，有两种主流的译法：学业辅导和学业指导。其实，两种译法都正确，在本译著中也有少数时候是互用的。经过与詹博士的研讨，我接受了她的建议，选择了"学业指导"的译法。因为我们认为从中文的表达来看，学业指导的内涵更为丰富，在我们的文化语境中也显得更重要。

学术翻译是一项严肃的工作，必须坚持严谨的治学态度。这本译著经历了四稿的校译完善，每一稿都是打印成纸质稿由我们译者和编辑合作修改。责任编辑慈明亮博士严谨的治学态度和精湛的业务水平令我由衷地敬佩。四次校稿过程中，慈博士都认真审阅了每一页书稿并提出修改意见和建议。特别是第一稿的修改稿中，几乎每一页都有他认真修改批注的笔迹。从中，我能非常直观地感受到慈博士对原著的仔细阅读、准确把握和对译稿的认真审阅。业界有如此负责任的学者在这般敬业地对待工作，这让我肃然起敬。也正是慈博士严谨的治学态度和精益求精的精神激励和鞭策着我对此译著更加严肃认真，不敢有所懈怠。

学术翻译是一个交流的过程，应当秉持自信平等的心态。学业指导的实践在我国有着悠久的历史，并形成了诸多的教育哲学思想。这些教育哲学思想对美国等欧美国家的学业指导的哲学思想产生了深刻的影响。原著第六章的作者引用中国谚语"授人以鱼，不如授人以渔"来总结学习范式的学业指导和发展型学业指导的思想实质。《荀子·儒效》的"不闻不若闻之，闻之不若见之，见之不若知之，知之不若行之。学至于行之而止矣"，则成为美国开展基于辅助教学理论的朋辈学业指导项目的教育哲学思想基础，并以 PPT 讲稿、培训课件、宣传单和办公室标语等形式在俄亥俄大学、密苏里大学等学校广泛宣传。与美国等欧美国家相比，我国在学业指导领域的研究相对起步较晚，以开放的态度学习借鉴他国成熟的理论和实践，有利于我们做好中国高校的学业指导工作，并向世界贡献中国智慧。学术翻译，自然是要翻译传播世界领先水平的学术作品，促进中外的学术交流。在这种形式的交流中以自信开放的心态面对比我们成熟或与我们不同的理论与实践，积极主动地传播我们自己的理论和实践，把扎根中国与融通中外相结合。

希望本书的出版能为我国高校学业指导工作的开展提供积极的参考，促进国内学者同学业指导国际同行之间的交流。由于译者水平有限，虽已百般努力，但译著中难免有谬误之处。特留下邮箱 150454397@qq.com，欢迎大家批评指正！

感谢所有虽未一一具名，但为本书翻译出版做出了各种贡献的人们。

杨德山

2022 年 8 月于重庆南山